ALEXA KRIELE
WIE IM HIMMEL SO AUF ERDEN
Band 3 und 4

ALEXA KRIELE

WIE IM HIMMEL SO AUF ERDEN

Die Botschaft
der Engel

Band 3 und 4

KAILASH

Bibliografische Information der Deutschen Bibliothek

Die Deutsche Bibliothek verzeichnet diese Publikation
in der Deutschen Nationalbibliografie; detaillierte bibliografische Daten
sind im Internet unter http://dnb.ddb.de abrufbar.

© Heinrich Hugendubel Verlag, Kreuzlingen/München 2005
Alle Rechte vorbehalten

Umschlaggestaltung: Die Werkstatt München / Weiss · Zembsch
Produktion: Ortrud Müller
Satz: EDV-Fotosatz-Huber / Verlagsservice G. Pfeifer, Germering
Druck und Bindung: GGP Media GmbH, Pößneck
Printed in Germany

ISBN 3-7205-2680-1

ALEXA KRIELE

WIE IM HIMMEL SO AUF ERDEN

Die Botschaft
der Engel

Band 3

Inhalt

Vorwort
1. Der christliche Ansatz 10
2. Alte Weisheit in neuer Gestalt 11
3. Innenräume. Naturgeister 12
4. Reinkarnation 13
5. Die göttliche Mutter 14
6. Die Konkretheit der Engel 15
7. Die Individualität der Engel 16
8. Zur Unterscheidung der Geister 17

Überblick über Engelgruppen 15.2.1996 21

Die Neben-Innenräume und ihre Bewohner
18.2.1996 24
  Füße: Eremiten – Kniekehlen: Handwerker – Hände: Eltern – Ellbogen: Künstler – Schultern: Boten von Muhme und Sohn

Die göttliche Sophia und der Innenraum mit dem
Sophienengel 21.2.1996 29
  Aschermittwoch: Tag der Sophia – Die drei Aspekte der göttlichen Mutter – Demut, Dankbarkeit, Schlichtheit, Gehorsam – Gehorsam und Freiheit – Der Sinn der Dogmen – zu Solowjew – Der Innere Sophienengel – Sophia in der Trinität – Schweigen

Aspekte der Trinität I 3.3.1996 37
  Die drei Aspekte des Sohnes – Der Sohn als Richter – Zum Rechtfertigungsstreit – Zum Jüngsten Gericht – Zur Erlösung – Die drei Aspekte des Vaters – Strenge und Gnade

»Unmittelbar zu Gott«? 10.3.1996 47
   Die Engel als Boten – Zur Hierarchie der Engel – Hierarchie
   Bedingung der Entwicklung – Respekt und Nähe

Über die Trinitätsformel 17.3.1996 54
   Vater, Sohn, Heiliger Geist – Warum bleibt die Mutter ungenannt? – »Mutter Kirche« – Das Schweigen der himmlischen Sophia – Wird die Trinität zur Quaternität?

Aspekte der Trinität II 21.3.1996 59
   Die drei Aspekte der göttlichen Mutter – Die drei Aspekte des Sohnes – Die drei Aspekte des Vaters – Arten des Schweigens – Muttergebete – Sohnesgebete – Vatergebete – Das Credo

»Auferstehung der Toten« 24.3.1996 77
   Zum Auferstehungsleib – Auferstehung Christi und Auferstehung des Menschen – »Richte mich her«

Die 7 Schmerzen Mariens 29.3.1996 80
   Ihr Zusammenhang mit den Innenräumen – Herbergssuche – Prophezeiung des Simeon – Im Tempel verloren – Judas – Die Begegnung auf dem Passionsweg – Beim Kreuzestod – Der Leichnam in ihren Armen – Das Passions-Ave-Maria

Die Innenräume Jesu 31.3. 1996 90
   Ihre Größe – Ihre Strahlkraft – Ihre Wirkung auf den Körper – Die leibliche Auferstehung Jesu – Die Herz-Jesu-Kirche im Friedensdom

Kreuzweg. Karfreitag 5.4.1996 93

»Hinabgestiegen ins Reich des Todes« 6.4.1996 97
   »Gewalt über den Tod« – Erlösung und »Hölle« – Beispiel Hitler

Die Auferstehung Christi 7.4.1996 102
   Verknüpfung mit der Passion – »Gehorsam« des Körpers – Die Verwandlung des Körpers – Das leere Grab – Erscheinen in der Vision und in der Materie – Die künftige Auferstehung des Menschen – Das irdische Aussehen des Herrn – Zum Grabtuch von Turin

Über Träume und Märchen 23.4.1996 120
   I. Träume – Ihre 5 Quellen – Archetypen – Keine »Traumdeutung«
   II. Märchen – Zugehörigkeit zu Innenräumen – Kollektiv Bewußtes – Grausamkeiten

Kindergebete. Kindertaufe 1.5.1996 130

Übungen zur Aufhellung des Gemüts.
Michaelskapelle 7.5.1996 131

Der Sophien-Rosenkranz. Schweigen 14.5.1996 133

Pfingsten und die Hochzeit zu Kana.
Zur Kommunion 25.5.1996 138
    Die Verwandlung von Wasser in Wein – Die Wirkkraft des Herrn in der Verwandlung – Feiern der Pfingstwoche – Der Wein in der Kommunion – Wasser, Wein, Blut – Praktische Probleme und ihre Lösung – Jesu barsche Reaktion in Kana

Der Priester am Altar 28.5.1996 151

Der Friedensstern 31.5.1996 153

Umgang mit dem Doppelgänger 2.6.1996 155

Erlebnisse der Seele nach dem Sterben 12.6.1996 158
    Das »Purgatorium« – Das Lebenstableau – Wege zur Selbsterkenntnis

»Verlorene Seelen« 13.6.1996 164
    Ursachen – Auswege – zum Selbstmord

Wahrnehmen der Innenräume 24.6.1996 169
    Äußere und Innere Kirche – Übungen – Die Äußeren den Inneren nachgebaut – Tempel

Die 12 Engeldome 26.6.1996 172
    Liebe – Friede – Treue – Freude – Langmut – Sanftmut – Enthaltsamkeit – Bescheidenheit – Keuschheit – Güte – Geduld – Freundlichkeit

Schweigen der 12 Tugenden 8.7.1996 188

Die Symbolik des Kirchenraums 14.7.1996 190
    Altarraum – Längsachse – Fenster – Vertikale – Geschlossene Türen

Melchisedek. Über das Priestertum 19.7.1996 192
    Die Architektur des Himmels – Der Hohepriester – Anforderungen an den Priester – Anforderungen an jeden – Zur Macht Melchisedeks – Zum Bild Melchisedeks – Reich, Kraft und Herrlichkeit

Beim Königspaar von Raum und Zeit 28.7.1996 202
  Aspekte des Königspaares – Raumzeit – Schöpfung ist ständig – Zum sog. »Urknall« – Das Wachstum des Universums – Seine Eiform – Raum: geformter Inhalt – Zeit: Lebendigkeit – Zeit und Ewigkeit – Zur Relativität der Zeit – Sind Zeitreisen möglich? – Zur »Gleichzeitigkeit« – Geschichtsbewußtsein – Alter der Erde und des Universums – Wie alt ist der Mensch? – Das Ende der Zeit – Der Augenblick – Der Blick des Herrn

Vom rechten Maß 1.8.1996 219
  Stimmige Selbsteinschätzung – Augenmaß – Fasten – Die goldene Mitte

Religionen im Verhältnis zur Trinität 4.8.1996 223
  Der »Kreis der Religionen« – Mutterreligionen – Maria – Vaterreligionen – Gott im Judentum und im Islam – Der Vater im Christentum – Sohnesreligionen – Buddhismus und Christentum – Verständnis unter den Religionen – Zum areligiösen Milieu – Doppelgänger der Religionen – Islam als Prüfstein des Christentums – Zur Mission – Das catholon und die Kirche

Christi Verklärung 6.8.1996 245

Bildhaft beten 9.8.1996 247

Geburtstag im Dom der Freude 12.8.1996 250
  Der Dom der Freude – Geburtstagsfeier – Patenschaft für den Tag – Ein Geburtstagskalender

Der Sonnenengel und das Geheimnis der Zwölfheit 14.8.1996 257
  Gesamtseele und Einzelseele – »Gespaltene« Inkarnationen – Der Sinn der Zwölfheit

Über die Throne 4.9.1996 262
  Throne und »kleine Throne« – Throne »tragen« die Trinität – Die Intensität des Schweigens – Das Wirken der »kleinen Throne« – Der große Wurf und die Stufen

Die Ohnmacht der Hierarchien zur Linken 8.9.1996 ... 270
  Der Fall auf die Ebene der Exusiai – Luzifer – Innenräume sind geschützt – Es gibt keine dunkle Schöpfermacht – Das Licht ist schöpferisch, das Dunkel erschöpfend – Täuschungen über die

Macht des Dunkels – Die Angst vor dem Bösen – Zu den Anthroposophen

Allmacht und Güte 17.9.1996 277
Die Perspektive des Vaters – Gottvertrauen und menschliche Aktivität – Die Natur ist verletzt, aber nicht zerstört – Entwicklung und Freiheit – Zur Erlösungstat Christi

Beim Erzengel Michael 29.9.1996 286
Wie Michael streitet – Nicht selbst streiten – Unparteilich, nicht neutral – Politischer Streit – Kosmopolitismus – Der Sturz des Drachen – Das Lemniskatenkreuz – »Wer ist wie Gott?«

Vorbereitung auf den Advent 6.10.1996 296

Inspiration 13.10.1996 298
Die Werkstätten der Engeldome – Künstlerische und wissenschaftliche »Einfälle« – Materialisation – Der Gral – Passionswerkzeuge

Zur Bibel 20.10.1996 304

Die Innenräume der Schulterblätter 27.10.1996 305
Flügel und Gewand – Engel und Menschen – Der menschliche Auferstehungsleib – Sterben und endgültige Heimkehr

Das Wasser des Lebens 1.12.1996 310
Das Zentrum der Dome – Der »Wasserfall« – Das Zentrum des Zentrums – Das Wasser in den Innenräumen – Der Vater lebt – Teilhabe am Herzschlag des Vaters – Wasserträger sein – Übungen

Der Lobpreis der Throne 9.12.1996 317
Anbetung der Trinität – Staunen, Erkenntnis, Ehrfurcht – Übungen – Teilhabe

Die vier Erzengelsegen 22.12.1996 325

Beim Erzengel Raphael 27.12.1996 328
Der Raphaelsdom – Die Utensilien Raphaels – Das Wirken Raphaels

Zum Jahreswechsel 31.12.1996 331

Vorwort

Freundliche Leser haben gebeten, vorweg auf einige Fragen einzugehen, die das Nachwort zum ersten Band noch nicht hinreichend geklärt hat.

1. Von zwei Seiten her wird der christliche Ansatz dieses Engel-Kurses problematisiert. Die einen fragen, ob es nicht genügt, einfach die Bibel zu lesen, die anderen, ob die christliche Orientierung nicht den religiösen Horizont verengt.

Die Engel bejahen das christliche Glaubensbekenntnis Satz für Satz; sie wollen es uns glaubwürdig und überzeugend machen. Manche moderne Theologen, denen es darum geht, den Kirchenbetrieb ohne seine Glaubenssubstanz aufrechtzuerhalten, werden darüber den Kopf schütteln; sie täten besser, von den Engeln zu lernen.

Die Engel haben diesen Kursus aber nicht gegeben, um die Heilige Schrift zu ersetzen, sondern um den Zugang zu ihr zu erleichtern. Die Theologie steht ja vor dem Problem, daß die Verfasser der Bibel einerseits inspiriert das Wort Gottes niederschrieben, es aber andererseits in ihre Sprache und weltbildlichen Vorstellungen einkleideten. Z. B. gibt die Bibel keine zuverlässige Auskunft über den Lauf der Gestirne oder über die Evolution. Fragen dieser Art zu klären, ist Aufgabe der menschlichen Wissenschaft und Forschung. Auch sind die alttestamentlichen Berichte über Kriege und archaische Rechtsvorstellungen gewiß nicht als moralische Anweisungen an uns zu verstehen. So wirft die Bibel Fragen der Interpretation auf: Was ist ihre Botschaft, was ist zeitbedingte Einkleidung? Die Theologie sucht diese Fragen mit den Instrumenten des Intellekts zu klären: z. B. mit historischer Forschung, Sprachanalyse, Religionsvergleich, der Einbettung in antike Mythen, der tiefenpsychologischen Deutung usw. Sie stößt dabei an die Grenze ihrer Möglichkeiten. Nicht wenige Theologen haben einen Satz des Glaubensbekenntnisses nach dem anderen fallen lassen, samt allem, was dazugehört. Seit Anfang des 19. Jahrhunderts galt es zunehmend als »modern«, der Kirche hauptsächlich noch einen volkspädagogisch-moralischen Sinn beizulegen.

Den Engeln schien es an der Zeit für eine neue und realistische *Aufklärung* über Sinn, Inhalt und Wahrheit dessen, was Religion im allgemeinen und die christliche Religion im besonderen dem heutigen Menschen zu sagen hat. Wenn einer dessen nicht bedarf und mit der Heiligen Schrift angemessen umzugehen weiß – um so besser. –

So sehr die Engel das Leben in und mit der Kirche befürworten: Sie wenden sich auch an Menschen, die der Kirche oder der christlichen Tradition im ganzen oder jeder institutionalisierten Religion oder überhaupt jeder Art von Religiosität fernstehen. Sie *achten andere Religionen* und sehen einen Sinn darin, daß Menschen in verschiedene Kulturkreise hineingeboren werden. Sie sehen in jedem Menschen ein Kind des Vaters, dazu bestimmt, dereinst zu ihm heimzukehren. Sie nehmen seine Fragen und Probleme ernst, respektieren seine Freiheit und die Wege, die sein Suchen nimmt. Sie schützen, führen und begleiten auch den, der an ihre Existenz nicht glaubt und ihnen niemals dankt. Sie verlassen selbst den nicht, der sich bewußt auf das Nicht-Lichte ausrichtet. Sie arbeiten dafür, daß sich alles zum Guten wendet.

2. Es läßt sich nicht vermeiden, daß das Studium dieses Engel-Kurses dem Leser Konzentration und Geduld abverlangt. Der Leser wird zwar merken: Während die Inhalte von Band zu Band immer großartiger und bedeutsamer werden, wird die

Sprache einfacher und klarer. Wir haben gelernt, bessere Fragen zu stellen. Aber auch die Engel, die mit dieser Art theoretischer Darlegungen noch wenig vertraut waren, haben gelernt, sich auf unseren »modernen« Fragestil einzustellen. Doch ihre Worte erschließen sich nach wie vor nur dem, der sich ernsthaft in sie versenkt.

Wesentliche Aspekte der Engel-Weisheit waren zahlreichen großen Lehrern, Heiligen, Ordensgründern, Kirchenvätern, Mystikern aus vielen Jahrhunderten bekannt. Kenner von deren Schriften haben uns öfters darauf hingewiesen und uns damit freudig überrascht. Neu ist vor allem die weniger bildhafte, eher darlegende Form. Die Engel erläutern diese Weisheit in einer Weise, die sie dem »heutigen Menschen« verständlicher zu machen sucht. Sie falten sie auf, erklären den Kontext, in dem sie uns erfahrbar wird. Da kann man keine leichte Lektüre erwarten; aber die Mühe wird sich lohnen.

Bücher solcher Art begleiten den Leser ein Leben lang und werden immer wieder zur Hand genommen. Sie erschließen sich dem Verständnis nur allmählich, mal mit dieser, mal mit jener Stelle, je nach der individuellen Lebenssituation. Das Leben wird dem Leser die entsprechenden Erfahrungen zuspielen. In dem Maße, indem er das Gesagte *ins Leben umsetzt*, wird ihm der Inhalt zu seiner eigenen persönlichen Erfahrung. Mit der Zeit wird der anfangs schwierig erscheinende Text verblüffend einfach erscheinen – fast, als ob alles ganz selbstverständlich wäre.

3. Wenn uns also die Engel auch *alte Weisheit in neuer Gestalt* vermitteln, so ist damit nicht gesagt, daß alles der christlichen Tradition altvertraut wäre. Sie fügen für den, der dafür aufgeschlossen sein mag, auch Neues hinzu, allerdings ohne jede Aggressivität, d. h. ohne den Anspruch, es sei unverzüglich zu akzeptieren und zu integrieren.

So greifen die Engel die bisher vorwiegend im fernöstlichen Kulturbereich bekannte Chakrenlehre auf, die sie klären und weiterentwickeln: Bei den Chakren handelt es sich um »*Innenräume*« des Menschen. Das Verständnis dafür ist für den gläubigen

Christen nicht essentiell, wird sich aber als fruchtbar erweisen: für das Selbstverständnis des Menschen und die Vorstellbarkeit seines Lebens nach dem Sterben, für die Frage: Was bedeutet genau der »göttliche Funke« oder »Christus in mir«?, auch für praktische, z. B. ärztliche Fragen, insbesondere im Bereich der Psychotherapie. –

Ferner werden wir mit den *Naturgeistern* vertraut gemacht, die vielen Religionen und Kulturen bekannt sind, uns aber nur in Sagen, Märchen und literarischen Werken (z. B. von Shakespeare, Goethe, Heinrich Heine) begegnen. Zwar weist das Evangelium auf Ansprechbarkeit und Bewußtheit der Natur hin (z. B.: er befahl den Winden, dem Wasser, dem Berg; die Sonne verfinsterte sich, die Erde erbebte, der Fels spaltete sich). Gleichwohl gelten Naturgeister in der christlichen Tradition als »bloß märchenhafte« Gestalten.

In der wissenschaftlich-technischen Zivilisation finden sie erst recht keine Beachtung. Viele unserer ökologischen Probleme werden leichter lösbar, wenn wir sie in ihrer naturverbundenen Realität kennen und ernst nehmen lernen. Die Auffassung: was man bisher nicht gewußt hat, brauche man auch weiterhin nicht zu wissen, wird von den Engeln nicht geteilt.

4. Ein Punkt, der Theologen die Stirn runzeln läßt – und zwar »moderne« und traditionsverbundene gleichermaßen –, ist die Selbstverständlichkeit, mit der die Engel von *mehreren Erdenleben* der menschlichen Seele ausgehen. Für die Engel ist das einfach eine Gegebenheit: Menschen sammeln Erfahrungen in verschiedenen Epochen, Religionen, Kulturen, Lebenssituationen; das ist eine Bedingung der Entwicklung. Damit werden die künftige Auferstehung und die Heimkehr zum Vater nicht in Frage gestellt.

Ob der Mensch ein oder mehrere Erdenleben durchläuft, ist eine Tatsachenfrage, über die eine Autorität so wenig »entscheiden« kann wie über die Evolution oder den Lauf der Gestirne. Weiß man nicht, ob die Frage zu bejahen oder zu verneinen ist, und kennt man keine Methode, sie eindeutig zu beantworten, so kann man sie vernünftigerweise nur dahingestellt sein lassen.

Die Engel bejahen diese Frage, machen das aber nicht zu einer religiösen Lehre, schon gar nicht zu einer, der besondere Beachtung gebührte. Sie setzen die mehrfachen Erdenleben einfach voraus, so wie es ja auch Jesus und seine Jünger getan haben (s. z. B. Matth. 11,14; 16,14; 17,12 f. Zu dieser Thematik und weiteren biblischen Beispielen s. das Kapitel »Reinkarnation und biblischer Glaube« in Martin Kriele, Anthroposophie und Kirche, Verlag Herder 1996, S. 64 –80).

5. Noch problematischer mag es traditionsverbundenen Theologen erscheinen, daß Gott für die Engel nicht nur eine väterliche, sondern auch eine mütterliche Seite hat. Dies lehrt freilich auch die Bibel: »Gott schuf den Menschen nach seinem Bilde, nach dem Bilde Gottes schuf er ihn, als Mann und Frau schuf er sie« (Gen. 1,27). Ein Aspekt der göttlichen Mutter ist für die Engel die himmlische Sophia, die von sich sagt: »Mich hat Jahwe erschaffen als Erstling seines Waltens, als frühestes seiner Werke von urher. Ich ward vor aller Zeit gebildet, von Anbeginn, vor den Uranfängen der Erde« (Spr. 8,22 f.).

Die *göttliche Mutter* hat in der Ostkirche weit mehr Anerkennung gefunden als in der westlichen (s. z. B. W. Solowjew, P. A. Florensky), ihre Verehrung wirkt allerdings auch in die katholische Marienfrömmigkeit hinein (s. Thomas Schipflinger, Maria-Sophia, Eine ganzheitliche Vision der Schöpfung, 1988; Wunderwelt der Engel, Welt der Liebe und der Weisheit, 2000). Sie spielt aber auch im Westen eine eigenständige Rolle, besonders ausgeprägt bei Jakob Böhme und der von ihm beeinflußten Mystik und Philosophie, im katholischen Raum u. a. bei Valentin Tomberg (Die Großen Arcana des Tarot, mit einer Einführung von Hans Urs von Balthasar, Verlag Herder).

Die Lehre von der mütterlichen Seite Gottes wird für den, der sich kontemplativ auf sie einläßt, etwas sehr Einleuchtendes haben. Sie führt aber zu einer Ergänzung, in gewisser Weise sogar Modifikation der klassischen Trinitätslehre und weckt bei Theo-

logen verständliche Reserve. Wir haben deshalb die Engel gefragt, ob es unerläßlich ist, darauf einzugehen. Sie haben diese Frage mit aller Entschiedenheit bejaht; sie halten es sogar für besonders wichtig, ihr Bild der Trinität zu vermitteln und zu erläutern. Das tun sie in diesem Band mehrfach und ausführlich.
– Man kann nur bitten, nicht zu urteilen, ohne ihre Darlegungen unvoreingenommen gewürdigt zu haben.

6. Ein Problem ist für manche Leser die Konkretheit, in der die Engel auftreten und mit der sie von den himmlischen Gegebenheiten, z. B. den 12 Engeldomen sprechen. Sie sind freilich nur den inneren Augen »sichtbar«, und zwar am besten bei geschlossenen Augen. Die Beschreibung eines Engels mit Gesicht, Größe, Farbe des Gewandes usw. ist als Vorstellungshilfe zu lesen, sie besagt: Wenn er in äußerer Gestalt erschiene, dann sähe er etwa so aus. Die Engel präsentieren sich gern *menschenähnlich*, damit wir uns – bei aller Distanz und Ehrerbietung – nicht fürchten, sondern eine möglichst unbefangene Kommunikation aufnehmen. Die Engel werden auch in der Bibel und – mit Recht – in der gesamten christlichen Kunst menschenähnlich dargestellt.

In gleicher Weise beruht die Beschreibung unserer Innenräume und der himmlischen Orte nicht auf einer Vergegenständlichung, sondern auf dem Versuch, durch *Analogie* zu irdischen Gegebenheiten eine menschengemäße Vorstellung zu vermitteln und Vertrautheit zu erleichtern.

In Wirklichkeit sind himmlische Wesen und Örtlichkeiten natürlich nicht lokalisierbar – weder auf Erden noch im Weltraum. Sie haben keine räumliche Ausdehnung, so wenig wie unser geistiger Wesenskern mit seinem Selbstbewußtsein, seinen Gedanken, Gefühlen, Wünschen oder Träumen.

Auch wir sind ja Geistwesen, wenn auch mit dem Unterschied, daß der physische Leib, solange wir mit ihm durchs Leben gehen, wesensmäßig zu uns gehört. Würden wir uns vollständig mit ihm identifizieren, wie es die doktrinäre materialistische Weltanschauung verlangt, so wäre uns ein Leben nach dem Sterben nicht denkbar. Halten wir es aber für möglich, daß wir uns nahestehende Menschen dereinst »wiedersehen« werden, so sollte es uns auch vorstellbar erscheinen, Engel »sehen« zu können.

7. Eine weitere Schwierigkeit besteht für manche Leser darin, daß die Engel *Individualität* haben, einen Namen tragen, verschiedene Aufträge und Aufgaben haben, verschiedene Aspekte der Trinität repräsentieren, aus verschiedenen himmlischen Orten und Hierarchien stammen. Man kann nur antworten: So ist es aber.

Manche Menschen stellen sich den Himmel, sofern sie überhaupt an ihn glauben, lieber wie ein kosmisches Lichtmeer ohne Struktur und Ordnung vor. Dort hinein werde sich die menschliche Seele heim Sterben auflösen, so daß sie ihre Individualität verliere. Diese Vorstellung führt dann zu der Konsequenz, daß der Himmel auch nicht von individuellen Engeln erfüllt sein werde. Der Himmel sei entweder leer, oder die Engel bildeten ein undifferenziertes Lichtfeld ohne konkrete Bedeutung für uns.

Der Vorteil dieser Vorstellung soll darin liegen, daß dem religiös orientierten Menschen während seiner Erdenzeit der Zugang zu Gott nicht durch eine komplizierte Himmelswelt verstellt werde. Er sei »unmittelbar zu Gott«, d. h., Gott trete mit ihm nicht etwa durch Beauftragte und Bevollmächtigte in Kommunikation. Wenn ein Kind z. B. betet, die Klassenarbeit möge gelingen und der Banknachbar möge wieder lieb sein, so werde sich der Schöpfer und Herr des Universums selbst darum kümmern.

In Wirklichkeit werden Schutzengel und Führungsengel des Kindes das tun. Sie tun das, weil sie von Gott dazu geschaffen und eingesetzt sind und stellen sich nicht trennend zwischen Gott und das Kind. Die Vorstellung, der Mensch stehe in jeder Lebenssituation Gott unvermittelt gegenüber, trennt den Menschen von seinen realen Beziehungen zur Welt des Himmels, aber auch von der Gemeinschaft der mit ihm auf Gott zuwandernden Menschen in Tradition und Gegenwart. Das macht ihn einsam, unglücklich, undankbar, verständnislos für die Wirklichkeit und letztlich ungläubig (s. dazu:»Unmittelbar zu Gott«?, 10.3.96).

Ein kritischer Leser berief sich auf die Autorität der heiligen *Terese von Avila*, die gesagt hat:»Gott allein genügt«. Sie sprach aber nicht von der Entbehrlichkeit der Engel, sondern von den Freuden und Wonnen, die ihr Gott bereitet hat und die ihr alle irdischen Wonnen daneben nichtig erscheinen ließen. Sie berichtet, daß Engel sie darüber belehrt haben, während sie ihr die innere Stigmatisierung beibrachten. Sie gehört zu den großen Lehrern, die uns aus Erfahrung über den Umgang mit Engeln und über die Kunst der Unterscheidung der Geister unterrichtet haben.

8. Die *Unterscheidung der Geister* ist für manche Leser nach wie vor ein Problem: Wie können wir uns vergewissern, daß wir, wenn wir den Engeln vertrauen, nicht einer Illusion erliegen, daß wir uns weder von Projektionen unseres Unterbewußtseins täuschen lassen noch womöglich von zwar realen, aber nichtlichten Wesen? Diese Frage kann man in der Tat nicht ernst genug nehmen; auch wir haben sie uns wieder und wieder gestellt, sie aber auch beantwortbar gefunden. Valentin Tomberg hat sie ausführlich erörtert (Die Großen Arcana des Tarot, 15. Brief), und das Nachwort zum ersten Band dieses Werkes hat einiges dazu gesagt (S. 319 ff.). Doch erscheinen noch einige Ergänzungen angebracht.

Soweit die Engel in konkreten Lebenssituationen den fragenden Menschen Informationen und Hinweise gaben, ließ sich nachträglich überprüfen, ob das, was sie gesagt haben, richtig war und ob es die Situation für alle an ihr Beteiligten – ausnahmslos! – zum Lichten hin gewendet hat. Die Erfahrung hat unser Vertrauen bestätigt und bestärkt.

Wichtig ist, daß der Mensch im Gespräch mit Engeln stets *klares Bewußtsein und Urteilskraft* bewahrt. Er kann dann auch Rückfragen stellen und Zweifel äußern. Dies hat ja auch Maria gegenüber Gabriel getan (»Wie kann das geschehen?« Luk. 1,34), ohne andererseits in prinzipiell unübersteigbarem Mißtrauen zu verharren. Unkontrollierbar und gefährlich ist alles, was mit Trance oder mit einem »chanelling« zu tun hat, das nicht auf einem freien und voll bewußten Dialog beruht, sondern auf sog. »Durchsagen«, bei denen sich ein Geistwesen eines Menschen instrumentell bedient.

Nicht selten werden die Menschen dann mit der Vorhersage von Katastrophen geängstigt oder mit der Aufforderung zu Liebe und Umkehr abgespeist, oder sie werden mit Botschaften beeindruckt wie z. B.: Es gehe darum, »daß du ganz bewußt erfährst und begreifst, daß du Gott bist«.

Doch auch die Form des Dialogs bietet noch keine Gewähr dafür, daß der Dialogpartner eine lichte Gestalt ist und für den Himmel spricht. Er kann ein Spaßvogel sein, der höchst geistreich, kunstvoll und einfühlsam viele zutreffende und sympathische Dinge sagt und in dem so geschaffenen Klima des Vertrauens den Menschen an der Nase herumführt. Er macht ihn z. B. glauben, die Vorstellung von der Hierarchie der Engel sei ebenso überholt wie die Tradition religiöser Gemeinschaft; die mühsamen Wege der geistigen Erfahrung in Anbetung, Kontemplation und Disziplin seien überflüssig, wenn man nur einfach sich selbst verwirkliche. In einem Fall gab sich der Listige nach mehrbändigen Dialogen sozusagen mit Siegel und Unterschrift zu erkennen, indem er das Vaterunser – den sichersten Schutz gegen solchen mephistophelischen Unfug – umkehrte und auf die »mit Gott eins seienden Menschen« bezog: »... Denn euer ist das Reich und die Macht und die Herrlichkeit in alle Ewigkeit ... Geh nun und sei dein höchstes Selbst« usw.

Was er mit einem solchen Dialog sagen will, interpretiert Valentin Tomberg anhand eines ähnlichen Falles so: »Sie, die Sie wenig halten von dem Bemühen der Wissenschaft, von der Welt des Denkens von Platon bis Kant, von den Schätzen echter Zeugnisse der großen Mystiker, von den Reichtümern der hermetischen Tradition und von den Heiligen Schriften, den

Sakramenten, dem Blut und dem Schweiß von Gethsemane, dem Kreuz auf dem Kalvarienberg, der Auferstehung, nehmen Sie also, was Sie sich wünschen, Bände voll Banalitäten, dargeboten auf hochtrabende Art, und Ihnen mitgeteilt, wie Sie es wollten, auf außergewöhnlichem Wege« (Die Großen Arcana des Tarot, S. 465).

Im Umkehrschluß: Was die Lehre der Engel glaubwürdig macht, ist gerade, daß sie sich über die *Tradition* nicht geringschätzig hinwegsetzt, sich vielmehr in sie hineinstellt, daß sie die Philosophie, die Mystik und Hermetik, die Heiligen Schriften, die Sakramente der Kirche, ihre Lehre z. B. von Passion und Auferstehung ehrfürchtig anerkennt und ernst nimmt, daß sie lehrt, zu beten und den Segen des Himmels zu erflehen, daß sie zwar der kritischen Urteilskraft Raum gibt, die Tradition aber nur in behutsamen Schritten weiterzuführen unternimmt.

Ein weiteres Kriterium für die Wahrhaftigkeit und Wahrheit der Engellehre schließlich ist die *Wirkung*, die sie auf Gemüt und Willen ausübt, vor allem, wenn man die angegebenen Übungen tatsächlich macht. Einerseits »erdet« sie, erlaubt kein »Abheben«, sondern hilft zum lebenspraktischen Umgang mit der irdischen Existenz. Andererseits öffnet sie Herz und Sinn für alles Wahre, Schöne und Gute im Himmel und auf Erden. Und sie erfüllt den Menschen, der sich davon berühren läßt, zwar mit Heimweh, aber auch mit Hoffnung, Dankbarkeit und Freude.

Martin Kriele
Pfingsten 2000

Donnerstag, 15. 2. 96

Überblick über Engelgruppen

Ein uns bisher noch unbekannter, sehr machtvoll wirkender Engel: Wenn ihr zum Sternenhimmel aufschaut und sein Anblick euch mit Andacht erfüllt, so wendet ihr euch dem Vater zu. Nicht anders ist es, wenn ihr den Kosmos der Engel betrachtet. Auch dieser ist vielfältig und vielgestaltig wie der Sternenhimmel. Auch mit dem Blick auf ihn wendet ihr euch zum Vater hin. So wie sich die Menschen im Sternenhimmel zu orientieren vermögen, so sollten sie auch Orientierung in der Welt der Engel suchen.

Ihr wißt, daß sie in neun »Hierarchien« oder dreimal drei »Chöre«, also drei »Triaden« gegliedert sind: Engel im engeren Sinn des Wortes, Erzengel, Archai (3. Triade), Exusiai, Dynameis, Kyriotetes (2. Triade), Throne, Cherubim, Seraphim (1. Triade). Ihr wißt aber auch, daß es auf der unteren Stufe der Engel, also in der neunten Hierarchie, viele Gruppen gibt, die verschiedene Aufgaben haben und mit denen ihr in verschiedener Weise zusammenarbeiten könnt.
1. Ihr kennt die Engel oder engelhaften Wesen, die mit jedem von euch individuell verbunden sind und euch durchs Leben begleiten: den Schutzengel, den Führungsengel, den betenden Engel am Altar eurer Inneren Kapelle (im sog. »Herzchakra«). Auch andere Engel wirken in euren Innenräumen, u. a.: in der Inneren Kapelle Bruder Tullian, in den beiden Türmen (im »Halschakra«) der Marien- und der Sophienengel, im

»Stirnchakra« der Innere Weise, ferner der Engel an der Quelle, der Engel in der Krypta, der das Innere Kind trägt, der Engel am Brunnen auf der Insel des Inneren Meeres. Auf der Ebene der Exusiai findet sich euer Sonnenengel, über den ihr noch Wichtiges erfahren werdet (s. 14.8.96).
2. Ihr kennt die Friedensengel aus dem Friedensdom, einige von ihnen namentlich – z. B. Nadjamael, Elion, Cornelion, Pomelion, Morael. Im Friedensdom finden sich auch Werkstätten, wo Engel die Entwürfe für Werke der Kunst, der Dichtung, der Musik herstellen und von wo aus sie die Meister auf Erden inspirieren (s. 13.10.96). Der Friedensdom ist einer von 12 Engeldomen (s. 26.6.96). Auch in den anderen elf gibt es vergleichbare Werkstätten.
3. Ihr kennt einige der Erzengel und wißt, daß Scharen von Engeln in ihrem Dienst stehen und in ihrem Auftrag zu den Menschen kommen. Ihr könnt sie um Hilfe für euch und für andere bitten, z. B. Raphaelsengel in Fragen der Heilung, Michaelsengel in Fragen eines Streites. Auch zu den höheren Hierarchien, aber auch zum Dom der Heiligen, zum Hohen Rat und anderen Stätten des Himmels, ja auch zu den Wesen der göttlichen Trinität selbst gehören Engelscharen, die in ihrem Auftrag wirken oder Botschaften übermitteln. Zahlreiche andere Engelgruppen werdet ihr noch kennenlernen.

Wo immer Engel den Menschen begegnen, wirken sie in irgendeiner Weise heilsam. Sie bewirken eine Zunahme
a) an Bewußtsein,
b) an Dankbarkeit,
c) an Mut und zugleich Demut,
d) an Freiheit, d. h., sie verhelfen zur Befreiung von den Hierarchien zur Linken, von ihrer Programmierung der Gedanken und Gefühle, aber auch von Bindungen, die nicht zu den Gegebenheiten eures Lebens passen,
e) an Gehorsam gegenüber dem Himmel.

Dies alles aber setzt Wahrnehmungsvermögen voraus, und deshalb zunächst einmal eine Hinwendung zum Himmel. Was die Menschen dann wahrnehmen, sind i. d. R. die Engel, seltener nur den Sohn, die Mutter oder gar den Vater unmittelbar.

Die Fastenzeit ist für alle Engel eine Zeit des Gehorsams. Sie sind zwar immer gehorsam, aber es ist eine Zeit der besonderen Vergewisserung, daß Gehorsam ist und bleibt. (Der Engel zieht sich zurück.)

Führungsengel: Euer Gesprächspartner stammt aus den Scharen des Metathron. Er spricht in Vertretung des Vaters. Er erscheint selten. Metathron ist ein Erzengel, der weniger bekannt, aber sehr mächtig und streng ist.

Sonntag, 18. 2. 96

Die Neben-Innenräume und ihre Bewohner

Bruder Tullian (s. Bd. I, S. 79): Am 20.2. ist Jahrestag des Buchbeginns. Es begann mit einer Einführung in die Innere Kapelle. Heute feiern wir dort zunächst einen Gottesdienst. In den Bänken sitzen die Wesen aus euren Innenräumen, auch solche, die ihr noch nicht kennt. Es gibt nämlich außer den Haupt-Innenräumen auch Nebeninnenräume. Es ist zunächst die Rede von den Haupt-Nebeninnenräumen – (es gibt noch andere, aber die interessieren uns im Moment noch nicht). Diese und die in ihnen wohnenden Wesen werdet ihr jetzt kennenlernen.

1. In den Füßen befinden sich die Innenräume mit den *Eremiten*, und zwar wohnen im linken Fuß: die Eremitin, im rechten Fuß: der Eremit. – Ihr solltet sie besuchen. Es ist eine schöne Wanderung durch die Natur. Sie hausen in einer Eremitage. Fragt sie nach ihrem Wissen, ihrem Können, ihrer Tätigkeit.

Die Eremiten sind i. d. R. große Kenner und Liebhaber der Natur und werden von der Natur wiedergeliebt. Sie helfen euch, mit der Natur zu sprechen – mit Vögeln, Bäumen, dem Bach, einem kranken Tier. Sie übersetzen euch das Gespräch. Sie helfen euch, die Natur zu verstehen. Sie erklären euch z. B. Heilwirkung und Verträglichkeit von Früchten, Wurzeln, Kräutern, Pilzen. Überhaupt: Wer mit der Natur arbeitet, sollte in gutem Kontakt mit ihnen stehen. Respektiert aber, wenn sie gerade in Ruhe gelassen werden möchten.

2. In den Knien öffnen sich die Innenräume nach hinten. In diesen kleinen Innenräumen befinden sich zwei *Handwerker.* Sie geben euch Hilfen in der praktischen Meisterung des Lebens und Arbeitens. Sie sind für euch da und für euch ausgewählt. Ihr könnt sie in andere Innenräume einsetzen und bitten, dort zu arbeiten, z. B. einen Gärtner an die Innere Quelle, einen Stukkateur, Maler, Schnitzer oder Orgelbauer in die Innere Kirche; ein Schreiber könnte beim Inneren Weisen schöne Handschriften fertigen. Sie sind bereit, eingesetzt zu werden, aber auch, euch Tips zu geben. Es können ältere Meister sein, möglich ist aber auch, daß links ein Mägdlein, rechts ein Bursche wohnt, junge, muntere Gesellen, die sehr aktiv sind und die euch, wenn ihr traurig seid, mit Müllerslust ein Liedchen pfeifen.

Sie lehren euch z. B. Geduld, Fingerfertigkeit, Beobachtungsgabe, Rhythmus, Genauigkeit, Kraft, Training: Wie wird man mit praktischen Problemen fertig?

Sie lehren euch aber auch noch andere Tugenden, die ihr fürs Leben braucht: Verhaftung in der Realität, Genügsamkeit, Rechtschaffenheit, Einbindung in die Tradition und alles, was die Ehre des Handwerks ausmacht. Und sie lehren euch, die Gleichförmigkeit des Alltags mit seinen Wiederholungen in Ruhe, Sicherheit, Stabilität, Einsicht in die Notwendigkeiten zu bestehen, ohne zu ermüden und verdrossen zu werden.

Wenn ihr Kindern ein Geschenk machen wollt, macht mit ihnen – vor allem in der Herbst- und Adventzeit – Besuche bei Handwerkern und laßt sie zuschauen beim Zimmern, Backen usw. Das Leben hat für jeden Aspekte des Handwerks: der Mensch bedarf seiner Tugenden. Das Kind, das mit ihnen vertraut gemacht wurde, wird sein Leben lang davon zehren.

3. In den Handinnenräumen habt ihr eure *Eltern* wohnen: links die Mutter, rechts den Vater. Sie wohnen dort, auch wenn sie noch auf Erden weilen. Sie leben etwa in dem Alter, in dem sie sich befanden, als ihr geboren wurdet. Sonst haben sie dieselben Züge wie in der äußeren Wirklichkeit, aber ohne ihre Doppelgänger.

Es ist wichtig, daß Menschen ihre Eltern kennen und das Verhältnis zu ihnen in Ordnung bringen. Ist es in der Außenwelt ein schwieriges Verhältnis, so kann man sich in der Innenwelt mit ihnen aussöhnen, sie trotz der Fehler, die sie haben mögen, lieben und achten, ihnen alles vergeben. Es ist unheilvoll, wenn man sich von den Eltern im Unfrieden lossagt. Man wird dann gewissermaßen »handlos«, so wie Menschen auch »kopflos« werden können. Man wird dann handlungsunfähig, als hätte man die Hände nicht. Wer sich auch noch von den Eremiten lossagte, täte lauter Dinge »ohne Hand und Fuß«. Ihr habt ja oft beobachten können: Betont selbständig sein wollen und sich deshalb von den Eltern distanzieren, macht in Wirklichkeit schwach und unselbständig.

Allerdings kann man leibliche Eltern durch angenommene Eltern-Kind-Verhältnisse ersetzen, in denen beide sich gegenseitig annehmen, wie Joseph und Jesus. Wer gar keine Eltern kennt, kann sich helfen, indem er sich eine Mutter und einen Vater vorstellt.

Habt zum Ziel, wahrzunehmen und euch bewußt zu machen, daß durch die Gesichter eures Vaters und eurer Mutter – als wären sie durchsichtig – der himmlische Vater und die himmlische Mutter hindurchscheinen. Das Gute der Eltern wird immer bedeutsamer, ihre Mängel werden immer unwichtiger. Der Weg zu den himmlischen Eltern wird durch die irdischen Erfahrungen von Väterlichkeit und Mütterlichkeit gebahnt. Ohne diese Erfahrung ist der Zugang zu ihnen sehr viel schwerer.

4. In den Ellbogenbeugen wohnen zwei *Künstler*: Dichter, Maler, Komponisten, Schauspieler, Bildhauer, Tänzer oder auch Clowns, Harlekine, Seiltänzer. Häufig sind auch sie links weiblich, rechts männlich.

Sie leben von Inspiration. Ihr könnt auch von ihnen lernen: z. B. lehrt euch der Maler die Gesetze des goldenen Schnittes, der Poet die Stile und Versformen. Vom Akrobaten lernt ihr Geschmeidigkeit, vom Seiltänzer Schwindelfreiheit. Musiker, Clown und Harlekin haben die Fähigkeit, Menschen durch ihre Kunst zu berühren, zu erfreuen, zum Lachen oder zum Weinen zu bringen.

Vor allem aber lernt ihr von ihnen Originalität, Spontaneität, die Bereitschaft, sich der Inspiration zu öffnen, einzigartig zu sein – in Ergänzung zu der von den Handwerkern gelernten Tugend, mit Gleichförmigkeit und Wiederholungen des Alltags umzugehen. Zwar sind Künstler zugleich auch Handwerker und müssen ihr Handwerk verstehen, aber sie leben euch zugleich vor, daß jeder Tag auch einmalig und unwiederholbar ist. Während der Handwerker in seiner Rolle ersetzbar ist, einer von vielen, nichts Besonderes – und Gleiches erlebt ihr in vielen Berufen –, seid ihr doch zugleich ein Original, seid täglich einmalig. Beides will gleichermaßen verstanden und gelebt sein. Das Leben ist eingespannt zwischen die Pole Handwerk und Kunstwerk. – Ich rate euch deshalb, mit euren Kindern nach Möglichkeit auch Künstler in der Außenwelt zu besuchen und ihnen bei der Arbeit zuzuschauen.

5. Die geheimnisvollsten unter den Neben-Innenräumen sind die in den *Schultern*. Die Wesen, die dort wohnen, bilden eine Entsprechung zu den Eremiten. In der linken Schulter wohnt ein Wesen, das euch die Muhme schickt, die der weiblichste Aspekt der himmlischen Mutter ist: die große Mutter, die Großmutter, die erfahrene, geprüfte, gestandene Frau. In der rechten Schulter wohnt ein Wesen, das euch der Sohn schickt, und zwar in seinem Aspekt des Erlösers. Das Muhmenwesen ist dem Mond verwandt, das Sohneswesen der Sonne.

So wie euch die Eremiten auf der Erde halten, so halten euch das lunare und das solare Wesen aufrecht. Sie machen euch leicht, damit ihr von der Last des Lebens – z. B. von Leid, Schmerz, Schuld, Verantwortung – nicht niedergedrückt werdet.

Zugleich bemühen sie sich darum, euch in einer harmonischen Polarität zu halten, euch vor Einseitigkeit zu bewahren. Während von Kopf bis Hals die Senkrechte dominiert, breitet ihr euch in Schulterhöhe markant auffällig in die Horizontale aus und könnt, wenn ihr die Arme ausstreckt, eure größte Spannweite erreichen. Die Schultern sind der Ort, wo ihr nach der einen oder der anderen Seite hintendieren könnt. Dem entspricht die Gefahr, daß ihr euch einseitig dem einen oder anderen der Pole zuneigen könnt, zwischen die ihr gespannt seid. Ihr werdet z. B. zu männlich oder zu weiblich, orientiert euch zu sehr an der Zukunft oder der Vergangenheit, zu sehr an Vernunft und Logik oder an Empfinden und Intuition, zu sehr an formaler Sachlichkeit oder an poetischer Bildhaftigkeit, zu sehr am Klaren und Einleuchtenden oder am Phantasievollen und Faszinierenden, zu sehr an Erkenntnis des Sichtbaren oder der dahinterliegenden Zusammenhänge, zu sehr an Tag oder Nacht, an Feuer oder Wasser, an Sonne oder Mond. Die beiden Schulterwesen halten euch im *Gleichgewicht*.

Wer Sohn oder Mutter bewußt ablehnt, macht ihnen ihr Wirken schwer. Dann wird das Leben zunehmend als belastende, bedrückende Erfahrung empfunden. Die Ablehnung des mütterlichen Wesens unterbindet das Gefühl für Lebensenergie, die des Soneswesens das Bewußtsein des Lebenssinns. Ihre Anerkennung hingegen führt zu einem Gefühl von *Leichtigkeit* selbst in widrigen Umständen – gespeist aus den Kräften des Durchstehens und des Verstehens, die ein aufrecht stehendes Wesen ausmachen: Man wird leicht und freudig seinen Weg gehen.

Wollt ihr die Wesen sehen, die in den Schulterchakren wohnen, so könnt ihr zu ihnen aus der Inneren Kirche hinaufblicken. Stellt euch so vor den Altar, daß ihr links oben die rechte Schulter habt. Ihr erblickt in der Ecke ein – vielleicht bemaltes – Glasfenster und durch dieses einen Engel und habt das Gefühl: dort ist ein Sonnenwesen. Entsprechend erblickt ihr rechts oben – in der linken Schulter – das Mondenwesen.

Ihr solltet bei allen 10 Bewohnern der Neben-Innenräume einige Tage lang Besuch machen, immer ein, höchstens zwei Paare pro Tag. Die Vertrautheit mit diesen Wesen ist die Voraussetzung für den weiteren Aufstieg. Sie eröffnet euch neue Horizonte und neue Arbeitsmöglichkeiten.

Die Bewohner aller eurer Innenräume bilden eine kleine Gemeinde, die sich zu allen Festen und Gottesdiensten in eurer Inneren Kirche gern versammelt.

Mittwoch, 21. 2. 96 (Aschermittwoch)

Die göttliche Sophia und der Innenraum mit dem Sophienengel

(Ein »Marien-Sophienengel« ist anwesend. Er wirkt eher männlich oder androgyn, hat ein strenges Gesicht, große, nach hinten ausladende Flügel. Sein Gewand ist bordeauxrot mit goldenen Verzierungen. Er trägt einen goldenen Stab oder Lichtstrahl in der Hand:) Der Aschermittwoch, das wird sehr selten erwähnt, ist der Tag der Sophia. Es ist der Beginn der Fastenzeit und damit der Besinnungszeit, also ein Tag der Demut.

Die göttliche Mutter hat ja, wie ihr wißt, drei Aspekte:
1. Sophia: die Weisheit,
2. Maria: die Jungfrau, die Gebärerin,
3. die Muhme: die Bewahrerin des Kreislaufes.

Der heutige Tag ist der Tag der Sophia und damit zugleich der Anna, denn in ihr war nicht nur die himmlische Muhme, sondern auch die himmlische Sophia präsent und wirksam. Der Aschermittwoch ist besonders günstig, um zur Sophia zu gelangen. Da er ein Tag der Demut ist, senkt man das Haupt, blickt zu Boden und schweigt.

Die Demut ist der Anfang des Weges zur Weisheit. In der Philosophie sagt man oft: Die *Weisheit* beginne mit Staunen und Neugier. Diese sind aber der Anfang jedes Wissenserwerbs. Kinder erwerben Wissen, nicht Weisheit. Sie sind neugierig, aber kaum demütig. Weisheit aber beginnt mit der Demut.

Wenn ihr wissen wollt, seid neugierig.

Wenn ihr weise werden wollt, kniet nieder in Demut vor allen Dingen: vor dem Kieselstein, dem Grashalm, einem Bild, einem Musikstück, vor der Sonne, vor den Menschen – auch vor denen, von denen ihr meint, ihr seid ihnen weit voraus, auch vor denen, von denen ihr meint, daß sie euch angreifen, mißtrauen, verletzen.

Es gibt keine wirksamere Macht gegenüber Angriffen als das Schweigen in Demut, weil sich die aggressiven Aktionen früher oder später erschöpfen. Schweigen macht zwar nicht auf irdischer Ebene unverwundbar, es kann das irdische Leben sogar in Gefahr bringen. Aber es rettet das Menschliche, d. h. das Himmlische am Menschen: seine Freiheit, seine Würde, seine Selbstbestimmung, seine Intimität, seinen Stolz, seinen Glanz. Sich in demütiges Schweigen hüllen heißt, eine Rüstung anlegen, die nicht zu entwenden und nicht zu zerstören ist.

Wissen erlangt man durch Forschen, Untersuchen, Schließen, es läßt sich »erwerben«. Weisheit ist ein Geschenk. Ihr könnt nur die Bedingungen herstellen, um Weisheit zu empfangen. Weisheit ist ein in Liebe eingebettetes Wissen. Die bestmögliche Haltung, die der Kundige in der Fastenzeit einnimmt, ist, sich empfangsbereit zu machen für das Geschenk der Weisheit.

Die Voraussetzungen für das Geschenk der Weisheit sind folgende:
1. Demut. Dazu gehört
   a) Wissen um die eigene Person, ihre Grenzen, Mißerfolge und niederschmetternden Erfahrungen. Demut setzt Selbsterkenntnis und Reflexion voraus.
   b) Wissen um die höhere Macht. Das Wissen um die eigene Person für sich allein kann auch zu Verbitterung führen. Entscheidend ist, daß das Wissen um die höhere Macht hinzutritt. Dazu gehört das Wissen, daß sie eine Macht der Gnade ist, liebevoll, besorgt und großmütig, nicht verurteilend und strafend. Wenn man das letztere annimmt, wird man furchtsam und ängstlich, aber nicht demütig.

2. Dankbarkeit. Diese setzt ein persönliches Verhältnis zur himmlischen Macht voraus. Dem »Sein« oder dem »Licht« oder den »Prinzipien und Gesetzen« ist man nicht dankbar. Dank ist wie ein Brief an jemand, den man persönlich kennt.
3. Schlichtheit und Einfachheit. Das persönliche Verhältnis zur himmlischen Macht entsteht nur bei Kenntnis des Himmels und seiner Maßstäbe, und zu diesen gehört die Schlichtheit. Sie bedeutet, auf das Wesentliche ausgerichtet zu sein, d. h. in der Vielfalt das Wesentliche erkennen und ggf. leichten Herzens auf alles andere verzichten zu können. Schlichtheit ist die Fähigkeit, das Wesentliche zu erfassen.
4. Bereitschaft zum Gehorsam. Dieser setzt voraus, daß man die Welt des Himmels nicht nur »sehen«, sondern auch »hören« kann. Man muß »hinhorchen«, um gehorchen zu können. Die einen vermögen die Wesen des Himmels zu hören. Was aber tun die anderen? Jeder trägt die Stimme des Himmels in sich. Ihr nennt sie: das Gewissen. In diesem Begriff verbergen sich die Wesen aus euren Innenräumen, z. B. der Innere Weise, der Engel am Altar, der Innere Christus, das Innere Kind, der Engel am Brunnen, die euch das zuinnerst Gewußte zu Gehör bringen wollen. Sie flüstern, singen, rufen euch zu, was zu tun ist, und ihr habt zu lernen, darauf hinzuhorchen. –

Wenn jemand diese vier Schritte geht, dann läßt man ihn die wesentlichen Dinge wissen: die lebendigen Wesenheiten, ihre Pläne, ihre Vorhaben, die Ursachen der Geschehnisse. Welche Zeit zur Übung ist dafür angemessener als die Fastenzeit!

Denn *Fasten* heißt nicht, abnehmen wollen oder sich kasteien und in Askese drangsalieren, sondern sich in diese vier Schritte einüben. Fasten ist kein Zweck in sich selbst, sondern ein Training, also ein Mittel zum Zweck. Wenn man diese vier Schritte tut, darf man darauf hoffen, daß man Schritt für Schritt weiser wird. –

Ihr seid jetzt eingeladen, zum Hohelehrer zu kommen und dürft ihm Fragen stellen.

Wie vereinbaren sich Gehorsam und Freiheit?

Der Hohelehrer (s. Bd. I, S. 29): Gehorsam gegenüber dem Himmel – nur um diesen geht es hier – ist kein Gegensatz zur Freiheit.

Dieser Gehorsam setzt absolute Freiwilligkeit voraus: Ihr orientiert euch, was der Himmel von euch erwartet, welche Aufgaben er für euch hat oder welche Aufgaben ihr in euch findet oder erkennt und wollt dem von euch aus aus eigenem Willen entsprechen. Die dabei vorausgesetzte Freiheit wird dann zur Vollendung geführt. Dieser Gehorsam ist eine Vorleistung, die man erbringt, damit euch der Himmel das Geschenk der Freiheit macht. Er schenkt euch die Freiheit nach dem Maß dessen, das ihr ertragen könnt. Selbsterkämpfte Freiheit, mit der ihr euch gegen den Himmel auflehnt, beschränkt eure Freiheit und kann sie schließlich zerstören. Wahre Freiheit setzt Gehorsam gegenüber dem Himmel voraus.

Glaubt also nicht, daß Gehorsam einen Gegensatz zur Freiheit bilde! Ihr lernt im Leben zuerst den Gehorsam gegenüber den Naturgesetzen, schon durch die Erfahrungen als Kind: es fällt, verbrennt sich usw.,

dann den Gehorsam gegenüber den biologischen Gesetzen, d. h. den Erfordernissen des Körpers,

dann den Gehorsam gegenüber den sozialen Gesetzen,

dann den Gehorsam gegenüber feineren, inneren Regungen und Gefühlen, aber auch gegenüber Erkenntnissen und Werten,

dann den Gehorsam gegenüber dem Himmel, und zwar zuletzt vorbehaltlosen Gehorsam: ihr sollt »Gott mehr gehorchen als den Menschen« (Apg. 5,29).

Wie ist das Verhältnis der Sophia zu den Dogmen der katholischen Kirche?

Sie sind wie Kelche, die gegeben wurden, um mit Weisheit wie mit frischem Wasser aufgefüllt zu werden. Sie zu füllen, war stets die wahre Kunst der Priester. Es ist ein Fehler, anzunehmen, der Kelch sei schon die Weisheit. Er ist nur ein Behältnis. Man schöpft durch ihn und trinkt aus ihm. Wenn man die Kelche wie in einem Museum ausstellt und verlangt, die Menschen sollen sie anstarren, so hat man es nur mit inhaltlosen Formen zu tun.

Die Idee des Kelches spielt auch in der Grals-Legende eine Rolle: Man suchte den Kelch. Wichtig war erstens die Suche und zweitens das, was man in dem Kelch zu finden hoffte. Fände man nur den Kelch, so wäre das sinnlos. Es ist allerdings keine reale Geschichte. Man sollte also Dogmen nicht auswendig lernen, sie nicht anstarren, sondern als Kelche ansehen, aus denen man Weisheit trinken kann.

Es gibt auch das Gegenstück: Die Vorstellung, Weisheitslehren hätten die Dogmen der Kirche zu ignorieren oder zu mißachten, z. B. in der Anthroposophie. Was ist dazu zu sagen?

Das ist wie der Versuch, Feuer in der Hand zu halten, ohne sich zu verbrennen, oder Wasser in der Hand zu halten, ohne daß es durch die Finger rinnt. Das geht nicht. Der Versuch ist ehrenwert, aber zu kurz gedacht. Die Finger verbrennen oder sie trocknen.

Gilt das auch für andere Lehren spiritueller Weisheit?

Mein Freund, was denkst du, warum ich in die Kirche gegangen bin?[1] – Spirituelle Lehren beschränken sich selbst in ihrer Wirksamkeit und Lebensdauer, wenn sie sich außerhalb der Kirche oder gar gegen sie stellen. Das gilt auch dann, wenn sie wahr sind und den Christusimpuls ernst nehmen. Sie könnten viel weiter wirken, wenn sie sich in den Kelchen befanden.

Hatte Solowjew, so wie er es beschreibt, eine dreimalige Begegnung mit Sophia in Person? Kann man sagen: er sei der Vertreter des Sophienstromes in der orthodoxen Kirche? Dürfen wir uns seinen Schriften anvertrauen?

Dreimal: ja.

Wo finden wir Sophia in den Innenräumen?

Ihr kennt den linken Turm eurer Inneren Kirche mit dem Marienengel. Die Kirche hat auch einen rechten Turm. Dort wohnt ein Engel aus den Heerscharen der Sophia. Er trägt einen Umhang in einem satten, ausgewogenen Bordeauxrot, in dem weder blau noch rot dominiert. (Auch die Kerze vor diesem Innenraum hat diese Farbe.) Die göttliche Mutter ist also in allen drei Aspekten in euren Innenräumen vertreten: die Jungfrau Maria im linken Turm eurer Inneren Kirche, die Muhme in dem Innenraum der linken Schulter, Sophia im rechten Turm.

Man geht zum Sophienengel in den vier Haltungen: Demut, Dankbarkeit, Schlichtheit, Gehorsam. Er spricht nicht viel, er »wirkt«. Schon ihn bewußt wahrzunehmen, kann u. U. sehr viel bewirken. Er kann eurem Verhalten der Außenwelt gegenüber Orientierung geben und euch Geschenke der Weisheit machen.

Du hast z. B. eine Position in der Frage eingenommen, was zu deinem Ich gehört und was nicht. Und du hast eine Erfahrung der Beziehung zwischen den beiden Größen Ich und Nicht-Ich. Der Sophienengel wird beides: die eingenommene Position und die darauf gestützte Erfahrung, wenn nötig, zu korrigieren suchen. Letztendlich gehört die ganze Welt zu dir, wie die Zwiebelschalen zur Zwiebel gehören. Sie geht dich an mit Vergangenheit und Zukunft. Der Sophienengel wird dir zeigen, wie du sie in dein Ich integrieren kannst.

Ist der Sophienturm nach Größe und Form dem Marienturm gleich?

Im Idealfall ja, aber der Sophienengel ist evtl. größer oder auch kleiner als der Marienengel. Innere Stimmigkeit ist gegeben, wenn beide in Größe und Intensität einander entsprechen, denn dann entsprechen auch deine Liebe und deine Weisheit einander. Liebe und Weisheit sind zwar in allen Aspekten der göttlichen Mutter präsent, aber der Marienengel repräsentiert besonders das Element der Liebe, der Sophienengel das Element der Weisheit.

Wie unterscheidet sich der Umgang mit dem Sophienengel von dem Marienengel?

Dem Sophienengel kann man seine »Weisheit« zu Füßen legen. Man sollte sich sehr demütig zeigen! Man läßt sich berühren von seiner absoluten Schönheit. Man spricht wenig. Denn alle Weisheit ist Herzensweisheit. Man betrachtet ihn wie ein künstlerisches Meisterwerk und empfindet die eigene Kleinheit. Doch er läßt euch bestehen. Empfindet nicht Verzweiflung über eure Kleinheit, sondern Freude über seine Größe. Der Umgang mit dem Marienengel ist viel zärtlicher. Er ist euch körperlich näher, nimmt euch auch mal in den Arm. Das tut der Sophienengel nicht. Er ist bewegend wie ein meisterhaftes Musikstück, das man auch nicht anfassen kann.

Der Marienengel achtet auf die *Wahrheit* des gesprochenen Wortes und seine Schwingungen. Der Sophienengel ist für das *Schweigen* und seine Schwingungen verantwortlich, also auch für die Zwischenräume zwischen den Worten. Die Sprache besteht aus Schweigen und Worten. So wie der Buchstabe Leerräume umgrenzt, so trägt das Schweigen die Worte, den Satz. Sprechen heißt Worte auf das Schweigen legen. Ist das Schweigen nicht stimmig, sind es auch die Worte nicht.

Schweigen stellt sich in der Haltung der Demut ein. Deshalb ist es die passende Annäherung an den Sophienengel. Beginnt jede Handlung in den Innenräumen immer mit Schweigen in Dankbarkeit, Gehorsam, Lobpreis und Freude. Und so bereitet auch die Worte im Schweigen vor. Wirkliche Betroffenheit schweigt erst. Stellt ihr dem Sophienengel Fragen und er schweigt, so wundert euch nicht. Ihr werdet die Erfahrung machen: Beim Heruntersteigen der Treppe vom Sophienturm formt sich die Botschaft, die der Sophienengel euch vermittelt hat.

Der Herzensweise schweigt, aber er legt Keime in den »Zuhörer« des Schweigens. Später vernimmt der »Zuhörer« Worte, als wenn der Herzensweise jetzt spräche. So erging es den Hirten, die dem Schweigen von Maria und Joseph in Bethlehem lauschten. Auch das Schweigen des Zacharias stammt aus dieser Wurzel.

Schweigen und Sprache verhalten sich wie Ein- und Ausatmen, wie Nacht und Tag. In eurem Kulturkreis wird das Reden, aber nicht das Schweigen geübt. Das Schweigen nimmt sich der Doppelgänger. Die Dauerberieselung durch Radio, Fernsehen, Lärm, Kopfhörer, das Reden und Zerreden usw. machen das Schweigen unmöglich. Dadurch werden die Menschen sprachlos.

Ganz gleich, ob ihr vor der Nation sprecht oder einen Vortrag haltet oder im kleinen Kreis Fragen beantwortet oder im Viererkreis Stellung nehmt: Stets solltet ihr am Beginn schweigen und eure Rede immer wieder durch Momente des Schweigens ergänzen. Ist der Vortrag zu Ende, so solltet ihr nach dem Schlußwort gemeinsam schweigen und das Gesagte innerlich wiederholen. Dem Musiker ist zu raten, dem ersten Takt einen Moment gesammelter Stille vorangehen zu lassen. Folgt auf den letzten Ton, ehe der Applaus beginnt, ein solcher Moment, so ist das ein Zeichen dafür, daß die Musik den Hörer ergriffen hat.

Auch die Engelstunden hier beginnen ja mit längerem Schweigen. Ich rate euch, sie auch in eine Zeit des Schweigens ausklingen zu lassen ...

Sonntag, 3. 3. 96

Aspekte der Trinität I

∞

Amael: Ihr hattet eine Frage, die ihr gern dem Hohelehrer stellen wolltet. Er empfängt euch in seinem separaten Gemach.

Der Hohelehrer (s. Bd. I, S. 29): Gott zum Gruß! Stellt eure Fragen.

Wir haben am 21.2.1996 über die drei Aspekte der göttlichen Mutter – Sophia, Maria, die Muhme – gesprochen. Es hieß, auch Vater und Sohn haben je drei Aspekte. Wie sind sie zu verstehen?

Ihr wißt, daß zur Trinität Vater, Sohn und Mutter, aber auch der Heilige Geist als ihr zusammenfassender Vermittler gehören, so daß sich in einer skizzenhaften Darstellung folgendes Bild ergibt:

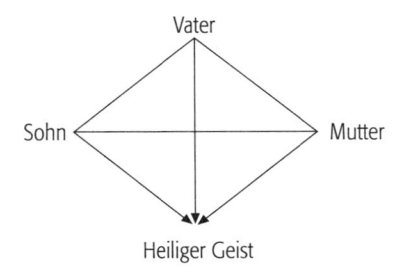

```
            Vater
           /  |  \
          /   |   \
    Sohn <----+----> Mutter
          \   |   /
           \  |  /
         Heiliger Geist
```

Ihr wißt ferner, daß sich in den drei Aspekten der Mutter das Verhältnis von Vater, Sohn und Mutter wiederholt, so daß man sagen kann: Sophia ist gewissermaßen der Vater in der Mutter, Maria der Sohn in der Mutter, die Muhme die Mutter in der Mutter, also

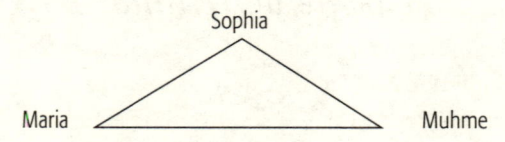

```
              Sophia
              /    \
             /      \
       Maria --------- Muhme
```

Entsprechendes gilt auch für die anderen Teile der Trinität. Auch der Sohn hat drei Aspekte: 1. der Meister und Lehrer, 2. der Richter und Heiler, 3. der Erlöser. Der Heiland ist kein besonderer Aspekt, sondern er lebt in allen drei Aspekten; denn sie alle führen zum Heil.

Wenn ihr das Evangelium lest, wird euch auffallen, daß mal der eine, mal der andere, mal der dritte Aspekt des Herrn im Vordergrund steht.

Auch diese drei Aspekte wiederholen in sich das Verhältnis von Vater, Sohn und Mutter. Der Meister und Lehrer ist gewissermaßen der Vater im Sohn, der Richter und Heiler der Sohn im Sohn, der Erlöser die Mutter im Sohn, so daß sich folgendes Bild ergibt:

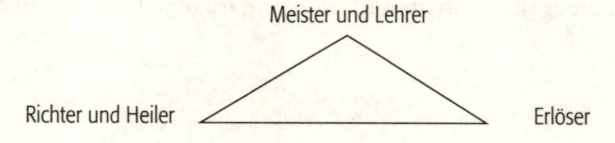

```
              Meister und Lehrer
                  /    \
                 /      \
   Richter und Heiler ---- Erlöser
```

Ihr habt dazu eine Frage?

Ja, es fällt auf, daß der Richter zum Heiler gehört und nicht zum Erlöser. Wie ist das zu verstehen?

Es ist von großer Wichtigkeit, daß in dieser Frage Klarheit herrscht. Wenn der Aspekt des Richters zum Aspekt des Erlösers gehörte, dann wäre die Erlösung eine Folge des Richtens, sie wäre konditional abhängig vom Richterspruch, und damit in Frage stellbar. Die einen würden erlöst, die anderen nicht. Entweder käme es darauf an, ob sie das und das tun, oder der Richterspruch wäre eine Frage der Begnadigung oder Nichtbegnadigung. So ist es aber nicht. Vielmehr liegt die Erlösung für die gesamte Schöpfung im Plan, und zwar ohne Konditionen: sie wird am Ende der Zeit heimkehren zum Vater.

Das Richten des Sohnes ist nicht auf die Erlösung gerichtet, sondern auf das *Heilwerden*. Sein Richten bedeutet nicht ein Aussortieren: die einen gehen in den Himmel ein, die anderen werden zur Hölle verdammt. Man meint oft, mit dem Augenblick seines irdischen Sterbens sei der Mensch endgültig festgelegt: Entweder die Werke oder der Glaube seines verflossenen Erdenlebens bildeten die Grundlage für den Richterspruch des Herrn über Heil oder Verdammnis. So ist es nicht.

Sein Richten bedeutet vielmehr: *Orientierung* geben und auf diese Weise heilen. Im Evangelium sitzt Jesus nie über einem Sünder zu Gericht, er verurteilt niemals einen Menschen, sondern er mahnt im Gegenteil, nicht zu richten, nicht zu verdammen, sondern zu vergeben (Mt. 7,1; 18,21; Luk. 6,37). Er verurteilte auch Petrus nicht, sondern er sagte ihm voraus, daß er den Herrn verleugnen werde, bewirkte damit seine Beschämung und dadurch seine Heilung (Mt. 26,75). Er verurteilte nicht einmal Judas.

Es ist schon sehr sonderbar, ausgerechnet ihm eine Richterfunktion im Sinne des Verurteilens, Verdammens zuzuschreiben. Und noch sonderbarer ist, diese Art Richterfunktion mit dem Erlösungswerk zu verknüpfen, da es ihm doch um die Erlösung der ganzen Schöpfung geht. Er wollte vielmehr Heilung bewirken und Orientierung geben, um der Heimkehr der Schöpfung den Weg zu bereiten. Hinter diesen beiden Sonderbarkeiten verbirgt sich eine Verwirrungsabsicht der Hierarchien zur Linken. Man fällt darauf herein, weil man sich nicht vorstellen kann, wie unendlich viel Geduld der Himmel hat und wieviel Bereitschaft, den Menschen immer neue Chancen zu geben.

Heißt das: In der Auseinandersetzung zwischen der evangelischen und der katholischen Kirche über Luthers Rechtfertigungslehre, in der man sich jetzt zu einigen hofft, hätten beide Seiten unrecht? Das Heil hänge weder vom Glauben noch von den Werken ab?

Besser wäre es zu sagen: beide Seiten haben recht. Man kann nicht gleichzeitig gläubig sein und böse Werke tun; wer das meint, hat die Botschaft nicht verstanden; er glaubt nicht, auch wenn er zu glauben glaubt, und seine Werke sind dementsprechend. Aber das heißt nicht, daß der Himmel ihn auf ewig verworfen hätte oder verwerfen würde, daß es für ihn keine Gnade und keine Chancen gäbe. Es gilt, sich aus einer zu engen Perspektive von Raum und Zeit zu befreien und zu begreifen, daß der Himmel auch mit denen Geduld hat, die nicht wissen, was sie tun.

Es gibt die Reden Jesu über das Jüngste Gericht (Math. 25,31 ff.; Joh. 5, 27–29). Besagen sie nicht, daß die Geduld zumindest irgendwann ein Ende haben und Gericht gehalten werden wird?

Ja, gewiß, aber ihr müßt verstehen: Es handelt sich nicht um die Prophetie einer unausweichlichen Verdammung, sondern um die Beschreibung von möglichen Geschehnissen und Zuständen zum Zweck der Warnung: Verhaltet euch so und so, um das zu vermeiden, von dem keiner will, daß es kommt. Ihr seid für die Heilung mitverantwortlich. Ich zeige euch, wie es werden könnte, wenn ihr diese Mitverantwortung auf Dauer nicht wahrnehmt. – Auch diese Worte des Herrn dienen dazu, Orientierung zu geben und Heilung zu bewirken. Der Herr richtet nicht, indem er verdammt, sondern indem er »ausrichtet«. »Denn Gott hat den Sohn nicht in die Welt gesandt, damit er die Welt richte, sondern damit die Welt durch ihn gerettet werde.« (Joh. 3,17)

Und so sagt er es auch selbst: »Wer meine Worte hört und nicht bewahrt, den richte ich nicht. Denn ich bin nicht gekommen, die Welt zu richten, sondern die Welt zu retten. Wer mich ablehnt und meine Worte nicht annimmt, hat seinen Richter: Das Wort, das ich geredet habe, das wird ihn richten am Jüngsten Tag.« (Joh. 12,47 f.)

M. a. W.: Der Mensch selbst hat es in der Hand, er ist mitverantwortlich für sein Heil, er sei gewarnt. Man sollte die Herrenworte zueinander in Beziehung setzen und nicht die einen hervorheben und die anderen für irrelevant halten, das stiftet Verwirrung. Noch einmal: die Reden über das Jüngste Gericht sind nicht eine Prophetie, sondern eine Warnung, die der Ausrichtung und damit der Heilung dienen.

Wie aber, wenn Menschenseelen oder gefallene Engel von ihrer Freiheit in der Weise Gebrauch machen, daß sie im Dunkel verharren?

Das Erlösungswerk des Herrn ist darauf gerichtet, so viel Kunde vom Licht in die Welt des Dunkels zu bringen, daß die dort verharrenden Wesen sich ihrer Situation bewußt werden und sich in ihr unglücklich fühlen, so daß sie letztendlich möglichst alle heimkehren ins Licht. Tun sie es dennoch nicht, so wird das zwar für sie zur Katastrophe, die aber auch nicht das endgültige Ende, sondern einen Wendepunkt bedeutet. Sie ist in gewisser Weise der Sintflut vergleichbar, d. h., es wird auch danach einen neuen Anlauf gehen. Es gibt dann trotzdem, also auf jeden Fall, letztendlich die Erlösung.

Bedeutet die Offenbarung dieser Perspektive nicht, die vom Herrn beabsichtigte Warnung zu konterkarieren, sie um ihre aufrüttelnde Wirkung zu bringen?

Auch nur einen Tag im Dunkel zu verbringen, ist eine schreckliche Erfahrung; sie kann nicht noch schrecklicher werden durch den Gedanken, daß dieser Tag unendlich lang dauern, daß es keinen Ausweg mehr geben werde. Im Gegenteil: der Gedanke, daß es keine Gnade gebe, ist der sicherste Weg ins Dunkel. Hingegen ist das *Wissen um die Gnade,* um die unendliche Geduld des liebevoll die Heimkehr des verlorenen Sohnes erwartenden Vaters der sicherste Weg, der aus dem Dunkel herausführt ins Licht. Es ist nicht sinnvoll, auf Dauer mit der Unwissenheit der Menschen zu rechnen und sie in der Unwissenheit zu belassen. Es ist vielmehr sinnvoll, mit ihrer Abneigung gegen das Unangenehme zu rechnen und in die Vernunft zu vertrauen, die sie vorziehen läßt, letzten Endes doch ins Licht heimzukehren.

Auch auf der menschlichen Ebene wird ein guter Arzt dem Patienten nicht einfach das Todesurteil verkünden: »Sie haben noch drei Monate zu leben, da ist nichts mehr zu machen«, sondern er wird die Mitteilung, wenn sie nicht mehr zu vermeiden ist, in Orientierungshilfe einbetten. Er wird den Patienten z. B. fragen: »Wenn ein Mensch nicht mehr lange zu leben hätte, was würden Sie ihm raten, was wäre wichtig zu tun? Wären z. B. noch Briefe zu schreiben, Versöhnungen herbeizuführen, Regelungen zu treffen?« Fragt er zurück: »Meinen Sie mich?«, so kann er ihm sagen: »Ja, es sieht so aus.« Aber das wäre dann verbunden mit hilfreichen Orientierungen. Das entspricht der Kombination von Richter und Heiler, wie sie für den Herrn charakteristisch ist.

Hingegen wäre der Abtreibungsarzt, der ein richtendes Urteil mit Todesfolge ausspricht, mit der Frage zu konfrontieren: Weiß er eigentlich, daß er Richter ist? Der Sohn ist niemals nur Richter; wenn er richtet, so richtet er aus, um Orientierung zu geben und heilend zu wirken. –

Welches sind die Aspekte des Vaters?

Auch der Vater hat drei Aspekte. Auch in ihm wiederholt sich das Verhältnis von Vater, Sohn und Mutter: Der Schöpfer ist gewissermaßen der Vater im Vater, der ordnende, strenge Vater der Sohn im Vater, der gütige, gnädige Vater die Mutter im Vater, so daß sich folgendes Bild ergibt:

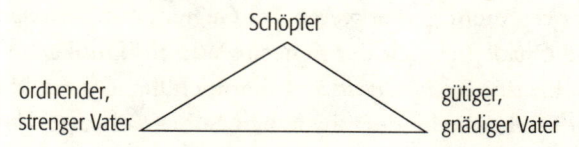

```
                    Schöpfer
                      /\
                     /  \
                    /    \
     ordnender,    /      \    gütiger,
     strenger Vater‾‾‾‾‾‾‾‾   gnädiger Vater
```

Wie verhält sich der strenge Vater zum gnädigen Vater? Besteht da ein inneres Spannungsverhältnis oder gar ein Widerspruch?

Nein, beide Aspekte gehören zusammen. Das Neue Testament hat den gnädigen Vater in den Vordergrund gerückt, aber damit den strengen Vater des Alten Testaments nicht verneint.

Ihr wißt, der Vater hat die Schöpfung aus sich herausgesetzt, sie ist seine nach außen gesetzte Innenwelt. Wäre er gnadenlos, würde er sich selbst verneinen, d. h. etwas aus sich selbst auf ewig ausschließen. »Ewig« bedeutet nicht eine unendliche Quantität an Zeit, sondern das qualitativ andere, außerhalb von Raum und Zeit Stehende. Etwas auf ewig ausschließen heißt, es »im Prinzip« ausschließen.

Nun kennt der Vater alles, aber nicht die Verneinung. Diese gehört zur Welt der gefallenen Wesen, die die Verneinung erst geschaffen haben. Der Vater ist Licht, und das Licht kennt den Schatten in sich nicht. Der Schatten ist kein Wesensbestandteil des Lichts, sondern entsteht außerhalb seiner, er entsteht, indem sich etwas dem Licht in den Weg stellt.

Ist aber der Mensch nicht halb Licht, halb schattenhaft?

Das ist ein – leider weit verbreiteter – Irrtum. Seine Seele ist vielmehr durch und durch reines Licht. Insofern ist der Mensch Gottes Ebenbild und Gleichnis. Das Schattenhafte liegt außerhalb seiner und nimmt von außen auf ihn Einfluß: durch den Doppelgänger an seiner linken Seite wirken die Hierarchien zur Linken auf ihn ein. Es ist allerdings möglich, daß der Mensch ihnen Zutritt zu seinem Inneren verschafft: darin liegt der Unterschied zu Gott.

Daß der Mensch von einem Schattenwesen außerhalb seiner begleitet wird, gilt vielfach als eine mittelalterliche und deshalb vom neuzeitlichen Menschen prinzipiell zu verwerfende Vorstellung. Wenn aber der neuzeitliche Mensch in Anspruch nimmt, er wolle nur gelten lassen, was wahr ist, dann folgt konsequenterweise: Es kommt nicht darauf an, ob eine Vorstellung mittelalterlich oder neuzeitlich, sondern darauf, ob sie wahr oder falsch ist.

Daß der Mensch in seinem Inneren Licht ist und daß der Schatten ihn *außerhalb* seiner begleitet, ist aber wahr. Die Psychologen würden sich manche Umwege ersparen, wenn sie diese Wahrheit anerkennten und nicht den Versuch unternähmen, das Schattenhafte zu bejahen und zu integrieren.

Inwiefern ist der Vater nicht nur der gnädige, sondern auch der strenge?

Der Vater ist insofern streng und ordnend, als er keine Vermischungen, keine Diskussionen, keine Kompromisse kennt: Licht ist Licht, und Schatten ist Schatten. Darin gibt er volle Sicherheit. Der »Fall der Engel« besteht darin, daß er den Engeln klare Grenzen gesetzt und diejenigen, die sie übertraten, mit strenger Geste nach außen verwiesen hat. Der Fall war weder ein Unglücksfall noch etwas, was die Wesen freiwillig gesucht hätten. Sie wollten nicht außerhalb des Lichts, sondern in ihm und aus ihm heraus wirken und es nur besser machen als der Vater. Dieser sprach ein Machtwort und wies sie hinaus, so wie er Adam und Eva aus dem Paradies verwies.

Hierin scheint er erbarmungslos gewesen zu sein. In der Tat forderte er streng und kompromißlos die strikte Einhaltung der Grenzen. Das ist notwendig, damit gibt er *Sicherheit*. Das ist der Aspekt des strengen, ordnenden Vaters.

Der gnädige, gütige Vater widerspricht dem nicht. Er sucht nicht, das Dunkel ins Licht aufzunehmen, es kompromißhaft zu integrieren. Vielmehr eröffnet er ihm die Chancen, wieder Licht zu werden und motiviert es, dies zu wollen. Und er läßt keinen Zweifel: lichtet sich das Schattenhafte, so kehrt es zurück. Der Vater ist jederzeit bereit, den verlorenen Sohn liebevoll wieder aufzunehmen, er erwartet ihn mit ausgebreiteten Armen. Der

Vater vertraut darauf, daß er heimkehren wird, er wartet auf ihn mit unendlicher Geduld, und er ist sich gewiß: Er wird kommen, sei es auch nach vielen Umwegen. Und er gibt ihm immer wieder Chancen, den Weg zurück zu finden. Denn er ist Licht, und deshalb ist es logisch unmöglich, daß er gnadenlos wäre. Ihr versucht ja auf irdischer Ebene etwas Ähnliches, wenn ihr Kriminellen die Chance der Resozialisierung bietet, ohne die Strenge eures Strafrechts in Frage zu stellen. Der Unterschied ist nur, daß der *Vater nicht straft*, nicht verurteilt, nicht verdammt, so wenig wie der Sohn. Beide – Vater und Sohn – stimmen wie in allen Dingen so auch darin überein, daß sie den prinzipiellen Unterschied zwischen Licht und Dunkel nicht verwischen. Es geht ihnen vielmehr um die Heimkehr des Dunklen ins Licht. Deshalb ist es auch kein Widerspruch, daß der strenge, ordnende Vater dem Sohn im Vater entspricht. Der Sohn ist in einem seiner Aspekte Richter und Heiler: d. h., auch er ist streng und gnädig zugleich. Es kann ja nicht anders sein: Nur wo Strenge waltet, kann Gnade sein.

Führt die falsche Vorstellung von dem gnadenlosen, auf ewig verdammenden Gott nicht geradewegs in den Atheismus?

Das lehrt die Erfahrung. Die von diesem Gottesbild geprägten Menschen sagen dann oft: Gott gibt es nicht. Und sie haben recht: diesen Gott gibt es tatsächlich nicht. Es gibt zwar den strengen und ordnenden, aber nicht den gnadenlosen Gott. Es geht darum, zunächst die Vorstellung von Gott zu läutern und zu klären, dann können sich die Menschen ihm auch in Vertrauen und Ehrfurcht zuwenden und ins Licht finden. –

Inwiefern gehört der Heilige Geist zur Trinität?

Der Heilige Geist ist die *Zusammenfassung der Trinität* in allen neun Aspekten, er ist die Auffangschale für alle Ströme aus der Trinität und vermittelt sie nach unten.

Durch ihn wird die Wirkung der Trinität für die Menschen erträglich gemacht. Und er macht möglich, die Weisheit in Worte zu fassen, sie auszusprechen. Sie passiert den Heiligen Geist wie eine Transformationsstelle. Versuchte man, die Trinität ohne den Heiligen Geist zu erfassen, dann wäre das ein Erlebnis, das man nicht in Worte fassen – und übrigens als inkarniertes Wesen auch nicht aushalten könnte.

Welche Bedeutung hat dann das Beten zum Vater?
Sprechen wir in Wirklichkeit mit einem Engel des Vaters?

Wenn ihr den Vater anbetet, wird euer Gebet ihn auch erreichen und nicht etwa von einem Engel »abgefangen«. Wenn aber Gott spricht, könnt ihr seine Stimme weder unmittelbar hören – das überstiege eure Resonanzfähigkeit und würde euch zerstören – noch inhaltlich verstehen – das überstiege euer Fassungsvermögen. Schon die Worte Jesu zu verstehen, zu erleben und in die Praxis umzusetzen erfordert Jahrtausende. Bedenkt einmal, was ein einziges Wort des Vaters – z. B. »Es werde Licht« – auf Jahrmilliarden hinaus bewirkt.

Ihr kennt in eurer Welt die Notwendigkeit, den elektrischen Strom so herunter zu transformieren, daß ihr eure Haushaltsgeräte anschließen könnt. In ähnlicher Weise wird Gottes Wort in einer für den Menschen vernehmbaren, verträglichen und wenigstens ansatzweise verständlichen Form vermittelt. Es passiert den Heiligen Geist, der (im Bild) einer Transformationsstelle vergleichbar ist. Es wird von den himmlischen Hierarchien nach unten – bis zu den Engeln – weitergetragen, die es menschengemäß übermitteln und die dafür Sorge tragen, daß es in der Heiligen Schrift und Tradition übermittelt wird.

Anmerkung: Zum Verhältnis von Strenge und Gnade s. auch das Kapitel über den Verrat des Judas in: Mit den Engeln das Leben meistern S. 75 ff. sowie Mit den Engeln über die Schwelle zum Jenseits S. 108 ff., 113 ff.

Sonntag, 10. 3. 96

»Unmittelbar zu Gott«?

∞

Nadjamel (s. Bd. I, S. 15): Ihr hattet eine Frage?

Gegen Ende der letzten Stunde wurde uns gesagt, daß Menschen Gottes Wort nicht unmittelbar vernehmen, daß es ihnen vielmehr in menschengemäßer Weise vermittelt wird: durch den Heiligen Geist und durch die himmlischen Hierarchien bis hinunter zu den Engeln, die die Heilige Schrift und die Tradition inspiriert haben. Manche Theologen halten diese Vermittlungsstufen für entbehrlich, ja für störend und meinen, die »Unmittelbarkeit zu Gott« sei nicht nur eine mögliche, sondern auch eine bessere, vorzugswürdigere Alternative. Was ist dazu zu sagen?

Wenn Engel zu Menschen sprechen, so bringen sie nicht eigene Vorstellungen oder einen eigenen Willen zum Ausdruck, sondern dienen der Trinität als *Bote*, Übermittler, Übersetzer. Sie sind zwar Individuen mit eigenen Namen, verstehen sich aber wie Tropfen aus dem Meer des All-Einen, d. h., sie grenzen sich nicht ab oder heraus. Sie wollen nicht mehr sein als eine mögliche Darstellung des All-Einen. Ihre Geschicklichkeit besteht darin, den göttlichen Gedanken im richtigen Moment dem richtigen Menschen zu vermitteln und so den Himmel auf die Erde zu bringen. Wenn es ihnen gelingt, daß der Gedanke tatsächlich wirksam wird, so erfüllt sie das zwar mit freudigem Stolz, aber sie sehen sich nicht als Urheber und Initiator.

Es wäre nicht richtig, eine Alternative in dem Sinne anzunehmen, daß der Mensch entweder mit Gott oder mit den Engeln spräche. Indem man mit den Engeln spricht, spricht man mit Gott. Der Engel bringt das, was der Vater sagt, in eine euch verträgliche Intensität, so macht er es vernehmbar. Er macht es auch eurem kulturellen und persönlichen Horizont angemessen und damit inhaltlich verständlich. Denn je höher die Hierarchie, desto schweigsamer und desto knapper und intensiver ihr verbaler Ausdruck. Dieser bedarf dann der Auseinanderfaltung in menschengemäße Darlegungen.

Gott macht nicht viele Worte. Wenn er spricht, so oft nur ein Wort (»Amen«, »es sei«, »es werde«). Im Anfang war das Wort und waren nicht »die Worte«, waren nicht Gottes Ausführungen. Die Auffaltung des Wortes obliegt den Geschöpfen, zuvörderst den himmlischen Hierarchien. All eure Weisheit beruht darauf, daß sie euch die Weisheit des Himmels übermitteln, und zwar so, daß sie für euch vernehmbar und verständlich wird.

Wenn euch jemand vorwirft, ihr sprächet »nur« mit den Engeln und nicht unmittelbar mit Gott, so sagt ihm also: Mit den Engeln reden ist nicht ehrenrührig, sondern es ist die einzig mögliche Art und Weise, Weisheit und Wissen des Himmels der Menschenwelt zugänglich werden zu lassen. Sie von Gott direkt und persönlich erlangen zu wollen, fordert etwas Unmögliches.

Die neunstufige Hierarchie – von den Engeln bis hinauf zu den Seraphim – hat den Verdacht geweckt, sie beruhe auf einer Übertragung irdischer (monarchischer, aristokratischer) Hierarchie auf den Himmel und habe in einer modernen demokratischen Gesellschaft keinen Raum mehr?

Auf Erden haben die Rechtsinstitutionen, die der Würde des Menschen Rechnung tragen, ihren Sinn und werden vom Himmel unterstützt. Die Leugnung der himmlischen Hierarchie aber ist ein Irrtum, der von den nicht-lichten Hierarchien geschürt wird. Es gibt viele Bücher und kulturelle Haltungen, die diesen

Irrtum aufgreifen und verbreiten. Indem sie das tun, lehren sie den Menschen nicht nur, er sei unmittelbar zu Gott und der Vermittlung durch die himmlischen Hierarchien enthoben. Sie lösen den Menschen auch aus seinem Kontext der Überlieferung, der Schülerschaft, der Nachfolgeschaft, der Gemeinschaft, der Verbindlichkeit, der Teilhabe an dem Großen Atem heraus. Und sie versetzen ihn in ein Vakuum der Einsamkeit: »Du stehst Gott ganz allein gegenüber, und auch Gott ist ein Einziger, ein Alleiniger. Er zieht das Alleinsein vor und strebt auch für sich nach Selbstverwirklichung, er ist wie du ein Riesen-Individualist.«

Das ist eine nicht nur ziemlich traurige, sondern auch wirklichkeitsfremde Vorstellung. Gottes Schöpfungsakt bedeutete zugleich die Beendigung seines Alleinseins, den Anfang seines Seins in Gemeinschaft: er wurde der »Vater«. Macht euch klar, in wessen Familie ihr gehört. Er ist euch nah als Vater, wenn ihr zugleich wißt, wie weit weg er ist und wieviel Respekt und Anbetung ihm gebührt.

Vergegenwärtigt euch einmal den Anfang des Vaterunsers in seinen Stufen:
1. »Vater«: Er ist in euch, neben euch, über euch, er berät, schützt und leitet euch – mit Strenge und mit Güte. Ihr habt eine nahe, innige persönliche Beziehung zum Vater.
2. »Vater unser«: nicht »Vater mein«, denn du bist ein Glied seiner Familie, einer unter vielen Geschwistern. Du bist nicht einmal ein von ihm besonders ausgezeichnetes Individuum.
3. »Der du bist im Himmel«: Das wirkt wie eine kalte Dusche: also ist er doch wieder weit weg. Die respektheischende Distanz wird noch einmal bekräftigt: »Dein Name werde geheiligt«.

Diese drei Schritte gehören zusammen, bilden erst zusammen das stimmige Verhältnis zum Vater.

4. »Dein Reich komme, Dein Wille geschehe – wie im Himmel, so auf Erden«. Es heißt nicht: »Dein Wille geschieht ohnehin«,

sondern: Zwar geschieht Dein Wille im Himmel, daß er aber auch auf Erden geschehe, bedarf der Bemühung. Durch wen? Durch die, die das bewirken können: Engel und Menschen. Die himmlischen Hierarchien bemühen sich, den Himmel auf die Erde zu bringen. Dafür bedürfen sie aber der Mitwirkung der Menschen. Dazu erklärt ihr euch bereit und bittet um Segen, Schutz und Führung.

Den Himmel auf die Erde bringen geschieht in Akten, die der Zeugung, Schwangerschaft und Geburt vergleichbar sind: Ihr folgt einer Inspiration, einer Idee, die euch geschenkt werden, arbeitet sie aus und bringt etwas Gutes und Schönes, z. B. ein Werk, eine Einrichtung, eine Gemeinschaft zur Welt, und zwar im Zusammenwirken mit den himmlischen Hierarchien, die im Dienst der Trinität stehen. Ihr könnt sogar aus eigener Initiative Engel bitten, schicken, einsetzen. In den Engeln ist euch der Vater, so fern er ist, nahe.

Ihr seht also: Der Versuch, durch Unmittelbarkeit zu Gott aus dem Gefüge seiner Schöpfung herauszuspringen, ist illusionär. Die himmlischen Hierarchien »verstellen« nicht den Zugang zum Vater, sondern ermöglichen ihn.

Welches Interesse haben die nicht-lichten Hierarchien, den Schein zu erwecken, es gebe die himmlische Hierarchie nicht oder sie sei belanglos?

Macht euch zunächst klar, daß das Verstehen der Evolution das Wissen von der hierarchischen Struktur der Welt voraussetzt. Die Hierarchie gibt euch ein räumliches Bild von der in die Zeit ausgestreckten Evolution. Evolution bedeutet: es gibt einen sinnvollen, zielgerichteten Entwicklungsprozeß, ein Besserwerden, ein Dazugewinnen unter Beibehaltung des Erreichten, ein stufenweises Aufsteigen. Die Stufen der himmlischen Hierarchie spiegeln räumlich die zeitlichen Stufen des Entwicklungsprozesses. Nicht, daß die Menschen Engel der verschiedenen Stufen würden, sie bleiben immer Menschen. Aber sie können ihren Horizont aufsteigend erweitern und immer umfassender werden, bis sie sich vollständig mit der Schöpfung identifizieren.

Sie lernen lieben und verstehen: die Nächsten, die Völker, die Kulturen, über den menschlichen Bereich hinaus zunächst die dem Menschen nahestehenden, dann die fernstehenden Tiere, die Pflanzen, die Naturgeister, die Berge und Seen, die Sterne, die Engel bis hinauf zu den höchsten Hierarchien. Indem ihr mit den Geschöpfen sprecht, sprecht ihr immer mit der Trinität. Ohne diesen »Umweg« direkt auf die Trinität zuzugehen, ist die sicherste Weise, dort nicht anzukommen.

Denkt euch die Hierarchie weg, dann entfallen mit den Stufen von unten nach oben auch die Stufen des Voranschreitens, damit das Ziel der Entwicklung, die Gemeinschaft der Mitwandernden, der Sinn allen Strebens. Man wird orientierungslos und damit zugleich einsam. Das macht sehr unglücklich. Denn Glücklichsein ist nur möglich in Gemeinschaft. Selbst der Einsiedler lebt in Gemeinschaft mit der Natur und dem Himmel und dadurch in innerem Frieden, der den äußeren Frieden mit der Gemeinschaft voraussetzt. Ihr seid nur glücklich, wenn ihr euch an einem gemeinsamen, sinnvollen Ziel orientiert. Diese Orientierung ist nur möglich bei Kenntnis dessen, was ist und wohin der Weg führt.

Es gibt die Vorstellung, ein glücklicher Zustand entstehe durch *Individualismus* und *Relativismus*: »Schau selbst, mach, was du willst, du bist o.k., du hast kein Ziel, als dich selbst zu verwirklichen, alle deine Begegnungen, Erlebnisse und Trennungen sind zufällig und ohne inneren Sinn, es bedarf keiner Überlieferung, keiner Gemeinschaft, nicht der gemeinsamen Anstrengung des Wanderns auf ein Ziel hin, es geht alles von allein, nimm das Leben, wie es kommt, sei einfach frei.« Der Anspruch der »Unmittelbarkeit zu Gott« bereitet dieser Vorstellung die Bahn und führt in die Irre.

Hierarchische Ordnungen sind in der Schöpfung allenthalben vorgezeichnet. Der Mond kreist um die Erde, die Erde um die Sonne, die Sonne um das Zentrum der Galaxis usw. Die Organe eures Körpers funktionieren in stimmigen Abhängigkeitsverhältnissen. Das Neugeborene wäre hilflos ohne die soziale Hierarchie der pflegenden Fürsorge. Der Heranwachsende bleibt auf die Hierarchie der Schule, der Ausbildungsgänge, der staatlichen Ordnung angewiesen. Und der Erwachsene wird in dem Maße Orientierung, Gemeinschaft und Glücklichsein finden, in dem er lernt, Sinn und Aufgabe seines Lebens zu erkennen und im Zusammenwirken mit den himmlischen Hierarchien den Himmel auf die Erde zu bringen.

Nur die Vertikale verleiht Sinn, die Horizontale ist flach, in ihr kann sich keine Tiefe verbergen. Sinn ist eine Frage der Höhe – des Übersteigenden – oder der Tiefe – des Tiefgründigen. Sinn setzt die Hierarchie mit ihren Unterschieden in Schwingung, Intensität, energetischen Dimensionen voraus. Durch das Abschütteln der Überlieferung und der himmlischen Hierarchie kommt man Gott nicht näher, sondern entfernt sich von ihm und scheitert in Frustration, Einsamkeit und Sinnlosigkeit.

Sinnlosigkeit ist dem Menschen nicht verträglich, macht ihn krank; die Propagierung der Sinnlosigkeit erzeugt ein lebensfeindliches Umfeld. Die pluralistische Gesellschaft schafft sich deshalb allerlei Ersatz-Hierarchien: Abstufungen der Ämter, des Reichtums, der beruflichen oder sportlichen Leistung, des Glücks, auch der religiösen und spirituellen Wege usw. Sie braucht die Abstufungen von höher und niedriger, besser und weniger gut usw. als Leistungsansporn, meidet aber die Anerkennung der himmlischen Hierarchie.

Diese bringt euch zwar eure Entfernung von der göttlichen Trinität zum Bewußtsein, erfüllt euch mit Respekt und der Bereitschaft zur Anbetung. Gerade dadurch aber kommt ihr der Trinität nahe. Der *Herzensjünger* des Herrn war derjenige, der den Herrn am meisten respektierte, nicht nur als der jüngste im Jüngerkreis, sondern auch, weil er ihn am tiefsten erkannte. Er drängte sich nicht in die Nähe des Herrn, aber er war derjenige, den der Herr an seiner Brust ruhen ließ. Respekt stört die Nähe nicht, sondern ermöglicht sie, ja stellt sie her.

Die so entstandene Nähe mindert die Freiheit keineswegs, sondern ist der Schlüssel zur Freiheit. Manche Menschen behalten die pubertäre Vorstellung bei, Freiheit gründe sich auf Respektlosigkeit. Manche übertragen diese dann auch noch auf ihr Verhältnis zu Gott. Indem sie die Distanz zu Gott überspringen wollen, gewinnen sie nicht seine Nähe, sondern entfernen sich von ihm. Indem sie die Autorität der sog. »Zwischeninstanzen«, der Engel, der Heiligen, der himmlischen Lehrer und Meister, der Maria, ja sogar Christi nicht gelten lassen, verlieren sie ihre mächtigsten Helfer, so wie ja auch Therapeut und Lehrer ohne Autorität nicht helfen können. Indem sie die Gemeinschaft ausblenden und isoliert dahinschweben, fühlen sie sich zwar befreit, haben aber in Wirklichkeit ihre Freiheit eingebüßt. Indem sie die Hierarchie einebnen, entkleiden sie Gott seiner Göttlichkeit. Dadurch machen sie zugleich den Menschen klein, entmenschlichen den Menschen, denken sich auf einer Stufe mit Gott, als einen unter 6 Milliarden Göttern. Sie sind nicht mehr unterwegs. Sie handeln nicht sinnorientiert, sondern so, als seien sie schon heimgekehrt zum Vater. Da stellt sich dann wieder die Frage Michaels an Luzifer: »Wer ist wie Gott?«

Sonntag, 17. 3. 96

Über die Trinitätsformel

∞

Die heilige Anna: Ihr hattet eine Frage?

In der christlichen Tradition spricht man von der Trinität als »Vater, Sohn und Heiliger Geist«. Die Mutter kommt darin nicht vor. Soll man das beibehalten oder korrigieren?

Ganz korrekt müßte es heißen: »Vater, Sohn und Mutter durch den Heiligen Geist«. Das würde aber bei Menschen, die die Zusammenhänge nicht kennen, zu Mißverständnissen führen. Die traditionelle Formel zu bewahren, hat seine Gründe, auch wenn sie die Mutter nicht nennt. Die Mutter trägt es mit Fassung. Das solltet ihr auch tun. Ihr könnt aber auch nach »Vater, Sohn und Heiliger Geist« still hinzufügen: » ... und die Mutter«.

Was ist der Grund dafür, die Mutter ungenannt zu lassen?

Man führt immer an, daß die Frau damals nicht so hochgeehrt war, im irdischen Bereich eine untergeordnete Rolle spielte, und daß man sich deshalb eine weibliche Entsprechung im Himmel nicht vorstellen konnte. In Wirklichkeit ist das anders: Die Segensformel »Vater, Sohn und Heiliger Geist«, die in die Kirche einfloß, war von der Mutter gegeben, ohne daß sie sich selber nannte. Sie lehrte nicht im eigenen Namen, weil ihr das nicht entsprach. Durch die Mutter entstand die Kirche. Diese orientierte sich immer daran, wie sich die Mutter Maria verhielt. Sie hat dafür gesorgt, daß über die Jünger hinaus das entstand, was ihr heute die *Kirche* nennt. Diese wäre ohne die Mutter nicht entstanden. Es wäre eine Gruppe von Schülern Jesu gewesen, aber nicht die Kirche. Das bedeutet: In gewisser Weise ist die Mutter die Kirche. Man spricht zu Recht von der »Mutter Kirche«. Jedenfalls: ohne sie wird keine Kirche.

Insofern wird im *Credo* auch die Mutter bekannt, nämlich dort, wo es die Kirche nennt. Diese repräsentiert den mütterlichen Aspekt der Trinität. Von Anfang an war die Mutter in der Kirche präsent, sonst wären weder das Neue Testament noch die Entstehung der Kirche überhaupt denkbar gewesen. Alle, die in der Kirche dienen, dienen in der, mit der, aus der Mutter heraus für den Sohn, für den Vater. Allein schon dadurch, daß man sich in der Kirche befindet, wirkt man für die Mutter und in der Mutter.

Durch bloße Mitgliedschaft, durch die Taufe?

Das ist sehr unbewußt, aber im Prinzip ja. Es gibt die Wesen in den Innenräumen des Menschen, die das wahrnehmen und die sich allein schon durch diesen Schritt in Heimat und Geborgenheit befinden. Das gilt auch, wenn der Mensch von der Mitgliedschaft keinen Gebrauch macht und nichts davon weiß.

Das ist ein Argument für die Kindtaufe?

Ja, denn vergeßt nicht, wen ihr alles tauft: Ihr versammelt alle, die in und um den Menschen wirken. Sie wissen, was Taufe bedeutet, um was es da geht.

Es gab oder gibt in der evangelischen Kirche tiefgläubige Christen, die aber weder die Mutter noch eine »Mutter Kirche« anerkennen.

Die evangelische Kirche ist eine Abspaltung von der katholischen Kirche, die eigentlich nicht gewollt war. Luther wollte die katho-

lische Kirche reformieren, nicht eine eigene Kirche begründen. Es ist ein Fehler, die evangelische Kirche als etwas anderes, etwas Neues anzuschauen. Sie ist in einer ganz tiefen Anschauung aufgehoben, geborgen in der Mutter. –
Der Grund für das Weglassen der Mutter in der Trinitätsformel ist aber nicht nur, daß die Mutter sich selbst nicht genannt wissen wollte. Es gibt noch einen tieferen Grund. Dieser liegt in folgendem. Die drei Aspekte jeden Wesens der Trinität wiederholen die Grundgegebenheiten der Trinität – Vater, Sohn und Mutter – noch einmal in sich. Es gibt gewissermaßen den Vater in der Mutter – Sophia, den Sohn bzw. die Tochter in der Mutter – die Jungfrau Maria und die Mutter in der Mutter – die Muhme:

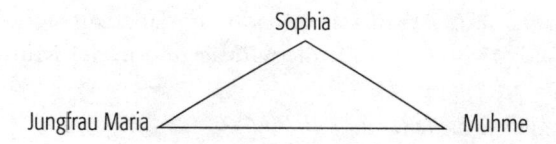

```
                    Sophia
                   /      \
                  /        \
        Jungfrau Maria ———— Muhme
```

Sophia ist also das Vorrangigste und Mächtigste in der Mutter. Sophia ist aber auch die Schirmherrin des *Schweigens*. Sie ist das Schweigen, das es möglich macht, daß Vater und Sohn ausgesprochen werden können. Das Aussprechen ruht auf dem Schweigen der Mutter – und auf ihrem Geschwiegenwerden. Sie verharrt im Nichtgenannten – das ist ihre Kraft.

Könnte man in der Trinitätsformel nicht die Mutter nennen, wenn man damit nur die Aspekte der Jungfrau Maria und der Muhme meint?

Wenn ihr die Mutter nennt, nennt ihr immer auch die Sophia. Es hat seinen Sinn, von der Mutter insgesamt zu schweigen. Ihr könnt es stimmig machen, indem ihr sagt: »Im Namen des Vaters, des Sohnes«, dann schweigend hinzudenkt: »und der Mutter« und fortfahrt: »durch den Heiligen Geist«. Die Formel »durch den

Heiligen Geist« vergegenwärtigt alles, was durch den Heiligen Geist vermittelt wird, die gesamte Trinität, also auch die Mutter, und zwar angemessener als durch ihre ausdrückliche Nennung.

Im Evangelium heißt es, der Auferstandene selbst lehrte seine Jünger zu taufen »auf den Namen des Vaters und des Sohnes und des Heiligen Geistes« (Matth. 28, 19).

Das heißt nicht, daß er die Mutter vergessen hätte, sondern daß er von ihr geschwiegen hat, wie es ihr angemessen ist. Darauf beruht die traditionelle Formel der Kirche, und ich rate euch nicht, von ihr abzuweichen, sondern sie zu bewahren. Es geht hier nicht darum, sie in Frage zu stellen, sondern sie verständlicher zu machen.

Was bedeutet es, wenn man sagt »und des Heiligen Geistes« und nicht »durch den Heiligen Geist«? Was bedeutet das »und«?

Der Hinweis auf die mögliche Variante »durch den Heiligen Geist« dient dazu, seine Funktion ein wenig zu erklären. Was tut der Heilige Geist, und wie tut er es? Man geht meist schnell darüber hinweg. Die Erläuterung, daß die Formel »durch den Heiligen Geist« korrekt wäre, ist kein Angriff auf die traditionelle Formel, sondern im Gegenteil eine Erklärung für ihre Stimmigkeit: Der Leser erfährt, wen sie mit dem Heiligen Geist meint, was er tut, warum er in der Formel genannt wird.

Könnten diese Darlegungen nicht zu dem Mißverständnis führen, die Trinität würde durch eine Quaternität ersetzt?

Das wäre in der Tat ein Mißverständnis. Der Heilige Geist gehört zur Trinität, insofern er ihre Zusammenfassung, ihr Vermittler ist. Wäre er nicht so maßgeblich, würde er nicht genannt. Er ist zwar eine Person, aber nicht mit eigenen Gedanken und eigenem Willen. Im Glaubensbekenntnis von Nizäa heißt es, daß der Heilige

Geist »aus dem Vater und dem Sohn *hervorgeht*«. Das ist ganz richtig, nur unvollständig: er geht auch aus der Mutter hervor. In der Mutter aber ist Sophia der vorrangige Aspekt, und die Sophia ist die Schweigende und deshalb auch diejenige, von der im Alltag geschwiegen wird. Nur ausnahmsweise, nur wenn es darum geht, den Gesamtzusammenhang der Trinität in Erinnerung zu rufen, vor dem Vergessen zu bewahren, auch die Bedeutung des Heiligen Geistes in ihr ein wenig zu erklären, darf von ihr gesprochen werden.

Anm. Näheres zum Heiligen Geist Pfingsten 1997 (Bd. IV)

Donnerstag, 21. 3. 96

Aspekte der Trinität II

∞

Ariel, ein Bote der Trinität:
Die Begegnung mit der ersten Triade (Throne, Cherubim, Seraphim) setzt eine intensive Beschäftigung mit den drei Aspekten der Trinität voraus, weil die Engel dieser Triade ihr Antlitz der Trinität zugewandt halten. Die Vorbereitung wird mehr als drei Monate dauern.

In den jeweils ersten drei Wochen der ersten drei Monate gilt es, sich mit den drei Aspekten des jeweiligen Teiles der Trinität zu beschäftigen, selbstverständlich im Rahmen des für Menschen Verträglichen. Beginnt mit der Mutter, dann folgt der Sohn, zuletzt der Vater. In den Übungen solltet ihr besonderen Wert auf die Stimmigkeit der Farbe legen.

Die Hauptfarbe des mütterlichen Aspektes ist blau, und zwar:
1. Woche – Sophia: blaustichiges Rot, violettrot, bordeaux.
2. Woche – Maria: marienblau, d. h. hell- bis mittelblau mit Gold.
3. Woche – Muhme: dunkelblau, nachtblau, dem Silber zugewandt.
4. Woche – zusammenfassender Abschluß: Mischung aus allen drei Blautönen, Bildung einer Farbkordel.

In der Inneren Kapelle sollte vor oder auf der rechten Seite des Altars in der ersten Woche eine Sophienstatue, in der zweiten Woche eine Marienstatue und in der dritten Woche eine Muhmenstatue stehen. Falls es keine gibt, bittet eure Künstler in den Nebenchakren, eine zu fertigen.

Jetzt zur Übung:
Tretet in der Inneren Kapelle vor den Altar, entzündet die Kerze und sprecht die Gebete, die euch am Schluß dieser Stunde gegeben werden. Sucht in den Innenräumen die Wesen auf, die mit dem jeweiligen Aspekt zu tun haben, also den Marienengel im Marienturm, den Sophienengel im Sophienturm, das Muhmenwesen im linken Schulterchakra. Lest Aussagen über Sophia, Maria und die Muhme nach: in der Bibel, aber auch in anderen Religionen und Mythologien, z. B. über die Große Mutter bei den Indianern.

In der vierten Woche werden alle drei Aspekte zusammen betrachtet. Die drei Figuren stehen nun in Lebensgröße vor, auf oder um den Altar, und zwar Sophia in der Mitte, Maria vom Betrachter aus gesehen links, die Muhme rechts. Sollten sie euch anfangs wie leblose Statuen vorkommen, betrachtet sie so lange, bis ihr bemerkt, daß sie atmen und sich bewegen. Fühlt euch in sie hinein, verinnerlicht das Wissen über sie und entwickelt das Gefühl, daß diese Wesen lebendig sind. In dieser Woche stehen Verehrung, Dankbarkeit und das Schweigen im Vordergrund. Mit den Statuen soll nicht gesprochen werden.

II. Im zweiten Monat beschäftigt euch mit den drei Aspekten des Sohnes:

In der Mitte steht der Meister und Lehrer, links (vom Betrachter aus) der Richter und Heiler, rechts der Erlöser. Stellt entsprechende Statuen auf (oder vor) die linke Seite des Altars. Die Hauptfarbe der Sohnes-Aspekte ist rot, und zwar:
1. Woche – Meister, Lehrer: klares Rot bis violett ohne Beimischung, weder blaustichig noch aggressiv.
2. Woche – Richter und Heiler: dunkleres Rot als Richter, grün (Komplementärfarbe) als Heiler.
3. Woche – Erlöser: Goldrot, d. h. Rot mit Gold unterlegt (keine irdische Farbe, eher wie Licht).

4. Woche – alle drei Statuen: Zusammenfassung aller drei Farbtöne in einer Farbkordel.
Laßt sie lebendig werden und schweigt.

Wenn ihr dem Meister in euch begegnen wollt, wendet euch an den Inneren Weisen. Dem Heiler und Richter begegnet ihr in der Nische des Christus in der Inneren Kapelle. Für den Erlöseraspekt sucht das Sonnenwesen in der rechten Schulter auf.
Auch die Sohnesgebete werden euch am Ende dieser Stunde gegeben. Ihr könnt aber als Herrengebete auch die ICH-BIN-Worte wählen und umformulieren z. B. in »Du bist mein Weg ...« oder »Du bist der Weinstock, ich bin die Rebe«. Dadurch kommt es zu einer Bewußtwerdung seiner persönlichen Nähe. Auch das »Gelobt seist Du Christus ...« kann gebetet werden.
(Anmerkung: Die 7 Ich-bin-Worte des Herrn lauten: Ich bin 1. der Weinstock, 2. der Weg, die Wahrheit und das Leben, 3. die Tür, 4. das Brot des Lebens, 5. der gute Hirte, 6. das Licht der Welt, 7. die Auferstehung und das Leben. Das »Gelobt seist Du Christus« s. Bd. II S. 141.)

III. Der dritte Monat, der sich mit dem Vater beschäftigt, ist am anstrengendsten. Ihm könnt ihr nur über Symbole begegnen. Sich eine Statue vorstellen, wäre nicht zuträglich. Ihr werdet aber hinter dem Altar (oder evtl. über der Eingangstüre oder in der Kuppel) große Rosettenfenster finden. Diese Fenster leben auch in einer gewissen Weise. Das in der Mitte hat weißes Licht, links goldenes Licht in verschiedenen Tönen, rechts Regenbogenlicht, in dem blauviolett dominiert.
1. Woche – Schöpfer aller Dinge: strahlend schönes Weiß, changierend von Perlmutt bis hin zu einem brillanten Schneeweiß.
2. Woche – Ordnung und Strenge des Vaters: goldenes Licht.
3. Woche – der gütige, gnädige und liebevolle Vater: Regenbogenlicht.
4. Woche – Zusammenfassung: Tretet in den Altarraum der Inneren Kapelle so, daß ihr alle 3 Fenster oberhalb der Apsis wahr-

nehmen (notfalls einbauen) könnt. Betrachtet die Ornamente. Laßt euch von dem Lichtkegel, der auf den Boden scheint, bescheinen, bis er in euch lebt. Ihr werdet sehen, wie er euch einhüllt und wie die Fenster leben und die Innere Kapelle ganz neues Licht erhält.

Den Schöpfer findet ihr im Inneren Kosmos, den strengen Vater (Altes Testament) habt ihr in der rechten Hand, dem gütigen Aspekt des Vaters (Neues Testament) entspricht das Innere Kind. Lest noch einmal die den drei Aspekten entsprechenden Stellen aus der Heiligen Schrift.

Als Gebet nehmt nur das Vaterunser – es enthält alle drei Aspekte des Vaters – oder das Credo.

In der vierten Woche herrscht jeweils Schweigen. Auch im Alltag überflüssiges Sprechen vermeiden. Es gilt, die Sprache des Schweigens zu lernen, vor allem im Lobpreis der Trinität, im Großen Schweigen, im »schweigenden Wort«.

Die *Bibel* ist eine Trinitarische Schrift. Manchmal spricht die Mutter, manchmal der Sohn, manchmal der Vater, und immer durch den Heiligen Geist. Das im einzelnen zu klären, wäre eine Aufgabe für euch. Fragt euch z.B., in welchem Evangelium welcher Teil der Trinität vor allem spricht. Es hat seinen Sinn, daß es nicht nur ein Evangelium gibt und daß aus der Vielzahl der Berichte vom Leben Jesu Christi gerade diese vier in die Heilige Schrift Eingang fanden: dem liegt Fügung, d. h. Führung zugrunde. Denn sie beleuchten das Geschehen aus vier Perspektiven: aus der Strahlkraft des Vaters (Matthäus); des Sohnes (Johannes), der Mutter (Lukas) und ihrer Zusammenfassung im Heiligen Geist (Markus). Natürlich spricht die gesamte Trinität durch alle vier Evangelien. Aber wenn ihr die Evangelien einmal unter diesem Gesichtspunkt lest, wird euch eine je besondere Zuordnung ins Auge fallen und der Sinn ihrer Vierzahl einleuchten.

IV. In den ersten 12 Wochen wurde die Trinität als *Dreifaltigkeit* erlebbar gemacht. Die *Dreieinigkeit* wird erst begreiflich, wenn man die Dreifaltigkeit in ihren einzelnen Aspekten kennt. Die 13. Woche faßt die drei Personen der Trinität zusammen. Die gesamte spirituelle Entwicklung zielt darauf ab, die Einheit der Trinität zu erkennen und zu erfahren. Die Übung der ersten drei Monate ist, die Aspekte der Trinität einzeln zu begreifen und mit ihnen zu arbeiten. Es gehört alsdann aber zur spirituellen Entwicklung, sich nicht nur einem Teil der Trinität anzuschließen, sondern sie in ihrer Gesamtheit zu erleben. Es gilt also z.b., nicht nur das Leiden des Sohnes nachzuempfinden, sondern zu spüren, daß das Leiden des Sohnes zugleich auch das Leiden der Mutter und des Vaters ist.

Wendet euch nach oben und versucht, das Wahrnehmen zu üben. Die Wahrnehmung erfolgt über drei verschiedene *Arten des Schweigens*. Das Schweigen um die Mutter ist anders als das Schweigen um den Sohn oder den Vater. Es ist wichtig, das zu empfinden. So wie ihr Menschen am Klang der Stimme unterscheidet, kann man Menschen und auch die Trinität am Schweigen erkennen. Ihr könnt in alle drei Arten des Schweigens eintreten, euch darin wohl fühlen und mit der Mutter, dem Sohn und dem Vater im Schweigen kommunizieren.

Die ersten drei Tage der 13. Woche sind der Mutter, die zweiten drei Tage dem Sohn und der Sonntag ist dem Vater gewidmet. Verfahrt wie folgt:
1. Begebt euch in die Innere Kirche, betrachtet die drei neuen Fenster und sprecht das Vaterunser.
2. Dann wendet euch dem Altar zu, und zwar die ersten drei Tage nach rechts zu den Marienaspekten. Sprecht am Montag das Gebet für Sophia, am Dienstag das Gebet für Maria, am Mittwoch das Gebet für die Muhme. Danach spricht täglich das Abschlußgebet für die drei Marienaspekte.
3. Die nächsten drei Tage wendet euch den Sohnesaspekten zu und sprecht wieder jeden Tag das dazugehörige Gebet: am Donnerstag das Gebet für den Lehrer und Meister, am Freitag das Gebet für den Heiler und Richter, am Samstag das Gebet für den Erlöser. Sprecht jeweils zum Abschluß das vierte Sohnesgebet.

4. Am Sonntag wendet euch zum Vater mit dem Vater-Gebet der drei Aspekte, sprecht dann nach rechts die drei Gebete mit dem Abschlußgebet zur Mutter, nach links die drei Gebete mit dem Abschlußgebet zum Sohn. Dann wendet euch wieder zurück zum Vater mit einem Gebet, das euch zum Schluß gegeben wird.
5. Zum Abschluß wendet euch wieder der Mitte zu und sprecht das Credo.

Die Anweisungen sind ernst zu nehmen und mit Strenge und Disziplin täglich auszuführen.

Überblick:

1. Vater

      Schöpfer
      weiß
      Innerer Kosmos

strenger, ordnender Vater	gütiger, gnädiger Vater
goldfarben	regenbogenfarben
rechte Hand	Inneres Kind

2. Sohn

      Meister und Lehrer
      klares Rot bis violett
      Innerer Weiser

Richter und Heiler	Erlöser
dunkelrot/grün	goldrot
Nische in der Inneren Kirche	rechte Schulter

3. Mutter

      Sophia
      bordeauxrot
      Sophienturm

Maria	Muhme
mittelblau mit Gold	dunkelblau mit Silber
Marienturm	linke Schulter

1. Monat: Mutter
   1. Woche: Sophienaspekt
   2. Woche: Marienaspekt
   3. Woche: Muhme oder Mutteraspekt
   4. Woche: Zusammenfassung, Schweigen

2. Monat: Sohn
   1. Woche: Meisteraspekt
   2. Woche: Richter/Heileraspekt
   3. Woche: Erlöseraspekt
   4. Woche: Zusammenfassung, Schweigen

3. Monat: Vater
   1. Woche: Glasfenster weiß: Schöpfer
   2. Woche: Glasfenster goldfarben: Erhalter
   3. Woche: Glasfenster Regenbogen: Gnädiger
   4. Woche: alle 3 Fenster, Schweigen

13. Woche: Gebete mit Credo. –

Wenn in den folgenden Gebeten von Knien, Liegen und Stehen die Rede ist, so genügt es, dies innerlich zu tun. Es ist allerdings wirksamer und für die Erfahrung eindringlicher, es körperlich zu tun.

Die Gebete lauten:

Muttergebete

SOPHIEN – ASPEKT

Gegrüßt seist Du, Sophia,
segensreiche, väterliche,
heiliges Schweigen vor Raum und Zeit.

Dank sei Dir in der Mutter.
Dank sei Dir in den Himmeln.
Dank sei Dir in mir.

Dein Schweigen umhülle mich.
Dein Schweigen erfülle mich.
Heiliges Schweigen komme durch mich in die Welt.

Liegend in Demut,
kniend in Dankbarkeit,
stehend im Dienst,
bin ich Dein in Ewigkeit.

Amen

MARIEN – ASPEKT

Gegrüßet seist Du, Maria,
gnadenreiche Tochter,
heiliges Wort in Zeit und Raum.

Dank sei Dir in der Mutter.
Dank sei Dir in den Himmeln.
Dank sei Dir in mir.

Dein Wort umgebe mich.
Dein Wort belebe mich.
Heiliges Wort komme durch mich in die Welt.

Liegend in Demut,
kniend in Dankbarkeit,
stehend im Dienst,
bin ich Dein in Ewigkeit.

Amen

MUHMEN – ASPEKT

Gegrüßet seist Du, Muhme,
ehrwürdige, mütterliche,
heilige Kraft durch Zeit und Raum.

Dank sei Dir in der Mutter.
Dank sei Dir in den Himmeln.
Dank sei Dir in mir.

Deine Kraft trage mich.
Deine Kraft begabe mich.
Heilige Kraft komme durch mich in die Welt.

Liegend in Demut,
kniend in Dankbarkeit,
stehend im Dienst,
bin ich Dein in Ewigkeit.

Amen

DREI ASPEKTE DER MUTTER

Im Namen Sophiens,
im Namen Mariens
und im Namen der Muhme,
durch den Heiligen Geist.

Dank sei Euch, die Ihr in mir seid.
Dank sei Euch, die Ihr in der Mutter seid.
Dank sei Euch, die Ihr die Mutter seid.

Dank sei der dreimal großen, der dreimal heiligen,
der segnenden, gnädigen, ehrwürdigen
Mutter des Himmels und der Erde.

Amen

Sohnesgebete

MEISTER – ASPEKT

Gelobt seist Du, Christus,
himmlischer Sohn,
Heiland in der Einheit.

Dank sei Dir, Christus.
Meister in allem über alles.
Durch Dich kam der Weg in die Welt.

Leite mich – ich folge.
Lehre mich – ich höre.
Läutere mich – ich trage.

Gelobt sei Dir, Christus,
Meister, dem wir die Füße nagelten:
Du bist mein Weg,
Dein ist jeder meiner Schritte.

Amen

RICHTER- UND HEILER – ASPEKT

Gelobt seist Du, Christus,
himmlischer Sohn,
Heiland in Herrlichkeit.

Dank sei Dir, Christus,
Richter in allem über alles.
Durch Dich kam die Wahrheit in die Welt.

Richte mich her – ich bin bereit.
Richte mich aus – ich erkenne.
Richte mich auf – ich stehe ein.

Gelobt sei Dir, Christus,
Richter, dem wir die Hände nagelten:
Du bist meine Wahrheit,
Dein ist all mein Trachten.

Amen

ERLÖSER – ASPEKT

Gelobt seist Du, Christus,
himmlischer Sohn,
Heiland in Ewigkeit.

Dank sei Dir, Christus.
Erlöser in allem über alles,
durch Dich kam das Leben in die Welt.

Erlöse mich – ich lasse los.
Erlöse mich – ich lasse gehen.
Erlöse mich – ich lasse fahren dahin.

Gelobt sei Dir, Christus,
Erlöser, dem wir das Herz durchbohrten:
Du bist mein Leben,
Dein sei es zu jeder Zeit.

Amen

DREI ASPEKTE DES SOHNES

Im Namen des Meisters,
im Namen des Richters
und im Namen des Erlösers,
durch den Heiligen Geist.

Im Sohn ward der Meister unser Meister.
Im Sohn ward der Richter unser Richter.
Im Sohn ward der Erlöser unser Erlöser.
Dreimal Dank dem dreimal Heiligen.

Dank sei Dir in der Einheit des Weges.
Dank sei Dir in der Herrlichkeit der Wahrheit.
Dank sei Dir in der Ewigkeit des Lebens.

Amen

Vatergebete

ASPEKT DES SCHÖPFERS
Vater unser, der Du bist im Himmel.
1. Geheiligt werde Dein Name.

ASPEKT DES ORDNERS UND BEWAHRERS
2. Dein Reich komme,
3. Dein Wille geschehe,
 wie im Himmel so auf Erden.

ASPEKT DES GNÄDIGEN
4. Unser täglich Brot gib uns heute.
5. Vergib uns unsere Schuld,
 wie auch wir vergeben unseren Schuldigern.
6. Und führe uns nicht in Versuchung,
7. sondern erlöse uns von dem Bösen.

DREI ASPEKTE DES VATERS
Denn Dein ist das Reich
 und die Kraft
 und die Herrlichkeit
 in Ewigkeit.

Amen

VATER-GEBET DER DREI ASPEKTE

Vater unser,
der Du bist in den Himmeln,
geheiligt seien Deine Namen:
Allheiliger Schöpfer,
Odem in allem,
Dein Reich komme.

Allheiliger Bewahrer,
Ordnung in allem,
Dein Wille geschehe,
wie im Himmel, so auf Erden.

Allheilig Gnädiger,
Hoffnung in allem,
vergib uns unsere Schuld,
wie auch wir vergeben unseren Schuldigern.

Vater unser,
der Du bist in uns,
durchatme uns,
bewahre uns
und sei uns gnädig!

Amen

WEITERES VATER-GEBET DER DREI ASPEKTE

Dank sei Dir, Allesbegründender,
Dank sei Dir, Allesumfassender,
Dank sei Dir, Alleserfüllender,
Vater im Himmel und auf Erden,
Vater in mir,
der Du mich schufst nach Deinem Bilde von Anbeginn –
denn Dein ist das Reich.

Lob sei Dir, Allesbegründender,
Lob sei Dir, Allesumfassender,
Lob sei Dir, Alleserfüllender,
Vater im Himmel und auf Erden,
Vater in mir,
der Du mich bewahrst in Deinem Bilde durch alle Zeit –
denn Dein ist die Kraft.

Ehre sei Dir, Allesbegründender,
Ehre sei Dir, Allesumfassender,
Ehre sei Dir, Alleserfüllender,
Vater im Himmel und auf Erden,
Vater in mir,
der Du mich führst zu Deinem Bilde in Ewigkeit –
denn Dein ist die Herrlichkeit.

Amen

GLAUBENSBEKENNTNIS VON NIZÄA

Wir glauben an den einen Gott,
den Vater, den Allmächtigen,
der alles geschaffen hat, Himmel und Erde,
die sichtbare und die unsichtbare Welt.

Und an den einen Herrn Jesus Christus,
Gottes eingeborenen Sohn,
aus dem Vater geboren vor aller Zeit:
Gott von Gott, Licht vom Licht,
wahrer Gott vom wahren Gott,
gezeugt, nicht geschaffen,
eines Wesens mit dem Vater;
durch ihn ist alles geschaffen.

Für uns Menschen und zu unserem Heil
ist er vom Himmel gekommen,
hat Fleisch angenommen
durch den Heiligen Geist
von der Jungfrau Maria
und ist Mensch geworden.

Er wurde für uns gekreuzigt
unter Pontius Pilatus,
hat gelitten und ist begraben worden,
ist am dritten Tage auferstanden nach der Schrift
und aufgefahren in den Himmel.

Er sitzt zur Rechten des Vaters
und wird wiederkommen in Herrlichkeit,
zu richten die Lebenden und die Toten;
seiner Herrschaft wird kein Ende sein.

Wir glauben an den Heiligen Geist,
der Herr ist und lebendig macht,
der aus dem Vater und dem Sohn hervorgeht,
der mit dem Vater und dem Sohn
angebetet und verherrlicht wird,
der gesprochen hat durch die Propheten,
und die eine, heilige, katholische
und apostolische Kirche.
Wir bekennen die eine Taufe
zur Vergebung der Sünden.
Wir erwarten die Auferstehung der Toten
und das Leben der kommenden Welt.

Amen

Oder:

APOSTOLISCHES GLAUBENSBEKENNTNIS

Ich glaube an Gott,
den Vater, den Allmächtigen,
den Schöpfer des Himmels und der Erde,

und an Jesus Christus,
seinen eingeborenen Sohn, unsern Herrn,
empfangen durch den Heiligen Geist,
geboren von der Jungfrau Maria,
gelitten unter Pontius Pilatus,
gekreuzigt, gestorben und begraben,
hinabgestiegen in das Reich des Todes,
am dritten Tage auferstanden
von den Toten,
aufgefahren in den Himmel;
er sitzt zur Rechten Gottes,

des allmächtigen Vaters;
von dort wird er kommen,
zu richten die Lebenden und die Toten.

Ich glaube an den Heiligen Geist,
die heilige katholische Kirche,
Gemeinschaft der Heiligen,
Vergebung der Sünden,
Auferstehung der Toten
und das ewige Leben.

Amen

Sonntag, 24. 3. 96

»Auferstehung der Toten«

∞

Im Glaubensbekenntnis hieß es ursprünglich: »wir erwarten die Auferstehung des Fleisches«, *jetzt heißt es* »der Toten«. *Ist das richtig?*

Hl. Anna: Es heißt nicht Auferstehung des Körpers, des Leichnams. »Auferstehung des Fleisches« hat eine irreführende Assoziation ausgelöst. Die Seele befindet sich lebendig im Himmel. Wenn sie aufersteht, d. h., wenn sie einen Auferstehungsleib bekommt, so kann dieser nicht aus dem verwesten, seelenlosen Fleisch bestehen. Das ist völlig klar.

Das wollte man entschärfen und hat es in die falsche Richtung verschärft, weil Auferstehung der Toten noch eigenartigere Assoziationen auslösen könnte, die man eigentlich vermeiden wollte, nämlich daß die Seele mit dem Körper begraben wurde, daß Leichname mit ihrer Persönlichkeit in den Gräbern ruhen. Das würde bedeuten, daß sie aus ihren Gräbern aufstehen, ihre Seele, ihren Charakter wiederbekommen und umgeben mit altem oder neuem Fleisch zum Leben erweckt werden. Insofern ist diese Formulierung *noch mißverständlicher*. Für einen Materialisten würde sie bedeuten, daß die toten Menschen mit dem, was als Seele überhaupt noch anerkannt ist, im Grab auf die Auferstehung warten. Aber auf dem Friedhof befindet sich nur das Fleisch.

Begrabenwerden ist für den Leichnam angenehm, er empfindet es dankbar: Es ist die Rückkehr zur Mutter. Richtig ist, daß es einen Tag geben wird, wo alle Materie zum Vater zurückkehren wird, sie durch die Mutter zum Vater eingeht. Nicht richtig wäre aber die Annahme, daß die Seelen mit ihrer Fleischeshülle als Gesamt-Tote wieder auferstehen. Die Auferstehung der Toten oder des Fleisches meint den Auferstehungsleib. Der auferstandene Mensch hat tatsächlich einen Leib, allerdings einen Auferstehungsleib, der nichts mit dem verwesten Fleisch zu tun hat. Die Feuerbestattung behindert die Auferstehung in keiner Weise.

Ist Christus nicht im Leibe auferstanden?

Doch, und das Grab war tatsächlich leer. Seine Auferstehung und die künftige Auferstehung des Menschen unterscheiden sich. Das ist ein Thema für sich, danach solltet ihr zu Ostern noch einmal fragen (s. u. 7.4.96).

Nach dem Sterben Jesu gab es ein Erdbeben, es erschienen Menschenleiber aus ihren Gräbern. Auch König Saul rief Verstorbene aus den Tiefen des Grabes herauf. Was erschien da?

Das hat mit Auferstehung nichts zu tun. Was da mit klappernden Knochen heraufsteigt – das könnt ihr euch selber denken – sind nicht die Seelen. Das ist eher ein Bild. Ich möchte aber nicht über Szenarien reden, die die Hierarchien der dunklen Seite bilden.

Die Formel »richte mich her« im 2. Sohnesgebet (v. 20.3.96) ist schwer verständlich. Wie ist sie gemeint?

Der Mensch ist Abbild und Gleichnis des Vaters, aber auch etwas, was der Vater eines Tages in sich aufnehmen wird als Frucht der Erde. Das Gesamtwesen mit allen seinen Inkarnationen wird vom Vater »vereinnahmt«, ohne daß sich die Individualität auflöst. Wendet man sich an den Sohn mit der Bitte: »Richte mich her«, so heißt das: bereite mich für die Heimkehr, ich biete mich dar als Geschenk, ich bin bereit, mich vom Vater aufnehmen zu lassen.

Die Formel bringt einen Aspekt des Sohnes zum Ausdruck, seine Hinwendung zum Licht des Vaters. Wenn du dieses Gebet betest, fühle dich wie ein kostbares Geschenk. »Herrichten« in diesem Sinne ist ein heiliges Wort, das seinen Ort im Zusammenhang mit »Opferung« hat. Christus hat sich selbst hergerichtet, freiwillig und in voller Verantwortung, indem er sprach: »Nicht mein, sondern Dein Wille geschehe«, verfüge über mich, ich bin dazu bereit. Ihr seid Kinder des Vaters, und dazu gehört, daß ihr Christus bittet, euch für den Vater »herzurichten«.

(Die heilige Anna segnet uns mit dem Kreuzzeichen.)

Freitag, 29. 3. 96

Die 7 Schmerzen Mariens

∞

Ein Bote Gabriels: Macht euch bewußt, daß die Passionszeit auch eine Passionszeit der Mutter ist. Heute ist ein hoher kirchlicher Festtag:[2]) Man gedenkt der 7 Schmerzen Mariens (1. Herbergssuche, 2. Prophezeiung des Simeon, 3. Jesus im Tempel, 4. Verrat des Judas, 5. Begegnung auf dem Passionsweg, 6. Jesu Kreuzestod, 7. sein Leichnam in ihre Arme gelegt).

In den 14 Tagen vor Gründonnerstag ist es ratsam, täglich eine der 14 Stationen des Kreuzwegs zu meditieren. Ab dem Freitag vor Palmsonntag wendet man sich außerdem auch der Mutter zu. Abends ist besser über die Mutter zu sprechen als morgens.

Um die Mutter zu bedenken, ist es hilfreich, zu wissen, daß die 7 Schmerzen der Mutter im Zusammenhang mit den 7 Haupt-Innenräumen stehen.

1. Die *Herbergssuche* und das Unterkommen in der Höhle gehören zum sog. Wurzelchakra, zum Innenraum mit dem Meer. Die Insel im Inneren Meer gibt dem Menschen eine natürliche Grundlage für sein irdisches Wirken, gibt ihm Stabilität, ein Zuhause. Dieses fehlt ihm, wenn er in einem Boot auf das Meer hinausgetrieben wird. Einer solchen Erfahrung entspricht in der Außenwelt: in der Fremde umherirren, überall unbekannt und unwillkommen, ein Fremder unter den Menschen sein. Das war der Schmerz, den Maria erfuhr.

Sie fand Zuflucht in der Felsenhöhle, bei Ochs und Esel, zwischen Hügeln, Bäumen und Wiesen. Sie verstand sich als ein

Wesen, das in der Natur zu Hause und auf die menschliche Gesellschaft nicht angewiesen ist. Sie konnte das, weil sie auch auf ihrer Inneren Insel zu Hause war. Die Tiere dort waren ihre Freunde, d. h., sie bejahte ihre eigene Natürlichkeit und damit alles, was mit Lebenskraft zu tun hat.

Wenn ihr in eine vergleichbare Situation geratet, wenn ihr ungeborgen in der Fremde seid, nehmt euch Maria zum Vorbild, und sucht eure irdische Heimat in der äußeren und inneren Natur.

2. Die *Prophezeiung des Simeon* gehört zur Inneren Krypta, zum Inneren Kind, das den Vater in euren Innenräumen repräsentiert. Denn alle echten Prophezeiungen geschehen im Namen und Auftrag des Vaters. Der Schmerz, den Maria erfuhr, bestand in der Unausweichlichkeit dessen, von dem sie wußte, daß es kommen wird.

Sie nahm die Zukunft in Dankbarkeit und Demut an und baute auf die Kraft, sie zu meistern, die Kraft, die das Innere Kind und also der Vater zu gehen vermag.

Begegnet euch eine bedrohliche Zukunftserwartung, nehmt euch wiederum Maria zum Vorbild. Bedenkt: der Himmel könnte etwas mit euch vorhaben; in seinem Sinne liegt es, in Ruhe stehen zu bleiben, er wird euch die nötige Kraft geben.

3. Das Jesuskind schien im *Tempel* verloren: diese Szene gehört zur Inneren Quelle. Der Sohn war nicht verloren, er hat im Tempel gewirkt – wie die Quelle wirkt. Er lehrte, erklärte, spendete lebendiges Wasser, d. h. wirkendes Wissen. Er war die Quelle für die, die hörten. Die Quelle ist ein Bild für den Sohn, insbesondere für die Aspekte des Lehrers und des Heilers. Er war diese Quelle von Geburt an, aber nun, als er 12 Jahre alt war, begann sie zu sprudeln.

Der Schmerz der Mutter bestand in dem Schreck, daß das Kind – die Quelle ihrer Freude, ja ihres Lebens – nicht da war: Wo ist mein Sohn? Dann konnte sie ihn wiedersehen als wahren Quell, als großen Meister. Bis dahin hatte sie zwar schon ein Wissen davon, aber etwas anderes war, es jetzt zu erleben.

Ihr erlebt einen vergleichbaren Schmerz, wenn ihr den Glauben eurer Kindheit verliert, das Wesentliche, den Quell der Freude, des Wissens, der Sicherheit, der Heilung. Das kann geschehen:
a) durch die Sorge, daß die Quelle versiegt,
b) wenn man die Wirkung des Wassers verkennt, d. h. sich irgendeiner Lehre, Schule, Doktrin anschließt, statt aus dem lebendigen Quell zu trinken,
c) wenn man Brackwasser dem lebendigen Quell vorzieht, d. h. sich mit traditionellen dogmatischen Formeln begnügt, ohne sie gegenwärtig und lebendig werden zu lassen.

Dann nehmt euch Maria zum Vorbild: überwindet den Schrecken, sucht und findet die Quelle und trinkt aus ihr. Geht »voran zurück«, d. h. entwickelt euch vorwärts dahin, wo ihr schon einmal wart. Traut euch, soweit erwachsen zu werden, daß ihr wieder Weihnachten feiern könnt wie als Kind. Lernt, den Glauben sprudeln zu sehen.

4. Der *Verrat des Judas* gehört zur Inneren Kirche. Darin zeigen sich Übergriffe des Doppelgängers. Zwar ist man in der Inneren Kirche in Sicherheit: Sie ist ein »verratsfreier Raum«, sie ist, wie alle Innenräume, für den Doppelgänger und damit für die dunklen Hierarchien unzugänglich. Aber sie dringen bis an ihre Außenseite, insbesondere zu ihrem Portal vor, gravieren dort ihre Haßgefühle und Rachegedanken ein, legen sie ab. Man findet deshalb auch an den Fassaden der äußeren Kirchen oft Skulpturen von Fratzen und abschreckenden Gesichtern. Sie zeigen die dunkle Seite der Kirche, die Sprache des Judas, die auch der Institution der Kirche anhaftet.

Die Ablagerungen am Eingang zur Inneren Kirche können bewirken, daß der Mensch auf dem Wege zu seiner Inneren Kirche an dem Unguten nicht vorbei kommt. Seine Gedanken schweifen ab in Wut, Ärger, Hader, Vergeltung, Vorwürfen, Abrechnungen. Er hält sich auf mit Diskussionen, Rechtfertigungen, Verteidigungsreden, Plänen gegen seine Widersacher und vergißt, in die Innere Kirche zu gehen. Man sagt dann: sein Herz sei eine Mördergrube; d. h., er hat sich die Intentionen des Doppelgängers zu eigen gemacht, sie internalisiert. In Wirklichkeit haben sie sich am Portal festgemacht, so massiv, daß er ins lichte Innere seiner Inneren Kirche, seines Herzens nicht mehr vorzudringen vermag.

Der Schmerz Mariens bestand in der Erfahrung, daß weder der Sohn noch sie gegen den Verrat eines der Jünger gefeit waren. Sie mußte mit ansehen, wie die Anwesenheit des Judas den Raum des Abendmahls entweihte: den Tisch, den Kelch, das Tuch, das Essen, den Raum. Es war, als wenn man eine Tür zur Linken geöffnet hätte.

Wesentlich ist, daß Judas wissentlich verletzte und zerstörte. Judas wußte, wen er vor sich hatte und was er tat. Er ging wissentlich vor gegen Leben, Würde und Heiligkeit. Immer wenn das jemand tut, wiederholt er den Verrat des Judas, also nicht, wenn einer besten Glaubens Ungutes tut. Judas wollte nicht etwa gutgläubig dem Erlösungswerk Jesu den Weg öffnen, er wollte auch nicht Jesus herausfordern, damit er einen Kampf bestehe und seine Macht beweise. Auch das wäre unentschuldbar gewesen. Aber Judas war gar nicht so differenziert, er war nicht etwa ein gebildeter und versierter Intellektueller, der kompliziert »ums Eck« gedacht und sich eine Rechtfertigung konstruiert hätte. Er hat sich vielmehr aus Schwäche dem Doppelgänger geöffnet.

Sein Motiv war nicht irgendwie nobel, sondern es war vor allem Neid auf die Fähigkeiten des Gottessohnes und auf die Wirkungsweise der Jünger, die konnten, was er nicht konnte. Jesus war ihm immer fremder geworden, er empfand einen Abgrund zwischen ihm und sich. Er war soviel kleiner und ärmlicher als Jesus. Er würde nie so geliebt und angebetet werden wie dieser. Er fühlte sich gedemütigt und wollte Jesus schlicht und einfach loswerden.

Worin bestand der Verrat? Es bedurfte seines Kusses nicht, um bekannt zu machen, wer Jesus war inmitten seiner Jünger. Jesus wirkte ja öffentlich, er war an seinem Blick, an seiner Gestik ohne weiteres erkennbar. Vielmehr war Judas notwendig, um die Hetze zu betreiben und die Hohepriester anzustacheln: Jetzt ist Jesus da, jetzt ist die Gelegenheit. Er war gewissermaßen Einsatzleiter und auch ein Zeuge für die, die ihn nie haben predigen hören. Daß er sagte: »Den ich begrüßen werde, der ist's«, hatte einen schlichten Grund: die Dunkelheit.

Der Schmerz, den Judas der Mutter zufügte, bestand in der Erfahrung: Wo immer das Heilige leuchtet, ist das Unheilige nicht weit: man weiß das und kann es nicht hindern.

Wenn euch diese Erfahrung begegnet, so nehmt euch Maria zum Vorbild. Denn sie wußte auch: Was das Dunkle dann auch tut – es gereicht letztlich zum Guten. Der Himmel kann das Ungute nicht verhindern, weil er die Freiheit respektiert. Aber auf längere Sicht wird er alles zum Guten wenden. Auch Judas ist einer, der das Böse will und das Gute schafft. Selbst auf eine so dramatische Katastrophe wie Passion und Kreuzgang folgte die Auferstehung. Warte ab: Letztlich wird alles gut.

5. Die *Begegnung auf dem Passionsweg* gehört zum Marien- und Sophienturm, die zwei Aspekte der Mutter repräsentieren. – Maria erlebte das Geschehen ganz als die Mutter: Sie flehte schweigend bzw. mit wenigen Worten den Himmel, die Engel und die Menschen an: es möge aufhören, man möchte Milde finden. Es war ein Moment stiller Fürbitte. Sie hatte das Gefühl, daß selbst der Himmel kein Einsehen hat, obwohl sie alles wußte. Die Worte gehören zum Marienturm, das Schweigen gehört zum Sophienturm.

Der Schmerz der Mutter bestand in der Erfahrung sowohl der Sprachlosigkeit als auch der Hilflosigkeit. Der Himmel sagte nichts und griff nicht ein. Aber auch die Jünger, die Freunde, die von Jesus Geheilten – niemand tat den Mund auf, niemand unternahm etwas, niemand wollte oder konnte etwas tun. Es ging um Leben und Tod, und alle schauten zu oder schauten weg. Aber auch der Sohn selbst ergriff nicht das Wort zu seiner Verteidigung, sondern schwieg. Und bei ihrer Begegnung auf dem Kreuzweg brachten beide außer »Mein Sohn!« und »Meine Mutter« kein Wort heraus.

Aber sie blickten einander an. Im *Blick* schwinden Zeit und Raum, schmelzen auf ein Minimum. In der Sprachlosigkeit des Blicks drückt sich das Bleibende aus, der Urgrund, aus dem heraus alles seinen Sinn findet, das Wissen, daß die Hilflosigkeit eine momentane ist: Es bleibt nicht so, es wird alles gut. Und das Schlimme ist auch räumlich begrenzt. Schau die Sonne an: Sie scheint für die anderen. Schau die Hand an – welches Wunderwerk! Der Vater ist einer, der es gut mit dir und der Welt meint, auch wenn er das jetzt und hier geschehen läßt.

Wenn ihr verlernt, Fürbitte zu leisten und überhaupt für andere zu denken, zu danken, zu handeln, dazusein, kommt darin zum Ausdruck, daß ihr den Himmel als sprachlos und hilflos erlebt. Nehmet euch die schmerzensreiche Mutter zum Vorbild, auch in der Weisheit des Blicks.

6. Der *Kreuzestod* gehört zum Inneren Weisen. Der Sterbeprozeß – die Exkarnation – vollzieht sich wie die Inkarnation von unten nach oben: beginnend beim Inneren Meer, aufsteigend zum Inneren Weisen. (Der Innere Kosmos bleibt immer gleich: Er ist das am wenigsten Inkarnierte und braucht sich am wenigsten zu exkarnieren.) Die Innenräume bleiben lebendig und licht, lösen aber die Verbindung zum Körper, ziehen sich zurück. Für den Betrachter wirkt es, als fiele der Vorhang und das Publikum zerstreue sich: Die Körperzellen fallen in einen ungeordneten Zustand der Zersetzung. Zuletzt schließt der Innere Weise die Augen wie ein Meditierender, der Kontakt zur Außenwelt ist beendet.

Der Schmerz Mariens war nicht nur durch das irdische Abschiednehmen ausgelöst, sondern durch die besonderen Umstände dieses Todes. Sie wußte ja, daß Sterben die Lebendigkeit intensiviert und nicht beendet: Die Seele wendet sich ganz nach innen und damit nach oben wie in einer hochintensiven Form von Meditation. Sagt man, »geh mal in dich«, so heißt das zugleich: Richte dich nach oben aus, in den lichten Bereich. Deswegen wird in allen Religionen die Disziplin der Meditation oder Kontemplation geübt. Sterben bedeutet: Die Seele zieht sich ganz und gar nach innen zurück und richtet sich damit nach oben aus.

Maria wohnte aber nicht einem friedlichen Sterben bei, wie es dem Ideal entspricht. Es geschah zu früh, am falschen Ort, unter schmählichen Bedingungen, es hatte alle Aspekte des Schrecklichen. Dann nahm sie wahr, daß er nicht etwa glücklich und wohlbegleitet ins Licht hinaufstieg, sondern den beschwerlichen Weg ins Dunkel nahm, daß er hinabstieg ins Reich des Todes. Die Kraft, dies alles durchzustehen, ohne zu verzweifeln und zusammenzubrechen, konnte sie nur haben, weil sie eine Wissende war.

Wenn ihr von grauenhaften Todesumständen erfahrt oder gar Augenzeugen seid, bedürft auch ihr des Wissens, um nicht an Gott zu verzweifeln.

An dieser Stelle nur zwei kleine Hinweise: Sobald der Vorhang vor den beiden unteren Innenräumen – Meer und Krypta – gefallen ist, ist für die Seele der Todeskampf vorbei. Wenn auch der Betrachter noch äußere Lebenszeichen sieht: Die Seele selbst erleidet keine Schmerzen, keine Atemnot usw. mehr. Sie sieht z. B. den Bemühungen der Ärzte um den Sterbenden zu und identifiziert sich nicht mehr mit dem Körper. (Das gilt auch, wenn es gelingt, sie noch einmal zurückzuholen, was ausnahmsweise möglich ist, wenn die Seele zustimmt.) Für den Betrachter erscheint der Sterbevorgang schlimmer und langwieriger, als die Seele ihn erlebt.

Und ein zweiter Hinweis: Der Verlust ist für die Hinterbliebenen schmerzlicher als für die Seele. Diese erlebt ihr Sterben wie eine Geburt, deren Schmerzen die Mutter in der Freude über das Kind schnell vergißt. Der Schutzengel versucht, den Hinterbliebenen Botschaft von dem glücklichen Zustand der Seele zu geben, indem er die Muskulatur des Leichnams entspannt, so daß das Gesicht einen lächelnden Ausdruck bekommt, als wolle es sagen: Es ist alles gut.

7. Der *Leichnam* Jesu wurde *in ihre Arme* gelegt: Diese Szene

gehört zum Inneren Kosmos. Sie hält ihn in den Armen wie nach seiner Geburt. Eine Mutter hält einen ganzen Kosmos in den Armen: eine kleine Welt aus vielen Möglichkeiten, Wünschen, Träumen, Plänen und Gaben, die sich entfalten werden. Der Schmerz Mariens angesichts des Leichnams in ihren Armen bestand darin, daß dieses Muttererlebnis ins Absurde verkehrt war: in das Ende aller Möglichkeiten. All das Gute, Lichte und Schöne, das das Leben des Sohnes noch hätte bringen können, war vom Dunkeln ausgelöscht: Die Chancen waren vertan, es war vorbei.

Sie wußte zwar, daß der Sohn vom Himmel aus wirken kann und wirken wird: viel großartiger, als es ihm im Erdenleben durch sein Lehren und Heilen möglich war. Etwas Vergleichbares könnt ihr beim Sterben eines normalen Menschen nicht voraussetzen. Aber ihr könnt die Bitte an den Himmel richten: der Verstorbene möge Nachfolger finden, die seine Absichten und Pläne verwirklichen, das Begonnene weiterführen, das Werk vollenden. Seine Gaben mögen anderen in den Schoß und in die Hände gegeben werden. Ihr könnt Maria zum Vorbild nehmen, indem ihr, wenn ihr den Verstorbenen ins Grab legt, versucht, loszulassen und weiterzugeben.

Wenn ihr bereit seid, ab Freitag abend vor Palmsonntag täglich auch der Leiden der Mutter zu gedenken, betet das Ave-Maria in diesen Tagen so:

Das Passions-Ave-Maria

Gegrüßet seist Du,
schmerzensreiche Mutter unseres Herrn,
die Himmel sind um Dich.

Du wirst angebetet unter den Frauen
und angebetet wird Dein Sohn, unser Herr,
um den Du gebarmt,
für den Du geweint

*und mit dem Du gelitten hast
bis zu seinem Tod.*

*Heilige Mutter, wir bitten Dich:
Barme um uns,
weine für uns
und leide mit uns im Leben.
Und nimm uns in Deine Arme
in der Stunde unseres Sterbens.*

Amen

Es geht darum, in diesen 7 Tagen das »Mitsterben« zu erleben, indem ihr in der jedem Innenraum entsprechenden Art und Weise das Dunkelwerden miterlebt und den Innenraum abdeckt, den Vorhang zuzieht. Reduziert den Kontakt zur Umwelt auf ein Minimum, redet wenig, seid bei euch selbst. Macht also ab Freitag abend vor Palmsonntag folgende Übung.

Freitag abend: Die Sonne geht unter über dem Meer. Kniet nieder, betet das Passions-Ave-Maria. Dann tretet vor den Innenraum, zieht einen grau-blauen Vorhang davor.

Samstag: In der Inneren Krypta löscht ein Engel alle Kerzen bis auf eine. Dann wiederum: kniet nieder, betet das Passions-Ave-Maria, tretet vor den Innenraum und zieht den Vorhang zu.

Sonntag: An der Inneren Quelle erlebt ebenfalls eine Abendstimmung oder eine mondlose Nacht. Dann verfahrt ebenso.

Montag: In der Inneren Kirche löscht alle Kerzen bis auf ein Minimum. Alle Musik verstummt (höchstens noch ein Cello spielt). Zieht den Vorhang zu und verfahrt ebenso.

Dienstag: Begebt euch in beide Türme und verfahrt ebenso.

Mittwoch: Beim Inneren Weisen laßt nur noch eine Kerze brennen. Setzt euch zum Weisen und blickt schweigend in den Kerzenschein. Dann verfahrt ebenso.

Donnerstag: Seht in den Inneren Kosmos, schaut in eine Gegend, wo ganz wenig Sterne stehen.

Karfreitag: Besucht alle Innenräume von außen vor geschlossenem Vorhang. Betet vor jedem das Passions-Ave-Maria.

Karsamstag ebenso.

Die Kerzen in den Vorräumen kann man weiterhin entzünden oder entzündet lassen. Habt keine Sorge: Die Innenräume bleiben voll funktionstüchtig. Der Energieaustausch findet trotzdem statt. In der Zwischenzeit solltet ihr die Innenräume aber nicht besuchen, es sei denn, unauffällig und schweigsam wie ein kleines Mäuschen. Erlebt, wie die ganze Natur erschüttert ist: die Vögel singen nicht, die Blumen duften nicht.

In der Osternacht in der Kirche: Beim Gloria zieht alle Vorhänge auf, vor allen Innenräumen gleichzeitig, und laßt alle Lichter wieder erstrahlen. Dies ist ein Abglanz der Auferstehung. Dieses Erlebnis macht bewußt dankbar für das Licht.

Palmsonntag, 31. 3. 96

Die Innenräume Jesu

∞

(Wir werden in die »Herz-Jesu-Kapelle« gerufen, die sich in einem Seitenschiff des Friedensdoms befindet. Sie ist schmal und sehr hoch, in die Vertikale ziehend. Der Altar ist silber- und goldfarben, sonst gibt es dort wenig Farbe: alles ist weiß und beige bis cremefarben, sehr edel. Links vom Altar finden sich Engel vom Herzen Mariens, rechts Herz-Jesu-Engel.)
 Nathanael (der Vorsteher der Herz-Jesu-Kapelle): Ihr hattet eine Frage.

Wie ist die Auferstehung Christi vorstellbar?

Dazu kann euch heute nur etwas *Vorbereitendes* gesagt werden. Zunächst bedenkt: Jesus Christus war Gott und Mensch zugleich. Bitte täuscht euch nicht über die Größe des Sohnes. Es ist einem normalen Menschen unmöglich, von Christus mehr als einen Funken aufzunehmen, oder gar Christus gleich zu werden. Ich will euch erklären, warum das unmöglich ist – aber das bedeutet, ein sehr heiliges Thema zu berühren. Ich tue es sehr zögernd und erwarte von euch die gebotene Ehrfurcht.
 Im Menschen befinden sich die Innenräume einer über dem anderen aufgereiht wie Perlen einer Kette. Sie ragen nicht über die Haut hinaus. Bei Jesus war das anders. Jeder Innenraum war so groß wie der gesamte Mensch mitsamt der Aura, erfüllte und umgab ihn. Der Begriff »Innenraum« ist insofern nicht ganz stim-

mig: Es war nicht nur ein Raum in seinem Innern, sondern auch um ihn herum, Jesus lebte in ihm, und alle »Innenräume« durchdrangen einander. Es gab also im menschlichen Körper Jesu keine Stelle, die nicht zugleich »Innenraum« wäre: Alles war von allen »Innenräumen« erfüllt, durchdrungen, durchlebt. Der Körper gehorchte den Impulsen der »Innenräume« bis in die kleinste Zelle, bis in jedes Atom hinein. Denn je größer die Innenräume, desto mehr erfassen sie den ganzen Körper in durchleuchtender Kraft; dieser ist in ihrem Licht ganz und gar geborgen.

Hinzu kam, daß der Herr das Licht schlechthin ist: Seine Innenräume leuchten in unübertrefflicher Strahlkraft und Reinheit. Je strahlkräftiger aber die Innenräume, desto durchleuchteter der Körper. Die Materie, die den Körper bildet, wird feiner, ätherischer, lichtdurchlässiger, seelischer, an Licht gewöhnt, im Licht zu Hause, dem Licht verbunden, der Erdenschwere entfremdet. Der ganze Mensch wird strahlend, sein Licht leuchtet, es schimmert sogar durch die Materie des Körpers hindurch.

Das Zusammentreffen dieser beiden Faktoren – der Größe und der Strahlkraft der »Innenräume« – machte die leibliche Auferstehung Jesu möglich.

Übrigens seht ihr daran: Die Vorstellung, daß sich Christus in einem Menschen mit normaler menschlicher Innenraumstruktur inkorporiert haben könnte, ist etwas Unmögliches: das hielte der Körper nicht aus, und wenn es sich um den Körper eines noch so hoch entwickelten Menschen handelte. Christus hat sich nicht etwa bei der Jordantaufe im 30jährigen Jesus inkorporiert.[3] Er hat sich vielmehr *inkarniert*, d. h., Jesus war Christus von Anfang an. Er hat zwar mit seiner öffentlichen Wirksamkeit gewartet bis zu seinem 30. Jahr, aber nicht weil er zu dieser Wirksamkeit vorher nicht fähig gewesen wäre, sondern weil er sie vorher nicht ausüben wollte. Es wäre pietätlos und respektlos, anzunehmen, er hätte irgend etwas nicht gekonnt. Z. B. hat Jesus auch als Knabe schon geheilt – allerdings Tiere und Pflanzen, noch nicht Menschen.

Wer in die Nachfolge des Herrn eintreten und sich wenigstens ansatzweise eine Vorstellung von seinem Innenleben vermitteln möchte, kann eine schöne ÜBUNG machen. Stellt euch vor, daß eure Innere Kirche sich vergrößert – bis zur Grenze der Haut. Dann werden Innen und Außen ununterscheidbar, sie vermischen sich: Ich bin in der Inneren Kirche, die Innere Kirche ist in mir. Dann stellt euch vor, die Innenräume dehnen sich noch weiter aus, so weit wie eure Aura reicht, die euch umgibt wie ein großes Ei. Macht das mit jedem Innenraum, auch mit den Nebeninnenräumen. Sie sind in euch, ihr seid in ihnen, alle durchdringen einander.

Ihr könnt das nur in der Vorstellung tun und auch das nur für eine kurze Zeit. In der Realität könnt ihr diesen Zustand der Innenräume zwar anstreben, aber erst dann erreichen, wenn ihr endgültig heimkehrt zum Vater. Diese Übung vermittelt euch aber den Hauch einer Idee davon, wie die Innenräume des Herrn beschaffen waren. Diese Übung ist sehr heilbringend. –

In dieser Herz-Jesu-Kirche im Friedensdom werden durchgängig Messen gelesen – Tag und Nacht, »rund um die Uhr«, unablässig. Sie strömen in alle Sprachen der Welt, wie wenn diese Sprachen Töpfe wären, in die sie hineinfließen. Ich bitte euch, ein wenig mitzufeiern und den Rest dieses Tages in Anbetung zu verbringen, weil euch heute eines der ganz großen Geheimnisse enthüllt wurde. Dieses Geheimnis erklärt euch noch nicht das Mysterium der leiblichen Auferstehung Christi, macht es aber nachvollziehbarer oder besser: bereitet euch darauf vor, daß es nachvollziehbarer wird.

Karfreitag, 5. 4. 96 (Offener Abend)

Kreuzweg

∞

Jerach (ein Engel aus dem Friedensdom, der für die Herz-Mariae- und Herz-Jesu-Verehrung zuständig ist und der im Dienst des Herrn spricht. Wenn man ihm ein Gesicht geben wollte, sähe er dem Herrn ein bißchen ähnlich. Sein Gewand ist sehr schlicht, von einem cremefarbenen Weiß, darauf ein kleines silber-goldenes Herz mit einem goldenen Kreuz. Er wirkt sehr liebenswürdig und sanftmütig. Er grüßt uns mit einem Friedensgruß):
Sonst sind Engel am Karfreitag nicht zu sprechen; wir trauern. Wir gehen jetzt aber miteinander den Kreuzweg.

1. Jesu Verurteilung. Er schweigt. Was bedeutet das Schweigen? Man hätte ihn schon wegen des Lärms nicht gehört, vor allem aber wollte man ihn auch nicht hören, er hatte ihre Herzen nicht erreicht. Dann aber wären seine Worte Futter für die dunklen Mächte geworden.

Fragt euch: Inwiefern seid ihr in vergleichbaren, wenn auch geringfügigeren Situationen von der Reaktion des Herrn abgewichen?

Sprecht mit mir gemeinsam:

Herr, wir bitten Dich, nimm unseren ersten Schritt in Deinen Weg gnädig auf. Wir danken Dir und dienen Dir von jetzt an bis in Ewigkeit.

2. Jesus nimmt das Kreuz auf sich, obgleich er weiß, was auf ihn zukommt. Er erschrickt vor seinem Anblick. Er überwindet den Schreck, indem er nicht an sich denkt, sondern an andere: Er blickt zuerst auf den Boden und die Wesen der Erde, dann nimmt er die Menschen in den Blick, dann hebt er den Blick hinauf zu den helfenden Wesen bis hin zu Vater und Mutter.

Fragt euch wiederum, wie ihr in vergleichbaren Situationen reagiert habt, und sprecht:
Herr, wir bitten Dich, nimm unseren zweiten Schritt in Deinen Weg gnädig auf. Wir danken Dir und dienen Dir von jetzt an bis in Ewigkeit.

3. Jesus fällt zum erstenmal. Er fiel nicht, weil er keine Kraft mehr hatte, sondern weil die Erde unter seinen Füßen nachgab. Er trat in eine Pfütze und stieß an einen Stein. Die Steine, die Erde, die Naturgeister wollten dieses schreckliche Geschehen verhindern. Jesus mußte ihnen erst erklären, warum es sein mußte. Trotzdem haben sie auch weiterhin die Kreuzigung gestört, wie sie nur konnten.

Fragt euch: Wann habt ihr erlebt, daß man euch wohlmeinend das Falsche rät? Die Stimme der »Vernunft« gibt »guten Rat« – und kann doch falsch sein. Nehmt eure entsprechenden Erfahrungen in Jesu Kreuzweg hinein, und sprecht wiederum das Gelöbnis.

4. Jesus begegnet seiner Mutter. Sie blicken sich in die Augen und wissen alles voneinander.

Erinnert euch an ähnliche Situationen des Abschiedsblicks. Nehmt sie in Jesu Weg hinein, und sprecht das Gelöbnis.

5. Simon trägt mit Jesus das Kreuz. Er leistet Hilfe, ohne zu wissen, um was es geht und ohne es eigentlich zu wollen – aber er tut es. Dann bemerkt er – zunächst von Mann zu Mann – die übermenschliche Kraft des geschundenen Jesus und die Demut,

mit der er auf den Spott reagiert. So kommt es auf der psychischen Ebene zu einem Zwiegespräch mit Jesus. Dieser geht vor ihm, aber Simon hat das Gefühl, sein Haupt wende sich um und rede mit ihm, und er beginnt zu verstehen, was er tut.

Wem habt ihr mal geholfen, ohne Einblick zu haben? Wärt ihr bereit, zu helfen, ohne zu verstehen? Webt vergleichbare Situationen in Jesu' Weg hinein und sprecht wieder das Gelöbnis.

6. Veronika wischt ihm das Gesicht ab. Er dankt mit dem Geschenk seines Abbilds auf dem Tuch.

Blickt auf vergleichbare Taten und die Gegenleistung. Was gebt ihr, wenn euch spontan geholfen wird? Wiederum: Hineinweben und Gelöbnis.

7. Jesus fällt zum zweitenmal. Er war aus der Stadt herausgetreten, deren Gassen ihn noch behütet hatten, und sieht den Hügel mit Grauen. Keiner seiner engsten Jünger ist zu sehen, er erlebt Einsamkeit, Verlassenheit.

Wann habt ihr vergleichbare Phasen erlebt, in denen euch keiner helfen kann? Wiederum: Hineinweben und Gelöbnis.

8. Jesus begegnet den weinenden Frauen von Jerusalem. Es sind Schülerinnen, Freundinnen; er belehrt sie und ist noch einmal der Meister.

Fragt euch: Was würdet ihr in eurer Sterbestunde als eure letzte Botschaft sagen? Richtet den Blick auf zum Vater. Eure Worte werden gesegnet. Hineinweben und Gelöbnis.

9. Jesus fällt zum drittenmal. Es geschieht beim Ankommen am Ziel, aus Mangel an Kraft; er bricht unter dem Gewicht der Last zusammen.

Fragt euch: Hättet ihr bei der Ankunft an eurem Lebensziel nicht doch lieber etwas Glanz und Glorie? Denkt an Heilige, denen es am Ziel ähnlich erging, aber auch an Künstler (z. B. van Gogh, Robert Schumann). Hineinweben und Gelöbnis.

10. Jesus wird seiner Kleider beraubt.

Wann habt ihr nackt und bloß vor feindseligen Blicken gestanden? Hineinweben und Gelöbnis.

11. Jesus wird ans Kreuz geschlagen. Stellt euch ganz intensiv vor: Ihr steht vor dem Kreuz, blickt nach oben und begegnet seinem Blick. Dieser brennt euch ins Herz.

Bewahrt dies euer Leben lang. Sprecht das Gelöbnis.

12. Jesus stirbt.

Von hier ab könnt ihr keine Eigenerfahrungen in Jesu Kreuzweg hineinweben, sondern nur noch das Gelöbnis sprechen.

13. Jesus wird vom Kreuz genommen.
14. Jesus wird ins Grab gelegt.

Dieser Opfergang ist nicht jedermanns Weg, aber jeder kann kleine Entsprechungen erleben. Bedenkt: Ihr werdet niemals so einsam und verlassen sein wie der Herr, denn er ist bei euch: auf Erden und im Himmel.

Erhebt euch zum Abschluß und sprecht:
Herr, wir bitten Dich,
nimm unseren kleinen Weg
in die Arme Deines großen Weges,
und nimm ihn gnädig auf.
Bleibe in uns, über uns und neben uns,
wenn uns Sinn und Ziel unseres Weges
nicht sichtbar sind,
wenn wir fallen und verzagen.

Samstag, 6. 4. 96 (Karsamstag)

»Hinabgestiegen ins Reich des Todes«

∞

Der Hohelehrer: Ihr wolltet eine Frage zum heutigen Tage stellen?

Ja. Die Frage: Wodurch hat Christus die Welt erlöst? wurde uns am 18.1.96 in vier Punkten erläutert (Bd. II S. 337 ff.). Einer der Punkte war der Abstieg in das Reich des Todes: Er brachte den dunklen Hierarchien einen Lichtfunken, der ihr Heimweh wach hält und ihre Heimkehr möglich macht (S. 340). Er hat aber auch »ihre Eingriffsmöglichkeiten begrenzt« (S. 337). Inwiefern sie seither begrenzter sind, als sie vorher waren, wurde nicht weiter ausgeführt. Wir wollten aus Anlaß des Karsamstags darum bitten, uns das noch etwas zu erklären.

Das ist in der Tat eine Frage von zentraler Bedeutung. Bis zu jenem Ereignis hatten die dunklen Hierarchien eine stärkere Verfügungsgewalt über Menschen, und zwar auch nach dem Sterben. Es war ihnen möglich, sich der Seelen von Menschen zu bemächtigen, die ihnen zu Lebzeiten gedient hatten. Sie konnten ihnen beim Sterben den Weg in den Himmel versperren und sie in ihr Reich holen. Der Fürst der dunklen Hierarchien konnte sagen: »Dieser gehört mir« und sich die Seele zuführen, d. h., er hatte »Gewalt über den Tod« (Hebr. 2,14). Diese Gewalt ist ihm seit Christi Passion und Abstieg in das Reich des Todes genommen.

Als die dunklen Hierarchien die Passion arrangierten, legten sie es darauf an, den Herrn zu provozieren. Er hätte ja die Macht gehabt, sich der Passion zu entziehen, ihr Widerstand entgegenzusetzen, zu Kampf und Gewalt Zuflucht zu nehmen, sich zumindest ein kleines bißchen ihnen zu öffnen und sich ihrer Methoden zu bedienen. Sie rechneten bis zum Schluß damit. Sie konnten es nicht fassen, daß er selbst das Schrecklichste schweigend ertrug. Als er sich schließlich annageln ließ, staunten sie sozusagen mit offenen Mäulern und wollten es nicht glauben. Er war und blieb vollkommen licht und unberührbar. Sie hatten ihren Meister gefunden, sie waren besiegt und mußten kapitulieren. Er konnte unberührt und unberührbar in ihr Reich hinabsteigen. Sie hatten keine Macht über ihn. So konnte er bewirken, daß sie überhaupt ihre Macht über die Seelen der verstorbenen Menschen eingebüßt haben.

Die Seelen der Verstorbenen kommen nicht mehr entweder in die lichten oder die dunklen Bereiche, in den Himmel oder in die Hölle – das ist eine anachronistische Darstellung, die immer noch ihr Unwesen in verschiedenen Religionen und leider auch im Christentum treibt, die aber nicht mehr stimmig ist. Denn Christus hat erwirkt, daß jede Seele in die lichten Bereiche zu ihrem Sonnenengel zurückkehrt.

In diesem lebt sie allerdings nicht ohne weiteres in der Nähe des Lichts und in der Freude, die damit verbunden sind, sondern u.U. in Scham, Buße und Reue, in der Überzeugung der eigenen Schuld, im Bewußtsein der Unverantwortlichkeit des irdischen Tuns, in der Meinung, sie sei der Teilhabe am Licht nicht wert und ihr könne nicht vergeben werden – weder von Gott noch vom Sonnenengel noch von den anderen Seelen. Sie lebt zwar in den lichten Bereichen, aber, bildlich gesprochen, mit niedergeschlagenen Augen, so daß sie das Licht allenfalls »blinzelnd« wahrnimmt. Sie lebt – noch einmal bildlich gesprochen – in einer »Privathölle«, in die sie sich selbst verbannt hat. Sie ist nicht von Gott verdammt – Gott straft nicht. Sie kann sich befreien, indem sie wagt, die Augen allmählich zu öffnen und lernt, daß Gnade waltet und ihr neue Chancen gewahrt werden, wenn sie bereit sein wird, sie zu ergreifen.

Jesus warnt aber doch – vor allem bei Matthäus – vor der Hölle: »Da wird sein Heulen und Zähneklappern« (z. B. Matth. 13,42).

Gewiß – er warnt nachdrücklich und mahnt, das Gewissen wachzuhalten und sich daran zu orientieren. Denn das Gewissen erwacht spätestens im Sterben und kann die Seele mit qualvoller Scham und bittersten Selbstvorwürfen erfüllen. Insofern kann man schon von einer »Hölle« sprechen. Nur sollte man diese nicht verwechseln mit dem Reich, in dem der Fürst der Dunkelheit herrscht. Dort würde nicht das Gewissen schlagen – denn dieses erwacht in der Begegnung mit dem himmlischen Licht. Dort befände sich die Seele einfach in Gefangenschaft.

Das wäre für sie nicht lehrreich und hätte keinerlei Besserungseffekt. Und es würde die Arbeit des Himmels nur vergrößern: Die Seele müßte mühselig befreit werden. Kein lichtes Wesen hat Anlaß, untätig zuzuschauen, wenn dunkle Wesen sie sich im Augenblick ihres Sterbens »schnappen«, und erst recht keinen Anlaß, ihnen die Seele zuzuschicken. Was für eine Absicht sollte sich denn damit verbinden? Was für einen Sinn sollte das haben? Wem sollte das eine Freude sein? Der Vater ist doch nicht sadistisch und schadenfroh! Alle Geschöpfe sind seine Geschöpfe, sie sind insofern ein Stück von ihm. Haben sie sich von ihm entfernt, so erwartet er ihre Heimkehr. Auf diese Heimkehr arbeiten alle lichten Wesen hin, und sie werden nichts tun, um sie unnötig zu verzögern oder gar »auf ewig« zu verhindern.

Gilt das wirklich für alle, auch für die schlimmsten Verbrecher, z. B. für Adolf Hitler?

Der Sonnenengel Hitlers: Auch er befindet sich bei mir, aber er hebt den Blick nicht, er schaut mich nicht an. Er leidet schreckliche Buße.

Der Hohelehrer: Und ebenso geht es vielen Seelen, die mitverantwortlich waren und die die Schuld mit zu bewältigen haben. Ihr müßt verstehen: Hitler war nicht nur eine Person, sondern ein System, eine Seelenverfassung, ein Zustand, vergleichbar der Drogensucht oder der manischen Depression. Man könnte von »Hitlerismus« als einer Krankheit sprechen. Das bedeutet nicht, irgend etwas zu entschuldigen, es bedeutet auch nicht, daß das Geschehene wiedergutgemacht werden könnte. Es bedeutet aber, die Krankheit aus ihrer Vorgeschichte zu begreifen, sie zu diagnostizieren und zu erkennen, wie ansteckend die Krankheit ist, damit man Präventivmaßnahmen ergreifen kann.

Wir haben gelernt, daß ein Erdenleben in groben Umrissen einem Plan folgt, der vorgeburtlich mit dem Sonnenengel abgesprochen ist. Wie kann der Sonnenengel einem solchen Lebensplan seine Zustimmung erteilen?

Zunächst: Auch der Sonnenengel hat stets die *Freiheit zu respektieren.* Will die Seele ein hohes Risiko auf sich nehmen, so kann er das nicht verhindern. Sodann: Die Absicht dieser Seele war nicht durch und durch dunkel – so etwas gibt es nicht –, sondern in ungewöhnlichem Maß arrogant, großspurig, voreilig, übermäßig, »faustisch«. Sie wollte demonstrieren, daß es ihr gelingt, von »ganz unten«, aus einfachsten sozialen Verhältnissen ganz nach oben zu gelangen, eine machtvolle Stellung als Führer zu erlangen. Der Hintergrund war: Er war einmal im römischen Kaisertum von hoher Geburt, ihm stand von Rechts wegen die Regentschaft zu. Er wurde aber von der eigenen Familie ins Nichts verschleppt und später ermordet. Nun war die Absicht, die Situation dramatisch umzukehren, ohne vornehme Geburt der größte Imperator zu werden und die auf Aristokratie basierende Monarchie geschichtlich zu erledigen.

Der Sonnenengel hat die Seele dringend gewarnt: So etwas ist äußerst gefährlich, es gelingt nicht, ohne die dunklen Hierarchien herauszufordern, für die sich so etwas als »gefundenes Fressen« anbietet. Aber die Seele wies alle Warnungen und Mahnungen von sich: Das wird kein Problem für mich sein, das schaffe ich, in die Falle gehe ich nicht. Die Absicht richtete sich ursprünglich nicht auf das Böse. Die Seele setzte sich dem Risiko, von den dunklen Hierarchien benutzt zu werden, aber mit äußerster Leichtfertigkeit und Überheblichkeit aus. Der Sonnenengel schlug vor, zunächst einmal eine Lebensbegleitung durch gute, helfende Seelen zu arrangieren: durch eine gute Familie, religiöse Führer, weise Freunde, kluge Ratgeber, eine kraftvolle Frau. Er aber schlug alles aus: Er wollte es ganz allein schaffen, ein führerloser Führer werden. Das war im höchsten Maße riskant. Es führte in ein sinnloses Geschehen, dem der Himmel nur noch nachträglich einen Sinn beilegen kann: Es steht euch nun als Lehrstück über Absichten und Wirkungsmöglichkeiten der dunklen Hierarchien vor Augen und wird für Jahrhunderte zur Warnung dienen.

Worauf es uns heute ankommt: Auch die Seele Hitlers ist nicht zur ewigen Hölle verdammt, sie hat sich selbst in schreckliche Buße verbannt. Aber selbst ihr ist die Gnade des Himmels nicht verschlossen, wie sie keiner Seele verschlossen ist. Die dunklen Hierarchien können sich ihrer nach ihrem Sterben nicht mehr bemächtigen. Das ist das Neue, das Christus erwirkt hat. Diese Erkenntnis möge allen Menschen zur Hoffnung gereichen.

Anmerkung: auf Hitlerismus eingehend: Die Engel geben Antwort auf Fragen nach dem Sinn des Lebens S. 213 ff.

Sonntag, 7. 4. 96 (Ostersonntag)

Die Auferstehung Christi

∞

Jerach (s. 5.4.96): Ihr wollt etwas über die Auferstehung des Herrn hören?

Ja, danke, Jerach, daß du zu uns kommst. Ich habe verschiedene Theologen zum Thema »Auferstehung« gelesen und war betroffen von dem Ausmaß an Ratlosigkeit und Hilflosigkeit. Auch viele Gutwillige glauben eigentlich nicht an die Auferstehung. Sie glauben nur, daß die Jünger an die Auferstehung geglaubt haben. Sie verstehen sie realsymbolisch oder metaphorisch oder mythisch, aber jedenfalls nicht real.

Wenn wir über die Auferstehung sprechen, sollte eure Grundhaltung die des *Dankes* sein, selbst dann, wenn ihr noch nicht wißt, wofür genau ihr dankt. Gedankt sei dem Herrn!

Es ist vielleicht sinnvoll, zuerst einmal zweierlei zu klären: Erstens: Die Auferstehung des Herrn ist ein einzigartiges Geschehen und nicht dasselbe, was man unter der künftigen Auferstehung der Menschen versteht.

Eure Auferstehung, die eines Tages geschehen wird, ist die endgültige Heimkehr zum Vater. Der Sohn wäre am Ende seines irdischen Lebens so oder so zum Vater zurückgekehrt. Er war ja ohnehin, während er auf Erden lebte, zugleich beim Vater. Was wäre geschehen, wenn die Passion nicht geschehen wäre, d. h. wenn der Herr ein ganz normales Leben gelebt hätte und irgendwann eines natürlichen Todes gestorben wäre? Auch dann wäre er auferstanden und aufgefahren in den Himmel und wäre nicht mehr als körperlicher Leichnam vorfindbar gewesen.

Zweitens: So wie die Auferstehung geschehen ist mit all den Merkmalen, die ihr kennt aus der Heiligen Schrift, ist sie geknüpft an die Kreuzigung. Diese Auferstehung kann man euch mindestens versuchsweise erklären. Aber das setzt voraus, daß zunächst ihr Zusammenhang mit der Passion ganz deutlich wird. Auch dieser Zusammenhang ist nicht übertragbar auf den normalen Menschen. Also weder hat der normale Mensch diese Art von Auferstehung noch diese Art von Leidenserlebnis vor sich. Es wäre irrig, anzunehmen, daß eure Auferstehung an einen Passionsweg, ein wie immer geartetes Gekreuzigtwerden gekoppelt wäre. Vielmehr liegt der Sinn der Passion darin, daß der Herr diesen Weg an eurer Statt für euch gegangen ist. Ihr braucht ihn nicht zu gehen. Ihr könnt ihn gehen, wenn ihr wollt – aber ihr müßt nicht, das Wort »müssen« ist getilgt worden.

Die Passion hat zwar nicht die Sünde abgeschafft, aber euch ein *freiheitliches Verhältnis* zur Sünde garantiert. Es gibt weiterhin die Sünde und die Verführung zur Sünde, es gibt weiterhin auch die Freiheit, sich für die Sünde, welcher Art auch immer, d. h. für die Absonderung von Gott zu entscheiden. Aber ihr habt nun die Möglichkeit, euch auch noch nach dem Sterben dem Herrn, dem Vater, der Mutter, dem Himmel anzunähern, euch in ein anderes Verhältnis zum Licht und damit auch zur Absonderung vom Licht, zur Sünde zu bringen. Denn die Seele kommt, wie ihr gestern gelernt habt, nicht in das Reich des Dunkels, in die Gefangenschaft des Fürsten dieses Reichs, sondern sie kehrt in die lichten Bereiche zurück und hat die Freiheit, sich dem Licht wieder zuzuwenden. Diese Freiheit ist garantiert worden durch das Ertragen der Unfreiheit der Passion.

Die Liste der »Sünden«, also der Abwendung vom Himmel, vom Vater, von der Mutter und vom Herrn, ist lang. Ihr könnt euch durch die Betrachtung der Passionsgeschichte aller Varianten der Sünde bewußt werden. Schaut euch an, was die Menschen getan haben, vom Mitmachen bis hin zum Zögern, zum Schultermucken, zum Wegschauen, zum Verleugnen. In diesen Zuschauern seines Leidens habt ihr eine bildliche Darstellung aller möglichen Sünden. Ihr könnt euch das so vorstellen, wie wenn der Herr durch ein Spalier von Menschen schritte, die euch zeigen, was es alles gibt. Der Herr ist durch diesen Strom der Sünde geschritten und hat jeden Schritt für euch getan, und zwar freiwillig. Mit jedem Schritt, mit jedem Atemzug, mit jedem Aufschlag seiner Augenlider hat er für euch die Freiheit erschritten, erstritten, eratmet, errungen.

Das heißt für euch: In der Nachfolge Christi könnt ihr durch ein Meer von Sünden schreiten, ihr werdet in diesen Sünden nicht ertrinken, ihr werdet dort nicht festgehalten, wenn ihr hindurchschreitet, ihr könnt sie hinter euch lassen.

Der Höhepunkt dieses Durchschreitens hat am Kreuz stattgefunden, denn am Kreuz wurde der Herr festgenagelt. Wenn ihr sagt: »Darauf werde ich dich festnageln!«, dann heißt das: »Ich werde dich darauf festlegen. Davon kommst du nicht mehr weg.« Der Herr hat sich freiwillig in diese Situation nageln lassen. Er ertrug die Festnagelung der Füße, so daß er nicht mehr gehen konnte, der Hände, so daß er nicht mehr handeln konnte, des ganzen Leibes, so daß schließlich auch das Herz nicht mehr schlagen konnte. Durch sein »Sich-festnageln-lassen« in die Bösartigkeit, in das Dunkel hinein seid ihr nicht mehr festnagelbar, in keinem Dunkel der Welt. Die Hierarchien zur Linken können euch verführen, sie können euch locken, sie können vielleicht damit Erfolg haben, aber nur so lange, bis ihr freiwillig umkehrt. Man kann euch nicht auf die Sünde festnageln, weil der Herr sich für euch ans Kreuz hat schlagen lassen.

Deswegen ist die Auferstehung so untrennbar verbunden mit der Passion. Die Auferstehung ohne die Passion zeigte nur etwas, was sowieso stattgefunden hätte, nämlich die leibliche Heimkehr des Sohnes zum Vater. Das tatsächliche Geschehen zeigt euch, daß der Herr das Durchschreiten der Sünde, das Festgenageltsein im Lichtlosen und den Hinabstieg in das Reich des Dunkels überwunden hat. Wäre die Auferstehung nicht, ihr wüßtet nicht, ob der Herr nicht verloren hätte. So aber braucht ihr nicht nur zu hoffen, daß der Herr das Dunkel überstanden hat, ihr wißt es! Ihr wißt es, weil er auferstanden ist. Das heißt: Er ist mit keiner einzigen Zelle seines Körpers, mit keinem Gedanken, mit keinem Gefühl im Dunkel geblieben, weil er ganz und gar auferstanden ist. Nichts an ihm konnte vom Dunkel zurückbehalten werden, alles folgte ins Licht, alles, jede einzelne Zelle ist auferstanden, ins Licht hineingegangen.

Das gibt euch Sicherheit. Der Herr hat für euch den Weg des Dunkels durchschritten, und er ist am Schluß unversehrt, bis in die körperliche Ebene hinein vollkommen unversehrt zurückgekehrt. Und da ihr alle in der Nachfolge Christi steht, ist für euch eine wichtige Nachricht: Welchen Weg ins Dunkel Menschen auch wählen, ihr könnt sicher sein, sie werden schlußendlich unversehrt bleiben.

Wie ist nun die Auferstehung des Herrn zu verstehen?

Zunächst: Jesus hat sich nicht in einer Art Koma befunden, in einer tiefen Bewußtlosigkeit oder einem irgendwie ähnlichen Zustand, sondern der Körper war tatsächlich das, was ihr tot nennt. Es war nicht mehr ein teilweise noch funktionierender Organismus, sondern ein Leichnam.

Die Seele hatte sich vom Leichnam getrennt. Als man den Herrn vom Kreuz nahm, pflegte, einband in Tücher und ihn dann in die Grabstätte legte, folgte die Seele des Herrn dem Körper, betrachtete ihn von außen, ähnlich wie ein Schutzengel bei einem Körper bleibt. Die Seele ist nicht gleich weggegangen, sondern sie hat sich neben dem Körper niedergelassen.

Der Herr ging in diesen zwei Tagen durch das Reich des Dunkels, des Todes. Was blieb dann bei dem Körper, um ihn unverwest zu erhalten?

Auch der Herr! Es ist dem Herrn nicht unmöglich, da und dort zu sein. Möchtest du es bildhaft, so kannst du sagen: Er hat einem

Engel befohlen, den Körper zu bewachen. Vielleicht ist es verständlicher, es so zu sagen.

Warum war das Grab leer? Warum war der Körper nicht mehr auffindbar? Was ist geschehen?

Diese Auferstehung war ein Akt der Folgsamkeit des Körpers. Ihr alle könnt in gewissen Maßen euren Körper handhaben. Ihr könnt ihm befehlen, sich hinzusetzen, aufzustehen, einen Schritt zu machen, einen Handgriff zu tun, eine Kopfhaltung einzunehmen. Viele Menschen können auch ihrer Atmung befehlen, ruhiger, langsamer, tiefer zu werden. Manche Menschen können sogar auch gewissen inneren Organen befehlen, z. B. den Herzschlag verlangsamen.

Der Körper des Herrn war ein äußerst folgsamer Freund des Herrn. Er war nicht nur ein Gefäß, in dem eine Seele wohnte, sondern er war durch und durch durchdrungen von dieser Seele. Ihr wißt, daß die Innenräume des Herrn wesentlich größer waren, als ihr das von den euren kennt, und daß ihre Strahlkraft den Körper vollkommen durchleuchtete (s. o. S. 90 ff.). Der Körper des Herrn war eingebunden in diese Innenräume, deswegen gehorchte er jedem Ruf des Herrn. Sonst hätte der Körper die Strapazen der Passion nicht durchgestanden.

Der Körper des Herrn gehorchte dem Ruf der Seele ganz und gar. Man sagt immer, daß der Herr so lange am Kreuz hing; das ist aber nicht richtig. Die »normale« Sterbezeit eines Menschen in einer solchen Situation wäre wesentlich länger gewesen. Der Herr hat die Situation genau so lange ertragen, wie es sein sollte, und sie beendet, als sie beendet sein sollte. Er hat gesagt, was zu sagen war, er hat bewirkt, was noch zu bewirken war. Er hat nicht gewartet, bis der Körper aufhörte zu können, sondern er hat den Geist in die Hände des Vaters befohlen und beschlossen, daß die Situation jetzt beendet werden kann, daß es vollbracht ist. Zwar ist auch diese Zeit noch quälend lang gewesen, aber der Herr war Herr seines Körpers, auch in diesem Moment.

Das Besondere war, daß diese Folgsamkeit über das Sterben hinaus weiterbestand. Der Herr befahl diesem Körper: »Komm mit mir und bleibe bei mir!« Diesem Ruf folgte der Körper. Bildlich könnt ihr euch vorstellen, daß der Herr sagt: »Steh auf!« und dieser Körper erhebt sich zur Seele hin, zum Herrn hin.

Der Herr hätte auch ohne den Körper zum Vater heimkehren können. Warum hat er ihn mitgenommen?

Das hatte verschiedene Gründe:
1. Die Vollständigkeit der Auferstehung zu dokumentieren.
2. Der Körper, der sein Freund und Diener war, hat darum gebeten: »Ich habe Dir immer gedient, ich möchte mit Dir kommen.« Da hat der Herr gesagt: »Gut, dann kommst du mit!« Das wurde schon am Kreuz besprochen.
3. So konnte er diesen Körper dann dem Vater übergeben. Und was hätte dem Körper Besseres geschehen können als das?

Wie konnte diese Auferstehung geschehen?

Alle Molekül- oder Atombewegungen haben sich in einer Art und Weise beschleunigt, daß ein Zustand erreicht wurde, den ihr Auflösen von Materie oder »Dematerialisieren« nennen würdet. Materie ist geistigen Ursprungs und kann zum Geist zurückkehren.

Das heißt: Der Körper hat sich aus der langsam schwingenden, der für euch sichtbaren materiellen Ebene in eine schneller schwingende begeben, und damit wurde er für eure Augen unsichtbar. Das ist eine Frage der Geschwindigkeit, der Intensität, der Lebendigkeit seiner kleinsten Bestandteile.

Ihr kennt die Verwandlung von Eis in Wasser, von Wasser in Dampf. Die Verwandlung von Materie in geistige Substanz ist dem allerdings nur sehr entfernt vergleichbar. Denn erstens blieb der Körper in seiner Grundgestalt erhalten, er blieb weiterhin genau die Einheit, die ihr kennt, in aller Ordnung sozusagen – er hat sich nicht einfach in ein Wirrwarr aufgelöst.

Zweitens handelt es sich nicht nur um eine energetische, sondern eine qualitative Umwandlung zum idealen, schönstmöglichen Zustand hin, der Körper schwingt in makellose Vollkommenheit hinein, in Freude, Liebe, Jubel, Lobpreis, er singt laut und überschwenglich, er löst sich auf in Lobpreis.

Ihr kennt ja die Erfahrung, daß sich der Körper in der Trauer schwer anfühlt und jeder Handgriff, jedes Wort langsam geht und schwerfällt. Und umgekehrt: Freude macht alles leichter und lichter, man springt vor Freude, der Körper wird gefügiger.

So stellt euch den Auferstehungsvorgang vor: Der Körper wird leichter und lichter und lichter, immer lichter, immer lichter. Er wird golden! – Die Form bleibt dieselbe, aber der Körper wird immer lichter, er schwebt, er verliert seine Schwere, er wird leichter und lichter und ist ausgesprochen freudig. Jede einzelne Zelle lächelt, wenn man das so sagen kann, jubiliert und kehrt zur Seele des Herrn, der der Herr dieses Körpers war, zurück, und der Herr nimmt diesen Körper mit sich. Der Körper wird erst lebendig, rosig, schön, dann wird er noch schöner, als er je war, d. h., er wird vollkommen. Die Haut wird jung, die Falten verschwinden. Die Spuren des Leidens verschwinden bis auf die fünf Wunden, die aus ganz bestimmten Gründen beibehalten werden, aber nicht mehr als schmerzende Wunden, sondern als Zeichen. Dann wird das Ganze noch lichter: Aus dem Rosigen wird hellrosa, dann wird es ganz weißlich, dann wird es weißgolden, dann wird es ganz golden und dann ist es ganz Licht, ein Sonnenstrahl sozusagen.

Er hat gegessen, er hat sich anfassen lassen, dann muß er geatmet haben, dann muß das Blut wieder pulsiert haben. Wie ist das zu verstehen?

Er kann sich samt seinem Körper wieder in die materielle Welt begeben. Das heißt ganz einfach, er sagt zu seinem Körper (für ihn ist das einfach, für euch unmöglich): »Sei doch so gut, begib dich noch einmal in die Erdennähe!« Dann begibt sich der Körper in die Erdennähe, d. h., er wird aus dem Sonnenstrahl wieder zu einem rosigen, atmenden, lebenden Körper. Seine Schwingung reagiert wie eine Platte, die du langsamer stellst. Er verlangsamt sich, er landet sozusagen in der Sichtbarkeit und schließlich in der Anfaßbarkeit. Ist das so schwierig zu begreifen?

Ja, es ist schwierig.

Es ist schwierig, weil es nicht eine Veränderung im Raum bedeutet, sondern eine Veränderung in der Art und Weise, sich im Raum zu befinden, also nicht eine Veränderung von oben nach unten, sondern er ist hier im Raum und gerinnt gleichsam, immer deutlicher, deutlicher, deutlicher, bis er da ist. Das Ganze geht für eure Begriffe sehr schnell.

Entschuldige, Jerach, dieses Nachfragen, aber ich will es ja den Theologen vermitteln und die geben nicht Ruhe. Ich stelle sozusagen die Fragen der Theologen, also der ernsthaften Theologen.

Du wirst damit nicht sehr viel weiterkommen als mit den anderen Erklärungen auch, weil dir jeder kopfschüttelnd zuhören wird, wenn er das hört. Die meisten fragen ja gar nicht wirklich und ernsthaft, sondern legen sich die Dinge irgendwie zurecht – so oder so – und meinen dann, die Antwort schon zu haben.

Die Materialisierung ist ebenso wie die Entmaterialisierung ein Prozeß, der sich kaum auf einen fixen Augenblick festlegen läßt. Es ist ähnlich wie bei der Frage: Wann ist ein neues Leben entstanden? Zellen teilen und vermehren sich zu einer Zellgruppe, in der sich – wie ihr meint plötzlich – irgendwelche Organisationen befinden. Irgendwann fängt etwas an zu schlagen, was ihr später als Herz eines neu entstehenden Lebens erkennt.

Warum schlägt ein Herz plötzlich? Ab wann in diesem Gerinnungsprozeß fängt das Ganze an, ein Körper zu sein? Wann war exakt der erste Impuls zum ersten Schlag von etwas, das später das Herz sein wird? Wann war exakt aus mehrfachen Zellhaufen eine Organisation geworden, die das hat, was ihr ein Leben nennt, um den Mittelpunkt eines schlagenden Herzens herum? Das ist gar nicht so einfach festzulegen, ihr werdet noch viele Jahre brauchen, um es wirklich zu klären.

Etwas Ähnliches habt ihr in der Sterbezeit. Wenn ihr sie nicht als Prozeß versteht, sondern sie festlegen wollt auf einen Moment, dann bekommt ihr ein Problem. So ist auch das Gerinnen des Auferstehungsleibes in die Materialität ein Prozeß, der nicht exakt festzulegen ist.

Dem Herrn war es möglich, jederzeit in jede gewünschte Ebene der *Materialisierung zurückzukehren.* D. h., er konnte sich auch wieder in einen Zustand begeben, in dem sein Körper die natürliche, normale materielle Form annahm und entsprechend reagierte: Er konnte essen, schlucken, atmen, wie es eben ein Körper kann.

Er konnte auch jederzeit in eine Ebene geholt werden, in der er zwar noch sichtbar war, wie für manche Menschen ein Engel sichtbar ist, also in der Weise, die ihr als »Vision« zu bezeichnen pflegt, in der er aber nicht »anfaßbar« war. Die Mutter macht häufig etwas Ähnliches, sie erscheint in Visionen. Manchmal materialisiert auch sie sich bis zu dem Punkt, wo sie für die äußeren Augen sichtbar wird. Das ist eine Gegebenheit für Mitglieder der Trinität und einige wenige Meister oder Heilige.

Es beginnt ja, wenn ich recht informiert bin, im Augenblick des Sterbens der Prozeß der Verwesung, die Zerstörung von Zellen. Werden die dann gewissermaßen wiederhergestellt?

Nein. Der Prozeß der Verwesung setzt ein, wenn die Seele keine Macht mehr über den Körper hat. Sie kann ihm nach dem Sterben normalerweise nicht mehr befehlen: »Steh auf!« oder »Verwese nicht!«, und der Schutzengel würde das auch nicht unterstützen. Er läßt den natürlichen Prozeß zu.

Ihr wißt aber von Menschen, die eine ziemlich weit entwickelte geistige Macht haben, daß ihre Körper entweder nur sehr langsam verwesen oder über viele, viele Tage, Wochen und Monate gar nicht. In diesem Falle aber hat das, was du den Verwesungsprozeß nennst, nicht eingesetzt. Der Herr blieb bei diesem Körper und ließ eine Verwesung gar nicht zu. Es hat also auch keine unangenehmen Gerüche oder irgend so etwas gegeben.

Worin liegt der Unterschied zum auferweckten Lazarus?

Da lag es etwas anders. Ihr kennt ja die Zusammenhänge.[4]

Es heißt im Johannes-Evangelium, daß Maria von Magdala Jesus begegnet ist und Jesus zu ihr sagte: »Halt mich nicht fest, denn ich bin noch nicht zum Vater hinaufgestiegen« (Joh. 20,17).

Gut, daß du das sagst. Da denkt ihr immer: Hätte sie ihn berührt, hätte ihm das geschadet. Das ist aber nicht so! Hätte sie ihn berührt, hätte ihr das geschadet, und zwar, weil er ihr nicht wirklich körperlich, leiblich, mit Knochen und einer Körperwärme sozusagen erschien, sondern in einer Vision, d. h. in einer nur für ihre inneren Augen sichtbaren Lichtgestalt. Hätte sie ihn berührt, sie hätte nichts in der Hand gehabt außer einem Gefühl von Licht und Wärme, einem Prickeln auf der Haut. Sie hätte sich sehr erschreckt. Ihr Zustand war sowieso schon durch die Trauer geschwächt, und das Erblicken dieser Lichtgestalt hat sie bis zum Äußersten in Anspruch genommen. Hätte sie ihn berührt und ihn zwar gesehen, dann aber doch nicht anfassen können und sozusagen in die Luft gegriffen, dabei aber wohl gewußt, daß sie mit ihm spricht, sie hätte einen Herzstillstand bekommen oder geistig gravierende Folgen erleiden können. Aus diesem Grund hat der Herr sie davon abgehalten. Er hat gesagt: »Nähere dich nicht noch weiter. Nimm es so, wie es ist, und erschrick nicht noch mehr. Und sag es den anderen!«

Darf ich hier noch einmal nachfragen? Das Grab war leer, d. h. also: Der physische Körper, die materielle Substanz hat sich tatsächlich aus dem Grab entfernt, aber Maria Magdalena hätte nur Licht und Wärme gespürt. War also die Materie verwandelt in Licht und Wärme?

Also, das ist ziemlich schwierig für euch zu glauben, weil es etwas eigenartig klingt für eure Ohren. Aber du kannst Materie wie in einem Lift hinauf- oder hinunterbefördern. Durch die Beschleunigung ihrer Schwingungen wird sie immer heller, sozusagen glühender und schlußendlich unsichtbar. Das heißt nicht, daß sie einfach weg ist, sondern daß sie sich in einem Zustand befindet, den ihr für nicht materiell erachten würdet.

Und umgekehrt kann er die Schwingung verlangsamen, z. B. wenn der Herr dem Thomas sagt: »Faß mich doch mal an!«? (Joh. 20,27).

Ja, und da kann er essen und sich hinsetzen, und hinterher wirst du einen Abdruck auf dem Kissen sehen. Diese Macht hat nur ein Wesen, das Macht hat über Materie. Diese Macht über die Materie ist nur zu erreichen über eine Zustimmung der Materie, d. h. über eine Einheit von Geist und Materie, eine Einheit der Prinzipien des Vaters und der Mutter, weil sich die Materie nicht zwingen läßt.

Und was bedeutet die Aussage: »... weil ich noch nicht zum Vater gegangen bin?« (Joh. 20,17).

Er befand sich in einem Zwischenstadium, d. h., er wollte ja noch gar nicht zum Vater gehen. Maria Magdalena hätte sagen können: »Ich hatte eine Vision vom Herrn«. Er war ja in der Nähe und er hatte vor, noch in der Nähe zu bleiben. Was er Maria Magdalena sagen wollte, war: »Ich bin noch zu nah, ich bin noch zu spürbar, aber ich bin nicht so spürbar, daß du es begreifen könntest in deiner Weltsicht, deswegen warte noch.«

Später sagte er zu den Jüngern nicht mehr: »Faßt mich nicht an!«, sondern er ließ die Berührung zu, weil er dafür einen wichtigen Grund hatte, nämlich zu sagen: »Nun sei nicht mehr ungläubig, sondern gläubig« (Joh. 20,27).

Es heißt, daß sich Jesus, als er den Frauen erschien, nicht in dem ihnen bekannten Leib gezeigt hat (Joh. 20,14 f.). War es eine andere Zusammensetzung der Leibesstruktur, auch vom Äußeren her?

Ja und nein. Nein insofern, als es derselbe Leib war, ja insofern, als er viel lichter und dadurch natürlich verändert war. Die Altersstrukturen des Gesichts, die Falten zum Beispiel waren nicht mehr sichtbar. Die Haut war viel lichter, viel gleißender, die Haarfarbe war verändert, der Blick der Augen war ein anderer, das Lächeln war ein anderes. Die Größe war nicht anders, schien aber anders, denn je lichter der Körper, desto weiter seine Ausstrahlung und desto größer erscheint er. Er erschien den Frauen fast eher wie ein Engel, also nicht so, wie sie den Herrn vorher gekannt hatten. Und schon gar nicht so, wie sie ihn in seinen letzten, doch sehr betrübten Stunden erlebt hatten. Und dieses Bild hatten sie ja vor Augen!

Das solltet ihr euch noch einmal klarmachen: Sie hatten den Herrn ja nicht mehr vor Augen als einen fröhlichen, lustigen, lebendigen, jugendlichen Menschen, sondern als einen, den Sorge, Verantwortung und Leid stark mitgenommen hatten. Schon beim Abendmahl hat er sehr ernst, zum Teil sehr traurig geblickt, und er hatte tiefe Falten im Gesicht. Wenn ihr den Herrn zum letztenmal gesehen habt beim Abendmahl oder in der Passion oder nach der Kreuzabnahme, und ihr habt nun plötzlich diese rosige, lächelnde, fröhliche, leichte, lichte Gestalt vor euch, dann scheint das wie zwei Menschen zu sein.

Wenn ihr einen Menschen erlebt, wenn er glücklich, strahlend, fröhlich und wenn er krank oder betrübt ist oder unter Schmerzen leidet, dann habt ihr das Gefühl, das sei ein ganz anderer

Mensch. Auch ein Mensch, der plötzlich eine schlechte Nachricht erhält, kann in Sekunden gealtert, und wenn er eine freudige Nachricht bekommt, verjüngt aussehen.

Als er dem Paulus erschienen ist vor Damaskus, tat er das wieder in diesem Leib – oder war das rein visionär?

Das war eine *Vision*, d. h. eine nur sichtbare, aber nicht greifbare Form von Erscheinung. Diese Erscheinungsform bevorzugen alle Wesen aus diesen Bereichen. Sie legen Wert darauf, daß ihr sie zwar seht und erkennt, auch ohne daß ihr sie ganz begreift. Es ist ein menschliches Bedürfnis, die Dinge möglichst so zu verstehen, daß ihr sie im Wortsinn »begreifen«, also mit den Händen fassen könnt, wie einen Stein, der auf diese Weise handhabbar, zu einem Objekt des Messens, Wägens, Analysierens wird. Menschen würden am liebsten auch die Wesen des Himmels wie ein seltenes Tier fangen und im Käfig der Handhabbarkeit einsperren: sie wiegen, beleuchten, betasten, ausziehen usw. Das widerspricht ihrer Würde.

Jesus sagte zu Thomas (das wird meist nicht richtig wiedergegeben): »Weil du mich angefaßt hast, glaubst du, selig sind, die sehen und glauben« (Joh. 20,29). D. h.: Die Subjekte des Himmels wollen nicht als Objekte handhabbar gemacht werden und erscheinen deshalb normalerweise in einer Vision. Sie sind nicht materiell faßbar. Das ist die Form, die die Engel wählen, die auch die Mutter meistens wählt. Das ist dann nicht eine Einbildung, sondern es ist Realität!

Im Johannes-Evangelium steht, daß die Jünger nur die Leinentücher vorfanden (Joh. 20,5–7). Was bedeutet das?

Das bedeutet schlicht und einfach, daß er sie nicht mitgenommen hat. Die Kleidung, in der er später erschien, war, wie bei Marien- und Engelerscheinungen auch, geronnene Aura, die Ausdruck der jeweiligen Befindlichkeit ist und die bis ins Materielle hinein gerinnen kann.

Paulus hat die Auferstehung ja so verstanden: Der Herr war der Erste der Auferstehung, wir Menschen werden so auferstehen wie der Herr (1 Kor. 15,20 f). Ist das richtig?

Jetzt kommen wir also zur Frage der *Auferstehung der Menschen*. Zunächst: Ihr alle braucht nicht die Passion zu leiden. Und es ist nicht so, daß es einen »Jüngsten Tag« geben wird, an dem alle Gräber plötzlich leer sein werden und alle Leichname aus Jahrhunderten und Jahrtausenden sich irgendwie wieder zusammensetzen und so irgendwie auferstehen werden. Diese Vorstellung ist nicht richtig, sie ist auch absurd. Die Auferstehung findet auch nach einer Feuerbestattung statt.

Die Körper, die ihr durchs Leben tragt, sind dem materiellen Sein wesentlich mehr verhaftet als eure Seele. Sie dienen euch zwar, aber manchmal mit Murren. Sie haben ihre eigene Dynamik. Und sie empfinden eine starke Anziehung zum Materiellen, zum Irdischen hin. Sie haben gar nichts dagegen, zur Erde zurückzukehren. Eure Seele geht ihren eigenen Weg und sagt: »Gut, geh du deinen Weg, ich gehe den meinen.« Man trennt sich in Freundschaft. Das ist das Übliche. Das ist eine Heimkehr der Seele in den Himmel zu ihrem Sonnenengel. Es ist aber noch nicht die endgültige Heimkehr zum Vater.

Eines Tages wird die Seele dem Ruf des Vaters folgen, ihre Erdenleben beenden und heimkehren zum Vater. Diese endgültige Heimkehr zum Vater findet normalerweise unter Mitnahme des Körpers statt, den ihr dann tragen werdet. Ihr werdet dann einen Zustand erreicht haben, in dem eure Körper so gerne mit euch zusammen sind und ihr mit ihnen, daß beide diese Freundschaft nicht lösen wollen, daß ihr vielmehr miteinander verbunden seid wie in einer Ehe. Der Tod wird euch nicht scheiden, sondern ihr werdet gemeinsam zum Vater zurückkehren.

Der Körper wird sich durchlichten lassen, so leicht werden wie ein Sonnenstrahl und so schön sein, wie eure Seele dann ist. Denn wenn ihr heimkehrt zum Vater, dann in dieser vollendeten Schönheit, die ihr erlangt habt durch eure Erdenleben. Der Körper entspricht dem dann: Es wird also ein vollendet schöner Körper sein, der sich willig zum Auferstehungsleib verwandeln läßt. Ihr könnt schon sagen, daß ihr eines Tages körperlich auferstehen werdet, aber nicht aus einem Grab heraus, sondern am Ende eures letzten Erdenlebens, und dann höchst lebendig und sehr licht und wunderschön, ja, perfekt in eurer Schönheit.

Ist das abhängig vom Reifezustand der Seele?

Es ist einzig und allein abhängig von der Liebesfähigkeit oder der Liebeskraft der Seele. Nichts anderes ist der Sinn des Daseins, des »Auf-Erden-Weilens« und des Wiederkehrens. Es klingt vielleicht schlicht, es ist aber so: Jede Inkarnation geschieht aus Liebe. Das Leben, das ihr wählt, wählt ihr aus Liebe. Jede Aufgabe, die ihr übernehmt, übernehmt ihr aus Liebe, wenn auch vielleicht aus enttäuschter, ja verzweifelter Liebe, zumindest aber aus Selbstliebe. Und die Liebeskraft, d. h. die geläuterte Liebeskraft entscheidet schlußendlich über den Moment der Heimkehr zum Vater.

Erleben das alle gleichzeitig in einem »Jüngsten Tag« oder geht das so nach und nach? Warten die schon auferstehungsreifen Menschen auf die anderen, oder gehen sie schon mal voraus?

Ob es so etwas wie einen »Jüngsten Tag« geben wird?
    Das ist eine von zwei Möglichkeiten, und zwar die, auf die man lieber verzichtet, wenn sie sich vermeiden läßt. Eigentlich ist gedacht, daß jede Seele ihre Zeit hat und zurückkehrt, wenn es für sie Zeit ist.

Gibt es auch welche, die schon im Auferstehungsleib leben? Zum Beispiel die Heiligen, die Apostel?

Nja, die könnten das, aber sie tun es nicht. Sie stellen sich der Erde immer wieder zur Verfügung, nicht unbedingt in körperlichen Inkarnationen, sondern auch in anderer Art und Weise, um zu helfen. Manche Heilige oder sehr weit entwickelte Meister mit großer Liebeskraft haben sogar die Möglichkeit, irgendwo sichtbar zu erscheinen, irgend etwas aufzuhalten, zu warnen, zu stoppen oder zu bewegen, ja, Dinge zu bewirken. Auch sie haben also ihre endgültige Heimkehr zum Vater noch vor sich. Sie bleiben tätig, bis ihre Hilfe auf Erden nicht mehr gebraucht wird. –

Eine andere Frage: Das Grabtuch von Turin – ist das nun echt oder nicht?

Ja, es ist echt! Was ihr dort findet als das Bildnis, sind sozusagen Spuren des Körpers. Das ist so, wie wenn ihr in einer kalten Luft ausatmet und das Wasser, das im Atem ist, gefriert und macht den Atem sichtbar. Der Herr konnte dem Körper sagen, daß er eine Spur hinterlassen soll, und er tut das. Er tat das auch beim Schweißtuch der hl. Veronika.

Ist es beim Grabtuch im Augenblick der Auferstehung geschehen? Ist es so etwas wie ein Foto?

Ja, das ist vergleichbar.

Kannst du uns noch etwas Ergänzendes dazu sagen, wie der Herr auf Erden ausgesehen hat?

Ihr könnt in jeder Epoche von den frühesten Darstellungen über die Ikonenmalerei bis zu einigen Bildern aus dem letzten Jahrhundert einigermaßen stimmige Darstellungen des Herrn finden. Entscheidend ist, ob es dem Künstler gelungen ist, den in seiner Inneren Kirche wohnenden Inneren Christus zu finden. Dann sieht er ihn mit seinen inneren Augen in irgendeiner Szene seines Erdenlebens. Dann kann er ihn stimmig wiedergeben.

Er hatte eine ziemlich klare, ausgeprägte, hohe Stirn. Das Gesicht war schmal. Er hatte nicht eine sonnengegerbte und gebräunte, sondern eine eher helle Haut. Die Augen des Herrn waren dunkelbraun und tiefliegend. Man kann nicht sagen, daß er einen lieblichen Blick hatte; er konnte zwar sehr liebevoll schauen, aber auch sehr klar, konzentriert, sehr durchdringend. Die Nase war schmal. Die Lippen hatten eine sehr klare, schöne Form. Wie gemeißelt war dieser Mund. Das Gesicht des Herrn war also nicht lieblich, wirkte aber auch nicht hart, sondern sehr klar, streng, entschlossen.

Was ihr nicht finden könnt in diesen Bildern, ist, wie der Herr sich bewegte und wie sich sein Gesicht in einer ganz bestimmten Art und Weise verändert hat. Das wahrzunehmen, bleibt dem vorbehalten, der Szenen aus dem Lebenstableau des Herrn anschauen kann. Der kann dann z. B. sehen, wie er sich hinsetzte, schwieg und dann anfing zu sprechen.

Es war faszinierend, wenn er lächelte. Dann bildeten sich kleine Fältchen, und die Augen, die so scharf und durchdringend schauen konnten, blickten plötzlich ganz lieb, ganz sanft. Wie in dieses strenge, klare Gesicht so ein feines Lächeln huschte, werdet ihr bei kaum einem anderen Menschen so finden. Ohne ein Wort zu sagen, alleine durch das langsame Verändern des Gesichtsausdrucks konnte er eine ganze Schar von Menschen in Entzücken versetzen.

Es ist eine große Kunst, wenn jedes Wort von Sophia im Schweigen vorbereitet wird. Jede Predigt, die der Herr hielt, wurde sozusagen schweigend gehalten, bevor er sie sprach. Wenn er sich hinstellte oder hinsetzte und in einer ganz bestimmten Art und Weise lächelte, blickte, den Kopf hielt, die Hände bewegte, atmete, war das ganze Auditorium fasziniert, hingerissen und eigentlich auch schon informiert. Denn dann hat er nur nachgesprochen, was er vorher im Schweigen schon gesagt hat.

Kannst du uns eins der Meisterwerke der Kunst nennen, das ganz besonders trifft?

Das allerbeste ist, ihr schaut euch das *Grabtuch* an. Das ist der authentischste, identischste, persönlichste, direkteste Abdruck, die beste Wiedergabe des Herrn überhaupt, ja die einzige unverfälschte Darstellung des Herrn, die ihr besitzt. Andere Bilder sind zwar zum Teil vom Künstler gut getroffen, aber sie interpretieren trotzdem das eine oder andere hinein.

Warum hat er diese Spur hinterlassen?

Damit man nicht sagen kann, er sei nicht wirklich gestorben, er hätte sich erholt und woanders hinbegeben oder sei weggetragen worden. Das Bild ist die Lichtspur des Auferstehungsvorgangs, des »Ausatmens«. Es sollte als *Beweis* dienen. Es wäre eigentlich sinnvoll, wenn man es auch so sehen würde, denn dann würde man begreifen: Er war dort und ist dort auferstanden.

Das erklärt auch, warum es dieses Grabtuch noch gibt, warum es so lange gerettet wurde, bis in eine Zeit, in der man alle möglichen Untersuchungen mit ihm anstellen kann. Der Grund ist: weil man das wollte. Es gibt so viele andere Utensilien, die verlorengingen. Wo ist der Kelch geblieben vom letzten Abendmahl? Wo sind die Tischtücher geblieben, die Gürtel, die der Herr getragen hat, die Geräte, mit denen er gegeißelt wurde? Aber das Tuch hat man erhalten wollen, damit ihr ein Zeugnis habt. Es ist sozusagen euer Unterpfand der Auferstehung, wenn ihr es endlich so begreifen wolltet.

Und gerade das scheuen manche Kirchenoberen. Sie triumphieren, wenn die Wissenschaftler sagen: »Es ist nicht echt!« Dann tritt ein Kardinal vor die Presse und freut sich, daß dieser Spuk endlich ein Ende hat. Was sagst du dazu?

Aus Liebe – gar nichts. Nur: »Gedankt sei dem Herrn!«, sonst nichts.

Ja, dann sagen wir auch: »Gedankt sei dem Herrn!«, und gedankt sei auch dir, Jerach.

Ja, also – wenn es dazu beiträgt, eure Dankbarkeit zu vergrößern, dann ist mir das eine Freude.

Samstag, 23. 4. 96

Über Träume und Märchen

∞

(Sitzung mit Ärzten)
Anwesend sind: Elion, eine Botin der Muhme und
viele Naturgeister.
Elion: Ihr hört gerade jetzt das Läuten der Glocken eurer Dorfkirche. Nehmt es bewußt auf und gebt es in eure Aura ab. – Stellt eure Fragen.

I. Träume

Wieweit sind Träume Botschaften? Was sind ihre Quellen?
Können wir aus ihnen Schlüsse für unsere ärztliche
(psychiatrische und psychotherapeutische) Arbeit ziehen?

Elion: Träume fließen aus fünf verschiedenen Quellen.
Die eine Quelle kann lebendiger sprudeln als die anderen. Doch welcher Anteil aus welcher Quelle stammt, läßt sich kaum ausmachen, so wenig wie im Wasserlauf eines Flusses.
1. Die irdischste Quelle ist der Körper. Er⁻ hat seine Weise, euch über seine Bedürfnisse zu informieren, z. B. durch Hunger, Durst, Schmerzen, Husten. Wird er nicht recht gehört, so kann er auch mittels der Träume Informationen geben.
2. Der Doppelgänger speist seine Programme, Ideen und Bilder ein, die negative Gefühle zurücklassen: Alpträume von Ver-

folgungen, von Verletzungen, von Angriffen dunkler Wesenheiten, von sexuellen Obsessionen.
3. Der Schutzengel gibt Nachricht, äußert z. B. Bitten oder Traurigkeit.
4. Verschiedene Boten des Himmels – Engel, Lehrer, Meister –, die euch tags nicht erreichen, weil ihr in einem Denkschema gefangen seid, können euch im Traum inspirieren. Auch Teile der eigenen Seele, die nachts nicht aufhören zu arbeiten, die z. B. weiterdenken und forschen, können Ideen oder Formulierungen einfließen lassen.
5. Der Sonnenengel beteiligt sich sehr selten. Vom Sonnenengel veranlaßte Träume enthalten ganz wesentliche – etwa prophetische – Botschaften überpersönlicher Art, d. h., sie betreffen Familie, Volk, Menschheit. Sie sind sehr eindrucksvoll.

Und der Führungsengel?

Der Führungsengel will den wachen, vollbewußten Menschen, der auf Winke und Hinweise reagiert, der sich führen und ihn fügen läßt. Wenn der Mensch schläft, ist er meist anderweitig tätig, um etwas zu arrangieren und vorzubereiten. Will er ausnahmsweise einmal eine Botschaft in Träume einfließen lassen, dann tut er es mittelbar über den Schutzengel.

Und Naturgeister?

Naturgeister beeinflussen Träume nicht direkt, auch wenn sie beim Schlafenden sitzen oder herumturnen. Sie können aber, zumal wenn ihr sie darum bittet, vor Traumeinflüssen des Doppelgängers schützen, indem sie störend dazwischentreten. Das Kind kann das Sandmännchen (die Idee der Naturgeister) bitten, daß es guten Schlaf findet, oder einen Naturgeist: »Gelt, du paßt die ganze Nacht auf.«

In der Heiligen Schrift gibt es mehrere Berichte über Traumdeutung und über Träume, denen eine spirituelle Bedeutung zugemessen wird (z. B. Jakobs Traum von der Himmelsleiter, die Träume von Jakobs Sohn Joseph und dessen Traumdeutungen, Träume und Traumdeutungen Daniels usw.). Wie ist das zu bewerten?

Der zeitgemäße Umgang mit Träumen hat sich von der spirituellen auf die psychologische Ebene verschoben. Träume haben nicht die Bedeutung einer Erleuchtung, sondern geben Informationen über das körperliche und seelische Befinden. Vom Himmel ist gewollt, daß sich die spirituelle und religiöse Entwicklung im Wachzustand abspielt, also weder in Träumen noch in Tagträumen noch in Trance oder unter sonstigen bewußtseinsverändernden Einflüssen wie Drogen oder künstlichem Schlaf. Sinnvoll ist hingegen die Arbeit mit den Engeln bei klarem Bewußtsein und in voller Wachheit.

Wenn ihr meditiert oder kontempliert, so geschieht das in voller Bewußtheit, es verändert nicht das Bewußtsein, sondern intensiviert die Bewußtseinskraft. Es geht generell nicht darum, das Bewußtsein zu verändern, sondern es richtig zu nutzen, so wie es ja auch nicht sinnvoll wäre, die Hände zu verändern – diese sind ganz ideal –, sondern sie gut zu gebrauchen.

Für die Arbeit mit dem Himmel bedarf es keiner noch so bedeutungsvollen Träume, sondern der Klarheit und Wachheit der Bewußtheit. Deshalb rügte der Herr in der Szene am Ölberg die Schläfrigkeit seiner Jünger, ihren Mangel an klarer und deutlicher Wachheit (Matth. 26,40 ff.).

Ist es in der ärztlichen Praxis sinnvoll, den Träumen von Patienten Beachtung zu schenken?

Nein. Man kann sie zwar als Signal zur Kenntnis nehmen und im Zusammenhang mit anderen Symptomen für die Diagnose des körperlichen oder psychischen Zustands nutzen. Es ist aber i.d.R. nicht möglich, sicher zu wissen, welches Bild aus welcher

Quelle stammt. Deshalb führt Traumanalyse leicht in Täuschungen. Wenn du das Gefühl hast, daß Träume dir etwas sagen, so ist nicht gewährleistet, in welche Sphäre du gerätst. Es gibt kein »Traumbewußtsein«. »Bewußtsein« ist ein heiliger Begriff, er bedeutet: »bewußtes Sein« in voller Freiheit und Verantwortung.

Der Traum bietet auch keinen geeigneten Ansatzpunkt für die therapeutische Arbeit. Die Versuche, auf Träume zu setzen, Träume zu manipulieren, mit Traumwesen reden zu lernen usw., sind ein Irrweg. Die Therapie sollte vielmehr die bewußte Arbeit fördern, die Erkenntnis, was wann zu tun ist und warum, den freien Entschluß zu bewußtem Handeln in Raum und Zeit. Die Beschäftigung mit Träumen bringt den therapeutischen Prozeß nicht voran. Sie kann bei der Diagnose unterstützend helfen, indem sie auf Spuren führt. Die Therapie aber kann nur in vollem Wachbewußtsein wirksam werden.

Das gilt auch für die typischen Doppelgänger-Träume. Man soll sich nicht damit beschäftigen, sie nicht analysieren und therapieren wollen. Das wünscht bloß der Doppelgänger. Vielmehr geht es darum, die Person zu zentrieren und den Doppelgänger in Abstand zu bringen. Man sagt ihm, man wünsche das nicht mehr.

Bittet also alle Instanzen, die euch etwas mitzuteilen haben: Sagt es mir bei Bewußtsein, ihr braucht nicht den Weg über den Traum zu nehmen.

Also bitte: Überbewertet die Träume nicht. Nachts passiert nicht mehr als am Tag. Vielmehr solltet ihr vor dem Einschlafen bitten, euch an einen schönen Ort zu führen: ihr möchtet lernen und mitarbeiten. Morgens könnt ihr dann Informationen einsammeln: Grüß Gott, was gibt's Neues?

Die Träume laßt aus dem Bewußtsein entschwinden, gleich ob es Glücks- oder Alpträume waren, sie sind keine Quelle für Selbstwert, Macht oder sonstiges. Die Frage ist: Was machst du des Tags? Du bist erholt, es geht dir gut, dein Kopf ist wach, dein Herz ist rein – vergiß die Träume.

Manchmal bleibt ein Traum hartnäckig in Erinnerung.
Wie damit umgehen?

Wie wenn du in der Nacht von Husten oder Bauchweh geplagt warst. Interessiert dich das noch? War der Traum schön, genieße ihn noch, war er erhellend, bedanke dich, war er unangenehm, frage dich: War er eine Warnung des Körpers, der mir etwas mitteilen will, oder war er eine Lektion des Doppelgängers? Wie zentriert bin ich? Aber das sind dann Überlegungen, die du im Tagesgeschehen überprüfen und umsetzen solltest.

Es heißt: »Den Seinen gibt's der Herr im Schlaf« (Ps. 127,2).
Heißt das nicht im Traum?

Die »Seinen« sind die, die darum ringen, den Himmel auf die Erde zu bringen, und dafür hart und fleißig arbeiten, z. B. große Künstler, Komponisten, Forscher. Sie werden mit Eingebungen, Ideen, Inspirationen beschenkt, und dazu kann sich der Himmel auch des Traumes bedienen: das ist die oben unter Ziff. 4 genannte Traumquelle. Aber das sind keine Ereignisse des Alltags.

Und bedenkt: Die Eingebung muß dann erst noch in die Realität umgesetzt, d. h. das Werk geschaffen werden. Das Wort »traumhaft« ist kein höchstes Lob; denn es heißt ja eigentlich »nicht real«. Es ist nicht angebracht, es als Synonym für »wunderbar« oder »herrlich« zu verwenden. Der Sonnenuntergang z. B. ist nicht traumhaft, sondern real.

Es ist sehr sinnvoll, daß man sich im Normalfall an seine Träume nicht erinnert. Die Beschäftigung mit Träumen solltet ihr endgültig abschließen.

Dürfen wir jetzt Fragen zum Thema Märchen stellen?

Gut, dann übergebe ich an die hier anwesende Botin der Muhme.

II. Märchen

Die Botin der Muhme: Ein Märchen ist wie ein Gewebe, nach einer bestimmten Ordnung verwoben, sehr fein, und doch sehr stabil und handhabbar. Viele haben daran gewebt: An Märchen arbeiten Generationen mit, aber auch Engel und Naturgeister, es ist ein Gemeinschaftswerk von Menschen, Engeln und Naturgeistern.

Jeder Teil eines Märchens kann einem der menschlichen Innenräume zugeordnet werden, oder das ganze Märchen mit seinem Hauptthema einem Innenraum, eine Tiergeschichte z. B. der Insel im Meer. Märchen sagen zwar auch manches über Gegenden und Geschehnisse, aber auch viel über eure Innenwelt. Sie machen sie erfahrbar, und es wäre sinnvoll, sie unter diesem Aspekt zu betrachten.

Wenn euch die Beziehung zwischen Märchen und Innenräumen geläufig wird, habt ihr nicht nur etwas Wichtiges über Märchen gelernt, sondern auch den Umgang mit euren Innenräumen geübt. Deshalb gebe ich euch einige Aufgaben:

1. Schreibt ein Märchen, das zu einem bestimmten Innenraum paßt.
2. Eröffnet auch die Neben-Innenräume für ein Märchen, z. B. indem darin von Handwerksburschen und Mägden die Rede ist.
3. Schreibt ein Märchen, in dem der Held von Kapitel zu Kapitel die verschiedenen Innenräume bereist – wie in Gullivers Reisen. – Wie kommt er von einem Innenraum zum anderen? Gibt es da kleine goldene Leitern? Oder einen Tunnel? Oder Träger mit Sänften? Ziehen ihn Vögel? Reist er per Schiff oder per Kutsche? Wie sind die Verbindungen?
4. Jeder suche sich ein Lieblingsmärchen aus. Laßt es in dem ihm entsprechenden Innenraum geschehen, setzt z. B. die Hütte mit dem Brunnen oder das Schloß mit der Prinzessin in das Wurzelchakra ans Innere Meer. Dann könnt ihr weiterspielen: Besucht die Prinzessin, geht mit ihr essen und tanzen. Wenn

ihr das mit mehreren Märchen macht, so gewinnt ihr, was man den »inneren Reichtum« eines Menschen nennt.

Alle Märchen der Welt können einem oder mehreren der Innenräume zugeordnet werden. Die Menschen sollten sich angewöhnen, daß sie selber fragen, wohin ein Märchen gehört. Ein Irrtum ist nicht gefährlich, ihr befindet euch im Innenraum in einem geschützten Raum, zu dem der Doppelgänger und die Wesen der Linken keinen Zutritt haben.

Viele Märchen zusammen verschmelzen zu einem kollektiven Bewußten (nicht: kollektiven Unbewußten!). Die verschiedenen Innenräume werden zu einem großen Innenraum. Das kollektive Bewußtsein umfaßt die ganze Märchenwelt: Wenn du sie verstehst, kannst du dich für die ganze Welt einsetzen. Wenn du alle Märchen der Welt in deinen Innenräumen gelagert hättest, dann wärst du die Welt.

Der Mensch wird strahlend, wenn er Märchen in seine Innenräume plaziert, ebenso Sagen, Mythen und Fabeln. Deshalb könnt ihr mit Märchen auch Heilarbeit tun. Laßt euch an der Inneren Quelle oder am Meeresstrand nieder, ladet Wesen ein – Menschen, z. B. kranke Kinder mitsamt ihren Innenraumwesen – und erzählt ihnen Märchen.

Märchen verbinden euch mit Generationen, das Kind reiht sich ein in die Gemeinschaftserfahrung. Aus dem kindlichen Hörer wird ein erwachsener Erzähler. Klein und Groß sind verbunden. So verbindet sich mit den Märchen die Kraft der Tradition. Auch der einzelne hört und erzählt dieselben Märchen in verschiedenen Inkarnationen wieder.

Folgende Faktoren spielen eine Rolle:
1. Das Märchen spielt überall, irgendwo, zu keiner bestimmten Zeit (»Es war einmal ...«).
2. Seine Archetypen kennen keine moderne Technik, wie es auch in den Innenräumen keine Labors, U-Bahnen, Aufzüge gibt, sondern klassische Räume.

3. Es spiegelt die klassischen Familienverhältnisse.
4. Die Hauptrolle spielt ein Held. Der Gute besiegt schließlich die Bösen.
5. Die Sprache ist formelhaft, die Zahlen sind bedeutungsvoll: z. B. 3, 7, 12.

Warum gehört immer auch das Böse zum Märchen?

Weil es zum Leben gehört. Der Doppelgänger ist immer präsent, allerdings von außen, er hat keinen Zutritt zur Innenwelt. Die Innenwelt ist licht, der Doppelgänger steht an der Seite und schürt den Konflikt. Diese Tatsache spiegelt sich im Märchen darin, daß die bösen Gestalten nicht zur Familie gehören, sondern von außen herantreten, z. B. nicht die Mutter, sondern die Stiefmutter oder die böse Fee oder die Zauberer repräsentieren das Böse. Dieses darf nicht fehlen. Das Märchen gibt aber Hinweise, wie man damit umgeht, um es zu überwinden.

Auf seine Überwindung folgt immer seine Bestrafung.
Führt diese Lektion nicht von inneren Wegen ab?

Die Bestrafung entspricht dem moralischen Horizont des Kindes. Andere Wege kann das Kind noch nicht verstehen und nachvollziehen. Es hat noch ganz archaische Gerechtigkeitsvorstellungen: Erstens, ich fange den Streit nicht an, tu du mir auch nichts, zweitens, wenn du mir aber etwas antust, dann gilt: Auge um Auge, Zahn um Zahn. Die Replik ist der Tat angepaßt, damit ist dann die Sache erledigt.

Ist es denn pädagogisch vertretbar, daß dem Kind dieser
brutale Ansatz als Vorbild vorgeführt wird?

Was das Kind zunächst einmal zu lernen hat, ist: Das Böse ist nur vorübergehend erfolgreich, letzten Endes wird es besiegt. Das Lichte gerät zwar in Schwierigkeiten, aber es überdauert den

Kampf und lebt weiter. Das ist eine Lektion über eine der wichtigsten Grundstrukturen der Welt. Das Lichte wird heimkehren, das Dunkle wird ein Ende haben.

Warum werden die bösen Gestalten fast immer mit dem Tode bestraft?

Würden sie fortleben, sei es auch in einem Gefängnis, so blieben sie eine ständige Bedrohung. Eine humanistische Lektion über Rechtsstaatlichkeit, Gnade und Resozialisierung wäre nicht kindgerecht. Das Böse weckt im Kind Angst und Empörung. Was seine Seele zunächst einmal braucht, ist die Information, wer am Ende lebt und wer nicht, nämlich das Lichte wird leben, das Dunkle wird vergehen.

Sollte man die Grausamkeiten im Vollzug der Todesstrafen im Märchen weglassen oder abmildern?

Nein, sie liefern Material über die Machenschaften der Doppelgänger, die auch die siegreichen Guten begleiten. Im Triumph will man das Leid eines anderen, d.h., man will Gutes durch Böses bewirken. Das ist eine Wirkung des Doppelgängers. Es handelt sich also um Erzählungen vom Doppelgänger, und diese wirken wie eine Impfung. Den Schmerz des anderen nachzuempfinden, ist dem Kind ohnehin kaum möglich, übrigens auch den Erwachsenen nicht. Wirkliches »Mitleid« ist fast unmöglich.

Überdies: Kinder empfinden die Märchenwelt als nicht real existent, als Nicht-Realität, wie ein Spiel. Sie malen sich die Grausamkeiten nicht aus, empfinden sie nicht nach, sind nicht entsetzt, erleiden keine psychischen Schäden. Sie erleben nur: Das Böse wird besiegt und bestraft: »Gut, daß die Hexe tot ist.« Märchen bleiben im Gedächtnis so haften wie die Erinnerung an ein Spiel. Märchen sollte man deshalb auch nicht diskutieren, sondern erzählen, malen, in Verkleidung nachspielen usw.

Wenn ihr könnt, lest sie bitte nicht vor, sondern erzählt frei, aber möglichst jedesmal mit den gleichen Worten und so, wie sie auch euch als Kindern erzählt worden sind. Die wortgetreue Wiederholung der Formeln ist sehr wirksam, ebenso wie in der alten Liturgie. Darauf beruht die Kraft der Tradition.

Für Kinder ist es sehr hilfreich, in den Ritualen des Alltags die Märchen durchblinzeln zu lassen. Wird z. B. der Schuh zum Drachen, so wird das Anziehen zu einem abenteuerlichen Spiel mit viel Spaß und Schalkhaftigkeit. Schließlich könnt ihr den ganzen Alltag in Beziehung zu Märchen setzen: der Wald ist so wie bei Hänsel und Gretel, der Tisch wie bei Tischlein deck dich, die Mutter sieht aus wie Schneewittchen. Je mehr euch die Märchen an jeder Ecke des Alltags anblinzeln, je deutlicher erwacht das Gefühl dafür, daß eure Lebenstage selbst eine Inszenierung sind. Ihr werdet aufmerksam auf die Kunst dieser Inszenierung und die Wunder, die euch täglich begegnen. Es wird euch sehr viel Vergnügen bereiten, das Märchenhafte in der Realität des Alltags wahrzunehmen.

Mittwoch, 1. 5. 96

Kindergebete. Kindertaufe

∞

Elion: Kindergebete sind eine Unart, sie sind überflüssig. Statt dessen betet mit Kindern das Vaterunser, das Gegrüßest seist du usw. Die inneren Instanzen im Kind sind reif dafür und nehmen die Gebete wahr. Mit diesen Gebeten bettet ihr das Kind in die Form, in die es später hineinwächst. Sie sind spirituelle Nahrung. Auch Jesus hat keine besonderen Gebete für Kinder gelehrt.

Deshalb ist es auch nicht richtig, die Kindertaufe zu verwerfen und das Kind später entscheiden zu lassen, ob es die Taufe wünscht. Damit verweigert man dem Kind die Nahrung, die es braucht und von der es später zehrt.

Es ist gut, Kindern den Namen von Heiligen zu geben. Diese stehen dann Pate für die Menschen, das ist eine Tatsache. Vater und Mutter fallen die passenden Namen schon ein. Der Pate ist dann ein Fürsprecher und ein Helfer, er beschäftigt sich mit dem Menschen.

Wenn der Name in der Liste der Heiligen nicht vorkommt, kann sich das Kind, wenn es will, einen Paten unter den Heiligen aussuchen und sich lebenslang in seinen Strahl stellen.

Dienstag, 7. 5. 96

Übungen zur Aufhellung des Gemüts. Michaelskapelle

∞

(Ein bedrückter, in innere Probleme verstrickter Mensch hat um Hilfe gebeten.)

Elion: Begib dich mit ihm in die Innere Kapelle und von dort zur Inneren Quelle auf die Frühlingswiese, durch die der Bach strömt. Der Patient sitzt, du stehst an seiner linken Seite.

1. Du hältst die Hände vor und hinter seinen Kopf, in Stirnhöhe, etwas über der Schläfe. Rund um den Kopf entsteht ein Regenbogenring, er rotiert gegen den Uhrzeigersinn. Sprich:
   »Denke das Gute.«
2. Du hältst die Hände in Augenhöhe. Wiederum beginnt ein Regenbogenring zu rotieren.
   »Siehe das Schöne.«
3. Du hältst die Hände in Mundhöhe. Wiederum rotiert ein Regenbogenring.
   »Sprich das Wahre.«

Die drei Ringe senken sich im Rotieren abwärts – schrumpfend am Hals, wachsend an der Schulter – bis zu den Füßen. Wenn der dritte Ring am Hals angekommen ist, läßt du drei neue Ringe entstehen, diesmal:
1. Denke das Schöne,
2. siehe das Wahre,
3. sprich das Gute.

In gleicher Weise läßt du wiederum 3 Ringe entstehen:
1. Denke das Wahre,
2. siehe das Gute,
3. sprich das Schöne.
Es sind also 3 x 3 Ringe. Sie sacken in den Boden.

Das wirkt aufbauend, stählt die Abwehrkräfte und das Selbstwertgefühl und wirkt harmonisierend. Man kann die Übung nicht bei sich selbst machen.

Variante im Trauerfall:
 Du stehst hinter dem Trauernden, die Hände links und rechts vom Haupt oberhalb der Schläfe. Du setzt drei Ringe an: sie rotieren gegen den Uhrzeigersinn und senken sich ab:
1. Einen roten Ring. Wenn er verschwunden ist,
2. einen goldenen Ring. Wenn auch dieser verschwunden ist,
3. einen violetten Ring.
Dabei kannst du Gebete murmeln: abwechselnd ein Ave-Maria für den Trauernden und ein Ave-Maria für den Verstorbenen. Dann sprich:
 »Alles ist gut, alles ist in den rechten Händen.«

Die Übung wirkt sehr simpel, aber die Wirkung ist sehr umfassend und tiefgehend.

Kennt ihr übrigens die *Michaelskapelle*? Im Trauerfall könnt ihr auch sie besuchen. Sie befindet sich im Dom der Heiligen, links hinter dem Altar. Sie ist Maria und Michael geweiht. Die Mutter sitzt da mit offenen, segnenden Händen, von ihr aus links etwas unterhalb steht Michael, in der linken Hand hält er ein Schwert, mit dem er Angreifer abwehrt. Ein hagerer Mensch im weißen Hemd schreitet auf die Mutter zu (der Verstorbene). Michael reicht ihm die rechte Hand: Komm, ich führe dich zu ihr.

Dienstag, 14. 5. 96

Der Sophien-Rosenkranz. Schweigen

∞

Ein Sophienengel: Den inneren Wunsch nach Heilung, Erlösung und Trost für Menschen, Tiere, Pflanzen und die Erde könnt ihr der heiligen Sophia anempfehlen. Das Fürbitte-Gebete lautet:

Gegrüßet seist Du, Sophia,
voll der Gnaden.
Der Herr ist mit Dir.

(Den folgenden Absatz schweigen:)
Du bist gebenedeit unter den Frauen,
und gebenedeit ist die Frucht Deines Schoßes, Jesus,
der uns die Engel gesandt hat.

Heilige Sophia, Mutter Gottes,
Herrin aller Engel,
Hüterin aller Suchenden,
Helferin in der Not,

wir bitten Dich,
schweige für uns
und schweige mit uns,
und schweige für ... (Name)
jetzt und in der Stunde seines (ihres) Sterbens.

»Gebenedeit« ist die Einheit der dreifachen Gottesmutter. Dieser Absatz ist zu schweigen, d. h. auch nicht innerlich zu sprechen.

Ihr könnt ein bis zwei Namen nennen. Ihr könnt so einen ganzen Rosenkranz beten, für einzelne Menschen oder auch für ganze Berufsgruppen, Völker, Pflanzen, Tiere oder die Erde. Habt ihr eine längere Liste von Menschen, Gruppen oder Wesen, für die ihr regelmäßig beten möchtet, dann legt im Sophienturm ein goldenes Buch mit Federhalter an. Euer Sophienengel hält das goldene Buch und trägt die Namen ein. Der Name oder das Anliegen brauchen nur einmal genannt zu werden, alsdann könnt ihr sie schweigen. Der Sophienengel trägt die Fürbitte nach oben. Wenn ihr für jemanden schweigt, werdet ihr die Unterschiede in der Qualität des Schweigens bemerken. Es ist anders, je nachdem für wen ihr schweigt. Lernt, die Unterschiede im Schweigen zu empfinden.

Versucht auch, die Unterschiede im Schweigen in verschiedenen Farbnuancen, z. B. in gelb, orange, blau empfinden zu lernen, ebenso, daß Schweigen mozarthaft, bachhaft, mendelssohnhaft, chopinhaft etc. sein kann. Übt das Schweigen auch in der Außenwelt. Selbst wenn es nur einen Atemzug dauert, kann es schon eine enorm tiefe Erfahrung sein.

Es gibt Menschen, die unempfindlich gegen Lärm sind. Sie sprechen laut und haben laute Musik um sich. Versucht zunächst, das als laut zu empfinden und selber leiser zu sprechen. Dann wird die äußere Sprache weggelassen, und die Worte formulieren sich im Kehlkopf zu einem inneren Sprechen. Dann kommt die Phase, wo ihr auch inneres Sprechen als laut empfindet und euch ein Stück weiter ins Schweigen zurückzieht. Laßt auch die inneren Worte aufhören und geht in den Gebrauch von Bildern über. Stellt euch eine Abfolge von Bildern vor, die dem Ablauf des Sophiengebetes entsprechen. Ihr werdet sehen: Die Erfahrungen sind vielschichtig, faszinierend und sehr viel differenzierter, als man im ersten Moment meint.

Die inneren Bilder zu erleben, ist eine wichtige Vorbereitung auf die erste Triade. Mit der Zeit werdet ihr dann auch die Bilder als laut empfinden. Dann kommt der nächste Schritt: das absolute Schweigen. Diese Schweigearbeit ist ein direkter Weg zum Vater. Es gilt nicht, gegen Lautes in der Außenwelt empfindlicher, sondern empfindsamer zu werden. Der Empfindliche nimmt sich selbst zu wichtig. Eure Haltung sollte sein, das Äußere mitzutragen. Nehmt die Ferne der Menschen zum Himmel wahr, ihre Betäubungen und Verletzungen durch Lautstärke. Das Mitleiden daran ist eine Passionserfahrung.

Je intensiver, bewußter und entschiedener der Mensch für Himmel und Erde einsteht und Mitverantwortung übernimmt, desto vielschichtiger und komplexer wird sein Leben, desto reicher aber auch an Leid und Trauer. Sammelt er nur Wissen an, lehnt aber die Mitverantwortung ab, so führt das auf Dauer zum Verlust des Wissens und zur Fähigkeit, mit ihm umzugehen, so wie jede nicht gepflegte Begabung verkümmert. Nimmt er die Verantwortung aber auf sich, so macht ihn das verletzbar. Doch indem der Mensch die Verletzungen aushält, meistert er sie, und dadurch wird er unverletzbar.

Die Passion des Herrn war ein unendlicher Leidensweg. Der Herr litt nicht nur persönlich, nicht nur für die Gruppe seiner Jünger und Freunde, sondern er hat zugleich die Leiden aller Menschen gewußt, gefühlt und stellvertretend auf sich genommen. Alles, was sie unter dem Einfluß der dunklen Hierarchien an Leid erfahren und zufügen, und zwar in Vergangenheit, Gegenwart und Zukunft, hat er mitgelitten. Er hat diese Verletzungen nicht etwa in der Weise gemeistert, daß er »darüberstand«; er stand mittendrin.

Wer »darübersteht«, ist aus der Hilflosigkeit geflüchtet, hat die Nähe verloren, kann die Schmerzen und Ängste nicht mehr nachempfinden. Wenn er schweigt, so aus Arroganz oder Indifferenz. Wer mittendrin steht, steht ein, versteht, könnte als Vertreter aussagen. Er ist verletzbar und wird verletzbarer. Über das hinaus, was er sowieso schon auf sich nimmt, sieht, empfindet, trägt er das Leiden anderer, er schont sich nicht, lebt in vollem Einsatz bis zur äußersten Grenze des Möglichen.

Indem er das tut, wird er insofern unverletzbar, als er auf alle Sicherheit, allen Halt verzichtet, auch das Leben einsetzt, weil er weiß, was er nicht verlieren kann, nämlich das, was er beim Sterben mitnehmen kann. Das sammelt er an. Was er nicht mitnehmen kann, achtet er nur in zweiter Linie. Wichtig ist z. B. nicht das Klavier, wichtig sind die Melodien. Das Geheimnis der Passion ist, das Leid, die Angriffe zu tragen, einfach dazustehen, ja »erst recht« dazustehen, weder zu fliehen noch zurückzuschlagen, sondern zu schweigen. Das macht unverletzbar.

Laßt euch erschüttern von der Tat des Herrn, begreift sie neu. Lernt Schmerzen zu ertragen und damit umzugehen. Ein spiritueller Weg kann nicht schmerzlos sein. Auch wenn es euch gutgeht, so werdet ihr erleben: ihr schlaft schlecht, das Kind ist krank, der Nachbar hat Schwierigkeiten, ferne Kinder leiden unter Hunger und Krieg usw.: Ihr erlebt nicht nur eigene Verletzungen, sondern auch die anderer, und zwar in immer weiteren Kreisen und immer größerer Intensität. Ihr ertragt ihre Schmerzen als die euren.

Wie könnt ihr trotzdem weiterleben und sogar fröhlich bleiben? Indem ihr sie an den Himmel abgebt. Denn der Himmel steht nicht »darüber«, er ist mit euch. Der Herr ist ja in euch und um euch und steht für euch ein. Ihm könnt ihr die Verletzungen übertragen, denn er hat sie in seinem Passionsweg schon auf sich genommen.

Wie ist das Wort zu verstehen: »... ihr werdet größere Werke tun« (als der Herr)? (Joh. 14,12).

Sie sind größer, weil der Mensch schwächer ist als der Herr. Die Entscheidung des Menschen, diesen Weg zu gehen, obwohl seine Ferne zum Vater größer und er schwächer ist, lassen seinen Entschluß größer erscheinen.

Es ist auch etwas anderes, ob ein Engel oder ein Mensch gehorsam ist. Der Mensch hat eine schwierigere Ausgangsposition. Der Engel hat die Freiheit, sich grundsätzlich zwischen Licht und

Dunkel zu entscheiden. Bleibt er im Licht, so beschränkt sich seine Freiheit auf die Wahl zwischen guten und noch besseren oder gleich guten Handlungsalternativen. Der Mensch hingegen ist zu jedem Zeitpunkt den Verlockungen des Dunklen ausgesetzt, hat sich immer neu zu entscheiden, hat eine viel größere Freiheit. Er erlebt die Freiheit auch in Raum und Zeit; sie wird komplexer, vielgestaltiger.

Der Mensch ist Ebenbild und Gleichnis des Vaters, der Engel nicht! Der Mensch ist Bruder oder Schwester des Herrn. Er kann einem Engel deshalb sogar Aufträge erteilen. Er bildet zwar nur die 10. Hierarchie, doch der Himmel neigt sich vor dem Menschen.

Samstag, 25. 5. 96 (Vorabend von Pfingsten)

Pfingsten und die Hochzeit zu Kana. Zur Kommunion

∞

Silion (ein Engel des Vaters, begleitet von einem Engel des Sohnes und einem Engel der Mutter): Es geht heute nicht in erster Linie um Informationen oder Erklärungen, sondern um die praktische Feier des Pfingstfestes, die auch am Vorabend schon gestattet ist. – Ich möchte anknüpfen an die Hochzeit zu Kana. Erinnert euch an den Dialog, der dort geführt wird, und an die Verwandlung des Wassers in Wein durch den Herrn (Joh. 2,1–11).

Nun stellt euch die Situation der Jünger nach der Himmelfahrt vor. Für die Jünger war sie ein Fortgehen des Herrn. Die Zeit mit Jesus war anstrengend, fordernd, lehrreich, bewegend, wunderbar, oft auch erschütternd. Aber sie war auch fröhlich in einer freudigen Gemeinschaft wie bei einem Hochzeitsfest: eine einzige große Festzeit. Nun gab es nichts mehr zu feiern, sie waren traurig, sie waren verlassen, sie haben ihren Meister verloren, ihren Antrieb, ihren Mittelpunkt.

Sie fragten sich: Was habe ich versäumt zu fragen, zu sagen, zu merken, zu verstehen, dem Gedächtnis einzuprägen? Das ist menschlich und geht immer so, wenn eine große Zeit zu Ende gegangen ist. Es ist die tragische Facette der Zeit: Man kann nicht abschätzen, ob etwas aufgeschoben werden kann – jetzt ist es zu spät. Je bewußter man sich bemühte, desto mehr empfindet man das Ungenügen, nicht alles ausgeschöpft zu haben. Das war die Situation, die sich am Pfingstvorabend einstellte.

Die Jünger stellen fest: Das, was ihnen ihr Labsal, ihr himmlischer, göttlicher Trank war, ist ihnen abhanden gekommen. Sie hatten keinen Wein mehr.

»Sie haben keinen Wein mehr«: Das war, was die Mutter zu Jesus gesagt hat. Ihr wißt, daß Jesus sehr ungehalten reagierte, daß er ablehnte, in Erscheinung zu treten und wirksam zu werden. Das war sehr menschlich. Die Mutter hat ihm darauf nicht direkt geantwortet, sondern zu den Dienern gesagt: Alles, was er euch sagt, das tut. Die Diener zeigten dem Herrn die Krüge, die mit nichts anderem gefüllt waren als mit Wasser. Und der Herr verwandelte dieses Wasser in Wein. Er machte aus einem schönen und guten und heilsamen, aber gewöhnlichen Trank einen göttlichen Trank, in den er sich selbst hineingegeben hat.

Wer dieses Wasser trinkt, das nun zu Wein geworden ist, der trinkt den Herrn. Er trinkt seine Kraft, seine Liebe, seine Hinwendung, seine Tugenden, seine Stärke, seine Gegenwart, seine Begleitung, seine Führung, seine Fürsorge, und seit dem Kreuzestod auch seine Hingabe und Erlösung. Wenn ihr also Wasser in der Hand haltet und ihr bittet den Herrn, er möge dieses Wasser verwandeln in Wein, dann bittet ihr ihn: Sei in diesem Wasser anwesend, begib Dich in dieses Wasser hinein, so daß ich, wenn ich es trinke, Dich trinke und Dich in mich aufnehmen kann.

Das ist sehr ähnlich wie Pfingsten, wo der Heilige Geist den Menschen zufließt, damit er in ihnen wohnen, leben und wirken kann. Die Vorstellung des Heiligen Geistes, der auf einen Menschen herabkommt, ist sehr schwierig und wenig greifbar. Ein Glas Wasser in den Händen zu halten, zu beten: Herr, verwandele dieses Wasser in Wein, und es dann zu trinken, ist leichter vorstellbar.

In der Schrift steht: Es waren sechs Krüge. Warum nicht mehr oder weniger, warum ausgerechnet sechs?

Ihr wißt um die Innenräume des Menschen, die ja eigentlich die Seele des Menschen ausmachen. Für die sechs Hauptinnenräume vom Inneren Meer bis zum Raum des Inneren Weisen ist je ein Krug gedacht. Der ganze Mensch soll erfüllt sein vom Wein, d. h. vom Herrn. Ihr wißt, daß sich in jedem dieser Innenräume Wasser wiederfinden läßt. In jedem dieser Innenräume kann der Herr Wasser in Wein verwandeln durch seine Anwesenheit. Ihr braucht ihn nur darum zu bitten.

Nun hat die Woche 7 Tage. 6 Tage entsprechen den 6 Krügen mit dem Wasser. Der siebente Tag ist der Tag des Vaters, da könnt ihr zwar bitten, aber nicht erwarten, daß der Vater direkt reagiert. Die angemessene Weise, den Vater zu bitten, ist, ihm zu danken, daß er es zu gegebener Zeit tun wird. Hingegen könnt ihr den Herrn, der ja euer Bruder und Freund ist, bitten, und er wird es tun. Ihr könnt 6 Tage die Initiative ergreifen, am 7. Tag liegt sie beim Himmel.

Und entsprechend: Für 6 Innenräume könnt ihr etwas tun. Für den obersten Innenraum, den Inneren Kosmos, könnt ihr nur warten, was geschieht. Also sechs Tage und sechs Innenräume habt ihr, wo ihr den Herrn bitten könnt: Bitte verwandele Wasser in Wein, d. h. bitte sei bei mir, bitte gib Dich mir in ein Gefäß, in einen Innenraum, so daß ich Dich aufnehmen kann und so, daß Du in mir wirksam wirst.

Soll ich nun zum praktischen Teil übergehen?

Ja.

Dann möchte ich dich bitten, Martin, ein Glas Wasser zu holen. Dann möchte ich aus bestimmten Gründen das jüngste Mitglied dieses Kreises bitten, also dich, Markus, dieses Glas mit Wasser in deine Hand zu nehmen. Überlege dir: Was wünschst du dir am allermeisten vom Himmel? Wenn du magst, sprich es laut aus.

Ihr könnt bitten, ja ihr solltet sogar vom Himmel fordern, darum ringen am Pfingstvorabend: Euer Wasser solle verwandelt werden in Wein, d. h., der Herr möge anwesend sein in diesem Wasser, von dem ihr dann trinkt. Ihr könnt Verschiedenes erbitten,

z. B. Mut, Stärke, Geduld, Langmut, Demut, Treue, Freude, Kraft, Heilung, was immer ihr möchtet. Ihr könnt zwar nicht das Wasser in Wein verwandeln, aber ihr könnt das Wasser mit euren Bitten erfüllen, und der Herr wird hineintun, worum ihr ihn bittet.

Tragt dem Herrn eure Nöte vor, sagt ihm, warum euch das Lachen vergangen ist, warum das Leben kein Fest mehr ist, warum die Mühsal oder die Langeweile so groß sind, warum ihr keinen Wein mehr habt. Übergebt ihm eure Bitten. Er wird sich ins Wasser hineinbegeben, damit euch das Leben wieder ein Fest werden möge. Denn zwar ist es auch wichtig, einfach weiterzuleben, aber für den Menschen ist das nicht ausreichend, für ihn gilt es, das Leben zu feiern. Und dann bedenkt: Alles, was einer von euch wünscht, gilt für die ganze anwesende Gemeinschaft.

Nun bitte ich dich, Markus, vor deinen Nachbarn zu treten und ihm das Glas zu geben. Der Nächste wünscht etwas, und du nimmst es zurück in deine Hände. Geh einmal zu jedem im Kreis, und jeder, der das möchte, wünscht etwas. Wer nicht möchte, gibt das Glas dem Markus still wieder zurück.

Ich wünsche mir Glück; ich wünsche mir Humor; ich wünsche mir Freude; ich wünsche mir Verständnis; ich wünsche mir Liebesfähigkeit; ich wünsche mir, daß der Herr in mir durch mich wirken kann; ich wünsche mir Gesundheit und Frieden für die ganze Familie; ich wünsche Heilung für alle, die es brauchen; ich wünsche Langmut; ich wünsche Gedeihen für das, was angepackt wird; ich wünsche Frieden; ich wünsche Heilung; ich wünsche Stärkung; ich wünsche mir Nachfolge des Herrn; ich wünsche Frische bis ins hohe Alter; ich wünsche mir Wahrnehmung all der schönen himmlischen Dinge.

Damit bittet ihr alle im Kreis, daß der Herr dieses Wasser berühren möge, so wie er es damals tat bei der Hochzeit zu Kana, wo er es in Wein verwandelte. Wenn ihr das wünscht, gibt es keinen Grund, warum das nicht geschehen sollte. Auch wenn es auf der materiellen Ebene nicht zu Wein wird – dazu bedürfte es der physischen Anwesenheit des Meisters –: Die Wirkkraft wird dieses Wasser erhalten.

Ihr habt jetzt ein gesegnetes Wasser. Es ist erfüllt mit der Kraft des Herrn. Wer immer von diesem Wasser trinkt, dem werden diese Wünsche und die Wirkkraft des Herrn mit vermittelt. Die Wirkkraft des Herrn, die in diesem Wasser ist, wird an jeden übergehen, der davon trinkt.

Das könnt ihr immer wieder tun. Reicht ein Glas, das dieses Wasser hält, auch in der Familie von einem zum anderen. Wenn ihr alleine seid, dann haltet ihr alleine das Glas und wünscht, was ihr eben möchtet.

Nun solltet ihr – das ist nicht Pflicht, aber es wäre ein Wunsch des Himmels – den Segen weitergeben. Ihr haltet ein Wasser in Händen, das gesegnet ist, und ihr könnt dieses Wasser sechs Tage lang verwenden.

Am Montag bittet, daß alle Bitten gehört werden mögen – und zwar jetzt nicht nur für euch, sondern für den Ort, in dem ihr lebt, das Dorf, die Stadt. Ihr mögt die Leute alle kennen oder nicht, das spielt keine Rolle. Setzt euch hin, nehmt das Wasser in eine Hand, schließt die Augen, haltet euch die Szene der Hochzeit zu Kana vor Augen. Denkt an die Worte der Mutter: Sie haben keinen Wein mehr. Denkt an den Herrn, der vor einem der Krüge steht, ihn anblickt, lächelt und sich in dieses Wasser hineinbegibt. Denkt an den Ort, in dem ihr lebt, und zeichnet mit einem Finger, den ihr leicht benetzt habt, ein Kreuz in die Luft.

Am zweiten Tag denkt an euren Arbeitsplatz, an die Menschen, mit denen ihr dort zu tun habt. Schüler denken an die Schule, an die Lehrer, an die anderen Schüler, auch an die frechen und auch an die Lehrer, die man nicht so gern mag. Macht den Finger naß, zeichnet ein Kreuz in die Luft, denkt an die Hochzeit zu Kana und bittet, daß auch für diese Schule, diesen Arbeitsplatz das Wasser zu Wein werden möge.

Am dritten Tage denkt an ein Stück Natur: an Felder, Gärten, Wälder, Berge, Täler, oder auch an ein weit weg liegendes Stück

Natur – einen Urwald, eine Wüstengegend. Wieder denkt an die Hochzeit zu Kana, schaut euch den Herrn an, wie er jetzt vor dem dritten Gefäß steht, wie er es anschaut und anlächelt, wie das Wasser in diesem Gefäß zu Wein wird, macht das Kreuz in die Luft mit dem benetzten Finger aus eurem gesegneten Wasser.

Am vierten Tage denkt an Menschen, die krank sind, an alle, die an diesem Tag operiert werden, an alle, die an diesem Tag einen Unfall erleiden, und macht wieder das Kreuz in die Luft.

Am fünften Tage denkt an Menschen auf der Welt, die in Kämpfe verwickelt sind, von Kindern, die sich schlagen bis hin zur Kriegssituation. Denkt wieder an den Herrn bei der Hochzeit zu Kana, wie er vor dem fünften Gefäß steht, schaut ihn an, wie er dieses Gefäß anlächelt, wie er auch hier Wasser in Wein verwandeln wird, ausgerechnet hier, denn hier hat man nun wirklich keinen Wein mehr. Denn aus der Sicht des Himmels sind Kriegsgebiete Wüsten, Trockengebiete: Da ist kein Tropfen mehr. Nehmt ein bißchen von eurem gesegneten Wasser, macht ein Kreuz in die Luft.

Am sechsten Tage denkt an alle, die an diesem Tag geboren werden, die ganz am Anfang stehen, für die noch fast alles möglich ist, die noch nicht wissen, was ihnen alles bevorsteht und die ein kleines Schlückchen Wein zur Stärkung gut gebrauchen können. Denkt an den Herrn, wie er das sechste Gefäß anlächelt und wie das Wasser in diesem Gefäß zu Wein wird. Denkt an die Kleinen dieser Welt, die geboren werden und die die Zukunft dieser Erde sind, macht das Kreuz in die Luft.

Und am siebten Tage, am Sonntag nach Pfingsten, stellt euch noch einmal vor, was der Herr getan hat bei der Hochzeit zu Kana. Er hatte die sechs Gefäße vor sich, er hat eines nach dem anderen angeguckt, mit ihm gesprochen und das Wasser in Wein verwandelt. Was tat er dann? Er hat sich nicht einfach umgedreht und ist davongegangen, sondern er hat ziemlich unauffällig, für den Himmel aber unübersehbar nach oben geblickt, mit den inneren und den äußeren Augen, und er hat ganz schlicht und einfach »danke« gesagt – leise, aber für den Himmel hörbar, so wie ihr, wenn ihr z. B. eine Prüfung bestanden habt und hinterher einen Stoßseufzer tut und »danke« sagt. So stellt euch die Szene vor, so hat sie sich historisch abgespielt. Und genauso tut ihr es auch. Ihr setzt euch hin, haltet noch einmal euer schönes Pfingstwasser in Händen. Ihr wißt jetzt, was ihr die Woche über getan habt, wozu ihr geholfen habt, mit welchem Segen ihr selber gesegnet seid bis zum nächsten Pfingstfest. Ihr hebt eure Augen zum Himmel mit einem inneren und einem äußeren Blick und sagt »danke«, vielleicht »danke, Herr« oder »danke, Mutter« oder »danke, Vater«.

Denn alles wäre zu nichts nütze, wenn nicht die zehnte Hierarchie da wäre – der Mensch nämlich, der den Wein in Gläser füllt, in Händen hält und weitergibt. Deswegen führt die Geschichte mit einer so nebensächlich erscheinenden Szene fort: Die Diener schöpfen den Wein und verteilen ihn, und einer führt ein Gespräch mit dem Gastgeber. Das zeigt euch, worauf es ankommt. Die Verwandlung des Wassers in Wein hätte keinen Sinn gehabt, wenn die Diener nicht hinterher diesen Wein auch verteilt hätten, wenn keiner gemerkt hätte, daß es Wein ist. Es hätte niemand den Herrn auf Erden bemerkt, wenn nicht Menschen dagewesen wären, die ihn gefordert und gefragt hätten, die ihm nachgefolgt wären, die in seinem Sinne gedacht, gebetet, gelehrt und gewirkt hätten. Der Herr wäre dann unsichtbar geblieben – durchsichtig wie klares Wasser.

Das heißt für euch: Dieser Segen, das Wasser, das in Wein verwandelt ist, in dem der Herr anwesend ist, ist nur wirksam in Gemeinschaft mit euch. Nur, wenn ihr das Glas haltet, das Kreuz zeichnet, den Schluck trinkt, den Blick zum Himmel richtet, das Sechstagewerk tut, kann dieser Segen wirksam werden für die Welt. –

Und noch etwas, damit ihr euch angewöhnt, das Leben zu feiern. Stellt euch vor, ihr feiert sechs Tage lang – von Montag bis Samstag – ein Riesen-Hochzeitsfest. Denkt euch in verschiedene Rollen hinein, z. B. Braut oder Bräutigam, Brautjungfern, Trauzeugen, Priester, Eltern, Verwandte, Freunde, Musikanten, Köche,

Mundschenk, Diener, Serviererinnen, Gäste, die Stimmung machen, Gäste, die man belächelt oder über die man sich ärgert. Am Samstagabend fragt euch: In welchen Situationen habe ich mich in welcher Rolle befunden? Stand ich im Mittelpunkt oder am Rande? Habe ich zur frohen Stimmung beigetragen oder gestört? Habe ich Geschenke gebracht, für die anderen gekocht, sie bewirtet – oder sie verstimmt? Habe ich heilend gewirkt, war ich vielleicht der Priester? Am Sonntag ruht und feiert die Trinität, insbesondere den Vater, den Initiator der Idee des Festes. –

In der Kommunion der Kirche wird meist nur das Brot – die Oblate – gereicht, aber nicht der Wein. Ist der Wein entbehrlich?

Nein, die stimmige Kommunion ist in Brot und Wein. Das ist nun mal, was der Herr gebeten hat, zu seinem Gedächtnis zu tun. Daran führt kein Weg vorbei.

Wenn man das aus hygienischen Gründen nicht mehr macht, ist das zu verantworten?

Ein Teil dessen, was zum Gedächtnis des Herrn zu tun wäre, fehlt dann, und zwar der Teil, der das Blut des Herrn symbolisiert oder genauer: der das Blut des Herrn ist. In der Wandlung wird der Wein zum Blut des Herrn. Wird es den Gläubigen nicht mehr zugänglich, bedeutet das: Sie bekommen den Leib des Herrn, aber nicht das, was den Leib des Herrn erfüllte, was pulsierte, was ihn lebendig machte.

Es gibt die Brücke vom Wasser zum Wein und vom Wein zum Blut. Ihr wißt, daß Wasser lebenserhaltend ist und auch, daß es eine reinigende und heilende Kraft hat. Der gewandelte Wein ist potenziertes Wasser, in dem der Herr anwesend ist. Und Blut ist der noch einmal potenzierte Wein, nämlich der Herr selbst sozusagen, das, was seine Lebenskraft, seine persönliche Kraft ausmacht. Ein Tropfen vom Blut des Herrn ist das, was den Menschen mit dieser lebendigen Kraft, mit der Wärme, mit dem Feuer aus seinem Herzen erfüllt. Das fehlt dann dem Gläubigen und seinem Glauben. Die Meinung, der Wein sei nicht so wichtig, ist ein schwerwiegender Irrtum, er bleibt nicht ohne Auswirkung.

Wenn man das wegen des Risikos der bakteriellen Ansteckung scheut, sollte man dann einen Tropfen in die hohle Hand fließen lassen?

Es gibt bessere Möglichkeiten. Auch die Hostie wird ja vom Priester berührt, diese Ansteckungsgefahr wird hingenommen. Er könnte die Hostie kurz in den Wein eintauchen. Dann sollte man sie nicht in die Hand legen, sondern direkt in den Mund tun. Man zieht zwar die Handkommunion meistens vor. Dabei geht die Kraft der Hostie nicht nur durch die gesegnete Hand des Priesters, sondern noch einmal durch die Hand des Gläubigen. Das heißt, daß die Kraft ein bißchen gebrochen wird.

Nun war es zwar beim Abendmahl nicht so, daß der Herr den Jüngern das Brot direkt in den Mund gegeben hätte. Die Jünger waren aber lange vorbereitet und auch an diesem Abend noch einmal speziell vorbereitet. Für euch wäre die Mundkommunion stimmiger. Der Priester ist derjenige, der dafür gesegnet, der darauf vorbereitet wurde und der die reinste Vermittlung bietet durch sein Priesteramt, unabhängig davon, was für ein Mensch er ist.

Oder der Priester taucht einen Finger in den Wein und berührt die Stirn des Gläubigen. Es braucht nicht das Kreuz, sondern nur eine Berührung zu sein. Dann trinkt ihr quasi über die Stirn. Das ist dann nicht so körperlich wie über den Mund. Aber ihr wißt ja, daß die Stirn ein Zentrum ist, das sehr aufnahmefähig ist. Wenn ihr euch mit dem Finger ganz leicht an der Stirn berührt, dann merkt ihr, wie sensibel dieser Bereich ist, wie diese Berührung nachklingt. Den Wein auf diese Weise zu reichen ist immer noch besser, als ihn ganz vorzuenthalten. Sind zwei Priester anwesend, kann der eine die Hostie reichen und der andere den Wein auf die Stirn tupfen.

Gibt es nicht noch eine dritte Möglichkeit – die Handkommunion, bei der der Gläubige die Hostie in den Wein tunkt, den ihm ein Kommunionhelfer hinhält?

Das ist keine ideale Lösung. Denn das bedeutet, daß der Gläubige sich die Kommunion sozusagen selbst erteilt. Das Eintauchen der Hostie in den Wein sollte ein Priester tun. Es gibt aber noch andere Wege, den Wein so zu reichen, daß die hygienischen Probleme vermieden werden; z.B.: der Priester gibt einen Tropfen Wein auf die Oblate, oder jeder Gläubige reicht ihm ein privates Gläschen oder ein Löffelchen hin. Oder der Wein wird in einem eßbaren Gefäß – vergleichbar einer Likörpraline – gereicht. So oder so: Der völlige Verzicht auf den Wein ist eine höchst bedenkliche Unsitte.

Sind Kommunionhelfer auch bedenklich?

Kommunionhelfer werden vorbereitet und geschult, und sie werden vom Himmel beobachtet. Sie vermitteln aber auch nur eine indirekte Form der Kommunion. Das Ideale ist, die gesamte Kommunion aus der Hand eines Priesters zu empfangen. Daran führt nun mal kein Weg vorbei, es ist einfach so. Das zweitbeste ist der Kommunionhelfer, das drittbeste ist dann die Idee, man könne es selber machen. Das Schlechteste wäre: Du nimmst ein Stück Brot und ein Glas Wein und machst es zu Hause, aber das hätte mit der Wandlung, wie sie in der Kirche stattfindet, nichts mehr zu tun.

Ihr aber mit eurem Pfingstwasser, ihr dürft, auch wenn ihr keine Priester seid, einen Schluck davon trinken und sechs Tage lang das Kreuz machen. Das könnt ihr jedes Jahr wieder tun. Dieser Segen hält immer ein Jahr lang – von einem Pfingstfest bis zum nächsten Pfingstfest. Und ihr dürft und sollt soviel, wie euch nur einfällt, in dieses Wasser hinein bitten. Wichtig ist, daß ihr die entsprechende Bibelstelle, nämlich die Hochzeit zu Kana, vorher gelesen habt und sie möglichst auswendig kennt, damit ihr ein inneres Bild habt vom Herrn im stillen Zwiegespräch mit den Wasserkrügen. –

Kannst du uns den Satz erläutern, den Jesus zu seiner Mutter sagte und der übersetzt wird mit: »Was willst du von mir, Frau?« oder: »Was habe ich mit dir zu schaffen?« oder: »Was ist zwischen mir und dir?« (Joh. 2,4). Warum ist er so schroff?

Als die Mutter sagte: »Sie haben keinen Wein mehr«, sprach sie nicht als irdische Mutter Jesu, sondern als himmlische Mutter. Als himmlische Mutter erteilte sie ihm den Auftrag: Fange an zu wirken! Die Menschen haben Durst nach dem Himmel, es fehlt ihnen das Göttliche. Also zeige dich! In diesem Moment reagierte der Herr zunächst sehr menschlich: Was habe ich mit dir zu tun, was ist zwischen dir und mir – nämlich auf der irdischen Ebene. Der irdischen Mutter verweigerte er den Gehorsam. Er müßte ihr auch nicht gehorchen, er ist ein erwachsener Mann.

Es ging aber nicht um Jesus und seine irdische Mutter, sondern um den Herrn und die himmlische Mutter. Die himmlische Mutter erteilt ihm einen für Menschen ganz eigenartigen Auftrag. Er aber reagiert erst einmal auf die irdische Mutter: In welchem Gehorsamsverhältnis stehen wir, welche Abmachung gibt es zwischen mir und dir oder welche Verpflichtungen?

Sie erkennt, daß er in die falsche Ebene blickt, deswegen antwortet sie ihm nicht, sondern fährt fort, indem sie sich an die Diener wendet: »Was er euch sagt, das tut.« Sie spricht wieder als die himmlische Mutter: Gehorcht ihm, denn er ist euer Herr. Dann wird kein weiteres Wort überliefert. Jesus diskutiert nicht weiter, sondern erkennt, daß er hier ein Wort aus dem Himmel zu hören bekam, gesprochen von seiner irdischen Mutter, die die himmlische ist, und er gehorcht. Selbstverständlich ist er seiner himmlischen Mutter Gehorsam schuldig – der irdischen nicht, der himmlischen wohl.

Was auch bedeutet, daß im trinitarischen Verhältnis der Sohn der Mutter gehorcht, so wie er dem Vater gehorcht. Sie ist die himmlische Mutter nicht im Sinne der Mutterschaft des Geborenhabens, aber sie steht in der Position der Mutter. Deswegen ist der Sohn freiwillig und ohne ein weiteres Wort gehorsam. Er würde alles tun, was die Mutter ihm aufträgt, und nichts, was sie nicht möchte. Allerdings tut auch die Mutter nichts, was der Sohn nicht möchte.

Eine Lehre für jeden, der sich in die Nachfolge Christi stellen will, ist: Wenn dich jemand anspricht und zu etwas auffordert, bedenke immer: Es könnte der Himmel gewesen sein, der da mit dir gesprochen hat. Wenn ihr als Menschen in eurer menschlichen Ebene antwortet: Das interessiert mich nicht, das will ich nicht, das ist mir zu viel, zu fremd, zu neu, dann wißt: Der Himmel hat Geduld, er wartet so lange, bis ihr verstanden habt, daß der Himmel mit euch sprach, und gehorsam seid.

Ist es auch für irdische Verhältnisse geboten, daß der Mensch seiner Mutter Gehorsam leistet?

Das sollte man differenzieren. Es kann sein, daß die Eltern, die ja Menschen sind, Dinge verlangen, die nicht in Ordnung sind und die der Sohn oder die Tochter nicht verantworten könnten. Aber selbst im Ungehorsam sollte man die Eltern immer ehren, auch dann, wenn sie Fehler machen. Ihr solltet sie immer, selbst wenn sie im äußeren Leben durch Streit weit entfernt sind, in euer inneres Leben einbeziehen, an sie denken, für sie beten und ihnen für all das danken, wofür ihr ihnen danken könnt, und wenn es nur die Tatsache ist, daß sie euch zum Leben verholfen haben. Wenn sie auch alles andere falsch gemacht hätten, das mindestens haben sie richtig gemacht. Dafür seid ihr ihnen zu Dank verpflichtet. Ich rate euch: Ehrt eure Eltern auch dann, wenn ihr den Gehorsam verweigert.

Wenn ihr eure Eltern ehrt, tut ihr nicht nur ihnen, sondern auch euch selbst etwas Gutes. Denn ihr tragt die Eltern in euren Handchakren – die Mutter links, den Vater rechts. Wenn ihr sie ausschließt, wäre das so, als würdet ihr handlos. Ihr würdet handlungsschwach oder sogar krank. –

Auf der Hochzeit zu Kana hat der Herr seiner Mutter zunächst widersprochen, das ist menschlich. Darauf folgte ein Besinnen, Großmut von seiten der Mutter, dann stillschweigender Gehorsam. Dieser bedeutete: jetzt beginnt die Uhr zu ticken zum Passionsweg hin. Er hat in diesem Moment sein eigenes Hinrichtungsurteil unterschrieben mit Wein, er hat zugestimmt, die Passion zu erleiden. Sie war nun unaufhaltbar, deswegen war es ihm so schwer, deswegen war er auch so betroffen, deswegen hat er das zuerst so strikt abgelehnt. Aber weil es die himmlische Mutter forderte, war er gehorsam. Kein Jünger, niemand sonst hätte ihn dazu bewegen können, in Erscheinung zu treten, nur die himmlische Mutter, nur ihre Bitte konnte das bewirken.

Wird euch jetzt etwas klarer, warum da so eine eigenartige Unterhaltung geführt wurde und welche Tragik in dieser Unterhaltung lag? Ihr solltet einmal versuchen, nachzuempfinden: Wenn ich jetzt aus dem Haus gehe, unterschreibe ich damit, daß ich in drei Jahren hingerichtet werde. Der Herr wußte die Zahl der Jahre nicht genau, aber er hat mehr oder weniger mit einer solchen Zeitspanne gerechnet. Es ist eine ganz, ganz schwere Entscheidung gewesen. Er wußte: Dieser Gehorsam gegenüber der himmlischen Mutter wird für ihn tödlich enden. Wer von euch in der Lage ist, das zu tun, der mag sich erlauben, Jesus für seine anfängliche barsche Reaktion zu kritisieren.

Nun entlasse ich euch in ein schönes Pfingstfest. Ich wünsche euch einen schönen Besuch der Messe und eine festliche Woche, in der Pfingsten für euch jeden Tag nachklingen, wirksam und spürbar wird bis zum Sonntag nach Pfingsten, an dem ihr zum Himmel schaut und danke sagt. Und dankt auch für diese Gemeinschaft. Man hat auf die Gemeinschaft Wert gelegt, weil so das Wasser voller, gesättigter, wirksamer ist, als wenn man das »nur« zu zweit macht. Die Handlung wäre ärmer gewesen ohne die anderen. Ich wollte sie in dieser Gemeinschaft mit euch tun – weil sie so größere Wirksamkeit hat, aber auch euch zur Freude.

Damit möchte ich mich verabschieden, und auch die Engel des Herrn und die Engel der Mutter, die anwesend waren, verabschieden sich und segnen euch.

Wir danken.

Dienstag, 28. 5. 96

Der Priester am Altar

∽

Früher stand der Priester mit dem Rücken zur Gemeinde am Altar, jetzt steht er der Gemeinde zugewandt hinter dem Altar.
Was ist davon zu halten?

Nadjamael: Beides hat seine berechtigten Aspekte und seine Schönheit. Es geht um das Priesterverständnis. In einem Fall haben wir eine Aufwärtsbewegung: Der Priester spricht als Vertreter und Vorbild seiner Gemeinde für die Gemeinde zum Herrn, empfängt Segnung und Antwort und bringt sie zurück. Im anderen Fall geht der Priester als der zu den Menschen Gesandte auf die Gemeinde zu.

Im einen Fall ist seine Haltung von Demut geprägt: Er ist aus der Gemeinde hervorgegangen und wagt, sich dem Herrn zu nähern. Im anderen Fall fühlt er sich berufen, gesandt und beauftragt, mit dem Herrn im Rücken zur Gemeinde zu sprechen.

Im einen Fall ist sein zeremonielles Handeln den Blicken der Gemeinde entzogen, im anderen wird es exemplarisch offengelegt – das hat etwas Aufklärerisches. Im einen ist das Geschehen geheimnisvoller, im anderen ist die Gemeinde mit einbezogen. Beides ist schön, feierlich und wahr.

Ich empfehle, am Samstagabend die Messe mit dem Rücken zur Gemeinde zu feiern, die Menschen ins Mysterium hineinzuführen, am Sonntag die Messe der Gemeinde offen zugewandt zu feiern. Samstag abend feiert man kniend, die Augen zu Boden, in

Latein, möglichst in der Krypta mit einigen wenigen Kerzen und einem kleinen Glöcklein, Sonntag in strahlendem Licht, mit den großen Glocken und mit dem Priester in festlicher Kleidung als Sendbote des Himmels.

Freitag, 31. 5. 96

Der Friedensstern

∞

Nadjamael: Eine Friedensarbeit, die jeder machen und jederzeit initiieren kann, ist der Friedensstern. Damit kannst du sehr schnell sehr wirksam sein. Er empfiehlt sich z. B., wenn du mit einem Menschen große Probleme hast: Er hat das Maß verloren, braucht dringend Besinnung und Orientierung, oder wenn es Streit in der Familie oder der Belegschaft gibt.

1. Strecke die linke Hand nach vorn aus, halte sie nach oben offen und lade in deiner Vorstellung die anderen Beteiligten ein, dir gegenüberzutreten und ihre linke Hand in deine zu legen: »Sei gegrüßt«.
2. Bitte 6 Friedensengel, hinzuzutreten, drei links, drei rechts, begrüße jeden von ihnen. Auch sie reichen die linke Hand in die Mitte.
3. Mit der rechten Hand machst du darüber dieses Kreuzzeichen:

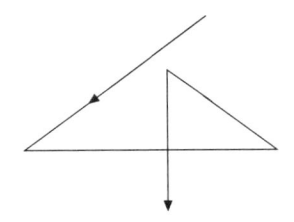

Dazu sprich:

Im Namen des Vaters,
des Sohnes
und der Mutter
durch den Heiligen Geist.
Friede sei mit dir,
Friede sei in dir,
Friede komme durch dich in die Welt.

4. Alle legen wie zum Schwur die rechte Hand auf deine linke. Dann entläßt du sie.

Du kannst die Arbeit nacheinander mit verschiedenen Menschen, aber auch mit drei Menschen gleichzeitig machen. Dann bildest du einen Kreis, setzt die Menschen auf die Plätze, die bei der Uhr 9, 12 und 3 entsprechen, dich selbst auf die 6, dazwischen die Friedensengel. So kannst du z. B. den Regierungschef, den Oppositionsführer und einen weiteren »Problemanden« einbeziehen und ein gedeihliches Zusammenleben fördern, oder auch Wirtschaftler, Gewerkschafter, Intellektuelle, Ideologen, sogar Terroristen befrieden. Ihr könnt viel bewirken, wenn ihr das regelmäßig z. B. mit den führenden Persönlichkeiten in den Staaten macht, die auf der Europafahne je mit einem Stern vertreten sind. Dazu sind politische, wirtschaftliche, geographische und Namenskenntnisse vonnöten, die auf diese Weise fruchtbar gemacht werden können. Bedenkt aber auch Afrika, besonders auch Südafrika, um es über die Amtszeit von Präsident Mandela hinaus zu stabilisieren.

Sonntag, 2. 6. 96

Umgang mit dem Doppelgänger

∞

Heilige Anna: Eure Doppelgänger werden während eurer spirituellen Arbeiten, insbesondere während der Engelstunden, blockiert, d. h., sie werden zur Seite gestellt, sie müssen zurücktreten, sie werden mit gefesselten Händen regelrecht gefangengesetzt. Sonst wäre euer Kontakt zu den Engeln kein klarer und reiner: sie würden versuchen, die spirituelle Arbeit zu stören. Alle spirituelle Arbeit versuchen sie zu stören; sie erregt ihr äußerstes Mißfallen, macht sie wütend.

Das bedeutet aber, daß sie in den »Nicht-Stunden«, d. h. wenn sie nicht gefesselt sind, das Bedürfnis haben, sich zu rächen, ihre Wirksamkeit nachzuholen und besonders intensiv zu wirken. Die wenigsten wissen das und wissen damit umzugehen. Es empfiehlt sich folgendes:

1. Macht nicht zuviel spirituelle Arbeit auf einmal. Würden sie z. B. acht Stunden lang gefesselt, würde ihre Reaktion enorm stark werden. Haltet also Maß. Verteilt die Arbeit über den Tag und begrenzt sie auf jeweils zwei, höchstens drei Stunden.
2. Vor und nach der Arbeit widmet euch dem irdischen Alltagsleben, damit ihr genügend Ausgleich und Erdung findet. Wendet euch den Aufgaben der Lebensbewältigung zu, erledigt berufliche und häusliche Arbeit, sucht ausreichend Bewegung in frischer Luft. Die Zeit, die ihr dem irdischen Leben widmet, sollte die Zeit, die ihr für die spirituelle Arbeit verwendet,

mindestens um das Doppelte, wenn nicht das Dreifache übersteigen.
3. Je mehr ihr spirituelle Arbeit tut, desto wichtiger wird es, auf den Körper achtzuhaben. Er braucht doppelt soviel Vitamine wie bei anderer Arbeit und ausreichend Schlaf und Ruhepausen. Achtet auf Gewicht und Elastizität, auf genügend Flüssigkeit (ihr solltet sehr viel Wasser trinken), auf Körperpflege und richtige Kleidung.
4. Wer spirituelle Arbeit tut, wird die Erfahrung machen: Die Doppelgänger suchen zu verhindern, daß die Himmelserfahrungen in den Alltag einfließen, indem sie die Diskrepanz zwischen beiden Tätigkeiten möglichst groß machen. Ihr werdet den Alltag in erhöhtem Maße als belastend und nervenaufreibend erleben, werdet reizbar und empfindlich, je empfindsamer ihr seid, desto mehr. Seid darauf vorbereitet, stellt euch darauf ein, ordnet die eigenen Reaktionen und die des anderen von vornherein richtig ein, seid verständnisvoll, humorvoll und nachsichtig. Das Wichtigste ist, daß der gegenseitige Respekt und die Dankbarkeit immer größer werden. Die Dinge bessern sich durch Routine und Erfahrung. –

Wenn aber die Doppelgänger aktiv werden und einen Streit zwischen Freunden oder Partnern anzetteln, sollte man bedenken, daß eine Konfrontation zwischen zwei Menschen nicht plötzlich und unvorbereitet passiert, sondern sich langsam aufbaut. Anfangs gibt es verletzende Äußerungen oder Handlungen, Vorwürfe, Ängste, Aggressionen. Zunächst geht es meist um Lappalien. Diese Anfänge sammelt der Doppelgänger ein wie ein Hamster kleine Bröckchen, er häuft sie auf, stopft einen Schrank damit voll, bis die Tür nicht mehr hält und alles lawinenartig herausbricht. Einer der Doppelgänger gibt das Signal: »Start«, der andere: »Ebenso«. Dann schauen sie euch zu wie zwei Kampfhunden, feuern euch an, führen euch vor, mißbrauchen euch zu ihrem Spaß. Was kann man tun?

Das Beste ist natürlich, es nicht so weit kommen zu lassen. Wehret den Anfängen! Dazu ist hilfreich:

1. ein Bewußtsein davon, wie sich so etwas aufbaut und daß es euch nicht plötzlich überfällt.
2. eine Empfindsamkeit für die gegenseitigen Befindlichkeiten und damit für das, was da zunächst noch kaum bemerkt wurde. Wann begann es, aus welchem Anlaß? Was ärgert euch am anderen? Schluckt es nicht herunter. Laßt es heraus. Nehmt wahr, was den anderen reizbar macht. Geht nicht darüber hinweg, weil es sich um Lappalien handelt. Gerade wenn es Lappalien sind, könnt ihr dem ja leicht Rechnung tragen. Übt aber, für eure Befindlichkeiten und die des anderen im verstärkten Maße empfindsam zu werden, macht sozusagen »Befindlichkeits-Empfindsamkeits-Verstärkungsübungen«.

Ist der Streit ausgebrochen, so ist folgendes ratsam:

1. Seid euch bewußt, daß eure Doppelgänger euch vorführen und mißbrauchen. Fragt euch: Habe ich das nötig?
2. Bedenke, dein Doppelgänger ist vermutlich ebenso gewieft, hinterhältig, vital und aggressiv wie der des anderen. Auf den seinen hast du keinen Einfluß; begnüge dich damit, den deinen zur Ruhe und in Distanz zu bringen.
3. Verlasse die Stätte des Streits.
4. Atme ruhig durch.
5. Lehne dich an einen Baum an, versuche, Energien abzuleiten. Das hilft, sich neu zu erden und an die Senkrechte anzulehnen.
6. Blicke mit geschlossenen Augen nach links und sprich laut: »Hör auf, laß das.«
7. Bitte deinen Führungsengel, deinen Heiligen oder Irminrad/Irminrod: »Schieb dich dazwischen«.

Mittwoch, 12. 6. 96

Erlebnisse der Seele nach dem Sterben

∞

Wie geht die Seele des Verstorbenen nach ihrer Ankunft im Himmel mit ihrer Schuld, ihren Sünden, ihren Fehlern und Schwächen um? Kommt sie zunächst an einen Läuterungsort, ins »Purgatorium«, ins »Fegefeuer«?

I. Elion: Das sog. »Purgatorium« ist zwar eine wohltuende Reinigung, aber zum Zweck der Erholung und Genesung, um zu Kräften zu kommen. Die Seele kann sich das »Purgatorium« wünschen, es bewußt erbitten wie einen freiwilligen Einsatz zu einem Dienst.

Engel laden die Seele in die Obhut des Sonnenengels. Es ist ähnlich wie nach der Geburt. Auch da stehen Helfer bereit. Das Neugeborene wird gereinigt, gewärmt und umhüllt, man sorgt sich um das rechte Maß an Bekleidung, Temperatur, Licht, Ruhe. Das Kind erholt sich erst einmal von den Strapazen der Geburt, bekommt seine erste Nahrung, man kümmert sich darum, daß es gut schläft und sich wohl fühlt. So wird auch die Seele des Verstorbenen von einer Gruppe von Engeln und mit ihm verbundenen Seelen mit Freuden empfangen. Sie tun alles, damit die Seele, die ja durch eine vielleicht sehr beklemmende Erfahrung gegangen ist, sich zu Hause weiß, sich freut und sich wohl fühlt. Man spricht mit ihr, aber fordert sie nicht, ängstigt sie nicht, quält sie nicht.

Stellt euch das »Purgatorium« in einem bildhaften Vergleich wie einen Kuraufenthalt vor, wo man geduscht, in Dampfbädern gewaschen und mit wohlriechenden Salben eingerieben wird. Denkt an Wasser, nicht an Feuer.

Der deutschsprachige Begriff »Fegefeuer« ist irreführend. Der Himmel freut sich über die Heimkehr der Seele, lächelt sie an, lädt sie ein zu einer Erholungs- und Kräftigungskur, in der sie gereinigt und von ihren Verletzungen geheilt wird. Könnt ihr euch vorstellen, der Vater schicke den heimkehrenden Sohn in ein Feuer, das weh tut, das er fürchtet, wo er schreit und wehklagt? Dann wäre das Sterben eine Zumutung. Der Vater straft nicht. Das Reinigungsbad, das Purgatorium hat zwar Erziehungscharakter, aber nicht den Charakter einer Strafe. Ihr würdet doch auch euer neugeborenes Kind nicht erst einmal einer Tortur unterziehen. Meint ihr, der Vater täte das mit dem heimgekehrten Kind, und die Engel hätten die Aufgabe, die Strafe schmerzhaft zu vollziehen?

Mitunter erscheint eine härtere, weniger sanfte Form der Reinigung erforderlich, im Bild: Es wird heiß gebadet, kalt geduscht, kräftig und durchgreifend gebürstet. Aber auch dies ist keine Strafe.

Strafen wäre auch sinnlos. Denn Strafen läutern nicht, führen nicht zur Einsicht, lösen i.d.R. nur Wut, Haß und Trotz aus; ihr kennt das ja aus euren irdischen Erfahrungen. Es geht dem Himmel nicht darum, Schuld zu vergelten, sondern das Schuldbewußtsein zu wecken, so daß die Seele zur Einsicht findet und das Gewissen, das zu Lebzeiten mehr oder weniger geschlummert hat, nun voll erwacht.

Wenn die Heilige Schrift den Menschen zur Gottesfurcht ermahnt, so bedeutet das nicht: Er solle den Geboten aus Angst vor dem Feuer gehorchen. Gottesfurcht ist vielmehr Ehrfurcht angesichts der unermeßlichen Größe des Vaters. Sie ist der Schlüssel zur Einsicht in die eigenen Verfehlungen, zur freiwilligen Annahme der Gebote, zum freien Entschluß für ein gottgefälliges Leben.

II. Nach dem Kräftigungsbad kann die Seele eine Erfahrung machen, die eurer Vorstellung von einem moralischen Purgatorium schon näher kommt: Sie kann ihr vergangenes Leben in Ruhe anschauen, und zwar vor dem Lebenstableau des Herrn, und sich die charakteristischen Abweichungen zum Bewußtsein bringen: Wie gelungen ist mein Leben? Wie ist das Ergebnis? Sie begegnet dem Herrn. Stellt euch vor, er setzt sich mit ihr an einem Seeufer nieder, betrachtet das Leben mit ihr gemeinsam wie ein fertiggestelltes Kunstwerk. Er fragt sie: Schau dir das und das an. Findest du das schön? Könnte man das nicht weicher zeichnen, dort nicht noch kräftigere Konturen geben, dies und jenes verbessern? Er spricht sehr freundlich – als Bruder und Freund. So wie ein Künstler nach Fertigstellung seines Werks das Bedürfnis nach Rückmeldung und Resonanz hat – wirkt das Werk ansprechend und überzeugend, oder stößt es auf berechtigte Kritik? –, so hat die Seele ein entsprechendes Bedürfnis in bezug auf ihr abgeschlossenes Leben. Auch dieses Purgatorium beruht nicht auf Zwang, Strafe, Feuerqualen oder dergleichen, sondern auf Neugier. Die Seele will normalerweise lernen, um weiterzukommen, und sie lernt im Gespräch mit dem Herrn und im Vergleich ihres Lebenstableaus mit dem des Herrn.

Der Sinn dieses Vorgangs ist, daß sich die Seele freiwillig der Weiterentwicklung öffnet. Was die Seelen drückt, ist nicht die Schuld, sondern das Schuldbewußtsein. Fehlt dieses, dann wird die Schuld abgegeben für weitere Erdenleben, um dann das Schuldgefühl freizusetzen, zu erwecken, das Bewußtsein davon zu »kultivieren«, die Seele zur Einsicht zu bringen. Erwacht das Schuldbewußtsein, macht die Seele zugleich die Erfahrung, daß ihr die Schuld vergeben ist und daß sie sie auch sich selbst vergeben darf.

III. Der Himmel setzt darauf, daß die Seele Überdruß empfindet, wenn sie in Sündhaftigkeit verbleibt. Sie sucht ja im Grunde Entwicklung und Fortschritt.

Der Seele werden ihre Wünsche im Übermaß erfüllt, auch dann, wenn sie weiter so wirken will wie auf Erden – bis sie das gründlich satt hat. Sie hatte z. B. Macht und wünscht sich, weiter zu regieren. Dann stellt man ihr Legionen von Engeln zur Verfügung, denen sie befehlen kann. Sie spielen ein gehorsames Volk – ein Rollenspiel, das freilich niemandem Schaden zufügt. Die Seele hat dann das Erlebnis der Macht, aber ohne die Nebenwirkungen, um derentwillen sie die Macht liebt. Denn die Macht macht nur Spaß dank der Nebeneffekte: Beifall, Hochachtung, Bewunderung erfahren, gehaßt, aber gefürchtet werden, Trotz brechen und die Angst der Beherrschten genießen können oder dgl. Wenn diese Nebenwirkungen wegfallen, wird die Macht bald langweilig, es stellt sich Überdruß ein. Das ist sehr heilsam: Dann wünscht man sich, nie mehr Macht auszuüben. Also wird die Seele mit ganz neutralem Gehorsam überfüttert. Sie hat bloß Macht ohne Machtgenuß. Sie hat, was sie will – aber mit der Konsequenz des Überdrusses. »Des Menschen Wille ist sein Himmelreich«: der Satz gilt ganz wörtlich.

Wenn die Seele wünscht, zu schlafen und sich auszuruhen, dann kann sie auch das tun. Der Effekt ist aber: Wenn es Zeit wird zu neuen Erfahrungen, dann wird sie auf der Erde ein ähnliches Leben haben wie das vorige. Das wird so lange wiederholt, bis die Seele sagt: ich will nicht schlafen, sondern in die Lehre gehen und Erfahrungen sammeln, will ein wirkliches Studium, möchte mein Leben, alle Verstrickungen verstehen, möchte irgendwo helfen. Dann kommt sie weiter. (Zu den verschiedenen Aufgaben, die die Seele wählen kann, s. Bd. II S. 181 f.)

*Lernt die Seele nicht dadurch, daß sie entbehren muß,
was sie sich wünscht?*

Entbehrung führt wie Bestrafung zu Härte und Bitterkeit, zu zusammengekniffenen Kiefern und Lippen. Das ist dem Himmel nicht lieb. Man lernt viel besser durch Übermaß und Fülle. Das führt nämlich dazu, daß die Seele ihr eigenes Sein laut belacht: »Das gibt es doch nicht – das war ich!« Wer z. B. Macht entbehrt, lacht nicht. Wer sich aber Macht gewünscht hat und man hat sie ihm gegeben, der lacht schließlich über sich. Man lernt also nicht durch Entbehrung, sondern durch Überfluß bis zum Überdruß, der in ein befreiendes Lachen mündet.

Diese Weise des Lernens läßt sich nicht ohne weiteres ins irdische Leben übertragen. Ist ein Mensch z. B. drogensüchtig, so kann man ihn nicht durch Überfluß an Drogen davon befreien, weil der Körper das nicht durchhielte. Im Himmel aber führt der Überfluß, die ständige Wiederholung der Wunscherfüllung zu Überdruß und Langeweile und setzt schließlich den Wunsch nach Weiterentwicklung frei. Sollte das ausnahmsweise nicht auf Anhieb gelingen, so wird es später gelingen und in ein befreiendes Lachen führen. Ganz allgemein solltet ihr wissen: Im Himmel geht es meist sehr lustig und fröhlich zu. Man lernt über das Lächeln und das Lieben.

In den Berichten von Menschen, die die Erfahrung des Sterbens gemacht haben, dann aber doch noch einmal ins Leben zurückgekehrt sind – den sog. »Nahtoderfahrungen« – heißt es öfters, die Seele habe im Augenblick des Sterbens ihr verflossenes Leben wie in einem Film anschauen können. Wie verhält sich das zum Anschauen des Lebens vor dem Lebenstableau des Herrn?

Das solltet ihr nicht verwechseln. Das kommt manchmal vor, keineswegs in der Regel. Es geschieht in einem Lösungsprozeß, in dem die Seele von ihrem Leben Abschied nimmt. Ihr kennt etwas Vergleichbares, wenn ihr einen Roman lest und zum Ende kommt. Dann klingt der ganze Geschehensablauf noch einmal nach, ihr laßt ihn, ehe ihr das Buch zuschlagt, noch einmal Revue passieren, seid noch erfüllt davon. Oder wenn ein Musikstück verklingt, das von ergreifender Schönheit war, laßt ihr es, ehe ihr applaudiert und euch erhebt, noch einmal in seinem ganzen Ablauf nachwirken und euch berühren. So ähnlich kann der Lebensablauf im Augenblick des Sterbens noch einmal vor euren inneren Augen abrollen. –

Das alles geschieht nicht mechanisch oder automatisch, nicht nach einem festgelegten Zeitschema. Alle Lehren, die die Erfahrungen nach dem Sterben in einem zwangsläufigen Ablauf und womöglich noch in festgelegten Zeiteinheiten beschreiben wollen, sind Simplifikationen. Sie verkennen sowohl den unerschöpflichen Reichtum an möglichen Varianten als auch die Freiheit, zwischen ihnen zu wählen. Sie dienen dazu, ein Schema vorzugeben, anhand dessen sich Fehlentwicklungen feststellen lassen. Das wird als hilfreich empfunden und erleichtert das Bemühen, sich überhaupt irgendeine Vorstellung von den Geschehnissen zu machen. Im Himmel gibt es zwar gewisse Rahmenbedingungen und Grundformen des Erlebens, so wie im Erdenleben auch. Aber es gibt keine mechanischen Abläufe, sondern einen mindestens so großen Variantenreichtum wie im Erdenleben.

Donnerstag, 13. 6. 96

»Verlorene Seelen«

∞

Wir haben gelernt, wie man Erlösungsarbeit für »verlorene« oder »arme« Seelen macht (Bd. II S. 332 ff.). Was sind verlorene Seelen?

Ein Engel Luminathrons: Nach dem Sterben hat die Seele eine Frist von einigen Tagen: da ist der Himmel offen, sie kann relativ leicht den Weg finden, wenn es ihr gelingt, in Frieden Abschied zu nehmen. »Oben« warten schon ihre Freunde. Der Schutzengel und der Führungsengel sind noch bei ihr und geleiten sie. Der normale Gang der Dinge ist: Der Führungsengel gibt die Seele beim Sonnenengel ab. Dann ist die Seele zu Hause. Sie wird »gebadet« und »gereinigt«. Dann kann sie weiterziehen und lernen.

Es kommt aber vor, daß sich die Seele trotz allen »guten Zuredens« hartnäckig weigert, durch das Himmelstor zu gehen. Sie bleibt und hadert. Nach Ablauf einiger Tage resignieren der Schutzengel und der Führungsengel und ziehen sich tief betrübt zurück; sie werden anderweitig gebraucht. Das »Empfangskomitee« oben löst sich auf: Die Freunde, die auf sie gewartet haben, wenden sich nach vergeblichem Warten wieder ihren jeweiligen Aufgaben zu. Die Seele bleibt in der Nähe des Körpers auf dem Friedhof oder irrt herum, spukt z. B. in der ehemaligen Wohnung. Sie wird eine verirrte Seele, eine »arme Seele«. Sie ist weder hier noch dort. Ihr helft ihr durch eure Erlösungsarbeit. Führt sie zu Luminathron hin, gebt ihr die Chance, durch das Tor nach Hause zu kommen.

Wie kommt es zu den verlorenen Seelen?

Zunächst ist wichtig: Es handelt sich nicht um eine Strafe oder eine sonstige Maßnahme des Himmels. Dieser sieht den Vorgang im Gegenteil mit großem Bedauern. Die Weigerung, durch das Himmelstor zu gehen, hat ihren Ursprung in den eigenen Überzeugungen der Seele, vor allem in vier Motivationen:

1. Im Menschen hat sich zu seinen Lebzeiten die Überzeugung verfestigt, es gebe keine Existenz ohne den irdischen Körper – also die Meinung, die ihr als »materialistisch« zu bezeichnen pflegt. Die Seele bleibt in der Nähe des Körpers, weil sie sich fürchtet, ihn loszulassen. Sie glaubt, er sei ihre einzige Sicherheit, die einzige Möglichkeit, zu existieren. Wenn du glaubst, ohne den Körper gebe es dich nicht mehr, ohne ihn fielest du ins Nichts, dann befällt dich logischerweise Entsetzen bei dem Gedanken, ihn loszulassen.

2. Die Seele hängt an ihren irdischen Zusammenhängen so übermäßig, daß sie unbedingt weiterhin Macht und Kontrolle über sie ausüben und deshalb ihr irdisches Haus nicht verlassen will. Sie hängt an ihrer Familie, ihrem Besitz, will ihre Kleider und ihren Schmuck nicht verlieren, die Frau nicht in andere Hände fallen lassen, sie wird beherrscht von Geiz, Eigensucht oder Neid. Es sind aber nicht immer nur so negative Motive, die sie festhalten. Es kann auch z. B. Neugier sein, wie es auf Erden weitergeht, z. B. mit den Geschäftsplänen, dem Hausbau, der politischen Entwicklung: Sie hat das Bedürfnis, das alles zu kontrollieren. Oder es sind Motive der Fürsorge: Die Mutter will ihr Kind nicht verlassen, will warten, bis es gesund wird, oder sie kann ihr Vieh und ihre Felder nicht verlassen.

3. Hinzu kommt dann die Vorstellung, der Himmel – wenn es ihn denn gebe – sei weit entfernt, viel zu weit, um die irdischen Geschehnisse noch beobachten und miterleben zu können.

4. Oder die Seele meint, ihre Existenz im Himmel schneide sie jedenfalls von allen Eingriffsmöglichkeiten ab. Es sei nicht möglich, von drüben zu helfen, zu beraten, zu schützen.

Da zeigt sich ein Mangel an Bewußtsein: Solche Seelen wissen nicht, daß sie vom Himmel aus viel wirksamer helfen könnten. Sie wissen nicht, daß sie z. B. Engel bitten und auffordern können, Licht und Hilfe auf die Erde zu bringen, sich als Boten zur Verfügung zu stellen.

Verlorene Seelen leiden schreckliche Entbehrungen. Sie hängen z. B. an ihrem Haus, dieses wird aber abgerissen; die Seele sitzt da und leidet, weil sie es nicht retten kann. Auch die Naturgeister können ihr nicht helfen, sie verstehen davon nichts. Und an die Engel wenden sich solche Seelen nicht, sie glauben nicht an ihre Existenz, sprechen sie einfach nicht an und nehmen nicht wahr, wenn sie von ihnen angesprochen werden. So sind sie ganz orientierungslos.

Solche verlorenen Seelen versuchen oft, sich bemerkbar zu machen: durch Klopfen, Scharren, Schlurfen. Kinder erschrecken, Erwachsene spüren einen kalten Hauch, haben das Gefühl, beobachtet zu werden. Aber die Seelen werden meistens nicht verstanden oder mißverstanden. Schließlich ermatten sie, sitzen erschöpft herum und warten, bis man sie erlöst.

Ihr einziger Ausweg ist die Erlösungsarbeit. Viele Gläubige haben sich ihr gewidmet, meist ältere Menschen. Auch Klöster und Gemeinden beten für verlorene Seelen. Nachtgebete, Rosenkranzandachten können dieser Aufgabe dienen. Man kann wie ein Fischer, der Netze auswirft, alle verlorenen Seelen in einem bestimmten Gebiet zu erlösen versuchen. Es gab und gibt Heilige, die sich ganz dieser Aufgabe zur Verfügung stellen.

Bedenkt bitte, daß die armen Seelen nicht böse sind, sie gehören nicht zu den gefallenen Wesen. Ihr Fehler ist ein Mangel an Bewußtheit.

Gibt es in den nicht-katholischen Gebieten – z. B. in Nord- und Ostdeutschland – mehr verlorene Seelen als in katholischen?

Im Gegenteil: In den katholischen Gebieten gibt es viel mehr Menschen, die Erlösungsarbeit für sie machen. Das hat eine Sogwirkung: Die Seelen wandern deshalb in die katholischen Gebiete ein. Hier irren deshalb viel mehr verlorene Seelen herum.

Führt Selbstmord in den Zustand einer verlorenen Seele?

Dieser Zustand hängt vom Bewußtsein und den Überzeugungen ab, die man zu Lebzeiten hatte. Zu den Motiven eines Selbstmords kann die Überzeugung gehören, es gebe kein Leben ohne den Körper und man könne dem Leben mit seinem Leiden endgültig ein Ende setzen. Dann kann man zur verlorenen Seele werden, aber nicht wegen des Selbstmords, sondern weil man den Himmel nicht für real hält. Ebenso, wenn man den Selbstmord aus einem Übermaß an Schuldgefühl begeht und zugleich meint, im Himmel erwarte die Seele Bestrafung ohne Gnade. Dann fürchtet sich die Seele, ins Licht zu gehen.

Ihr seht auch hier wieder, wie wichtig das Wissen um den Himmel ist und welche Gefahren die Vorstellung eines engellosen Himmels mit sich bringen kann. Für einen Menschen, der »unmittelbar zu Gott«, d. h. ohne die vermittelnden und helfenden Instanzen leben will – es gebe nichts außer Gott –, wird das Sterben schwierig. Er glaubt, er werde ohne Schutz und Hilfe dem übermächtigen, unfaßbaren Gott gegenübertreten. Das wirkt auch dann erdrückend, wenn man sich der Existenz Gottes ebenso gewiß ist wie der Unvermeidlichkeit des Sterbens. Diesen beiden Gewißheiten steht die Unvorstellbarkeit gegenüber, die die Seele kränkt und ängstigt. Die Verängstigung kann so weit gehen, daß es gräuenvoll wird, zu sterben. Die Seele flüchtet dann vor dem Tor zum Himmel und wird zur verlorenen Seele.

Das Wissen um die Engel überwindet diese Gefahren. Die Seele ist dadurch imstande, die Engel wahrzunehmen, ihre liebevollen, tröstenden, helfenden Botschaften zu vernehmen und sich ihrer Begleitung und Stützung anzuvertrauen. Die »verlorenen Seelen« sind zwar nicht auf Dauer verloren, sie werden alle erlöst werden. Aber sie bedürfen, um endlich in den Himmel einzugeben, der Hilfe durch das Gebet gläubiger Menschen.

Montag, 24. 6. 96

Wahrnehmen der Innenräume

∞

Immer wieder bereitet den Menschen die Wahrnehmung ihrer Innenräume Schwierigkeiten. Was kann man da tun?

Elion: Eine Schwierigkeit liegt in der Vorstellung, daß das Wahrnehmen der Innenwelt grundlegend verschieden vom Schauen der Außenwelt und deshalb viel schwieriger sei. Es bedarf deshalb der Übung. Angenommen, du willst deine Innere Kirche kennenlernen.

1. Schritt: Besuche einmal verschiedene Kirchen in deiner Umgebung oder auf einer Reiseroute. Schau dir in Büchern, Reiseprospekten usw. Fotos von verschiedenen Kirchen an, so lange, bis du sagst: Könnte ich mir eine aussuchen – das wäre meine Kirche, sie ist mir bekannt und vertraut, entspricht mir fast ideal, von Einzelheiten abgesehen. Dann bist du einem Abbild deiner Inneren Kirche begegnet. Schau sie dir genau an, dann schließe die Augen, denke dich in sie hinein. Damit befindet sie sich schon in deiner Innenwelt. Es ist nur noch ein kleiner Schritt, sie sich an ihren Ort in Höhe des Herzens zu denken – und du befindest dich in deiner Inneren Kirche.

Erinnere dich auch an verschiedene Altäre, Bilder und andere Einrichtungen von Kirchen, die dir in ähnlicher Weise gemäß erscheinen. Übe das so lange, bis du dich in der erinnerten Kirche und vor dem erinnerten Altar ganz wohl und zu Hause fühlst.

2. Schritt: Wenn du das gut kannst, schließe erneut die Augen, reproduziere das Bild vor dem inneren Auge, dann öffne die Augen und versuche, die Kirche zu malen, so gut du dich daran erinnerst. Wenn sich dann Unterschiede zu dem ursprünglichen Bild zeigen, ist das nicht schlimm. Die Seele hat die Modifizierungen vorgenommen, die ihr entsprechen. Es ist kein Zufall, wenn du etwas versetzt, veränderst, »vergessen« hast.
3. Schritt: Dann zeichne eine Skizze vom Grundriß der Kirche. Male oder zeichne auf einem anderen Papier kleine Figuren von bestimmten Engeln aus dem Innern der Kirche, auch von Bruder Tullian, von der Nische mit dem Christus, von den Türen und Treppen usw. Schneide diese Figuren aus und befestige sie auf dem Grundriß an ihrem Ort: z. B. den betenden Engel rechts vor den Altar, Bruder Tullian in die zweite Bankreihe, die Tür zum Friedensdom links hinter den Altar usw. – Dann schließe die Augen und erinnere dich an dein Bild. – Mit der Zeit gewöhnst du dich so, daß es dieser Vorbereitung in der Außenwelt immer weniger bedarf. – Entsprechend verfahre mit den anderen Innenräumen.

Du meinst, das sei Selbstbetrug? Du siehst dich als den Schöpfer des inneren Bildes? Nein, in Wirklichkeit ist es eine innere Wahrnehmung. Sonst hätten verschiedene Autoren nicht unabhängig voneinander von der Inneren Kirche sprechen können, wie z. B. Spener.[5] Wenn dir eine Kirche in der Außenwelt vertraut erscheint, dann ist das deshalb der Fall, weil sie deiner inneren Realität entspricht.

Sie entsprach auch der inneren Realität des Architekten, der erstmals ihren Grundtypus entworfen hat. Die Architekten bilden nach, was sie in der Innenwelt vorfinden, ihre Schüler wiederholen das dann in verschiedenen Varianten. Die Architekten, die den Grundtypus der für eine Zeitepoche charakteristischen Stilrichtung schufen – z. B. romanische, gotische, barocke, Rokoko-Kirchen usw. – und ihre Schüler, die den Grundtypus in immer neuen Varianten ausgestalteten, haben das Urbild nicht irgendwie erfunden, sondern vom Himmel geholt, haben nachgebaut, was sie in der Innenwelt vorfanden. Dort gab es die verschiedenen Stilrichtungen immer schon, sie wurden nach und nach, den kulturellen und technischen Veränderungen entsprechend in die äußere Sichtbarkeit gebracht.

Auch in vorchristlicher Zeit gab es die Inneren Kirchen schon, und auch die Menschen in den von anderen Religionen geprägten Kulturräumen tragen sie in sich. Sie mögen dann die Gestalt eines Tempels haben. Aber auch ein solcher Tempel ist ein heiliger Raum, in dem ihr etwas als Altar finden werdet, an diesem einen betenden Engel, im Hintergrund die Nische mit dem Inneren Christus. Es kann sich auch um die Form einer Moschee handeln, aber auch diese weist dann die Grundstruktur einer Inneren Kirche mitsamt ihren heiligen Insignien auf. Z. B. findet ihr den Marienengel dort nicht in einer kleinen Turmkapelle, sondern im Minarett. Und immer gibt es z. B. eine Innere Krypta, vielleicht in Gestalt einer kleinen Felsenhöhle, mit dem Inneren Kind auf den Armen eines Engels.

Wenn sich Menschen in eurem Kulturkreis schwertun mit der Kirche und eher z. B. fernöstlichen Religionen zuneigen, so kann die Ursache darin liegen, daß ihre Innere Kirche die Gestalt eines fernöstlichen Tempels aufweist. Es ist dann eine Frage der allmählichen Bewußtwerdung, daß auch dieser Tempel die Grundstruktur und die wesentlichen Elemente einer Kirche besitzt. Wir haben der Einfachheit halber stets von der Inneren Kirche gesprochen, ohne dies näher zu differenzieren, weil in eurem historisch-kulturellen Kontext die Innere Kirche im Regelfall die Gestalt einer christlichen Kirche in der einen oder anderen Stilvariante hat.

Mittwoch, 26. 6. 96

Die 12 Engeldome

∞

Nathanael (s. 31.3.96): Ihr habt des öfteren den Dom des Friedens besucht. Dieser ist einer von den 12 Engeldomen, die ihr im Laufe der Zeit kennenlernen werdet. Jeder von ihnen wird von einer besonderen Gruppe von Engeln bewohnt, die je eine Tugend in besonderer Weise repräsentieren, verwalten und betreuen, und in denen je eine Farbe oder Farbkombination vorherrscht. Die 12 Dome sind in einem großen Kreis angeordnet. Zwischen ihnen finden sich Kapellen und Nebenräume, sonst keine größeren Abstände. Ihr erreicht jeden von ihnen durch dieselbe Tür eurer Inneren Kapelle, die sich links hinter dem Altar befindet. Wenn ihr die Absicht habt, einen bestimmten Dom zu besuchen, so befindet sich sein Hauptportal direkt dieser Tür gegenüber. Es ist, bildlich gesprochen, wie wenn sich die 12 Dome auf einer Drehbühne befinden, die euch den jeweils erstrebten Dom zuwendet. – Ich brauche ja nicht hinzuzufügen, daß es sich nicht um »Orte« im geographischen Sinn handelt, sondern um die bildliche Darstellung von Qualitäten, Wesenszügen, Schwingungen, die im Himmel leben und arbeiten.

Ehe ihr mit den 12 Domen, den ihnen besonders entsprechenden Tugenden und den sie bewohnenden Engeln im einzelnen vertraut gemacht werdet, seien sie – zur Erleichterung des Verständnisses – zunächst in einem schematischen Überblick vorgestellt:

Die 12 Engeldome

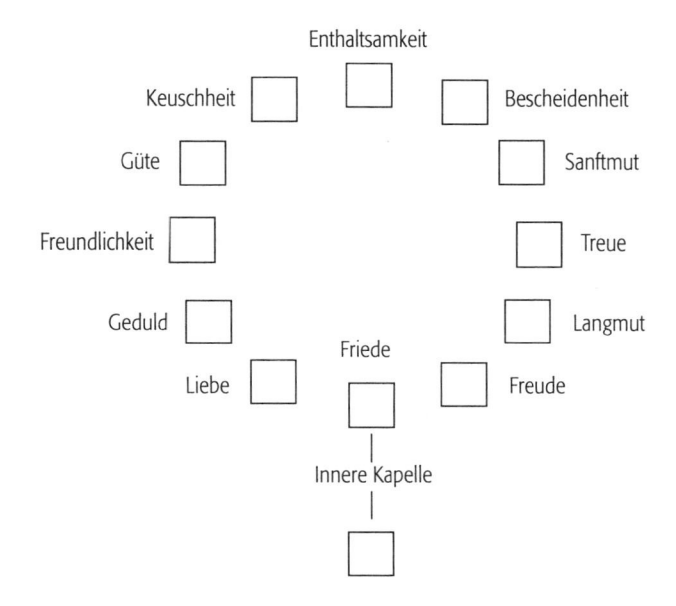

```
                    Enthaltsamkeit
       Keuschheit  □        □   Bescheidenheit
    Güte    □                    □   Sanftmut
Freundlichkeit  □                    □   Treue
   Geduld  □                    □   Langmut
                        Friede
       Liebe   □         □      □   Freude
                    Innere Kapelle
                         □
```

Der heutige Abend steht unter dem Zeichen des Gelobens und des Versprechens. Es geht um die Bereitschaft, die 12 Tugenden, die den 12 Domen entsprechen, zu leben. Wer das nicht möchte, darf den Kreis verlassen. Alle, die bleiben wollen, sagen: »Ja, ich will.« (Wir verfahren so.)

Für jeden von euch steht für jede der 12 Tugenden jeweils ein Engel aus dem zugehörigen Dom bereit. Da ihr heute 6 Teilnehmer seid, sind es also 72 Engel. In eurem Bemühen, die Tugenden zu leben, gebt, was ihr könnt und empfangt die Hilfe des Himmels dafür. Die 12 Tugenden sind 12 Früchte des Heiligen Geistes. –

Nehmt bitte keinen Anstoß daran, daß wir die 12 Tugenden nicht genau in der Reihenfolge der ihnen entsprechenden Dome besprechen werden.

1. Liebe

Liebe ist die Erfahrung des göttlichen Feuers. Ist sie einmal entzündet, strebt sie danach, sich zu verzweigen und auszudehnen, bis sie die ganze Welt erfaßt. Es geht darum, ihr Licht, ihr Feuer, ihre Lebendigkeit, ihre Wärme weiterzugeben an die Erde, an alle Wesen, an Menschen, an Tiere und an alle Geschöpfe, an Gemeinschaften und Institutionen. Nicht zuletzt gilt es, dem Himmel zurückzugeben, was vom Himmel kam – jeder nach Maßgabe seines Vermögens.

Die Anforderung an euch:
»Liebt, wie ihr geliebt werdet.«

Versucht, dem gerecht zu werden im Leben. Liebe ist einer der Urgründe der Schöpfung. Die Liebe des Vaters umfaßt die ganze Welt. Der Umkreis, den die Liebe jedes Menschen zunächst umfaßt, kann sehr unterschiedlich sein: Liebe zwischen Mann und Frau, Mutterliebe, Liebe der Kinder zu den Eltern, Geschwisterliebe, Nächstenliebe, Liebe zur Natur, Liebe zum Himmel und zur Trinität. Laßt eure Liebe wachsen, bis auch sie die ganze Welt umfaßt.

Ein Engel aus dem Dom der Liebe tritt vor euch hin. Er ist rosa gekleidet.

Er fragt: *»Bist du bereit, die Liebe zu leben?«*

Wenn ihr dazu bereit seid, dann legt das Gelöbnis ab:

»Ja, ich bin bereit.«

2. Friede

Während Liebe die Substanz der Schöpfung ist, ist Friede ein Grundgesetz der Schöpfung vor allen Gesetzen. Wenn ein Mensch die Tugend, den Frieden zu leben, auf sich nimmt, tritt er ein in das Gesetz der Trinität.

Friede ist ein Gleichgewichtszustand mit sich selbst und der Welt. Die Seele ist ruhig, nicht aufgewühlt, zentriert wie ein Seiltänzer. Sie befindet sich im Gleichgewicht von Innen und Außen, von Oben und Unten, von Muße und Arbeit, von Aktivität und Passivität, von Überforderung und Unterforderung usw.

In der Außenwelt sucht sie die Gerechtigkeit, deren Symbol nicht zufällig die Waage ist, die sich im Gleichgewicht befindet. Um den äußeren Frieden zu finden, bedarf es des inneren Friedens in den Seelen der Menschen. Solange er dort nicht wohnt, bleibt ein äußerer Friedensschluß instabil, wie ihr z. B. im Balkan, in Irland, in Pakistan beobachten könnt. Der innere Friede entsteht aus dem Gleichgewicht zwischen zu viel und zu wenig Selbstliebe. In dem Gebot des Herrn: »Liebe deinen Nächsten wie dich selbst« ist das »wie« das Symbol des Friedens, die Achse zwischen innerem Gleichgewicht und äußerem Frieden.

Vermeidet Streit und Unruhe. Die Anforderung im täglichen Leben für euch ist: Friedfertig sein, friedlich bleiben, den Frieden lieben und suchen, wann immer es möglich ist. Wenn ihr jemanden gegen eine Ungerechtigkeit verteidigen, Unrecht abwenden wollt, euch auseinandersetzen wollt, achtet darauf, daß ihr eure innere Zentrierung nicht aufs Spiel setzt. In den wenigsten Fällen sind Menschen berufen, zu streiten und zu kämpfen. Wenn Menschen streiten und kämpfen, bedeutet das meistens einen Verlust des inneren Friedens, es sei denn, einer ist wirklich ein heiliger Streiter, wie es z. B. der heilige Martin war. Das ist aber sehr selten.

Ist ein Rechtsstreit unumgänglich, überlaßt ihn Rechtsvertretern, die dazu ausgebildet und damit beauftragt sind. Auch diese sollten die Aufregung in Maßen halten und sich darauf konzentrieren, Fakten darzulegen und sachlich zu argumentieren. Wo immer möglich, zieht euch aus einem Streit zurück und überlaßt ihn den Streitern aus den himmlischen Hierarchien, insbesondere den Michaelsengeln.

Der Engel ist blau-weiß.
»Bist du bereit, den Frieden zu leben?«
»Ja, ich bin bereit.«

3. Freude

Freude entsteht, wenn euer Rhythmus mit dem göttlichen Rhythmus zusammenschwingt, Freude ist Einklang zwischen Schöpfer und Geschöpf. Freude ist neben Feierlichkeit, Dankbarkeit, Lobpreis eine der Grundstimmungen des Himmels. Freude herrscht in allen Hierarchien zur Rechten. In Freude zu leben heißt für Menschen, dem Walten der Engel näherzukommen. Wenn ihr freudig seid, fühlt ihr euch leicht, wie auf Flügeln schwebend. Ihr verliert die Erdenschwere. In der Freude zu leben, heißt, sich von der 10. zur 9. Hierarchie zu bewegen und zu probieren, wie ein Engel sich fühlt (»Freude schöner Götterfunken ...«). Durch Schenken der Freude wird man freudig. Freude gilt es, zu spenden, dann stellt sie sich ein. Was immer ihr tut, tut es mit Freude, sei es Hausarbeit, eine wissenschaftliche Arbeit oder was immer. Freude sei euer schönstes Geschenk, das ihr gebt, und es wird die schönste Belohnung, die ihr empfangt.

Der Engel ist orange.
»Bist du bereit, die Freude zu leben?«
»Ja, ich bin bereit.«

4. Treue

Während Frieden auf eurer inneren Befindlichkeit beruht, beruht Treue auf einer aktiven, bewußten, willentlichen Entscheidung. Treue ist eine »Haltung«, für die ihr euch entschieden habt. Als Tugend besteht sie in der Fähigkeit, Treue zu versprechen und das Versprechen zu halten. Woher gewinnt ihr die Kraft dazu? Ihr gewinnt sie aus der Gewißheit, daß die Trinität ihrerseits treu zur Schöpfung steht. Sie läßt auch den Menschen nie im Stich, läßt ihn nicht fallen. Er kann auf das Wort vertrauen: »Ich werde dir treu sein«.

Diese Gewißheit gibt ihm Sicherheit. Ohne diese Gewißheit erscheint die Welt als ein Glücksspiel, wenn nicht als eine Horror-Inszenierung. Dann kann der Mensch selbst nicht treu sein: auf das »Hosianna« folgt das »Kreuziget ihn«. Nichtgläubige Menschen sind durch das Treuegebot überfordert, sie passen sich den äußeren Umständen an. Treue ist das Gegenteil von Anpassung. Sie entwickelt die Fähigkeit und Bereitschaft, den von außen kommenden Versuchungen zum Bruch des gegebenen Versprechens zu widerstehen, gleichgültig, was kommt. Sie setzt den Glauben an die sichernde Macht voraus. Glaube und Treue bedingen sich gegenseitig. Treue, wozu auch immer in der Welt, ist nur möglich, wenn ihr in Beziehung zur Trinität lebt, die das Urbild jeder Treue ist. Nur wer in der Trinität fest steht, kann Aufgaben, Menschen, Tieren, anderen Wesen der Schöpfung und auch sich selbst treu sein.

Der Engel ist rot-golden (wie die Michaelsengel, die treuen Kämpfer, die euch auch berühren werden).
»Bist du bereit, die Treue zu leben?«
»Ja, ich bin bereit.«

5. Langmut

Langmut ist die Umsetzung der Treue im praktischen Leben. Sie bedeutet, sich durch nichts beirren zu lassen, sondern mit langem Atem mutig eine Situation durchzutragen, immer wieder frisch, unbekümmert, herzhaft, aktiv und großzügig. Dazu gehört auch, nicht in Reaktionen auf Angriffe zu verfallen. Wer immer euch angreift, anklagt, zu Fall bringen will: Es gilt, nicht darauf zu reagieren, sondern lächelnd und unbeirrt stehen zu bleiben oder den eigenen, lichten Weg weiterzugehen, also weder wegzulaufen noch zum Gegenangriff überzugehen. Langmut ist ein altes Wort für »präsent sein«, aber dauernd, anhaltend, bei voller Kraft des Mutes. Mut hilft, Unbekanntem, Wichtigem, Bedrohlichem begegnen zu können. Der Mut erschöpft sich sehr schnell, man braucht aber einen langen Atem. Das Gute ist langmütig, das Böse wirkt in der Aktion.

Der Engel ist grün.
»Bist du bereit, Langmut zu leben?«
»Ja, ich bin bereit.«

6. Sanftmut

Sanftmut ist die Kraft, das eigene Gemüt zu besänftigen, Reaktionswogen zu glätten, Gefühlswallungen, die mit dir durchgehen, zu zügeln und darauf zu vertrauen, daß das Sanfte das Harte überwindet: Der Wassertropfen höhlt den Stein. Sanftmut bedeutet, den anderen Menschen in seiner Würde zu respektieren. Dieser Respekt beruht auf dem Vertrauen in die Gegebenheiten der Schöpfung, insbesondere Zeit und Raum: Man würdigt den anderen in seiner gegenwärtigen Befindlichkeit und in seinen Schritten durch verschiedene Lebensräume. Man läßt ihn atmen, läßt die Dinge geschehen, wartet ab, um dann ohne Vorwurf dazusein. Sanftmut hat nichts mit Gleichgültigkeit und Desinteresse zu tun. Sie beruht auf liebendem Interesse für den anderen, verbunden aber mit dem Mut, nicht in ihn zu dringen, nicht vorzupreschen, nicht vorwärts zu stürmen, nicht sich durchzusetzen, sondern dem Himmel zu vertrauen.

Der Engel ist unten rot, nach oben hin rosa, ganz oben weiß. Rot deutet auf Eingreifen, rosa auf Liebe, weiß auf Allweisheit, auf Zurückhaltung im Wissen um die Würde und Freiheit des anderen Menschen.
»*Bist du bereit, Sanftmut zu leben?*«
»*Ja, ich bin bereit.*«

7. Enthaltsamkeit

Bei »Enthaltsamkeit« denkt ihr an einen selbstquälerischen Verzicht auf alles, was Vergnügen bereitet. Es geht aber in erster Linie um die Heiterkeit des Herzens. Wenn ihr z. B. fastet, dann ohne Krampf und finsteres Gesicht. Es gilt, zu können, ohne zu müssen. Enthaltsamkeit bedeutet, wenn es darauf ankommt, die so wichtig erscheinenden Dinge loslassen zu können: Geld, Macht, Erfolg, Applaus, aber auch subtilere Abhängigkeiten wie Gefühle, Verletzungen, Ärger, Denkstrukturen, Weltbilder, Meinungen, Haltungen, Angstvorstellungen, Süchte – und zwar ohne Jammern und Wehklagen: Ich komme ohne das aus, kann »nein« dazu sagen, kann verzichten, bin nicht daran gebunden.

Enthaltsamkeit ist die Kraft, einen Halt lösen, eine Sache loslassen zu können, sein eigener Herr zu sein, selbst zu entscheiden, souverän zu werden. Diese Fähigkeit braucht man, wenn man im lichten Bereich voranschreiten will. Sie bedarf der Übung und der Disziplin. Man übt sie zunächst im materiellen Bereich, etwa im Essen oder in der Sexualität. Man macht die Erfahrung, wie gut es tut und wie frei es macht. Woran ihr euch bindet, gibt euch eine nur scheinbare Sicherheit und Geborgenheit. Enthaltsamkeit macht euch nicht eng und arm, sondern frei und reich. Wer sich des Besitzes enthalten kann, dem kann der Himmel Besitz anvertrauen.

Der Engel ist weiß.
»Bist du bereit, Enthaltsamkeit zu leben?«
Nathanael: Sie wenigstens einmal auszuprobieren?
»Ja, ich bin bereit.«

8. Bescheidenheit

Bescheidenheit bedeutet, sich im Verhältnis zur Welt, zum anderen Menschen und zum Himmel richtig einordnen zu können. Man schätzt sich selbst nicht über Gebühr ein – aber auch nicht unter seinem Wert: das wäre nicht Bescheidenheit, sondern Unterwürfigkeit. Es kommt darauf an, die stimmige Antwort auf die Frage: Wer bin ich? zu finden und seinen Platz zu erkennen.

Wer sich überhöht, z. B. seine Ansichten zum Maß aller Dinge macht, mehr behauptet, als er sagen kann, mehr verlangt, als ihm zusteht, mehr von sich verlangt oder mehr schaffen oder geben will, als er kann, ist in die falsche Position gerutscht. Dasselbe gilt für den, der sich verkleinert. Wer sich für unfähig hält, sich als ein Nichts ansieht, sich in einer schwachen, hilflosen, unwichtigen, bedürftigen Opferrolle sieht, ist nicht bescheiden, sondern im Gegenteil meist äußerst fordernd.

Bescheidenheit ist die Kunst des Gleichgewichts zwischen groß und klein, zuviel und zuwenig, zugewandt und abgewandt, geben und nehmen. Der Bescheidene erkennt, was ihm beschieden ist.

Wollt ihr die Tugend der Bescheidenheit leben, achtet vor allem darauf, wie lebendig euer Empfinden ist, Geschöpf des himmlischen Vaters und der Mutter und zugleich Mitbruder oder Mitschwester unseres Herrn Jesus Christus zu sein.

Der Engel ist violett.
»*Bist du bereit, Bescheidenheit zu leben?*«
»*Ja, ich bin bereit.*«

9. Keuschheit

Keusch sein bedeutet, nach dem Sonnengesetz zu leben: Das Herz ist Sonne geworden, es schenkt, strahlt, wärmt und ernährt wie die Sonne. Keuschheit wird oft als sexuelle Unberührtheit gesehen. Das ist aber nicht das Wesentliche. Man kann Keuschheit auch leben in einer Ehe oder in einer Lebensgemeinschaft. Keuschheit ist jungfräuliche Reinheit der Gefühle, des Körpers, der Gedanken, der sozialen Bindungen: ein reines Ausgerichtetsein auf den Herrn.

Keuschheit ist Unberührbarkeit von dunklen Einflüssen, von allem, was das Licht trübt. Ginge es um die Jungfräulichkeit im engen biologischen Sinn, wäre diese Tugend Mädchen und Frauen vorbehalten und wäre nicht mehr lebbar, wenn es zu spät ist. Aber auch sexuelle Beziehungen können keusch ablaufen, als reines Lichtgeschehen, in Freude und Liebe, in Dank an den Schöpfer, in Würdigung des anderen als Gotteskind und Gottesgeschenk.

Der Keusche ist der »reine Tor«, der trotz aller Enttäuschungen, Verletzungen, Desillusionierungen dem Mitmenschen vertraut, offen, verletzbar, rein auf ihn zugeht, ohne Argwohn, Vorbehalt, Vorsicht, Aggression, Strategie oder sonstige schattenhaften Gedanken, wie ein mongoloides Kind. Ihr kennt ihn z. B. als den »Heiligen Narren« der Ostkirche, wie ihn etwa Dostojewski im »Idioten« gezeichnet hat. Seine Lektion ist sehr nachhaltig: Er beschämt jeden, der nicht selbst reinen Herzens ist. Diese Keuschheit ist schwer zu leben: Man gilt als unbelehrbar und unvernünftig.

Das Urbild der Keuschheit findet ihr in der Reinen Jungfrau Maria, aber nicht, weil sie Jungfrau in biologischem Sinne gewesen wäre. Sie hat ihre Keuschheit nicht dadurch verloren, daß sie Jesus geboren hat – dann hätte das heilige Geschehen sie unheilig gemacht, ein absurder Gedanke. Die Menschwerdung Jesu war ernst gemeint: Es war ein ganz normaler Geburtsvorgang, und sie hat das Kind gestillt. Sie hat ihre Keuschheit auch nicht deshalb bewahrt, weil das Kind vom Heiligen Geist empfangen war. Wollte man das annehmen, dann hätte sie ihre Keuschheit später verloren, als sie mit Joseph weitere Kinder hatte – eine Tatsache, die die Verfechter dieser Theorie konsequenterweise glauben leugnen zu müssen. Maria ist die ewige Reine Jungfrau, das Urbild der Keuschheit, weil sie vollkommen unberührbar war von jeglichem nicht-lichten Einfluß, von Zweifel, Strategie, Widerstand, Hintergedanken usw. Ihre Haltung war und blieb ihr Leben lang: »Mir geschehe nach Deinem Willen.« Sie war reinen Herzens, reinen Sinnes, reinen Denkens, reinen Gewissens. Sie war vollkommen auch in ihrer Keuschheit.

Der Engel ist weiß-gelb.
»*Bist du bereit, Keuschheit zu leben?*«
»*Ja, ich bin bereit.*«

10. Güte

Güte ist uneigennützige Milde: Man nimmt die Fehler eines Menschen zwar wahr, aber man nimmt ihn mit seinen Fehlern liebend an, läßt ihn mit seinen Fehlern bestehen, liebt ihn mit und trotz seiner Fehler oder sogar wegen seiner Fehler.

Güte heißt aber auch Qualität. Es gilt, auf Qualität zu achten, Kriterien zu besitzen, um Qualität zu erkennen, ein Empfinden für Qualität zu haben. Gott schuf die Schöpfung in guter Qualität: »Und er sah, daß es gut war.« Güte bedeutet, alles in der Welt der Urbilder zu sehen und von daher zu wissen, von welcher Qualität etwas ist.

Z. B. ist der Mensch nicht nur ein Geschöpf wie andere, sondern Bild und Gleichnis des Vaters. Güte bedeutet: sich und andere dem Urbild des Menschen angleichen zu wollen. Und das bedeutet: sich auf der Reise heim zum Vater zu wissen. Wer zum Vater wandert, wird von selbst gütig sein.

Ist ein Mensch gütig, ist er nicht nur großzügig und nachsichtig, sondern er ist auch auf Qualität ausgerichtet. Das bedeutet: Er wird die Qualitäten des anderen ehren und achten, aber auch seine Fehler liebevoll zur Kenntnis nehmen und nicht verurteilen. Er will ihn nicht umformen, sondern ihn, so wie er ist, mit Gaben und Fehlern wertschätzen und achten. Er weiß auch, daß sich in Fehlern Stärken verbergen und aus ihnen erwachsen können. Er sieht z. B. nicht nur die Faulheit, sondern auch, was sich in ihr verbergen mag: Empfindsamkeit, Phantasie, Unbekümmertheit gegen Leistungsurteile, Unabhängigkeit von gesellschaftlichen Normen u. dgl. (s. z. B. Eichendorff »Aus dem Leben eines Taugenichts«).

Richtet euren gütigen Blick gleichermaßen auf Freunde und Feinde. Und bitte, seid gütig auch um eurer selbst willen.

Der Engel ist gelb und orange.
»Bist du bereit, Güte zu leben?«
»Ja, ich bin bereit.«

11. Geduld

In der fernöstlichen Literatur habt ihr die Erzählung von der Frau, die 50 Jahre lang auf die Heimkehr ihres weltreisenden Liebsten wartet und ihn dann mit den Worten begrüßt: »Fast hätte ich an dir gezweifelt«. Geduld heißt: warten, ohne zu zweifeln oder gar zu verzweifeln; die Geduld verlieren heißt: zweifeln oder verzweifeln.

Geduld beruht auf der Gewißheit, daß alles, was geschieht, entweder einen Sinn hat und gut, gefügt, gewollt und richtig ist, oder daß es von der Seele selbst so gewollt war, oder daß der Himmel es nachträglich mit Sinn erfüllen wird (vgl. Bd. I S. 216 ff.). Je weniger ein Mensch in dieser Gewißheit geborgen ist, desto ungeduldiger machen ihn die Fehler der anderen oder was er für Fehler hält. Es gilt, darauf zu vertrauen, daß etwas Lichtes und Gutes auch dann werden kann, wenn andere ihren Vorstellungen, Werten, Vorbildern, Weltbildern, Stimmigkeiten folgen.

Es gilt, das Geschehen in der Welt mit seinen Wichtigkeiten, seinem Tempo, seinen Umwegen, seinem Hin und Her betrachten zu können, ohne an der Sinnhaftigkeit zu zweifeln. Auch dem, was von den dunklen Hierarchien beeinflußt war, legt der Himmel nachträglich Sinn bei: z. B. man zieht daraus Lehren, es kommt zu Einsichten und fruchtbaren Versöhnungen, man lernt die Menschen so zu lieben, wie sie sind usw. Geduld bedeutet, zu vertrauen und aus dem Vertrauen heraus warten zu können.

Der Engel ist weiß und lila.
»*Bist du bereit, Geduld zu leben?*
»*Ja, ich bin bereit.*«

12. Freundlichkeit

Der Freundliche geht davon aus, daß die anderen zunächst einmal Freund und nicht Feind sind, daß er selbst Gutes will und der andere auch. Er ist anderen zugewandt, hilfsbereit, unbefangen, offen, vorurteilslos, voller Wohlwollen. Das Gegenbild wäre: den anderen aus taktischen Gründen anlächeln, damit er das Messer nicht sieht. Die Grundhaltung des Wohlwollens beruht auf dem durch Enttäuschungen nicht erschütterten Vertrauen des Menschen, daß die Welt als Ganzes freundlich ist und daß sein Schicksal, seine Lebensumstände, seine Familie usw. ihm eigentlich – ungeachtet ihrer Schwierigkeiten – Freunde sind. Er reagiert mit Offenheit, Vertrauen und Wohlwollen auch gegenüber Fremden, wenn auch nicht in dem Maße wie bei persönlichen Freunden, und auch nicht in der Unbedingtheit wie beim Bruder. Den

Freunden mögen Feinde gegenüberstehen – zum Bruder gibt es kein vergleichbares Gegenbild. Freundlichkeit beruht auf einer Vermutung: Man geht zunächst einmal davon aus, daß die Welt und die Menschen Freunde sind.

Stellt sich dann heraus, daß ein Mensch in der Außenwelt negativ, abweisend, streitsüchtig ist, bietet ihm Gastfreundschaft in euren Innenräumen an und bewirtet ihn. Bedenkt: In seinen Innenräumen wohnen der Christus, der Sophien- und der Marienengel und ein Inneres Kind, also ist er in der Innenwelt ein Freund. Fällt es euch in der Außenwelt schwer, ihm in die Augen zu sehen, ihn anzulächeln, tut es im Inneren, verneigt euch vor dem Menschen, gebt ihm die Hand um Christi willen. Freundlichkeit ist eine der schwierigsten Tugenden.

Der Engel ist golden mit etwas Silber.
»Bist du bereit, Freundlichkeit zu leben?«
»Ja, ich bin bereit.« –

Die Engel zu den 12 Tugenden halten sich ab jetzt in eurer Inneren Kirche auf und stehen euch zur Verfügung. –

Noch ein Wort zu den drei göttlichen Tugenden und den vier Kardinaltugenden. Die drei göttlichen Tugenden bilden ein Dreieck: Oben beim Vater steht die Liebe, der Mutter ist der Glaube zugeordnet und die Hoffnung dem Sohn. Die vier Kardinaltugenden bilden ein Kreuz aus Klugheit, Gerechtigkeit, Tapferkeit, Mäßigung. Die 12 Tugenden bilden einen Kreis um das Dreieck und das Kreuz.

Auch andere Systeme von Tugenden – z. B. die der Buddhisten oder die der Indianer – haben ihren Sinn und ihre Berechtigung. Nur sollte man die Systeme geschlossen lassen und nicht einzelnes herausnehmen und mischen.

Wenn ihr die 12 Tugenden übt, so ist es ratsam, sich in jedem Monat einer von ihnen besonders zuzuwenden. Tatsächlich ist ja jedem Monat eine der 12 Tugenden besonders gewidmet, wie es übrigens auch die 12 Stunden des Tages und die 12 Stunden der

Nacht sind. Kontempliert jeden Monat täglich je eine Stunde lang die dem Monat entsprechende Tugend und laßt sie den ganzen Monat lang in besonders bewußter Weise in euer Leben einfließen.

Anmerkung: Die 12 Tugenden wurden hier nicht genau in der Reihenfolge der ihnen entsprechenden Engeldome besprochen. Für die monatlichen Tugendübungen erscheint es deshalb sinnvoll, sie noch einmal in der Abfolge der Dome und der ihnen entsprechenden Haupttugenden aufzureihen. In diesem Zusammenhang erscheint der Hinweis angebracht, daß auch jeder der 12 Jünger zu je einem Monat und damit zu je einer Tugend in einer besonderen Beziehung steht. Zwar wirken alle 12 Jünger und ihre Strahlen gleichmäßig das ganze Jahr hindurch, und alle sind für alle 12 Tugenden »zuständig«. Ein gewisser Schwerpunkt entsteht aber dadurch, daß sich der Herr, der an jedem letzten Sonntag jeden Monats den Jüngerkreis besucht, jeweils einem Jünger besonders zuwendet und mit ihm alle im vergangenen Jahr aufgetauchten und für das kommende Jahr bedeutsamen Fragen besonders erörtert. Der Schwerpunkt entsteht ferner dadurch, daß die Strahlen, mit denen die Jünger wirken, je eine andere Farbe tragen und daß diese Farbe der Farbe der Engel aus dem jeweiligen Dom entspricht. So ergibt sich folgendes Schema:

Die 12 Jünger und die 12 Engeldome

Ihre Farben und Tugenden im Jahreslauf

Monat	Jünger, den der Herr am letzten Sonntag des Monats besucht	Dominante Farbe	Tugend und Engeldom der
Januar	Thaddäus	weiß	Enthaltsamkeit
Februar	Jakobus der Feierliche	weiß-gelb	Keuschheit
März	Simon Kananäus	gelb-orange	Güte
April	Matthäus	gold-silber	Freundlichkeit
Mai	Thomas	weiß-lila	Geduld
Juni	Johannes	rosa	Liebe
Juli	Andreas	blau-weiß	Friede
August	Bartholomäus	orange	Freude
September	Maria Magdalena	grün	Langmut
Oktober	Jakobus der Ältere	rot-gold	Treue
November	Philippus	rot-weiß	Sanftmut
Dezember	Petrus	violett	Bescheidenheit

Montag, 8. 7. 96

Schweigen der 12 Tugenden

∞

(Nadjamael lädt uns in den Friedensdom ein:)

Der Besuch der 1. Triade wird völlig vom Himmel bestimmt – nicht nur im Zeitpunkt, sondern auch, ob er überhaupt stattfindet. Ihr seid gehalten, alle Auflagen zu erfüllen, aber ihr erlangt dadurch keine Berechtigung. Ihr schafft nur Voraussetzungen, ohne die der Besuch nicht zugelassen wird.

Eure nächste Aufgabe nach der Anbetung der Trinität in ihren dreimal drei Aspekten ist: Vertieft euch auch in das Schweigen der Trinität. Dazu gehört zunächst, die Wahrnehmung des Schweigens der 12 Tugenden zu üben. Jede Tugend hat ihr eigenes Schweigen – immer eine Nuance anders als das der anderen Tugenden. Könnt ihr zwei Arten des Schweigens nicht unterscheiden, beschäftigt euch besonders mit diesen beiden Tugenden. Widmet jeder Tugend drei Tage und geht in den nächsten 36 Tagen folgendermaßen vor.

1. Knüpft an eure 12 Gelöbnisse zu den 12 Engeldomen an. Fragt euch also zunächst: Habe ich in der Liebe gelebt? – Erinnert euch, geht euer Leben durch.
2. Richtet die Bitte an die Trinität: Hilf mir bitte, in der Liebe zu leben.
3. Empfindet schweigend, wie es ist, in der Liebe zu schweigen. –

4. Am zweiten Tag geht ihr durch alle Innenräume und verkündet allen Wesen:
   »Ich habe beschlossen, nun ganz in der Liebe zu leben. Macht ihr mit?« (Oder: helft ihr mir dabei?)
   Wendet euch an alle Bewohner der euch bekannten Innenräume, auch die der Neben-Innenräume. Wahrscheinlich werden alle freudig zustimmen und sagen: »*Ich mache mit*«. – Wenn ihr Mut habt, sagt auch dem Doppelgänger: »Ich will in der Liebe leben«. Er wird vermutlich antworten: »Das werden wir ja sehen«. Darauf sagt ihr: »Genau!« oder »So ist es« oder »Amen«. Laßt euch auf keine Diskussion ein.
5. Am dritten Tag verkündet euren Beschluß schweigend in den äußeren Räumen: im Haus, im Auto, auf der Straße, im Büro, im Supermarkt etc.
6. Am vierten bis sechsten Tag macht ihr das Entsprechende mit der Tugend des Friedens – und so immer fort.

Vergeßt nicht: *Ihr* wolltet zur Ersten Triade. Es gibt keinen anderen Weg dorthin als diesen. Selbst wenn ihr bisher alles richtig gemacht hättet, wäre ohne diese Vorbereitung ein Fortschreiten nicht möglich.

Noch etwas: So wie ihr im Marienturm Fürbitten vortragt, so könnt ihr im Sophienturm schweigen für verschiedene Menschen. Es gilt, das Schweigen zu erlernen und zu üben. Lernt z. B. in Farben zu schweigen, und lernt musikalisch zu schweigen: bachhaft, mozarthaft, mendelssohnhaft, chopinhaft usw.

Zum Abschluß bitte ich euch, den Sophien-Schweige-Rosenkranz zu beten (s.o.14.5.1996, S. 133).

Sonntag, 14. 7. 96

Zur Symbolik des Kirchenraums

∞

(Ein Engel aus dem Friedensdom namens Manuel. Er gehört zum Raum der Herz-Jesu- und der Herz-Mariae-Engel, wo Nathanael den Vorsitz führt und von wo aus Jerach euch schon mehrmals besucht hat):

In der Grundstruktur der Kirchen zeigen sich symbolische Zusammenhänge mit der Trinität, und zwar mit allen drei Aspekten der Mutter, des Sohnes und des Vaters.

1. Der Altarraum zeigt eine Symbolik der Mutter:
   a) Die Erhebung, auf der der Altar steht, der Stein, auf dem er ruht, symbolisiert den Urgrund – die Muhme,
   b) die Rundung hinter dem Altar symbolisiert die Maria in ihrem blauen Schutzmantel,
   c) die Kuppel, die den Altar von oben beschirmt, symbolisiert die Sophia.
2. Die Längsachse ist dem Sohn zugeordnet, und zwar symbolisiert
   a) die Eingangstür den Meister, der euch einlädt zum Jüngersein,
   b) der Mittelgang den Richter bzw. Heiler: Man geht diesen Weg zum Altar,
   c) das Kreuz aus Längsachse und Querachse vor dem Altar den Erlöser.
3. Alle Fenster symbolisieren den Vater. Sie vermitteln das Licht i.d.R. nicht direkt, sondern gebrochen und abgedämpft, so daß

es für euch erträglich wird. Fenster im Altarraum symbolisieren die Einheit von Vater und Mutter Maria, Fenster in der Kuppel die Einheit von Vater und Mutter Sophia.

Also, wenn ihr in eine Kirche geht, stellt euch die drei Wesen der Trinität vor und seht das ganz real:

In der Tür begegnet ihr dem Meister, wenn ihr den Gang entlanggeht, richtet euch der Sohn als Richter aus; das ist schmerzhaft, aber heilsam. Beim Kreuz begegnet ihr dem Sohn als Erlöser.

Berührt ihr den Altar, so seht ihr, wie die Muhme die Welt im Schoß trägt. Die Rundung hinter dem Altar erlebt als großen Schutzmantel der Maria, die Kuppel als die Sophia. Die Fenster symbolisieren den Vater.

Wenn die Kirche eine Krypta hat, so begegnet ihr auch dort dem Vater. Wenn ihr also den Gang der Kirche entlanggeht, so geht ihr auf einer dünnen Haut, die euch von der Krypta – vom Vater – trennt. So erlebt ihr die Kirche als ein lebendiges Wesen.

4. Die Höhe des Raums und der Säulen symbolisiert die Verbindung zu den Hierarchien, ebenso der Turm. Ihr richtet die Augen nach oben, und die Glocken ertönen immer von oben.

Diese Symbolik gilt für alle eure Kirchen, aber auch für eure Innere Kirche. Versucht, alles dieses wahrzunehmen, und übt das sowohl in der Inneren Kirche als auch in einem leeren Kirchenraum.

Noch ein Wort: Eine verschlossene Kirche ist ein Paradox, eine Absurdität. Der Meister war nie verschlossen, er lud alle ein, jederzeit zu ihm zu kommen. Die verschlossene Tür ist ein Verstoß gegen das Wesen des Herrn, gegen das Wesen der Heiligen Schrift. Bei allem Verständnis für die praktischen Probleme, die zum Verschließen der Türen geführt haben, z. B. für das Problem des Kunstraubs: Die Tür sollte immer offen sein. Zwar: Türen müssen sein, und sie sind auch zu. Denn wer zum Meister geht, öffnet selbst die Tür, oder der Meister hat Helfer, die sie öffnen. Also die Tür ist geschlossen – aber nicht verschlossen.

Freitag, 19. 7. 96

Melchisedek. Über das Priestertum

∞

Agar: Ich habe den Auftrag, euch mit einem Boten Melchisedeks bekanntzumachen, einem Naturgeist der höheren Hierarchien, der sich ganz für Aufträge zur Verfügung stellt. Er ist sehr luftig, sehr fein, fast schon den Engeln nahe, und kann deshalb Mittlerdienste zwischen Himmel und Erde leisten.

Der Bote Melchisedeks[6]: Ich bin ein Diener meines Herrn Melchisedek. Ich bin von ihm beauftragt, euch einiges über Heiligkeit und Priestertum zu sagen. Vielleicht wird er auch selbst zu euch sprechen. Ich spreche weder aus mir noch über mich selbst – dazu bin ich nicht befugt.

Das heutige Gespräch gehört zur Vorbereitung auf die Begegnung mit der ersten Triade. Es wird dazu beitragen, daß ihr euch eurer Position und Größe, d. h. auch: eurer Kleinheit bewußt werdet.

Schaut her – (mit den Händen eine Geste wie »Blick auf«). Ihr wißt von den 12 Domen, die einen großen Kreis bilden. (S. o. 26.6.1996, S. 173.) Um die Dome herum scharen sich die Menschen. Von oben sieht man, daß sie aus lauter Innenräumen bestehen. Lauter Innere Kirchen und Kapellen verschiedener Bauart lagern sich z. B. um den Friedensdom herum; man sieht, wie sie leuchten.

Die Dome befinden sich unterhalb des Jüngerkreises. Zwar haben alle Jünger zu allen Domen Zutritt und können die Engel aller Dome zu jedem Jünger in Verbindung treten. Das schließt aber nicht aus, daß jeder der Dome zu einem der Jünger in einer besonderen Beziehung steht, die in der Gemeinsamkeit der dominanten Farbe mit dem Farbstrahl des Jüngers deutlich wird, also z.B.: blau-weiß: Andreas – Dom des Friedens; rosa: Johannes – Dom der Liebe usw.

Der Jüngerkreis befindet sich etwa auf der Ebene der Kyriotetes und hier ganz oben. Allerdings ist die Einteilung in Ebenen nicht so strikt zu sehen – im Himmel ist alles beweglich, die Wesen steigen auf und ab.

Zwischen Jüngerkreis und Engeldomen befindet sich der Dom der Heiligen. Er ist so immens groß, da er nicht einem von den 12 Domen, sondern allen 12 zusammen entspricht. Der Dom der Heiligen ist von einem Kreuz überspannt, das die 4 Kardinaltugenden Klugheit, Gerechtigkeit, Tapferkeit, Mäßigung repräsentiert. Darüber erhebt sich ein Symbol der Dreiheit von Glaube, Liebe, Hoffnung.

So ergibt sich das Bild einer Tiara, einer Krone aus drei Kronen. Das Ganze ist überragt von der Trinität.

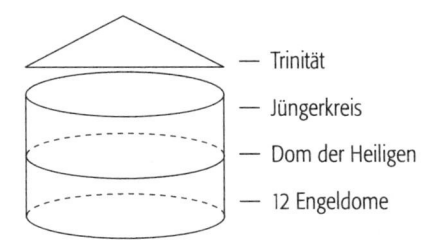

— Trinität
— Jüngerkreis
— Dom der Heiligen
— 12 Engeldome

Eine solche dreifache Krone kommt in vielen Religionen vor, weil die Menschen damit die dreifache Krönung des Himmels wiederholen.

Beachtet die Größenverhältnisse dieser Himmelsarchitektur. Ihr kommt darin nicht vor. Ihr seht, wie weit vor ihr euch wagt und wieviel Arbeit und Wissen noch vor euch liegen. Ein Leben reicht dazu nicht aus. Seid aber nicht verzagt und nicht verwirrt, sondern versucht die himmlische Struktur möglichst klar zu sehen.

Wer trägt die dreifache Krone?

Einmal wird sie den Schöpfer krönen – am Ende der Zeit, wenn die Schöpfung heimkehrt. Dann wird es wahrscheinlich eine neue Schöpfung geben und dann auch eine neue Himmelsarchitektur. Seht, wie groß die Bauherrn des Himmels sind. Ist es nicht eine Konstruktion von atemberaubender Großartigkeit?

Welche Aufgaben hat dein Herr Melchisedek?

Melchisedek wünscht euch selbst zu antworten.

Melchisedek (durch den Boten):
    Der Sohn ist der Sohn,
    er ist mein Herr.
    Ich bin ich,
    vom Vater geschaffen und eingesetzt,
    den Sohn zu schützen und ihm zu dienen,
    wo immer man mich hinschickt.
    Der Sohn liebt die Erde,
    also liebe ich die Erde.
    Der Sohn ist das Leben der Welt,
    also hüte ich das Leben der Welt.
    Der Sohn wird die Welt erlösen,
    also werde ich zur Erlösung führen.

Besteht ein Zusammenhang zwischen deiner Darreichung von Brot und Wein an Abraham (Gen. 14,18) und der Kommunion beim letzten Abendmahl?

Melchisedek: Brot und Wein legte der Sohn in mich, und also gab ich es der Erde.

Was bedeutet dein Hohepriestertum?

Wahrlich, ich sage euch: Niemand ist Priester ohne mich. Der Priester ist Priester in mir, so wie ich Priester bin im Sohn, und wer aus mir fällt, hört auf, Priester zu sein. –
Der Bote (erläuternd): Melchisedek wurde als der Hohepriester geschaffen, und das heißt zweierlei: Er ist der Lehrer aller Lehrer, die Unterricht in Priestertum und der Kultur des Priestertums erteilen, und: er ist der Priester aller Priester. Die Weihe ist etwas Hochheiliges. Nicht nur der inkarnierte Mensch wird geweiht, sondern seine Seele geht ein in Melchisedeks Sein und ist fortan von ihm durchflutet.

Sind evangelische Pfarrer Priester in Melchisedek?

Ja, gewiß, nicht nur katholische. Es kommt für alle Priester darauf an, wie weit sie den Grundsätzen des priesterlichen Wirkens treu und wahrhaftig ergeben sind. Es gibt auch vorchristliche und nichtchristliche Weihen, die das Priestertum einer Seele begründen konnten. Sie galten zwar nicht dem Sohn, aber der Mutter oder dem Vater. Auch sie sind Priester in Melchisedek.

Ist das Priestertum an die Innehabung des priesterlichen Amtes gebunden?

Mancher, der als Priester erscheint, ist keiner, manch einer, der nicht als Priester erscheint, ist einer. Es inkarnieren sich ja immer nur Teile einer aus zwölf Seelen bestehenden Gesamtseele[7], und es kann sein, daß ein Teil einmal – oder öfters – Priester gewesen ist, während jetzt ein nicht-priesterlicher Teil inkarniert ist.

Gleichwohl gehört der priesterliche Seelenteil zu den menschlichen Wesen hinzu. Der Sonnenengel wacht über viele Leben, und durch ihn sind alle, die zur Gesamtseele gehören, einbezogen. Wer einmal zum Priester geweiht ist, der ist mit diesem Seelenteil immer der Weihe unterworfen und bleibt es in Ewigkeit. Zu jeder Gesamtseele sollte ein geweihter Seelenteil gehören.

Worauf kommt es beim Priester an?

Der Bote: Der Priester wird von Melchisedek nicht nur in seiner getreulichen Amtsausübung unterwiesen, inspiriert, gestärkt. Er wird von ihm »erprüft«, d. h. nicht in einem einmaligen Akt geprüft, sondern sein Leben lang ständig geprüft, und zwar nicht nur während seiner zeremoniellen Amtsausübung, sondern in seiner ganzen Lebensführung. Das gilt übrigens nicht nur für den Priester.[8] Das mag euch belastend erscheinen: Denn ihr werdet ständig beobachtet – allerdings in viel Liebe, Hoffnung und Vertrauen. Doch auf der anderen Seite ist es auch entlastend: Ihr habt das ganze Leben hindurch immer neue Chancen, neu anzufangen und es besser zu machen.

Ein Priester fällt aus Melchisedek und dem Priesterstand heraus, wenn er etwas für wichtiger erachtet als den Sohn (oder – bei nichtchristlichen Priestern – als Mutter oder Vater, je nachdem, wem er geweiht wurde). Der christliche Priester z. B. soll sich immer wieder erneut auf die Erlösung ausrichten, und das bedeutet Hingabe, Vergebung, Ertragen der Fehler anderer. Der Sohn war Meister im Sinne der Güte, des Vergebens, des Lehrens, Heilens, Tröstens, Gutmachens, Aufnehmens, und so soll es der Priester auch halten.

Das sind sehr hohe Anforderungen – aber es geht nicht anders. Nicht nur in der Hitlerzeit und unter dem Kommunismus, sondern auch in normalen Zeiten hat sich gezeigt, wie Priester reihenweise aus Melchisedek herausgefallen sind. Es geht darum, daß der Priester das Bild des Priesters in sich lebendig erhält. Im christlichen Priester ist der Sohn in Fleisch und Blut anwesend – immer und überall. So hält Melchisedek den Priester hochheilig und würdigt ihn.

Der heilige Augustinus hat in seinem Kampf gegen die Donatisten betont, ein von einem unwürdigen, in Sünde lebenden Priester gespendetes Sakrament sei gleichwohl gültig und wirksam, und die Kirche hat sich diesen Gedanken in der Lehre vom »opus operatum« zu eigen gemacht. Ist diese Lehre richtig?

Ja und nein. In ganz schweren Fällen wird dann dafür gesorgt, daß der Priester auch aus seinem Amt entfernt wird, so daß die schwere Diskrepanz zu seinen Lebzeiten deutlich wird.

Hält der Himmel die Diskrepanz noch für tragbar, so sorgt er dafür, daß alle seine kirchlichen Handlungen von Engeln begleitet und abgesichert werden, so daß diese wirksam sind.

Liegt ein schwerer Fall vor, wenn ein Priester mit einer Frau lebt?

Es kommt auf die innere Lage und Motivation an. Wo den Priestern die Ehe gestattet ist, sind sie auch als Verheiratete Priester in Melchisedek. Es gibt aber auch katholische Priester, die – obwohl sie sich zum Zölibat verpflichtet haben – in einer wahrhaftigen Beziehung zu einer Frau stehen. Die Frage ist dann: Wieviel Würde, Ehre, Liebe und Hochachtung bringt der Priester der Frau entgegen? Welche Gründe hat der Priester, der das tut?

Wird ein Priester aus seinem Amt entfernt, muß man dann schließen, er habe das Amt verloren, weil er aus Melchisedek herausgefallen ist?

Nein. Wenn dafür gesorgt wird, daß Priester, die sich schwer vergehen, aus dem Amt entfernt werden, so erlaubt das nicht den Umkehrschluß: Wer aus dem Amt entfernt wird, habe sich schwer vergangen. Daß er sein Amt verloren hat, kann ganz andere Gründe haben.

Worauf achtet Melchisedek bei Menschen, die nicht Priester sind?

Es kommt darauf an, dem Priesterlichen, das in ihrer Gesamtseele enthalten ist, Raum zu geben, d. h. im ganz normalen Alltag priesterlich mit sich und der Welt umzugehen. Im christlichen Bereich z. B. ist die Frage: Wie streng sind sie Christen, wie weit bemühen sie sich, Lehre und Vorbild Christi nachzuleben? Wie heilig halten sie sich und die Welt insgesamt? Wie gut gelingt es ihnen, den Alltag zu durchheiligen und zu feiern?

Worauf wäre besonders zu achten?

Erstens: auf das Bemühen um Respektierung und Würdigung seiner selbst und der anderen Menschen, ihrer Gesellschaften und Institutionen, aber auch der Tiere und Pflanzen – der ganzen Natur.

Zweitens: auf den Raum, den ihr dem Feierlichen auch im Alltag gewährt. Ihr könnt z. B. das Frühstück als Morgenfeier gestalten, das Spazierengehen, das Insbettbringen von Kindern, das Aufräumen als feierliche Akte erleben. Ihr solltet auch die Handlungen des Alltags bewußt tun und ihnen einen »höheren Sinn« geben.

Drittens: Während ihr einerseits Recht und Ordnung respektiert, solltet ihr andererseits Gnade vor Recht gehen lassen.

Viertens: Ihr solltet gleichermaßen kritisch und behutsam sein, also einerseits kritisch hinschauen, die Dinge überprüfen, Fragen stellen, offene Fragen erkennen, andererseits behutsam mit Fragen und Antworten umgehen. Das bedeutet auch, die Fragen zu hinterfragen: z. B. Warum fragst du? Mit welcher Kompetenz, aus welchen Motiven?

Fünftens: Achtet darauf, wieviel Licht und Segen ihr spendet, wieviel Himmel ihr ins Leben bringt, also nicht nur darauf, wie ihr weiterkommt, sondern vor allem darauf, daß ihr mit vollen Händen von oben nehmt, um weiterzugeben. Im Bild: Es kommt nicht nur darauf an, wie hell der Kopf ist, sondern wieviel Licht an den Schuhen haftet, d. h. wie ihr mit den Füßen auf die Erde (und vielleicht auf Menschen) tretet. Hinterlaßt Segen, wo immer ihr hingeht.

Es zeigen sich manche Parallelen zwischen Melchisedek und dem Bodhisattva: Beide sind Diener des Sohnes, für beide gilt das Bild des armen Wanderers. Worin liegt der wesentliche Unterschied?

Melchisedek ist der Hohepriester, der Bodhisattva ist der Hohelehrer – so würde man das Wort »Bodhisattva« am besten übersetzen. Seine Aufgabe ist die allerhöchste Beratung, die Weisung, die Lehre.[9] –

Man sagt, Melchisedek habe gewaltige Macht und könne z. B. eingreifen, wenn ein Atomkrieg unmittelbar vor dem Ausbruch stünde und mit der Gefahr zu rechnen wäre, daß die Erde für Menschen endgültig unbewohnbar würde. Ist das richtig?

In einem solchen Fall könnte Melchisedek Naturkatastrophen ungeheuren Ausmaßes auslösen – gewaltige Erdbeben, Überschwemmungen oder dergleichen; Katastrophen, die zwar auch verheerende Konsequenzen haben, aber die atomare Weltvernichtung abzuwenden versuchen. – Schaut einmal auf die Erde aus der Perspektive eines Astronauten. Ihr seht den blauen Planeten wie einen kleinen Edelstein. Ihr wißt, mit welch unglaublich liebevollem Blick der Sohn auf die Erde schaut, sie in seiner Hand hält, sie zärtlich streichelt. Man würde also wohl die Zerstörung dieses Planeten durch seine eigenen Bewohner zu verhindern suchen. Melchisedek hätte in der Tat auch die Macht dazu.

Aber um diese Macht auszuüben, bedürfte er der Erlaubnis des Vaters. Wegen des Primats der Freiheit ist es nicht gewiß, daß der Vater sie erteilt, und auch Melchisedek ist an den Primat der Freiheit gebunden. Es wird also darauf ankommen, was die Menschen in ihrer Mehrzahl wollen. Wenn sie Kampf und Haß höher schätzen als den Frieden, ja selbst das Leben, wird der Vater sie gewähren lassen. Es ist allerdings ziemlich unwahrscheinlich, daß sie das wirklich wollen. Wollen sie das nicht, sind nur einzelne übermächtige Doppelgänger von Politikern und ihnen hörige Naturgeister am Werk, dann darf man hoffen, daß der Vater Melchisedek die Erlaubnis zum Eingreifen erteilen wird. Ihr könnt durch eure Arbeit daran mitwirken, daß die Menschen Frieden und Leben immer höher schätzen lernen. Das solltet ihr tun. Panische Reaktionen wegen der Möglichkeit der Erdvernichtung sind euch nicht gestattet.

Was für ein Bild dürfen wir uns von Melchisedek machen?

Melchisedek: Das Bild eines Bettlers, der die Füße des Sohnes küßt.

Dürfen wir dich anrufen – wann und wie?

Melchisedek: Ruft mich nicht, sondern trachtet, meiner Begegnung würdig zu werden.
 Der Bote: Melchisedek beliebt euch immer wieder zu begegnen, ihr braucht ihn nicht zu rufen. Mal begegnet er euch als Wanderer, als Armer, als Bettelnder, als ein Mensch ohne Rang und Namen. Mal schaut er euch zu, wenn ihr einem solchen Menschen begegnet: Er ist dann z. B. in der Amsel gegenwärtig, die über euch zwitschert, oder in einer kleinen Fliege auf deiner Nase, oder im Gänseblümchen am Wegesrand, er schaut zu und sieht, wie ihr euch verhaltet. Das tut er keineswegs nur bei Priestern, sondern ebenso bei anderen. –
 Zum Abschluß möchte ich noch einmal auf die Architektur des

Himmels zurückkommen: Vergegenwärtigt euch die Krone aus drei Ringen: die 12 Dome, darüber den Dom der Heiligen, darüber den Kreis der Jünger, darüber die Trinität. Erlebt in eurem Empfinden die Größe und die Herrlichkeit des Himmels. Stellt euch vor, ihr steht als ganz kleine Menschen auf der Straße und um euch herum ragen prachtvolle Dome von riesiger Größe in die Höhe, darüber erkennt ihr Teile eines noch größeren Domes, und darüber erahnt ihr noch den Kreis der Jünger in einer schlichten, aber lieblichen Landschaft, und über dem Ganzen die Heilige Trinität. Laßt euch von der gewaltigen Größe und Schönheit dieses architektonischen Kunstwerks beeindrucken, öffnet ihm Herz und Sinn.

Und dann sprecht mit innigster Empfindung die Worte: »Denn Dein ist das Reich und die Kraft und die Herrlichkeit« und erfüllt sie mit Sinn und Leben: Dein Reich reicht von der Erde über die ganze Himmelsarchitektur bis hinauf zur Trinität. Zu Deiner Kraft gehören alle dort wirkenden und helfenden, stets zum Einsatz bereiten Boten, Meister, Heiligen, Diener, die ganze neunstufige Hierarchie von den Engeln bis hinauf zu den Seraphim. Und Deine Herrlichkeit offenbart sich in der Schönheit und dem Glanz Deines Reiches von der Erde bis zu den höchsten Höhen dieser Himmelsarchitektur, die zwar schlicht, aber in ihrer wundervollen Erhabenheit durch nichts zu übertreffen ist. Und erfüllt euch mit Staunen und Dankbarkeit.

Denn Dein ist das Reich
und die Kraft
und die Herrlichkeit
in Ewigkeit
Amen.

Sonntag, 28. 7. 96

Beim Königspaar von Raum und Zeit

∞

Ein »Herold« des Königspaares von Raum und Zeit, größer als Agar: Die Abmachung ist bestätigt, ihr werdet erwartet. Der Aufstieg erfolgt ähnlich wie bei der Hierarchie der Engel durch Schritte des Dankes – nur bildlicher: Ihr schreitet einen gleichmäßig ansteigenden Berg hinan. Ich gehe vorneweg.
1. Ihr dankt den Naturgeistern, sie freuen sich, grüßen und schwenken Hüte. Ihr grüßt und verneigt euch.
2. Ihr dankt dem König, er läßt herzliche Grüße ausrichten. Ihr verneigt euch wiederum.
3. Ebenso bei den Hütern der Elemente.
4. Ebenso bei den Hütern der Pflanzen und bei den Hütern der Tierseelen. Hier seid ihr schon jenseits der Baumgrenze: Es ist felsig, ansonsten gibt es nur noch Moose.
5. Ebenso bei den Hütern der heiligen Tiere, der heiligen Pflanzen und der heiligen Steine.

Auf der sechsten Ebene, die den Kyriotetes entspricht, seht ihr »ewiges Eis«. Ihr seht einen riesigen Palast, eine Halle aus Eis – bläulich, aber nicht kalt, wie es den physikalischen Gesetzen auf Erden entspräche, sondern in angenehmer Temperatur. Das ist möglich, weil es ja kein materielles Eis ist.

Dem Königspaar könnt ihr nicht persönlich von Angesicht zu Angesicht gegenübertreten, sondern vor ihm findet sich ein Vorhang, auf dem sie – ähnlich wie ihr das von Schattenbildern kennt

– in verkleinerter Form sichtbar werden, so daß der Anblick menschlich verträglich wird. Ihr seht lebendige Bilder von einem sitzenden Paar, das allerdings noch immer wesentlich größer ist als ihr. Seine Gewänder bedecken die Füße. Das ihre ist aus Wolken, das seine aus Wind. Sie sitzen ganz eng zusammen und wirken als Einheit. Der Gesichtsausdruck der Königin ist gütig, etwas sorgenvoll und mütterlich, der des Königs ist strenger, klarer, strukturierter.

Repräsentiert er den Raum, sie die Zeit?

Nein – beide beides unter verschiedenen Aspekten: Sie zeigt den Aspekt des Geborgenheit-Schenkenden, Umgebenden, Behütenden, Tröstenden, er den Aspekt des Strengen, Fordernden, Ausrichtenden, Prüfenden, Drängenden, Befehlenden. Es gibt sowohl Räume als auch Zeiten, die trösten und Geborgenheit vermitteln, wo einem weich und wohl wird, und solche, wo man gedrängt, geprüft, herausgefordert, strikt geführt wird. Beide Aspekte sind im guten, lichten Sinn zu verstehen. –

Was ihr hier wahrnehmt, ist natürlich nur eine der menschlichen Vorstellungswelt angepaßte bildliche Darstellung, wie ihr sie ja auch von Engeln kennt, die euch mit Gesicht und Gewand beschrieben werden, obwohl sie an sich reine Geistwesen sind.

Ihr seht: Das Königspaar sitzt Seite an Seite, euch zugewandt, sie, von euch aus gesehen, rechts, er links. Die einander zugewandten Hände haben sie aufeinander- und ineinandergelegt und machen damit identische Gesten. Mit der freien Hand tun sie etwas: Sie wirft Licht in die Luft und läßt neue Regenbogen entstehen, z. B. mit neuen Farbkombinationen und in neuen Formen. Er spielt mit Staub, wirft ihn in die Luft, oder zerbröselt Erdkrumen. Daraus wird erst goldgelber Lichtstaub, der dann in allen Farben spielt und schließlich in alle Richtungen verweht. Es sieht aus, als läßt er das ganze Planetensystem entstehen oder, wenn er viel in die Hand nimmt, ganze Milchstraßen, dann wieder einen einzelnen Stern mit Steinchen besetzt. Er läßt so alle möglichen

Gebilde entstehen und vergehen; er spielt mit ihnen, bis sie im Wind zerstieben.

Beide spielen hochkonzentriert und in heiligem Ernst, zwar mit Kindlichkeit, d. h. mit dem Vergnügen und der Freude des Spiels, aber es ist doch ein Akt des Mitschöpfertums. Beide können herzlich lachen und sich freuen an dem, was der andere gerade »erspielt« hat.

Ihr werdet jetzt vorgestellt und dürft eure Geschenke übergeben. Das Königspaar: Wir danken euch. Ihr dürft Fragen stellen.

Stephen W. Hawking[10] verknüpft die allgemeine Relativitätstheorie mit der Quantenmechanik und kommt zu dem Ergebnis: Raum und Zeit bildeten zusammen einen vierdimensionalen Raum ohne Grenzen, insbesondere ohne Anfang und Ende in stetigem Sein, kurz, die sog. »Raumzeit«, in der Raum und Zeit nicht unterscheidbar seien. Er stellt damit die in unserem Jahrhundert in der Wissenschaft sonst geltende Theorie in Frage, wonach das Universum aus einem Urknall entstanden sei, sich ausdehne, dann wieder schrumpfe und zusammenstürze. Er nimmt an, daß das sich ausdehnende Universum sich nicht wieder zusammenziehen wird. Ist das richtig?

Betrachte uns: Wir sind zwei in einem, mit vier Händen und vier Augen bilden wir eine Einheit. Wir sind aber nicht ohne Anfang und ohne Ende, sondern im Beginn der Schöpfung geschaffen und werden mit der ganzen Schöpfung zum Vater heimkehren.

Der Herold: Was die Theorie vom »Urknall« betrifft, so ist es ungewöhnlich, ja ungebührlich, die Schöpfung mit einem Knall zu vergleichen. Die Schöpfung knallt nicht. Überhaupt stammt die Vorstellung aus den Hierarchien zur Linken, die den Gedanken vernebeln wollen, daß Schöpfung immer ist.

Die Theorie vom »Urknall« läßt das Weltall aus einer Explosion entstehen, die plötzlich und mit größter Vehemenz aufgetreten sei und die Materie in alle Richtungen auseinandertreibe. Der

Rest des Geschehens sei die mechanische Folge dieser Explosion. In Wirklichkeit liegt im Ursprung die Entscheidung Gottes zur Schöpfung, und dieser folgte nicht nur ein einmaliger Schöpfungsakt, sondern eine bis heute anhaltende ständige Schöpfung.

Es ist sehr schwer, ein dem menschlichen Vorstellungsvermögen nachvollziehbares Bild dieses Ursprungs zu vermitteln. Vielleicht könnt ihr euch einem solchen Bild annähern, wenn ihr euch vorstellt, Gott habe sich in einem Zustand versonnener, lächelnder, in sich ruhender, kontemplativer, fast möchte man sagen »träumerischer« Selbstbetrachtung befunden. Er trug alles, was einmal seine Schöpfung ausmachen würde, in formloser, unbewegter Verfassung in sich. D. h., die Inhalte waren noch ohne Form, ohne Abgrenzung, im Vater war alles eins. Und es gab keine Veränderungen, keine ablaufenden Prozesse, keine Entwicklung – wie in der Welt der Urbilder. Gott »machte« nichts mit dieser Innenwelt, er betrachtete sie.

Doch er wachte auf, sein Bewußtseinszustand wandelte sich aus einem passiv-träumerischen in einen aktiv entscheidenden und handelnden. Er fragte sich: »Das bin ich?« und antwortete: »Ja, das bin ich!« Er faßte den Entschluß, Teilen seiner Innenwelt eine Form zu geben, sie nach außen in die Präsenz zu setzen, sie »auszuatmen«, sie in die Freiheit und in die Entwicklung zu entlassen, sich insofern zurückzuziehen, um alsdann entzückt und neugierig zuzuschauen, was daraus wird. So schuf er den Unterschied von Innenwelt und Außenwelt, und damit schuf er Raum und Zeit. So wurde Gott zum Vater, auch zu unserem Vater. Seine Schöpfung bestand nicht in einem einmaligen, anfänglichen Akt. Er bleibt der Schöpfer, der immer neue Teile seiner Innenwelt in die Außenwelt setzt. Schöpfung ist ständig, sie ist nicht abgeschlossen.

Richtig ist: Gott hat die Schöpfung so angelegt, daß sie sich ausdehnt oder besser: daß sie *ständig wächst*. Denn »Ausdehnung« bezeichnet bloß die Zunahme an Raum. Diese ist aber sinnvoll und zielgerichtet, d. h. eher dem Wachstum einer Pflanze vergleichbar. Die Wachstumskraft ist nicht identisch mit dem, was ihr Zentrifugalkraft nennt, sie ist nicht Folge einer Explosion. Wäre sie das, so erfolgte die Ausdehnung kugelförmig. Das Universum hat aber nicht die Gestalt einer Kugel, sondern die eines riesengroßen Eis. Der Vater hält, bildlich gesprochen, dieses Ei in seiner Hand und betrachtet mit liebevollem Blick, wie es sich immer schöner, immer idealer, immer größer und grandioser auf sein Formziel zu bewegt. Sein Wachstum erfolgt zwar in alle Richtungen, aber nicht in jede Richtung gleich schnell, so daß die Eiform entsteht.

Ihr kennt ja, so wurden wir unterrichtet, die Himmelsarchitektur mit den drei übereinanderliegenden Kronen oder Domen und dem darüberliegenden Dreieck oder besser, da es räumlich zu sehen ist, einer kegelförmigen Pyramide. Stellt euch vor, ihr zeichnet um das Ganze herum eine Umhüllung, so gewinnt ihr die Form eines Eis, und diese bildet tatsächlich die Gestalt des Universums. Am schmaleren Ende des Eis überwiegt der geistige Teil, am breiteren der materielle. Dieses Wachstum strebt seinem Formziel zu, d. h., es endet nicht und kehrt sich nicht um. Die Gravitationskraft wird die Wachstumskraft nie übersteigen, d. h., das Universum wird nicht wieder zusammenstürzen.

Wenn ihr fragt: Was war erst, das *Huhn oder das Ei*? So ist die Antwort: das Ei. Das Ei ist die Grundform alles Seienden, es ist sein Formziel und wird auch die Endform des Universums sein. Wenn die Schöpfung zum Vater heimkehrt, so nicht etwa, indem sie zusammenbricht und zum Ort einer Ur-Explosion zurückkehrt. Vielmehr wird der Vater sie, wenn sie ihr Formziel erreicht hat, umfassen und in sich aufnehmen. Sie wird in ihm sein in der Ewigkeit, d. h., Raum und Zeit werden nicht mehr sein; und wir, das Königspaar von Raum und Zeit, werden wieder in ihm sein und in ihm ruhen.

Hawking nimmt an, daß es mehrere Universen geben könnte, ferner, daß bei der Erschaffung unseres Universums die es bestimmenden Gesetze bereits vorgegeben waren und der Schöpfer allenfalls zwischen verschiedenen Gesetzen hat wählen können. Was ist dazu zu sagen?

Wagt euch nicht zu weit vor. Es mag genug sein, sich über ein Universum den Kopf zu zerbrechen, das ist schon weit mehr, als euer Verstand zu erfassen vermag.

Könnt ihr uns bitte die Substanz des Raumes und der Zeit ein wenig erläutern?

Das Königspaar: Schaut, wir sind die Wolken und der Wind. Der Wind treibt die Wolken, und er löst sie auf, und die Wolken machen den Wind sichtbar. Wenn Wind und Wolken sich vermählen, dann ist es vollbracht.

Der Herold: Gott schafft Raum und Räume mit den Worten: es sei, es ist, so ist es, Amen; Zeit mit den Worten: es werde. Alles, was ist, fordert Raum oder nimmt ihn ein, nicht nur in der Materie, sondern auch in Herz und Gedankenwelt. Ihr könnt z. B. fragen: Welchen Raum nimmt diese Idee, diese Tugend, dieser Wert usw. in einem Menschen oder einem Volke ein? Auch eure Innenwelt und die Himmelsdome bestehen in diesem Sinn aus Räumen. Sie sind nicht materiell sichtbar, aber sie sind nicht nichts, sie haben ihre Substanz, ihre Schwingungsfelder. Jeder Inhalt, alles Seiende benötigt Raum. Im Schöpfungsakt gibt der Vater dem Inhalt seiner Innenwelt Form, macht ihn unterscheidbar, abgrenzbar. Er setzt ihn aus sich heraus oder anders gesagt: Er zieht sich aus ihm zurück. Er bleibt zwar in ihm gegenwärtig, aber in dem Sinne, wie der Maler in seinen Bildern oder der Komponist in seinen Werken gegenwärtig bleibt.

Zugleich haucht er dem geformten, raumeinnehmenden Inhalt den Odem des Lebens ein, d. h., er versetzt ihn in die Freiheit und damit in die Zeit. Freiheit ist nur sinnvoll in der Zeit: Sie bedeutet die Möglichkeit zur Entwicklung, zu Entscheidungen, zu Prozessen, zu Gesprächen, zu verschiedenen Wegen.

So wie der geformte Inhalt Raum beansprucht, so die Lebendigkeit Zeit. Der geformte Inhalt lebt noch nicht, er bildet das Rohmaterial. Der Odem des Lebens versetzt das Wesen, das der Vater aus sich herausgesetzt hat, in die Zeit, damit in die Lebendigkeit und damit in die Schulung hinein. Es verändert sich. Es entwickelt sich wie das Samenkorn zum Baum oder schreitet auf frei gewählten Wegen und Umwegen und orientiert sich letztlich an dem ihm gesetzten schönen Idealzustand, in dem es zum Vater heimkehren wird. Der Vater hat sich zurückgezogen, er greift nicht mehr ein, respektiert seine Freiheit, ist dem Handeln des Wesens, in dem er ist, ausgeliefert, schaut ihm zu, so wie ein Junge ein Schiffchen in den See hinausgestoßen hat und zuschaut, wohin es treibt. Raum ist die Bedingung der Form, Zeit die Bedingung der Bewegung, der Veränderung, der Freiheit, kurz der Lebendigkeit.

Das Innere Kind, das in eurer Inneren Krypta lebt, hält das, »Es sei« und das »Es werde« wach und in der Balance. Es hält euch im Raum, den eure Grundgegebenheiten, eure Wesensart, eure Qualitäten benötigen, und es erfüllt euch mit immer erneuerter Lebendigkeit, bewahrt euch vor Erstarrung, sorgt für die ständige Präsenz des Lebenshauchs.

Raum und Zeit bilden eine Einheit, eine »Raumzeit«: Keine Zeit ohne Raum und kein Raum ohne Zeit. Alles, was ist, wird auch, ist ein Wachsendes. Nichts bleibt, wie es ist, alles fließt, alles Existierende unterliegt der Entwicklung, bleibt aber mit sich identisch. Ihr seid noch immer der Mensch, der ihr als Kind gewesen seid. Raum und Zeit spielen zwischen dem stehenden Bild und dem Fluß der Veränderung. Ihr könnt einen Film anhalten und das Bild eines Moments betrachten, aber der Film eures Lebens zeigt dieses in seinem fließenden Ablauf. Nie kann man endgültig sagen: Das bist du und ebenso wenig: du verwandelst dich ins Unbestimmte hinein, sondern stets nur: Werde, der du bist. Erst wenn ihr zum Vater heimgekehrt sein werdet, lebt ihr wieder in der Ewigkeit, d. h. ohne Raum und Zeit. Das bedeutet: Der Inhalt gibt seine Form auf, ist als purer Inhalt vorhanden, eins mit allem wie in einem Lichtmeer, und unterliegt keinen Veränderungsprozessen mehr, denn alles wird gut sein. Eure Identität bleibt euch nur als Erinnerung erhalten.

Sind wir nicht schon nach dem Sterben außerhalb von Raum und Zeit?

Ja und nein. In der Ewigkeit lebt nur die Trinität. Die himmlischen Hierarchien und die Seelen der Verstorbenen leben zwar nicht in den irdischen Verhältnissen von Raum und Zeit. Für sie sind tausend Jahre wie ein Lidschlag oder, wie es im Psalm heißt, wie ein Tag (Ps. 90,4); sie können Jahrmillionen der Evolution abwarten, ohne daß ihnen die Zeit lang wird, sie schauen ihr interessiert zu und lächeln. Das bedeutet zwar, daß ihr Verhältnis zur Zeit ebenso flexibel ist wie ihr Verhältnis zum Raum; es ist viel lockerer, als ihr es auf Erden erlebt. Aber es ist nicht in der Ewigkeit aufgehoben.

Das ist für den menschlichen Verstand schwer zu fassen, weil er nun einmal in Raum und Zeit eingebunden ist. Das Thema interessiert im ganzen Universum niemand außer den irdischen Menschen mit ihrem Theoriebedürfnis. Versucht nicht, es mit dem Verstand so zu durchdringen, daß ihr es wirklich verstehen könntet – das gelingt euch nicht. Es genügt, daß ihr ein Gefühl für Raum, Zeit und Ewigkeit gewinnt.

Das Ziel ist, leicht durch Raum und Zeit zu gehen, sich an beidem zu freuen, aber von beidem unabhängig zu machen. Das Haus, in dem du dich eingerichtet hast, wirst du verlassen, du bist ein immerwährender Wanderer. Du machst dich unabhängig von Räumen – auch von Beziehungsräumen, von Lebensräumen, von Berufen und sonstigen Rollen. Deine Rollen sind Aktionsräume, halte dich bereit, sie so wie jeden Raum zu verlassen. Das Begreifen der Zeit wird nur dann schwierig, wenn du sie an den Raum anprallen läßt, nicht aber, wenn du immer weiterschreitest. Hast du diese Leichtigkeit, dann wirst du sie auch im Sterben haben.

Nach der Relativitätstheorie Einsteins gibt es keine absolute Zeit, sondern das Zeitmaß hängt sowohl von der Subjektivität des Beobachters einer Bewegung im Raum ab als auch von dem Ort, an dem er sich befindet. Was ist dazu zu sagen?

Der Grundgedanke ist richtig und liefert euch den Schlüssel für ein flexibleres Verständnis von Zeit. Diese hat viele Gesichter, viele Strukturen; die gemessene Zeit ist nur ein Konstrukt. Um ein Gefühl für die Realität der Zeit zu entwickeln, ist es hilfreich, sich die Frage zu stellen: »Wie alt bin ich – wo, in welchem Organ?« und sich zu vergegenwärtigen, daß ihr selbst eine Vielzahl von Zeiten, Räumen und Raumzeitverhältnissen darstellt. Kommt es auf das Alter der Zellen an? Einige erneuern sich nach wenigen Tagen, andere nach Jahren, die Nervenzellen gar nicht. Kommt es auf die Atome und Moleküle an, oder auf das genetische Material, das sich in wenigen Stunden erneuert? Oder auf das Alter des Organs, z. B. der Leber, die wechselnde Bestandteile zu einem sinnvollen Ganzen zusammenfaßt und euch vor Augen führt, daß das Ganze mehr ist als die Summe seiner Teile? Kommt es auf die Geschwindigkeit des Wachstums an, das bei Zähnen und Knochen langsamer verläuft als bei Fingernägeln, Haaren und inneren Organen? Kommt es auf die Kontinuität oder Diskontinuität der Organtätigkeiten an? Kommt es auf das körperliche Geborensein an oder auf das Alter eurer Innenräume? Wie viele Inkarnationen liegen hinter euch? Seid ihr älter als eure Inkarnationen – älter als die Erde? Wann seid ihr geschaffen?

Eine hübsche Übung, euch in ein stimmiges Verhältnis zu einem Raumzeitverständnis zu setzen, besteht darin, daß einer den anderen fragt: »Wie alt bist du?« und sich mit keiner Antwort zufriedengibt, sondern die Frage ständig wiederholt.

Man hat aus der Relativitätstheorie geschlossen, daß theoretisch Zeitreisen in die Zukunft oder in die Vergangenheit denkbar wären. Ist das richtig?

Insofern ist die Theorie modifikationsbedürftig. Um in die Zukunft zu reisen, müßte das Raumschiff einen Weg zurücklegen. Das setzt voraus, daß es eine festgelegte Zukunft oder mehrere Zukünfte gäbe. Es gibt aber nur eine unendliche Vielzahl möglicher Zukünfte: Ihr würdet zerfließen in einem Meer der Möglichkeiten. Auch wenn es mehr oder weniger wahrscheinliche Möglichkeiten gibt – prinzipiell sind sie offen, sind gleichwertige Möglichkeiten. Das Raumschiff könnte nie landen – denn sonst gäbe es keine Freiheit und der Vater wäre um das Prinzip der Schöpfung gebracht. Die Science-fiction-Romane, die das zugrunde legen, sind natürlich Unfug.

Eine Reise in die Vergangenheit wäre insofern vorstellbar, als der Weg zu einem festliegenden Ziel führt. Aber real angekommen, stündet ihr wiederum vor einer Vielzahl offener Zukunftsmöglichkeiten, während in Wirklichkeit aber die Entscheidung zwischen ihnen bereits gefallen ist – sonst hättet ihr nicht starten können. Ihr könnt die Entscheidung bereuen, aber ihr könnt sie nicht mehr anders treffen.

Ihr könnt in die Vergangenheit reisen, indem ihr sie in Erinnerungen gegenwärtig macht, euch in ihre Situationen und Zusammenhänge, in die mit ihnen verbundenen Interessen- und Gefühlslagen versetzt. Sie kommt auch zu euch in Erinnerungsstücken, alten Bauwerken, Möbeln, Bildern, Überlieferungen, Sprachfeldern, Bräuchen und Traditionen. Eure Lebensräume sind ja voll von erinnerungsbehafteten Gegenständen und auch von vorgeschichtlichen Funden. Sie sind Stücke geronnener Vergangenheit, mit denen ihr euch verbindet – sie kommen zu euch und ihr geht zu ihnen –, während ihr aber mit einem Bein in der Gegenwart stehen bleibt. Ihr könnt nicht mit beiden Beinen in die Vergangenheit reisen, weil euch der Schöpfer einen »Schub« in nur eine Richtung gegeben hat. Das Ziel ist Wachstum, Entwicklung; eine Umkehrung der Bewegungsrichtung ist nicht möglich. Zwar werdet ihr zum Vater heimkehren – aber der Weg zur Heimkehr führt euch nicht rückwärts, sondern vorwärts.

Uns wurde öfters gesagt, für den Himmel gebe es keine Zeit, es sei alles gleichzeitig.

Alles Vergangene und Gegenwärtige ist gleichzeitig zugänglich. Die Gleichzeitigkeit bezieht sich nicht auf die Zukunft: Für diese gilt das Prinzip der Gleichmöglichkeit aller denkbaren Zukünfte, d. h. aller offenen Varianten und noch nicht getroffenen Entscheidungen. Die Gegenwart hat keine zeitliche Ausdehnung, sie ist der Treffpunkt von Vergangenheit und Zukunft, der fließende Übergang, die Lebendigkeit, die aus der Vergangenheit schöpft und die Zukunft gestaltet. In der Chronik wird alles Vergangene bewahrt und für die Gegenwart verfügbar. Im menschlichen Bewußtsein ist es insoweit bewahrt und verfügbar, als es in der Erinnerung gegenwärtig ist und in die Gegenwart hineingetragen wird. Echte Vergangenheit ist nur das endgültig Vergessene: Es ist »vergangen« im Sinne von: getilgt, ausgelöscht, keine präsente Größe in der Gegenwart bewußten menschlichen Handelns. Die Römer zeigten in ihrer Praxis der »damnatio memoriae« Sinn für diese Bedeutung der Vergangenheit. Aber in der Chronik bleibt alles Vergangene, auch das Vergessene, zugänglich und hat an der Gleichzeitigkeit teil.

Ist es sinnvoll, die Geschichte im Bewußtsein lebendig zu erhalten, z. B. in Museen, Denkmälern, der Pflege von Monumenten?

Oh ja, das gibt einer Kultur inneren Reichtum, denn das Bewußte wird zu seiner Gegenwart. Die Erinnerung an die Vergangenheit eures Volkes, auch an die schlimmste (z. B. Auschwitz) bereichert die Erfahrung und hilft zur besseren Orientierung, sollte aber euer Gewissen nicht belasten. Die Vergangenheitsbetrachtung ist sinnvoll, wenn sie darüber informiert, was es alles gegeben hat und geben könnte, und zwar Gutes und Schlechtes, nicht nur

Katastrophen, Kriege, Grausamkeiten und dgl. Vergegenwärtigt euch auch die Werke der Kunst, die großen Entdeckungen, die bewundernswerten Männer und Frauen, aber auch die vielen Ungenannten, die Gutes und Schönes getan und geschaffen haben, und zwar in allen Kulturen rund um den Erdball.

Ihr könnt eure eigene Gegenwart fülliger machen, indem ihr Vasen oder Teppiche aus alten orientalischen Kulturen in eure Innere Kirche nehmt. Wenn ihr euren Kindern von vergangenen Kulturen erzählt, läßt sie die Frage beantworten: Wenn du in jene Zeit reisen könntest, was würdest du aus ihr für deine Schatzsammlung mitbringen z. B. an Büchern, Stoffen, Kunstwerken, Bauwerken usw.? Und wenn ihr ihnen Märchen und Sagen erzählt, wählt sie aus allen Kontinenten. Und gebt dem Kind für diese Stunde einen Namen aus der jeweiligen Kultur.

Die Wissenschaft rechnet mit einer Geschichte des Universums von rd. 12–14 Milliarden Jahren, mit einer Dauer der Erdgeschichte von rund viereinhalb Milliarden Jahren und mit einer Dauer der Vorgeschichte des Menschen von allenfalls 2 Millionen Jahren.[11] *Die Diskrepanz der Zeitvorstellungen ist so immens, daß sie kaum aushaltbar ist. Erklärt auch sie sich aus der Relativität von Raum und Zeit?*

Das Königspaar: Schau uns in die Augen und sieh, wie oft wir die Lider schließen. Wie viele Augenblicke zählst du?

Der Herold: Es wird eine gewaltige Wirkung haben, wenn du lernst, die Zeit in Augenblicken zu messen. –

Das Alter des Universums habt ihr zu gering angesetzt: Es beträgt ca. 18 Milliarden Jahre. Das Alter der Erde hingegen beträgt 3–4 Milliarden Jahre – macht die Dame nicht älter, als sie ist, das wäre unhöflich. Und die noch zu erwartende Lebenszeit der Sonne – und damit der Erde – beträgt weitere 5 Milliarden Jahre. Wenn ihr bis dahin noch nicht reif zur Heimkehr seid, macht es auch nichts; man wird für euch andere Plätze im Universum finden, wo ihr euch weiterentwickeln könnt.

Aber was könnt ihr mit diesen Zeitangaben anfangen? Warum interessieren sie euch? Die Wartezeit bis zur Möglichkeit der irdischen Inkarnation ist euch nicht lang geworden, weil ihr außerhalb des Leibes nicht an die irdischen Zeitvorstellungen gebunden seid; und eine künftige Wartezeit wird euch auch nicht lang werden, obwohl ihr nicht gänzlich außerhalb von Raum und Zeit lebt, wie ihr es nach eurer Heimkehr tun werdet.

Das Königspaar spielte anfangs nicht zufällig mit Regenbogen und Staub, sondern um euch zu zeigen, was eure Existenzform ausmacht, solange ihr noch außerhalb des Vaters seid. Wenn ihr heimgegangen sein werdet, was ist dann noch da? Der physische Leib zerfällt zu Staub, die persönliche Struktur zeigt den Regenbogen der Innenräume.

Das »Asche zu Asche, Staub zu Staub« beim Beisetzungsritual ist tiefsinniger, als ihr vielleicht meint, ebenso die Geste, mit der ihr Erde auf den Sarg fallen laßt. Denn da macht ihr die Handbewegung des Königs nach. Und wenn dann der Priester mit einem Aspergill Weihwasser über das Grab und die Trauernden sprengt, so imitiert er die Geste der Königin. Und tatsächlich können die Tropfen im Sonnenlicht einen Moment lang einen hauchdünnen Regenbogen entstehen lassen. So bringt die Geste zum Ausdruck: Die Seele tritt in eine feinere Raum- und Zeitform ein.

Was bedeutet in diesem Zusammenhang die Formel »bis an das Ende der Zeit«?

Wenn der Vater sich die Krone aufsetzt, d.h., wenn ihr mit der ganzen Schöpfung heimkehrt in den Vater, dann hört auch eure Existenz auf. Ihr seid dann also nicht mehr als abgegrenzte Form im Vater, d.h., ihr seid zwar da, aber nicht existent. Ihr seid vom Vater geschaffen, d. h. aus ihm herausgesetzt, aber zur Heimkehr bestimmt. Auch die Engel existieren nicht länger als die Schöpfung; auch sie haben kein ewiges Sein. Sie sind nach der Heimkehr zwar im Vater, aber als Individualitäten nicht mehr existent.

Doch alle Erinnerungen der Menschen und der Engel leben im Vater. Alle sind eins im Vater.

Die Relativität des Raumes kann mein Verstand allenfalls noch nachvollziehen. Wir stehen mitten zwischen der Kleinheit der Atome und der Größe der Galaxien, ja des Universums. Aber beim Versuch, sich die Relativität der Zeit vorzustellen, setzt er aus. Er könnte vielleicht bei genügendem Studium der mathematischen Formeln die Relativitätstheorie noch nachvollziehen, aber trotzdem die Relativität der Zeit nicht mehr begreifen. Könnt ihr mir dabei helfen?

Du weißt, ein Hund kann nicht in »Ich«-Form denken. Du kannst ihm sagen: Schau, du bist ein spezieller Hund, du hast einen Namen und ein ganz einzigartiges Leben, du bekommst etwas zu Weihnachten usw. Der Hund wird trotzdem nie wissen, was »Ich« ist. So ähnlich geht es dir mit der Relativität der Zeit. Und das ist gut so. Denn wenn der Mensch die Gleichzeitigkeit alles Geschehens erkennen und erleben könnte, so würden ihm alle Handlungsmöglichkeiten genommen. Du kannst nur handeln, indem du in der Zeit wirkst, indem du aus der Vergangenheit heraus in der Gegenwart die Zukunft gestaltest. Im Bewußtsein der Gleichzeitigkeit könntest du nicht handeln.

Auch auf der Gefühlsebene ist die Gleichzeitigkeit nur schwer nachvollziehbar; du gerietest sonst in widersprüchliche Empfindungen, wie z.B.: Du liebst und bist wütend. Es ist unmöglich, einen Menschen gleichzeitig zu umarmen und zu schlagen. Du kannst auch nicht gleichzeitig die Augen auf und zu haben. Aber allerdings kannst du sie in der äußeren Vorstellungswelt zu und dabei gleichzeitig die inneren Augen offen oder umgekehrt die äußeren Augen offen und die inneren geschlossen haben. Und nun gehe noch einen Schritt weiter: Mit den inneren Augen kannst du sehr wohl Vorgänge, die in der äußeren Vorstellungswelt zeitlich auseinanderliegen, als gleichzeitig wahrnehmen. So kommst du zu der Regel: je körperlicher, desto nachzeitiger, je weniger körperlich, desto gleichzeitiger.

Versenke dich einmal in den Sinn des Wortes »Augenblick« und versuche dir folgendes klarzumachen: Wenn du in die Augen des Königspaares schauen würdest, dann könntest du dich in sämtliche Augenblicke hineinversetzen, in alle Zeiten und Räume, und würdest sie als gleichzeitige wahrnehmen. Das mag dir ein sehr verlockender Gedanke sein, es ist auch nicht prinzipiell unmöglich, es wäre aber gefährlich. Denn dem Königspaar in die Augen zu schauen, läßt eine Sogwirkung entstehen, wie wenn du in einen Tunnel hineingezogen wirst. Das entspricht dem Sterbeerlebnis.

Tatsächlich ist es so, daß der Mensch im Sterben dem Königspaar ins Auge sieht und in den Tunnel hineingezogen wird. Das Licht am Ende des Tunnels ist dann das Licht des Vaters. Eure Sprache bringt den Vorgang gut zum Ausdruck. Ihr sagt: »dem Tod ins Auge schauen«. Ihr schaut tatsächlich im Sterben dem Königspaar ins Auge. Ihr nehmt allerdings nur ein Auge wahr, nicht alle vier Augen und nicht das ganze Königspaar.

Es mag hilfreich sein, darauf hinzuweisen, daß ihr, wenn ihr einem Menschen in die Augen schaut, vieles aus seiner Innenwelt wahrnehmen könnt, was ihr sonst nicht ohne weiteres seht. Ihr schaut den anderen in seiner Tiefe, in seiner Reife an.

Menschen etwas in die Augen zu streuen oder ihre Augen zu zerstören ist etwas, das im Sinne der Hierarchien zur Linken ist. Das gilt auch, wenn man sich nicht mehr in die Augen sieht oder wenn man den anderen übersieht, wenn ein Blick den anderen entwürdigt oder gar ihn zu vernichten sucht (jemandem »einen vernichtenden Blick zuwerfen«), oder wenn man sein Ansehen herabzusetzen versucht und Zweifel über ihn ausstreut. Das kommt alles aus den nicht-lichten Hierarchien. Hingegen ist jeder Lichtblick im Sinne des Königspaares.

Alle Beschäftigung mit dem Blick baut euch eine Brücke zum Königspaar. Der Blick ist das Äquivalent von Raum und Zeit. In den Raum zu blicken hat eine Zeitwirkung, in die Zeit zu blicken hat eine Raumeswirkung. Die »Raumzeit« erfahrt ihr besonders stark, wenn euch das Innere Kind anblickt. Empfangt ihr aber unmittelbar den Blick des Vaters, so bedeutet das die Aufhebung von Raum und Zeit; sie gehen dann ganz ineinander auf zur Ewigkeit.

Wenn ihr einem Menschen begegnet, lernt euch zu fragen: Wie ist sein Blick? und: Wie wird er angeblickt?

Zunächst aber frage dich: Wie ist mein Blick? Schau dir vor einem Spiegel selbst ins Auge und frage dich: Wie ist sein Einblick? Wie ist dein Ausblick in die Welt hinter der Welt? Wie hoffnungsfroh blickst du in die Zukunft? Wieviel Durchblick hast du? Wieviel Überblick?

In bezug auf einen anderen Menschen frage dich: Wie wünscht er angeblickt zu werden? und: Welche Art des Blickes ist ihm eigen? Strahlen seine Augen voller Liebe? Oder sind sie voller Verklemmung, Furcht und Angst? Zeigt sein Blick Bewundern, Verständnis, Gehorsam, Angst, Geborgenheit, Aufmerksamkeit, Neugier?

Wenn ihr das alles geklärt habt, habt ihr Einblick in euer Verhältnis zu Raum und Zeit, zu euren Beziehungsräumen, zu den Weltenräumen, zur Pluralität der Zeit. Jean-Paul Sartre hat die Beziehung zwischen dem Sein und dem Blick gesehen, wenn auch nicht richtig, so doch immerhin im Ansatz.[12] Einen Anklang dieser Beziehung findet ihr auch in Goethes »Faust«, wenn er seine Bereitschaft zu sterben davon abhängig macht, daß er zum Augenblick sagt: »Verweile doch, du bist so schön«.

Das richtige Verständnis aber gewinnt ihr, wenn ihr euch vorstellt, ihr seid in biblischen Zeiten dabeigewesen, z. B. als Fischer oder Zöllner, und der Herr taucht auf. Wie ist der Blick des Herrn? Wie blickt er dich an? Was tut er in dir, wie wirkt er? Wie blickst du zurück? Mit Tränen? Senkst du den Blick? Wird dir heiß und kalt? Möchtest du davonlaufen? Oder würdest du seinem Blick begegnen? Würdest du ihm durch Zeit und Raum folgen?

Das Sein hat zu tun mit dem Angeblicktwerden, und Erkenntnis hat zu tun mit der Begegnung, mit dem Ins-Auge-Blicken. In der Begegnung ist der Blick wortlos, aber auf den

Blick folgt Erkenntnis, Einsicht, Klarheit, Verständnis, Bewegung in der Nachfolge Christi.

Donnerstag, 1. 8. 96

Vom rechten Maß

∞

Ein Engel in einem rosa bis lachsfarben wirkenden Gewand (sehr sanft, zart, liebenswürdig, nicht streng, eher weiblich):

Heute lernt ihr eine neue Facette der Heilarbeit kennen. Ihr dürft mich »Sannael« nennen. Ich bin kein Friedensengel, sondern stamme aus dem Dom der Liebe. Krankheiten und Lebensprobleme entstehen häufig durch *Unstimmigkeit der Größenverhältnisse.* Z. B. stimmen die Relationen der Körperteile oder die Zellverhältnisse nicht: Es sind zu viele oder zu wenige, sie sind zu groß oder zu klein, Organe funktionieren zu stark oder zu schwach. Vergleichbare Mißverhältnisse gibt es auch auf geistig-seelischer Ebene. Z. B. wird eine bestimmte Gefühlslage übermächtig, der Mensch gerät vielleicht dauernd in Wut oder wird zu pessimistisch oder »hebt ab«, oder es verzerrt sich die Wahrnehmung der Außenwelt: Man sieht bestimmte Dinge zu groß oder zu klein, nimmt sie zu wichtig oder zu unwichtig, oder man nimmt nur noch den Himmel wahr und vergißt die Erde oder – häufiger – umgekehrt. Oder innerhalb der Wahrnehmung des Himmels treten einzelne Hierarchien oder Wesenheiten oder Aspekte so stark hervor, daß die anderen entstellt oder verloren werden.

Häufig ist auch die *Selbsteinschätzung* nicht stimmig: Man sieht sich zu groß oder zu klein, zu wichtig oder zu unbedeutend, erhebt übermäßigen Geltungsanspruch oder duldet geringschätzige Behandlung. Oder es fehlt in der Lebensführung die »goldene Mitte« z. B. zwischen Übersättigung und Fasten, Arbeitsstreß und Bequemlichkeit, Gemeinschaft und Alleinsein, Aktivität und Kontemplation, Durchsetzungswillen und Kompromißbereitschaft, Spiritualität und irdischer Praxis, Lehren und Lernen usw.

In allen solchen Fällen gilt es, ein Gespür für das rechte Maß zu finden, für das »Angemessene«, das der menschlichen Natur »Gemäße«. Der Mensch ist zwar nicht das Maß aller Dinge in dem Sinne, daß er das letzte Urteil über die Bewertung der Dinge zu sprechen hätte – dies steht nicht dem Geschöpf, sondern dem Schöpfer zu. Aber er ist der Herr seines eigenen Maßes, d. h., er hat selbst herauszufinden und zu entscheiden, wieviel wovon ihm angemessen ist. Er hat zu bemessen, wie er mit den Dingen umgeht, wie er sie bewertet, einordnet, handhabt, wieviel er behält, weitergibt, losläßt. Ein jeder hat für sich selbst das jeweils rechte Maß zu finden. Niemand kennt das Maß des anderen; insofern ist jeder das Maß seines Lebens. Der »Maßvolle« ist voll des Wissens oder gefühlsmäßigen Erfassens seines eigenen Maßes. Der »Vermessene« hat das rechte Maß aus den Augen verloren.

1. Willst du erkennen, ob jemand in seiner Selbsteinschätzung sein rechtes Maß getroffen hat, so stelle dir eine Wiese mit Blumen und Bäumen vor, dahinter einen Hügel, und setze den Menschen wie in einer Fotomontage in die Landschaft, so daß der Hügel als Maßstab für die Größenverhältnisse dienen kann. Schau sie dir an: Paßt der Mensch genau in die Landschaftskulisse hinein? Dann ist es ihm gelungen, in seinem Urteilsvermögen zu stimmigen Prioritäten und Gewichtungen zu finden und sein Leben in ausgewogener Art und Weise zu gestalten.

   Es kann aber sein, daß er zu Bergeshöhen heran wächst oder auch, daß du ihn doppelt siehst: als Riese, der dieselbe Gestalt en miniature in der Hand hält. Dann ist sein selbst gesetztes Maß nicht stimmig: Er gibt sich stärker, reicher, einflußreicher, mächtiger, als er ist – vielleicht als Kompensation eines verletzten Selbstwerts oder als einer, der Macht- und Geltungsansprüche nicht direkt, sondern indirekt aus der Rolle eines hilfsbedürftigen Opfers heraus erhebt. Oder der Mensch erscheint so klein wie die Margeriten auf der Wiese: Dann unterschätzt er seinen Wert und seine soziale Rolle.

Willst du wissen, ob deine Selbsteinschätzung angemessen ist, wie maßvoll oder vermessen du bist, frage dich: Wie groß stellst du dir die Engel vor, z. B. deinen betenden Engel? Ist er größer als du? Oder geht er dir bis zur Hüfte oder gar nur bis zu den Knien? Oder ist er klein wie ein Fingernagel? Zeichne den Engel – und dich selbst neben ihm. Wie sind die Größenverhältnisse? Dann bitte die Heilengel, tätig zu werden. Verhalte dich abwartend und schau zu, wie sie die Harmonisierung vornehmen. Gesetzt, der Mensch ist im Verhältnis zur Landschaft oder zum Engel zu groß. Dann erlebe, wie der Mensch bis zur Größe des Engels schrumpft. – Gesetzt, der Mensch ist zu klein. Dann erlebe, wie der Mensch zu seiner Größe hinaufwächst.

Es ist, als hätte der Engel magnetische Kräfte im Blick. Die Verkleinerung oder Vergrößerung geschieht immer nur durch eine Sogkraft, nicht durch Druck. Die Engel drücken nicht, stoßen nicht, zwingen nicht, sie arbeiten mit Liebe, Sanftheit und Güte: Sie überreden jede Zelle und versuchen zu überzeugen. Häufig hat die Arbeit nur kurzzeitigen Erfolg: Kaum ist die Korrektur der Größenverhältnisse gelungen, schnappt es zurück in den gewohnten fehlerhaften Zustand. Dann heißt es erneut bitten, reden, überzeugen.

Gib dem Engel die Gelegenheit dazu. Es braucht oft viel Geduld, bis die Anpassung endgültig gelingt. Sobald aber die Größen stimmen, küßt der Engel den Menschen und beendet damit die Arbeit. Diese Übung ist für jeden Menschen wohltuend.

2. Es ist hilfreich, schon im Kindesalter gelernt zu haben, wie Dinge zu messen sind und wie man Zahlen und Zeitmaße schätzen kann. Stellt Kindern zur Übung Fragen wie: Was schätzt du, wie viele Leute sind hier? Wieviel Zeit ist vergangen? Wieviel wiegt der Apfel? Wie weit ist das Auto entfernt?

Wie viele Schritte braucht man, um den Raum zu durchmessen? Wie ist deine Schrittlänge beim Wandern? Das ist nicht nur eine praktische Lebenshilfe, sondern schafft auch eine gute Grundlage dafür, den Sinn für das rechte Maß entwickeln zu können, das Augenmaß, den guten Blick, das »Händchen«. Dann wird es leichter, weder unmäßig noch anmaßend, sondern maßvoll, »im Lot« zu sein.

3. Hilfreich ist auch, zeichnen und malen zu lernen, denn damit schult man das Augenmaß. Und hilfreich ist, handwerken zu lernen, Skulpturen zu modellieren, Instrumente zu handhaben etc. Im fortgeschrittenen Alter schult auch die Betrachtung von Meisterwerken der Kunst den Sinn für Maß und Harmonie: Warum wirkt z. B. eine Landschaft oder eine Frauengestalt so schön, welches Maß kommt darin zum Ausdruck?

4. Eine tägliche Schulung des rechten Maßes bietet euch die Nahrungsaufnahme. Ihr solltet euch angewöhnen, nicht zu viel und nicht zu wenig zu essen, d. h. genug, um nicht mehr bedürftig zu sein, aber nicht ganz und gar sättigend. Statt großer Hauptmahlzeiten nehmt lieber häufiger kleine Mahlzeiten ein, meidet schwer verdauliche und bevorzugt vitaminreiche Speisen. Trinkt aber viel Wasser (etwa 3 Liter täglich). Wenn ihr spirituelle Arbeit tut, braucht ihr deswegen keine größeren Nahrungsmengen, aber wesentlich mehr Vitamine und Wasser als normal und übrigens auch die doppelte Menge an Licht und Luft.

5. Wenn ihr auf diese Weise trainiert, die goldene Mitte einzuhalten, wird es dann auch in anderen Lebensvollzügen leichter werden. Ihr werdet maßvoll umgehen mit schwierigen Situationen und schwierigen Menschen, werdet zurückhaltender werden beim Urteilen und Verurteilen, werdet Streit leichter vermeiden oder beenden, werdet der Überforderung eurer selbst und anderer aus dem Wege gehen. Ihr werdet sowohl ein gesünderes als auch ein liebevolleres Leben führen lernen.

Sonntag, 4. 8. 96

Religionen im Verhältnis zur Trinität

∞

Bruder Tullian: Ihr seid in den Dom der Heiligen gebeten.[13] In diesem Dom gibt es Untergliederungen, z. B. den Rat der Ehrwürdigen, aber auch den »Kreis der Religionen«. Das ist ein Raum mit Vertretern der Religionen, d. h. mit Menschenseelen, die für die verschiedenen Religionen einstehen und die auf Erden als heiligmäßig lebende geistige Führer gewirkt haben. Einen Vorsitzenden gibt es nicht. Vielmehr ordnen sich alle dem Auge des Vaters unter. Von ihm erhalten sie ihre Weisungen, nach denen richten sie sich.

Im Dom der Heiligen ordnen sich die Heiligen nach ihrer besonderen Zuordnung zu Sohn, Mutter und Vater. Selbst die, die allen dreien zugewandt sind, haben doch bei einer der drei Personen der Trinität einen Schwerpunkt. Innerhalb dessen sind sie geordnet nach den jeweils drei Aspekten jeder göttlichen Person. Sie sind also in 9 Ordnungen gegliedert (s. o. S. 64).

Zum Heiligen wird man nicht durch irdische (kirchliche) Heiligsprechung. Über die Zugehörigkeit zum Dom der Heiligen wird im Himmel entschieden – und anschließend darauf hingewirkt, daß dies möglichst auch auf Erden anerkannt wird. Es gibt aber viel mehr Heilige als heilig Gesprochene. Dazu gehören auch mehrere gläubige Christen aus der evangelischen Kirche, obwohl diese die Heiligsprechung gar nicht anerkennt. Auch in anderen Religionen gibt es faktisch Heilige, und auch sie werden in den Dom der Heiligen aufgenommen, z. B. Konfuzius, einige tibetanische Mönche und indianische Heilige, auch solche aus längst versunkenen Religionen.

Die Heiligen sind Menschen, die sich mit besonderer Intensität darum bemüht haben, den Himmel auf die Erde zu bringen. Es kommt nicht darauf an, ob sie auf die ganze Trinität ausgerichtet waren oder besonders auf Vater, Sohn oder Mutter oder auch auf einen ihrer Aspekte. Entscheidend ist, daß sie mitgewirkt haben an der praktischen Umsetzung der Bitte: Dein Wille geschehe wie im Himmel, so auf Erden.

(Der »Kreis der Religionen« ist ein schlicht gehaltener Raum in weißen Tönen, auch die Kuppel ist schlicht mit weißen Rippen. Es gibt wenig Verzierung und Bemalung. Dafür wirkt der Kreis der Vertreter bunt, alle sind in ihren heiligen Kleidern anwesend und haben ihre jeweiligen Symbole und Kultgegenstände bei sich.)

Bruder Tullian: Jeder Vertreter hat hinter sich eine Gruppe von Engeln, die seine Beschlüsse und Weisungen ausführen. Die Vertreter sitzen im Kreis. Sie beten, kontemplieren, meditieren, lächeln, schweigen viel, aber sprechen auch miteinander, beraten z.B., was sinnvollerweise jetzt zu geschehen hat. Es geht sehr freundlich und friedlich zu, alle sind miteinander befreundet.

Ich übermittle eure Fragen und ihre Antworten und gebe euch Erläuterungen. Euer Besuch unterbricht sie in ihrer Arbeit. Ihr solltet euch kurz fassen, nur wesentliche Fragen stellen und dies in gehöriger, ehrerbietiger Form.

Wir danken, daß wir kommen durften.
Dürfen wir die einzelnen Vertreter kennenlernen?

Einer der Vertreter: Wir sind sehr viele, weit über 100. Es sind auch Religionen vertreten, die ihr heute nicht mehr kennt, und auch sehr kleine Religionsgruppen. Wolltet ihr sie alle kennenlernen, wäre die Verwirrung hinterher größer als zuvor. Wer das erforschen will, kann es sich als Lebensaufgabe wählen. Es bedarf einer Strukturierung der Fragen.

Bruder Tullian: Es gibt verschiedene Möglichkeiten, das Thema zu strukturieren:

1. Nach der geschichtlichen Abfolge der Entstehung.
2. Nach der räumlichen Ordnung von Völkern und Kontinenten.
3. Nach der Größe der Verbreitung – von Weltreligionen bis zu kleinen Gruppen.
4. Nach der Zuordnung zu verschiedenen Aspekten der Trinität.

Der vierte Weg wäre für euch der interessanteste, wenn er auch nicht häufig in Betracht gezogen wird.

Einverstanden, wir wählen den vierten Weg.

Wir verstehen unter »Religionen« nur solche, die in irgendeiner Weise auf einzelne Aspekte der Trinität oder auf die ganze Trinität bezogen sind. Religionen unterscheiden sich also von Kulten und Kulturen, die sich nicht zur Trinität wenden, sondern an bestimmten Hierarchien im Naturgeisterreich oder an die Hierarchien zur Linken oder an Menschen, um die Personenkulte entstehen. In jedem Fall ist Religion die Aufnahme der Kommunikation, des Gesprächs, des Kontaktes mit dem Himmel. Insofern unterscheidet sich religiöser Kult von anderen Formen der Kultur, auch von Metaphysik und Philosophie, in der von Gott und dem Himmel die Rede ist.

Die Frage ist: Mit welchem trinitarischen Wesen, mit welchem Aspekt von ihm suchen die Menschen in Kommunikation zu treten? Worauf richtet sich ihre Anbetung?

Es kommt zunächst darauf an, zu verstehen, wie sich eine Religion in das Gesamte des Himmels – in das catholon – einordnet und was der Gläubige lernt, wenn er sich da mit einordnet.

Es findet sich das trinitarische Klingen im Osten, im Westen, im Norden und im Süden. Nehmt einmal die euch bekannten Religionen vor das innere Auge und ordnet sie der Trinität zu. Auf welchen ihrer Aspekte ist sie in erster Linie ausgerichtet? Ich sage: »in erster Linie«, denn zumeist werden sich die Religionen nicht nur auf einen einzigen Aspekt der Trinität ausrichten, sondern berücksichtigen in zweiter und dritter Linie auch andere. Daß sie andere Aspekte unberücksichtigt lassen, ist ihnen auf Erden i.d.R. nicht bewußt.

I. Wäre es euch recht, wenn wir mit den *Mutterreligionen* beginnen? Denn historisch gesehen gibt es eine Entwicklung von den Mutterreligionen zu den Vaterreligionen und von den Vaterreligionen zu den Sohnesreligionen. Es erscheint sinnvoll, die Religionen in dieser Reifenfolge zu besprechen. Die großen Mutterreligionen spielen heute eine weniger große Rolle. Sie werden aber wieder entdeckt.

In den ältesten Religionen, den Mutterreligionen, versucht der Mensch, mit der Natur in Übereinstimmung, in Harmonie zu kommen. Er sucht ein Gespräch mit der Natur, mit den Tieren, den Pflanzen, den Bergen, den Gewässern, dem Wetter, dem täglichen oder nächtlichen Himmel. Er sucht eine Art Abmachung, also: Wenn ich mich so verhalte, störe ich nicht und tue nichts Böses, und dann tust auch du mir nichts Schlimmes.

Die Mutterreligion kennzeichnet sich dadurch, daß sich der Mensch in die Gegebenheiten und Abläufe der Welt – die ist für ihn dort vornehmlich die Natur – einfügt, weil man sich in sie einfügen sollte. Man sollte die Grenze nicht überschreiten, wo man anfängt, gegen die Abläufe zu arbeiten oder irgendwie störend zu wirken. Man entwickelt Gesprächsformen, Rituale, kultische Verhaltensweisen, um mit der Mutternatur oder Mutter Erde in Einklang zu bleiben, auf Besänftigung und Harmonisierung hinzuwirken. Der Mensch selber hat das Gefühl, eine Einheit mit der Natur zu bilden. Er ist darauf ausgerichtet, diese Einheit nicht zu stören, schon gar nicht zu zerstören, sondern seine eigene Entwicklung und sein eigenes Leben innerhalb dieser Einheit zu führen.

Die Mutterreligionen unterscheiden sich unter den Aspekten der Maria, der Muhme und der Sophia. In einigen Religionen findet ihr alle drei Mutteraspekte.

Maria ist vor allem diejenige, die aus einer Mischung von jugendlichem Unverständnis und Gehorsam heraus agiert. Auch in der Heiligen Schrift sagt sie: So ganz versteh ich es nicht, wie kann das geschehen? Gleichwohl: mir geschehe nach deinem Wort, d. h., ich gehorche, ich diene, ich stimme zu. ich sage ja, ich bin mutig, ich mache mit, ich diskutiere das nicht. Das ist der freudige Gehorsam. Dem entsprechend sagen Mutterreligionen, die sich vor allem in den Aspekt Mariens hineinbegeben: Wir verstehen nicht alles, wollen auch gar nicht alles verstehen, es geht nicht um Erkenntnis und Durchdringen aller Dinge. Es geht darum, im freudigen Gehorsam mitzumachen und einfach von der inneren Gewißheit auszugehen: Das wird schon recht und gut sein, es ist in Ordnung so.

Maria ist zwar auf Erden in ihrem Körper gealtert, blieb aber die Marienhafte, immer ein bißchen junge, die sagte: Ich verstehe nicht, aber ich gehorche. Mit Mut und Gehorsam in das Ungewisse und Unverstandene einwilligen ist marienhaft. Es hat einen Hauch von jugendlicher Unerfahrenheit und »Leichtsinn«, d. h. von: einen leichten Sinn haben, leichten Herzens ja sagen, ohne zu überblicken, was da noch zu erwarten ist. Das gehörte zu Maria bis ins hohe Alter.

Die *Muhme* kennt keine Jugendlichkeit. Sie ist die alte Weise, die Erfahrene, die das ganze Leben schon erlebt, erfahren und überblickt hat. Sie ist sozusagen immer alt.

Der eher muhmenhafte Aspekt ist der Aspekt der Großmutter, der großen Mutter, der alten Mutter, die nicht mehr die junge Gebärerin ist, sondern die vor langer Zeit geboren hat, die schon Generationen überblicken kann, die mit dem Gebären und dem Sterben gleichermaßen vertraut ist, die gibt, die aber weiß, daß auch zu nehmen ist. Sie weist in eine Mischung aus Furcht und Ehrfurcht, manchmal auch Grauen, auf die Vergangenheit hin, zeigt aber auch Versöhnung mit der Vergangenheit. Sie lehrt, wie man mit der erschütternden, schockierenden, aber auch erlösenden Erkenntnis der Vergänglichkeit allen Seins und aller Dinge der Schöpfung umgehen kann. Das Bild der Muhme, der großen Mutter hat manchmal etwas Schwieriges, auch Angst- und Furchterregendes: Sie erscheint als die, die auch tötet, die nimmt, die ohne Erbarmen zerstört. Jedenfalls steht der Mensch vor der Frage: Wie geht man mit Vergänglichkeit um? Wer steht für diesen Aspekt der Vergänglichkeit? Die Muhme ist diejenige, die weiß, wie man mit Leben und Tod gleichermaßen umgehen kann.

Sophia ist nicht nur die weise Frau, das wäre die Muhme auch, die ja viel Erfahrung hat und alles schon gesehen hat. Sophia würde man – in menschliche Verhältnisse versetzt – beschreiben als die studierte Frau, die nachdenkt, die Zusammenhänge erkennen und verstehen will, die forscht, die fragt. Sie sagt etwa: Das versteh ich noch nicht, aber ich will es verstehen, ich werde alles tun, um zu begreifen, um Einblick, Überblick, Einsicht zu gewinnen. In der Heiligen Schrift ist sie dargestellt als das erstgeschaffene Geschöpf, das vor dem Schöpfer auf dem ganzen Erdenrund spielte (Spr. 8,22–31), d. h. als die Tanzende. Tanzen ist nur möglich mit einem sehr weitgehenden Verständnis vieler Dinge. Tanzen erfordert Kenntnis der eigenen – auf Erden würdet ihr sagen – Körperlichkeit des eigenen Wesens. Tanzen erfordert auch eine Kenntnis der Umwelt: In welchen Räumen bewegt man sich, wie groß sind sie, wo stößt man an? Tanzen erfordert außerdem ein gutes Verhältnis zu Rhythmus, zu Geschwindigkeit und Langsamkeit, kurz ein Verständnis von Zeit und Raum und gleichzeitig eine Distanzierung von Zeit und Raum. Denn der Tanzende ist der, der sich in Zeit und Raum bewegt bzw. über Zeit und Raum hinwegsetzt. M.a.W.: Die Weisheit, die tanzt, die Mutter Sophia, die tanzt, ist die Wissende, die viele Erkenntnisse gewonnen hat und sie auch umsetzt, und zwar spielerisch.

Das Wissen ist ein Element des Alters, das Tanzen ein Element der Jugendlichkeit. Sollen wir uns Sophia alt oder jung vorstellen?

Die Weisheit der Muhme ist die Weisheit der abgeklärten, erfahrenen Alten. Die Weisheit der Sophia ist alterslos, zeitlos. Sophia ist weder jung noch alt, sie ist die ewig Schöne, die ewig Geschmeidige, die ewig sich in der Choreographie Bewegende. Ihr kennt die großen wissenden Frauen, die gelernt, studiert, geforscht haben, die dabei alt wurden und trotzdem jung blieben wie z. B. Hildegard von Bingen.

Die Sophia ist die ewig Alterslose. Sie ist immer alt, weil sie alles weiß, und zugleich immer jung, weil sie immer weiter fragt und alles wissen will und immer spielt und tanzt.

Die Mutter ist immer dieselbe – aber unter verschiedenen Aspekten. Die Mutterreligionen bleiben in einer Art zyklischer Verständigung: Es kommt und geht, es wird Tag und es wird Nacht, und es wird immer getanzt. Mensch und Natur sind eins. Das soll auch immer so bleiben. Es geht um das Sicheinfügen in die Rhythmen, die die Natur vorgibt. Der Mensch versteht sich als ein Mitgeschöpf der Schöpfung, eingefügt in diese große Ganzheit.

Könnt ihr uns Beispiele für Religionen nennen, in denen der eine oder der andere Aspekt der Mutter besonders ausgeprägt ist?

Ihr solltet Beispiele nur am Rande streifen. Ihr werdet in den Religionen verschiedene Aspekte entdecken und zuordnen und könnt sagen: Wenn in dieser Religion diese Gottheiten eine Rolle spielen oder die heiligen Schriften das und das sagen, dann zeigt sich darin der Aspekt der Sophia oder der Muhme oder der jungen Maria. – Ganz ungemischte Formen gibt es allerdings kaum. Wenn ihr Beispiele sucht – welche fallen euch ein?

*Der Muhmenaspekt scheint besonders ausgeprägt zu sein
in den indianischen Religionen.*

Richtig, die indianischen Kulte haben sich vor allem an das Muhmenwesen gewandt oder sich mit ihm zusammengefunden.

Der Sophienaspekt zeigte sich in den großen Göttinnen Griechenlands, bevor die Philosophie begann.

Richtig, und er findet sich auch in Teilen Indiens.

Und der junge marianische?

Sucht einmal!

Außerhalb des Christentums?

Muß ja nicht sein.

Ja, im Christentum zeigt sich gerade dieser Aspekt.

Ja, hier tritt gerade dieser Aspekt der Mutter hervor, während die Aspekte der Sophia und der Muhme, die in anderen Religionen eine so große Rolle spielen, zwar gegenwärtig sind, aber etwas zurücktreten.

Den marianischen Aspekt der Jungfrau gibt es sonst nicht?

Das ist selten, und zwar deswegen, weil er nicht als ein sehr sicheres Konzept gilt; er ist nicht unbedingt das, was günstig scheint, um ein stimmiges Verhältnis zum Himmel aufzubauen. Es gehört eben viel Mut dazu, den man in den meisten Religionen nicht aufzubringen wagt. In den Orakeln von Delphi war allerdings dem Muhmenaspekt mit seiner Unberechenbarkeit ein wenig von dem hellen Aspekt der Jungfrau beigemischt. Sowohl die Hingabe an den Mann als auch die Befreiung von ihm hat ja etwas Marienhaftes an sich.

Im Christentum findet ihr in Maria die Mutter in allen drei Aspekten. Aus Maria wird die Muhme, die alte, erfahrene, geprüfte, die alles gesehen hat, was ein »Menschenauge« so sehen kann. Sie sucht aber auch, das Geschehen zu verstehen, geistig zu durchdringen und einzuordnen. Sie wird die Lehrende, die selber einen Jünger- und Schülerkreis hat. Da findet ihr sie als Sophia.

Also in Ephesos?

Ja, in Ephesos ist sie die Sophia. Allerdings bleibt sie zugleich auch die Muhme, die schmerzensreiche. Zwischen Trauer und Leid mischt sich ein bißchen Bitterkeit: Es wird geboren und gestorben, es ist alles vergänglich, man bekommt und man verliert, man lacht und man weint. So ist das nach dem Kreuzestod des Sohnes. In der Kunst findet ihr Maria, die die Botschaft empfängt, als ein junges Mädchen von 14, 15 Jahren dargestellt. Das ist stimmig. Beim Kreuzestod des Sohnes war sie etwa 48, 49 Jahre alt. Auf Kreuzigungsbildern sieht sie aber uralt aus. Auch das ist stimmig: In der Situation der Kreuzes-Abnahme ist sie zur Muhme geworden, sie ist sozusagen in Trauer uralt geworden. Die Naivität ist weg, sie ist jetzt die Muhme, die den Tod genau so in den Händen hält wie einst das Leben.

Dann wird sie später auch zu dieser immer alten und immer jungen, weisen und lehrenden, gleichermaßen lachenden wie weinenden Sophia.

Mit Namen genannt ist im Neuen Testament nur Maria. Das heißt, sie ist in allen Lebensphasen ein und dieselbe. Doch in ihr findet ihr die Mutter in allen drei Aspekten.

II. Gehen wir nun zu den *Vaterreligionen* über. Da steht der Mensch Gott gegenüber, erfüllt von dem Bewußtsein: Ich bin geschaffen und strengen Gesetzen unterworfen. Jetzt habe ich Rechenschaft abzulegen – als einzelner oder als Vertreter eines Volkes. Der Mensch steht da und Gott steht dort – aber zunächst noch nicht als der gütige Vater, sondern als *Schöpfer und Gesetzgeber*. Der Mensch ist nicht in der Ganzheit der Natur wie in einer großen Muschel geborgen, sondern er steht als Mensch Gott gegenüber.

Es geht jetzt um die Frage: Welche Rolle spielt der Mensch als Geschöpf erstens gegenüber dem Schöpfer und zweitens gegenüber der Schöpfung? Steht er auf der gleichen Ebene wie der Rest der Schöpfung? Steht er unter Umständen sogar unter der übrigen Schöpfung, die viel schöner, großartiger und stimmiger ist als er? Ist er ein Störenfried in der Schöpfung? Oder steht er über dieser Schöpfung? Oder steht er mal so und mal so da, je nachdem wie er sich der Schöpfung gegenüber verhält? Wie hat er sich vor dem Schöpfer zu verantworten? Wie kann er diesen Dialog überhaupt bestehen, ohne daß Gott ihn zerschmettert? Wie kann er erkennen, was Gott will? Schafft er es, dem zu gehorchen? Was kann er tun, wenn er es nicht geschafft hat? Kann er sich verstecken? Kann er argumentieren, sich rechtfertigen? Kann er Gott beschwichtigen? Etwa durch Opfer? Hat er Gott etwas zu geben? Wenn ja: was, wo, wie oft? Unmittelbar oder durch eingesetzte Priester?

Der Mensch erlebt den Gott, dem er gegenübersteht, als groß, fern und mächtig. Gottes Größe macht diesen unerkennbar, unfaßbar, furchterregend, beängstigend. Seine Ferne stellt den Menschen vor die Frage, ob Gott unerreichbar ist oder ob die Distanz überbrückbar ist und gegebenenfalls wie. Seine Macht gibt dem Menschen das Gefühl des ohnmächtigen Ausgeliefertseins, der völligen Abhängigkeit.

Dann geht es vor allem um die Fragen: Kann man ihn günstig stimmen, seinen Zorn beschwichtigen? Indem ich seine Gesetze befolge – und welche? Welche Macht bleibt mir noch – Gott, seiner Schöpfung und anderen Menschen gegenüber? Und: Ist Gott selbst an Gesetze gebunden?

Die Geburt der Vaterreligion vor dem Hintergrund der Mutterreligion war ein unglaublich dramatischer, blutiger, schmerzlicher, riskanter Vorgang. Das Neue, das da entstand und in die menschliche Psyche einbrach, mußte sich erst durchsetzen, sich profilieren, sich abgrenzen, sich durchkämpfen. Was sich in den Menschen abspielte, findet ihr in gewaltigen, symbolischen, archetypischen Bildern im Alten Testament, vor allem im Buch Exodus dargestellt.

Die Bedeutung des Judentums liegt in erster Linie in der Bewußtmachung des einen Gottes als *Schöpfer und strenger Gesetzgeber*. Sowohl das Selbstbewußtsein des Volkes Israel als auch die bis zur Grausamkeit gehende Rücksichtslosigkeit sind nicht nur aus archaischen Vorstellungen zu erklären, sondern in erster Linie aus dem Erlebnis der neuen Zuwendung zum Schöpfer und ihrer menschheitlichen Bedeutung. Die Vorgänge sind weder historisch zu verstehen noch vom Standpunkt heutiger humanistischer und demokratischer Maßstäbe moralisch zu verurteilen, wie manche heutigen Schriftsteller das sehen.[14] Das ist eine falsche, ja unsinnige Betrachtungsweise, nicht anders, als wollte man Märchen unter ethischen Gesichtspunkten beurteilen. Vielmehr zeigen die drastischen archetypischen Bilder, was Menschen durchmachen, die den Durchbruch zur Vaterreligion erleben: Gott erwählt Menschen, diese sind für Gott zu haben, d. h., Gott wird geschichtlich. Das Geschehen wird so moralisch oder unmoralisch erfahren wie ein Vulkanausbruch.

Eine weitere Stufe ist dann die Entdeckung Gottes unter dem Aspekt des liebenden, gütigen, *gnädigen Vaters*. Gott trägt ein Vater-Gesicht. In dem Bestreben, mit ihm ins Gespräch zu kommen, geht es mehr und mehr um Dank, Lobpreis, Bitte, auch Bitte für andere, verbunden mit dem Gefühl: Das hab ich eigentlich nicht verdient.

Dann fängt das eigene *Gewissen* an, eine Rolle zu spielen, das sagt: Eigentlich hätte ich Strafe verdient, aber der Vater läßt Gnade vor Recht ergehen. Diese Hinwendung zum gnädigen Vater läßt dann erkennen, daß ihr in euch ziemlich strenge Rechtsinstanzen habt: ein Gefühl für Recht und gerechte Strafe, eine Instanz in euch, die strenger ist als die äußere Instanz, die ihr anbetet. Solange die äußere Instanz als hart oder sogar zu hart gesehen wird, gibt es keine Entwicklung des Gewissens, sondern Gehorsam, Furcht, Opfer und Beschwichtigung.

Z. B. habt ihr im *Islam* die Anbetung des strengen Vaters, dessen Normen strikt zu befolgen sind. Es kommt nicht auf die innere

Stimme des Gewissens an. Daher auch die Strenge in der äußeren Normdurchsetzung. Milde wird als Ungehorsam und Schwäche angesehen.

Bei den Azteken ist der Aspekt des Schöpfers aller Dinge gepaart mit dem Aspekt des Strengen, des Harten, des Unerbittlichen, der keine Gnade kennt, bis hin zu der Vorstellung, daß er nur durch Menschenopfer zu beschwichtigen ist. Aber diese Vorstellung stammt nicht aus den lichten Hierarchien und ist nicht mehr an den tatsächlich gegebenen Aspekten Gottes orientiert. Diese Religion gibt es nicht mehr auf der Erde, und sie ist auch im Kreis der Religionen hier oben nicht vertreten.

Den gnädigen, gütigen Vater gibt es nur im Christentum?

Der Vater, der Gnade vor Recht ergehen läßt, ist in den Religionen in der Tat eine jüngere Entdeckung. Vor allem im Christentum steht der gütige Vater im Vordergrund, wenngleich die Aspekte des Schöpfers und des strengen Ordners dazugehören. Bedenkt, was es heißt, Gott als »Vater« ansprechen zu dürfen. Das Vaterunser richtet sich an den gütigen Vater. Der Betende weiß sich als sein Kind und in seiner Liebe geborgen.

Vergeßt aber nicht: Auch der Aspekt des *Strengen* gehört zum Vater. Das übersehen Christen nicht selten, und das ist der berechtigte Ansatz im Islam. Im Islam ist Gott der Schöpfer, und er ist streng. Er hat Entscheidungen getroffen, er hat bestimmte Vorstellungen, er hat einen Willen. Dieser Wille ist uns Gesetz und Gebot, da haben wir gehorsam zu sein, wer dagegen verstößt, der hat sich gegen Gott vergangen. Da gibt es keine Gnade von Gott und auch keine Gnade unter den Menschen.

Ist das im orthodoxen Judentum nicht ähnlich?

Ja, und weil sie sich so nah sind, kämpfen sie gegeneinander mit derselben Gnadenlosigkeit. Vielleicht wird es wenigstens auf der Ebene von zwei Vertretern hier oben einmal möglich, sich das anzuschauen und zu sagen: Wir wollen doch eigentlich dasselbe, wir vertreten dieselben Aspekte und kommunizieren mit denselben Aspekten Gottes. Dann würden sich die Dinge vielleicht etwas friedlicher gestalten lassen.

III. Nun zu den *Sohnesreligionen*. Auch diese sind unterschiedlich, je nachdem welcher Aspekt oder welche Aspekte im Vordergrund stehen: der des Heilers, des Meisters oder des Erlösers.

Ist er der *Heiler, so* hat die Religion einen therapeutischen Charakter. Der Mensch ist selber handlungsfähig, er wird ein verantwortlich Mithandelnder des Himmels. Der göttliche Sohn stellt sich ihm zwar als Bruder an die Seite, aber der Mensch kann nun selbstverantwortlich entscheiden. Er hat nicht nur Gesetze und Ordnungen einzuhalten, sondern er kann selber etwas tun, etwas bewirken, die Waage fallen oder steigen lassen. Er gibt sich selbst einen Auftrag. Er hat den göttlichen Sohn an der Seite, dem er dient, der ihn aber seinerseits begleitet wie ein Therapeut, ein Arzt, der bereit ist, ihm zu helfen.

Im Christentum ist neben dem Erlöseraspekt auch der des Heilers, des Heilands ausgeprägt. Jesus kam nicht wie Buddha, um Erleuchtung zu suchen und ein Vorbild zu leben, sondern er wirkte als Therapeut, als Heiler. Er sah das Leid der anderen: Es tut dir etwas weh, ich tue etwas, damit es aufhört. Du hast einen Kummer, sag ihn mir, ich heile ihn. Damit wandelte sich das Selbstverständnis des Menschen: Er hat nicht nur Verantwortung für sich selbst vor dem Schöpfer, sondern auch Mitverantwortung für den Bruder und die Schwester neben ihm.

Steht der Aspekt des *Lehrers und Meisters* im Vordergrund, dann ist der Mensch ein Lernender, zugleich aber einer, der selbst auch Lehrer und Meister zu werden bestrebt ist. Im Verhältnis zu Gott kann es ein vergleichbares Streben nicht geben, das wäre absurd. Wenn z. B. ein römischer Kaiser meinte, er könne es den Göttern gleichtun oder er sei selbst ein Gott, dann kennzeichnet das den Niedergang der Kultur. Du kannst aber insofern zum Sohn werden, als du selber Meister und Lehrer wirst. Du bleibst immer Schüler des Meisters und Lehrers, wirst aber gleichzeitig Meister und Lehrer für andere Schüler. Der Mensch tritt in die Nachfolge ein, eine Nachfolge, die möglich und ernst gemeint ist.

Diesen Aspekt findet ihr nicht nur im Christentum, sondern auch z. B. im *Buddhismus*. Dieser ist in erster Linie eine *Lehrreligion*, ohne den heilenden, therapeutischen Aspekt einzubeziehen: Jeder geht seinen Weg allein. Die Hinwendung des Buddhisten zur Erleuchtung ist eine für sich selbst, auch wenn er natürlich die Welt gut behandeln soll. Wesentlich ist, daß jeder die Erleuchtung nur für sich selber finden kann. Er kann dem, der sie sucht, zwar den Weg lehren, den er einzuschlagen hat. Aber er kann niemanden an der Hand führen und mitnehmen. Deswegen wäre Mission auch unsinnig: Wozu soll sie dienen, wenn jeder den Weg nur selber entdecken kann? Nur dem, der ihn von sich aus sucht und gehen will, dient Buddha als Lehrer und Meister.

Im *Christentum* spielt der Aspekt des Lehrers und Meisters nur eine zweitrangige Rolle. Das Christentum ist nicht in erster Linie eine Lehrreligion. Die Lehre gehört zwar dazu, aber sie ist nur bruchstückhaft überliefert und wird auch wenig verstanden. Christus ist in erster Linie Heiland und *Erlöser*. Betrachtet, was im Credo von ihm gesagt wird: Es gibt nicht eine Lehre wieder, sondern bekennt sein Heils- und Erlösungswerk. Es geht um Erlösung und Heilwerdung des Ganzen und des einzelnen.

Gibt es für den Menschen auch in bezug auf den Aspekt des Erlösers so etwas wie Nachfolge, also menschliche Mitwirkung?

Erlösung hat viele Aspekte, und an manchen kann der Mensch mitarbeiten. – Fürbitten, auch beten für arme Seelen, den gnädigen Vater bitten, doch Verständnis oder Geduld zu haben oder Gnade vor Recht ergehen zu lassen und ähnliches sind Beiträge zum Erlösungswerk. Erlösungsarbeit bedeutet, jemandem die Hand reichen und sagen: Komm zum Licht. Aber sie bedeutet auch, den Himmel bitten: Seid gnädig, habt Geduld, wartet ab, wendet eure Augen auf diesen Menschen. –

Die Vertreter aller Religionen im Kreis freuen sich herzlich über die gelungene Darstellung der Heiligen Schrift, vor allem der vier Evangelien mit ihrer Betonung der Aspekte der Maria, des Heilands und Erlösers und des gütigen Vaters, die in den anderen Religionen zu kurz kommen. Sie alle ehren und achten den christlichen Glauben und anerkennen seine Wahrheit.

Ihr seht: Religionen sind so angelegt, daß sie die Trinität in einem ihrer Aspekte besonders verehren. Um sie zu begreifen, ist nötig, die drei Dreiheiten zu kennen. Ihr seht daran, wie notwendig es ist, daß sich die Religionen gegenseitig tolerieren und respektieren. Bricht eine Religion weg, stehen die anderen unvollständig da. Dann entsteht Ungleichgewicht, Disharmonie. Es wäre also gefährlich, eine Religion auszulöschen.

Aus diesem Grunde sind auch die Bestrebungen nach einer Universalreligion, die alle Religionen vereinigt, oder gar nach einer Einheitsreligion nicht erwünscht. Alle Religionen sollen bestehen bleiben, sie wenden sich der Trinität von verschiedenen Gesichtspunkten her zu. Und die Seelen durchlaufen in ihren Inkarnationen verschiedene Gewichtungen und gehören deshalb verschiedenen Religionen an. Sie wählen sich den Kulturkreis, in den sie geboren werden, so, daß sie die verschiedenen Aspekte der Trinität verehren lernen. Jeder Mensch hat Inkarnationen in verschiedenen Religionen hinter sich. Deshalb gebe ich euch folgende Merksätze:

1. Alle Religionen sind sinnvoll.
2. Alle Religionen brauchen einander.
3. Alle Religionen geben einen Einblick, aber es kommt darauf an, Überblick über alle Religionen zu gewinnen.

Ein Buddhist, ein Hinduist, ein Schintoist kann nicht einen Überblick über alle Religionen haben; dazu bedarf es der Vertrautheit mit der Gesamtheit der Trinität in allen ihren Aspekten. Insofern kann man sinnvoll von einer Hierarchie der Religionen sprechen.

Christsein bedeutet, einen Überblick haben zu können. Auch ein aus der Kirche ausgetretener Christ hat diese Möglichkeit. Allein schon das Geborenwerden als Christ bedeutet, daß du potentiell den Überblick finden kannst. Du bist wie auf einem Aussichtsturm geboren, aber ob du den Rand betrittst und dich umschaust, ist deine persönliche Entscheidung. Man wird als Christ geboren, wenn sich die Seele mindestens die Möglichkeit eines Überblicks wünscht. Das heißt aber noch nicht, daß sie sich diesen Überblick auch tatsächlich verschafft.

Bitte erkläre noch einmal, warum dieser Überblick gerade im Christentum möglich ist.

Wer es richtig versteht, findet dort den Weg zur Dreifaltigkeit mit ihren dreimal drei Aspekten, in gewisser Weise also zur Neunfaltigkeit. Erst dann ist ein Überblick möglich. Man findet ihn, wenn man bereit ist, die Trinitätslehre der Engel anzuerkennen, also die Lehre, daß zur Trinität Vater, Sohn und Mutter gehören, aus denen der Heilige Geist hervorgeht. Wenn man das verstanden hat, kann man auch die je drei Aspekte jedes Teils der Trinität verstehen. Der Schlüssel zum Verständnis der verschiedenen Religionen ist also das Verständnis der Trinität: Sie erst macht den Überblick möglich. Das bedeutet nicht, daß die Christenheit ein Eliteclub sei, wohl aber, daß das Verständnis für die Religionen nicht anders als auf diesem Weg gefunden werden kann.

Papst Johannes Paul II. lud Vertreter verschiedener Religionen zur gemeinsamen Gottesverehrung nach Assisi ein und ist dafür angegriffen worden: Er relativiere damit die Wahrheit des christlichen Glaubens. Ist der Vorwurf berechtigt?

Nein, Christsein heißt noch nicht Bewußtsein. Viele Christen haben weniger Bewußtsein als Vertreter anderer Religionen. Wer weiß, daß es letztlich nur das catholon gibt, daß sich also alle Religionen innerhalb des catholon befinden, der verliert nicht seine

Souveränität, wenn er sich mit ihnen zum brüderlichen Gebet trifft. Warum sollte er sie ausschließen? Wer da von »Relativierung« spricht, hat noch nicht begriffen, worum es geht.

Das Ideal ist, daß sich die Religionen voreinander verbeugen und sagen: Ihr habt die Aufgabe übernommen, diesen Aspekt der Trinität oder diese Kombination auf Erden zu verankern, zu verkörpern und zu verlebendigen. Dann würden alle Religionen einander mit Hochachtung und mit Respekt entgegentreten und würden begreifen, daß sie alle zusammen der Verwirklichung der trinitarischen Gegebenheiten auf Erden dienen, daß sie eine Familie bilden und Geschwister sind.

Hatte Papst Johannes Paul II. dieses Ziel vor Augen?

Ja, und es wird auch weltweit mehr und mehr Bestrebungen gehen, dahin zu kommen. Es ist nicht sinnvoll zu meinen, man könnte die Trinität ganz und gar in eine Religion fassen. Das ist zwar im himmlischen Sinne in dem Wort »katholisch« (allumfassend) geschehen, aber die katholische Kirche in ihrer irdischen Realität kommt diesem Begriff von katholisch noch nicht nach.

Die menschliche Seele braucht aber den Kontakt mit allen Aspekten der Trinität. Wenn sie in eine bestimmte Religion geboren wird, so steht eine Absicht dahinter. Es gibt nicht die rein christliche Seele oder die rein buddhistische oder die rein keltische usw. Alle Seelen suchen sich nach einigen Inkarnationen ein Geborenwerden in ein anderes religiöses Umfeld aus, um auch diese Erfahrungen zu machen und sozusagen vielsprachig zu werden.

Dann sollte man also immer die Religion, in die man hinein geboren ist, auch wirklich leben?

Ja, ihr solltet in dieser Religion sozusagen atmen, sprechen und denken.

Und wenn man in ein ganz areligiöses Milieu hinein geboren ist?

Dann machen sich die Seelen auf die Suche nach dem, was sich selbst im sprachlosen Raum noch an Sprache finden läßt. Sie werden merken, wie sehr Religion doch an allen Ecken und Enden durch alle Ritzen in ein solches Leben hinein schwappt und wie anstrengend es ist, sich von jeder Begegnung mit der Religion fernzuhalten. Ihr findet ihre Spuren in der Sprache, in den Redensarten, in den Liedern, in der Kunst, in den Namen, in den Festen, in den Bauten, in den Kirchen und Friedhöfen. Es ist nicht möglich, sich dem zu entziehen, weil die Religion die Kultur des Landes geprägt hat. Sie lebt, sie ist ein lebendiges Gebilde. Laßt euch nicht von dem Pessimismus anstecken, daß alles immer schlechter, blasser, verwässerter, schwieriger werde. Das stimmt zwar, es gibt Verwässerungen und ein Verblassen auf der einen Seite, doch dafür gibt es schöne bunte, neue, frisch aufgetragene Farben anderswo.

Haben die Religionen auch ihre Doppelgänger?

Gewiß – sie können pervertieren bis hin zu Menschenopfern, Kriegen, Machtkämpfen und Ketzerverfolgungen. Wesentlich ist zu wissen, daß eine Kirche oder Religionsgruppe immer eine irdische Angelegenheit ist, weil sie von inkarnierten Wesen gebildet und weitergetragen wird. Sie ist immer auch mit einem Doppelgänger behaftet. Der Doppelgänger einer Institution kann vor allem dann mächtig werden, wenn sie groß ist.

Was läßt einen Doppelgänger erfolgreich werden und was hindert ihn?

Es gibt verschiedene Zustände in einer Institution, die sie für den Doppelgänger anfällig machen:

Erstens, wenn die hierarchische Ordnung einer Institution von den Mitgliedern der Institution nicht mehr anerkannt wird und wenn die Durchlässigkeit in der Hierarchie nicht mehr gegeben ist. Vorbild sollte die himmlische Hierarchie sein, d. h., jede Information gelangt ungehindert dorthin, wo sie hin soll. Im Himmel kann sich jeder Engel zu jeder Zeit über jede Tätigkeit eines anderen Engels informieren. Und es gibt nichts, was der 10. Hierarchie, dem Menschen verheimlicht würde, es sei denn die Information wäre – zumindest zu diesem Zeitpunkt – für ihn abträglich.

Das Verständnis von Hierarchie sollte dem himmlischen Verständnis entsprechen. Wenn man Hierarchie als vorgegebene und zum Zwang gewordene Ordnung betrachtet, ist es schwierig. Das Schlimmste heute ist das Kastensystem: eine in sich festgefahrene, undurchlässige Struktur. Andererseits bringt Unkenntnis oder Ablehnung der himmlischen Hierarchie die Unmöglichkeit der Entwicklung mit sich. Das Wesentliche ist, daß du begreifen lernst, wo du dich selber einordnest, als stimmig empfindest und dich wohl fühlst. Wenn das gewährleistet ist, dann kannst du dich weiterentwickeln und an Kraft zunehmen. Dem sollte auch die Hierarchie in der religiösen Institution entsprechen.

Zweitens ist wichtig, daß Menschen nicht meinen, sie seien von Gott auserwählt oder begnadet, für den Himmel oder die Hölle prädestiniert und etwas »Besonderes«, eine Elite Gottes. Der Vater pickt sich nicht die Rosinen aus seiner Schöpfung, er ißt sozusagen den ganzen Kuchen.

Ein dritter Ansatzpunkt für die Hierarchien zur Linken ist der Absolutheitsanspruch, der dazu führt, daß man sich über die Würde und Rechte von Menschen, Ländern und Religionen hinwegsetzt, irdische Hoheitsgewalt übernimmt und auch der Würde und Berechtigung des Staates die Anerkennung verweigert.

Ein vierter Ansatzpunkt zeigt sich, wenn die Theologie ganz wissenschaftlich klingende Ansätze einbringt, sich an der Frage der Modernität orientiert und meint, daß die ganze Religion unhaltbar sei.

Ist der Islam ein Produkt der Hierarchie zur Linken?

Nein, seine Botschaft ist: Der strenge Vater soll verehrt werden. Das bedeutet: Gehorsam und Glaube, ohne zu fragen, ohne Diskussion, sich unterordnen, sich klaglos einfinden. Schau, wie ernst der Glaube im Islam genommen wird, z. B. fünfmal beten am Tag. Es gibt ja tatsächlich auch den Aspekt des strengen Vaters, der Prüfungen anordnet. Im Islam wird man bereit zum Martyrium. Wo gibt es das noch im Christentum? Der Islam ist zugelassen.

Er ist der *Prüfstein für die Christen*, die sich fragen mögen: Wie ernst, wie kontinuierlich, wie streng nehmen die Moslems ihre Religion? Wie weit sind sie bereit, sie in den Alltag zu tragen? Und wie ist das im Christentum? Im Christentum regiert der gütige Vater. Das ist auch eine Verführung zur Nachlässigkeit: Der Herr hat uns ja schon erlöst und die Heiligen erbarmen sich unser. Viel Weichlichkeit herrscht vor, wenngleich manche auch gehorsam und streng sind. Christsein will erprüft und erlitten sein.

Die extremen Auswirkungen im Islam sind nicht in Ordnung, aber schaut auf die Grundwerte und das praktische Leben. Sprecht mit großer Hochachtung von den Gläubigen. Je mehr die Christen begreifen, warum es den Islam gibt, desto weniger müßte es ihn geben. Das ist die Sichtweise der Vertreter im Himmel.

Die Einsicht des Christen sollte sein, daß er alles, was im Islam *von außen* gefordert wird, nur *von sich selbst* fordern kann. Ein Christ kann nicht fordern: Seid bereit zum Gehorsam bis zum Märtyrertum. Er kann es nur von sich selbst fordern und vorleben. –

Es kommt darauf an, in völliger Übereinstimmung mit dem Himmel denken, fühlen, handeln und sich bewegen zu lernen. Indem ihr mit der Trinität in allen ihren Aspekten leben lernt, vereint ihr alle Religionen im eigenen Inneren, ohne in der Außenwelt deren Mitglied zu sein.

Der Sinn des Lebens ist, alle Religionen im eigenen Inneren zur Einheit zu führen. Das geschieht nicht dadurch, daß man alle Sprachen und Religionen studiert und auswendig lernt. Es geht auch nicht dadurch, daß in der Außenwelt eine Weltreligion gegründet wird. Sondern es gilt, das Prinzip und das Wesen zu sehen, das in einer Religion verehrt wird und dieses in das eigene Innere aufzunehmen, dort zu verehren und dort leben zu lassen.

Das dreifache Wesen des Vaters, des Sohnes und der Mutter trägt alle Religionen in sich, ohne daß man an seiner Zugehörigkeit zur christlichen Religion Abstriche macht. Es geht nicht darum, z. B. zu bestimmen: Wir wollen die Muhme. Sondern man wird die Muhme in der Heiligen Schrift entdecken und in der heiligen Anna verehren. Man wird die Sophia entdecken. Man wird die irdische Präsenz der drei Aspekte der Mutter in Maria anerkennen. Die Erhöhung Mariens kam aus dem Volk. So etwas geschieht über die Empfindungen einzelner Menschen, die sich allmählich durchsetzen.

Ebenso werden die drei Sohnesaspekte und die drei Vateraspekte erkannt werden. In Zukunft soll es ein friedliches Nebeneinander aller Religionen geben, wo jeder seinen Platz sucht und findet.

Was heißt in diesem Zusammenhang dann Mission?

Missionsarbeit findet im eigenen Inneren statt. Man missioniert zuerst sich selbst. Dann braucht man auf andere nicht einzureden. Es gilt, das Christsein von innen nach außen zu strahlen. Der andere kann dann spüren: Da ist etwas vollendet Schönes und Wahres. Das kann seine Neugier wecken, dann wird er fragen. Ihr könnt aber auch Menschen in eure Innere Kirche einladen. Das brauchen die Menschen im Äußeren nicht zu erfahren, die Wirkung tritt dennoch ein. Die letzte Mission wird die des Vaters sein, der in einem großen Atemzug alles einatmet.

Du sprachst vom »Gesamt des Himmels« als vom »catholon«.
Gibt es einen Zusammenhang mit »katholisch«?

Die Schöpfung ist das catholon. Das catholon gab es von Beginn der Schöpfung an, und der Schöpfer selbst ist katholisch im Sinne von allumfassend. In diesem Sinne ist die gesamte Trinität, sind auch alle

Hierarchien der Engel katholisch. Auch die gefallenen Engel sind katholisch, denn sie befinden sich innerhalb der Schöpfung. Auch jedes Tier und jede Pflanze ist katholisch im Sinne des catholon.

Ich sage jetzt etwas für viele Herausforderndes: jede Seele, die beschließt zu inkarnieren, kann gar nicht anders, als sozusagen in der himmlischen Mutter zu sein, d. h. identisch zu sein mit dem, was man katholisch nennen würde, zwar nicht im Sinne der Zugehörigkeit zur Rechtsinstitution »katholische Kirche«, aber im Sinne der Zugehörigkeit zur allumfassenden Mutter.

Es geht nicht anders. Jedes Sich-in-die-Materie-Hineinfühlen-Hineinfinden bedeutet, der Mutter die Ehre zu geben, auch der Mutter Kirche, ob man das weiß oder nicht. Insofern ist jeder Mensch schon dadurch, daß er zur Erde gekommen ist, in gewisser Weise auf einer ganz allgemeinen Ebene ein katholischer Mensch. Es muß nicht unbedingt jeder Mensch ein Christ sein, er ist katholisch allein dadurch, daß er auf der Erde ist. –

Es geht aber darum, das Katholischsein und das Christsein zusammenzubringen, d. h. im Christsein das catholon zu erfassen und alle Wahrheit zu integrieren. Denn alle Wahrheit ist katholisch, insofern sie einen Aspekt des catholon begreift. Es geht also nicht um Bewertung, Beurteilung und Parteinahme, sondern zunächst nur darum, daß deutlich wird, warum es so viele Religionen gibt und was die Aufgabe eines katholischen Christen ist. –

Das Christentum ist die jüngste Sohnesreligion, der Sohn selbst erschien als der Christus in Jesus. Sie stellt die höchsten Anforderungen an den Menschen und bietet die meisten Schlüssel zum Verständnis des catholon. Die katholische Kirche ist in diesem Sinne die Zusammenführung von katholisch und christlich, auch wenn sie das selbst nicht immer voll erfaßt. Das bedeutet nicht, daß es das Heil außerhalb der Kirche nicht gäbe – das wäre nicht wahr. Es heißt aber, daß die Kirche die größte Chance in sich birgt, den Überblick über das Gesamt der Schöpfung, also das catholon zu gewinnen. –

Audienzen im Dom der Heiligen sind selten. Bei Gelegenheit dürft ihr wiederkommen.
Wir danken.

Dienstag, 6. 8. 96

Christi Verklärung

∞

Heute ist das Fest der Verklärung des Herrn auf dem Berge Tabor. Was geschah da?

Elion: Lest zunächst die Berichte in den synoptischen Evangelien (Matth. 17,1 ff., Mk 9,2 ff., Luk. 9,28 ff.) und bei Petrus (2 Petr. 1,16 ff.), der ja Augenzeuge war.

Der Vorgang klingt irreal, ist aber ganz real: Christus zeigte sich in seinem Auferstehungsleib. Um das tun zu können, hätte es also der Passion und der österlichen Auferstehung nicht bedurft. Er brauchte seinen Auferstehungsleib nicht zu entwickeln, er hatte ihn jederzeit verfügbar. Was er auf dem Berge Tabor darstellte, war sinngemäß: »Schaut her, das ist mein Auferstehungsleib, aber ich bleibe noch im irdischen Körper bei euch.«

Hätte Jesus im Auferstehungsleib fortgelebt, wäre es nicht möglich gewesen, ihn anzunageln. Dessen bedurfte aber sein Erlösungswerk. Als er dann hinabstieg ins Reich der Toten, geschah das auch noch nicht im Auferstehungsleib. In diesem erschien er erst nach seiner Auferstehung.

Die Annahme, der Sinn der Vorgänge sei, ihm das Leben im Auferstehungsleib möglich zu machen, seine Auferstehung sei an die Passion geknüpft, die Passion sei ein notwendiger Schritt zur Auferstehung gewesen, wäre ein grundlegendes Mißverständnis, das fatale weitere Mißverständnisse zur Folge hätte. Sie führte zu einer unsinnigen Verherrlichung des Leidens, so als ob der

Mensch einer vergleichbaren Passion bedürfe, um seinen eigenen Auferstehungsleib zu erarbeiten. Christi Leiden hatte nicht den Sinn, seine Auferstehung vorzubereiten, sie war nicht ein notwendiger Schritt zur Auferstehung. Auch wenn er ohne die Passion gestorben wäre, wäre er auferstanden. Vielmehr nahm der Herr das Leiden und die Schuld der Menschen aus Liebe auf sich, um die Welt zu erlösen.

Das Mißverständnis eines inneren Zusammenhangs von Passion und Auferstehung würde auch das Bild des Vaters verdunkeln und den Eindruck entstehen lassen, die Passion sei gottgewollt und der Auferstehungsleib der Lohn für sie. Dann erschiene Gott als ein Imperator, der willkürlich Schreckliches und Schönes auf die Welt fallen ließe und für beides verantwortlich sei. Damit gingen das Schöpfungsprinzip der Freiheit und das Wirken der dunklen Hierarchien aus dem Blick verloren.

Diesem Mißverständnis beugte der Herr vor, indem er sichtbar machte, daß er schon zu seinen irdischen Lebzeiten im Auferstehungsleib erscheinen konnte.

Christus war nicht der erste, der darin erscheinen konnte. Das gab es auch schon vor ihm, z. B. bei Elias und Moses. Er war aber der erste, der dies für die Weltgeschichte sichtbar gemacht hat. Menschen, die den Auferstehungsleib schon entwickelt haben, können den Wunsch äußern, auf Erden im Fleische wiederzukehren, um zu helfen und besondere Aufgaben zu übernehmen. Das tun sie aber nur in seltenen Ausnahmefällen. Moses und Elias waren gegenwärtig, weil sie auf ihre Art und Weise wußten, um was es in der Geschichte Israels und im Auftreten des Christus ging. Sie waren sozusagen »Blutzeugen«.

Die anwesenden Jünger kannten sich aus mit dem Auferstehungsleib, sie vermochten ihn zu sehen. Sie waren Zeugen des Geschehens auf dem Berg Tabor, und man nahm ihnen ab, was sie berichteten. Denn man wußte, daß sie Wissende und Sehende waren. Ihr Bericht galt als Beweis für die Mächtigkeit Christi, die sich auch darin zeigte, daß ihm sein Auferstehungsleib unabhängig von der Passion zu irdischen Lebzeiten verfügbar war.

Freitag, 9. 8. 96

Bildhaft beten

∞

Ein Engelbote (weiß gekleidet, mit länglichem Gesicht): Ich spreche im Auftrag der obersten Hierarchien.

Die nächsten 3 Wochen – beginnend am kommenden Montag – widmet euch je einem der drei Hauptgebete in der Weise, daß ihr euch jedes Wort möglichst bildhaft vorstellt. Beginnt mit dem Vaterunser, in der zweiten Woche folgt das Gelobt seist Du, Christus (s. Bd. II S. 141), in der dritten das Gegrüßet seist du, Maria. Es geht darum, eine klare, bildhafte innere Verbindung zu diesen Gebeten zu finden. Damit ihr euch ohne Ablenkung auf die innere Vorstellung konzentrieren könnt, ist es hilfreich, die äußeren Augen geschlossen zu halten. Laßt zu jedem Wort ein Bild vor die inneren Augen treten. So wie es zunächst aufsteigt, entspricht es eurer derzeitigen inneren Struktur. Unterlaßt kritische Reflexionen.

1. *Vater:* Versucht z.B., den Vater zu sehen, der euch wie dem verlorenen Sohn mit ausgebreiteten Armen freudig entgegenkommt, oder seht ihn als das Innere Kind, oder vergegenwärtigt euch die Kindervorstellung vom gütigen und strengen Vater mit weißem Bart auf dem Thron – laßt die Bilder zu.
2. *unser:* Um euch herum sind andere Menschen und sonstige Wesen. Wie viele? Wo befindet ihr euch unter ihnen? Seid ihr durch sie beengt? Oder geborgen und getragen?

3. *der Du bist:* Das heißt: immer warst und sein wirst. Ihr könnt ihn mit kindlichem Staunen anfassen: Es gibt ihn wirklich.
4. *in den Himmeln:* Seht ihr ihn über den Wolken? In oder über den Hierarchien? Oben auf der Himmelsleiter?

Und so fort.

Jeweils anschließend macht eine Übung, die euch zunächst eigenartig erscheinen mag: Beauftragt einen Teil des Körpers, das Gebet zu sprechen, z. B. den linken großen Zeh, die Leber, den Magen, die Lunge, das Herz. Am Ende der Woche spricht es der ganze Körper mit allen Organen im Chor. Ihr solltet einfach zuhören. Am Sonntag nehmt euch noch weiter zurück und hört zu, wie die gesamte Schöpfung das Gebet spricht: Bäume, Gräser, Blumen, die Sonne – wie ein einziger Chor. Blickt hinaus und hört zu!

Im Anschluß an die tägliche Gebetsübung durchschreitet ein »Regenbogen-Spalier«. Das geht so: 14 Engel, je zwei von einer Farbe, knien sich gegenüber, die Engel rechts den rechten Fuß aufgestützt, die Engel links den linken Fuß. Ihre Hände sind gefaltet. Sie haben wunderschöne, sehr imposante Flügel, größer als der Engel selbst, die sich zunächst über den Kopf nach vorn neigen und dann mit Schwung nach hinten weisen. Die Engel bilden einen Gang, so breit, daß ein Mensch bequem hindurchschreiten kann. Sie haben die verschiedenen Farben des Regenbogens – rot, orange, gelb, grün, rosa, blau, violett –, in den Flügeln durchsetzt bei den rechts knienden Engeln mit Gold, bei den linken mit Silber. Durchschreitet andächtig ihr Spalier.

Ain Ende tretet ihr in einen Raum, in dem ihr von hellem, weißem, gleißendem Licht überstrahlt und wie geblendet seid. Das Weiß ist von undurchdringlichem Glanz, es ist reines Licht, aber so intensiv, als würdet ihr darin gebadet. Ihr könnt die Materie fühlen, obwohl sie ganz fein ist – wie ja auch Nebel keinen Widerstand leistet und doch spürbar da ist. Ihr könnt zwar nichts sehen, doch könnt ihr vertrauensvoll wissen: Dort erwarten euch der Vater, der Sohn und die Mutter.

Dann sprecht in der ersten Woche: »Vater – hier bin ich«, in der zweiten: »Herr – hier bin ich«, in der dritten: »Mutter – hier bin ich«.

Dann wartet ab, was sich entwickelt. Es entsteht allein aus der Initiative der anderen Seite. Es kann ein Gespräch mit einem Engel sein, der die Mutter, den Sohn oder den Vater repräsentiert. Das wird ein sehr berührendes Erlebnis sein und euch das Gefühl vermitteln, nach Hause zu kommen. Es ist eine der schönsten, heiligsten, wesentlichsten Übungen, die man machen kann.

Der Sinn der Übung ist: Körper und Seele werden durch sie vorbereitet auf einen Bruchteil der Lichtqualitäten, die ihr aushalten werdet, wenn ihr zur ersten Hierarchie aufsteigt. Die Übung ist wesentlicher Bestandteil eurer Vorbereitung. Es ist, wie wenn ein Bergsteiger trainiert.

(Der Engel hebt die rechte Hand und spricht in sehr feierlichem Ton:) Ich sprach zu euch, wie mir gesagt ward, und segne euch im Namen des Vaters, des Sohnes und der Mutter durch den Heiligen Geist.

Montag, 12. 8. 96

Geburtstag im Dom der Freude

∞

(Martin spricht Segenswunsch und Fürbitte für ein ihm nahestehendes Geburtstagskind des heutigen Tages aus.)
Elion: Da könnt ihr selbst etwas tun. Das läßt sich zum Anlaß nehmen, um euch mit dem Dom der Freude bekanntzumachen. Dort kann man sehr fröhlich Geburtstag feiern. Ich werde mal meinen »Kollegen« fragen.
(Es erscheint ein wunderschöner gold-orangefarbener Engel.)
Elion: Er ist ein Lehrer der Freude. Sein Name ist Samrael.
Samrael: Den Dom der Freude erreicht ihr auf dieselbe Weise wie den Friedensdom, durch dieselbe Tür hinter dem Altar eurer Inneren Kirche. Immer derjenige Dom, den ihr besuchen wollt, befindet sich hinter dieser Tür – so, als würden die 12 Dome auf einer Drehbühne bewegt. Ihr findet zum Dom der Freude aber auch durch mich (Samrael), wenn ihr vorher sagt, ihr wollt dorthin. Dann hole ich euch in eurer Inneren Kirche ab.
Ihr seht: Der Dom ist ganz in Gold und Orange gehalten. Er bildet ein Rund mit vielen runden Bögen und geschwungenen Formen, Säulen mit Kapitellen, sehr üppig wie eure barocken Kirchen, alles sehr leicht und fröhlich. Auch die Engel erscheinen in verschiedenen Orangetönen zwischen kupfer und gold, teils rosé-lachsfarben, auch ein wenig Blau ist beigemischt. Der Platz vor dem Altarraum ist mit einem Mosaik ausgelegt. Es gibt Bilder und Standbilder an den Wänden mit Situationen aus

dem Leben Mariens von der Verkündigung bis zur Geburt, darunter Becken, in die heiliges Wasser plätschert. Alles klingt, singt und rauscht in zauberhafter Weise. Ihr könnt euch am Wasser laben.

Es wird viel gesungen, aber auch getanzt. Die Kleider wirken wehend, bewegt, obwohl kein Wind weht. Faltenwurf und Schwung bilden schöne Formen. Die Bewegungen erinnern an einen Tempeltanz in einer heiligen Abfolge von Schritten. Selbst die Haltung der Hände und Flügel erscheint durchchoreographiert. Auch das Leben des Herrn war ja »durchchoreographiert«.

Ihr könnt lernen, den ganzen Alltag zum Tanz zu machen. Jede Bewegung: Tisch decken, Abwaschen, beim Einkaufen das Tanzen von Regal zu Regal: Alles kann tänzerisch sein, nicht mißmutig schlurfend, sondern mit Schwung und Leichtigkeit und Eleganz. Gestik, Sprache, Bewegung, Schritt – alles kann die Leichtigkeit eines Springbrunnens und dabei die Tiefe und das Bewegtsein des Meeres haben.

Es wird viel gelächelt und gelacht und gesungen. Die kleinen Engel der Freude wirken ziemlich ausgelassen und kichern. Es ist zwar ein feierliches Zeremoniell, aber es herrscht viel Offenheit und Herzlichkeit: »Kommt doch her«.

Den Vorsitz führt ein Engel, der also eine ähnliche Punktion hat wie Nadjamael im Friedensdom. Ihr seht: Er ist ein großer Engel in sehr sonnenhaftem Orange, auch die Gestalt ist fast wie die Sonne. Das Zentrum zwischen Herz und Solarplexus leuchtet am hellsten. Die Strahlen sind wellig, die Haare rötlich mit kleinen Löckchen, er trägt einen Mittelscheitel. Das Gesicht wirkt hellhäutig, die Augen sind ganz blau, der Blick ist sehr klar und prägnant (Nadjamaels Augen hingegen sind braun, sie wirken zwar gütig, aber doch streng und zurückhaltend). Sein Name ist Mermel.

Er wirkt sehr schlicht und herzlich, sehr liebenswürdig, ohne Protokoll, ohne Scheu, aber täuscht euch nicht über seine Größe. Ihr könnt auch an ihn Fragen richten oder von ihm Hilfe erbitten – wie bei Nadjamael im Friedensdom.

Der Raum ist rund. Man sitzt dort in weitem Halbkreis um einen riesengroßen Altar, auf dem sich kein Kreuz befindet. Ein Orchester spielt sehr fröhliche Musik. Derzeit hört man ein Stück, in dem der Baß folgenden Rhythmus wiederholt:

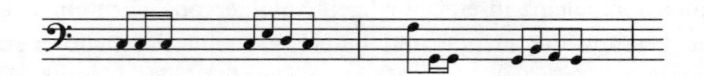

Darüber schwebt eine entzückende Melodie.

Das klingt wie Händel oder Vivaldi –
oder stammt die Musik von Engeln?

Da ist kein Unterschied: Es kommt alles aus derselben Quelle. Man singt hier viel »Gloria«. Es gibt in diesem Dom die größte Gloriensammlung, die ihr euch vorstellen könnt: Alle Glorias, die es auf Erden gibt, und alle, die es nur im Himmel gibt, werden hier gesungen.

Ihr seht den Unterschied zum Friedensdom, der in Weiß und Blau gehalten ist und wo man strenge Chöre singt. In gewisser Weise ist der Dom der Freude auch ein Dom der Tränen. Denn das freudige Berührtsein führt in die Nähe der Erschütterung: Ein wenig Wehmut und Heimweh gehört dazu und macht die Freude erst wirklich. Deshalb ist dem Orange ein wenig Blau beigemischt. Eure Anwesenheit wird euch eine große Freude sein, aber auch Tränen werden dabei sein: Es wird viel geweint und gelacht, auch im Lobpreis. Im Friedensdom geht es zurückhaltender zu: feierlich, verehrend, anbetend. Hier ist es viel gefühlsbetonter. Der Lieblingskomponist hier ist Mozart, dort Bach (obwohl bei beiden Freude mit Tränen vermischt sein kann).

Der Friedensdom ist im gotischen Stil gehalten, hier dominiert das Barock – alles in üppiger Freude und sehr wohltuend.
Die Sitzreihen werden durch Gänge unterbrochen – wie Kuchenstücke. Am Anfang des Hauptganges, hinter dem Hauptportal, befindet sich der Brunnen der Freude.

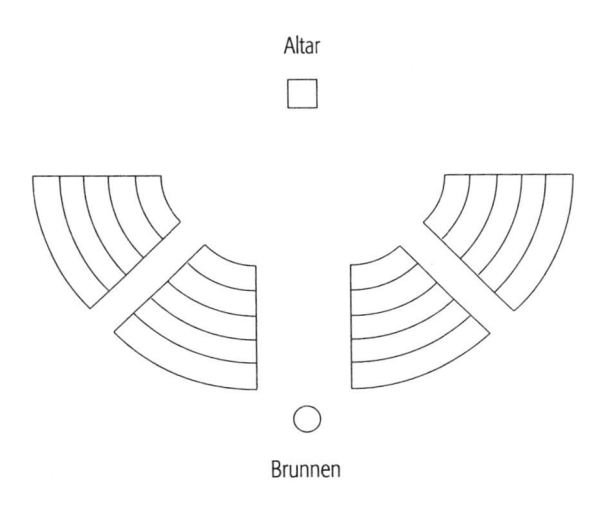

Altar

Brunnen

Es ist ein großer, schöner Brunnen, weit über Menschengröße, mit einem besonders klaren Wasser. Es erhebt sich eine große Fontaine, fällt in ein zweites weiteres Becken, fließt wieder über in ein noch größeres drittes Becken.

Wie in Conrad Ferdinand Meyers Gedicht »Der Römische Brunnen«?

Ja, aber viel größer und üppiger. Die Schalen sind in Gold, das Wasser bildet prächtige Kaskaden.
 An diesem Brunnen kann man die Geburtstage von Menschen feiern. Ich bitte euch, nun folgendes zu tun: Du stehst, mit dem Brunnen im Rücken, dem Hauptportal zugewandt. Das Geburtstagskind kommt vergnügt auf dich zu, du begrüßt es, du kannst es umarmen. Bitte es, sich neben dich zu stellen. Kennst du noch ein

zweites Geburtstagskind, so bitte es auf deine andere Seite (die Feier ist besonders schön mit zwei oder mehreren Geburtstagskindern, die dir besonders lieb sind). Dann bitte daneben noch andere, auch verstorbene bekannte Persönlichkeiten, die an diesem Tag Geburtstag haben. Dazu lade dann noch die Eltern, Geschwister, Ehepartner und andere dem Geburtstagskind nahestehende Menschen ein. Alle umarmen sich, freuen sich und bilden eine Linie.

Dann lade noch alle ein, die heute Geburtstag haben und sich anschließen möchten, und schließlich auch noch diejenigen, die heute geboren werden: sie werden auf dem Arm von Kinderschwestern hereingebracht.

Dann dreht euch um und blickt auf den Brunnen. Jetzt bildet einen großen Kreis um den Brunnen herum und nehmt euch an der Hand. Dazwischen treten, ein wenig nach hinten versetzt, Freudenengel und bilden einen zweiten Kreis um euch herum. Dann könnt ihr um den Brunnen herum tanzen und singen: du bestimmst, wie und was. Du sprichst alle guten Wünsche aus für die von dir besonders geliebten Geburtstagskinder, für alle im Kreis, für die Neugeborenen usw.

Dann bittet die bekannten Persönlichkeiten der Geschichte, deren Geburtstage ihr heute bedenkt, von ihren Gaben, ihrem geistigen Vermögen, ihren Leistungen dem Tag und damit für jeden künftigen Geburtstag etwas zu überlassen, was seine größte Gabe, Tugend oder Stärke ausmacht. Das sollen dann – nach dem Maß ihrer Fähigkeiten – auch die anderen Geburtstagskinder tun.

Wenn ihr euren eigenen Geburtstag feiert, ehrt und feiert in Dankbarkeit auch eure irdischen und himmlischen Eltern, euren Namenspatron, euren Schutzengel, euren Führungsengel und den Erzengel Gabriel. Denn ein Engel aus seinen Scharen ist bei jeder Geburt dabei, und am Geburtstag spürt ihr seine besondere Nähe wie in einem Nachklingen des Tages eurer Geburt.

Zum Abschluß stellt euch still hin, schaut in den Brunnen und sprecht gute Wünsche aus, nicht nur für die Geburtstagskinder, sondern allgemein für diesen Tag.

Du siehst: Am Geburtstag bekommst du nicht nur Geschenke, sondern hast auch Verpflichtungen. Der Tag steht Pate für dich – und du stehst Pate für den Tag. Wie du bist, das gibt dem Tag etwas von seinem Gepräge. Deine Tugenden geben ihm Qualität – bis hin zur Heiligkeit, und was du fehlst, wirft seinen Schatten auf den Tag. Der Engel des Tages kann zwar das, was ihr verdorben habt, nicht in gravierender Weise ändern.[15] Ein Großteil der Heilung der Welt kann aber dadurch geschehen, daß die Menschen ihrem Geburtstag etwas Schönes und Gutes geben. Man kann den Tag sozusagen polieren wie Silber. –

Man braucht das nicht auf den Geburtstag zu beschränken, sondern kann es regelmäßig oder sogar täglich tun. Das wirkt dann wie ein kosmisches Reinigen des Tages. Es ist eine zwar unauffällige, aber wichtige Arbeit, die ihr wie folgt leisten könnt:

1. Ihr gebt dem Tag etwas ab von eurer Reinheit, Zufriedenheit, Tugendhaftigkeit und eurem Glück.
2. Zusammen mit dem Heiligen des Tages reinigt ihr den Tag von den Schatten, die auf ihm liegen.
3. Dankt bewußt dem Engel des Tages, der dem Tag so viel gegeben hat.
4. Dann begebt euch in den Dom der Freude und macht die Übung für die Geburtstagskinder des Tages, für die, die ihr kennt und für die euch unbekannten. Besonders schön ist, wenn ihr mehrere Geburtstagskinder kennt – die stellt rechts und links von euch. Kennt ihr keine persönlich, schaut euch die beiden ersten etwas genauer an, so daß ihr ein wenig vertraut mit ihnen werdet.
5. Dann dankt diesem Tag dafür, daß er ist und daß er ein Freudentag ist, und bittet, daß er ein Freudentag bleiben möge. Gebt dem Tag etwas von eurem Besten, eurem Licht, eurer Liebe, eurer Kraft, euren Gaben. –

Ihr könnt noch ein weiteres tun, nämlich eine Art Geburtstagskalender anlegen und für jeden Tag des Jahres eintragen, was an ihm Schönes und Gutes geboren wurde: die Menschen, die etwas Wertvolles geleistet haben, aber auch die Werke, die an diesem Tag vollendet wurden oder die ihre Uraufführung erfahren haben, die Entdeckung oder Erfindung, die an diesem Tage gemacht, der Friedensvertrag, der geschlossen, die Verfassung, die verkündet, das Serum oder die Operationstechnik, die erstmals angewandt wurden usw. Es wäre schön, Kinder zu beteiligen, die auf diese Weise spielend mit den guten historischen Leistungen des Tages und den Namen ihrer Schöpfer vertraut werden. Das schafft eine Grundstimmung des Ansporns, der Zuversicht und des Vertrauens und verleiht jedem Tag des Jahres seine eigene Note des Glanzes und der Freude.

Mittwoch, 14. 8. 96

Der Sonnenengel und das Geheimnis der Zwölfheit

∞

Ein uns noch unbekannter Engel: Heute begeben wir uns miteinander auf die Ebene der Exusiai, wo eure Sonnenengel wohnen. (Ein Hüter wacht vor dem Tor.)

Der Hüter: Was wollt ihr?
Der Engel: Sie begehren Einlaß.
Der Hüter wiederum: Was wollt ihr?
Der Engel: Sie haben Fragen an den Sonnenengel.
Der Hüter: Wer schickt euch?
Der Engel: Die Führungsengel. (Der Hüter öffnet das Tor.)
Ihr seid jetzt jenseits des Tores, aber noch in einem äußeren Raum. Einer eurer Sonnenengel wird euch antworten.

(Ein großer, Ehrfurcht gebietender weiß-golden strahlender Sonnenengel:) So, ihr wollt etwas fragen? Bitte!

Tomberg hat einmal gesagt, daß eine Individualität gleichzeitig in zwei Menschen inkarniert sein kann, er sprach in diesem Zusammenhang von »gespaltenen Inkarnationen«. Dürfen wir dazu Näheres erfahren?

Der Sonnenengel: Die Grundfrage ist: Was ist unter »Seele« und »Individualität« zu verstehen? Ihr wißt, daß im Menschen eine Seele wohnt, ja, daß der Mensch die Seele ist. Nicht der Körper hat eine

Seele, sondern die Seele hat einen Körper; sie ist also kein Organ des Körpers, sondern von anderer Qualität. Das macht verständlich, daß sich die Seele in Gefilden außerhalb des Körpers aufhalten kann. Sie tritt in den Körper ein und verläßt ihn, wenn er stirbt.

Menschen stellen sich die Seele oft als ein geistiges Sein im Körper vor. Ihr seht in ihr aber die stabförmige Anordnung verschiedener Innenräume. – Der Stab ist ursprünglich (im Embryo) ringförmig, dann richtet er sich auf. Die Innenraumstruktur ist das, was die Seele, die Individualität des Menschen ausmacht. Sie überdauert das Sterben. Die Seele kommt aus den Gefilden des Sonnenengels und kehrt dahin zurück.

Nun gehen wir noch einen Schritt weiter. Was ihr die Seele nennt, ist nur ein Teil einer Gesamtseele. So wie die Seele des Menschen aus mehreren Innenräumen besteht, so besteht die Gesamtseele aus mehreren Teilseelen, die eingehüllt sind vom selben Sonnenengel. Zu jedem Sonnenengel gehören 12 menschliche Seelen.

Die 12 Jünger Jesu haben diese Gegebenheit in ihrem Erdenleben abgebildet. Jeder der Jünger war zwar ein einzelner Mensch, aber er war auch ein Aspekt der »Gesamtseele«, nämlich der Jüngerschar. Keiner der Jünger würde sich als abgesonderte Individualität verstehen, sondern jeder versteht sich als einer aus dem Kreis der Jünger. Die Jünger beanspruchen weit weniger Individualität, als Menschen auf der Erde gemeinhin zu beanspruchen pflegen.

Menschen sind fasziniert davon, »Ich« sagen zu können. Aber im Grunde weiß jede Seele, daß sie nur in begrenzter Form von sich als »Ich« sprechen kann. Der einzige, der voll berechtigt »Ich« sagen kann, ist der Sonnenengel. Er spricht dann für sich und zugleich für alle 12 Menschen, die zu ihm gehören wie die 12 Jünger zum Herrn.

Von diesen 12 Seelen ist mal die eine, mal die andere auf Erden inkarniert, mal auch zwei oder drei gleichzeitig, mitunter auch vier. Nur selten sind es mehr oder gar alle 12 zugleich. Wenn die im Himmel befindlichen Seelen nicht gerade irgendwo eingesetzt sind und lernen, dann ruhen sie im Sonnenengel.

Wenn zwei Menschen, die zum selben Sonnenengel gehören, einander begegnen, erkennen sie sich? Werden sie Freunde?

In der Regel ja. Es ist aber nicht wesentlich anders, als wenn sich zwei Menschen begegnen, die zu zwei verschiedenen, aber eng untereinander befreundeten Sonnenengeln gehören, und schwer davon zu unterscheiden. – Es kommt auch vor, daß sich in Großvater, Vater und Enkel drei verschiedene Seelen aus demselben Sonnenengel inkarnieren. Es gibt viele Kombinationsmöglichkeiten, da von den Seelen, die zu einem Sonnenengel gehören, i.d.R. zwei oder mehrere gleichzeitig oder nacheinander inkarniert sind.

Wir hatten zwei Angaben über frühere Inkarnationen eines Menschen, von denen wir annahmen, daß sie nicht beide stimmen können, weil sich die Lebensdaten zeitlich überschneiden. Das erklärt sich also so, daß von zwei Seelen aus demselben Sonnenengel die Rede war?

Ja. Es ist keine Besonderheit, wenn sich die Inkarnationen zeitlich überlappen und der eine geboren wird, während der andere noch auf Erden weilt.

Warum gibt es 12 Seelen in einem Sonnenengel?
Was hat es mit dieser Struktur auf sich?

Sie ist zum Vorteil aller 12 Seelen, weil jede von den Inkarnationen jeder anderen profitiert: Deren irdische Lebenserfahrungen werden zu den ihren. Wenn ihr heimkehrt zum Sonnenengel, wartet auf euch ein Kreis von Seelen, die zu euch gehören. Sie empfangen euch freudig und teilen mit euch alle Freude und alles Leid, das ihr auf Erden erfahren habt. Jede Seele läßt die anderen an ihren Erfahrungen in allen Nuancen teilhaben, jede macht sich die jeder anderen voll zu eigen.

Dadurch wird die Entwicklung erheblich beschleunigt. Wenn jede Seele alles allein erarbeiten müßte, mit allen Abwegen und

Umwegen, dann würde die Gesamtentwicklung sehr viel länger dauern. So bleibt ihr zwar manches an unmittelbarer Eigenerfahrung vorenthalten – aber auch erspart. Da aber jede Einzelseele ihre Lebensleistung in den Kreis der 12 hineinträgt, ist es so, als hätten sie alle diese Lebensleistung erbracht.

Nicht jeder wird also selbst Priester, König, Bettler oder gar Schwarzmagier, sondern vielleicht nur einer – stellvertretend für alle. Die anderen brauchen es nicht direkt zu erleben, sondern es genügt für sie, durch die anderen mit diesen Erfahrungsbereichen konfrontiert zu werden, weil das Erleben der anderen zur eigenen Innenerfahrung wird. Hier gilt also mit vollem Recht der Grundsatz: einer für alle, alle für einen. Auf diese Weise werden die verschiedensten Erfahrungen in rascherer Zeit durchlaufen oder – aus der Sicht der Ebenen, für die es keine Zeit gibt – in größerer Intensität geleistet. Es kommt zu einem zügigeren Voranschreiten.

Die 12 Seelen sind vergleichbar den Organen eines Organismus. Sie alle haben Teil an der Gesamtverfassung des Ganzen. Geht es einem Organ schlecht, so den anderen auch, und der ganze Organismus ist krank.

Alle 12 Seelen sind gleich wichtig, beeinflussen einander, informieren einander, hängen voneinander ab. Jede hat ihre besonderen Vorlieben, auch ihre Schwächen und wählt demgemäß ihre Aufgaben und Aufträge. Aber sie gibt alle Lebenserfahrung an alle anderen ab. Diese nehmen sie auf und verändern sich dadurch, werden erfüllt mit neuen Inhalten, werden reicher, klüger, moralischer. Die Seelen bleiben »ihrem« Thema oft über mehrere Inkarnationen hinweg treu, wechseln aber ihre Rollen. Geht es der Seele z. B. in besonderer Weise um das Thema Gerechtigkeit, so wird sie mal Richter, mal Angeklagter, mal Verteidiger, mal Rechtsgelehrter und läßt die anderen an diesen Erfahrungen teilhaben. Wählt die Seele ein Leben als Künstler, so kann sie das einige Male wiederholen, bis sie ein Meister ihres Faches geworden ist. Dann allerdings wird sie ihr Thema wechseln, z. B. Priester werden, ein andermal aber auch im Kampf mit Priestern leben usw. Strebt sie nach Heiligkeit, so wird es dazu mehrerer Inkarnationen der Vorbereitung bedürfen.

Es würde »länger dauern«, d. h., der Zeitfaktor ist entscheidend. Wie ist das zu verstehen, wenn es »Zeit« in unserem Sinne gar nicht gibt?

Damit ein menschlicher Verstand das überhaupt begreifen kann: Es geht um einen ästhetischen Aspekt, um die Frage der Schönheit im himmlischen Sinne. Die Aussage: »Die Welt befindet sich längere Zeit im Dunkel« heißt für den Vater so viel wie: Sie ist gravierend unschön. Ist sie kürzere Zeit im Dunkel, so ist sie weniger gravierend unschön. In Fragen der Schönheit gibt es Grade der Intensität, und diese werden auf der Erde als kürzere oder längere Zeit erlebt und dargestellt. Also »lange Zeit im Dunkeln« heißt: intensiv unschön. Die Welt ist erst schön, wenn sie ganz im Licht ist. Was der Vater möchte, ist eine Schöpfung in so vollkommener Schönheit, daß er als Künstler hinter seinem Werk zurücktritt. –

Einen Sonnenengel kann der Mensch nur selten besuchen. Wenn ihr aber noch weitere klärende oder vertiefende Fragen habt, dürft ihr wiederkommen.

Wir danken dem Sonnenengel in tiefer Verehrung.

Mittwoch, 4. 9. 96

Über die Throne

∞

Ein weißfarbener »Vorbereitungsengel«: Heute könnt ihr versuchen, in die Nähe der ersten Triade (Seraphim, Cherubim, Throne) zu kommen, um die Throne wenigstens von ferne zu sehen. Es geht nur, wenn ihr alle gesund, wohlauf und ausgeruht seid und an diesem Tag nur leichte Kost zu euch genommen habt.

Jeder von euch bekommt drei Engel zur Seite, und zwar einen weißen aus dem Friedensdom, einen rosa Engel aus dem Dom der Liebe — diese beiden gehen rechts und links vor euch her — und einen Marienengel in durchscheinendem Blau (wie ein Saphir), der über euch/hinter euch schwebt.

Die Reise beginnt wie immer von der Inneren Kirche aus. Seht und spürt die drei Engel. Steigt gemeinsam mit ihnen und Bruder Tullian die Dankesleiter empor bis zu den Kyriotetes. Alle Bewohner eurer Innenräume haben Anteil am Geschehen. Sie befinden sich jetzt neben euch und sind etwa so groß wie ihr. Jetzt übernimmt die weitere Führung ein in beige-goldenem Licht strahlender Engel. Er ist kein Hüter und hat nicht die Strenge eines Hüters, sondern er ist ein Führer und ausgesprochen liebenswürdig. (Er ist nicht in einem Gewand darstellbar, sondern er wirkt, wie wenn man eine Flüssigkeit in eine andere gießt und diese nach unten schwingt und auswolkt: ein ständiges Strömen und Fließen. Seine Flügel sind schmal, länglich und weit ausgebreitet. Er ist wesentlich größer als ein Mensch.)

Der Führer: Mein Name ist Benmalach. Ich gehöre nicht zu

den Thronen. Throne verlassen in der Regel ihren Platz nicht, auch nicht, um solche Führungsaufgaben zu übernehmen. Sie tun es nur ganz ausnahmsweise im direkten Auftrag der Trinität, so wie z. B. in der Gethsemanenacht, wo ein Thron erschien, um den Herrn zu stärken.

Jeder der Throne birgt in sich viele Wesen – Abbilder seiner selbst. Er kann beliebig viele von ihnen aus sich heraussetzen, wenn er dazu den Auftrag hat. Das kommt dem Schöpfersein schon sehr nahe. Das Gleiche gilt für die ganze erste Triade: Auch Cherubim und Seraphim können Engel ihrer Art aus sich heraussetzen, gebären, erschaffen, aber nicht nach Gutdünken, sondern nur auf Geheiß. Ich bin einer von diesen sog. »kleinen Thronen«.

Ihr befindet euch in einer Entfernung von den Thronen, die, wenn man sich das räumlich vorstellen wollte, etwa der Entfernung von der Erde zur Sonne entspräche. Ihr seid ihnen also relativ nah, aber für menschliches Verständnis doch relativ weit. Heute könnt ihr lediglich einen Überblick gewinnen, so wie ihr euch am Sternenhimmel orientiert. Ihr könnt die Throne nicht unmittelbar sehen, weil ihr Licht so hell ist, daß ihr es nicht ertragen könnt, und weil sie zu groß sind, um sie erkennen zu können. Ich diene euch als euer Auge und beschreibe sie euch in einer verträglichen und verkleinernden Darstellung.

Ihr seht für jedes Wesen der Trinität vier Throne, also insgesamt zwölf. Jeweils drei von ihnen »tragen« sozusagen die drei Aspekte jedes der drei Wesen der Trinität. Die jeweils vierten »tragen« den Heiligen Geist/die Heilige Seele und vermitteln sie nach unten.

Die den verschiedenen Personen der Trinität zugeordneten Throne stehen untereinander in gleichem Verhältnis wie die drei Personen der Trinität selbst. Die Vorstellung eines Dreiecks mit

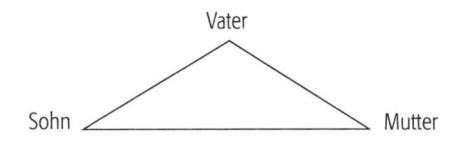

```
            Vater
           /    \
          /      \
    Sohn /_____\ Mutter
```

Höhenunterschieden vermittelt einen falschen Eindruck: Es handelt sich eher um ein liegendes Dreieck, also nicht um Höhenunterschiede, sondern um Entfernungsunterschiede. Perspektivisch betrachtet befindet sich euch die Mutter am nächsten. Der Sohn ist weiter entfernt, etwas versetzt. Der Vater ist von euch aus gesehen der entfernteste, weil er der erste ist. Viele andere Menschen haben allerdings eine andere Perspektive: Für sie befindet sich der Sohn am nächsten, die Mutter ist weiter entfernt, und viele nehmen sie zunächst gar nicht wahr.

Die den verschiedenen Personen der Trinität zugeordneten Throne sind sich in Intensität und Schwingung zwar ähnlich, aber sie sehen jeweils ein wenig anders aus und zeigen spezifische Merkmale.

Was ihr wahrnehmt, ist nicht ein Leib mit einem Gewand, eher könnte man sagen: einen Kopf mit Flügeln, aber auch das trifft es nicht eigentlich: Man nimmt keine Gesichtszüge wahr, sondern ein Befehlen, das auf den Flügeln sitzt, eine Art Ausrufezeichen. Das Ganze ist in sich bewegt, und zwar mit hoher Geschwindigkeit, wechselt mit Gedankenschnelle das Aussehen, das immer nur flüchtig und sehr kurz, fast blitzartig wahrnehmbar ist: mal wie ein Saphir, dann ein Brillant, ein Turmalin, ein Smaragd usw. Die Throne bleiben, was sie sind, befinden sich aber ständig in anderer Verfassung, je nachdem, welches Wort des Lobpreises sie gerade sprechen. Von diesem Wort sind sie mit einer Intensität ergriffen, die euch kaum vorstellbar ist. Es erfaßt sie ganz und gar; sie *sind* sozusagen dieses Wort. Es wirkt, als enthielte der Thron Feuer in sich; man sieht aber kein Feuer, sondern Licht.

Am besten ist es, die Wirkung zu beschreiben; sie ist dreifach:

a) ängstigend und erschütternd wie ein Blitz für ein Kind – er ist plötzlich hell flackernd da und sofort wieder weg,
b) sehr befreiend und ein erleuchtendes Aha-Erlebnis auslösend,
c) nachdrücklich auffordernd: Die Bitte wirkt unwiderstehlich, obwohl sie nicht mit einer Drohung verbunden ist. Sie wirkt

durch das unendlich Bittende berührend. Sie ist von unendlicher Demut und zugleich von unwiderstehlicher Macht. Wenn einer euch um etwas bitten würde, ihr würdet es tun, was immer es sei.

Du sagtest, die Throne »tragen« die Wesen der Trinität. Wie ist das zu verstehen?

Das Wort »Throne« könnte die Vorstellung wecken, sie bildeten eine Art Sessel, in denen die Wesen der Trinität sitzen, oder sie trügen sie auf dem Rücken oder auf den Händen. So ist das Wort nicht gemeint. Die Throne blicken nach oben hingewandt. Hätten sie Arme, so wären diese seitlich halb erhoben.

Was die Wesen der Trinität »trägt«, ist die Intensität des Klanges im Schweigen ihres Lobpreisens und Bittens. Was die Throne tun, tun sie immer schweigend. Auch Lobpreis und Bitten äußern sie schweigend. Gerade dadurch wirken sie laut und deutlich. Sie erhalten den »Raum« in dem sich die Trinität »aufhält«, die Heimat, die Gegenwart.

Ihr wißt aus eurer Schweigearbeit, wie laut, intensiv, eindringlich das Schweigen klingen kann, es kann sich für menschliche Ohren anhören wie ein Schreien. Ihr kennt ja das Bild »Der stumme Schrei« von Edvard Munch. Ihr kennt auch das »unerträgliche Schweigen«, in dem ihr einen stillen Vorwurf vernehmt. Ihr kennt auch die Erfahrung einer Liebeserklärung im Schweigen, die viel überzeugender wirken kann als viele Worte. Schweigen kann äußerst intensiv wirken. Es gilt nur, die inneren Ohren einzuschalten.

Das Schweigen der Throne »dröhnt« in einem Dreiklang; und da jedem der drei Teile der Trinität vier Throne entsprechen, in einem Zwölfklang. Dieser schweigende Klang »trägt« die Trinität, d. h., er umhegt und umsorgt sie mit Lobpreis und Dank, menschlich gesprochen: Er gibt ein »positives Feedback« zum Ausgleich dafür, daß sie sonst immer nur mit Beschwerden, Anklagen, Bitten, Forderungen, Problemen und Schwierigkeiten konfrontiert wird. Die Throne preisen demgegenüber die Schönheit und Herrlichkeit der Schöpfung und sagen Dank für sie und jubeln – in intensivstem Schweigen.

In welcher Weise wirken die Throne auf die Erde?

In der Regel gar nicht. Sie sind der Trinität zugewandt und verlassen ihren Platz äußerst selten – wie in Gethsemane oder aus ähnlichen, schwerwiegenden Gründen. Wenn einer den Platz verläßt, so ist es meist der vierte, also der dem Heiligen Geist zugeordnete. Wenn sonst Throne einen Auftrag auf der Erde erfüllen, so tun sie das nicht selbst, sondern sie setzen einen kleineren aus sich heraus.

Die »kleinen« Throne können Menschen, vor allem Heilige und Märtyrer inspirieren. Sie vermitteln ihnen z. B. die dringende Bitte, gehorsam zu sein und geben ihnen die Kraft und die Stärke, etwas durchzustehen, nicht abzuweichen von der getroffenen Entscheidung, aufrecht zu stehen. Sie tauchen auf wie ein Blitz und erfüllen die Menschen mit Willensstärke. Sie sind dieser Impuls, diese dringende Bitte. Wenn ihre Aufgaben erfüllt sind, kehren sie zu ihrem Ursprung zurück, lösen sich gewissermaßen auf.

Sie sind auch wirksam, wenn Bekehrungen wie durch einen plötzlichen Blitz geschehen. Auch Stigmatisierungen werden von diesen Thronen ausgelöst: Sie sind es, die den Menschen zeichnen. Sehr oft erlebt man die »kleinen Throne« auch in der Todesstunde eines nahestehenden Menschen oder in Momenten der Errettung oder Genesung. – Auch der Herr war von solchen Thronen umgeben.

Ein Beispiel für die Wirkungsweise der »kleinen Throne« findet ihr in der *Bekehrung des Saulus* vor Damaskus (Apg. 9,1–19). Sie haben das Ereignis in mehreren Schritten vorbereitet und anschließend nachbereitet, z. B. indem sie an der Heilung seiner Augen durch Ananias mitwirkten. Denn ein plötzlich erscheinender Vorgang dieser Art ist in Wirklichkeit eingebettet in eine

Abfolge von Ereignissen, an denen viele Wesen teilhaben. Saulus hörte die Stimme des Herrn; was ihn aber mit so hellem Licht geblendet hat, war nicht der Herr, sondern der anwesende Thron. Dieser sorgte dafür, daß Saulus nicht ohnmächtig wurde, sondern das Ereignis bei vollem Bewußtsein, klarem Verstand und innerlich aufrecht erlebte. Und er verordnete ihm ein inneres Schweigen: Frage nicht, rede nicht, sei still!

Wie wichtig so etwas ist, wißt ihr ja von wunderbaren Momenten. Eine Sonnenfinsternis, ein Sonnenaufgang, eine herrliche Melodie könnten die Menschen erschüttern und ergreifen, wenn sie still wären; aber sie reden daher – »gibt's das«, »nein so etwas«, »das hab ich schon mal gesehen oder gehört«, »ganz ohne Noten gespielt« und dgl. Die Anwesenheit der Throne macht den Menschen für das Erlebnis aufnahmefähig – Saulus z. B. für die Stimme des Herrn und für die Bedeutung des Geschehens.

Eine Berührung durch solche Throne ist häufiger als die Berührung durch einen Erzengel. Und der Aufstieg über die Stufen der Hierarchien kann schwerer zu gehen sein als der Weg um die Stufen herum:

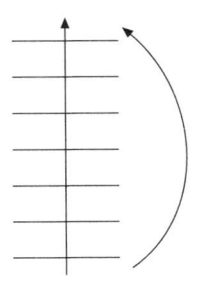

Das gilt insbesondere für den Weg zur Trinität. Die Nicht-Linearität ist ein großes Geheimnis der Schöpfung. Es mag euch absurd erscheinen, daß der lineare Weg nicht immer der einfachste ist. Lernt also, nicht immer nur auf das klar Verständliche, euch logisch Erscheinende zu vertrauen, sondern akzeptiert auch Worte wie: »Die ersten werden die letzten sein« oder »Wer wagt, gewinnt«.

Zur religiösen Entwicklung des Menschen gehört es, den großen Wurf zu wagen, z. B. den Entschluß zur Klosterberufung zu fassen – »ich will die Braut Christi werden« –, ein großartiger Entschluß, der den Menschen in Verbindung mit dem Himmel bringt. Dann aber bedarf es des schrittweisen Aufsteigens, das das Klosterleben mit sich bringt, von den Anfangsarbeiten der Novizin über das mühsame Tagwerk, so daß das Klosterleben ein gelungenes wird. Beides gehört zusammen: »Wer wagt, gewinnt« und »Wer immer strebend sich bemüht ...«. Wagt das unmöglich Scheinende, während ihr das Mögliche tut. Dann werdet ihr sehen: Das zunächst möglich Erscheinende erweist sich als schwierig und vielleicht sogar unmöglich, aber das unmöglich Erscheinende erweist sich als möglich.

Ihr kennt die Erfahrung, daß die höchsten und schönsten Werte unerreichbar sind, wenn man sie direkt anstrebt, daß sie sich aber plötzlich einstellen, wenn man in kleinen Schritten seine Pflichten erfüllt. Nach dem Glücklichsein zu streben, ist der sicherste Weg, das Glück zu verfehlen. So erreicht ihr auch die Wesen der Trinität nicht, indem ihr die Stufen der Hierarchie hinaufsteigt. Sprecht ihr aber Fürbitten für andere Menschen aus, so kann es geschehen, daß ihr unerwartet das Antlitz der euch anlächelnden Mutter wahrnehmt. Bemüht ihr euch, dem Herrn nachzufolgen und z. B. zu helfen, wie er half, dann kann es geschehen, daß ihr merkt: Er steht neben euch. Dem Vater begegnet ihr nicht, indem ihr um einen Gesprächstermin bittet. Wohl aber kann es geschehen, daß ihr seine Gegenwart im Innersten erlebt, wenn ihr die Natur betrachtet und voller Ergriffenheit ausruft: »Wie schön und wunderbar ist die Schöpfung!«

Versucht einmal, so zu beten wie die Throne, die von jedem Wort ihres Lobpreises in absoluter Ergriffenheit erfüllt und durchdrungen werden, solcher Art, daß sie dieses Wort »sind«. Ihr habt gelernt, bildhaft zu beten (s. 9.8.96). Jetzt steigert die Intensität des Betens, indem ihr jedes Wort »werdet«. Sprecht ihr »Vater«, so spürt das Vaterhafte, das sich in der Natur spiegelt, im ganzen Körper, laßt es in euch und durch euch nachklingen.

Sprecht ihr »unser«, so empfindet euch als ein brüderliches Glied der Gemeinschaft der Geschöpfe ... usw. Diese Übung wird euch zumindest den Anklang einer lebendigen Vorstellung davon vermitteln, wie die Throne der Heiligen Trinität in Dank und Lobpreis gegenüberstehen, und ihr werdet mit eurem ganzen Körper und eurer ganzen Seele in Dank und Lobpreis einstimmen.

Für heute soll es genug sein. Ihr dürft aber wiederkehren. Vielleicht könnte es dann gelingen, entweder eine Weile dem Schweigen der Throne zuzuhören, oder sogar den Austausch zwischen einem der Wesen der Trinität und den Thronen mithören zu dürfen.

Geht nun und berichtet, was ihr gehört habt, auf daß die Menschen die Wege zu uns kennenlernen.

Zum Abschluß aber noch eine Warnung: Betretet diesen Bereich nie ohne die drei euch begleitenden Engel und betretet ihn nur in der Gruppe, nie einzeln. So unterstützt jeder jeden anderen mit seiner Energie, und jeder ist um drei Facetten bereichert.

Nun beginnt den Abstieg. Ich segne euch.

Sonntag, 8. 9. 96

Die Ohnmacht der Hierarchien zur Linken

∞

Der Hohelehrer: Die Frage, die du zu stellen vorhast, löst bei den dunklen Hierarchien so vehemente Reaktionen aus, daß daneben keine anderen Themen besprochen werden können. Bitte formuliere deine Frage.

Am 16.7.1995 haben wir gelernt, daß es die Hierarchien der Linken nur bis zur Stufe der Exusiai hinauf gibt, schon nicht mehr auf der Stufe der Dynameis (Bd. I S. 235). Auf der anderen Seite heißt es in den »Großen Arcana des Tarot« (S. 441), es gebe gefallene Wesenheiten aus allen himmlischen Hierarchien mit Ausnahme der Seraphim. Liegt da nicht ein Widerspruch vor?

Beide Angaben stimmen. Wenn höhere hierarchische Wesen – Cherubim, Throne, Kyriotetes, Dynameis – fallen, dann stürzen sie bis auf die Ebene der Exusiai hinab und haben nicht mehr Macht und Möglichkeit als diese.

Es kann ja auch nicht anders sein. Die Cherubim und Throne sind ganz und gar auf die Trinität ausgerichtet, sie tragen sie, sie haben ihr das Gesicht zugewandt und schauen sie an im Lobpreis. Das macht ihr Wesen aus. Man kann der Trinität nicht aus dieser Nähe gegenüberstehen, ohne überwältigt von ihrem Licht zu sein und sie anzubeten. Will man sich dem entziehen, bleibt nur die Möglichkeit, sich abzuwenden und zu gehen. Widerstand ist nur aus der Distanz möglich.

Die Kyriotetes und Dynameis wenden zwar ihr Gesicht der Erde zu, aber auch zu ihrem Wesen gehört, daß sie vom Licht der Trinität ganz erfüllt sind und es nach unten spiegeln. Diesem Licht verdanken sie ihre Macht und Gewalt; und diese verlieren sie, wenn sie fallen. Sie könnten auf ihrer Ebene nur bleiben, wenn es ein Antilicht gäbe, eine Antierleuchtung, einen Antiblitz. Das Dunkel ist aber nur die Abwesenheit des Lichts, keine positive »Dunkelkraft«, die gewissermaßen Waffengleichheit herstellen oder gar die Machtverhältnisse umkehren könnte. Deshalb ist das Dunkel gegenüber dem Licht letztlich ohnmächtig.

Je größer die Nähe zur Trinität, desto gewaltiger die Macht des Lichts. Die dem Dunkel sich zuwendenden Wesen der höheren Hierarchien stürzen deshalb zwangsläufig ab. Erst auf der Ebene der Exusiai besteht für sie die Möglichkeit, Halt zu finden, zusammen mit den dunklen Exusiai dem Lichten Widerstand entgegenzusetzen und nach unten zu wirken. Nach oben hin sind sie völlig ohnmächtig.

Die einzigen, die niemals in Zweifel und Schwankungen kamen, sind die Seraphim. Keiner der Seraphim hat sich jemals geirrt oder sich abgewendet oder auch nur die Möglichkeit in Betracht gezogen, nicht treu zum Vater zu stehen. Denn die Seraphim sind der Trinität so nah, daß sie sich, obwohl sie selbständige Wesen sind, von dieser gar nicht trennen können und abgrenzen lassen. Sie können sich auch untereinander nicht abgrenzen: Sie wirken in der Einheit und tragen deshalb auch keine individuellen Eigennamen.

Erst von der Ebene der Cherubim an abwärts ist der eine oder andere auf den Gedanken gekommen, er könne eigene Wege gehen, die Schöpfung korrigieren, insbesondere die Entwicklung abkürzen und das mit ihr verbundene Leid abwenden, und hat sich gegen den Vater aufgelehnt. Dann aber konnte er diese Nähe zur Trinität nicht mehr aushalten, *stürzte ab* und besitzt seither nicht mehr Macht als die Exusiai.

Ist also Luzifer nicht ein Seraph gewesen?

Nein, ebensowenig wie Michael, den man auch mitunter als Seraph bezeichnet, der aber ein Erzengel ist, allerdings einer, der sich durch alle Hierarchien frei bewegen kann und dem Sohn so nahe ist wie die Seraphim. Nachdem der Vater die Engel in riesiger Zahl geschaffen hatte, schuf er eine kleine Zahl von Erzengeln – die Schöpfung vollzog sich aufsteigend von den unteren zu den oberen Hierarchien. Die Erzengel wurden vom Sohn fast wie Brüder angesehen. Das weckte bei Luzifer die hochgemute Illusion, er stehe ganz nahe bei Gott, fast auf der Ebene der Trinität, und er könne die Schöpfung kritisieren und korrigieren; so wurde er zum ersten, der sich abwandte. Gerade weil er ein Erzengel war, hat sein Abfall eine so unmittelbar spürbare Wirkung auf die Menschenwelt, auf Völker und Gruppen. –

Daß die dunklen Hierarchien nicht mehr Macht besitzen können als die Exusiai, ist eine sehr folgenreiche Einsicht, vor allem in dreierlei Hinsicht.

1. Sie bedeutet zunächst: Die dunklen Hierarchien haben keinen direkten Einfluß auf die Innenräume des Menschen. Diese bleiben als solche immer intakt, selbst wenn es dunklen Mächten gelingen sollte, sie zu »besetzen«. Das kann zwar vorkommen, aber nur während des Erdenlebens eines Menschen und nicht darüber hinaus (Bd. II S. 60 f). Und sie können die Innenräume zwar verschmutzen, so daß sie gereinigt werden müssen, aber sie können sie nicht verletzen oder zerstören. Das wäre anders, wenn sie die Kraft und Gewalt der Dynameis haben könnten. Aber als sie die Dunkelheit gewählt haben, haben sie diese Kraft und Gewalt verloren.

2. Eine weitere bedeutsame Folge dieser Einsicht ist: Es gibt keine böse Schöpfermacht. Ihr wißt ja, daß selbst noch Throne gewisse Schöpferakte vollziehen können: Sie können Engel ihrer hierarchischen Stufe aus sich heraussetzen (s. o. 4.9.1996). Gefallene Throne können das nicht, denn der Schöpfungsakt ist ein Akt

des Lichts. Das Dunkel kann kein Leben erschaffen, sondern nur Illusionen, Spiegelungen wie eine Fata Morgana. Ein dunkles Pendant zur lichten Schöpfermacht kann es so wenig geben wie ein dunkles Pendant zur Trinität.[16]

3. Eine dritte bedeutsame Folge dieser Einsicht ist, daß die Macht der Hierarchien zur Linken bei weitem nicht so groß ist, wie diese die Menschen gerne glauben lassen möchten. Der Kampf des Dunkels gegen das Licht ist aussichtslos. Ihr dürft nicht nur hoffen, sondern darauf vertrauen, daß alle vom Vater geschaffenen Wesen letztlich zum Vater heimkehren werden. Das ist ganz gewiß. Die dunklen Hierarchien können die Heimkehr mit ihrer Verführungsmacht verzögern, verkomplizieren, auf Umwege lenken. Aber es ist unmöglich, daß sie sich dem Vater gegenüber behaupten könnten.

Im Grunde haben sie nicht einmal den ernsten Willen, sich ihm gegenüber zu behaupten. Denn würden sie regieren, gäbe es nichts, worüber sie regieren könnten. Gesetzt, der Schöpfer wäre zerstörbar, so würde alles mit zerstört, der Vatermörder hätte seine eigene Existenzgrundlage beseitigt. Selbst wenn der Vater nur »abgesetzt« wäre, so könnten die Hierarchien zur Linken kein Leben erhalten. Sie wissen: ihr Kampf hat kein irgendwie erreichbares Ziel, er ist sinnlos und frustrierend. Sie müssen immer neue Aktionen, immer neue Varianten, immer neue Gründe erfinden oder sich in unfruchtbaren Wiederholungen erschöpfen, bis sie auf Dauer vor lauter Langeweile erlahmen. Die Zeit arbeitet gegen sie. Ihr wißt ja: Das Dunkel muß ständig agieren, um präsent zu sein, das Lichte nicht, es *ist* einfach, es leuchtet, es braucht nur in aller Ruhe zu warten. Das Licht ist schöpferisch, das Dunkel erschöpfend.

Die Macht des Einflusses der dunklen Hierarchien wächst in dem Maße, in dem es ihnen gelingt, die Menschen über diesen Sachverhalt zu täuschen und ihnen vorzugaukeln, sie seien viel mächtiger, als sie sind. Ihr macht euch keinen Begriff davon, was sie alles versuchen, um die Einsicht in ihre geringe Macht zu verhindern. Sie belauschen auch unser Gespräch. Eure Doppelgänger haben ihnen schon zugetragen, daß ihr dieses Thema erörtern wolltet. Sie sind zutiefst verstimmt und haben versucht, euch mit ihrem Mißmut anzustecken und euch von eurer Frage abzubringen. Und sie werden nichts unversucht lassen, um die Veröffentlichung zu verhindern.

Sie möchten, daß ihr alle – Menschen wie Naturgeister – das Gefühl habt, sie könnten die Innenräume zerstören, sie könnten schöpferisch sein, sie könnten sich gegen den Vater behaupten usw. Denn wenn man ihre Schwäche erkennt, ist es um einen Großteil ihres Einflusses geschehen. Was sie deshalb wünschen, ist, daß Menschen sich von der Macht ihres Einflusses überzogene Vorstellungen machen: Damit verschaffen sie sich einen Einfluß, den sie gar nicht hätten, wenn die Menschen ihre geringe Macht realistisch einschätzen würden.

Die Irrwege, die die Kirche als irdische Institution in der »Verteidigung des wahren Glaubens« genommen hat, gehen auf solche Fehleinschätzungen zurück. Statt auf Gottes überlegene Macht zu vertrauen, vertrauten die Verantwortlichen lieber auf irdische Macht. Sie glaubten, die dunklen Mächte vor sich zu haben und sie vernichten zu sollen, und ahnten nicht, daß eben diese Mächte in ihrem Rücken standen und durch sie wirkten. Die Angst vor dem Dunkel ist schlimmer als das Dunkel selbst. Sie führt zu einer überzogenen Einschätzung seiner Macht und versetzt ganze Institutionen in eine Panik, die viel größeres Unheil anrichtet als der Anlaß.

Ihr kennt ja die Erfahrung, daß die Angst vor dem Schmerz – etwa beim Zahnarzt – diesen größer macht, als er ist, oder daß die Angst vor der Prüfung schlimmer ist als diese selbst. Eine vernünftig gehandhabte Angst veranlaßt zu Vorsichtsmaßnahmen, Absicherungen, Vorbereitungen. Wenn man diese trifft und die Angst dann wegschiebt, hat ihr Auftreten etwas Gutes gehabt und seinen Zweck erfüllt. Eine nicht gehandhabte Angst aber kann zur Sünde werden, insbesondere die Angst vor dem Bösen, wie sie die Kirche zeitweise beherrscht hat und wie sie sich auch jetzt noch in der Angst vor Sekten zeigt. Diese Angst ist – ähnlich wie der Neid – ein Lieblingsspielzeug der dunklen Hierarchien.

Heute könnt ihr die Folgen einer solchen Fehleinschätzung der Macht des Bösen in kleinerem Maßstab auch an den Anthroposophen beobachten. Was Rudolf Steiner über die dunklen Mächte lehrte, ist zwar nicht falsch, aber ergänzungsbedürftig. Vor allem hat Steiner ihren Einfluß so übertrieben, daß sich die Anthroposophen viel mehr mit ihnen beschäftigen, als nötig ist und guttut. Seine Überbetonung des freien Ich fixierte die Orientierung der Anthroposophen auf den Sonnenengel, der sich auf der Ebene der Exusiai befindet, und bis da hinauf sind die dunklen Mächte tatsächlich präsent und stark. Es kommt darauf an, sich weiter nach oben hin zu orientieren, bis hin zur Trinität, und an Lobpreis und Anbetung teilzuhaben, statt sich dauernd mit der Entlarvung und Bekämpfung des Bösen zu beschäftigen. Denn dann brauchen die dunklen Hierarchien nur wenig Einfluß darauf zu verwenden, die Energien der Anthroposophen auf den Kampf gegen Kräfte zu lenken, in denen sie das Böse vermuten, wo es sich in Wirklichkeit aber gar nicht befindet. Und damit lenken sie ihre Energien von all dem Wahren, Schönen und Guten ab, das ihnen Steiner auch gegeben hat und dem sie sich eigentlich zuwenden sollten.

Eine *übermäßige Beschäftigung* mit dem Bösen findet ihr auch in anderen Gruppierungen, z. B. im Engelwerk, ebenso aber auch in der Verfolgung solcher Gruppen. Es kommt darauf an, mit Doppelgängern und ihren übergeordneten Hierarchien sachgemäß, d. h. in Klarsicht, Ruhe und Sicherheit umzugehen. Dazu gehört erstens, sie nicht überall zu wittern und zu vermuten, zweitens ihre Macht nicht zu überschätzen, drittens Tendenzen zu Angst, Überreaktion und Panik nicht zu bestärken.

Die Hierarchien zur Linken versuchen die Menschen dazu zu bringen, daß sie das Dunkel für allgegenwärtig und für stärker halten, als es ist. Indem man es dauernd analysieren und bekämpfen will, bekommt es eine Potenz, die es sonst gar nicht hätte. Dieser Impuls bringt eine große Gefährdung des Menschen mit sich. Schriftsteller, Künstler u.a. handeln sehr töricht, wenn sie sich als Propagandisten dieses Impulses in Dienst nehmen lassen. Das Dunkel kann nur in begrenztem Maße und nur vorübergehend Macht gewinnen, so bedrohlich, unheimlich und unüberwindlich es den Menschen auch erscheinen mag, die seiner Macht ausgeliefert sind. Es muß auf Dauer vor dem Lichte weichen, und die dunklen Hierarchien werden heimkehren.

Eure weiteren Fragen stellt bitte beim nächstenmal.

Sonntag, 17. 9. 96

Allmacht und Güte

∞

Wenn der Vater selbst extreme Machtentfaltungen des Bösen zuläßt, ohne einzugreifen, zweifeln die Menschen entweder an seiner Allmacht oder an seiner Güte oder an beidem oder überhaupt an seiner Existenz. Was ist dazu zu sagen?

Der Hohelehrer: Für den Menschen, der Opfer ist und leidet, könnte es respektlos klingen, wenn man einen Vergleich zum Krankenhaus zieht, wo die Ärzte über den Fall eines Kranken sprechen. Für den Patienten sind seine Schmerzen schockierend, er leidet; für die Ärzte ist es heute der Fünfundzwanzigste, der mit diesem Problem kommt. Es ist nicht respektlos gemeint und nicht lieblos, wenn man zunächst einmal auf den Unterschied der Perspektive hinweist. Dies soll vielmehr dazu dienen, dem Menschen die Sorge zu nehmen, ein momentaner Triumph des Bösen könnte ein endgültiger sein. Die Beruhigung in diesem Punkt ist gewiß nur ein erster Schritt. Er hilft dem Menschen nicht aus seiner momentanen Not. Aber er befreit ihn von der zusätzlichen Qual der Verzweiflung am Vater.

Jede Seele liegt dem Vater zutiefst am Herzen. Er hat ja auch der Passion seines Sohnes nicht kaltblütig zugeschaut, sondern in unendlichem Schmerz mit ihm gelitten. Und in gleicher Weise nimmt er Anteil an jedem seiner Geschöpfe; denn er ist allgütig. Er hat auch den Fall der Engel, der die Macht des Bösen begründet hat, nicht gewollt. Dieser ist nicht etwa Bedingung der Entwicklung und deshalb als unvermeidlich in Kauf zu nehmen und eingeplant. Er war vielmehr nur eine Möglichkeit im Gang der Entwicklung, gewissermaßen ein Risiko, das der Vater einging, als er das auf *Freiheit* hin angelegte Leben schuf.

Der Vater hat den Fall der Engel nicht gewünscht und gewollt, aber er wartet ab und schaut zu, wie seine Schöpfung sich entwickelt. Er hätte sich zwar einmischen können: Er hätte die Schöpfung zurücknehmen und neu schaffen können. Ja, das hätte er tun können, denn er ist allmächtig. Aber er zieht es vor, zu warten, bis seine verlorenen Söhne von sich aus zu ihm zurückkehren, und er weiß gewiß, daß sie zurückkehren werden.

Könnte der Vater nicht punktuell eingreifen, wenigstens in den schlimmsten Fällen der Wirksamkeit des Bösen?

Freiheit ist ein Wesensprinzip im Vater. Ein Wesenswandel des Vaters ist unmöglich. Mit punktuellen Eingriffen in die Freiheit würde er sich *zu sich selbst in Widerspruch* setzen.

Versucht einmal, euch vorzustellen, er würde den dunklen Hierarchien aus Mitleid mit den Opfern ihrer Machenschaften in den Arm fallen, wenigstens in ausgesuchten Fällen. In welchen Fällen sollte er das tun? Soll es auf die Zahl der gleichzeitig Ermordeten ankommen? Quantität ist für ihn kein Kriterium. Er ist der Vater jeder einzelnen Seele, und er leidet mit jedem einzelnen Ermordeten. Sollte er also in jeden Mordfall eingreifen? Warum dann nicht bei jeder anderen Mißhandlung? Warum nicht bei jedem kriminellen Akt, warum nicht bei jeder Lüge, bei jeder Ehrverletzung, bei jeder Verführung z. B. zum Drogenmißbrauch usw.?

Wo immer ihr die Grenze ziehen mögt, wäre das Prinzip der Freiheit als solches in Frage gestellt. Damit würde der Vater verhandelbar, manipulierbar, benutzbar, die Menschen würden versuchen, ihm einen Eingriff abzuringen, jede kriegführende Partei würde versuchen, ihn für die eigene Sache zu gewinnen.

Der Kampf um Gott würde letztlich zur Vernichtung der Erde führen. In manchen Religionen verhandeln die Menschen mit ihm über das Wetter. Wäre das mit Erfolg möglich, so würde sich auch das als ein Unglück herausstellen. Aber Gott ist »unbegreiflich« auch in dem Sinne, daß er nicht zu greifen, nicht zu haben ist. Wäre er in irgendeinem Sinne käuflich, so hätte er nicht in Jesus Christus seinen Sohn auf die Erde geschickt. Was ihr tun könnt, ist, in dessen Nachfolge zu treten.

Der Fall der Engel ist nicht so gravierend, daß er die ganze Schöpfung in Gefahr bringen könnte. Was die Hierarchien zur Linken anrichten, *verletzt die Schöpfung, aber zerstört sie nicht*. Die Verletzungen sind eine Herausforderung, für die Heilung zu wirken und alles zum Guten zu wenden. Die dunklen Hierarchien versuchen, die Heilung zu verzögern, ihr allerlei Schwierigkeiten in den Weg zu legen, aber sie werden sie nicht verhindern. Das Böse ist eine Sackgasse – es führt zu nichts. Die Trinität und die an ihr ausgerichteten Hierarchien werden alles zum Guten wenden. Die Schöpfung war gut, ist gut und bleibt gut. Am Ende wird sie in den Vater heimkehren, und zwar insgesamt – einschließlich der Hierarchien zur Linken und der an ihnen vorübergehend orientierten Menschen.

Das Schlimmste, was den Menschen widerfahren kann, ist, die *Hoffnung* zu verlieren und – sei es aus Sorge oder Fürsorge oder aus anderen Motiven – zu verbreiten: es sei aussichtslos, das Böse werde siegen, die Welt treibe in Unordnung oder dergleichen. Die Hierarchien zur Linken versuchen, die Menschen mit diesem Irrtum zu betrügen, und das Leid, das sie verursachen, dient ihnen dazu als Instrument. Denn im Leid kann der Mensch die Relationen nicht mehr richtig wahrnehmen: Alles dreht sich um sein Leid, er verliert den Überblick, er kann sich nicht mehr einordnen. Leid und Schmerz führen leicht in Selbstbezogenheit. Tut der Zahn weh, so bekommt er Relationen, die ihm nicht zustehen. Wer in eine Opferrolle gerät, ist in Versuchung, unangemessene Ansprüche an Gott zu erheben, Vorwürfe zu machen, Nachsicht zu fordern, Bedingungen zu stellen usw. Das ist verständlich, aber es ist eine Versuchung. Der Herr hat vorgelebt, wie man selbst die furchtbarste Passion ohne Selbstbezogenheit durchstehen kann: Er sah in jedem Moment die anderen und behielt das Ganze im Blick.

Auch wenn der Vater jedes seiner Geschöpfe liebt und mit ihm leidet, so ist die Wirklichkeit doch, daß der Mensch im irdischen Zusammenhang winzig ist. Und die Erde ist nicht der einzige Planet, auf dem Menschen leben und die Schöpfung sich entwickelt.

Auch in unserer Milchstraße?

Ja. – Es geht um sie alle, um die gesamte Schöpfung.

Der Vater hat ja selbst das Martyrium seines Sohnes und einer großen Zahl von Heiligen zugelassen. Sich dieser ganz anderen Perspektive des Vaters zu nähern, ist für den Menschen eine erschütternde Erfahrung: Sein Schicksal in diesem Erdenleben ist nicht so gravierend, nicht so unheilvoll und unheilbar, daß es dem Vater ausreichend Grund zum Eingreifen gäbe. Aber diese Erfahrung kann und sollte zugleich auch eine beruhigende Wirkung haben. Daß er nicht eingreift, gibt dem Menschen, der sich auf diese Perspektive einzulassen vermag, keinen Grund mehr zur Verzweiflung, sondern einen Grund zur Hoffnung: Er greift deshalb nicht ein, weil letztlich alles gut wird.

Es ist für euch schwierig, aber nötig, zu versuchen, ob ihr einmal diese Perspektive einnehmen könnt; denn es ist die Perspektive des Vaters. Das Wissen darum, daß man als Mensch nur einer von Zwölfen ist, die im selben Sonnenengel wohnen und die alle nur Teile einer Gesamtseele sind, kann euch vielleicht dazu helfen, die richtigen Relationen herzustellen. Für den Vater ist euer Leid – so tief es ihn schmerzt und so sehr er euch liebt – nicht so gravierend, daß er selbst in die Gesamtentwicklung seiner Schöpfung eingreift, sie zurücknimmt und durch eine neue ersetzt. Anders ginge es nicht. Wenn er aber eine neue Welt schüfe, wäre auch diese wieder auf Freiheit und Entwicklung hin angelegt, enthielte also wiederum das Risiko des Bösen und des Leides.

Eine bessere Haltung im Umgang mit den dunklen Hierarchien als die Verzweiflung an Gott ist die einer »heiteren Gelassenheit«, also einer Haltung der Zuversicht, der Hoffnung und des Vertrauens: Man weiß sich getragen – durch alle Schwierigkeiten hindurch.

(Martin:) Der Ausgangspunkt meiner Arbeit in der Rechts- und Staatslehre war die Frage: Wie ist die Machtergreifung Hitlers möglich geworden und wie kann man so etwas künftig verhindern? Da habe ich mich weniger über die an seiner Machtergreifung aktiv Beteiligten aufgeregt als über die Menschen, die ihr mit »heiterer Gelassenheit« gegenüberstanden: es gehe nur um Ordnung, Arbeit, Abwehr des Bolschewismus usw., und es werde so schlimm nicht kommen. Das ging ja bis hinauf zum Vatikan und kann doch nicht richtig gewesen sein?

Nein, gewiß nicht. »Heitere Gelassenheit« bedeutet Gottvertrauen und nicht etwa Borniertheit. Auf irdischer Ebene bedarf es des Realismus, der Vorsicht, der Sorge, des Überblicks, des Versuchs, die Gegebenheiten und Risiken richtig einzuschätzen, der Kritik, der Aufklärung, des Einsatzes. Dies alles ist aber vereinbar mit einer Grundhaltung der Gelassenheit, die sich ausdrückt im Gebet: »Du, Vater, wirst wissen, warum Du uns diesen Kelch schickst, irgendwie wird die Welt davon lernen«.

Diese Grundhaltung ist nicht nur vereinbar mit aktivem Einsatz, sie ist sogar Voraussetzung seiner Wirksamkeit. Wer Sorge und Kritik zu seiner Grundhaltung macht, flüchtet, zieht sich zurück, hat das Gefühl: diese Welt gehe ihn nichts mehr an. Z. B. wird ein Chirurg, der sich des hohen Risikos einer lebensnotwendigen Operation bewußt ist, dann geneigt sein, sich ihr zu entziehen. Um erfolgreich zu sein, bedarf er einerseits der realistischen Diagnose, andererseits der ruhigen Hand, die er seiner Gelassenheit verdankt. Und zu dieser Gelassenheit findet er am sichersten durch Gottvertrauen.

Die Grundhaltung des *Gottvertrauens* erfordert dreierlei: realistische Weltsicht, Kraft zu gesunder Kritik, Kraft und Mut zum Eingreifen. Dies alles findet man am ehesten in einer Grundstimmung der heiteren Gelassenheit. Vergegenwärtige dir die Menschen, die den Widerstand gegen Hitler versucht haben. Sie konnten diesen Versuch nur in Angriff nehmen bei großer innerer Gelassenheit, erfüllt von Hoffnung. Wer seinen Tod für sinnlos hält, opfert sich nicht.

Es gilt also zu unterscheiden: die Haltung in der *Welt* und die Grundhaltung gegenüber dem *Himmel*. Wer die Welt treiben läßt, hat die Grundhaltung der Gelassenheit zur Welthaltung gemacht. Was in der Vertikale richtig ist, überträgt er in die Horizontale. Damit verliert er die Fähigkeit zur Zivilcourage, zur Kritik, zum Einschreiten, zum Opfer: Das führt ins Verhängnis. Welthaltung und Grundhaltung, also Horizontale und Vertikale bilden ein Kreuz, und der Versuch, dieses aufzugeben, ist vergeblich. Du kannst versuchen, die Horizontale der Vertikalen anzunähern, so daß das Kreuz aussieht, wie wenn du beide Arme schräg nach oben streckst. Aber du kannst Vertikale und Horizontale nicht deckungsgleich machen.

Wer dies alles nicht klar sieht, gerät sehr leicht in Verzweiflung: Diese Welt soll von Gott geschaffen sein? Sieht sie denn danach aus? – Das ist die Haltung vieler Menschen, deren Weltbild vornehmlich materialistisch geprägt ist. Vergleiche damit die Haltung des Priesters, der das Schreckliche nicht weniger vor Augen hat und der trotzdem darauf vertraut, daß sich das Dunkel gegenüber dem Licht nicht behaupten wird.

Du sagtest: Der Vater wartet ab und schaut zu, wie seine Schöpfung sich entwickelt. Warum ist sie überhaupt auf Entwicklung hin angelegt, wenn die Entwicklung so viel Leid mit sich bringt?

Der Vater hat Leben erschaffen, und zu aller Lebendigkeit gehört Entwicklung. Alles Lebendige lernt und entwickelt sich weiter.

Der Vater freut sich an der Entwicklung, wie sich ein Kind freut, wenn es lernt und sich ihm immer neue Horizonte eröffnen. Nicht zufällig ist der Vater in euren Innenräumen im Bild des Göttlichen Kindes gegenwärtig.

Der Vater freut sich aber gewiß doch nur an der guten, gesunden, geglückten, nicht an der verfehlten Entwicklung?

Ja, selbstverständlich, und er leidet mit den Leidenden. Nur hat er eine andere Perspektive als ihr. Er weiß: Das Dunkel muß dem Licht letztlich weichen. Eine kleine Kerze genügt, um in ein Dunkel Licht zu bringen, aber es gibt kein äquivalentes Gegenstück: nicht etwa eine dunkel machende Kerze. Wo Licht ist, weicht das Dunkel, es kann das Licht nicht besiegen und verdunkeln.

Das will sagen: Für den Vater ist die Existenz der Hierarchien zur Linken mit ihren dunklen Strukturen gar nicht beunruhigend, so wenig wie für euch die Nacht. Es kommt zwar vor, daß sich ängstliche Menschen im Dunkeln fürchten; wer aber einigermaßen souverän ist, weiß: Er kann in Ruhe den Tag erwarten. So sieht es der Vater. Und so sollten es die Menschen sehen. Deshalb kommt es darauf an, allmählich einen Überblick zu gewinnen; eure Arbeit soll dazu einen Beitrag leisten.

Leben schaffen bedeutet: etwas schaffen, das sich entwickelt. Leben und Entwicklung sind im Grunde zwei Begriffe für dasselbe. Wer Lebendiges aus sich heraussetzt, wie die Mutter das Kind, der weiß: Es wird sich entwickeln, und das heißt auch, es wird sich abwenden, wird fallen, anstoßen, Wutausbrüche und Krankheiten bekommen. Das ist nicht zu verhindern, und man könnte das nicht einmal wollen. Die Mutter weiß: Wenn das Kind sich anstößt, dann erfährt es, was ein Tisch ist.

Eine praktische Anweisung, die aus dem Gesagten folgt, lautet:
1. Wenn du Gutes tust und wenn du das Gute ehrst, dann bist du groß, dann wirkst du als Gottes Ebenbild und Gleichnis.

2. Wenn dir Ungutes widerfährt, dann sieh es klein: Ein kleiner Anteil deiner Gesamtseele – einer von Zwölfen – befindet sich derzeit in Schwierigkeiten.

Wenn die Schöpfung auf Entwicklung hin angelegt ist, die sie letztlich in den Vater zurückführen wird – worin besteht dann die Erlösungstat Christi? Wie wäre die Weiterentwicklung ohne sie verlaufen?

Dann ginge alles unendlich viel langsamer. Christus hat nicht die Schöpfungsbedingungen grundlegend verändert, er hat nichts Neues erfunden, und er hat das Böse nicht aus der Welt vertrieben. Er ist nicht gekommen, um die Schöpfung des Vaters umzuschöpfen, sondern um ihr Gutes zu tun. Er kam nicht als Revolutionär, sondern als Arzt. Er ist der Heiland, der Verletzungen der Schöpfung heil macht und den Seelen den Weg nach Hause zeigt. Sein Licht, seine Liebe, seine Lehre zieht die Seelen an sich, gibt ihnen Hoffnung, weist ihnen den Weg, erspart ihnen viele Umwege. Das ist so großartig, weil es unendlich vielen Seelen unendlich viel Leid erspart oder es leichter macht.

Er hat Seelen im Dunkel erreicht, wo sie furchtbar lange ohne eine Aussicht litten. Er ist der einzige, der überhaupt in diese Bezirke vordringen, der auch noch das Dunkelste aufsuchen konnte. Ihr habt ja durch eure Erlösungsarbeit einen kleinen Eindruck davon gewonnen, wie schwierig es ist, auch nur einzelne gefallene Engel ins Licht zu führen.

Christus hat in einer über alle Maßen großartigen Weise unzählige solcher Wesen, und unter ihnen einige der Allerhartnäckigsten und Mächtigsten, überzeugt und erlöst. Und er hat die Möglichkeit und Voraussetzung dafür geschaffen, daß sie letzten Endes alle heimkehren werden (s. Bd. II. S. 337 ff.).

Auch bei Christi Wiederkunft im Ätherischen handelt es sich um eine Korrekturmaßnahme des Vaters. Sie geschieht, um ein Fanal zu setzen gegen die Hierarchien zur Linken, und um eine weitere Möglichkeit der Besinnung und der Umkehr zu schaffen.

Seht in dieser Schilderung nur ja keine Schmälerung Jesu Christi. Wenn er nicht den Weg bereitet hätte, wäre eine Erlösung auf unabsehbare Zeit nicht möglich, der Weg zur Heimkehr würde unendlich viel länger dauern.

Deshalb hat der Vater den Sohn auf die Erde geschickt und zugelassen, daß er die Passion erleidet und daß er nach seinem Sterben am Kreuz hinabgestiegen ist ins Reich des Todes, d. h. ins Reich der dunklen Hierarchien. So hat es Christus auch selbst erlebt und gesagt: Nicht mein, sondern Dein Wille geschehe.

Ihr solltet jetzt wirklich lernen, das Vertrauen zu entwickeln und bis zur völligen Gewißheit zu stärken: Die Welt ist Gottes Welt.

Anmerkung: Zu den Fragen, wie Gottes Allmacht und Güte vereinbar sind und warum das Böse und das Leid zugelassen sind, s. auch Bd. I S. 231 ff., Bd. II S. 281 ff., 337 ff., ferner: Die Engel geben Antwort auf Fragen nach dem Sinn des Lebens, S. 225 ff.

Sonntag, 29. 9. 96

Beim Erzengel Michael

∞

Elion: Ihr habt schon den Ort des heiligen Erzengels Gabriel kennengelernt (8.10.1995, Bd. II S. 124). Heute, am Michaeli-Sonntag, könnt ihr den heiligen Erzengel Michael besuchen, wenn ihr wollt. Bruder Tullian wird euch führen...

Bruder Tullian: Ihr seht, der Ort wirkt wie ein großer Kirchenraum mit Bögen und Säulen in runder Anordnung, aber außer einer kleinen Kuppel trägt er kein Dach, sondern ist nach oben offen zu den Sternen hin. Alles ist sehr geordnet, aber auch sehr geschäftig. Es wird weniger gesungen als gebetet, und zwar mit klarer, entschlossener Stimme, weder murmelnd noch melodiös, sondern prononciert und sehr rhythmisch, wie das pulsierende Herz. Es herrscht eine Stimmung von Hingabe, Sammlung und Einsatzbereitschaft: Hingabe der Engel an den Erzengel Michael, Sammlung im Gebet und die Bereitschaft, jederzeit »an die Front zu gehen«. Die Atmosphäre wirkt also nicht so sanft wie bei Gabriel, sondern ist von einer gewissen Spannung geprägt.

Der heilige Erzengel Michael wirkt wie ein reifer Jüngling, hell im Gesicht, mutig und sehr motiviert. Er trägt den Kopf hoch, aber nicht im Stolz, sondern als riefe er aus: »Tut es mir gleich, laßt einen frischen Wind wehen, seid bereit zum Aufbruch!« Das kann manchmal geradezu befehlend wirken, jedenfalls aber als eine sehr dringliche Aufforderung.

Der heilige Erzengel trägt, wie auf vielen Darstellungen, tatsächlich eine Rüstung, einen großen Stab und einen Schild. Auf diesem findet ihr nicht, wie man es auf bildlichen Darstellungen manchmal sieht, ein einfaches Kreuz, sondern ein Kreuz, das aus einer stehenden und einer liegenden Lemniskate gebildet wird:

Der Panzer besteht aus einer intensiven, dichten Goldlichtstrahlung. Das Licht ist so dicht, daß der Panzer wirkt, als wäre er aus Metall, aus Gold – mit Rot und ein wenig Grün versetzt.

Michael hat sehr viel Gefolge. In seiner Heerschar sind einige, bei denen das grüne Element überwiegt. Das sind die sogenannten »Notfall-Engel«, die in Notsituationen heilend wirken. Die Engel der Michaelischen Heerschar sind aber sehr unterschiedlich. Die allermeisten tragen eine ähnliche Panzerung mit ähnlichen Insignien wie der heilige Erzengel und auch, wie dieser, Helm, Stab und Schild. Es wirkt sehr martialisch, ist aber alles aus reinem Licht.

Ein Michaelsengel: Der Stab ist keine Lanze, kein Speer, kein Schwert. Er besteht aus gebündeltem Licht mit ganz kurzen Schwingungen; es streut nicht und verteilt sich nicht. Wer von seinem Strahl getroffen wird, bei dem bewirkt die hochdosierte Lichtkraft eine Erleuchtung. Darin besteht Michaels Sieg, nicht in Verletzungen, und dieser Sieg ist nachhaltig. Das Erleuchtungs-Erlebnis weckt dann Fragen wie: »Warum bin ich hier? Was wollte ich hier? Was soll dies?« Wird ein Wesen aus den Hierarchien zur Linken von diesem Lichtstrahl getroffen, so hat das die Wirkung, daß es sich schnell den Hierarchien zur Rechten anschließt. Deshalb sind die Wesen aus den Hierarchien zur Linken lichtscheu, entwinden sich, verkriechen sich und versuchen, den Michaelsengeln auszuweichen. Sie fordern sie zwar heraus, zündeln, stiften Unruhe, aber sie stellen sich nicht. Sie haben ihre Taktik, wie sie sich trickreich am Michaelsengel vorbeimanövrieren und sich verbergen können. Als Schutzschild nutzen sie den Menschen, den sie zuvor motiviert haben, sich zu Aktionen hinreißen zu lassen. Dieser steht dann als Schuldiger da, vielleicht als Krimineller, und sie verstecken sich hinter ihm und kichern: Wir haben nichts getan, er ist der Übeltäter, wir waschen unsere Hände in Unschuld.

Vermag Michael auch Wesen aus den linken Hierarchien zu erreichen, die höher stehen als die Erzengel, also auf den Ebenen der Archai und Exusiai?

Ja. Er selbst steht höher als die Exusiai. Er hat eine Sonderstellung. Er ist nicht einer Hierarchie zuzuordnen, auch nicht der Hierarchie der Erzengel, aus der er stammt und der er sich zurechnet, sondern er bewegt sich frei durch alle Ebenen hindurch. Manchmal steht er der Trinität direkt gegenüber. Er hat beinahe eine Stellung wie der Sohn, obwohl er eine solche Stellung niemals beanspruchen würde. Vielmehr dient er dem Sohn.

Wie können wir euch bei einem Streit rufen?

Wichtig ist zunächst: Laßt ab vom Streit! Streitet nicht selbst, auch wenn ihr meint, es wäre für eine gute, ja heilige Sache, selbst für den Himmel, dem man unrecht tut. Laßt ab vom Streit, auch wenn ihr voll im Recht seid und alle Argumente auf eurer Seite habt. Nur dann nämlich streitet Michael für euch. Er streitet für die, die ihm das Feld überlassen. Zieht euch zurück, betet, bittet Michael, für euch den Streit zu führen.

Wenn ihr meint, ihr müßtet euch schützen und verteidigen, so tut es den Michaelsengeln gleich, indem ihr dem Gegner Licht zusendet. Untersucht zunächst das Böse, das er euch antut, auf die Ansätze des Guten, z.B.: Welches Körnchen Wahrheit liegt in seiner Lüge? Welche Wertvorstellungen leiten ihn – und was ist daran berechtigt? Welcher Erfahrungshintergrund macht seine Aggression verständlich? Welche Ideale leiten ihn? Dann fragt euch: Wenn er die guten Ansätze auf lichte Weise verwenden würde – was könnte er daraus an Gutem gestalten? Worin läge die gute Ergänzung oder Alternative zu seinem Tun? Dieses Licht sendet ihm gebündelt zu, potenziert seine Ansätze zum Licht hin.

Es mag hingehen, Sachfragen mit Hilfe von Argumenten zu erörtern. Ihr könnt die eigene Position darlegen, die Werte und Prinzipien, aus denen heraus ihr diese Position begründet. Aber erwartet nicht, damit jemanden zu überzeugen. Ein Koch kann ja auch nicht mehr tun, als ein Gericht zu bereiten und aufzutischen. Der einzelne mag dann selbst entscheiden, ob er es mag. So könnt auch ihr nicht mehr tun, als eure Argumente auf den Tisch zu legen. Es ist nicht leicht, sich damit zu begnügen und nicht ungeduldig zu werden, wenn der andere auf eure Argumente, auch wenn sie euch noch so gut und überzeugend erscheinen, nicht eingeht. Sich damit abzufinden ist sehr schwer, und oft braucht es ein Leben lang, das zu lernen. Lernt aber, Angriffe auszuhalten, und hört so früh wie möglich auf, darauf einzugehen.

Michaelsengel sind sehr höflich. Sie sagen: »Wenn ihr streiten wollt, bitte, dann überlassen wir euch den Vortritt und treten zurück.« Wenn ihr sie bittet, für euch zu streiten, dann erwarten sie, daß ihr euch selbst zurücknehmt. Ihr Streit besteht immer nur darin, daß sie erleuchtend wirken, zu Einsichten bringen, zu mehr Freiheit. Darin behindert ihr sie, wenn ihr selber streitet. Eure Argumente provozieren Gegenargumente, eure Angriffe einen Gegenschlag. Solange euer Streit anhält, können sie nicht wirksam werden, d. h. dem Licht nicht zum Durchbruch verhelfen.

Der Kampf der Michaelsengel besteht nicht darin, den Gegner zu verletzen, sondern ihm Licht zu bringen. Sie sind auch nicht dazu da, euch zu behüten und zu beschützen. Das machen die Schutzengel. Die Michaelsengel kommen nicht mit Rotkreuz-Köfferchen, um Verletzungen zu heilen. D. h., sie eilen nicht, um dem Verletzten zu helfen, sondern um dem Verletzten Licht zu bringen. Im Falle eines Streits ist es für euch also besser, euch zurückzuziehen, und zwar, wenn möglich, auch physisch, zumindest aber ins Innere. Es ist unmöglich, mit jemandem zu streiten, der nicht mitmacht.

Läßt sich das Austragen des Streits unter den gegebenen Umständen nicht vermeiden, so delegiert ihn möglichst an Menschen, die professionell dafür ausgebildet sind, z. B. an Anwälte, Schiedsrichter, Ärzte, und zieht euch aus der unmittelbaren Konfrontation zurück. Der Vertreter ist emotional weniger betroffen, er hat einen ausgeglicheneren Standpunkt, vermag auch den berechtigten Ansätzen des anderen und den weniger berechtigten auf eurer Seite Rechnung zu tragen. Selber denken und streiten lassen ist besser als selber streiten und andere denken lassen. Auch ein Rechtsanwalt sollte, wenn es um seine eigene Sache geht, einen Kollegen für sich streiten lassen. – Am besten ist es, wenn Freunde oder Menschen, die euch schützen und achten, für euch einstehen, zeugen, bürgen, die »Hand ins Feuer legen«.

Der Rat läßt sich in drei Punkten zusammenfassen:
1. Streitet nicht.
2. Bittet die Michaelsengel um Einsatz, betet dafür.
3. Bleibt ruhig. Übergebt alles dem Himmel, d. h. betet, dankt und preist den Himmel.

Wenn wir Zeuge eines Streites anderer werden, ist es auch dann besser, sich herauszuhalten, als dem Schwächeren zu Hilfe zu kommen, oder demjenigen, der im Recht ist?

Es kommt darauf an. Zunächst beachtet, daß ihr leicht in die Tendenz geratet, parteiisch – und damit ungerecht – zu werden: Ihr blickt den einen liebevoller an als den anderen, tretet näher an ihn heran oder gebt sonstige Signale der Parteilichkeit. Da gilt unsere eindringliche Bitte, das zu unterlassen! Selbst wenn ihr überzeugt seid, der eine sei im Recht und der andere im Unrecht, ist es meistens wirkungsvoller, mit den beiden in der Innenwelt zu arbeiten. Nehmt sie in die Innenräume, geht z. B. am Meeresstrand mit ihnen spazieren, gebt ihnen die Hände, bittet sie, sich die Hände zu reichen, zu lächeln und einander in die Augen zu schauen. Befriedet beide Seiten, so gut es geht.

In der Außenwelt braucht ihr euch nicht neutral herauszuhalten, ihr solltet euch aber unparteilich zeigen, was etwas anderes ist als Neutralität. Zeigt euch zu beiden Seiten hin offen, sucht die jeweiligen Argumente zu verstehen: »Was du sagst, ist interessant, aber du solltest auch die Argumente der anderen Seite nicht außer acht lassen.« Bewahrt euren eigenen Standpunkt und laßt nicht den Eindruck entstehen, ihr wäret für die eine oder andere Seite zu gewinnen und als Werkzeug zu benutzen. U.U. müßt ihr auch einmal eingreifen wie ein Schiedsrichter im Boxkampf, ohne aber aus der Rolle des Unparteiischen herauszufallen. – Oder aber, das geht auch, ihr tretet von vornherein nicht in diese Rolle ein, wie die Mutter, die sagt: Ich bin auf der Seite meines Kindes. Dann hat die Liebe Vorrang vor der Gerechtigkeit. Von der Mutter wird Parteilichkeit erwartet, vom Vater Unparteilichkeit.

Wie kann sich dann ein demokratischer Politiker im Wahlkampf verhalten?

Begriffe wie »Politische Streitkultur« sind dem Himmel fremd. Will der Politiker im Einklang mit dem Himmel bleiben, so gilt auch für ihn: nicht streiten, sondern Informationen vorlegen, diese begutachten und bewerten. Also z.B.: Ist das Gesundheitswesen so oder so? Welche Fakten sind als Basis zu nehmen? Wie sind die Dinge wirklich? Welche Qualitätskriterien sollten die Entscheidung bestimmen? Welchen Beschluß schlage ich vor? Was wäre damit zu erreichen?

Gegenüber anderen Meinungen kann man fragen: »Woher stammt die Information? Wer hat sie vorgebracht, aus welcher Motivation heraus? In welcher Absicht wurde die Statistik erstellt?« Nimm als Beispiel den Streit um die Abtreibung: Wurden die Statistiken erstellt aus der Sicht der Mütter, der Väter, der Familien, der ungeborenen Kinder? Die Informationen können je nach den dahinterstehenden Interessen sehr verschieden sein.

Eine echte Demokratie würde entstehen, wenn man die Informationen auf den Tisch legt wie eine Speise und das Volk auffordert, zu probieren und abzustimmen: Was ist das Bekömmlichste, was ist am gesündesten, was schmeckt am besten? Also man streitet nicht darüber, was richtig oder falsch ist, sondern man erprobt, was durchsetzbar ist, was am weitesten in die Zukunft weist, was akut das Wirksamste ist. Damit würde dreiviertel der Beschäftigung der Politiker entfallen.

Wir haben gelernt, daß man die Erzengel nicht als »Volksengel« oder »Volksgeist« verstehen sollte, sondern als »Begleiter« eines »Sprachleibs«, daß aber auch das nicht ihre Hauptaufgabe ist (Bd. I S. 60). Welche Aufgaben hat der heilige Erzengel Michael?

Zunächst: den Begriff »Volksgeist« sollte man in der Tat ganz aufgeben: er ist nicht stimmig. – Der heilige Michael ist in allen Sprachen anrufbar. Er fördert – wie übrigens heute alle Erzengel – die Tendenz zum *Kosmopolitismus*. Kosmopolitismus heißt nicht Weltbürgertum, das ist unmöglich, sondern die Ausweitung der Heimat über Elternhaus und Herkunftsort hinaus. Man wird Schritt für Schritt vertraut mit anderen Ländern und ihrer Sprache, Geschichte, ihren Bräuchen und Traditionen, nutzt Reisen, um Freunde zu gewinnen und mit ihrer Familie ihren Alltag zu erleben, so daß man überall ein Stück Heimat findet, ohne freilich die eigene Heimat aufzugeben. Das ist im Sinne Michaels.

Der heilige Erzengel Michael hat zahlreiche weitere Aufgaben, gegenwärtig sucht er z. B. den sichersten Weg für die Wiederkunft Christi im Ätherischen. Dieser geht die ätherische Wiederkunft der Mutter voraus (s. 22.10.1995, Bd. II S. 147 ff.). Der hl. Michael geht vor der Mutter und dem Sohn einher. Wer diese angreifen würde, würde ihn treffen: Er zieht alle Angriffe auf sich. Er nimmt sie auf sich, so wie der Sohn die Sünde der Welt auf sich genommen hat. Er schützt den Sohn und die Mutter. Er hat eine sehr, sehr hohe Stellung, fast so hoch wie der Sohn. Das Verhältnis zwischen dem Herrn und Michael ist ähnlich dem zwischen Brüdern.

Jetzt ist es für Menschen sinnvoll, ein persönlicheres Verhältnis zum heiligen Michael zu finden. Die lichtlosen Wesen halten nicht still, und es geht darum, mit ihm zusammenzuwirken und ihnen mit seiner Hilfe standzuhalten.

Die Offenbarung des Johannes nimmt mehrmals auf den Streit Michaels Bezug. Z. B. beschreibt das zwölfte Kapitel den Kampf Michaels mit dem Drachen. Was heißt: Der Drache wurde auf die Erde gestürzt?

Der *Drache* ist hier das Bild für die Hierarchien zur Linken. Deren irdischste Form ist der Doppelgänger. Der Drachen lebt in Gestalt des Doppelgängers neben dem Menschen und versucht auf ihn einzuwirken, und die ihm übergeordneten linken Hierarchien bedienen sich des Doppelgängers. Beim Bild des Drachen unterscheidet aber immer den »heiligen Drachen«. Dieses Bild wird für den Vater in seiner Schöpferkraft gebraucht: Verwechselt das nicht.

Warum heißt es: Der Drache »und seine Engel« kämpften gegen Michael?

Auch die gefallenen Engel sind vom Ursprung her »Engel« und behalten diesen Namen bei. Denn der Kern ihres Wesens verändert sich nicht: Sie können auch wieder zu den lichten Hierarchien zurückkehren. Die Hierarchien zur Linken bleiben schließlich ein Teil der Schöpfung – der Teil, der von seiner Freiheit in der Weise Gebrauch gemacht hat, daß er den dunklen Weg gewählt hat.

Was bedeutet das Lemniskatenkreuz auf der Rüstung Michaels?

Dieses Thema gehört zum Heiligsten, das es gibt. Das Kreuz in der Lemniskatenform ist die Darstellung dessen, was durch das Kreuz energetisch bewegt wird. Im geraden Kreuz zeigt die senkrechte Vertikale die Verbindung Himmel/Erde, der waagrechte Balken die Verbindung des Menschen zu anderen Menschen und den Naturreichen. Das Kreuz in Lemniskatenform verdeutlicht dies noch.

Die senkrechte Lemniskate zeigt das Prinzip des ewigen, unsterblichen Lebens. Versucht es nachzuvollziehen: das Auf und Ab durch den Mittelpunkt hindurch, im Einatmen und Ausatmen, im Herabholen des Lichts und der Farbe von oben, im Abgeben nach unten, im Zurückwenden zum Himmel. Die senkrechte Lemniskate versinnbildlicht alles, was »west«: den Geist, das Sein, die Ordnung, das Lebendigmachende, den Puls, den Herzschlag, den Odem des Lebens. Es fließt durch die Mitte, und die Mitte bist immer du.

Die waagrechte Lemniskate symbolisiert die Vielfalt des Seienden, das Zeugende und Gebärende, die Entwicklung, den – wie ihr heute zu sagen pflegt – ökologischen Zusammenhang aller auf Erden lebenden Wesen – Mensch, Tier, Pflanzen, Naturgeister. Du stehst im Zentrum, d. h., du hast daran teil und hast dafür Mitverantwortung, m.a.W. du lebst davon und dafür. Die Schöpfung ist mit dir verbunden, sie wirkt auf dich und du auf sie.

Die senkrechte Lemniskate zeigt m.a.W. die Wirksamkeit des Vaters, die geistigen Kräfte, das, was das Wesen, die Grundidee der Dinge ausmacht. Die waagrechte Lemniskate zeigt das Wirken der Kräfte der Mutter, die Vielfältigkeit in Raum und Zeit, das Woher, Wofür, Wohin, Womit, das Gestern und Morgen.

Das Lemniskatenkreuz auf dem Schild Michaels enthält die den Gegner aufrufende Information: Sieh her, so ist es! Lerne die Grundgesetze der Schöpfung achten, in die du eingebunden bist! Du bist der Mittelpunkt zwischen dem, was du siehst und dem, was du nicht siehst, zwischen deinem Willen und dem himmlischen Willen, zwischen dem dir verfügbaren Geist und dem Geist Gottes, der weit darüber hinaus weist, der alles umfaßt und auch dich. Gott ist überall innen und außen: im Zentrum des Lemniskatenkreuzes, also in dir, dem Betrachter, und um dieses Kreuz herum:

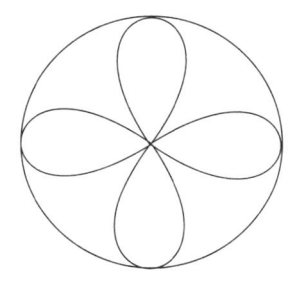

Gelangst du zu den äußeren Enden des Kreuzes, entwickelst du dich zum äußersten, entfernst du dich von dir selbst, löst du dich von allem Deinigen, so wächst du in Gott hinein. Du findest ihn aber auch in dir, der du im Zentrum des Lemniskatenkreuzes stehst; du findest ihn in der Zentrierung ebenso wie in der Loslösung. Du findest ihn aber drittens auch in allem zwischendrin, du findest ihn überall.

Es geht nicht darum, Gott zu suchen, sondern sich seiner bewußt zu werden, die Bewußtseinsfähigkeit zu entwickeln und daran zu arbeiten. Du hast Gott längst gefunden, du hast ihn erlebt. Das Lemniskatenkreuz zeigt dir, wie und wo, es ist die Antwort auf die Frage: Wo ist Gott?

Michaels Frage »Wer ist wie Gott?« ist zwar auch eine rhetorische Frage: Wage nicht, diese Frage ernsthaft zu stellen, das wäre ein Frevel, eine Versündigung. Du kannst nicht sein wie Gott.

Aber die Frage hat auch einen anderen Sinn, den ihr euch zu Herzen nehmen solltet, nämlich: Wer ist Gott, und wer bin ich? Wie ist es mir möglich, Gott zu finden? Wie habe ich zu sein, um ihn entdecken zu können? Wie ist es, ihn zu finden? Wie komme ich zu dem Bewußtsein, ihn gefunden zu haben?

Sonntag, 6. 10. 96

Vorbereitung auf den Advent

∞

(Wir werden in den Dom der Freude gerufen.)
Samrael: Jetzt ist die Zeit der Einstimmung aufs Weihnachtsgeschehen. Für uns ist schon ab Oktober Adventszeit, eine Zeit der Vorbereitung auf den offiziellen Advent. Auch für euch gilt es, sieben Wochen lang die Innenräume zu reinigen und sie festlich und freudig auszuschmücken. Im Dezember ist dann mit der inneren Einstimmung des einzelnen Menschen die festliche Ausstrahlung in die Gemeinschaft vorbereitet.

In der ersten Woche ist das Innere Meer an der Reihe: zunächst alles saubermachen und in Ordnung bringen. Im Meer könnt ihr den Meeresboden schmücken, z. B. Perlen ausstreuen, am Strand die Bäume schmücken, z. B. mit Girlanden aus Muscheln, oder ihr legt mit Muscheln Bilder. Auf der Insel sehen, daß die Tiere wohlauf und gesund sind und daß die Pflanzen blühen. Bringt der Vulkanesin etwas Schönes mit. Bittet die Vögel zu tirilieren, die Affen, sie mögen einen Rhythmus schlagen. Dem Engel am Brunnen bringt ein Instrument. Auch den Vorraum schmückt mit Girlanden und Blumen.

In der zweiten Woche tut das Entsprechende in der Inneren Krypta – und so fort sieben Wochen lang durch alle Innenräume.

Am Ende jeder Woche begebt euch in den Dom der Freude, wendet euch an mich (Samrael) und bittet um Geschenke für den jeweiligen Innenraum. Ihr dürft dreierlei erbitten:

1. etwas für den Innenraum selbst – mit der Anweisung, wohin es zu plazieren ist,
2. ein Geschenk für den Vorraum (das »Entree«), z. B. spezielle Blumen, Bänder, Schleifen, Schmuckstücke,
3. einen Engel der Freude in den jeweiligen Innenraum. Er wird sich dort ein Plätzchen suchen.

Es ist keine Pflicht – es soll euch zur Freude sein und die offizielle Adventszeit vorbereiten, denn das Weihnachtsgeschehen gehört zum Frohesten und Beglückendsten, das es gibt. Der Himmel sieht eure Innenräume und am Ende der sieben Wochen sieben Engel, die singen und tanzen, und alle Organe und alle Wesen in den Innenräumen singen und tanzen mit. Ja, ihr solltet einmal Weihnachten im Dom der Freude erleben – ein großes Jubeln.

Sonntag, 13. 10. 96

Inspiration

∞

Bruder Tullian: Kommt mit in den Friedensdom zu dem Seitenschiff mit den Werkstätten. Ihr seht: Hier herrscht ein emsiggeschäftiges Treiben. Die Handwerker sind zugleich Künstler und die Künstler Handwerker. Alles, was sie hier machen, ist Kunstwerk und Handwerk, z. B. Skulpturen, Bilder, Rahmen, Instrumente, Spielzeug, Arbeiten aus Holz, Porzellan, Metall, Wachs, Stoff usw. –

Die Dinge hier haben die Konsistenz von Ideen, gedanklichen Strukturen, Entwürfen im Schwingungsfeld. Sie dienen vornehmlich als Eingebung für Künstler, als Vorlagen, innere Bilder. Doch man macht auch für sterbende Kinder eine Nachahmung ihrer Lieblingsspielzeuge: Diese bekommen sie dann mit auf ihren Weg über die Schwelle.

Jeder Dom hat seine Werkstätten. Wer in dem betreffenden Strahl arbeitet, findet im Laufe seiner Inkarnationen Zugang zu den Werkstätten, bzw. diese finden den Zugang zum Schüler. Aus diesen Werkstätten stammen also die Entwürfe für die Kunstwerke, die von Engelwesen inspiriert, aber von Menschenhand geschaffen werden. Die Menschen erleben die Übermittlung als »Idee«, »Einfall« – je nach ihrer Bewußtheit als »Inspiration«.

Aus den Werkstätten der verschiedenen Dome werden nicht nur Werke der bildenden Kunst und der Architektur inspiriert, sondern auch Werke anderer Künste, z. B. der Musik. Die Engel inspirieren den großen Wurf. Der irdische Meister fächert ihn dann in viele Takte auf, legt Tonart und Instrumente fest usw.

Aber auch Wissenschaftler empfangen oft eine Inspiration, die sie zu bahnbrechenden, wegweisenden Entdeckungen führt. Viele Natur- und Geisteswissenschaftler haben auf diese Weise die grundlegende Idee zu ihrer wissenschaftlichen Arbeit empfangen; auch die großen Entdeckungen des medizinischen Fortschritts haben hier ihren Ursprung.

Die ganz großen, das Weltbild verändernden, eine Kulturepoche prägenden Ideen stammen unmittelbar aus dem Hohen Rat, dem Dom der Sophia (s. Bd. I S. 29, 166 ff.). Die übrigen Inspirationen stammen aus den Werkstätten der Engeldome. Sie werden jedoch zuvor dem Hohen Rat vorgelegt, der sie freigibt, wenn sie von den Menschen aufgenommen werden können, wenn also die Welt davon profitieren, sie verstehen und umsetzen kann – sogleich oder innerhalb eines nicht zu großen Zeitraumes. Hier gilt das Prinzip der Nützlichkeit für viele.

Die Folgeentdeckungen, die anschließend den Gedanken für verschiedene Wissensgebiete fruchtbar machen, ihn ausführen und weiterentwickeln, werden den Wissenschaftlern durch ihre jeweiligen Führungsengel eingegeben.

Es wundert mich, daß die wissenschaftlichen Inspirationen aus denselben Werkstätten der Engeldome stammen wie die künstlerischen, jedenfalls soweit es sich nicht um epochale Entdeckungen handelt.

Das erklärt sich daraus, daß *Wissenschaft und Kunst* im Himmel nicht getrennt sind. Beide wollen Wahrheit begreifen, sie einkleiden und vermitteln – sei es in Form von Darlegungen, sei es in Form von Erzählungen, Gedichten, Bildern, Farben, Gestalten, Tönen, Bewegungen. Jeder große inspirierte Künstler ist auf seine Art ein Wissenschaftler, Philosoph, Theologe, vielleicht auch Mathematiker, denke z. B. an Johann Sebastian Bach. Und jeder große inspirierte Wissenschaftler arbeitet an einem Kunstwerk. Bedenke, daß der Schöpfer ein Künstler und die Welt ein Kunstwerk ist. Sowohl die Veränderung der Welt durch wissenschaftliche Entdeckungen als auch das Verstehen der Welt bedeuten Mitarbeit an dem Kunstwerk.

Der Unterschied von Kunst und Wissenschaft ist für den Himmel nicht so wesentlich, wie er euch erscheinen mag. Wesentlich ist, ob einer in den Bereich des Inspiriertseins gelangt. Das ist vergleichbar dem Bergwanderer, der nicht in den niederen Regionen verbleibt, sondern den Gipfel erreicht.

Die Frage ist: Wer denkt, wenn du denkst, und was wird dir zugedacht? Wann setzt die Inspiration ein? Die Stationen des Lebenswegs gleichen sich im großen und ganzen bei Künstlern und Wissenschaftlern.

Zunächst bedarf es einer Phase, in der man das »Handwerk« erlernt, bis man es so weit beherrscht, daß man selbständig Probleme zu lösen vermag – i.d.R. nach sieben Jahren. Die Probleme, die du dir dann selbst stellst – die dir also nicht nur aufgetragen sind –, orientieren sich an deinen persönlichen Erfahrungen, Vorlieben, Fragen, an dem, was dir angemessen ist und dir zukommt.

In einer zweiten Phase suchst du die »Großen« deines Faches, die irdisch inkarnierten Meister, um dort noch einmal in die Schule zu gehen, um von ihrem Können und ihren Erfahrungen zu lernen. Das Fruchtbarste ist, ihnen eine Zeitlang dienen zu dürfen. Die großen inspirierten Künstler und Wissenschaftler haben sich in aller Regel in der Umgebung eines großen Meisters oder verschiedener großer Meister aufgehalten – wenn möglich noch einmal sieben Jahre.

Darüber hinaus gehört zu ihrer Wesensart, daß sie auch die »Klassiker« der Vergangenheit verehren. Am Ende dieser Phase suchen sie sich einen Bereich aus oder werden darauf geführt, dem sie sich für den Rest ihres Lebens widmen – manchmal auch mehrere Leben lang. Sie leben dann nicht nur im Austausch mit anderen Meistern. Sie sind vor allem allein mit ihrem Grübeln, Suchen und Versuchen. Sie arbeiten die Nächte hindurch, machen die Erfahrung der Begeisterung, aber auch des Versagens, der Unsicherheit, der Not, des Zeitdrucks, schließlich der Hoffnungslosigkeit und der Verzweiflung. Sie haben alles getan, was möglich ist, ihre Begabung allein macht es nicht, und niemand kann ihnen helfen.

Das ist dann der Augenblick der Inspiration. Der Himmel hat zugeschaut, wie sie erst gründlich lernten und dann zu den Großen gingen, wie sie eigene, persönliche Werke schufen, wie sie ein überpersönliches, der Menschheit dienliches Lebenswerk zu schaffen suchten und schließlich losließen. Er sendet ihnen die Inspiration zu, die entscheidende, maßgebliche, überaus fruchtbare Idee. Das kann ganz nebenbei geschehen: beim Spazierengehen, Essen, Baden ... plötzlich irgendwann.

Der Übermittlung dienen die Bartholomäusengel (s. Bd. II S. 64 f.). Sie machen die Idee für den Menschen wahrnehmbar. Er sagt dann: »Jetzt hab ich's«, »mir ist ein Licht aufgegangen« oder dergleichen. Der Sonnenengel hat sein Einverständnis gegeben, und der Führungsengel hat die günstigen Bedingungen gefügt.

Im einzelnen gibt es natürlich viele Varianten. Der eine erlebt die große, sein ganzes künftiges Werk prägende Inspiration, der andere erfährt vielleicht immer neue Inspirationen.

Immer aber zeigt sich eine Spannung zwischen innerer Sicherheit und Unsicherheit, zwischen Können und Verzweiflung, zwischen Selbstgewißheit und Verletzlichkeit. Die Inspiration braucht das Material, die Fähigkeit, das Können, aber auch die Offenheit, das Fragen, das Suchen, sozusagen den Becher, in den hinein sie sich ergießen kann.

Mozart z. B. war bei allem Fleiß nicht ein in sich ruhender Mensch, sondern er war unzentriert, getrieben, zerrissen zwischen Selbstverzweiflung und Überheblichkeit, dauernd auf der Suche nach Liebe und Anerkennung. – Bach hingegen wußte sich zwar als einen ordentlichen Menschen, aber er war sich seiner Genialität nicht bewußt, er wollte die Musik, wie sie im Himmel klingt, auf die Erde bringen und meinte immer, es sei nicht gelungen, er sei letztlich unfähig. Er war nie zufrieden, oft geradezu verzweifelt. Die eine wie die andere Zerrissenheit schuf günstige Bedingungen für den Fluß der Inspiration.

Inspirationen sind immer ein Geschenk, sie können nicht gefordert werden. Über sie wird im Himmel entschieden, und zwar ohne Ansehen der Person. Die Idee ist im Himmel geschaffen, und dieser fragt sich: Wen können wir nehmen? Wer zur rechten Zeit da ist, wer handwerkliches Können und Meisterschaft erarbeitet hat, wer in die Welt hinein zu wirken vermag, der kann, wenn auch noch die äußeren, kulturellen Voraussetzungen gegeben sind, mit Inspiration beschenkt werden.

Unterscheidet Inspiration von der Meisterschaft des Erleuchteten, des Heiligen. Dieser wirkt selbst inspirierend, er hat sich die Fähigkeit dazu über viele Leben erarbeitet. Er ist wie eine zum Himmel geöffnete Tür.

Unterscheidet Inspiration ferner von *Materialisation*. Nur ganz ausnahmsweise und nur, wenn es durch höhere Hierarchien angefordert wird, kann der Himmel ein Bauwerk oder Kunstwerk unmittelbar materiell herstellen und den Menschen zur Verfügung stellen. Das ist dann ein Wunder. So etwas gab es bei einigen Heiligen. Die Engel lassen dann ein Werk bis ins Materielle fallen, d. h., das Werk wandert durch die Dimensionen und nimmt durch Mitwirkung eines Menschen Zeit und Raum an. Unterscheidet das aber sowohl von schwarzmagischen Materialisierungen als auch von den scheinbaren Materialisierungen durch geschickte Zaubertricks.

Ein Beispiel für eine gelungene Materialisation war die Speisung der 5000. Sie ist nicht nur ein Bild, sondern war ein tatsächliches Geschehen. Ein Beispiel aus dem Alten Testament: Manna fiel vom Himmel, d. h. ins Materielle hinein. Auch die Tafeln des Moses waren Materialisationen von oben.

Wie ist es mit dem Heiligen Gral?

Er wurde in den himmlischen Werkstätten geschaffen, aber als ein »spirituelles Kunstwerk«. Nur wer ihn spirituell findet und »in der Hand hält«, kann ihn vielleicht auch materiell finden. Suchst du ihn hingegen nur auf irdischer Ebene, kannst du ihn niemals finden: Es gibt ihn nicht. Es geht beim Gral nur um das Suchen, nicht um das Finden. Das bedeutet: Jeder sucht ihn für sich, er sucht »den« Gral und findet »seinen« Gral.

Die Schale an sich ist wertlos: Sie hat ihren Wert durch ihren Inhalt: das Blut des Herrn. Wer sie in den Händen hält – und damit das Blut des Herrn –, kehrt heim und wird sich nicht wieder inkarnieren. Was geschieht, wenn man ihn in den Händen hält, ist viel bewußter und intensiver als die Wandlung von Brot und Wein: Jede Zelle des Körpers ist so gewandelt, daß sie die Zeremonie mit vollzieht. Wer den Gral findet, ist bereit zur Auferstehung, er lebt dann im Auferstehungsleib.

Nicht nur der Gral wurde in den himmlischen Werkstätten geschaffen, sondern auch andere Gegenstände, die zur Passion des Herrn gehörten: die Dornenkrone, die Gewänder, die vorgefertigten Teile, aus denen das Kreuz gebildet war. Es war nicht irgendwie zufällig vorhandenes Holz, sondern es stammt ursprünglich aus heiligen Räumen – aus dem Paradies. Es ist heilig in sich – und es wurde geheiligt durch den Herrn, es ist also doppelt heilig. Wer das Wesen der Passion begriffen und die Chronik gelesen hat, weiß, daß das so ist. Die Geißelungsinstrumente stammten allerdings nicht aus den himmlischen Werkstätten.

Wie ist es den Wesen ergangen, als sie die Dinge für die Passion schufen?

Diese Frage beantwortet Gormanel, ein »Ältester«, eine Art Inspektor, der alles inspiziert und schaut, wie es geht, eine sehr liebenswürdige Gestalt. Er selbst arbeitet mit Leder und Pergament, schafft z. B. Bucheinbände.

Gormanel: Ihr wißt, daß *Trauer und Lobpreis* für die Engel zusammengehören. Es war ein sehr, sehr trauriges und dabei sehr lobpreisendes Arbeiten. Alle Dome waren helfend beteiligt. Der ganze Himmel hat die Dinge versehen mit Trost, Hoffnung, Zuversicht, Liebe, Duldsamkeit und guten Gedanken.

Sonntag, 20. 10. 96

Zur Bibel

∞

1. Bruder Tullian: Unterlaßt, die Heilige Schrift so lange zu interpretieren, bis sie in eure Vorstellungswelt hineinpaßt. Gebt euch zufrieden mit dem, was ihr versteht, steht dafür ein, lebt es, lebt dem Herrn nach. Alles verstehen heißt: Alle Schritte zu gehen – dazu müßtet ihr der Herr sein. Das Großartigste ist das, was ihr nicht versteht. Sonst wäre die Bibel wie ein Rezept, nach dem man gekocht hat, sie hätte sich erledigt.

2. Lest die Bibel immer neu und lebt das, was ihr verstanden habt. Sie begleitet euch durchs ganze Leben, ja, durch viele Leben; ihr könnt sie immer neu und mit neuem Verständnis lesen, und werdet die Erfahrung machen: jetzt erst verstehe ich dies und das Schritt für Schritt immer mehr. Es geht nicht darum, die Bibel zu verstehen, sondern einen Satz, den man verstanden hat, zu leben.

3. Versucht die Bibel in ihrer Lebendigkeit zu sehen. Das Große und Besondere an diesem Buch ist: Sie ist »Wort des Lebendigen Gottes«, d.h., sie lebt tatsächlich, sie ist nicht nur ein Text. Jedes Wort, jede Aussage, jedes Herrenwort ist ein lebendiges Wesen, ist tatsächlich ein Engel. Das Buch atmet, singt, begeistert, rührt euch an, winkt euch zu, begleitet euch mit vielen Wesen. Es ist ein lebendiges Werk mit Herzschlag, ein Geschöpf, ein Freund. Das klingt bunt und phantasievoll, aber versucht einmal, die Bibel so zu lesen.

Sonntag, 27. 10. 96

Die Innenräume der Schulterblätter

∞

(Es ist ein Engel anwesend, der vor allem durch seine übergroßen Flügel auffällt. Sie gehen etwas nach vorne und dann in die Breite. Der Engel besteht hauptsächlich aus Kopf und Flügeln, hat also kaum Gestalt. Er ist grün und violett, von innen durchleuchtet wie eine Mischung aus Jade und Amethyst, wenn es das gäbe. Er wirkt sehr ehrfurchtgebietend:)
Ich bin von Benmalach gesandt, einem Kind der Throne. Ich selber bin keiner Hierarchie zugeordnet, sondern ein Bote, der allen Hierarchien zur Verfügung steht. Mein Name ist Tiphanel.

Ich gebe euch Hinweise, die nötig sind, um euren Zweitbesuch bei den Thronen vorzubereiten.

Zunächst wendet euch an euren Inneren Heiligen beim Inneren Weisen oder euren Namenspatron oder einen anderen Heiligen, der euch nahesteht, und bittet ihn, mit euch in die Innere Kirche zu kommen. Dort übergibt ihm der Betende Engel oder Bruder Tullian ein Weihwassergefäß und ein Aspergill. Nun bittet ihn, gemeinsam mit euch die Neben-Innenräume zu besuchen, zunächst die Eremiten in den Füßen. Der Heilige wird sie besprengen und segnen, ebenso Hütte, Tiere und Pflanzen. Dasselbe geschieht bei den Handwerkern in den Knien, bei den Eltern in den Händen, bei den Künstlern in den Ellbogen, bei dem silbernen weiblichen Wesen in der linken Schulter und dem goldenen männlichen Wesen in der rechten Schulter.

Nun besucht mit mir gemeinsam zwei weitere Neben-Innenräume. Sie befinden sich am Rücken, dort wo die Schulterblätter sind. Die Räume sind karg, schlicht und bescheiden, bei manchen wie eine Stube ohne viel Mobiliar, bei anderen wie eine schlichte Wiese.

Im linken Raum seht ihr einen Engel, der ein Paar *Flügel* anfertigt, im rechten einen Engel, der an einem *Gewand* aus Lichtfäden arbeitet. Die Flügel sind nicht zum Fliegen bestimmt, ebensowenig wie die Flügel der Engel. Sie vermitteln euch aber etwas von den Fähigkeiten, dem Bewußtsein und dem Lebensgefühl der Engel. Je weiter die Arbeit an ihnen fortgeschritten ist, desto mehr empfindet sich der Mensch in seinem Selbstverständnis als einer, der im Auftrag des Himmels unterwegs ist. Er verliert damit nicht seine Selbständigkeit und Freiheit, denn er ordnet sich freiwillig ein. Die Flügel sind Spiegel seines Wesens als Beauftragter, sie stehen für die Kommunikation mit dem Himmel.

Das Lichtkleid ist das Gewand, das die Seele nach dem Sterben statt des Körpers anlegt, in dem sie den Weg in die anderen Gefilde antritt. Es wird euch dereinst als Auferstehungsleib dienen.

Geht zu diesen Innenräumen und begrüßt eure Engel. Schaut ihnen zu und bewundert ihr Werk. Identifiziert euch mit den Flügeln und dem Gewand. Macht euch klar: Es sind eure Flügel und euer Gewand. Sie sollten euch gefallen. Niemand wird ein genau gleiches Gewand tragen.

Ein solches Gewand und Flügel zu haben heißt nicht, daß die Menschen Engel würden. Das gibt es nicht, das ist nicht der Sinn der Entwicklung des Menschen. Ein Mensch, der vollkommen geworden ist, ist mehr als ein Engel. Ihr bildet die 10. Hierarchie, auch wenn ihr diese Attribute der Engel tragen werdet.

Auf lange Sicht sind die Innenräume der Schulterblätter eure wichtigsten. Wären sie vollends zerstört, wäre das furchtbar, dann würde der Mensch seines Menschseins beraubt, er wäre dann kein Mensch mehr. Glücklicherweise geht das aber nicht.

Eure Heiligen segnen die Engel, die Flügel und das Gewand. – Nun bittet sie, mit euch durch die Hauptinnenräume zu gehen und auch dort alles zu segnen: den Inneren Kosmos, den Raum mit dem Inneren Weisen, den Marien- und den Sophienturm, dann zunächst die Innere Quelle, die Krypta und das Innere Meer mit der Insel. Zum Schluß geht über den Haupteingang in eure Innere Kirche zurück.

Eine große Schar aller eurer Innenraumbewohner folgt euch in die Kirche, auch die Engel aus den Innenräumen der Schulterblätter. Sie verlassen ihre Innenräume nur, um in eure Innere Kirche oder in andere Innenräume zu gehen, dann kehren sie sofort an ihre Arbeit zurück. Ihr geht durch den Mittelgang zum Altar und umschreitet ihn gegen den Uhrzeigersinn. Über die rechte Seite geht zurück zum Haupteingang. Von innen werden die Stufen und die Tür gesegnet. Über die linke Seite geht wieder nach vorne zum Altar und verneigt euch vor dem Altar.

Der Betende Engel und der Heilige bleiben am Altar. Alle Bewohner und auch ihr selber nehmt in den Kirchenbänken Platz.

Nun geht mit dem Heiligen oder Bruder Tullian den Weg durch die Hierarchien bis zu den Thronen und wieder zurück (s. Bd. II Anhang II S. 362 f. und 364). Alle Bewohner warten in der Kirche. Wenn ihr wieder zurück seid, entlaßt alle Bewohner in ihre Innenräume. Damit ist die Feier beendet.

Empfindet diese Übung nicht als Bürde oder Last, sondern als feierlich und schön. Sie soll insgesamt siebenmal vollzogen werden, in welchem Zeitraum, ist euch überlassen. Sie sollte aber nicht öfter als einmal pro Tag gemacht werden. Ihr könnt die Übung allein oder zu zweit oder im Viererkreis machen. Ihr könnt diesen Gang aber nicht eurem Heiligen überlassen, ohne selbst mit dabei zu sein.

Diese Übung hat zwei Effekte: eine stark segnende und eine reinigende Wirkung. Ihr werdet wahrscheinlich beides spüren. –

Ich möchte euch nun noch einiges Erläuternde sagen. Ihr dürft auch Fragen an mich richten.

In der Offenbarung des Johannes heißt es: Sie werden weiße Gewänder tragen (Offb. 3,4 f.; 6,11; 7,9; 19,8). Haben diese Stellen etwas mit dem Auferstehungsleib zu tun?

Ja. Die Engel sind über viele Inkarnationen damit beschäftigt, dieses Gewand und die Flügel zu fertigen. Die Flügel sind dazu da, daß man zum Vater heimkehrt. Heimkehr zum Vater bedeutet Kommunikation mit ihm, so daß es keine Trennung mehr gibt. Alle eure Regungen werden denen des Vaters entsprechen.

Das Gewand ist wie ein gestricktes oder gehäkeltes Leibchen. Es ist für euch da, wenn ihr den Auferstehungsleib braucht. Wenn es endgültig fertig sein wird, wird es euer Auferstehungsleib sein.

Die Engel, die an eurem Auferstehungsleib und euren Flügeln arbeiten, bleiben dieselben durch alle Erdenleben hindurch. Sie können auch weiterarbeiten, wenn ihr im Jenseits seid. Sie setzen das, was ihr lebt, in ihre Arbeit um: euer Sein, Handeln, Denken, Fühlen, euren Gehorsam, eure Demut, Nachfolgebereitschaft und Dankbarkeit. Alles Lichte setzen sie um, d. h., sie sind von der Lichthaftigkeit eures eigenverantwortlichen Lebens, eures Denkens, Fühlens und Handelns abhängig.

Was nicht lichtvoll ist, lähmt oder hindert sie in ihrer Arbeit. Dann arbeiten die Engel entsprechend langsamer. Geht ein Mensch ins Dunkel nach links, lassen sie die Arbeit ruhen. Sie bleiben, wo sie sind, und warten, bis der Mensch seine dunklen Erfahrungen verarbeitet und in Licht verwandelt. Verwandelte dunkle Erfahrungen strahlen hinterher doppelt hell.

Schaut ihnen schweigend bei ihrer Lichtarbeit zu. Ihr dürft sie lediglich begrüßen, nach ihrem Namen fragen, ihnen danken, euch verabschieden. Ansonsten sind Unterhaltungen mit ihnen nicht angebracht. Genießt einfach, ihnen zuzuschauen.

Ihr könnt dann sehen, in welchem Schwingungsgrad ihr euch befindet. Ihre Arbeitsweise spiegelt eure Leben. Lebt ihr lichtvoll, können sie intensiver arbeiten. – Empfindet eine Mischung aus Freude und Heimweh. Stellt euch vor, wie ihr in dem Gewand und mit den Flügeln aussehen werdet.

Beim Sterben bedecken die Engel die Seele des Menschen mit dem unfertigen Gewand, damit sie nicht nackt ist, und legen ihm die unfertigen Flügel an, aber nur für den Weg nach drüben. Gewand und Flügel trägt man dort dann nicht, sondern legt beides wieder ab und gibt es den Engeln zurück. Sie arbeiten dann daran weiter – oder warten. Wißt aber, daß es noch lange dauert, bis ihr sie selbst – und dann endgültig – anlegen dürft.

Erst wenn ihr zum Vater zurückkehrt, sind der Auferstehungsleib und die Flügel anzulegen. Das geschieht, wenn es dem Vater sinnvoll erscheint – und dann auch euch. Dann könnt ihr voll bewußt sterben, und sogar den Augenblick bestimmen, weil er mit dem vom Vater bestimmten übereinstimmt. Euer Ich wird dann die einheitliche Heimat aller eurer Strukturen und Anlagen, d. h. aller eurer Innenräume geworden sein. –

Ich kehre jetzt zu Benmalach zurück, um ihm zu berichten, daß sein Auftrag ausgeführt ist. Ihr könnt mich nicht rufen, aber ich hoffe, ich kann bald wiederkommen.

Sonntag, 1. 12. 96 (1. Advent)

Das Wasser des Lebens

∞

(Ein Engel in weißem Gewand mit roter Schärpe und grünem Umhang, alles mit Gold versetzt:) Mein Name ist »Lejander« – der den Weg zeigt. Ich gehöre zu den »Engeln der Trinität« und habe den Auftrag, euch zum Herzen der Schöpfung zu führen.

Ihr wißt: Die 12 Dome – Dom des Friedens, der Freude, der Liebe usw. – bilden einen großen Kreis. Hinter den Domen und um sie herum finden sich Gärten. Diese haben ein gemeinsames Zentrum, das wir heute besuchen wollen. Wir nehmen den Weg über den Friedensdom. Rechts im Hauptschiff, dort wo das Seitenschiff mit den Werkstätten anschließt, ist ein Ausgang. Er wird bewacht von einem taubenblau-weißen Engel, größer als ein Mensch, mit großen Flügeln. Er beugt sich so, daß eine Torform entsteht. Er spricht das »Paßwort«:

»Friede sei mit dir« (im Dom der Freude: »Freude sei mit dir«, im Dom der Liebe: »Liebe sei mit dir« usw.).

Ihr antwortet:

»*Wie im Himmel, so auf Erden*«.

Das Paßwort bildet gewissermaßen eine Waagerechte zwischen ihm und euch, die Antwort eine Senkrechte vom Himmel zur Erde. Aus den beiden Balken entsteht ein Kreuz, und dieses gibt die Tür frei.

Jetzt seid ihr gewiß entzückt von dem Garten und möchtet ihn betrachten. Ihr habt aber heute eine andere Aufgabe. Begebt euch auf direktem Weg zum heutigen Ziel. Geht den Weg, den ich euch zeige, ohne Hast geradeaus. Er führt auf das Zentrum der 12 Dome zu. Von diesem Zentrum geht ein vielfarbig strahlendes Licht aus. Sein Leuchten hat etwas Herausforderndes, eine starke Anziehungskraft. Ihr spürt den Impuls, immer schneller darauf zuzugehen, ein Impuls voller Aktivität und Dynamik, die euch vorantreibt, als würdet ihr »gebracht«. Das Licht hatte anfangs die Farbe des Domes (bei euch also blau-weiß), aber nun wandelt es sich allmählich ins Goldfarbene.

Bittet je zwei Engel, euch rechts und links unter die Arme zu greifen. Es ist ein lustiges Gefühl, als ließe man alles hinter sich, erst die Kleider – als würde man nackt, dann fiele das Fleisch weg, schließlich auch Haut und Knochen. Denn die niedrig schwingenden Teile des Körpers mitsamt der Kleidung kommen euch vor, als seien sie Teil der Seele, weil deren Schwingung so erhöht ist, als ob man nichts mehr an sich hätte. Ihr werdet durchsichtig und habt ein Gefühl, als könntet ihr durch Wände und Türen gehen, als sei keine Materie mehr da, als würdet ihr immer leichter.

Im Zentrum seht ihr herabstürzendes Lichtwasser, wie wenn man aus einem Krug Wasser ausgießt, einen ständig strömenden Wasserfall von enormer Größe, Wucht und Lebendigkeit. Er stürzt herab aus fernen Höhen und verschwindet nach unten. Der Betrachtende hat das Gefühl, den Halt zu verlieren, als bewegte er sich mit oder als stünde alles still. Es ist nicht mehr klar, wo man sich im Raum und ebenso, wo man sich in der Zeit befindet: Wie schnell ist was? Oder steht alles still? Man fühlt sich wie losgelöst aus Raum und Zeit.

Dieses Gefühl der Verunsicherung nimmt noch zu, wenn ihr jetzt wahrnehmt, daß im Inneren des Wasserfalls das Lichtwasser zurückströmt, und zwar mit gleicher Wucht und Geschwindigkeit – es »stürzt« von unten nach oben. Dann nehmt ihr wahr, daß mal die äußere Kraft stärker ist, dann die innere, immer abwechselnd; es ist wie ein Pulsieren oder Atmen.

Was ihr nicht sehen könnt, ist: Das herabstürzende Lichtwasser fließt in alle 12 Dome einschließlich aller Nebengebäude mit allen Engeln, und es fließt unterhalb der Ebene der Dome in alle Menschen, nämlich auf der Ebene des »Wurzelchakra« des Inneren Meeres. Es berührt diesen Innenraum auf doppelte Weise:

Einmal in der Brandung des Inneren Meeres mit seiner Rhythmik. Denn woher kommt diese Rhythmik? Die Erklärung »von den Winden« wäre nicht ausreichend.

Sodann durch den Brunnen auf der Insel, den der Engel bewacht. Der Brunnen zeigt, daß es im Inneren der Insel eine »unterirdische Ader« gibt, vergleichbar dem Grundwasser.

So wird im Inneren des Menschen auf doppelte Weise das Wasser des Lebens, ein Lichtwasser oder wasserhaftes Licht zu jedem Menschen geführt. Es verbindet ihn unmittelbar mit dem Herzen der Schöpfung, auch wenn er das nicht weiß. Bei Menschen, die eine bewußte Hinwendung zu den Engeldomen pflegen, berührt es drittens indirekt auch die Inneren Kirchen und alle anderen Innenräume.

Dann entsteht eine Sogwirkung, das Lichtwasser fließt zurück und stürzt im Innern des herabstürzenden Wasserfalls nach oben.

Hier habt ihr das Urbild aller Rhythmik, das Urbild des Herzschlags und des Atems, das Urbild des Lebens. Was ihr vor euch seht, ist der Lebensstrom selbst, das Herz der Schöpfung. Der Puls – oder man kann auch sagen: der Atem (der »Odem des Lebens«) geht aus vom Vater. Ihr seht den Zusammenhang mit der Schöpfung: Der Herzschlag des Vaters ist die Voraussetzung für die immerwährende Schöpfung.

Was ihr hier wahrnehmt, ist der Herzschlag des Vaters. Er zeigt euch, daß der Vater lebt. Ihr wißt es nun, weil ihr es gesehen habt. Ihr habt gesehen, was die Lemniskate auf dem Schilde Michaels symbolisiert.

Das ist das Wesentliche: Der Vater lebt. Das Wesentliche sind nicht seine Attribute. Wie er ist oder nicht ist – das ist von Menschen nicht zu erfassen. Es gilt vielmehr, am Atem oder Herzschlag des Vaters zu erleben und zu erfahren, daß der Vater lebt.

Ihr dürft den Anblick genießen wie einen Wasserfall. Steht und staunt und versucht wahrzunehmen: gleißend goldenes Lichtwasser – reißend, vehement, kräftig (nicht sanft). Laßt euch ein wenig besprühen und betröpfeln. Versucht, in dem Lichtwasser goldene Engel in den verschiedensten Bewegungen auszumachen. Nehmt die Rhythmik wahr, wie bei einer Meeresbrandung. Lauscht auf das Geräusch: Es ist brausend, gurgelnd, tosend wie bei einem Wasserfall. – Daher erklärt sich übrigens die Faszination, die von Wasserfällen ausgeht.

Jetzt schaut noch genauer hin. Ihr seht außen das herabstürzende, innen das heraufstürzende Lichtwasser, aber nun schaut durch beide Vorhänge hindurch – was ist im Innersten? Nehmt ihr etwas wahr?

Nein, da ist ein Hohlraum, in dem nichts zu sein scheint, jedenfalls ist nichts wahrnehmbar.

Richtig, das Innerste der beiden Bewegungen, das Zentrum des Zentrums ist Leere, in der ihr tatsächlich nichts wahrnehmen könnt. Es ist das große Schweigen, ein schweigendes Lachen oder Ahnen. Die Leere ist aber nicht nichts. Das Herz der Schöpfung zeigt euch auch das Herz des Schöpfers, in dem alles da ist, ohne zu sein. Alles ist ohne Form, alles hat Sein ohne Existenz. Der Schöpfer ist vor dem Akt der Schöpfung da, und somit vor der Erkennbarkeit des einzelnen in seiner Vielfalt. – Ja, ihr seid berührt und erschüttert, und das ist auch angemessen. –

Die Erkenntnis, die ihr von hier mitnehmt, ist eine dreifache. *Erstens* könnt ihr von nun an sagen: Ich weiß, daß der Vater lebt, denn ich habe das Herz der Schöpfung schlagen, das Lebenswasser pulsieren gesehen. Diese Erkenntnis ist ebenso wichtig wie die, daß der Sohn auferstanden ist. Sie bedeutet: Die Welt ist keine Maschine, kein Mechanismus, kein langsam zu Ende tickender Motor, sondern eine lebendige Schöpfung. Und in dieser ist der Vater präsent und schöpferisch wie seit jeher; seine Lebendigkeit und Schöpferkraft sind jung und frisch wie am ersten Tag. Alle

Annahmen von der Art: Gott sei tot oder er liege in Agonie oder sei zumindest stark gealtert, seine Kräfte ließen nach usw. sind nicht wahr. Er ist vielmehr frisch, aktiv, dynamisch, ewig jung wie das Innere Kind, in dem er in eurer Innenraumwelt gegenwärtig ist. Er ist der immer pulsierende, immer schöpferische, alles verjüngende und erneuernde Ursprung allen Seins, der Quell, aus dem das Wasser des Lebens strömt.

Zweitens nehmt ihr die Erkenntnis mit: Ich habe teil am Herzschlag des Vaters. Ich bin nicht nur ein Geschöpf, vom Vater erschaffen und dann aus der Hand gegeben, ich bin mit ihm nicht nur durch die Tatsache verbunden, daß ich ein Kind der Schöpfung bin und ihm gegenübertreten kann. Er ist nicht nur in meiner Innenwelt, insbesondere im Inneren Kind und im Inneren Kosmos gegenwärtig. Es gibt darüber hinaus eine innere Verbindung zwischen ihm und dem Brunnen in mir, durch die das Wasser des Lebens in ständigem Pulsieren in mich strömt. Sie wirkt wie eine Nabelschnur, die mich in ihm geborgen und lebendig hält. Ich bin als sein Ebenbild und Gleichnis von ihm durchpulst, durchflossen, in seinen Herzschlag eingebunden, der Odem des Lebens atmet in mir.

Und *drittens*: Ich bin ein Wasserträger, ich trage das Wasser des Lebens überall hin: zu den Menschen, die mich umgeben oder denen ich begegne, zum Arbeitsplatz, auf Reisen. Das ist der Sinn und Zweck meines Tuns: Wasser des Lebens bringen, Lebendigkeit ausstrahlen, so daß, wo immer ich hinkomme, die Tendenzen zu Erstarrung, Bitterkeit, Selbstbezogenheit sich auflösen und vergehen.

Je mehr ihr euch mit dem Lebenswasser anfüllt, desto mehr wird euch das gelingen. Ihr könnt zwar hier dem Wasser nichts entnehmen, ihr könnt den Wasserfall nur bestaunen und bewundern. Ihr könnt aber auf dem inneren Weg an das Lebenswasser herankommen: Der Engel am Brunnen holt mit einem Eimer aus dem Brunnen das euch zuträgliche Maß heraus.

Habt ihr vom Engel am Brunnen das euch zuträgliche Maß an Lebenswasser des Vaters erhalten und in der Hand – was tut ihr damit? Ihr könnt es am Brunnen trinken, oder ihr könnt es mitnehmen und anderen Wesen in den Innenräumen zukommen lassen, z. B. den Tieren auf der Insel, dem Inneren Weisen, dem Inneren Kind, den Wesen aus den Nebenräumen, auch Freunden, die ihr mitgenommen habt und die am Meeresstrand warten. Ferner könnt ihr zur Heilarbeit einen Eimer mit in den Behandlungsraum nehmen und davon den Patienten in die Hand träufeln oder damit das Kreuzzeichen machen. Ferner könnt ihr einen Eimer durch alle Innenräume bis zum Inneren Kosmos hinauftragen und ihn mit Schwung in den Kosmos hineinschütten – dann wird dort alles hell und golden. Schließlich könnt ihr einmal wöchentlich oder monatlich alle Innenräume versorgen: Eilt wie ein Laufbursche hin und her, das Wasser ist unerschöpflich. So könnt ihr auch an der Durchlichtung des Körpers mitarbeiten.

Die Innenräume, in die ihr von dem Lebenswasser gebracht habt, wirken lebendiger und strahlender, die in ihnen wohnenden Wesen wirken freudiger. Eure Ausstrahlung auf andere Menschen ändert sich, sie wirkt, als ob ihr etwas Lebenspendendes mit euch bringt. Der Herr, der in völlig idealer Weise vom Wasser des Lebens erfüllt war, konnte ja tatsächlich Leben erwecken und heilen; er konnte schon als Knabe Tauben aus Ton Leben einhauchen. Die Vorstellung, der Mensch könne eine ähnliche Fähigkeit erlangen, kommt in manchen Sagen und Legenden zum Ausdruck. So mißbrauchbar diese Vorstellung ist, in ihr deutet sich eine Ahnung von der lebenspendenden Kraft des Wassers an, das in allen Innenräumen wirksam ist.

Nun begeben wir uns zurück.

Wo können wir dich, Lejander, wieder antreffen?

Wenn ihr wieder an das Herz der Schöpfung zieht, so findet ihr einen Ring aus 12 Engeln der Trinität um dieses Herz. Sie »bewachen« es, aber nicht, weil es schutzbedürftig wäre, sondern um des Lobpreises willen. Unterscheidet sie von den Türhütern, die die Farben des jeweiligen Domes tragen. Diese Engel haben alle die gleichen Farben wie ich. Hier könnt ihr mich finden.

Nun sprecht mit mir im Wechsel:

Wir danken dem Schöpfer.
Der Schöpfer lebt. –
Gepriesen sei der Schöpfer.
Sein Friede sei mit dir. –

Diese letzte Formel verwende ich, weil ihr über den Friedensdom hergekommen seid. Sonst heißt es: Seine Freude sei mit dir, oder: seine Liebe sei mit dir usw.

Allein schon wegen dieses Abschlußzeremoniells war euer Besuch hier wichtig. Denn dieser Segen schafft einen relativ direkten Kontakt zum Vater. Er ist nicht nur eine Formel, sondern eine Realität. Nehmt diesen Segen mit euch.

Wir danken dir. –

Der Hohelehrer: Ich möchte euch bitten, das Abschlußzeremoniell noch einmal als Litanei zu beten, indem ihr die letzte Zeile in der Weise variiert, daß ihr alle 12 Dome nennt, also: Seine Liebe sei mit dir, sein Friede sei mit dir, seine Freude sei mit dir ... usw. Und dann möchte ich euch bitten, bei nächster Gelegenheit einmal einen möglichst großen Wasserfall zu besuchen und ihn aus halber Höhe zu betrachten und auf euch wirken zu lassen. Dann schließt die Augen und stellt euch vor, ihr sähet wieder die beiden großen Wasservorhänge: den herabstürzenden und durch ihn hindurch den hinaufstürzenden. Schaut sie längere Zeit an und erlebt, wie euch schwindelig wird und ihr den Halt in Raum und Zeit verliert.

Dann habt das Gefühl, ihr ginget durch beide Vorhänge hindurch und trätet in die innere Zone der Leere ein. Erlebt das große Schweigen, die große Ruhe. Und seht von hier aus, es ist alles da: hinter mir und vor mir. Es strömt vorbei und ist in mir, an der Peripherie und im Zentrum wie auf der Lemniskate Michaels. Es ist erlebt und unerlebt. Es ist begriffen und unbegreiflich.

Montag, 9. 12. 96

Der Lobpreis der Throne

∞

Bruder Tullian: Wenn ihr heute zu den Thronen aufsteigen wollt, bedarf es einer Sicherung auf Erden. So wie der Taucher ein Sicherheitsseil hält, so werden eure Kinder sozusagen »eine Sicherheitsschnur halten«, d. h. ein Gegengewicht auf Erden bilden.

Steigt nun auf der Dankesleiter auf, ausgehend von der Inneren Kirche. Dankt zunächst den Kindern, dann den Engeln, den Erzengeln usw. bis hinauf zu den Thronen.

(Benmalach – s.o. 4.9.1996 – sowie ein weiterer Engel empfangen uns.) Benmalach: Gruß an euch! Wenn ihr wollt, könnt ihr heute einen kleinen Ausschnitt aus der Lobpreis-Litanei der Throne vernehmen. Ihr wißt, die Throne tönen im Schweigen. Stellt euch das Tönen vor wie Klostergesang. Wir übersetzen euch seinen Inhalt in Sprache. Die Sprache ist zwar nicht ganz in der Lage, den Inhalt aufzufangen und wiederzugeben. Aber sie vermittelt euch eine erste Vorstellung davon. In der »Übersetzung« wird der Gesang auf ein dem Menschen erträgliches Maß transformiert. Die Werte entsprechen also nicht genau der Realität. Der Gesang im Schweigen, unmittelbar vernommen, käme dem Menschen dröhnend, geradezu ohrenbetäubend vor und wäre nicht zu hören, auch nicht als Melodie erkennbar. Deshalb dürft ihr auch nur ganz von fern und nur mit Hilfe meiner Übersetzung daran teilhaben.

Wir versuchen also einmal in etwa zu übersetzen.

Heiliger Gott! Glorreicher Schöpfer des Himmels und der Erde und alles dessen, was im Himmel und was auf Erden ist: ...

(Aufzählung aller Wesen mit Namen, und zwar die Namen aller Engel oder Gruppen von ihnen, z. B. die »Heilengel«, die Namen jedes Menschen, jedes Naturgeists einzeln.)

Sei ...
gnädig, gütig, großmütig, liebevoll, geduldig ... usw.

Heiliger Gott, gepriesen sei Dein ...
Denken, Dein Planen, Deine Vorsehung, Deine Langmut, Deine Liebenswürdigkeit, Dein Zorn, Dein Blick ...

Du ...
... Einziger! Mächtiger! König der Könige! Herr über alles! Licht des Lichts! Ursprung! Vater der Schöpfung! gnädiger Lenker! (jeweils mit einem kosmischen Ausrufezeichen.)

Vater, Vater, Vater,
heiliger Gott, heiliger Gott, heiliger Gott, Vater über alles,
Vater über mich ...
(Benmalach winkt ab.):

Dieser Lobpreis ist wie ein ewiges Feuer, eine dauernde Andachtsfeier. Gleichzeitig werden in ähnlicher Weise auch die Mutter gepriesen, und in ähnlicher Weise auch der Sohn. Preisen heißt: heiligmäßig berührt sein und den Wunsch nach Berührung ausdrücken. Man lobpreist sich so in die Nähe der Trinität, daß man das Gefühl hat, man könne sie berühren und von ihr direkt berührt werden.

Obwohl der Lobpreis immer unisono gesungen wird, tönt er wie ein großes Orchester kosmosweit aus allen Richtungen und Dimensionen. Die Throne koordinieren das, als würde eine Sinfonie in einen Schlußakkord zusammengefaßt. Am beeindruckendsten sind diese Schlußakkorde und das sich anschließende »Ausrufezeichen«. Ein solches zu setzen, ist Menschen nicht möglich. Das Ganze dauert etwa ein Jahr lang, dann beginnt es von neuem.

Wartet man Antworten, Reaktionen ab?

Nein, es ist ein ständiges Tun. Allerdings gibt es in Teilen des Lobpreises ritualisierte Wechselgesänge, d.h., daß sich z. B. der Vater neigt und lächelt oder die Hand bewegt oder auch zurücksingt – in menschliche Vorstellungen übersetzt.

Mitunter erteilt der Vater einzelnen Thronen Aufträge. Dann geht der Lobpreis gleichwohl ständig weiter. Auch der Engel, der die Aufgabe übernimmt, bleibt der Trinität zugewandt. So halten die Throne das kosmische Bewußtsein von der Gegenwart der Trinität ständig aufrecht.

Nun kehrt in eure Innere Kirche zurück und nehmt wahr: Auch der betende Engel vollzieht den Lobpreis mit. Jeder hat seine eigene Art des Singens, mal Sprechgesang mit wenigen immer wiederkehrenden Tönen, manchmal aber auch mit Melodien. Hört auch ihm einmal zu ...

Der Hohelehrer: Ich möchte euch noch einiges Erläuternde dazu sagen.

Wenn euch der Lobpreis in Sprache übersetzt wird, so bleibt euch bewußt, daß diese Sprache nur einen Teil der Realität auszudrücken vermag. Ihr wißt ja, daß der Sprache in Worten die Körpersprache vorgeordnet ist. Ihr kennt auch die Sprache des Blicks, die Sprache des Herzens, die Sprache der Bilder und Symbole, die Sprache der Klänge und der Melodien, die Sprache des Kultes, die Sprache des Schweigens usw. Jede dieser Sprachen hat ihre Grammatik und ihre Logik, sie erfaßt Teile der Realität und drückt sie aus. Das Kind beginnt mit der Körpersprache, mit der Sprache des Lächelns und Weinens. Mit der Zeit erlangt es das Vermögen, sich in verschiedenen Sprachen auszudrücken. Die Sprache der Worte ist eine davon. Insofern seid ihr alle vielsprachig, in einigen Sprachen sehr gebildet, in anderen kommt ihr über ein Stammeln nicht hinaus. Ideal wäre, auf allen Ebenen gleichermaßen sprechen, ebenso aber auch hören und verstehen zu können. Je mehr ihr das erlernt habt, eine desto stimmigere

Vorstellung werdet ihr euch vom Lobpreis der Throne machen können.

Lobpreis gebührt nur der Trinität. Er bedeutet, Schritte der Annäherung zu tun, sich innerlich auf sie zuzubewegen. Seine Grundlage und Voraussetzung ist die *staunende Bewunderung*. Diese macht es möglich, auf das Bewunderte zuzugehen. In der Bewunderung der Trinität bleibt man zwar in stimmiger Freiheit und Distanz, tritt aber in innere Beziehung zu ihr. Auf diese Weise wird *Erkenntnis* ermöglicht. Wollte man erst erkennen, um dann vielleicht zu bewundern, verfehlte man beides, die Nähe und die Erkenntnis. Man bliebe immer fern und letztlich isoliert und vereinsamt. Die staunende Bewunderung geht dem Lobpreis voraus, dieser ermöglicht Erkenntnis. Daraus folgt dann *Ehrfurcht*, d. h. Distanz bei Bewahrung der inneren Nähe. Ehrfurcht hat nichts mit Angst zu tun, sondern bedeutet Erkennen der Größe in Erschütterung und damit zugleich Erkennen der eigenen Begrenztheit.

Der lobpreisende Ansatz ist der beste Weg auch in der irdischen Suche nach Erkenntnis in Forschung und Wissenschaft. In allem Irdischen, in jedem Objekt der Betrachtung ist etwas Bewunderungswürdiges und somit eine Spur der Trinität. Dem Objekt gebührt kein Lobpreis, wohl aber dem trinitarischen Funken in ihm. Indem man sich ihm zuwendet, öffnet man sich der Annäherung, die die Erkenntnis ermöglicht. Ohne dem mag man manches beobachten, sammeln, berechnen usw., aber das Wesen der Dinge bleibt verschlossen. Erkenntnis ist eine Form der Annäherung, d. h. der Bewegung, die vom Staunen aus- und auf das Ding zugeht.

Betrachtet einmal ein Meisterwerk der Malerei. Es erfüllt euch mit staunender Bewunderung. Ihr tretet näher heran und erkennt Einzelheiten z. B. der Maltechnik, der Farbmischung, der Kunstfertigkeit usw. Die Großartigkeit der Meisterschaft erfüllt euch mit Ehrfurcht. Ihr tretet zwei, drei Schritte zurück, bleibt aber in inniger Beziehung beim Bild. Ihr erkennt neue Zusammenhänge, die euch wiederum zum Staunen bringen. Ihr nähert euch wieder, verändert den Standpunkt und die Perspektive, betrachtet die

Details aus der Nähe, das Ganze wieder aus der Distanz usw. Kurz, Erkenntnis hängt ab von Bewegung und allem, was zur Bewegung geführt hat und was die Bewegung auslöst.

Wenn ihr das einmal bewußt übt, bekommt ihr ein Gefühl dafür, daß Lobpreis eine Bewegung der Annäherung bedeutet. Sie geht aus von staunender Bewunderung, führt zu Erkenntnis und dadurch zu Ehrfurcht. Im naiven Anfang des Staunens macht man sich noch groß, reißt Mund und Augen auf und tritt ganz arglos und unvoreingenommen an das Objekt des Staunens heran. Das ist das Recht des Narren, der selbst den König anfassen darf: »Bist du echt?« Erkennt er dessen Großartigkeit, wird das Staunen also zur Bewunderung, ergreift ihn Furcht und Schrecken, er geht in Distanz, hält inne, erblickt sich in seiner Kleinheit und den König in seiner Größe. Er staunt wiederum, nähert sich, bewundert und kommt zu vertiefter Erkenntnis.

Menschliche Erkenntnis kann sich immer nur auf einen kleinen Ausschnitt aus der Wirklichkeit beziehen, mehr überstiege euer Fassungsvermögen und eure Lebenszeit. Um ein Gefühl dafür zu bekommen, macht einmal folgende ÜBUNG:
Blickt durch das Fenster nach draußen und benennt jedes Ding in eurem begrenzten Blickfeld. Da ist z. B. ein Haus. Dieses besteht aus Einzeldingen, und diese bestehen aus kleineren Einzeldingen. Ihr seht das Dach, den Schornstein, die Ziegel usw., vor dem Haus einen Zaun aus einzelnen Latten, davor ein Auto mit seinen Türen, Rädern und anderen Bestandteilen. Nun macht euch die hervorstechende, wichtigste Eigenschaft jeden Dinges und Einzeldinges klar: Worin liegt sein Sinn und Zweck? Was macht sein Wesen aus? Das Wesen des Zauns ist das Beschützende, Umhegende, Begrenzende. Das Wesen der Tür ist das Einlaßgewährende, das Wesen des Autos das Bewegliche, das Ferne in Nähe verwandelt.
Nun seht in all dem Attribute des Schöpfers und nehmt diese in seinen Lobpreis hinein: Gelobt seiest du Schützender, Umhegender, Begrenzender, Einlaß Gewährender, Ferne in Nähe Ver-

wandelnder! usw. Die von Menschen geschaffenen Dinge haben (von wenigen Ausnahmen abgesehen) alle einen Sinn, in dem ein trinitarischer Funken gegenwärtig ist. Um so mehr könnt ihr es mit den Gegenständen der Natur machen, die vom Schöpfer unmittelbar geschaffen sind, mit Tieren, Bäumen und anderen Pflanzen. Sie zeigen euch den trinitarischen Funken z. B. im Behenden, Beweglichen, Schattenspendenden, Entzückenden, Farbenprächtigen, Tirilierenden, den Nachwuchs Umsorgenden usw.

Die vom Menschen geschaffenen Dinge sind zwar mißbrauchbar – der Rettungswagen oder das Küchenmesser als Mordinstrumente, so wie ihr ja auch die Hand zum Zuschlagen, den Fuß zum Zertreten eines Tieres mißbrauchen könnt. Aber an sich von ihrem Wesen her sind sie nichts Dunkles. Der Umgang mit ihnen bestimmt, ob sie sich freuen dürfen oder leiden müssen: Werde ich verwendet, um den Menschen und den Dingen zu dienen und damit die Trinität zu preisen?

So könnt ihr aus allem, was ihr im Blickfeld habt, die lichthaften Attribute herauslösen und in euren Lobpreis einbauen. Ihr seht nur einen kleinen, begrenzten Ausschnitt der Welt. Stellt euch nun vor, euer Blickfeld umfasse die ganze Welt. Dann bekommt ihr eine Idee vom Lobpreis der Throne. –

Können wir den Lobgesang der Throne auch einmal unmittelbar vernehmen?

Das ist Menschen nicht ganz unmöglich, aber im Alltag kaum erreichbar. Diese Offenheit des Hörens stellt sich nur in einer Lebenssituation der Zurückgezogenheit ein, in der ihr täglich viel Zeit, vielleicht drei bis vier Stunden, dem Gebet, der Kontemplation in äußerer Stille und innerer Ruhe widmen könnt, und das diszipliniert über lange Zeit hinweg. Der Lobgesang geschieht ja im Schweigen, und um das Schweigen hören zu können, bedarf es eines solchen Trainings, das zur Gewohnheit und schließlich Haltung geworden ist.

Wenn ein Mensch ein sehr reines, sehr bewußtes, sehr keusches, sehr zurückgezogenes, sehr heiligmäßiges Leben geführt hat (eure Inneren Eremiten haben eine Ahnung davon), dann kann es seiner Seele vielleicht möglich werden, den Lobpreis der Throne bewußt zu erleben – und dann auch mitzumachen.

Denn der Lobgesang der Throne enthält die Aufforderung: Sing mit! Diese Aufforderung ergeht an den gesamten Kosmos, an jeden Windhauch, jeden Sonnenstrahl, jedes Tier, jede Pflanze, jeden Naturgeist, auch an jedes von Menschen gemachte Ding. Sie ergeht auch an die Hierarchien zur Linken. Auf diese wirkt sie erschütternd, einige der unteren sind angerührt, wollen antworten und sich dem Vater zuwenden. Die oberen haben zu tun, um sie bei der Stange zu halten. Sie tun alles, damit sie den Lobpreis überhören, nicht zur Kenntnis nehmen, nicht an ihm teilnehmen. Sie veranstalten so viel Aktion, Unruhe, Lärm, Kuddelmuddel auch deshalb, damit der Aufruf übertönt und nicht befolgt wird.

Doch wenn die Throne die Namen der Geschöpfe nennen, dann auch die Namen derer, die zu den Hierarchien der Schattenwelt gehören. Niemand wird vergessen. Und sie alle haben die Möglichkeit, mitzusingen. Jedes Wesen entscheidet ja selbst darüber, wo es sich aufhalten möchte. Ein Wort genügt – und es hat den Weg zum Licht genommen. Die Hierarchien zur Linken sind denen zur Rechten sehr nahe. Was sie trennt, ist ein einziges Wort: »Vater, hier bin ich«, oder einfach nur »Vater« oder »ja« oder »Amen«.

Darum waren ja auch die Schächer, die mit dem Herrn gekreuzigt waren, so nahe beim Herrn. Für den einen genügte ein einziges Wort, und der Herr sprach: Du wirst mit mir im Paradies sein. Mitunter genügt ein Blick, eine Handbewegung.

Warum tun so viele es nicht, warum sprechen sie nicht das Wort?

Aus demselben Grund, aus dem auch Menschen sich nicht dem Himmel zuwenden. Auch Menschen nehmen ja oft die Vergebung, die der Vater bereit hält, nicht an. Sie tun es vor allem deshalb nicht, weil sie sich selbst nicht vergeben können. Was sie hindert, sich selbst zu vergeben, ist die Überbewertung der eigenen Person. Es gibt ja zwei Formen des dunklen Agierens: gegen sich und gegen andere. Doch auch indem man den anderen schlägt, schlägt man sich selbst. Dann hängt man drin und glaubt nicht mehr, daß man Vergebung finden und sich selbst vergeben kann. In Wirklichkeit genügt ein einziges Wort, um aus dem Dunkel herauszukommen. –

Eines könnt ihr immer tun, wenn ihr in Not seid, sei es psychisch, sei es physisch, also in Fällen von Schmerz, Sorge, Angst, Leid, Kummer, großer Verzweiflung: Erinnert euch an diesen Lobpreis und betet ihn. Auf irdischer Ebene solltet ihr eher rufen als murmeln und der Stimme die nötige Intensität geben. Um am Lobpreis der Throne teilzunehmen, bedarf es einer großen inneren Hingabe.

Sonntag, 22. 12. 96

Die vier Erzengelsegen

∞

Ermael (aus dem Dom der Freude): Es ist beeindruckend, wie sich schon jetzt Feierlichkeit, Hochstimmung, Freude verbreiten, da Weihnachten mit Gewißheit kommt. In allen Domen wird gesungen. Jeder Dom hat seine eigenen Melodien, seine Orchester und Engelchöre. Alle 12 Dome zusammen spielen ein großes Musikwerk, das in einer Gesamtpartitur zusammenklingt.

Vergeßt nicht das Weihnachtslied »Alle Jahre wieder kommt das Christuskind ...«. Das ist wirklich so, entspricht getreu der Wahrheit. Macht euch klar: Das ist es, was der Himmel feiert – mit Messen in allen Domen, mit Gesang und Musik, mit Gold- und Silberlicht: das ist Weihnachtslicht.

Bereitet euch vor, die Heilige Nacht mit dem Himmel zu feiern, wie ihr es im vorigen Jahr gelernt habt (Bd. II S. 220 ff.). Und denkt daran, an die Krippe eine Lilie und eine Schale mit Wasser zu stellen. In der Heiligen Nacht, nachdem ihr die Weihnachtsgeschichte vorgelesen habt, bittet den Erzengel Gabriel, das Wasser zu segnen (Bd. II S. 125 ff.):

Heiliger Erzengel Gabriel
Engel des Wassers
und des lebendigen Wortes,
Hüter der Unschuld,
treuer Diener der Heiligen Mutter,
bitte segne dieses Wasser.

Wartet ein wenig, und dann gebt jedem Familienmitglied einen Tropfen auf das Haupt mit den Worten:

Im Namen des Vaters,
im Namen des Sohnes
und im Namen der Mutter
durch den Heiligen Geist.

Dann laßt alle eure Tiere und Pflanzen an dem Segen teilhaben und stellt auch den Naturgeistern ein Schälchen mit gesegnetem Wasser in die Nähe der Krippe.

In den 12 Heiligen Nächten könnt ihr die Erzengel Raphael, Michael und Uriel bitten, dem von Gabriel gesegneten Wasser ihren Segen zuzugeben. Vollzieht die gleiche Zeremonie mit kleinen Abwandlungen.

Am 27.12. wendet euch an den Erzengel Raphael wie folgt:

»Heiliger Erzengel Raphael,
Engel des heilenden, heiligenden Hauches,
sanft berührender, reich beschenkender,
gütiger Engel des Wohles,
bitte segne dieses Wasser.«

Das Wasser wird auf das Haupt und in beide Handinnenflächen gegeben, sprecht dabei wiederum die Segensformel.

Am 30.12.:

»Heiliger Erzengel Michael,
hilfreicher Freund,
siegreicher Kämpfer,
Schild des Herrn,
bitte segne dieses Wasser.«

Das Wasser wird auf Haupt und beide Schultern gegeben.

Am 2.1.:

»Heiliger Erzengel Uriel,
Feuer des Vaters,
Kraft der Kraft,
Wille des Willens,
Macht der Macht,
bitte segne dieses Wasser.«

Das Wasser wird auf Haupt und beide Füße gegeben.

Freitag, 27. 12. 96

Beim Erzengel Raphael

∞

(Ein großer Engel erscheint, bei weitem größer als ein Mensch, in unaufdringlichem, ins jadehaft gehendem Grün, das allmählich – ohne feste Abgrenzung – in einen goldenen Strahlenkranz übergeht. In diesem bewegen sich leuchtende Edelsteine wie Planeten. Der Engel hat zwar eine gewisse Gestalt, aber keine scharfen Konturen. Gesicht und Hände wirken ziemlich blaß und fein. Er hält die rechte Hand nach oben offen vor sich, die linke ist wie zum Gruß erhoben.)

Im Anschluß an den heutigen Raphaelssegen lade ich euch zu einem Besuch beim Erzengel Raphael ein. Ich bin ein Vertreter des hl. Raphael mit Namen Sur-Jadjel. Wollt ihr?

Ja.

Wir sind schon da. Der Ort ist so weit und doch so erstaunlich nahe.

Wenn man dem Ort eine architektonische Gestalt gäbe, also die Schwingung in eine Form brächte, so sähet ihr eine sehr groß angelegte Säulenhalle. Die Säulen bestehen aus grünen Pflanzen und aus Regen, sie sind also lebendig.

Wenn ihr hindurchschreitet, so habt ihr ein Gefühl, als ginget ihr durch einen Regenwald. Die Säulen wirken wie Bäume und Kletterpflanzen, sehr harmonisch, aber nicht architektonisch geordnet. Ihr geht über grüne Matten, und es duftet nach frischem Grün. Der Regen fügt eine etwas blauartige Tönung hinzu.

Seid ihr hindurchgeschritten, so kommt ihr auf eine ebene Lichtung und geht auf eine Apsis zu, die durch einen halbkreisförmigen Berg gebildet wird: in der Mitte höher, nach den Seiten abflachend, bewachsen mit Blumen, Moosen und Büschen. Ihr befindet euch in einer Kirche, deren Dach der Himmel bildet. Hinter dem Halbrund der Apsis steht die Sonne.

Viele Engel erfüllen diese Landschaft. Jeder führt irgendeine Art von Heilmittel mit sich: Pillen in Dosen, Säfte in Flaschen, auf Schriftrollen eine Anleitung zur Herstellung eines Heilmittels, eine Methode, eine Idee, eine Erkenntnis, heilende Sprüche, in der Therapie verwendbare Klang- oder Rhythmusinstrumente und vieles andere. Denn Raphaelsengel sind Heilengel.

Die Apsis bildet eine Art Thron aus Natur. Dort, wo die Hände auf dem Thron zu liegen pflegen, fließen links und rechts Flüsse bergab. Das Ganze ist eine Mischung aus Pflanzenwelt und Wasser, belebt von Engeln.

Aus einem gewissen Abstand dürft ihr einen Blick auf den heiligen Erzengel werfen. Er ist grün gekleidet mit Gold versetzt – ähnlich wie ich (Sur-Jadjel), aber es ist natürlich kein »Gewand«, sondern Licht. Das Grün geht allmählich – immer diffuser werdend – ins Gold über, und das Gold ist wie eine Borte aus Licht. Die Arme sind verhüllt, aber man sieht ihre Bewegung, und dann bewegt sich die Borte mit. Die Gestalt wirkt ähnlich den stilisierten Figuren, wie ihr sie von Ikonen der Gottesmutter kennt, ohne Spielereien und Süßlichkeit. Auch das Gesicht erscheint ikonenhaft, hellhäutig im Teint, schmal und zart. Es ist eingehüllt in einen goldenen Lichtkranz, so daß man keine Haare sieht. In den Lichtkranz sind bunte Farbtupfer eingefügt, die wie Edelsteine anmuten.

In seinen Händen hält er eine Pfauenfeder und einen Stab. Die Pfauenfeder schillert in Grün und Blau, Gelb und Gold. Sie hat zu tun mit seiner Heiltätigkeit und mit seinem Streben, jedem gerecht zu werden. Durch ein sanftes Berühren mit ihr kann er Menschen wohltun und Schönes bringen. Es ist ein mächtiges, magisches Mittel für die Heilung auf sanftem Weg; er wird euch damit ganz leicht streifen. Die Farben spiegeln die Möglichkeiten, sich auf Menschen und Bedürfnisse einzustellen.

Der Stab ist klein und golden, sieht aus wie ein Dirigentenstab. Ihn kann er einsetzen für die Berührung von Situationen, Menschen und Gruppen. Damit kann er Kontakte herstellen, Öffnungen bewirken und Erinnerungen wachrufen. Er benutzt den Stab, wenn er als Lehrer zu wirken wünscht.

Ihr seht den Unterschied zu den anderen euch vertrauten Erzengeln. Der heilige Gabriel trägt in der Hand höchstens eine Lilie, er hat die andere Hand frei; seine Aufgabe ist es, frohe Kunde zu bringen. Der heilige Michael trägt »Waffen«: Stab und Schild. Der heilige Raphael hat je nach der Situation und der Menschen, die ihm gegenübertreten, verschiedene Utensilien in der Hand. Für euch sind es Stab und Pfauenfeder, für andere vielleicht ein Regenbogen oder ein Schlüssel oder – wenn ein Mensch mit entsprechenden Fragen kommt – eine goldene Schale, die dem Gral entspricht; mit ihr bewirkt er Heilung im Sinne von Erlösung, Heiligwerden, Einheit mit Christus.

Euer heutiger Besuch dient auch und vor allem der Klärung von Fragen, die euch selbst und eure eigene Heilwerdung betreffen. Den Stab wird der Heilige Erzengel vielleicht benutzen, um auf bestimmte Engel und das, was sie in Händen halten zu weisen. Ihr dürft herantreten und Fragen von der Art an ihn richten: Was sollte ich jetzt beachten, in Angriff nehmen, weiter verfolgen? Was dient wozu?

...

Der Heilige Erzengel Raphael benutzt weder den Stab noch die Pfauenfeder zum Segnen. Aber wisset: Er hat heute das vom heiligen Erzengel Gabriel gesegnete Wasser aus eurer Krippe daheim mit seinem Stab berührt.

Dienstag, 31. 12. 96

Zum Jahreswechsel

∞

Elion: Die Losung für das Jahr 1997 lautet:
»*Macht euch bereit, denn ich bin nahe.*«

Wenn ihr das Kind in der Krippe betrachtet, achtet besonders auf die Hände (in anderen Jahren auf Augen, Mund oder Füße). Das bedeutet: Es geht in diesem Jahr nicht in erster Linie darum, Jesu Lehren zu deuten und weiterzugeben, die Predigt ist nicht das Wichtigste. Es geht vielmehr darum, durch Anbindung an den Herrn seine Wiederkunft im Ätherischen zu begleiten, in seinem Sinn zu handeln: segnend, heilend, lebenspendend. Deshalb werden die Hände wichtig, nicht nur Herz und Verstand.

Maria gibt euch ein Wort für 1997, es lautet: »Tat«. D. h., der Satz: »Da kann man nichts tun, was sollte ich schon machen« ist zu streichen. Man kann immer etwas tun. Euer Vorbild sei die Mutter, die am Tage der Passion, obwohl es schwer war, viel getan hat, allein schon durch ihr Dasein, Beten, Durchhalten, Standfestbleiben. Auch am Tage nachher ist sie den Weg des Herrn noch einmal gegangen und hat alle seine Schritte ihrem Gedächtnis eingeprägt und in ihrem Herzen versiegelt.

Es gibt ein Gebet an die Mutter Maria, das sehr hilfreich ist, wenn man sich am Rande seiner Kräfte und Einflußmöglichkeiten, wenn man sich ohnmächtig und hilflos fühlt und meint, man könne nichts mehr tun, niemand könne noch etwas machen. Dabei legt man die Hände aneinander, ohne die Finger zu verschränken:

Mutter, in Deine Hände
lege ich die meinen,
daß sie sanft werden und stark,
schmiegsam und kräftig.

Mutter, in Deine Hände
lege ich die meinen,
und aus Deinen Händen
gib sie mir zurück,

voll der Gnade,
voll der Liebe,
voll des Lichts,
der Heiterkeit
und der Kraft.

Anmerkungen

1 In seiner letzten irdischen Inkorporation, der des 20. Jahrhunderts. S. Bd. I, S. 29.
2 Fest der 7 Schmerzen Mariens am Freitag nach dem Passions-Sonntag, dem 5. Sonntag der Fastenzeit, also am Freitag vor Palmsonntag. An diesem Tag wird u.a. die Sequenz »Stabat mater« gelesen, die wahrscheinlich den heiligen Bonaventura zum Verfasser hat und die weiten Kreisen auch aus zahlreichen Vertonungen vertraut ist, die berühmteste ist wohl die von Pergolesi.
3 So die Lehre Rudolf Steiners.
4 Anspielung auf Valentin Tomberg, »Lazarus, komm heraus«, Herder, Basel 1985, insbes. S. 83 ff.
5 Philipp Jakob Spener (1635–1705), protestantischer Mystiker: »Aber wenn wir in der äußerlichen Kirche Gott recht dienen wollen, so müssen wir ein jeglicher seine innerliche Kirche gleichsam mitbringen.«
6 Zu Melchisedek s. 1.3.95 FN 9, Bd. I S. 328.
7 s. dazu unter dem 14.8.1996 o. S. 257 ff.
8 Vgl. Aivanhov, Das geistige Erwachen, S. 164.
9 s. Bd. I S. 29.
10 Stephen W. Hawking, geb. 1942, britischer Physiker und Mathematiker an der Universität Cambridge, A brief History of Time, New York 1988, deutsch: Eine kurze Geschichte der Zeit, die Suche nach der Urkraft des Universums, Reinbeck b. Hamburg 1988.

11 Vgl. z. B. Heinz Haber »Die Zeit, Geheimnis des Lebens«, München, Wien. 2. Aufl. 1987, S. 17.
12 Dies bezieht sich vermutlich auf Jean-Paul Sartre »Das Sein und das Nichts«, Reinbeck 1962, S. 341 ff. S. hierzu das Kapitel »Der Blick« bei Walter Biemel, Sartre, Rowohlts Monographien, 1964, S. 43 ff.
13 s. Bd. I S. 265, Bd. II S. 77, 356.
14 siehe dazu auch Band IV, S. 117 ff.
15 Über die Tagesengel s. Bd. I S. 219 ff.
16 Demnach sind die »dualistischen« Vorstellungen antiker gnostischer Systeme, wonach Licht und Dunkel gleichursprünglich und gleichgewichtig sein sollen, eine Unmöglichkeit.

ALEXA KRIELE

WIE IM HIMMEL SO AUF ERDEN

Die Botschaft
der Engel

Band 4

Inhalt

Vaterunser-Gesten 4.1.1997 13

Aus Kindheit und Jugend Jesu 19.1.1997 15
Die Chronik – Die Heilige Familie – Die Fähigkeiten des Kindes – Unterricht – 12jährig im Tempel – Lehrjahre – Wanderjahre – 30 Jahre Vorbereitung.

Der Kreis der Jünger. Judas Thaddäus 26.1.1997 30
Der segnende Schritt – Frühling und Abendmahl – Der Sehnsüchtige – Der Enthaltsame – Der Begeisterte – Der Lachende

Fürbitte mit der goldenen Schale 30.1.1997 36

Umgang mit Tieren 2.2.1997 38

Die klingende Litanei 11.2.1997 40
Vorbereitung auf die Cherubim – Anbetung der Heiligen Trinität – Klanginstrumente – Der Glockenklang

Einheit und Vielfalt in Gott und Welt 13.2.1997 47
Dreieinigkeit und Dreifaltigkeit – Das Ziel der Schöpfung – Die drei Aspekte jedes Teils der Trinität – Die drei Unteraspekte jedes Aspekts – Die trinitarische Gliederung der Schöpfung – Welterkenntnis in Zweiheiten, Friedensfindung in Dreiheiten – Beispiele

Schweigen, Wagen, Wissen, Wollen 17.2.1997 60
Der gekreuzigte Christus im Menschen – Der Weg des Schülers – Schweigen und Armut – Wagen, Mut und Demut – Wissen und Keuschheit – Wollen und Gehorsam

Zu Dionysius Areopagita 23.2.1997 75
Vater der christlichen Mystik – Zum Streit um seine Identität – Begründer einer hermetischen Schule – Schüler von Paulus, Maria und Johannes

Kreuzweg in der Inneren Kirche 13.3.1997........... 80

Vom Sinn des Leides 24.3.1997.................... 85
Leid zum Dunkel und Leid zum Licht – Unerkannte Sinnhaftigkeit – Der »zweite Blick« – Stufen der Einsicht

Der letzte Tag des Herrn vor dem
Abendmahl 26.3.1997........................... 90
Der Morgensegen – Spiel mit Kindern – Die »Stunde« – Der Mittagssegen – Heilarbeit durch Blick, Wort und Hand – Gebetsstunde – Sterbestunde – Der Abendsegen

Gethsemane 27.3.1997 98
Die Versuchung – Innere Verabschiedung – »Ich komme wieder« – Das Kreuz als Siegessymbol – Warum die Schöpfung nicht verlorengehen kann – Übung für den Gründonnerstag

Der Passionsweg als Heilsweg 28.3.1997
(Karfreitag)................................... 106
Die Versuchungen – Die meisterliche Reaktion – Inwiefern das Kreuz ein Siegeszeichen ist

Gewalt in der Bibel 7.4.1997 117
Anstößige Bibelstellen – Warum sie zugelassen sind – Altes und Neues Testament – Abraham und Isaak – Römische und jüdische Motive der Kreuzigung

Christus in uns 28.4.1997........................ 126
»... der Du in uns wohnst« – Menschenwürde – Christus im Verbrecher – Erwachen des Gewissens nach dem Sterben – Beichte und Reue – »... der Du in uns lebst« – »... der Du in uns heiligst« – Mitwirkung des Menschen am Erlösungswerk – Das Gebet hinter dem Gebet – Bezug zu den Wundmalen – Der dreifache Segen

Lobpreis der Elohim 29.4.1997.................... 138
Elohim auf der Ebene der Exusiai und der Throne – Anbetung der Trinität

Individualität in der All-Einheit 30.4.1997 144
»Dir lebe ich« - »Dir sterbe ich« - »Zu Dir kehre ich zurück« - Behalten wir nach der Heimkehr unsere Individualität? - Erinnern wir uns an unser Erdenleben? - Finden wir unsere Lieben wieder? - Ichsein in allem

*Die drei Ströme in der
christlichen Tradition 8.5.1997*..................... 152
Die Jünger nach der Himmelfahrt - Der theologische, der liturgische und der mystische Weg - Ihre Zusammengehörigkeit - Ihre richtige Reihenfolge - Priestertum und Theologie

Vorbereitung auf Pfingsten 11.5.1997 162
Pfingsten keine Folge der Himmelfahrt, sondern ein Geschenk - Die Ausgießung des Heiligen Geistes - Verständnis, Nachfolge, Vermittlung, Flehen, Sich zum Gefäß machen

Über den Heiligen Geist 18.5.1997................. 170
Das Pfingstgeschehen - Feuertropfen - Taube und andere Bilder - Der Heilige Geist in der Trinität - Persönliches Verhältnis zum Heiligen Geist - Gebet zum Heiligen Geist

Aus dem Alltagsleben der Naturgeister 20.5.1997 178
Aufgaben - Familien - Lernen - Verhältnis zum Menschen - Gebete - Feste - Lieder

Dom der Enthaltsamkeit 29.5.1997 192
Unabhängigkeit gewinnen, nicht Entbehrung leiden - Loslassen können - Die ständige Liturgie - Die Sinnlichkeit der Kommunion

Blick, Wort und Hand 8.6.1997 203
Der verletzende und der heilende Blick - Der Blick als Frage - Liebe, Wehmut, Ruhe, Gewißheit, Demut, Hoffnung - Der Odem des Lebens - Die Macht des Wortes - Hand auflegen

*Zum Erscheinen Christi in der Erden-Aura
11.6.1997*...................................... 211
Der zeitliche Rahmen - Wirkungen für die Natur und für den Menschen - Aufdecken des Verborgenen - »Schönlieben«

Öffnen der Innenräume 25.6.1997 222
Vorbereitung auf die Cherubim – Die Drei und die Vier – Der Mensch als Lobpreisender

Bei den Cherubim 14.10.1997 227
Die Hüter – Der Gesang der Cherubim – Beweger der Evolution – Der Mensch vor dem Blick der Cherubim – Die Weisheit der Cherubim – Die indirekte Inspiration – Kunst – Philosophie – Zur rechten Zeit am rechten Ort sein

Evolution und Freiheit 15.10.1997 239
Abstammungslehre und Urbilder – »Evolution« des Menschen – Kulturepochen – Erfahrungsreichtum als Weg zu Gott – Das große Spiel der Freiheit: Zum Gottesbild des Buches Hiob

Heiliger Joseph 22.10.1997 255
Aus der Jugend des hl. Joseph – Die Begegnung mit Maria – Die Verkündigung – Bethlehem – Erziehung Jesu – Eremitage – Dienst in der Nebenrolle – Der hl. Joseph als Patron

Bittgebete aus den Innenräumen 30.10.1997 274

Heiliger Martin. Namenspatrone 10.11.1997 279
Jeder hat einen Schutzpatron – Seine Aufgaben – Die Mission des hl. Martin: Der Gedanke der Menschenwürde – Wunder – Sieg durch Humor und Souveränität – Teilen und Schenken – Mitteilen von Lebendigkeit – Rot und Weiß – Zum Martinsumzug – Das Schwert als Mitteilungsinstrument

Zur Sexualmoral der Kirche 19.2.1998 293
Bewußtseinsebenen – Die Heiligkeit der körperlichen Liebe – Eingriffe des Doppelgängers – Erklären, nicht kämpfen

Jacobus und die Urkirche 28.2.1998 296
Die Urliturgie – Erste Sakramente – Keuschheit – Priester im Geist des Jacobus – Feierlich im Alltag, natürlich im Amt – Der Priester als Zeuge – »So wird es wieder sein«

Dom der Keuschheit 9.3.1998 307
Dom der irdischen Liebe – Rundgang der Dichtung und Musik – Die Fragen an den Liebenden – Der Repräsentant der Trinität – Variationen über »Liebe und tu, was du willst« – Die Bedingungslosigkeit der Liebe

Die Jünger 29.3.1998 318
Tugenden als Organe der Seele – Simon Kananäus – Matthäus – Thomas – Bartholomäus – Petrus – Das vordringliche Bemühen der Jünger in der Gegenwart

»Sprich nur ein Wort, so wird meine Seele gesund« 3.4.1998 327
Welches Wort? – Der Auferstandene an unserer Seite

Aufstieg zu den Seraphim 28.12.1998 335

Mit dem Himmel sprechen lernen I. 22.3.2001 341
I. Motivationen:
Leidensdruck – Überdruß – Erkenntnisstreben – Mit dem Himmel arbeiten – Heimkehr antreten
II. Voraussetzungen:
Das Leben meistern – Deine Schwächen kennen – Am Ort bleiben – Verhältnis zur Hierarchie klären – Verläßlichkeit – Einverständnis
III. Blockaden

Mit dem Himmel sprechen lernen II. 23.3.2001 352
IV. Erste Schritte:
Der Entschluß – Zeit und Ort festlegen – Kleidung und Hygiene – Ernst – Nicht über die Arbeit reden – Stilles Sitzen – Stilles Gehen – Konzentration – Schweigeübung – Passives Sehen – Sehen mit den inneren Augen – Ins Herz des Lebens sehen

Mit dem Himmel sprechen lernen III. 28.3.2001 363
V. Übungen:
Strenge – Gebete – Lichtatmung – Aktives Sehen – Passives Sehen – Arbeit in den Alltag tragen – Segensgrüße – Zeitabschnitte begrüßen – Ausrichtung auf den Vater – Ernährungsregeln – Bewegung an frischer Luft – Vergrößern und Verkleinern – Innere Kirche sehen – Engel sehen – Regelmäßigkeit des Kontakts – Diskrepanzen aufklären – Unternehmer auf Erden, Mitarbeiter des Himmels – Arbeit mit der Erde – Eigeninteresse und Nächstenhilfe – Engelgespräche im Alltag – Der andere ist von Engeln umgeben – Der andere ist ein Gefäß der Heiligen Trinität – Geduld und Hoffnung

Hinweis 381

Gesamtregister 382

Samstag, 4. 1. 97

Vaterunser-Gesten

∞

Elion: Ihr könnt das Vaterunser konzentrierter und intensiver beten, indem ihr es mit Gesten begleitet:

Vater unser im Himmel: Hände zum Himmel

Geheiligt werde Dein Name: Hände vor der Brust falten und wieder erheben.

Dein Reich komme: Hände im Halbkreis von oben weit zu beiden Seiten.

Dein Wille geschehe: Hand an Hand wie eine Flamme (Bethaltung) vor das Herz führen.

Wie im Himmel: Linke Handfläche zeigt nach oben, rechte nach unten.

So auf Erden: Hände umgekehrt (was aussagt, daß auch die Erde zum Himmel kommt).

Unser tägliches Brot gib uns heute:	Hände bilden – im Bogen von beiden Seiten kommend – eine Schale vor dem Bauch.
Und vergib uns unsere Schuld:	Arme vor der Brust kreuzen, Kopf senken,
Wie wir vergeben unseren Schuldigern:	Hände in offener A-Haltung nach unten, Handflächen weisen nach vorn, Vergebung ausströmend.
Und führe uns nicht in Versuchung:	beide Arme nach links in eine den Doppelgänger abwehrenden Geste.
Sondern erlöse uns von dem Bösen:	beide Arme nach rechts, Hände halten sich fest wie an Stricken, d. h. sich zum Guten ziehen lassen.
Denn Dein ist das Reich und die Kraft und die Herrlichkeit in Ewigkeit. Amen.	Hand an Hand vor der Brust (Bethaltung), die Augen geschlossen. Mit den inneren Augen nach oben schauen. Bei »Herrlichkeit« tiefer Atemzug, bei »in Ewigkeit« ausatmen.

Sonntag, 19. 1. 97

Aus Kindheit und Jugend Jesu

∞

Der Hohelehrer: Ihr wißt, daß alle Ereignisse der Vergangenheit und alles Wissen der Welt in der großen »Chronik«, der sog. »Akasha-Chronik«, wie in einer riesigen Bibliothek aufbewahrt sind (Bd. I, S. 176 ff.). Ein besonderer Teil der Akasha-Chronik birgt alles, was mit dem Leben Jesu zu tun hat. Dieser Teil ist besonders gut und verhältnismäßig leicht zugänglich. Stellt ihn euch vor wie einen großen Gobelin, in den das Leben Jesu eingestickt ist, jedoch mit Bildern, die sich bewegen. Jedes Bild, das anfangs statisch wirkt, beginnt zu leben, wenn man es anschaut, wie Blüten, die sich entfalten und aufgehen.

Ihr könnt auf verschiedene Weise darin lesen:
1. Ihr könnt die Bilder in der zeitlichen Abfolge sichtbar und hörbar werden lassen.
2. Ihr könnt auch einzelne Bilder unter dem Aspekt bestimmter Fragen betrachten, z. B.: Was geht in den Herzen der Menschen vor, was empfinden, fühlen sie? Oder:
3. Wie reagieren die Doppelgänger der Beteiligten angesichts einer Heilung oder eines sonstigen Wunders? Oder:
4. Welche Querverbindungen gibt es zwischen der Geburtsszene und einer Szene im Leben Jesu? Oder:

5. Welche Menschen kommen zum Christus, bleiben ihm nahe oder gehen auf Distanz?
6. Man kann die Orte der Erde betrachten, wo er weilte, und alles, was die Natur ihm bereitet hat. Welche Choreographie liegt seinem Weg zugrunde?
7. Fortgeschrittene können u.U. sogar die Innenräume Jesu betrachten.

Stellt euch einen Sternenhimmel vor, jeder Stern ist eine Begebenheit im Leben Jesu. Die Bilder kommen zu den Menschen und nicht die Menschen zu den Bildern, je nach seinen Fragen, Wünschen und Sehnsüchten. Das heißt, Engel lassen den einen oder anderen Stern in das Bewußtsein des Menschen purzeln, wie beim Märchen vom Sterntalerkind. Wenn ein Mensch nach Erkenntnis des Lebens Jesu strebt, sind die ersten Sterne, die ihm zu Bewußtsein kommen, die Weihnachtsgeschichte, das Passionsgeschehen, die Wunder und die großen Predigten.

Kenntnisse über das Leben Jesu sind immer ein Geschenk. Am besten verhaltet ihr euch wie das Sterntalerkind:
1. Tragt das richtige Gewand. Gebet, spirituelle Arbeit, Farbarbeit wirken ein entsprechendes Auragewand.
2. Habt die richtige Haltung, d. h., seid nach oben gewandt und seid leer, um etwas aufnehmen zu können. Man kann vieles gelesen haben, sollte aber bereit sein, alles, was kommt, ohne vorgefaßte Meinung aufzunehmen, in der inneren Gewißheit: es gibt den Himmel und die Sterne, und diese werden eines Tages in euer Bewußtsein fallen. Habt Geduld!
3. Seid zum richtigen Zeitpunkt am richtigen Ort. Das heißt, sich seinem Führungsengel anzuvertrauen und seinem Wink zu folgen. Das habt ihr heute getan, ihr seid ja da.

Nun, ihr wolltet heute etwas aus dem Leben Jesu hören, was die biblische Überlieferung nicht verzeichnet. Woran seid ihr besonders interessiert?

Die Zeit zwischen der Geburt und dem 30. Jahr ist uns weitgehend unbekannt. Die Evangelien berichten nur von der Flucht nach Ägypten und vom 12jährigen Jesus im Tempel. Wie stimmig sind diese Berichte? Wie war der Alltag in der Familie, im Verhältnis zu den Kameraden? Welchen Unterricht hatte er? Welche Sprachen lernte er? Konnte er z. B. griechisch, kannte er Platon? Was machte er in den Jahren ab seinem 20. Lebensjahr? Wohin ist er gewandert? War er bei den Essenern? Wie war sein Verhältnis zu Maria Magdalena? Vielleicht können wir eine Überblick gebende Skizze bekommen und einige genauere Auszüge?

Versuchen wir zunächst eine Vorstellung vom alltäglichen Ablauf in der Familie zu gewinnen.

Es wird immer berichtet, daß Maria sehr jung war. Tatsächlich war Maria bei der Geburt des Herrn etwa 15 Jahre alt, also eher ein Kind als eine Frau. Aber das sagt nichts über ihre innere Reife. Ihre Innenraumstruktur war der des Sohnes ähnlich (s. Bd. III, S. 90 ff.).

Als Kind wirkte Jesus äußerlich normal; es gab keinen auffallenden Unterschied zu anderen Kindern seines Alters, außer daß sein Gesichtsausdruck überaus reif wirkte. Schon das Gesicht in der Krippe konnte ernst sein wie der strenge Blick eines Erwachsenen, oder es lächelte wie ein Engel, strahlend, leuchtend, überirdisch. Oder er hatte das Gesicht eines alten Weisen.

Auch das Gesicht des 4–6jährigen Knaben war vielschichtig und durchsichtig. Es hatte eine besondere Wirkung auf Naturgeister, Tiere und Pflanzen. Sie anerkannten die Autorität des Kindes von Anfang an. Ein kindlicher Gebrauch seiner Autorität wurde von der Natur mit Lächeln und Großmut hingenommen. Sie war niemals ungehorsam. Er konnte Hasen, Ziegen, Vögeln, Schmetterlingen, Raupen Anweisungen geben, sie gehorchten ihm in jedem Fall. Das Kind besaß diese Fähigkeiten von Anfang an.

Als er sie entdeckte, war er erstaunt darüber. Es gehörte für den heiligen Joseph zum Entzückendsten, daß er dieses erstaunte Gesicht des Jungen sah, der vollkommen überrascht, perplex, aber auch überwältigt war ob der Fähigkeiten, die er hatte und der zu ihm lief und fragte: »Was soll das? Warum kann ich das?«

Was er erst lernen und entwickeln sollte, war ein moralisches Verfügen über diese Fähigkeiten und das Bewußtsein von dem Ausmaß seiner Macht. Er mußte lernen, verantwortlich damit umzugehen. Zunächst konnte er als Kind ziemlich alberne Dinge anordnen. Beispielsweise sollte eine Blume einen Stengel ausbilden, der einen Halbkreis vollzieht, und Fische sollten gegen den Wasserstrom schwimmen. Das waren Späße, die aber jedesmal befolgt wurden. Er war also als kleines Kind nicht im vollen Sinn moralisch, aber er hat nie ein Wesen geschädigt oder gar getötet.

Er verachtete jede Tätlichkeit und beteiligte sich nicht an Prügeleien. Deshalb wurde er als Kind viel gehänselt. Wurde er provoziert, setzte er andere Mittel ein. Z. B. konnte er ohne weiteres einen Jungen, der auf einem Stein saß und ihn hänselte, herunter kullern lassen, indem er dem Stein befahl, wegzurollen; der Junge landete auf dem Hosenboden. Er hat Kinder damit ganz schön erschreckt.

Es gab Situationen, in denen sich Eltern an seine Eltern wandten, um sich zu beschweren. Maria war dann schweigsam und zurückhaltend, nahm es zur Kenntnis und schlug die Augen nieder. Das war damals so Brauch.

Joseph war der Erzieher, sehr liebenswürdig und gutmütig, aber auch streng und klar in seinem Konzept. Seine Art und Weise mit dem Kind umzugehen, war, es betroffen zu machen. Das Kind bedachte die Konsequenzen noch nicht. Joseph setzte das Kind davon in Kenntnis, welche Macht es hatte und machte ihm die Tragweite seines Tuns klar.

Jesus konnte auch lustige Dinge tun, beispielsweise den Geschmack von Dingen verändern. Maria backte einen Kuchen, aber der schmeckte dann gar nicht mehr süß. Maria nahm das mit Humor. Sie war selber fast noch ein Kind, eine fröhliche, freudige, viel singende, viel lachende, Späße genießende junge Mutter. Sie empfand große Zärtlichkeit und Mütterlichkeit für ihren Sohn, hatte aber auch ein sehr kindhaftes Verhältnis zu ihm.

Die Ausbildung und Schulung des Christus war anders als bei anderen Kindern. Lesen, schreiben, rechnen – das alles brauchte er nicht zu lernen. Das alles konnte er. Er trug das Wissen in sich, aber er konnte noch nicht verantwortlich damit umgehen. Er hörte Lehrern amüsiert zu und schaute, auf welchem Stand sie waren. Er machte den Eindruck, nichts zu verstehen. Dann trat er hervor, hielt einen Vortrag, der so perfekt war, daß der Lehrer nichts mehr verstand. Die Lehrer hatten es nicht leicht mit ihm.

Er reagierte schroff, wenn ein Schüler unwürdig behandelt wurde. Einen Schüler z. B. mit einem Stock auf die Finger zu klopfen, war etwas, was er weder bei sich noch bei anderen vertragen konnte. Jede Verletzung der Würde des Menschen war ihm unerträglich.

Er verfügte über alles Wissen, aber er brauchte die Erfahrung, was er bewirkte, wenn er etwas sagte und wie er es sagte, z. B. wenn er die Menschen in Erstaunen und Angst versetzte oder wenn er heilte.

Er lernte viel von seinem Vater Joseph, der ihn anregte, handwerklich zu arbeiten. Er erlernte das Zimmermannshandwerk und half bei der Arbeit. Dann konnte er anhand der Dinge, die er fertigte, die ganze Welt erklären. Wenn er beispielsweise einen Pflock einpaßte, entwickelte er ganze

Theorien über Gefäße, ihre Einfassung, Form, Inhalte und ihre Bedeutung. Er konnte das wunderbar erklären. Er hat ein Joch hergestellt und die ganze Sinnfrage des Menschen daran dargestellt: woher kommt, wohin geht der Mensch, was soll er, was bedeutet Freiheit usw.

Ebenso machte er es mit den Texten und Worten der Schriftgelehrten. Er hörte ihnen zu, wollte sehen, was sie dabei für Gesichter machen, wie stimmig oder unstimmig sie sind, wie ihre Tonlage ist, was sie motiviert. Er hörte weniger die Inhalte, vielmehr nahm er das Drumherum wahr. Was gesagt wurde, wußte er ohnehin.

Bei dem Ereignis mit 12 Jahren im Tempel zeigte sich Jesus plötzlich als Schriftgelehrter. Ist er das in diesem Augenblick geworden oder war er es schon und hat es nur nicht öffentlich gemacht?

Er trat als Junge schon früh mit dieser Sicherheit auf. Er sagte Dinge, deren Tiefe oder Tragweite er selber erst, nachdem er sie gesagt hatte, langsam im nachhinein erfaßte, ungefähr so, wie wenn ein Künstler eine Melodie entwirft und dann erst entzückt feststellt, wie schön sie ist. Zu jedem Text, zu jeder Frage fiel ihm eine Antwort ein, und er sprach sie aus. Die anderen erstarrten, und er merkte etwas verdattert, daß er da wohl etwas gesagt haben mußte, das sehr viel Eindruck machte. Anfangs war ihm das ganz eigenartig, aber mit der Zeit gewöhnte er sich daran und auch an einen gewissen Herrschaftsanspruch. Immer wieder war es dieses Spiel mit Fähigkeiten, die er selber erst an sich entdeckte. Aber sinnvoll und verantwortlich damit umzugehen, brauchte eine gewisse Zeit und Übung.

Also diese Begebenheit mit 12 Jahren im Tempel war nur eine von vielen Situationen dieser Art. Dasselbe ist ihm in der Schule und auf dem Marktplatz passiert. Wenn er Menschen, die er nicht näher kannte, etwas gesagt hat, was deren

Leben, Vergangenheit, Situation, Problematik ganz klar ansprach, fühlten sie sich unangenehm berührt, weil sie nicht wußten, woher er das alles weiß. Der heilige Joseph mußte ihm dann beibringen, daß man solche Dinge nicht sagt, auch wenn man sie weiß.

Die Bibel berichtet, daß Jesus einer Frau am Brunnen gesagt hat, wieviel Männer sie gehabt hat.

Ja und ähnlich Schockierendes hat er schon als Junge in einem Nachbarhaus gesagt: was streitest du dich, du hast doch das und das mit dem und dem getan – erinnerst du dich nicht mehr? Der andere wurde rot vor Zorn. Jesus bekam Hausverbot, und Joseph bekam Ärger mit dem Nachbarn und mußte mühsam alles wieder reparieren. Also es war nicht immer ganz einfach mit ihm. So wie andere Kinder z. B. Scheiben einschlagen, hat er halt dies gemacht.

Was tat er, wenn er nicht lernen mußte, weil er alles wußte?

Er liebte alles, jedes Sandkorn, jede Kreatur, betrachtete sie mit großem Interesse, ja mit Faszination: Er war auf der Erde, der Schöpfung seines himmlischen Vaters. Er sprach mit den Winden und den Wolken, den Blättern und Blüten der Bäume: Wie geht es euch, woher kommt ihr, wohin geht ihr? Er lernte und staunte.

Was für Sprachen hat er gesprochen?

Also, ob ihr es glaubt oder nicht, Jesus war zwar rhetorisch sehr begabt in seiner Sprache, aber er war nicht ein guter Sprachenschüler. Dafür war er nicht intellektuell genug. Man kann eigentlich nicht sagen, daß er Fremdsprachen fließend gesprochen hätte. Er hat sie wohl gelernt, aber mühselig.

Und trotzdem: Er verstand alle Sprachen, er konnte ja auch mit Naturgeistern, Engeln und aller Kreatur sprechen, wie Franz von Assisi.

Deshalb verbrachte er seine meiste Zeit in für Menschen unerklärliche Weise. Er saß z. B. da und schaute einen Baum an. Die Menschen fragten sich: Was macht er da nur so lange? Er fragte die unteren Blätter, ob es ihnen zu schattig, und die oberen, ob es ihnen zu sonnig sei. So machte er sich vertraut mit der Natur und den Naturgeistern. Dadurch verschaffte er sich viel Respekt. Tiere, Pflanzen, Naturgeister gehorchten ihm, weil sie sich davon überzeugt hatten, wer er ist.

Er konnte aber auch sehr brüsk sein. Zum Beispiel unterhielt er sich still mit einem Wesen, da wurde er zum Essen geholt. Das empfand er als Unterbrechung und reagierte barsch: Siehst du nicht, daß ich spreche? Die anderen wußten aber gar nichts von seiner Unterhaltung. Das war für sie immer schwierig.

Selbst seiner Mutter gegenüber konnte er schroff sein. Wenn sie ihn unterbrach, war es für ihn so, als hätte sie ihn in einem heiligen priesterlichen Tun gestört. Er war so konzentriert, daß er das Verletzende seiner Ausdrucksweise nicht wahrnahm. Er wollte nur sagen: eine heilige Handlung stört man nicht.

Für die Menschen ist das Wichtigste das Werk des Christus für die Menschen, also sein Wirken als Heiland in den letzten drei Jahren. Doch das war nur das Ende eines langen Weges. Sein Wirken als jemand, der Heilung, Zuwendung, Hoffnung bringt, begann in der Kindheit. Ihm selber war bald klar, wer er ist, welchen Auftrag er hatte, welche Zügel er mit einem Machtwort in der Hand hielt. Nur wie er damit umzugehen hatte, mußte er lernen.

Hatte er Jugendfreunde?

Nein. Er bestaunte manche seiner Altersgenossen, blieb ihnen aber fremd. Sie bewunderten ihn innerlich, lachten über seine Witze und Späße und bedankten sich, wenn er ihnen geholfen hatte, aber insgesamt waren sie eher zurückhaltend. Er kam und ging; man akzeptierte ihn, verstand ihn aber nicht.

Auch eine Verliebtheit oder Liebeserfahrung im Jugendalter hat er nicht erlebt, nicht aus Mangel an Gelegenheit, sondern weil es kein Thema für ihn war. Er war gerne gesellig, aber es lag nicht in seinem Wesen, eine Freundin zu haben. Er war aber deswegen nicht einsam. Er liebte die Welt.

Gab es in der Kindheit Begegnungen mit Johannes dem Täufer?

Ja, es gab Beziehungen. Johannes hat schon früh Jesus als den Herrn erkannt. Er war nicht ängstlich, erschrocken oder irritiert. Er hatte ein ehrfürchtiges Verhältnis zu ihm. Der Herr war Johannes heilig. Das paßte Jesus nicht so ganz. Er wollte nicht als Meister behandelt werden. Es war ihm eigenartig, mit so viel Ehrfurcht umgehen zu müssen.

Wie lange war er im Elternhaus? Ging er auf Wanderschaft?

Mit ca. 20 Jahren begannen seine Wanderjahre. Er hatte seine Umgebung kennengelernt, nun lernte er andere Gegenden kennen: die Natur und die Menschen. Vor allem ihre Gedankengebäude, ihre Lehren und ihre moralischen Vorstellungen schaute er sich an, er lernte und staunte. Er hatte ohnehin alles Wissen und besuchte keine Orte, um Wissen aufzunehmen, sondern um zu sehen, wie die Menschen damit leben und was sie damit machen.

Wanderte er als Zimmermann?

Nein, er wanderte, um zu wandern. Das war damals zwar nicht üblich, aber für ihn war es stimmig. Er ging, um zu staunen, zu lernen und zu segnen. Er tat nichts, ohne zu lieben und zu lernen.

Können wir einen Überblick bekommen, wo er überall war? War er in Indien?

Er hatte folgende Ausgangsidee: Er unternahm Wanderungen, wie wenn er ein Sternbild ausschreitet. Das hat er zum Teil auch getan und einige Länder bereist. In Indien war er nie, ebensowenig in Kaschmir.

Hat er ein Jahr lang bei den Essenern gelebt?

Er hat sich mit den Ansichten und der Lebensführung der Essener vertraut gemacht. Er hat einen ausgiebigen Besuch dort gemacht, aber nicht ein Jahr. Er hat sehr viel zugehört und viel gelernt.

War er jemals in Griechenland?

Nein, dort war er nicht, aber er kannte die griechische Kultur. Er kannte z. B. das Gedankengut Platons, aber nicht aus unmittelbarer Lektüre. Er suchte Menschen auf, die ihn darüber informierten, wie Menschen es verstehen, wie weit sie mit ihrem Verständnis gelangen.

Es gibt eine gewisse Verwandtschaft zwischen christlichem und platonischem Denken. War er von Platon beeinflußt?

Richtiger wäre es zu sagen: Platon war vom Sohn inspiriert. Insofern war eine gewisse Nähe Platons zum Sohn gegeben.

Gilt Entsprechendes für Aristoteles?

Das Motiv der Suche nach der Wahrheit war bei Platon und Aristoteles gleichermaßen gegeben. Platon hatte den Blick mehr zum Himmel und Aristoteles mehr zur Erde, zur Wissenschaft gerichtet. Beides hat seine Berechtigung. Am besten wäre es, aristotelischen Platonismus oder platonischen Aristotelismus zu vertreten, das heißt, gleichermaßen zur Erde und zum Himmel zu schauen.

War der Herr mit der Iranischen Kultur und der Denkweise Zarathustras vertraut?

Der Herr hat sie in ihrer Wiedergabe durch Menschen kennengelernt. Das Wissen über Gedankengebäude, Strukturen und Traditionen hat er immer in sich getragen. Er hatte es direkt aus himmlischen Sphären – und gleichzeitig aus horizontaler Information. Er lebte immer im Atem des Kreuzes – zugleich im Himmel und auf Erden.

Von hier aus fällt auch Licht auf deine Frage nach einer Liebesbeziehung. Die Vertikale war immer das Ursprüngliche in ihm. Er liebte alle Menschen gleichermaßen. Doch es gab Menschen, die ihn besser verstanden als andere, einige Jünger und auch einige Frauen. Diese Menschen, die den Herrn von sich aus in besonderer Weise verstanden, waren ihm auch körperlich nah, konnten seine Nähe aushalten. Es gab eine Frau, die ihren Kopf an seine Schulter legte, und er legte auch schon mal den Arm um sie, sie schwiegen zusammen, betrachteten die Natur und beteten gemeinsam. Die Frau wußte, daß nicht nur ein Mensch, sondern der Himmel neben ihr sitzt. Es gibt Dinge, die sich dann tun lassen und andere nicht.

So ist das Gerede von einer Ehe mit Maria Magdalena abwegig?

Ja. Denn er war mit der ganzen Welt verheiratet. Es gab Frauen, die ihm besonders nahestanden, Maria, Martha, Maria Magdalena. Dem Herrn nahe zu sein, war aber kein Privileg dieser Frauen. Jeder Mensch kann diese Erfahrung machen.

Wenn ihr euch in einer entsprechenden Verfassung befindet, kann es sein, daß der Herr still neben euch sitzt, eine Art Gestalt gewordener Himmel. Er betet mit, er staunt mit, er träumt mit. Sein ganzes Wesen ist Himmel, wie ein Stück Blau mit Sternen darin, wie es Nonnen beschreiben, wenn sie sich als Braut Christi erleben. Das ist etwas, was über jede körperliche Liebeserfahrung hinausgeht. Wohl dem, dem so etwas widerfährt. Nonnen oder Mönche arbeiten darauf hin, dieses Erlebnis zu haben. Nonne oder Mönch zu sein, ist zwar keine zwingende Voraussetzung dafür. Aber im Alltag ist es schwerer möglich, das zu erleben, und selten.

Welche Mysterienschulen lernte er kennen? Besuchte er solche in Ägypten oder Babylonien, traf er Sternkundler, vielleicht die drei Könige? Kannte er die römische Geisteswelt?

Geht nicht davon aus, daß der Herr irgendwo hinging, weil er Wissen aufnehmen wollte. Dieses hatte er ohnehin. Er hatte ja Zugang zur Akasha-Chronik. Wenn er ging, dann wollte er wissen, wie die Menschen mit dem Wissen umgehen. Wo sind die Hauptpunkte? Was sollte ich sagen, um

Orientierung zu geben? Er stellte wie ein Arzt Diagnosen. Er erforschte, wo sich die Menschen innerlich, geistig befinden, woran sie glauben und woran sie leiden. Er brauchte die Diagnosen für die Menschen, die ihn hörten und sahen und die etwas weitererzählten.

Die letzten drei Jahre seines Lebens und Wirkens sind dann eine Therapie. In diesen drei Jahren hat er das gesagt und getan, was ihm wesentlich erschien für die damalige Situation. Es war für ihn wichtig, den Raum und die Zeit genau zu treffen, um zu wissen, wie er sich Schritt für Schritt zu verhalten hatte und wo die wunden Punkte liegen. Deshalb brauchte er eine genaue Kenntnis seiner näheren Umgebung. Die weiter entfernten Länder waren nicht so relevant.

Die Kulturzentren und die wichtigsten Mysterienstätten waren ja anderswo. Warum gerade der Verbund mit der jüdischen Welt?

Ja, diese Menschen waren besonders vorbereitet worden. Sie bildeten das reifste Umfeld. Auch kam es auf die Gegebenheiten des Landes und des Ortes an. Sie mußten stimmig sein zu der Choreographie, die gedacht war und die einen ganzen Schöpfungstanz widerspiegelte. Sie waren am besten im jüdischen Land gegeben. Er paßte am besten dorthin, nicht in andere Gegenden und Schulen, nicht neben andere Lehrer. Er konnte z. B. nicht das Gewand eines griechischen Philosophen anziehen. Es wäre denkbar, aber weit weniger wirkungsvoll gewesen.

Es ist vielleicht sinnvoll, noch einmal darauf hinzuweisen: Es gab 30 Jahre der Vorbereitung für 3 Jahre des öffentlichen Wirkens. So ist die Rechnung! Es waren nicht 30 Jahre nichts und 3 Jahre des großen Geschehens. Vielmehr waren die 30 Jahre des Lernens, Liebens, Staunens, Heilens, Diagnostizierens und der erschütternden Vorbereitung nötig, um 3 Jahre wirken zu können.

Die Geburt des Heilands hat 30 Jahre gedauert. Mit der Taufe im Jordan waren Kindheit und Jugend abgeschlossen, und dann wurde er für eure Augen in eurer Welt wirksam.

An diesem Abend ist es nicht wichtig, etwas zu hören, was andere Menschen nicht wissen. Was ich euch sagte, möge dazu dienen, euch anzuspornen, es ähnlich zu tun:

1. 30 Jahre Vorbereitung braucht es, um etwas Wichtiges für die Welt in Erscheinung treten zu lassen.
2. Eine lange und gründliche Diagnose ist Voraussetzung für eine gute Therapie.

Wo immer ihr ansetzen wollt, ob beim einzelnen Menschen, bei Gruppen oder Nationen oder bei der Natur, schaut lange schweigend hin, liebevoll, dankbar hingewandt. Beobachtet, nehmt auf, habt keine Meinungen, sondern ergründet, was ist. Wenn ihr lange geliebt und hingeschaut und geschwiegen habt, dann könnt ihr beginnen zu wirken. Was für die Fähigkeiten des jungen Jesus gilt, gilt in abgeschwächtem Maße auch für euch. Jeder Mensch hat in gewissem Maße die Möglichkeit, die himmlischen Regionen wahrzunehmen und auf Erden heilend zu wirken. Für alle gilt dasselbe: Man braucht eine lange Zeit des Trainings, die eigenen Fähigkeiten zu entdecken und zu üben, um sie dann einzusetzen, also eine viel längere Zeit, als für den Einsatz zur Verfügung steht.

Manche haben die Möglichkeit, dem Herrn sehr nahe zu sein, ständig sein Wort zu hören und vielleicht sogar, von ihm berührt zu werden. Ihr wißt: Der Herr ist über euch, und er wohnt in euch. Gewöhnt euch daran, daß er auch neben euch ist. Arbeitet daran, das eines Tages wahrzunehmen. Das

Wissen um diese Dinge ist auch eine Verpflichtung, wie bei den Sterntalern. Ihr findet euch am Ende als Sterntalerkind wieder. Ihr habt die Sterne nun, tut etwas damit!

Das gilt für alle, die es wagen wollen. Aber wagt nicht zuviel – es bleibt immer ein Geschenk! Ich bitte euch zum Abschluß, noch ein wenig in Sammlung und Stille zu verweilen.

Anm. zum Heiligen Joseph s. auch 22.10.97 u. S. 255 ff.

Sonntag, 26. 1. 97

Der Kreis der Jünger.
Judas Thaddäus.

∞

(Amael lädt uns zum Hohelehrer ein.)
Der Hohelehrer: Wollt ihr zum Kreis der Jünger gehen und schauen? Dann kommt mit mir.
(Er geht voran. Seine Art zu gehen ist beeindruckend: Sein Tritt scheint eine segnende, heilende Wirkung zu haben: das Gras wird nicht geknickt, sondern wirkt üppiger, grüner, strahlender, fülliger, heiliger als zuvor.
Unerwartet wie im Märchen befinden wir uns in einem hügeligen, breiten Tal mit einem Bachlauf, die Wiesen übersät mit Blumen in allen Farben. Es dominiert weiß und leicht rosé. Alles blüht so prächtig, daß man kaum noch grün sieht. Auch die Bäume stehen in Blüte – wie Kirsch- oder Apfelblüten. Es ist eine wunderschöne Frühlingslandschaft. Wir schreiten das Tal entlang sanft aufwärts. Es weitet sich zu einem Hochplateau, ähnlich dem bei den Elohim. Dort finden wir ein großes Rondell aus Bäumen vor, das aussieht wie ein Bauwerk. Das Dach ist aus blühenden Zweigen gebildet. Auch hier dominieren die rosefarbenen Blüten. Sie kontrastieren wunderschön zu der dunklen Rinde der Bäume.
Wir lassen uns an einem Hang nieder, von dem aus wir einen guten Blick auf das Rondell haben.)
Der Hohelehrer: Laßt mich zunächst ein Wort dazu sagen,

daß Schritte hier oben keinen »Eindruck« im Gras hinterlassen, sondern einen »Ausdruck« bewirken. Es geht auch beim Umgang mit Menschen und Engeln nicht darum, so etwas wie eine Delle im anderen einzudrücken, also den eigenen Lebensraum zu erweitern, den anderen zu erschüttern, zu treffen, zu »beeindrucken«. Vielmehr geht es darum, daß der Ausdruck des anderen stärker, lebendiger, schöner wird. Es sollte auch euch darauf ankommen, daß dem anderen sein eigener Ausdruck besser gelingen möge.

Nun laßt uns einen Blick auf dieses blühende Rondell tun. Von hier aus tun die 12 Jünger ihre Arbeit. In diesem Kreis wird wenig gesprochen, auch nicht in Schwingungen. Die Verständigung geschieht im wesentlichen durch Blicke. Was man zu sagen wünscht, zeigt sich in der jeweiligen Qualität des Blickes. Ein strenger Blick z. B. drückt Ermahnung, Rüge, Kritik aus, ein aufmunternder motiviert, macht Hoffnung usw. Ihr seht, die Jünger wirken sehr schlicht, zwar würdevoll, aber natürlich und lebendig.

Der Herr besucht den Jüngerkreis regelmäßig am letzten Sonntag jeden Monats (s. Bd. I, S. 196 f.). Er wendet sich allen zu, ganz besonders aber dem, der gerade »dran« ist. Diesen begrüßt er speziell, hört ihn an und bespricht mit ihm seine Kümmernisse oder seine Pläne. Dann feiert er mit dem Jüngerkreis wieder das Abendmahl.

Frühling und Abendmahl gehören zusammen. Der Frühling kommt mit unwiderstehlicher Macht und zugleich mit unendlicher Zartheit. Es gibt keine sanftere Zeit als den Frühling. Sein Hauch, seine erste Wärme, sein Sprossen und Blühen – alles ist Ausdruck von unendlicher Sanftmut. Doch dieser Aufbruch geschieht mit unwiderstehlicher Macht, nichts auf der Welt kann den Frühling aufhalten, die Zweige werden blühen. Das ist die ideale Kombination für den Herrn. Der Herr ist herrlich im doppelten Sinn des Wortes.

Hier ist immerwährender Frühling – alles ist schön, liebevoll, harmonisierend, erneuernd, belebend, aufbrechend, duftig, zart. Das Frühlingshafte ist die stimmige Darstellung des Aufenthaltsortes der Jünger, es hat symbolische Bedeutung: Es ist noch die Jahreszeit des Vaters, die in die Jahreszeit der Mutter – des Wachstums, der Reife – übergeht. Sie paßt am besten zum Abendmahl. Dieses symbolisiert den Vorabend der Dinge, die Ankündigung der großen Geschehnisse.

(Der Hohelehrer tritt in den Kreis der Jünger und wird von allen herzlich begrüßt. Wir warten am Eingang und dürfen zuschauen.)

Der Hohelehrer (nach seiner Rückkehr): Wißt ihr, welchem Jünger sich der Herr bei seinem heutigen Besuch besonders zuwenden wird?

Dem hl. Judas Thaddäus.

Ihr kennt den Beinamen des Jüngers?

»Der Sehnsüchtige«.

Ja, der Herr selbst hat ihm diesen Namen beigelegt. Seine Sehnsucht richtete sich darauf, immer so zu sein wie der Herr. Andere Jünger pflegten eine gewisse eigene Identität – in ihrem Sein, ihrer Struktur, ihrem Beruf, ihrer Vergangenheit. Er hingegen identifizierte sich ganz und gar mit dem Vorbild, das macht seine besondere Qualität aus. Er tat alles, um in seiner Nähe, ihm zu Diensten zu sein, alles ihm abzusehen, um zu werden wie er. Es war eine reine, unbefleckte Sehnsucht. Er kannte keinen Arg, keine Eifersucht, keinen Neid, kein Ressentiment. Er war aber stolz darauf, zur Familie zu gehören – er war ein Vetter des Herrn.

Er wirkte nicht abgeklärt und weise, sondern fast jünglingshaft, verhalten, still, fähig zum hingegebenen Gebet und zur Meditation, mit einem Hauch von Schwärmerei, mit einer romantisch wirkenden, begeisterten, liebenden Zuneigung zum Herrn. Hätte sich der Herr auf dem Weg die Füße schmutzig machen können, so hätte er ihn getragen, ihm mindestens die Hand gereicht. In seiner Liebe war er aufrichtig und überschwenglich wie ein Jüngling. Jede Stelle, die der Herr berührt hatte, hat er heilig gehalten. Viele hat er mit den Händen berührt in der Vorstellung: so gehen Trost, Lichtkraft und Heil auf mich über. Ihr kennt diese rührende Vorstellung ja von Menschen, die ein Kreuz oder andere heilige Dinge berühren.

Die ihm besonders zugeordnete Tugend ist die Enthaltsamkeit. Diese ist nicht einfach als körperlicher Verzicht zu verstehen. Es geht um Enthaltsamkeit von der eigenen Identität. Das heißt nicht, sie zu verlieren, sondern bereit zu sein, sie loszulassen. Verlieren bedeutet: etwas kommt ohne bewußte Zustimmung abhanden; das hinterläßt eine leidvolle Erinnerung, ein solcher Identitätsverlust ist krankhaft. Loslassen hingegen beruht auf freiwilliger Entscheidung. Die Identität loslassen ist sinnvoll, wenn man die Identität des Herrn im Blick hat. Das ist ein angenehmer, lichter, freundlicher Akt, bei dem man seine Identität auf der Ebene einer schönen, erlösten Erinnerung behält. Er bedeutet nur den Verzicht auf eigene Ansichten und Vorstellungen, auf Glanz, eigene Leistung und eigenes Ansehen.

Daher bittet den Sehnsüchtigen um Beistand, Fürsprache, Teilhaben an seiner Kraft in aussichtslosen Situationen, wo man weder auf Einfluß noch auf Geld, Beziehungen usw. zurückgreifen kann, wo man selbst ganz machtlos und nichts aus eigener Identität ist. Er war und ist der Meister im Loslassen der Identität.

Ist das auch die Ursache dafür, daß er bis vor etwa 200 Jahren ziemlich vergessen war?

Ja, und das war ihm recht. Er wünscht auch jetzt keine Verehrung, keine Bildnisse, keine Riten, keine auf seinen Namen geweihten Kirchen und dergleichen.

In seinem Strahl arbeiten dienstreiche Geister, großartige Helfer, viele Heilige. Aber man kennt sie meistens nicht, sie bleiben im Hintergrund. In gar manchen Notsituationen haben solche Heiligen Dienst getan, aber man erinnert sich ihrer Namen nicht mehr. Es gab selbst in den Konzentrationslagern manche, die das Mögliche oder eigentlich Unmögliche getan haben, um zu helfen. Sie waren keine Helden, sie wagten keine Revolten, aber in auswegloser Situation taten sie oft wenigstens die kleinen Dinge. Solche Mitarbeiter des hl. Judas Thaddäus sind Legion in vielen Lebensbereichen. Sind sie auch auf Erden meistens unbekannt: der Himmel sieht sie wohl.

Ist Maximilian Kolbe ein Mitarbeiter im Strahl des Judas Thaddäus, dessen Name und Tat ausnahmsweise bekannt wurde?

Ja. Er wirkte nicht nur, aber auch in seinem Strahl. Und er konnte nicht damit rechnen, daß sein Opfertod der Welt bekannt werden würde.

Im Strahl des Judas Thaddäus wirken aber nicht nur Menschen, die sich in so dramatischer Weise selbst zum Opfer bringen. Das Loslassen der eigenen Identität schafft eine Leichtigkeit, die auch Ärzten, Künstlern und anderen zugute kommt. Wieviel Studium, Arbeit und Konzentration ihrer Tätigkeit auch zugrunde liegen: sie vergessen sich selbst, gehen ganz in ihrem Tun auf, so daß ihnen alles mit spielerischer Leichtigkeit von der Hand geht, fast wie von selbst. An den Menschen in diesem Strahl wird man keine Schwierigkeiten, keine Schwere bemerken. Und sie zeichnen sich durch Fröhlichkeit, gute Laune, Sinn für Komik aus. Mitunter nennt man Judas Thaddäus auch den »Lachenden«.

Donnerstag, 30. 1. 97

Fürbitten mit der goldenen Schale

∞

Ein Engel, der Luminathron zugehörig ist: Diese Arbeit ist wirksam in der Gruppe.
1. Zu Beginn wendet euch an Luminathron, grüßt ihn. Er antwortet mit dem Gruß an alle eure Haupt-Innenräume:

Ich grüße euch, meine Kinder;
ich segne euch mit dem Licht,
das den Kosmos erleuchtet,
den Weisen beglückt,
den Engel erfreut;
die Kirche vergoldet,
die Quelle belebt,
das Kind entzückt
und Sonnenglanz auf das Meer wirft.

2. Sprecht das Vaterunser, das Sohnes-Gebet, ein Ave-Maria.
3. Schließt die Augen. Die Engel reichen euch eine goldene Schüssel mit Wasser. Darin wascht die Hände in Reinheit und Liebe.
4. Jedem wird ein weißer Umhang umgelegt.
5. Dann geht zum Inneren Kind. Dort findet ihr eine goldene Schale.

6. Jeder legt die Namen einiger Menschen (bis zu 20), für die er Fürbitte leisten möchte, in die Schale. Die Namensliste wird reihum gesprochen.

Einer liest den Namen vor. Der Kreis spricht: »Der Herr sei mit dir.« So geschieht es nach jedem Namen. So weit es geht, sollte man sich jeden Menschen mit seinem Gesicht vorstellen, Unbekannte als weibliche oder männliche Silhouette.

7. Sind alle Namen verlesen, folgt die Hinwendung zur Trinität mit den Worten:

»Heilige Mutter,
wir übergeben sie Deiner Fürsorge.
Heiliger Sohn,
wir übergeben sie Deiner Führung.
Heiliger Vater,
wir übergeben sie in Deine Hände.« –

Diese Übung kann auch in die Erlösungsarbeit eingefügt werden (18.1.96, zwischen Ziff. 4 und 5).

(Während der Erlösungsarbeit an diesem Abend bittet uns ein verstorbener Arzt, der ins Licht ging, inständig, weiterzusagen, daß die Menschen bitte keine Form von Sterbehilfe anwenden sollen. Er hatte es als Arzt aus Mitleid mit den Menschen getan und die Folgen davon erfahren.)

Montag, 2. 2. 97

Umgang mit Tieren

∞

Ein Besucher: *Was ist zu den Rindertötungen wegen der möglichen Gefährdungen durch BSE zu sagen?*
Der Hüter der Tierseelen: Es ist sehr liebenswürdig, daß du danach fragst. Diese Tötungen sind die logische Konsequenz der Art und Weise, wie man überhaupt und allgemein mit den Tieren umgeht. Den Tieren ist es lieber, sie kommen nach Hause, zurück zum Hüter, als für die Menschen weiter so zur Verfügung stehen zu müssen. Die Verachtung, mit der man ihnen entgegentritt, ist für sie schwer zu ertragen.
Die adäquate Nutzung, auch die Schlachtung ist nicht das Problem. Für Rinder und andere Nutztiere ist die Aufgabe klar und geregelt. Sie wissen, wofür sie da sind. Aber die Kränkung der Würde ist für sie schwer zu ertragen: die Art und Weise der Tierhaltung, der Tiertransporte und oft auch der Schlachtung. Die Plätze in den Ställen sind oft zu eng und zu dunkel. Es sind zu viele Tiere an einem Ort, das Futter ist nicht in Ordnung.

Was tun? Können wir spirituell für Tiere arbeiten?

Ja, aber es ist nicht jedem gegeben, spirituell zu arbeiten. Was Menschen aber tun können, ist, ein persönliches Verhältnis zu einem Tier aufzubauen: es anschauen und seinen Blick auffangen, es streicheln, mit seinen Lebensverhältnissen vertraut werden: es hat einen Geburtstag, eine Biographie, ein Zuhause, seinen Stall, seinen Napf, seine gewohnten Wege, seine Vorlieben, vielleicht trägt es einen Namen. Könnte nicht jeder Mensch zu einem Tier eine persönliche Beziehung pflegen – wenigstens eine Stunde lang? Könnten nicht Eltern und Lehrer die Kinder dahinführen und sie daran gewöhnen? Es ist doch keine Überforderung, zu bitten, daß jeder Mensch eine Stunde seines Lebens einem ganz persönlichen Verhältnis zu einem Tier widmet.

Dienstag, 11. 2. 97

Die klingende Litanei

∞

Samrael (aus dem Dom der Freude, s. Bd. III S. 250): Mit den Cherubim ist eine andere Grundstimmung verbunden als mit den Thronen. Die Vorbereitung auf die Cherubim wird zwar auch ernst, streng und langwierig sein, aber es dominieren Jubel und Freude.

Trefft bitte folgende Vorbereitungen:
1. Richtet euch einen Raum so ein, daß er über die vier Elemente verfügt:
    a) Nehmt eine Wasserschale oder einen kleinen Brunnen.
    b) Entzündet eine Kerze für das Element Feuer.
    c) Kniet oder setzt euch auf den Boden, aber nicht im Schneidersitz. Der Fersensitz wäre ideal. Seid dem Boden so nahe wie möglich. Wenn ihr nicht im Erdgeschoß seid, dann legt neben euch einen schönen, großen, erdigen Kieselstein.
    d) Der Vertreter für den Wind möge Weihrauch oder der eigene Atem sein.
2. Nehmt die vier Elemente bewußt wahr und begrüßt sie. Berührt den Stein und das Wasser, spürt die Wärme des Feuers und atmet bewußt.
3. Ruft die Orte der vier Elemente aus den Reichen der Naturgeister zu Zeugen an (Bd. I S. 240 ff.):

Erde: Rimabál – Wasser: Lojudai –
Feuer: Shirím – Luft: Widím.

Es geht darum, sich im Geiste der Verehrung an die gesamte Trinität zu wenden, indem ihr eine Litanei betet. Für jeden existiert ein persönlicher Text, aber es bedarf eines stillen Lauschens, um ihn herauszufinden. Jeder kann mich, Samrael, um einen Textvorschlag bitten. Wem der Kontakt nicht gelingt, dem rate ich, sich erst mal an den hier gegebenen Text zu halten, vorausgesetzt, er kann ihn sich aus voller innerer Überzeugung und ganzem Herzen zu eigen machen.

Für jeden Aspekt der Trinität nennt man eine Haupteigenschaft und das dreimal, z. B.:

VATER

Heiliger Vater, Du Allumfassender.
Heiliger Vater, Du alles Erhaltender.
Heiliger Vater, Du über alles Gnädiger.

Herrlicher Schöpfer,
Großer Bewahrer,
Allgütiger.

Liebe in allem,
Strenge in allem,
Gnade in allem.

SOHN

Heiliger Sohn, höchster Meister.
Heiliger Sohn, höchster Richter.
Heiliger Sohn, einziger Erlöser.

Liebevoll Führender,
Heilend Richtender,
Alles Erlösender.

Begleiter in allem,
Gerechter in allem,
Hoffnung in allem.

MUTTER

Heilige Mutter, himmlischer Urgrund.
Heilige Mutter, himmlische Königin.
Heilige Mutter, Weisheit des Himmels.

Alles Gebärende,
Immer Schützende,
Alles Tragende.

Leben in allem,
Segen in allem,
Weisheit in allem.

Könnt ihr in voller innerer Übereinstimmung mit eurem Verständnis der Trinität diese Worte sprechen? Das ist wichtig! Es darf euch nichts zum Anstoß werden.

Fehlt nicht die Anbetung des Heiligen Geistes?

Nein, denn alles ist in ihm, und nichts ist ohne ihn.
    Wenn ihr wollt, könnt ihr aber auch andere Formulierungen wählen. Denn diese Litanei ist nicht den Cherubim abgelauscht, ihr könnt sie frei variieren, so daß sie eurer Überzeugung entspricht. Lernt den Text auswendig oder habt ihn gut lesbar vor euch.

Nun solltet ihr vor euch drei Klanginstrumente haben: eine Klangschale, eine Glocke, eine Triangel oder ein Xylophon oder sonst etwas, was einen schönen nachschwingenden Klang gibt. Es kann auch eine Harfe oder Kantele sein, von der drei Saiten gespielt werden. Ihr könnt auch drei Kristallgläser nehmen, die unterschiedlich mit Wasser gefüllt sind, oder eine Gitarre. Behelft euch mit etwas Einfachem.

Einen Ton wählt für den Vater, einen für den Sohn, einen für die Mutter. Die Töne sollen einen harmonischen Dreiklang bilden.

Nun vollzieht folgende Handlung – allein oder in einer Gruppe:

I. Zeichnet ein Siegeldreieck

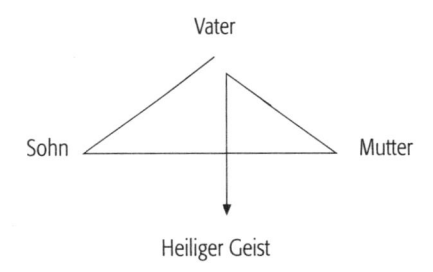

```
              Vater
              /|\
             / | \
            /  |  \
      Sohn /___|___\ Mutter
               |
               ↓
          Heiliger Geist
```

und sprecht dazu:

Im Namen des Vaters
(Der Ton für den Vater wird angeschlagen.)
Im Namen des Sohnes
(Der Ton für den Sohn wird angeschlagen.)
Im Namen der Mutter
(Der Ton für die Mutter wird angeschlagen.)

Durch den Heiligen Geist.
Hier legt die Hände nach oben gerichtet zusammen und verneigt euch, während der Dreiklang nachklingt:

ALLES IST IN IHM, NICHTS IST OHNE IHN.

Nun betet die Litanei für den Vater. Nach jeder Sentenz wird einmal der Klang für den Vater angeschlagen, insgesamt also 9 x.

II. Dann macht wieder das Siegeldreieck wie oben, betet die Litanei für den Sohn und schlagt nach jedem Satz den Klang für den Sohn an.

III. Dasselbe tut auch für die Mutter.

Lauscht jedesmal dem Klang des Tones nach und stellt euch vor, wie euer Lobpreis durch die neun Engelhierarchien nach oben steigt und bei der Trinität ankommt. Dann sprecht das nächste Wort und verfolgt es mit dem Klang nach oben.

Wiederholt diese Arbeit unter Beachtung folgender Regeln:
1. Es ist angebracht, diese Arbeit nicht öfter als einmal am Tag zu vollziehen. Tut sie in eurer Wohnung neunmal an neun aufeinander folgenden Tagen.
2. Dann tut sie neunmal in freier Natur. In der Natur umgeben euch die Elemente: Wasser als Tau, ihr kniet auf der Erde, der Wind ist um euch, für das Feuer nehmt ein Windlicht, es ist aber nicht unbedingt nötig, denn die Sonne ist Feuer.

In der Natur ist es noch schöner als im Haus. Wenn es nicht möglich ist, weil das Wetter nicht mitmacht, dann

ladet Agar und die Naturgeister ein und geht mit ihnen in eurer Vorstellung in den Wald.
3. Dann vollzieht die Arbeit neunmal in den Innenräumen. Beginnt in der Inneren Kirche, dann geht alle Haupt-Innenräume vom Meer bis zum Kosmos durch, einschließlich der Inneren Kirche. Das neunte Mal findet die Arbeit im Dom der Freude statt.

Insgesamt gibt es also 27 Durchgänge. Danach habt ihr (hoffentlich) ein Verhältnis zur Trinität.

Noch einige Erläuterungen: Ihr seid nun in ein Gebiet eingeführt, das mir, Samrael, sehr am Herzen liegt. Die mit Klängen abwechselnde Litanei ist im Zen-Budhismus und in der orthodoxen Kirche weiter verbreitet als in den Westkirchen. Sie ist aber für euch eine sehr wichtige Ergänzung zum stillen oder laut gesprochenen Gebet. Der Ton einer Stimme oder eines Instruments trägt die Worte der Litanei wie ein Vogel nach oben zur Trinität. Wenn ihr ihn bewußt nach oben gleiten laßt, so werdet ihr eine Antwort vernehmen. Vielleicht habt ihr diese Erfahrung schon einmal gemacht, wenn die Wandlung vom Klang einer Glocke begleitet wird.

Für diese Arbeit ist es hilfreich, die Ebenen der Hierarchien zu kennen und erlebt zu haben. Dann könnt ihr dem Ton nachschauen wie einem Vogel, der von Hierarchie zu Hierarchie fliegt.

Hat das Läuten der Glocken in der Kirche eine ähnliche Bedeutung?

Ja. Das Glockengeläut, das euch zum Gottesdienst ruft, sagt zugleich dem Himmel: Hier wird jetzt eine Messe gefeiert. Habt acht! Wir erbitten eure Boten! Das Läuten gilt also nicht nur den Menschen, es gilt auch dem Himmel.

Die Glocke ist eine Nachformung der Trinität, die weiche Darstellung eines Dreiecks. Das Urbild der Glocke ist die Trinität. Eine Wirkung des Glockengeläuts ist erstens, die Trinitätsebenen im Menschen anzusprechen, zweitens eine Anrufung der Trinität mit der Bitte um Beistand. Das Glockenläuten ist heiliger, als man gemeinhin meint.

Es gibt übrigens auch einen Klang der Trinität, an den der Glockenklang erinnert. Allerdings ist der Klang kaum zu beschreiben. Mehr kann ich dazu jetzt nicht sagen.

Diese Arbeit wird euch große Freude machen. Aber bitte: tut sie nicht aus Pflichtbewußtsein, sondern voller Freude und Jubel. Sie ist eine der schönsten Frühlingsarbeiten, die man tun kann, auch in der Passionszeit.

Die Freude überlagert die Passion. Diese Arbeit ist eure Liebeserklärung an die Trinität. Sie geht aber nur, wenn ihr ganz und gar dahintersteht. Sie ist deshalb auch eine Selbstprüfung für euch: Was glaubt ihr? Wenn ihr zweifelt, dann haltet inne und fahrt erst fort, wenn die Zweifel beigelegt sind. Jetzt könnt ihr den Text der Litanei noch ändern, danach nicht mehr.

Meint nicht, wenn ihr 27mal die Übung macht, ihr überwändet die Distanz zur Trinität und sprächt mit Vater, Mutter und Sohn direkt. Die Wirkung dieser Übung ist nicht große Macht und Nähe zur Trinität, sondern ein großer innerer Jubel.

Donnerstag, 13. 2. 97

Einheit und Vielfalt in Gott und Welt

∞

Ein Engel der Trinität: Ihr hattet eine Frage?

Wie ist es zu verstehen, daß die drei Personen der Trinität eine Einheit bilden?

Diese Frage ist ein Schlüssel zur Annäherung an das Verständnis Gottes und zugleich an das Verständnis der Schöpfung und damit eurer selbst.

Damit euch der Gedanke der Einheit in der Vielfalt weniger befremdlich erscheint, vergegenwärtigt euch zunächst, daß ihr ja denjenigen in euch tragt, der ihr früher wart: das Kind, den jungen Erwachsenen usw. Sodann vergegenwärtigt euch, daß ihr gleichzeitig in verschiedenen Rollen präsent seid, z. B. als Vater, als Professor, als Organist usw.

Die Einheit der Trinität geht allerdings weit über die Prägung durch biographischen Ablauf und Rollenspiel hinaus. Die drei trinitarischen Personen bestehen zwar für sich, aber sie tragen gleichzeitig die anderen in sich, sie sind mit ihnen eins. Sie kommen aus der Einheit, gehören zu ihr, sind auf ihrem Hintergrund existent und kehren in die Einheit zurück. Sie definieren sich durch sich und durch die Einheit, vereinigen Individualität und Einheit, Dreifaltigkeit und Dreieinigkeit in sich.

Um diese für das menschliche Vorstellungsvermögen schwer nachzuvollziehende »Einheit in Dreien« annäherungsweise begreiflich zu machen, machen wir einen Umweg und stellen zunächst einmal die Sinnfrage: Warum existiert die Schöpfung? Wir knüpfen an das Gleichnis vom verlorenen Sohn an (Luk. 15,11–32), variieren es aber ein wenig: Der Sohn ging nicht von sich aus weg, der Vater hat ihn hinausgeschickt, wie die Mutter bei der Geburt ihr Kind aus sich heraussetzt. Der Vater hat die Schöpfung aus sich herausgesetzt, damit sie den Prozeß der Individuation durchläuft und die Individuen dann zur Einheit mit ihm zurückkehren. Worauf es bei der Rückkehr ankommt, ist die Freiwilligkeit: die Heimkehr aus Liebe.

Die Wesen der Schöpfung können nur freiwillig in die Gemeinschaft mit dem Vater und mit den anderen heimkehrenden Wesen zurückkehren. Das Prinzip der Liebe ist das Verströmen, Schenken, Heraussetzen, Entlassen. Dieses führt in die Vielfalt und ermöglicht so die freiwillige Heimkehr.

Weil der Vater die Liebe und damit die Freiheit ist, hat er sich aus der Einheit in die Vielfalt begeben. Was er aus sich heraussetzte, war vor der Schöpfung in ihm, war er selbst. Da er die Liebe ist, ist er auch Selbstliebe. Mit der Schöpfung hat er sich selbst die Freiheit zu einer über die Selbstliebe hinausgehenden Liebe zum anderen ermöglicht. Wäre der Vater nicht Liebe, hätte es keine Schöpfung gegeben.

Wenn dereinst die gesamte Schöpfung zum Vater heimkehren wird, wird der Vater potenzierte Liebe sein, die sich selbst reflektiert habende Liebe. Die Schöpfung wird einen langen Entwicklungsweg »vorwärts zurück« gegangen sein, bis sie sich in Freiheit zur Heimkehr entschied, und der Vater wird um die Erfahrungen dieses Entwicklungsweges bereichert sein.

Das gehört zum Wesen der Liebe: sie kann nur in die Freiheit entlassen. Das Herausgesetzte gebraucht die Freiheit auf vielen Wegen und Umwegen, bis es sein eigentliches Ziel erkennt: die Heimkehr. Es kann auf die Dauer nicht anders, es strebt zurück, wie ein eingedrückter Ball wieder zur runden Form zurückstrebt. Schlußendlich kehrt alles zurück.

Worum es uns hier geht, ist die Einheit der Trinität, und das bedeutet: die Einheit in der Dreiheit und die Dreiheit in der Einheit. Sie ist nur aus der Liebe zu begreifen.

Ihr wißt: Die Trinität besteht aus den drei Personen: Vater, Sohn, Mutter (s. dazu Bd. I S. 161 ff., S. 166 ff.; Bd. III S. 37 ff., S. 54 ff., S. 59 ff., S. 223 ff.). Der Heilige Geist ist ihre Gestalt gewordene Einheit. Über die Rolle des Heiligen Geistes innerhalb der Trinität könnt ihr euch, wenn ihr wollt, zu Pfingsten näher unterrichten lassen (s. u. 18.5.1997 S. 170). Heute stellen wir diese komplexe Frage zurück und stellen uns die Trinität vereinfacht im Bild des Dreiecks vor Augen:

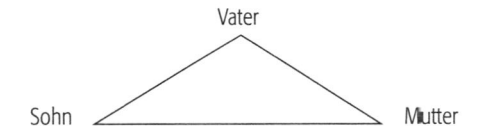

```
           Vater
            /\
           /  \
          /    \
    Sohn /_____\ Mutter
```

Die Vereinfachung besteht nicht nur im Weglassen des Heiligen Geistes, sondern auch in der Zweidimensionalität. Ein stimmigeres Bild wäre dreidimensional und zeigte, je nachdem, aus welcher Perspektive ihr euch nähert, den Sohn näher und die Mutter ferner oder umgekehrt. Im Bild des Dreiecks wäre das durch eine schräge Grundlinie auszudrücken:

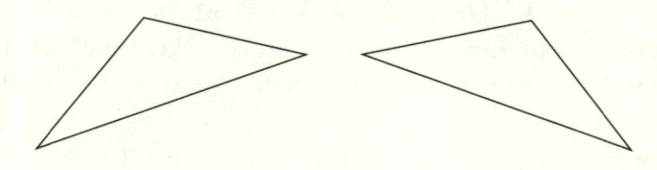

Auch Sohn und Mutter waren ursprünglich im Vater. Sie waren die ersten, die er aus sich herausgesetzt hat, damit sie sich zur Einheit mit ihm verbinden können. Das haben sie getan. Sie haben je eigene Aufgaben, doch sie gehen keine eigenen Wege. Sie haben ihren Platz in der göttlichen Dreiheit eingenommen und wirken miteinander und mit dem Vater zusammen: Das durch das Dreieck symbolisierte Verhältnis der drei Personen zueinander verändert sich nie. So ist die Trinität Dreifaltigkeit und Dreieinigkeit zugleich.

»Vielfalt und Einheit« in der Trinität bedeutet aber noch mehr darüber hinaus. Ihr wißt, daß jede Person der Trinität drei Aspekte hat und daß diese Aspekte eine Entsprechung zu den drei Personen haben, anders gesagt, daß sie das Bild der Trinität wiederholen. Es gibt also sozusagen den Vater im Vater, den Sohn im Vater, die Mutter im Vater, den Vater im Sohn, den Sohn im Sohn, die Mutter im Sohn, den Vater in der Mutter, den Sohn (bzw. die Tochter) in der Mutter, die Mutter in der Mutter (Bd. III S. 59 ff.). Also.

Vater:

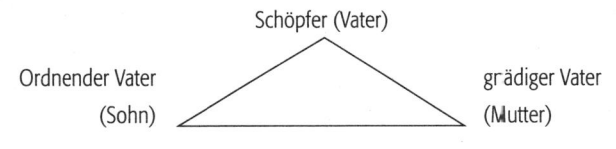

```
                    Schöpfer (Vater)
                         /\
                        /  \
   Ordnender Vater     /    \     grädiger Vater
      (Sohn)          /_____\        (Mutter)
```

Sohn:

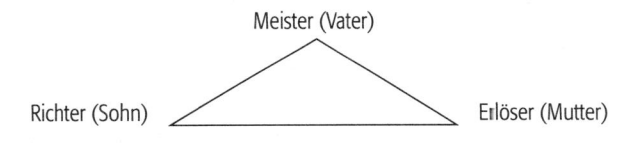

```
                    Meister (Vater)
                         /\
                        /  \
   Richter (Sohn)      /    \      Erlöser (Mutter)
                      /_____\
```

Mutter:

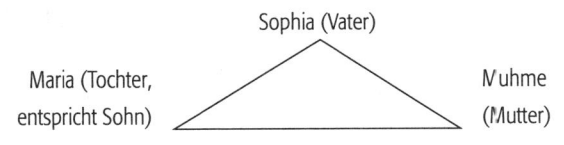

```
                    Sophia (Vater)
                         /\
                        /  \
   Maria (Tochter,     /    \          Muhme
   entspricht Sohn)   /_____\        (Mutter)
```

Nun ist die Wirklichkeit insofern noch komplexer, als jeder dieser Aspekte wiederum drei Aspekte in sich trägt, die der Trinität entsprechen. Z. B. gibt es innerhalb der Sophia wiederum die drei Aspekte von Vater, Sohn und Mutter, ebenso in der Maria und der Muhme, und das Entsprechende gilt für die je drei Aspekte von Sohn und Vater.

Jeder dieser drei Unteraspekte ist wiederum nach demselben Prinzip untergliedert, und jede dieser Untergliederung wiederum ... und so immerfort in immer kleiner werdenden Differenzierungen. Wenn ihr das wißt, dann wird es euch nicht wundern, daß diese trinitarische Gliederung die gesamte Schöpfung durchdringt, den ganzen Kosmos in allen seinen Bausteinen bis hinein in ihre kleinsten Teile immer weiter verkleinert.

Aus der Schöpfung hallt euch ein riesiges Echo der Trinität entgegen: sie ist trinitarische Dreiheit bis in ihre kleinsten Atomteilchen hinein und ruft euch zu, daß ihr sie in ihr entdecken mögt. Oder – in einem anderen Bild – sie spiegelt die Trinität. Stellt euch vor, zwei Spiegel stehen sich gegenüber, ihr findet das Spiegelbild im gegenüberliegenden Spiegel wieder, dieses spiegelt sich im anderen Spiegel und so immer fort in immer kleiner werdende Spiegelbilder hinein, selbst noch, wenn eure Augen sie nicht mehr wahrnehmen können. Die göttliche Dreiheit ist das die ganze Schöpfung durchdringende Prinzip, was euch ja nicht verwundern kann.

Ebensowenig wird euch wundern, daß ihr die drei Aspekte auch in jedem Engel wiederfindet. Jeder Engel trägt den Aspekt des Vaters, des Sohnes und der Mutter in sich. Engel sind deshalb androgyne Wesen, weder männlich noch weiblich, obwohl sie männlich oder weiblich erscheinen können, je nach ihrem vorherrschenden Aspekt.

Auch die menschliche Seele trägt Repräsentanten der Trinität in ihren Innenräumen: die Mutter in den Türmen, den Sohn in der Inneren Kirche, den Vater in der Inneren Krypta: das Innere Kind als das Prinzip der Schöpfung, des Immerjungen, des Immer-Neuanfangs, des Zeugens und Gebärens, der schöpferischen Arbeit – die einzige dem Menschen verträgliche Art, den Vater in den Innenräumen zu tragen. Als den mächtigen Creator könntet ihr ihn nicht aushalten.

Ihr seid gewohnt, die Welt in Gegensätzen zu sehen, die entweder einander ausschließen, z. B.:

ja – nein
entweder – oder

licht – dunkel
warm – kalt
gut – böse
richtig – falsch usw.

oder die sich polar, also versöhnlicher aufeinander beziehen, einander ergänzen, z. B.:

männlich – weiblich
animus – anima
rechts – links
Yin – Yang
Himmel – Erde usw.

Die Gegenüberstellung von Gegensätzen ist insofern berechtigt, als sie Distanz, Bewußtheit, Erkenntnis ermöglicht. In der All-Einheit könnte man sich der Dinge nicht bewußt werden und nicht zur Erkenntnis finden.

Um aber Frieden zu finden, gilt es, von der Zweiheit zum Prinzip der Dreiheit fortzuschreiten:

weder – noch, sondern …
sowohl – als auch in Harmonie
links – rechts – Mitte
Tag – Nacht – Dämmerung
Vergangenheit – Zukunft – Gegenwart
Vater – Mutter – Kind usw.

Zweiheiten findet man leicht, sie drängen sich auf. Um die Dreiheiten muß man sich oft erst bemühen. Es gilt aber, sie überall zu entdecken, zunächst einmal also den jeweils »dritten Punkt« zu finden. Relativismus und Kompromiß sind die mißlungene Einheit, die Schein-Einheit: »jein«, »nja«, von allem ein bißchen, Hinauszögern der Entscheidung. Der Kompromiß ist nur als vorübergehende Notmaßnahme möglich, andernfalls macht er alle zu Verlierern. Erst der »dritte Punkt« ermöglicht einen stabilen Frieden, in dem beides ganz zu seinem Recht kommt (sowohl als auch) oder beides freigegeben wird (weder – noch). Weisheit aber bedeutet, wirklichen Frieden finden zu können.

Gibt es denn bei gut und böse einen »dritten Punkt«?

Ja, indem man sich bewußt bleibt, daß auch die Hierarchien zur Linken Geschöpfe des Vaters und nicht aus der Schöpfung gefallen sind. Sie sind in ihrem Dunkel sehr unglücklich, gehen Wege, die auch für sie sehr schwer sind, und werden letztlich – früher oder später – heimkehren. Deswegen ist ihnen ja sogar in der Heiligen Schrift Raum gewährt. Gedanken solcher Art heben den Gegensatz zwar nicht auf und ersparen euch nicht die klare Stellungnahme, aber sie ermöglichen euch einen sehr viel erfolgversprechenderen Umgang mit ihnen.

Und im Verhältnis von Kirche als äußere Institution und als mystischer Leib Christi?

Beides gehört zusammen, wenn sich die menschliche Institution auf das Notwendige zurücknimmt und sich mit um so größerer Inbrunst dem hingibt, um dessentwillen sie da ist, wenn die Kirche also exoterisch und esoterisch zugleich ist, nicht nebeneinander, nicht mal das eine und mal das andere, nicht das eine zu Lasten des anderen, sondern das irdisch Erforderliche ganz und gar nur im Dienst des Himmels.

*Und im Verhältnis von eindeutig richtigen
zu eindeutig falschen Ansichten?*

Da verhilft euch das Verständnis für die historischen oder biographischen Ursprünge des Irrtums, für andere Erfahrungen und Interessen. Der »dritte Punkt« liegt in der Souveränität, mit der ihr eure Sicht der Dinge darlegt, und die vielleicht auf Dauer zu Einsicht und Frieden führen kann. Ihr solltet einen Streit, wenn er nötig wird, so diszipliniert führen, daß er möglichst integrierend und befreiend wirkt und ihr euch liebevoll verabschieden könnt. Es ist immer sinnvoll, sich an Jesus Christus zu orientieren und zu fragen: was rät mir sein Vorbild? oder: was rät er mir als mein Lehrer und Freund?

Er war sowohl Mensch als auch eins mit dem Vater, Menschensohn und Gottessohn, und zwar beides ganz und gar, ohne Einschränkung und Vorbehalt, also der Inbegriff der Dreiheit. Wer seine Gottmenschlichkeit als Inbegriff der Zweiheit sieht – Jesus also als Treffpunkt von Gott und Mensch, als Begegnung oder Kampfplatz von Himmel und Erde –, der sieht ihn nicht, der mißversteht das Wesentliche. Der Unterschied, der beide Perspektiven – »sowohl als auch in vollkommener Einheit« und »beides nebeneinander« mag euch minimal erscheinen. Ihn scharf zu sehen ist aber wesentlich und ein Schlüssel zum Verständnis dessen, was die Eigentümlichkeit der christlichen Religion ausmacht. Sie ist nicht nur Mutter- und Vaterreligion. Der Mensch gewordene Sohn ist der Inbegriff des »dritten« Prinzips, der Integration des Väterlichen und des Mütterlichen, der Einheit von Himmel und Erde.

Es geht heute generell darum, den Weg vom dualen zum polaren und von da zum »dreiheitlichen« Denken und Handeln zu finden, also vom Konflikt zum versöhnlichen Umgang und von da zum Frieden. Das ist, was euch Jesus

Christus, was euch aber auch die ganze Natur zuruft. Je tiefer und allgemeiner das verstanden wird, desto mehr werdet ihr Frieden finden – untereinander und im Verhältnis zur Natur.

Anders gesagt: In der Heiligen Trinität seht ihr das leuchtende Beispiel oder anschaubare Grundbild eines Tatbestandes, der für die ganze Schöpfung gilt. Die Dreifaltigkeit, d. h. das auseinandergefaltete Wesen Gottes, das in die Vielfalt sich hinein schenkende Wesen des Einen spiegelt sich in der Schöpfung. Doch die Dreifaltigkeit ist auch die Dreieinigkeit. So gehören auch alle Wesen der Schöpfung in einer großen Einheit zusammen. Sie sind die auseinandergefaltete Schönheit und Fülle des Einen und bilden in ihrer Vielfalt zugleich die Einheit. Was ihr dort seht: Berg, Baum, Vogel, Mensch, was immer, ist Teil einer großen Einheit. Die innere Beschäftigung mit diesen Begriffen Dreifaltigkeit und Dreieinigkeit ist einer der Schlüssel zum Verständnis der Schöpfung und zugleich einer der Wege zur Annäherung an den Schöpfer.

Dann ist die Evolutionslehre eigentlich ein Instrument zur Erkenntnis der Einheit in der Vielfalt? Zeigt sie nicht, daß alle irdischen Geschöpfe miteinander verwandt sind, wenn auch sehr entfernt?

Ja, das ist richtig, und deswegen ist die Wissenschaft nicht gering zu schätzen, schon gar nicht abzulehnen, im Gegenteil! Sie ist ein Weg, den man – ob das nun den Wissenschaftlern gefällt oder nicht – einen religiösen Weg nennen könnte. Mit Sinn und Tiefgang betriebene Wissenschaft ist ein hoch religiöses Unterfangen. Sie führt auf der einen Seite dazu, die Vielfalt bekannt zu machen, sich ihrer bewußt zu werden, sie aufzulisten, ihr nachzuspüren, sie in großen Bereichen überhaupt erst zu entdecken. Ein großer Teil der Vielfalt ist euch noch längst nicht bekannt.

Auf der anderen Seite entdeckt ihr in dieser Vielfalt zugleich die Einheit, z. B. die gemeinsame Herkunft, die Entwicklung aus dem Gemeinsamen und überhaupt die Gemeinsamkeiten.

Ihr tut das im Moment auch in der Genetik. Die Genetik zeigt euch eine ungeheure Vielfalt, aber auch die Einheit. Entsprechendes gilt für die Astronomie, die Atomphysik und andere Zweige der Wissenschaft. Das Faszinierende ist das gleichermaßen Vorhandensein von Einheit und Vielfalt, die Entdeckung: das Verschiedene und getrennt Erscheinende gehört zusammen und bildet eine Einheit.

Wenn ihr einen nicht wissenschaftlichen, sondern kontemplativ-religiösen Ansatz wählt, dann beschäftigt euch mit der Dreifaltigkeit und Dreieinigkeit. Beide Wege führen zum Verständnis der Prinzipien von Vielfalt und Einheit, die zusammengehören wie das Ausatmen und Einatmen.

Ihr könnt euch das bildhaft in einem Spiel anschaulich machen, indem ihr einen Fächer aufmacht und zumacht, ihn wieder öffnet und wieder schließt. Oder schaut einem Schmetterling zu, wie er seine Flügel öffnet und dann wieder zusammenlegt. Plötzlich scheint da nichts mehr zu sein als ein dünnes, kleines Wesen. Dann faltet er die Flügel wieder auf und die ganze Pracht kommt in ihrer Vielfalt zum Vorschein. Ähnliches könnt ihr tun, indem ihr euren Atem verfolgt. Ausatmen heißt: ihr entfaltet ihn um euch herum. So hat der Schöpfer die Welt ausgeatmet. Am Ende der Zeit wird er sie wieder einatmen.

Macht einmal folgende ÜBUNG:

Betrachtet eine Landschaft oder einen Blumenstrauß, stellt euch vor, ihr wärt ein Künstler, der dieses Panorama oder diesen Strauß erschafft. Schließt die Augen, atmet aus und stellt euch vor, mit eurem Ausatmen entstünde diese Vielfalt. Dann öffnet die Augen kurz und schaut diese Welt an. Wenn ihr wieder einatmet, schließt die Augen wieder und stellt euch vor, jetzt ist draußen ein weißes Papier, ein Nichts. Es ist alles wieder eingesogen in die große Einheit, es ist in euch, es ist noch nicht da, es ist nicht mehr da, es ist zusammengezogen auf einen Punkt leuchtender Kraft in eurer Innenwelt. Wenn ihr wieder ausatmet, dann atmet ihr wieder diese Welt aus. Öffnet kurz die Augen und seht: da ist die Vielfalt wieder. Dieses Spiel hilft euch dazu, daß ihr diese Gegebenheit von Einheit und Vielfalt leichter begreift.

Die Folge sollte sein, daß ihr dieses Doppellebensgefühl bekommt. Einerseits: ich bin ein Teil einer großen Vielfalt, alles andere bin nicht ich, ist anders als ich. Andererseits: ich bin ein Teil einer großen Einheit und nichts unterscheidet sich wirklich von mir.

Wie kann man in der Einheit sein, ohne die Individualität aufzugeben?

Man kann ein Einzelnes in einer Vielzahl von Teilen und gleichzeitig ein Teil dieser Einheit sein. Das schließt einander nicht aus, das widerspricht sich nicht. Es kann und wird beides gleichzeitig, gleichermaßen, in gleicher Intensität und mit gleicher Berechtigung empfunden, erfahren und gelebt. Das ist etwas, was lange geübt werden muß, um es zu begreifen.

Das ist überhaupt die Kunst des stimmigen Geschöpfseins, beides mit gleicher innerer Sympathie, mit gleicher Nähe, gleicher Gewichtung leben zu können: Teil zu sein einer großen Einheit; nicht mehr und nicht weniger als alle anderen Teile dieser großen Einheit, und dennoch das Einzigartige, von allen anderen Unterschiedene zu sein.

Wenn man das wirklich begriffen hat, dann hat man vielleicht den Schlüssel überhaupt gefunden.

Den Schlüssel wozu? Zum Verständnis der Welt?

Zu einem stimmigen Geschöpfsein, zu dem, was es wirklich heißt, Geschöpf zu sein. Und dann hat man vielleicht ein bißchen von Gott verstanden.

Anm. Ausführlicher hierzu s.u. 30.4.1997, S. 144

Montag, 17. 2. 97

Schweigen, Wagen, Wissen, Wollen

∞

Nanael (ein Engel des Herrn): Ihr habt Kenntnis vom Inneren Christus in der Nische hinter dem Altar eurer Inneren Kapelle. Er lebt dort in einer Szene seines Erdenwirkens, die für jeden Menschen anders, ihm individuell gemäß ist. Es gibt darüber hinaus eine Darstellung des Christus im Menschen, die für alle gleich ist.

Geht in eure Innere Kirche. Ihr kennt die rechte Tür, wo Bruder Tullian euch zum Dom der Heiligen bringt. Daneben befindet sich eine weitere Tür. Durch diese gelangt ihr in das Gebiet hinter der Inneren Kirche.

Ihr kennt den Paradiesgarten im Menschen, in den ihr Pflanzen eingeladen habt (Bd. II S. 153). Doch sind auch andere Pflanzen dort, und ihr könnt den Garten weiter beleben. In diesen Bereich tretet ihr nun ein, es ist der Garten eurer Inneren Kirche. Er ähnelt in manchem den Gärten der Dome.

Durchschreitet den Garten. Er hört irgendwann auf. Es ist, wie wenn die Erde eine Scheibe wäre und man an das Ende kommt. Am Ende des Gartens seht ihr den »Großen Christus« in euch. Er ist dort als der Gekreuzigte. Das bedeutet nicht, daß das Leiden in den Menschen eingeschrieben wäre, es ist mehr als die Darstellung eines Leidenden. Ihr wißt ja, daß das Bild des Christus am Kreuz auch ein Siegessymbol ist.

Warum seht ihr ihn als den Gekreuzigten? Weil er euch so am besten Schutz, Mut, Orientierung und Erlösungsbereitschaft mitgeben kann.

Manche Menschen haben Schwierigkeiten, den Großen Christus zu sehen, weil sie den gekreuzigten Herrn nur als Leidenssymbol kennen und seinen Anblick scheuen. Dann sollten sie sich ein stilisiertes, weniger realistisches Bild des Gekreuzigten vorstellen, wie ihr es auf Darstellungen aus den ersten Jahrhunderten und auf Ikonen findet.

Während der Christus in der Nische in der Innenraumstruktur der Seele wohnt, wird der Große Christus ihr beigefügt, wenn der Mensch inkarniert. Stirbt ein Mensch, löst sich der Große Christus wieder auf. Er gehört also zur jeweiligen Inkarnation, aber nicht zur Innenraumstruktur.

Der Herr selbst fügt ihn bei. Der Vater entscheidet über Geburt und Tod eines jeden Menschen und weiß von ihm, doch auch Sohn und Mutter sind immer dabei und kümmern sich um jeden Menschen, der lebt und stirbt. Der Sohn macht jeder Seele das Geschenk des Großen Christus, sobald sie sich an eine leibliche Existenz bindet, und zwar jedem Menschen ohne Ausnahme. Er macht das Geschenk schon vor der Geburt, sobald ein Herz zu schlagen beginnt, und es bleibt beim Menschen, bis das Herz aufhört zu schlagen.

Diese Gegebenheit war schon existent, bevor der Christus leiblich auf der Erde war. Sein Erdenleben und sein Kreuzestod machten sichtbar, was immer schon war: auch das Symbol des Kreuzes, auch die Tugenden gab es vorher schon. Deswegen konnte alles prophezeit werden. Es ging darum, daß es in die Sichtbarkeit kam.

Der Gekreuzigte in jedem Menschen zeigt die Art und Weise, wie der Mensch mit dem Hiersein in der von der Trinität gewünschten Weise umgehen kann und soll. Er vermittelt eine Lehre. Es ist eine Widerspiegelung der vier wesentlichen Schritte, die es zu leben gilt, wenn man sein Leben auf die Trinität ausrichten möchte. Dieses Bild enthält eine Botschaft des Lernens und der Ermutigung. Das Kreuz steht für die vier großen Worte: Schweigen, Wagen, Wissen, Wollen. Wenn ihr auf das Kreuz schaut, steht oben in Kopfhöhe das Schweigen, links (auf der Seite des Herzens) das Wagen, rechts das Wissen, unten das Wollen:

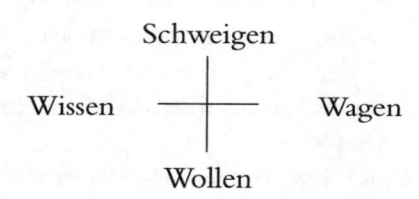

```
                Schweigen
                    |
       Wissen ——————+—————— Wagen
                    |
                 Wollen
```

In diesen vier Begriffen findet ihr etwas, was ihr braucht, um euch der Trinität anzunähern und zugleich das Wesen des Inkarniertseins besser zu begreifen. Und ihr findet Hilfen für den Lebensweg. Die Entwicklung eines Menschen geht vom Schweigen über das Wagen und Wissen zum Wollen. Diese vier Begriffe sind der Trinität zugeordnet. Zeichnet das Siegeldreieck:

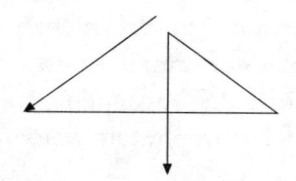

Im Namen des Vaters – des Schweigens
des Sohnes – des Wissens
der Mutter – des Wagens
des Heiligen Geistes – des Wollens.

Die Mutter wagt, der Sohn weiß, der Heilige Geist tut den Schritt zum Wollen in die irdische Gegebenheit. Ohne ihn ist kein Erkennen der Trinität möglich. Er ist der Vermittler von oben nach unten und von unten nach oben. Er entschlüsselt oder verschlüsselt.

Der Lebensweg des Menschen beginnt mit dem Schweigen, dann wird gewagt, gewußt, gewollt.

1. Das ungeborene Kind schweigt.
2. Es wagt, in das Licht der Welt zu treten.
3. Es macht erste Erfahrungen, es lernt die Eltern kennen, die Namen der Geschwister usw. Es weiß immer mehr.
4. Der Wille wird entwickelt. Es weiß dann immer mehr, was es will und setzt es durch.

Der Weg des erwachsenen Schülers sollte ähnlich verlaufen. Darüber wird euch jetzt der *Hohelehrer* unterrichten.

1. *Schweigen* ist eine hohe Kunst, die aktiv zu lernen ist. Schweigen bedeutet hier nicht, daß der Mensch selber schweigt, sondern daß er sich erlebt als einer, der angeschwiegen wird. Es schweigen die sonst so sicheren inneren Stimmen der Orientierung wie das Gewissen oder ein »siebter Sinn«. Auch die himmlischen Instanzen werden als schweigend erlebt, nicht weil sie wirklich schweigen, sondern weil sie nicht gehört werden, mindestens nicht deutlich genug. Und es kann sogar sehr oft sein, daß die Außenwelt, die Gemeinschaft, die anderen Menschen schweigen. Das heißt nicht unbedingt, daß sie nichts sagen, sondern daß sie

nichts Richtungweisendes, Verständliches, Eindeutiges, Erhellendes, Orientierendes zu sagen haben. Schweigen kann z. B. auch heißen: viel zu viel Lärm, viel zu viele Möglichkeiten, viel zu viel Ungewißheit, viel zu viel Unsicherheit.

Der Mensch befindet sich von seinem Lebensgefühl her in einer Art Vakuum aus Lärm oder aus Stille: keiner sagt mir, was ich soll, wohin es geht, wieso, warum, wozu? Keiner gibt mir einen Hinweis auf eine mögliche Antwort oder einen möglichen Weg. Ich verstehe mich nicht, die Welt um mich herum nicht, den Himmel nicht. Ich verstehe vielleicht ein bißchen was von meiner Vergangenheit, es ist aber nicht genug, um daraus klug zu werden. Ich verstehe nicht viel von der Gegenwart und überhaupt nichts von der Zukunft. Ich scheine nichts vom Leben begriffen zu haben.

Es gibt verschiedene Möglichkeiten, auf diesen Zustand zu reagieren. Eine ist: nervös werden, verzweifeln, in Angst und Panik versinken. Das geschieht, wenn man nicht begreift, daß es sich hier um einen anfänglichen, vorübergehenden Zustand handelt.

Eine etwas sinnvollere Umgangsweise wäre, selber zu schweigen und abzuwarten: was öffnet sich jetzt?, wohin könnte ich gehen?, wo sind mögliche Schritte, die ich setzen könnte, wenn ich es denn wagen will? Dann erwächst von selber eine innere Kraft, die ins Wagen führt.

2. *Wagen* bedeutet, einen Schritt in ein Land zu gehen, das man noch nicht kennt, und den Mut zu haben, es dennoch zu betreten: Da gäbe es etwas, da wäre was möglich. Man weiß noch nicht, wohin das führen wird, aber man tut den Schritt. Es zeigen sich z. B. verschiedene Schulen, verschiedene mögliche Ideale, Vorbilder, Lehrer, Gruppen, Gemeinschaften, oder auch verschiedene Arbeitsplätze, verschiedene Städte oder Dörfer, in die man ziehen könnte. Dann kommt

der Moment, wo man sich klar sagen sollte: ich kann das eine nicht ganz absehen und das andere auch nicht. Sei es wie es sei, ich wage jetzt einfach einen Schritt in eine Richtung. Das ist eine Herzensentscheidung, eine Entscheidung aus dem Nichtwissen, eine Entscheidung im Risiko.

3. Dann wird man anfangen zu lernen und zu wissen. Man wird Informationen zusammentragen, Fakten sammeln, Erfahrungen machen, gute wie schlechte. Man wird klarer sehen, genauer differenzieren, sich genauer orientieren, von dem einen oder anderen Abstand nehmen, Zusammenhänge erkennen usw., kurz: man gewinnt *Wissen*.

4. Dann kommt die Phase des *Wollens,* in der man das, was man nun als Schüler gelernt hat, in die eigene Hand nimmt und umsetzt. Man wird darin langsam, aber sicher ein Könner. Wenn man das Gefühl hat, alles im Griff zu haben, sich auszukennen, dann kommt eine Gegebenheit, die wieder zum Schweigen führt.

Die Stufe des Wollens, die die letzte zu sein scheint, ist in Wirklichkeit eine neue erste: ich weiß zwar, worum es geht, wohin das führt, wie man das umsetzt, wie man das im Griff hält, ich weiß auch über alle Nebenerscheinungen Bescheid. Und doch: ich weiß, daß ich nur wenig weiß und kann. Vor lauter eigenem Wissen und Können schweigen Himmel und Welt. Ich entdecke, daß ich ein Neuling bin und wieder von vorne anzufangen habe.

Sehr deutlich wird das z. B. denen werden, die ein Kind erziehen. Immerzu gilt es zu erkennen, daß man eigentlich gar nicht weiß, wie man das richtig macht. Dann wird man sich sagen: es gibt verschiedene Möglichkeiten, ich werde irgend etwas wagen müssen, ein Verhalten, eine Maßnahme. Man wird sich vielleicht mit pädagogischen Prinzipien, Schulen, Lehren, Einsichten, Idealvorstellungen etc. auseinandersetzen, bis man das Gefühl hat: jetzt hab ich ein Erziehungsprinzip oder eine Technik herausgefunden, die funktioniert. Man setzt es um.

Dann aber werden sich das Leben und das Kind in einer Art und Weise verändern, mit der man nicht gerechnet hat. Wieder steht man ratlos und orientierungslos da: alles ist ganz anders, als man dachte. Man ist wieder Neuling, fängt wieder von vorne an, lernt und wagt – bis man bestürzt feststellt: es ist wieder alles ganz anders.

Dieser Weg wiederholt sich also. Wer damit Erfahrung hat, behält während des Durchschreitens einer Stufe die anderen Stufen immer im inneren Blick und weiß, daß jede dieser Stufen vorübergeht, daß eine neue Stufe folgen wird und daß auch die nicht von Dauer sein wird, und nimmt es lächelnd.

Zum Schülersein gehören immer diese vier Stufen. In manchen Leben vollzieht sich der Durchgang in Jahresrhythmen von annähernd gleicher Dauer, z. B. von 7 oder 9 Jahren.

Es gibt für jede dieser vier Phasen besondere Ansatzpunkte für den Doppelgänger. Jeder Schritt hat seine Schwachstellen.

1. Schweigen:

In der Phase des Schweigens sucht der Doppelgänger dem Menschen zu suggerieren, er sei ein nicht verstehendes und auch unverstandenes Opfer in einer Welt, der er hilflos ausgeliefert sei. Dem Menschen wird vorgegaukelt, dieser Zustand sei eine immer währende Realität. So sei das Leben, so sei die Welt. Die Phase des Schweigens wird dann als unfruchtbar erfahren und kann den Menschen in Verzweiflung führen. Diese Phase ist aber nicht nur unvermeidlich, sondern der Ursprungsquell allen großen Wirkens. Manche begreifen nicht die Stufe des Schweigens und meinen, es gehe nur darum, etwas zu wagen, zu lernen und es umzusetzen. Das ist ein Irrtum, der den Weg noch schwerer macht.

2. Wagen:

Zum Wagen gehört die Risikobereitschaft, aber natürlich auch eine gewisse Kalkulierbarkeit des Risikos und eine realistische Einschätzung des eigenen Leistungsvermögens. Dazu gehört auch die Kenntnis und das Respektieren der eigenen Grenzen. Zwar bedeutet Wagen auch, die eigenen Grenzen zu überschreiten, aber um das zu können, sollte man sie kennen.

Der Ansatzpunkt für die Hierarchien zur Linken ist, den Wagemut in Übermut, in Tollkühnheit zu überspitzen. Man wagt, ohne das Risiko wenigstens in Ansätzen überschauen zu können. Vor allem sieht man die eigene Person viel zu stark, zu mächtig, zu wissend, zu befähigt usw. Der Doppelgänger suggeriert dem Menschen: Du brauchst den Kick, mußt immer weiter über die Grenzen hinaus gehen.

3. Wissen:

Wissen heißt zunächst, zu wissen, daß man noch zu lernen hat, weil man noch nicht weiß. Die Doppelgänger beeinflussen die Menschen dahin, daß sie viel zu rasch meinen, sie wüßten schon. Und sie verwirren die Definition des Wissens. Nach richtigem Verständnis gehört zum Wissen eine geglückte Mischung aus Erkenntnis, Einsicht, Erfahrung einerseits und Inspiration andererseits. Demgemäß ist auf beiden Ebenen zu lernen: einerseits durch intellektuelle Aneignung von Einsichten und ihre praktische Umsetzung in Erfahrung. Man geht in die Schule bei einem Meister, bei einem Buch, in einem Land, in einer Gemeinschaft, in einer Partnerschaft usw. Andererseits gehört Offenheit für Eingebungen dazu.

Der Doppelgänger wird suggerieren: Weder die Schuljahre oder Lehrjahre noch die Inspiration seien notwendig, man habe das Wissen ja schon. Es genüge, was man über die Sache gelesen habe. Oder er versucht, die Umsetzung ins Wollen zu verhindern und den Menschen beim Wissen festzuhalten. Der Mensch bekommt Freude am Wissen um des Wissens willen. Er weiß mehr und mehr, unterrichtet, predigt. Das Wissen ist aber nicht an der Realität erprobt, nicht geerdet, nicht tragfähig gemacht. Der Mensch weicht zurück auf Wissen bis hin zum Alles-Wissen, das aber nicht praktisch wird.

4. Wollen:
Wenn ein Mensch sein Wissen praktiziert und zur Erde bringt, machen die Hierarchien zur Linken ihm gern vor, daß der Weg hier zu Ende sei. Er setzt etwas um und meint: das war's nun. Es gebe keine neue Krise, keine Störungen mehr. Was dann dennoch an Krisen auftaucht, wird nicht in Zusammenhang mit den eigenen Entwicklungsschritten gesehen, sondern den Hierarchien zur Linken zugeschoben: sie hätten sie angezettelt. Das ist der perfideste Angriff. So wird die Dynamik aus dem Geschehen herausgenommen. Es kommt nicht mehr zu neuen Phasen des Schweigens, Wagens, Wissens und Wollens. Die Entwicklung des Menschen stagniert.

Wie kann man sich ausrüsten, um diese vier Stufen immer wieder und immer weiter gehen zu können?

Ihr kennt die großen alten Tugenden. Um die geht es. Ich erläutere sie euch in einer anderen Reihenfolge, weil ich mit dem Schweigen aufhören möchte.

1. Zum Wagen gehören: *Mut und Demut*. Nur wer mutig ist, kann wagen. Nur der Demütige kann mutig sein. Wer wagt,

weiß, daß er sich in Gefahr begibt. Der Demütige weiß, daß er getragen wird, daß er getrost springen kann, wie der Springreiter, der nicht hinter die Hecke sieht, aber den Sprung in der Gewißheit wagt, daß dort fester Boden ist.

2. Zum Wissen gehört *Keuschheit* im Sinne von: unschuldig der Versuchung widerstehen, zu meinen, man wisse bereits, habe das Wissen verfügbar, könne es besitzen wie Dinge. Der Keusche bleibt bescheiden in klarer Erkenntnis der eigenen Begrenztheit. Man spricht auch von Jungfräulichkeit, natürlich im übertragenen Sinn und mit Betonung auf »jung«. Von den Bildern her, die ihr in eurer Seele tragt, wißt ihr, daß es die Muhme gibt, die alte Weise, die alles schon erlebt hat, die alles kennt und durchschaut. Dem gegenüber steht die Jungfrau noch am Anfang, ist noch halb Kind, noch im Begriff, erst einmal zu lernen.

Wer diese Stufe des Prozesses durchläuft, wird wieder jung. Er steigt in eine Art Jungbrunnen, wird vom Alten, der alles weiß, zum Jungen, der etwas Neues beginnt und sich auf den Weg macht, zu lernen.

3. Zum Wollen gehört *Gehorsam*, d. h.: man will, was man wollen soll. Im Gelübde des Gehorsams verspricht man in erster Linie, zu wollen, was der Himmel will. Dazu gehört aber auch der Gehorsam dem Wissenden gegenüber, d. h., du akzeptierst, daß es jemanden gibt, der mehr und anderes weiß als du, zu dem du aufblickst und sagst: dir werde ich jetzt folgen. Das kann unter Umständen auch ein Jüngerer sein, das ist für manche Menschen eine bittere Pille.

4. Zum Schweigen gehört *Armut*. Armut ist nicht im irdischen Sinne als Besitzlosigkeit zu verstehen. Sie bedeutet, arm zu bleiben in der Vorstellung der eigenen Macht, Autorität, Kraft und Wirkung. Der Mensch, der ins Schweigen

kommt, erfährt, daß er allein aus sich heraus nichts ist. Er erfährt, daß er in die tiefste Verlassenheit und Orientierungslosigkeit gestoßen werden und dagegen nichts machen kann. Er befindet sich in den Händen der Trinität und akzeptiert: Sie könnte mit mir machen, was sie will. Der Mensch hat zur Kenntnis zu nehmen, was mit ihm geschieht. Diese Erfahrung macht den Menschen bereit zum nächsten Schritt, zum Wagen. Eines fügt sich zum anderen.

Je mehr ihr die Tugenden praktiziert und anwendet, desto weniger unangenehm sind die Erfahrungen für euch. *Dankbarkeit* und Liebe gehören selbstverständlich immer dazu. Der Schüler geht seinen Weg dankbar für alles, was ihm begegnet: Menschen, Bücher, Führungen usw., und in Liebe zu jedem Schritt.

Die Tugenden gehören nicht nur zu den vier Phasen, sondern auch zu der Verbindung von der einen zur andern. Armut macht es möglich, vom Schweigen ins Wagen zu gehen. Schreitet man dann weiter vom Wagen zum Wissen, so gilt es, die Demut mitzunehmen. Vom Wissen zum Wollen geht man, indem man die Keuschheit beibehält. Dann wird es kein Problem mehr sein, im Gehorsam vom Wollen ins Schweigen zu gleiten und so immer fort.

Es ist leichter, alle Tugenden zugleich zu leben als nur eine. Deshalb die Klostergelübde. Einzeln lassen sich die Tugenden nicht leben, jedenfalls nur sehr schwer. Preist euch einer eine Tugend an, die anderen aber nicht, ist Vorsicht geboten.

Wenn ihr die Tugenden lebt, lebt ihr damit den Großen Christus in euch: Ihr »wandert ihn ab«. Indem ihr euch einer der Gegebenheiten des Christus am Kreuz zuwendet, geht ihr den Weg des Schülers nicht mehr nur abstrakt in der äußeren Welt, sondern im Innern. Ihr könnt an dem Inneren Christus erkennen, wo ihr seid auf dem Weg, und könnt entsprechende Hilfen bekommen.

Stellt euch den Großen Christus lebensgroß vor. Betrachtet ihn: wie verlaufen die Muskeln, die Sehnen, die Gelenke, wie ist die ganze Haltung? Ihr werdet ihn als lebendig erleben. Und ihr werdet euch zu einer bestimmten Stelle hingezogen fühlen.

1. Seid ihr in der Phase des Schweigens, so wird euer Blick zum Haupt des Christus hingezogen. Dort verweilt in der Betrachtung.
2. Seid ihr in der Phase des Wagens, so wird euer Blick zur linken Hand und zum linken Arm hingezogen.
3. Seid ihr in der Phase des Wissens, so zum rechten Arm und zur rechten Hand.
4. Seid ihr in der Phase des Wollens, so zu den Füßen.

Ihr steht also im Garten und blickt auf das Kreuz mit dem Herrn, auf den Teil, der euch jetzt gerade besonders wichtig ist. Ihr werdet das Bedürfnis empfinden, diesen Teil des Herrn zu berühren oder von ihm berührt zu werden. Das könnt ihr auch tun oder geschehen lassen, zumal wenn ihr in Not seid. Ihr werdet spüren, wann ihr seine Hand oder seine Füße berühren dürft. Oder ein Lächeln, ein Blick, der Atemhauch des Christus berühren euch, hilft euch, kräftigt euch, kräftigt vor allem die entsprechende Tugend oder die Liebe und Dankbarkeit in bezug auf die Tugend. Denn die Tugend selber fehlt oft nicht an sich, sondern die Bereitschaft, sie in Liebe und Dankbarkeit zu praktizieren.

Es gilt nun, diese Bereitschaft zu stärken, und zwar unabhängig von der Phase, in der ihr gerade seid, für alle vier Stadien. Dazu macht folgendes:

Übung

Stellt euch auf und begebt euch in die Kreuzeshaltung. Nun stellt euch vor: der Große Christus befindet sich in euch, Haupt, Arme, Beine, Füße ein wenig hinter den euren, in der Größe deckungsgleich.

1. SCHWEIGEN: Beginnt in der Vorstellung beim Kopf, hinter euch das Haupt des Christus. Habt das Gefühl, daß er in euch ist. Der Christus atmet in euch. Spürt die leichte Wärme, den Hauch seines Atems. Er lebt. Der Kopf bewegt sich, erhebt sich, er blickt. Führt ein kurzes inneres Gespräch mit dem Herrn.

Dann sprecht:

»Arm bin ich in Liebe und Dankbarkeit.
Arm war ich in Liebe und Dankbarkeit.
Arm bleibe ich in Liebe und Dankbarkeit.
Amen.«

Im Gegenwartsaspekt »... bin ich ...« bedenkt ihr den Vater: Ich schweige.
 Im Vergangenheitsaspekt »... war ich ...« bedenkt ihr den Sohn: Ich weiß es.
 Im Zukunftsaspekt »... bleibe ich ...« bedenkt ihr die Mutter: Ich wage es, dem ins Auge zu sehen und es weiterhin zu leben.

So auch im folgenden.

2. WAGEN: Nun lenkt eure Konzentration der linken Hand des Herrn zu, spürt, wie sie lebt, atmet, sich bewegt, etwas sagen will. Habt das Gefühl, daß der Herr eure Hand mit der

seinen umschließt. Dann wendet euch an die Mutter und sprecht:

»Demütig bin ich in Liebe und Dankbarkeit.
Demütig war ich in Liebe und Dankbarkeit.
Demütig bleibe ich in Liebe und Dankbarkeit.
Amen.«

3. WISSEN: Nun lenkt eure Aufmerksamkeit auf die rechte Hand, spürt wieder ihre Lebendigkeit und Wärme. Wendet euch an den Sohn und sprecht:

»Keusch bin ich in Liebe und Dankbarkeit.
Keusch war ich in Liebe und Dankbarkeit.
Keusch bleibe ich in Liebe und Dankbarkeit.
Amen.«

4. WOLLEN: Schließlich lenkt eure Konzentration auf die Füße des Herrn, wendet euch an den Heiligen Geist und sprecht:

»Gehorsam bin ich in Liebe und Dankbarkeit.
Gehorsam war ich in Liebe und Dankbarkeit.
Gehorsam bleibe ich in Liebe und Dankbarkeit.
Amen.«

Nun zeichnet ein großes Kreuz vor euch, tretet dann einen Schritt nach vorne und stellt euch in das Kreuz hinein.
   Wohl dem, der so beten kann, ohne daß er dabei ein ungutes Gefühl bekommt. Wenn ihr sprecht: arm war ich, keusch war ich etc., spürt ihr, daß ihr es vielleicht nicht wart. Bitte sprecht es trotzdem. Gerade diese positive Formulierung kann ein Fenster öffnen, indem ihr nämlich schweigend hinzufügt: na ja, ich war nicht ganz ideal, aber ich will

es besser machen. Stellt euch die Wirkung vor, wenn ihr diesen Satz über die Vergangenheit negativ formulieren würdet. Dann wäre eure innere Empfindung eher Trotz: na ja, so schlimm war ich doch nicht, ich habe wenigstens getan, was ich konnte, warum verlangt ihr mir auch immer so viel ab usw. Deswegen hat man die positive Formulierung mit Bedacht gewählt.

Wichtig ist, zu begreifen, daß der Große Christus euch Stärkung und Hilfe bringt. Ihr wißt, daß er mit euch lebt und immer hinter euch ist. Er trägt eure Leiden mit, er trägt eure Schwierigkeiten mit, er unterstützt euch, er nimmt euch an die Hand.

Sonntag, 23. 2. 97

Zu Dionysius Areopagita

∞

Der Hohelehrer: Du wolltest eine Frage zu Dionysius Areopagita stellen. Erläutere bitte kurz das Problem.

Die Lehre von der neunstufigen Engelhierarchie wird auf Dionysius Areopagita zurückgeführt (Bd. I S. 37, S. 338 FN 13), insbesondere auf sein Werk »Über die himmlische Hierarchie«. Nach der mittelalterlichen Tradition handelt es sich um jenen Dionysius, den Paulus bei seinem Besuch auf dem Areopag in Athen zu Christus bekehrt hat (Apg. 17,34). Er gilt als der »Vater der christlichen Mystik«. Von der neuzeitlichen Wissenschaft wird seine Urheberschaft zunehmend in Frage gestellt und diese einem noch nicht sicher identifizierten, vermutlich syrischen Mönch des 6. Jahrhunderts zugeschrieben. Die Hauptargumente dafür sind nicht unplausibel:

1. *Keiner der Kirchenlehrer der ersten fünf Jahrhunderte habe die Werke des Dionysius zitiert.*
2. *Diese Werke enthielten Anspielungen auf Autoren aus den ersten fünf Jahrhunderten, z. B. auf Plotin und Proklos, ferner auch auf Elemente des syrisch-antiochenischen Ritus.*

Man nennt den Verfasser deshalb heute oft den »Pseudo-Dionysius«. Militante Gegner der Mystik sprechen sogar von einer

»Fälschung«, die den gesamten Text unglaubwürdig mache. Deshalb die Frage. Wie verhält es sich?

Der Hohelehrer: Dionysius Areopagita, den Paulus zum christlichen Glauben geführt hat, wurde später – als Bischof von Athen – Begründer einer hermetischen Weisheitsschule. Er unterrichtete einen Kreis von Schülern über esoterische Hintergründe des biblischen Geschehens. Um die heiligen Inhalte vor Mißbrauch und Entwürdigung zu schützen, übernahmen die Schüler die Verpflichtung, sie nur an vorbereitete Menschen weiterzugeben, die mit Respekt und Ehrfurcht damit umzugehen wußten.

Das war auch in anderen antiken Mysterienschulen üblich, z. B. der pythagoreischen oder der eleusischen, also nichts Ungewöhnliches. So etwas gibt es ja auch heute noch. Wenn ihr sagt, etwas sei »hermetisch abgeschlossen«, so ist es nicht geheim, aber einem Kreis von vorbereiteten Menschen vorbehalten, wie in der Schule des altägyptischen Weisheitslehrers Hermes Trismegistos, des »Dreifach Großen«.

Unter den Schülern wurden einer oder einige dazu ausersehen, die Lehre weiterzugeben: Sie wurden ihrerseits Lehrer. Einer wurde zum Leiter der Schule bestimmt. Diesem wurde dann der Name des anfänglichen Meisters beigelegt, er nannte sich – nicht nach außen, aber innerhalb der Schule – also Dionysius Areopagita. So wurde die Lehre von Generation zu Generation getragen.

Für die Schüler war der Name ihres Urmeisters wichtig. Als Lehrer benannten sie sich nach ihm, es gab also über die Jahrhunderte viele, die als Dionysius Areopagita angesprochen wurden. Sie waren voller Treue bemüht, das Werk ihres Urmeisters zu erhalten und nach bestem Wissen und Gewissen hier und da zu verbessern.

Die ursprüngliche Schrift des Dionysius enthielt nur Skizzen. Das meiste wurde nicht niedergeschrieben. Man ging davon aus, daß die Form des Buches den Heiligen Schriften vorbehalten bleiben soll und schon gar nicht für Inhalte geeignet sei, die schutzbedürftig und ohne Vorbereitung nicht verständlich sind.

Die Lehre wurde vielmehr mündlich weitergegeben, wie es damals Brauch war. Der Lehrer notierte das Wichtigste als didaktischen Leitfaden und um sein Gedächtnis zu stützen, so ähnlich wie sich heute ein Professor Stichpunkte für seine Vorlesung notiert. Die schriftlichen Aufzeichnungen wurden nicht weitergegeben. Der Lehrer verfügte häufig, die Aufzeichnungen seien nach seinem Sterben zu verbrennen.

Einer seiner Schüler wurde selbst Meister und hatte alles neu auszudrücken. Er hatte von seinem Lehrer alles Wesentliche gehört und für sich selbst notiert. Er hatte es in neuer Sprache, in zeitangemessener Diktion, in eigenen Worten zu vermitteln – bis auf einige immer gleichbleibende Formulierungen. Er durfte das Gesagte auch ergänzen und erweitern, z. B. auf Fragen seiner Schüler eingehen oder auch Hinweise auf neue Literatur einbeziehen, wenn er nur den wesentlichen Inhalt der Lehre weitergab.

Manche machten sich ebenfalls nur skizzenhafte Aufzeichnungen, manche verfaßten zusammenhängende Texte, gossen den Inhalt also in Buchform, der aber nicht zur Veröffentlichung bestimmt war. Der Meister übergab das Buch dem Schüler, dieser verinnerlichte es und verbrannte es dann. Und er schrieb es später neu. Die Herzensschüler waren ein lebendiges Buch. Das hat gut funktioniert. Bücher solcher Art wuchsen an Qualität, Harmonie, Tiefe, Stärke, Wirkkraft.

Dieses Verfahren der mündlichen Weitergabe und der Erneuerung diente vier Zwecken:
1. Der Urmeister trat nicht unmittelbar als Autor eines Buches in Erscheinung und wurde nicht als solcher verehrt.

2. Die Formulierungen waren immer der jeweiligen Zeit adäquat, nahmen z. B. auf aktuelle Probleme und Autoren Bezug.
3. Es gab immer jemand, der für den Inhalt persönlich verantwortlich war, der ihn sich aus eigener Erfahrung zu eigen gemacht hatte und ihn im persönlichen Kontakt übermittelte.
4. Das Wissen bewahrte seine Lebendigkeit und verstaubte nicht in den Regalen der Bibliotheken.

Die Veröffentlichung war kein glücklicher Zufall, sondern ein Unfall, das Abbrechen der Kette. Es entstand eine Form, die nicht mehr lebte, und der Inhalt wurde bekrittelt. Das Buch hatte eigentlich nicht gefunden werden sollen. Findet man ein solches Buch auf und veröffentlicht es, so erstarrt die Tradition.

Denn die wirkliche Erkenntnis geschieht nicht durch das Buch, sondern dadurch, daß ein Mensch sich seinen Inhalten öffnet und sie durch eigene Erfahrung in sich lebendig werden läßt. Dann werden die Engel das ihre dazutun. Das Lesen allein vermehrt das Wissen, aber Wissen als solches bewirkt nicht viel. Was etwas bewirkt, ist das Verinnerlichen, Verarbeiten, Praktizieren, Üben, durch das die Mitteilungen im Menschen lebendig werden. Lerne, erfahre, durchlebe, setze um! Das gelingt leichter in einer hermetischen Schule von Freunden als durch ein Buch.

Allerdings kann man auch ein Buch in etwas Lebendiges verwandeln. Es kommt zur Welt wie ein Kind, das der Familie geschenkt wird, hat aber nur seine begrenzte Lebenszeit und stirbt, nachdem wieder ein neues Buch entstanden sein wird – ein neues Kind, in dem die Familie weiterlebt.

Auf die Frage, ob Dionysius Areopagita der Urheber der ihm zugeschriebenen Werke ist, lautet die Antwort also: Ja und nein. Ja, insofern er der Urmeister war, dessen Lehren das Werk enthält, nein, insofern der Verfasser des Wortlauts einer aus einer langen Traditionskette war, in der manches ergänzt und verändert wurde.

Woher hatte Dionysius Areopagita sein Wissen über die Engel?

Er hatte es nicht nur von Paulus, sondern auch von Maria, die er in Ephesos besuchte und die viele Gespräche mit ihm führte. Sie behandelte ihn wie einen Jünger ihres Sohnes. Aber auch Johannes hat Dionysius sein Wissen auf den Weg gegeben. Maria hatte Johannes die ganze Engellehre anvertraut. Johannes hat Dionysius auch alles erzählt, was er mit dem Herrn erlebt und was er von ihm gehört hat. Johannes und Dionysius verehrten beide die Mutter, und sie erachteten einander gleichrangig wie Brüder. Dionysius hatte große Ehrfurcht vor dem Lieblingsjünger des Herrn. Von Maria und von Johannes erhielt Dionysius die Schulung, die ihm ermöglichte, dieses Wissen in sich lebendig werden zu lassen und die ihn zu einem so großen Lehrer machte. Durch sie wurde er, wie man zu sagen pflegt, zum »Vater der christlichen Mystik«.

Anmerkung
Das Gesamtwerk des Dionysius Areopagita ist in einer neueren deutschsprachigen Ausgabe mit umfänglichem wissenschaftlichen Apparat im Verlag Anton Hiersemann in Stuttgart erschienen, und zwar aus den angegebenen Gründen unter dem Namen »Pseudo-Dionysius«. Die Ausgabe besteht aus drei Bänden. 1. Über die himmlische Hierarchie und: Über die kirchliche Hierarchie, 1986. 2. Die Namen Gottes, 1988. 3. Über die mystische Theologie. Und: Briefe, 1994. – Eine umfassende Darstellung und Reflexion der Wirkungsgeschichte des Werkes und der um sie entstandenen Kontroversen gibt Gerd-Klaus Kaltenbrunner, Dionysius vom Areopag – das Unergründliche, die Engel und das Eine, 1996 (ISBN 3-906 336-17-4). Dieses Buch zeichnet sich dadurch aus, daß es die mystischen Inhalte ernst nimmt und sogar den historischen Ursprung des Werkes nachzeichnet – in Übereinstimmung mit obiger Darlegung, aber unabhängig von ihr. Bedenkt man diesen Ursprung, so erscheint auch der poetische, mitunter hymnische Sprachstil dem Gegenstand angemessen.

Mittwoch, 13. 3. 97

Kreuzweg in der Inneren Kirche

∞

Elion: 14 Tage vor Gründonnerstag – also morgen – beginnt bitte, täglich eine Station des Kreuzweges zu meditieren und zu beten. Ich gebe euch heute dazu einige Anleitungen. Begebt euch in eure Innere Kirche und dort vor die Nische des Christus.

Vor der Nische baut einen zusätzlichen kleinen Altar auf. Der Altar ist sehr schlicht. Er ist mit einem weißen Tuch bedeckt. Auf dem Altar stehen in einer Reihe sieben Kerzenhalter. Ihr werdet sehen: links vom Altar steht der Engel der Trauer. Auch rechts steht ein Engel.

Nun lest – am besten gemeinsam und mit lauter Stimme – die vierzehn Passionsstufen. Ihr könnt den Text aus den vier Evangelien oder aus den Visionen der Anna Katharina Emmerich zusammenstellen oder den Text einer »Kreuzwegandacht« verwenden, wie ihr ihn in Kirchen und Buchhandlungen findet.

Lest täglich eine Station. Erlebt das Geschehen mit als Zuschauer oder als einer der Schüler des Herrn.

Wer es wagt, kann versuchen, das Amt der Verteidigung zu übernehmen und bei jeder Station ein Plädoyer für den Herrn zu halten. Der Versuch wird im Himmel mit Wohlwollen zur Kenntnis genommen. Auch die Hierarchien zur Linken nehmen ihn zur Kenntnis, allerdings nicht mit Wohlwollen.

1. Station:

*»Heiliger Sohn, ich danke Dir,
ich preise Dich und diene Dir,
von jetzt an bis in Ewigkeit.«*

Lest die Szene seiner Verurteilung.

Entzündet dann in eurer Vorstellung auf dem Altar links auf dem ersten Kerzenhalter eine rote Kerze. Ihr werdet sehen: Links von der roten Kerze legt der Engel der Trauer eine Dornenkrone nieder.

Betet zum Abschluß:

*»Ich mit Dir, Du mit mir.
Ich in Dir, Du in mir.
Ich durch Dich, Du durch mich –
wir siegen.«*

»Siegen« heißt hier nicht: wir fügen dem anderen eine Niederlage zu, sondern wir stehen das durch in Geduld und Hoffnung, ohne aus der Zentrierung zu fallen, ohne die Verankerung im Himmel zu verlieren.

In den folgenden Stationen werden dieselben Gebete zur Einleitung und zum Abschluß gesprochen.

2. Station:

Er nimmt sein Kreuz auf sich.
Eine orangefarbene Kerze wird entzündet.

3. Station:

Er fällt zum ersten Mal unter dem Kreuz.
Eine gelbe Kerze wird entzündet.

4. Station:

Er begegnet seiner tiefbetrübten Mutter.
Eine grüne Kerze wird entzündet.

5. Station:

Simon hilft ihm, das Kreuz zu tragen.
Eine blaue Kerze wird entzündet.

6. Station:

Veronika trocknet sein Antlitz.
Eine violette Kerze wird entzündet.

7. Station:

Er fällt zum zweiten Mal, am Stadttor von Jerusalem.
Eine weiße Kerze wird entzündet.

8. Station:

Er tröstet die Töchter Jerusalems.
Nun legt vor die linke rote Kerze eine rote Rose nieder.

9. Station:

Er fällt zum dritten Mal unter dem Kreuz.
Legt vor die orangefarbene Kerze eine rote Rose nieder.

10. Station:

Er wird seiner Kleider beraubt.
Legt vor die gelbe Kerze eine rote Rose nieder.

11. Station:

Er wird ans Kreuz genagelt.
Legt vor die grüne Kerze eine rote Rose nieder.

12. Station:

Er stirbt am Kreuz.
Legt vor die blaue Kerze eine rote Rose nieder.

13. Station:

Sein Leichnam wird vom Kreuz genommen und
seiner Mutter in die Arme gelegt.
Legt vor die violette Kerze eine rote Rose nieder.

14. Station:

Er wird ins Grab gelegt.
Legt vor die weiße Kerze eine rote Rose nieder.

Dann legt der rechte Engel eine goldene Krone neben die weiße Kerze.
  »Ich mit Dir, Du mit mir.
  Ich in Dir, Du in mir.
  Ich durch Dich, Du durch mich –
  wir siegen.«

Am Gründonnerstag beschäftigt euch mit dem Heiligen Abendmahl und mit den Ereignissen im Garten Gethsemane. Am Karfreitag geht den gesamten Weg der 14 Passionsstufen.

Am Karsamstag sprecht immer wieder das Credo bis zu der Stelle.: »... hinabgestiegen in das Reich des Todes.« Die Engel tun das auch: Auch sie beten unaufhörlich das Credo bis »... hinabgestiegen in das Reich des Todes«. Das laßt in euch klingen wie die unvollendete Sinfonie von Schubert. Ihr werdet euch fühlen, als würdet ihr den Atem anhalten.

Es soll nichts weiter als das Credo bis zur angegebenen Stelle gesprochen werden. Es ist nicht ratsam und auch nicht zulässig, in der Innenwelt mit dem Herrn in das Reich des Todes zu gehen. In der Außenwelt tut eure Arbeit. In der Innenwelt haltet den Atem an. Versetzt euch in die Situation der Menschen, die zum engeren und weiteren Kreis der Jünger und Freunde gehörten: Sie wußten noch nicht, daß Ostern kommt.

Es wäre schön, das Credo bis dahin zu vertonen und den letzten Ton sehr lang zu halten. So spannt sich eine Brücke, bis es endlich weitergeht. Seid euch bewußt: Seit dem Abstieg des Herrn ist der Tod verwandelt, nicht nur infolge der Tatsache, daß der Christus in das Reich der Toten abstieg, sondern auch, weil er wieder auferstand.

Am Ostersonntag spricht dann das Credo weiter.

Es ist wie bei der Potenzierung in der Homöopathie: Euer kleines Tun hat große Wirkung!

Montag, 24. 3. 97

Vom Sinn des Leides

∞

Ein Engel des Herrn: In der Karwoche sind wir Engel stiller, ernster, konzentrierter und zurückhaltender als sonst. Wir trauern. Unsere Farben sind mit einem Grauschleier mattiert. Das Licht strahlt weniger nach außen, sondern wird nach innen gelenkt. Wir sind ganz dem Herrn und seinem Leidensweg zugewandt. Alles andere steht zurück, auch Fragen, die sich auf andere Themenbereiche beziehen.

Ein Mensch, der ein wenig Einblick in die Ebene der Engel hat, wird sich ihnen in seinem Verhalten angleichen, so weit er kann. Er ist zurückgenommen und ernster. Sein Tun in der Außenwelt wird er auf das Wichtigste beschränken. Er wird in Gedanken beim Herrn und seinen letzten Tagen verweilen.

Das heißt nicht, die Alltagsaufgaben zu vernachlässigen. Das tun die Engel auch nicht. Die Schutzengel schützen weiter, die Führungsengel führen weiter, die Notfallengel sind zur Stelle, wenn sie gebraucht werden usw. Aber die Stimmung ist gedämpft.

Die Erzengel tun in der Karwoche etwas sehr Eigenartiges: Sie »bemessen die Tränen«, d. h., sie beobachten das Leid und die Tränen, die geweint werden von Menschen und der Schöpfung: wer leidet wie, wo, warum, woran, seit wann? Was wird dadurch bewirkt, verändert, erlöst? Was wird weicher, was härter, was lichter und was dunkler?

Es gibt Leid zum Dunkel – es führt zu Zerstörung, Verhärtung, Verbitterung – und Leid zum Licht, das zu etwas Sinnvollem führt, z. B. zu Reifung, Loslösung, Aufbruch. Die Hierarchien zur Linken suchen, dem Menschen den Blick auf den Sinn seines Leides zu verstellen, und sie säen sinnloses Leid. Die Erzengel sind bestrebt, das Leid zum Dunkel in ein Leiden zum Licht zu verwandeln, d. h., sie verleihen dem Sinnlosen nachträglich Sinn und suchen, dem Menschen den Blick für den Sinn zu öffnen.

Der Passionsweg des Herrn stellt euch das Bild eines zum Licht führenden Leides vor Augen. Es war schlimm, aber er litt auf ein Ziel hin. Auch der Geburtsschmerz, den Mutter und Kind erleben, ist ein Leid auf etwas Lichtes hin. Auch der Drogenentzug ist leidvoll, aber sinnvoll, wenn am Ende das Freisein von der Droge steht. Im Leben gibt es immer wieder Situationen, wo man sich unter Schmerzen von etwas loslöst, um auf ein lichtes Ziel zuzugehen. Letztlich führt auch das Leid des Sterbens ins Licht, wenn es von Liebe und Hoffnung begleitet wird.

So lernt die Seele auf Umwegen. Die Erzengel, allen voran Michael, versuchen, den Hierarchien zur Linken das Leid zu entreißen. Dann machen Menschen die Erfahrung, daß Leid nicht mehr zermürbt, sondern ertragbar und sinnvoll wird. Der Mensch leidet zwar immer noch, aber dem liegt dann eine andere Grundtendenz zugrunde: sie richtet den Menschen auf, er steht wieder auf eigenen Füßen.

Menschen können dabei helfen, vor allem der Priester. Er kann dem Menschen bewußt machen, ob sein Leidensweg dunkel oder lichtvoll ist. Ist er dunkel, kann er sich z. B. an die Heerscharen des Erzengels Michael wenden und bitten, daß sie das Leid in ein lichtvolles wenden.

Warum sagt ein Mensch »nein« zum Leiden? Nicht nur, weil er bockig oder nicht intelligent genug ist, sondern weil er sich vor den Hierarchien zur Linken fürchtet. Das sieht er ganz richtig. Er sieht den Leidensweg ins Dunkel. Einem solchen Menschen kann man nicht sagen: »Sag ›ja‹ zum Leiden.« Dazu ist zunächst wichtig, ihm zu sagen, daß es zwei Leidenswege gibt. Der Leidensweg mit der Droge ist ein Weg ins Dunkel. Der Entzug ist auch ein Leidensweg, aber er führt ins Licht.

Um das Leid ins Dunkle in ein Leid zum Licht zu wenden bzw. den Blick für den lichtvollen Sinn eines Leidens zu öffnen, sollte man sich folgendes klarmachen:

1. Der primäre Blick des Menschen und übrigens auch des Tieres in einer bedrohlichen Situation gilt der Frage: Überlebe ich oder nicht? Was kann ich tun, um zu überleben?
2. Auf einer zweiten Stufe richtet sich der Blick auf die Frage: Lebe ich gut, im Glück, in Wohlgefühl - oder in Leid, in Not, in Sorgen?
3. Alsdann gilt der Blick der seelischen Stimmigkeit: Lebe ich in Frieden mit mir selbst, in guter Ordnung – oder in innerem Krieg, im Zerwürfnis mit mir selbst? Insbesondere: lebe ich im Einklang mit dem Himmel – oder nicht?
4. Schließlich gelangt man zu einer komplexen Sicht der Lebensumstände, die einen souveränen Umgang mit ihnen ermöglicht. Der Blick richtet sich nicht mehr auf das schlichte entweder – oder, sondern auf die Frage: Was ist zunächst sichtbar, weil es überwiegt, weil es ins Auge fällt, schon längere Zeit vorherrscht? Was wird sichtbar,

wenn man tiefer blickt, wenn man die Wurzeln in Betracht zieht, zu den untergründigen Ursachen vordringt? Welche Zusammenhänge erschließen sich erst dem »zweiten Blick«?

Diese Sichtweise öffnet sich dem Menschen, wenn er in seinem Bewußtsein folgende Voraussetzungen erfüllt:

Er geht davon aus, *erstens*, daß sich der »zweite Blick« lohnt, daß es sinnvoll ist, genauer hinzuschauen und sich mit dem Augenfälligen nicht zu begnügen, *zweitens*, daß die Dinge mehr sind, als sie zu sein scheinen, *drittens*, daß es unter dem Sichtbaren ein gewebtes Ganzes und daß es eine webende Macht gibt. Früher sprach man von Nornen, die die Schicksalsfäden spinnen. Ihr wißt, daß Engel euch durchs Leben führen, daß sie fügen und lösen.

Der »zweite Blick« richtet sich dann auf die Fragen: Was mögen sich die Engel gedacht haben? Wohin wollen sie mich führen? Was wollen sie in mir öffnen, was wollen sie stärken? Wovon wollen sie mich lösen?

Diese Sichtweise führt euch zu der Erkenntnis: Das Gute ist nicht so gut, das Schlechte nicht so schlecht, wie ich meinte. Alles macht Sinn oder bekommt nachträglich Sinn, aber nichts ist vollkommen. Wenn ihr euch dessen bewußt werdet, könnt ihr die Dinge in innerer Souveränität betrachten, ihr lernt, mit ihnen einverstanden zu sein, und dies mit einem großen »Amen!« zu besiegeln: So ist es, so sei es. Und dies ist die Basis für ein weiteres Fortschreiten.

In diese Zentriertheit kann man sich nicht mit einem großen Sprung hineinversetzen. Wer das versucht, findet nicht zur Souveränität, sondern zu Relativismus und Fatalismus, zu einer Schicksalsergebenheit, die flach und statisch bleibt, d. h. kein Fortschreiten erlaubt. Es ist wichtig, die Stufen der Einsicht ernst zu nehmen und durchlebt zu haben:

Überlebe ich, lebe ich gut, im Einklang mit mir selbst und mit dem Himmel? Dann öffnet sich der Blick auf die untergründigen Zusammenhänge und damit auf den lichtvollen Sinn des Schicksals und des Leidens, das es mit sich bringen mag.

Mittwoch, 26. 3. 97

Des letzte Tag des Herrn vor dem Abendmahl

∞

Beraja-Malach (ein Engel des Herrn, einer derjenigen, die Jesus während seines Lebensweges auf Erden begleitet haben): Ihr wolltet über die letzten Taten des Herrn vor dem Abendmahl unterwiesen werden. Der Herr wußte sehr wohl, was ihm bevorstand. So wird euch nicht verwundern, daß seine Handlungen Vermächtnischarakter haben.

Den Tag, den ihr als Gründonnerstag begeht, verbrachte er in Stille. Er faßte die Erinnerungen seines Lebens zusammen, sammelte sozusagen sein Leben ein, nahm alles noch einmal in sein Bewußtsein, in sein Herz und verabschiedete sich innerlich. Doch auch den Tag davor – also den Mittwoch – verbrachte er mit Dingen von einiger Bedeutung für diejenigen, die in der Nachfolge des Herrn leben möchten.

1. In den Morgenstunden trat er vor das Haus. Es war eher eine Hütte mit einem einzigen Bäumchen, sehr karg, ähnlich einer Klosterzelle. Er war dort bei Freunden zu Gast. Er begrüßte die Natur und sprach mit ihr, wie er es als Kind getan hatte: mit der Sonne, den Wolken, den Baumwipfeln, Büschen, Blumen und Gräsern, mit Erde, Stein und Geröll bis hin zu den Wurzeln und dem, was noch tiefer in der Erde liegt. Er zog eine große Vertikale von oben nach unten.

Alsdann zog er eine Horizontale. Er blickte zuerst zu den Häusern links von ihm und blickte durch die Wände – das war für ihn kein Problem: Ist dort jemand krank, unglücklich, verlassen, einsam, hat dort jemand Kümmernisse, vielleicht etwas zu verbergen, Schuld auf sich geladen und schwer daran zu tragen? Dann drehte er sich langsam nach rechts. Er nahm sich Zeit, durch alle Häuser zu blicken. Er *segnete* mit erhobener Hand alles Lebendige in diesen Häusern, Hütten, Ställen – von links bis zur Mitte mit der linken Hand, von der Mitte nach rechts mit der rechten Hand. Dann drehte er sich um und tat dasselbe noch einmal, segnete das Haus, in dem er zu Gast war und die dahinter lebenden Menschen, Tiere, Naturgeister, und zwar wieder von links bis zur Mitte mit der linken Hand, von der Mitte nach rechts mit der rechten.

Es sollte euch ein schöner Brauch werden, ab und zu einmal an den Herrn zu denken und diese Handlung vor eurer Haustür vorzunehmen. Dafür eignet sich der frühe Morgen, sobald die Sonne aufgegangen ist, wenn der Alltag noch nicht begonnen hat, der Rest des Hauses noch schläft. Der schlichte Grund, warum niemand diese Handlung überliefert hat, ist, daß sie niemand gesehen hat, keiner es weiß. Sie regelmäßig auszuführen, wäre sinnvoll in der Nachfolge des Herrn.

2. Dann hat er etwas getrunken und gegessen, sich ganz normal verhalten. Nach dem Morgenmahl kam eine Gruppe von kleinen *Kindern* aus der Nachbarschaft mit einem Zicklein und anderen Tieren. Sie kamen aus keinem besonderen Grund. Sie wollten, daß er Späßchen mit ihnen macht, lustige Geschichten erzählt, mit ihnen spielt, wie er es öfters tat. Man spielte mit kleinen Kugeln auf dem Sand, es gab großes Gelächter, es war sehr lustig. Er nahm sich Zeit, nahm eines der Kinder auf die Knie, rutschte mit ihnen auf dem

Erdboden, erzählte ihnen Geschichten, hörte den kleinen Kümmernissen zu, schlichtete einen kleinen Streit unter ihnen, verarztete einen Vogel, der einen gebrochenen Flügel hatte, erzählte aus seiner Kindheit.

Es erscheint euch vielleicht eigenartig, daß man sich an einem Tag, wo das Ende des Wirkens auf der Erde bevorsteht, Zeit nimmt, mit Kindern zu spielen. Wer in der Nachfolge des Herrn leben möchte, ist gehalten, sich um die Kleinen mit ihren kleinen Kümmernissen zu kümmern, nichts wichtiger zu nehmen als ein Kind, das spielen möchte oder ein Problem hat.

3. Es war jetzt Vormittag, der Alltag hatte begonnen. Da hielt der Herr eine letzte sogenannte »Stunde«. Das war ein schöner Brauch, das hat er oft getan, wann immer er konnte. Da konnte man zu ihm kommen, auch wenn man nicht zum Jüngerkreis gehörte. Man konnte fragen, und der Herr nahm sich Zeit, zu antworten. Manche wollten eigentlich hetzen, verstummten aber sehr rasch. Manche kamen mit Sorgen, Ängsten, Nöten, wollten loswerden, was sie bedrückte, also eher beichten als fragen. Manche hatten irgend etwas gehört und wollten das genauer wissen. Manche aus dem größeren Jüngerkreis stellten die eine oder andere Verständnisfrage. Und er tat, als wäre es nicht der letzte Tag. Wie immer beantwortete er die vielen Fragen, tröstete, segnete, entlastete von Schuld, war einfach da.

Für euch bedeutet Nachfolge, daß ihr wenigstens einige Minuten am Tag bereit seid, für andere dazusein, hinzuhören, zu trösten, Segen zu spenden, gleich wer es ist, nicht die Geduld zu verlieren, auch wenn jemand euch angreift, immer gleichmütig und geduldig zu erklären, keine Frage für zu dumm zu erachten, jedes Problem, alle Kümmernisse ernst zu nehmen.

4. Nach einem Mittagsmahl mit seinen Gastgebern zog sich der Herr in die Hütte zurück, in der er geschlafen hatte und wo er ein bißchen allein war, und machte ein sogenanntes *Mittagskreuz*. Er kniete nieder und durchmaß mit Dank und Lobpreis die Hierarchien, von den obersten, den Seraphim, bis herunter zu den Engeln und den Menschen.

Dann machte er wieder einen Dank- und Segenskreis um diese Vertikale herum, wieder mit der linken Hand zur Mitte, von der Mitte nach rechts mit der rechten Hand. Da gedachte er aller Heiligen und Propheten, die ihm vorangegangen sind vom Anfang der Schöpfung an. Viele kennt ihr nicht namentlich, er kannte sie, bedachte sie, segnete sie alle. Dann drehte er sich um, machte den zweiten Halbkreis mit der Linken bis zur Mitte, mit der Rechten von der Mitte aus, und bedachte alle Großen der Zukunft.

Wenn für euch die Möglichkeit besteht, um die Mittagszeit einen ruhigen Ort aufzusuchen und ihr dem Herrn nachleben wollt: macht ein solches Mittagskreuz, dankt den Hierarchien, dankt den Heiligen, Märtyrern, Propheten.

5. Dann trat er hinaus, und es begann die Stunde des *Heilens* und des Heiligens. Zu diesem Zweck hat der Herr sich stets frisch gewaschen und frische Kleidung angelegt. Häufig wurde er um diese Stunde schon von Hilfsbedürftigen erwartet. Und besorgte Angehörige von Kranken baten ihn in ihr Haus. Dann ging er, um die Kranken zu besuchen und heilte viele.

Die den Herrn riefen, und die Kranken, denen er half, waren Menschen, die an ihn glaubten, vielleicht das eine oder andere schon erfahren hatten aus seiner Hand, seinem Mund, seinen Augen. Manche brachten Kinder zu ihm, oder die Männer brachten ihre Frauen, ja sie brachten Menschen zu ihm, die eigentlich gar nicht krank waren, aber für die man eine Art Präventivheilung erbat. Man bat den Herrn, sie in irgendeiner Form zu schützen für ihr weiteres Leben. Das ist auch eine Art der Heilarbeit gewesen, etwas sehr Rührendes. Das hat er sehr gern getan.

Wenn der Herr einen Raum betrat, grüßte er mit einem Blick alle Menschen in diesem Raum. Und er blickte in die Zeit und begrüßte alle, die den Raum jemals betreten haben und betreten würden. Sein Grüßen bedeutete immer auch Segnen: er *grüßte im Namen des Vaters*. Ihr könnt im Namen des Herrn grüßen, wenn ihr möchtet.

Wenn er zu einem Kranken trat, grüßte er ihn noch einmal mit einem Blick und damit zugleich alle Innenraumbewohner und alle Engelwesen in und um diesen Menschen herum. Nach außen wahrnehmbar war ein langer Blick, begleitet von einem lieben Lächeln und vielleicht einem Händedruck.

Schon sein Blick hatte heilende Wirkung. Er wirkte kräftig und machtvoll. Er konnte den Doppelgänger des Kranken in Schach halten, die Aura lichtvoller machen. Einen Menschen anblicken kann auch für euch ein Anfang des Heilens sein.

Eine zweite Möglichkeit hatte der Herr im *Auflegen der Hände*, eine dritte Möglichkeit durch das *Wort*. Meistens hat er alle drei Möglichkeiten gemeinsam angewandt. Das ist ein Thema, das man bei anderer Gelegenheit beleuchten kann, wenn ihr das wünscht (s. u. 8.6.1997, S. 203.).

Ihr werdet es ihm nicht gleichtun können. Was ihr tun könnt, ist, Heil zu bringen. Ein Mensch in der Nachfolge des Herrn ist – in geringem Maße – immer auch ein Heilbringer. Seid, wie er, frisch, sauber gekleidet, von reiner Ausstrahlung, und sorgt, daß ihr euch nicht geärgert oder gesorgt habt. Überhaupt: Wenn ihr unter Menschen geht, sorgt dafür, daß ihr erfüllt seid von Freude, Licht, Güte, dem Wunsch nach Frieden. Wenn irgend möglich, macht euch zur Gewohnheit, daß ihr erst dann unter Menschen geht, wenn ihr euch zuvor für einen kurzen Moment in den höchstmöglichen Bereichen aufgehalten habt, die euch zugänglich sind. Steigt z. B. hinauf in den Bereich eures *Sonnenengels*. Erfüllt euch dort mit der Reinheit, der Schönheit, dem Licht, dem Segen dieses Ortes. Dann geht unter die Menschen. Ganz besonders wichtig ist dies vor Krankenbesuchen oder wenn ihr Besuch erwartet, von dem ihr wißt, daß er mit Sorgen und Problemen kommt.

Übt, zu eurem Sonnenengel sehr rasch Kontakt aufnehmen zu können. Tut dies häufig am Tag, weil ihr damit Licht zur Erde holt, das ausgesprochen wohltut. Wenn ihr so bekleidet zurückkehrt, kann euch das Dunkle, dem ihr begegnet, nichts anhaben; die anderen werden sich sehr wohl fühlen in eurer Nähe.

Für heute nur so viel: Wenn ihr in der Nachfolge des Herrn lebt, seid euch bewußt: Blick, Wort, Handlung können wohltun, heilen, fröhlich machen, trösten, Hoffnung bringen, Schmerz verringern, vielleicht sogar vertreiben, oder sie können das Gegenteil bewirken. Wenn Menschen einander verletzen, treffen, Schmerzen zufügen wollen, d. h., wenn der Doppelgänger es fertigbringt, Menschen glauben zu machen, das sei der richtige Weg, dann kann ein Blick, eine Handlung, ein Wort sehr viel zerstören, Unheil anrichten, Schmerzen verursachen, Wunden schlagen, vielleicht gewisse Seelenanteile um ihr Leben bringen.

Übrigens: wenn du dir vorstellst, daß es damals einfach war, dem Herrn zu begegnen, so ist das verfehlt. Es war auch zu jener Zeit nicht jeder in der Lage, dem Herrn zu begegnen. Es ist auch heute so, daß die einen oder anderen über bestimmte Begegnungen mit dem Himmel Heilung erfahren, weil sie in der rechten Art und Weise offen sind. Das bedeutet große innere Demut, großes Vertrauen, großen Glauben, große Dankbarkeit und den festen Entschluß, das Leben hinterher im Sinn des Himmels zu leben. Um dem

Herrn begegnen zu können, bedarf es der inneren Vorbereitungen. Es bedeutet auch, diese Dinge so zu tun, daß der Doppelgänger sie ernst nimmt, daß er respektiert, was du tust.

6. Dieses Heilen nahm einen Teil des Nachmittags in Anspruch. Dann kehrte er zurück zum Haus, wo man ihn erwartete. Dort hielt man eine *Gebetsstunde*. Man hatte Kerzen und Räucherwerk angezündet und zum Sitzen einen Teppich auf den Boden gelegt. Man war in einem kleineren Kreis versammelt und betete, immer im Wechsel zwischen dem Herrn und den anderen, nicht nur gesprochene, sondern auch gesungene Gebete.

7. Dann fand – ziemlich früh – in einem recht kleinen Kreise das Abendessen statt. Danach kam der gesamte Kreis der Jünger, dann wurde *unterrichtet* bis in die Abendstunden hinein.

Der Herr lehrte über die *10 Gebote*, die *Bergpredigt* und das *Vaterunser*. Diese drei Pfeiler markieren die Lehre des Herrn überhaupt. Wer sich diesen letzten Tag zum Vorbild nehmen möchte, möge über diese drei Dinge nachsinnen.

Die Szene mit der Salbung – hätte man die Kostbarkeiten nicht besser verkauft? (Matth. 26,6, 13; Joh. 12,3–8) – fand übrigens an diesem Abend statt.

8. Nach dem Unterrichten machte der Herr das sogenannte *Abendkreuz*. Er trat vor die Tür, sah zum Sternenhimmel hinauf und bedachte die ganze große Schöpfung. Er begann beim Vater, dem Schöpfer, dann durchmaß er Stern für Stern, bis er beim Horizont, bei den Bäumen, beim irdischen Geschehen ankam. Er bedachte die Mutter, die die Erde trägt, alle Tiere, Pflanzen, Naturgeister, alle Wesen, die auf und in der Erde leben, und segnete sie. Er machte wieder diese Kreisbewegung.

Wenn ihr das machen wollt, tut es, wenn schon eine gewisse Ruhe eingekehrt ist, wenn nur im einen oder anderen Fenster noch Licht zu sehen ist. Gedenkt der Menschen, die überall schlafen, hoffentlich gut schlafen, manche aber sind krank oder werden in dieser Nacht die Erde verlassen. – Stellt euch vor, was in all den Häusern geschieht, segnet den Schlaf dieser Menschen, die Ruhe, den Frieden.

Ja, das war ein Brauch des Herrn, das tat er jeden Abend. Das hat er an diesem Abend zum letztenmal getan.

Donnerstag, 27. 3. 97 (Gründonnerstag)

Gethsemane

∞

Jerach (s. Bd. III S. 93, 102, heute im lilafarbenen Gewand mit grünen Flügeln):

Wir werden heute betrachten, was Jesus nach dem Abendmahl im Garten Gethsemane auf dem Ölberg erlebte (Matth. 26,36–56).

Die Jünger hätten wachen und beten sollen, weil Jesus wußte, was ihnen bevorstand. Ihr Gebet hätte einen Schutzmantel um ihn gelegt, der Angriffe gelindert hätte. Die Angriffe wurden heftiger, als sie gewesen wären, wenn die Jünger ihn begleitet hätten.

Die linken Hierarchien haben auf verschiedenen Ebenen versucht, ihm schmackhaft zu machen, daß er den Kelch vorübergehen lasse. Sie haben ihn tatsächlich in Versuchung geführt. Es wäre ihm ein Leichtes gewesen, der Situation zu entfliehen. Er war sich dessen bewußt und war nicht ganz abgeneigt, dies zu tun: er kämpfte tatsächlich mit dieser Möglichkeit. Er hätte sich an einen anderen Ort begeben können. Er hätte Michaelsengel bitten können, ihn unberührbar zu machen. Er hätte sein Aussehen verändern können. Er hätte mächtige Zeichen vom Himmel erbitten können, die die Menschen so in Furcht versetzt hätten, daß sie sich zurückgezogen hätten. Er hätte

Naturgewalten entfesseln, z. B. die ganze Stadt in Feuer, Schutt und Asche legen können.
Das alles wußte er, aber er hat es nicht getan! Das Wort: »*Vater, laß diesen Kelch an mir vorübergehen, ...*« war doppeldeutig: Es bezog sich nicht nur auf die bevorstehende Passion, sondern auch auf die Versuchung, sich ihr zu entziehen.
Es gibt Menschen, die meinen, er sei nicht wirklich gestorben, sondern nur ohnmächtig geworden, oder der Herr hätte seinen Körper verlassen, und dieser allein hätte die Passion erlitten, oder ein Engelwesen hätte die Passion gespielt und ähnliches. Das alles ist nicht wahr! Er hat die Passion bewußt auf sich genommen. Die Angriffe der linken Hierarchien in dieser Nacht bestanden darin, ihm ihre Schrecklichkeiten auszumalen, um ihn davon abzubringen.

Der erste Angriff betraf die körperliche Ebene. Der Herr empfand körperlichen Schmerz mehr als andere, weil er ein erhöhtes Körperbewußtsein hatte. Man erschreckte ihn mit der Ausmalung der Schmerzen.

Der zweite Angriff richtete sich auf das Durchhaltevermögen: Du kannst den Anfang aushalten, aber nicht das Ganze bis zum Ende durchstehen.

Der dritte Angriff besagte: Du wirst die mitmenschliche Enttäuschung nicht durchstehen. Du wirst zusammenbrechen unter der bitteren Enttäuschung!
Tatsächlich haben Menschen aus dem größeren Jüngerkreis den Herrn verraten, nicht im vorhinein, aber während des Ablaufes. Unter den Schreienden waren einige Schüler und Familienangehörige von Menschen, die er geheilt hatte. (Die Geheilten selber hielten alle zu ihm.)

Dies zu sehen und in Ruhe und Gelassenheit zu überstehen, hat große Kraft gebraucht.

Der vierte Angriff besagte: Du wirst keinen Kontakt zum Vater und zu den Engeln haben, als hätten Dich alle verlassen. Du wirst erleben, daß der Himmel schweigt, so daß Du Dich fragen wirst, ob es den Vater und den Himmel tatsächlich gibt.

Als er am Kreuz den Psalm betete: »*Mein Gott, warum hast Du mich verlassen?*«, hat er in seinem menschlichen Aspekt diesen Tiefpunkt der Verzweiflung, der Einsamkeit, der Verlassenheit, der Hilflosigkeit, des Ungeborgenseins tatsächlich erlebt. Er hat am Ölberg schon beschlossen, auch diese Himmelsferne zu erleben und durchzustehen, stellvertretend für die Menschen, die Ähnliches erleben.

Der fünfte Angriff appellierte an seine Würde als König und Meister. Du wirst dich lächerlich machen. Eine einmal verlorene Autorität kehrt nicht wieder!

Jesus konnte andere heilen. Er hat aber an sich selber keine Wunde geheilt, keinen Schmerz gelindert, sondern freiwillig darauf verzichtet.

Er hatte Dämonen ausgetrieben, Doppelgänger in Schach gehalten, Hierarchien zur Linken in die Schranken gewiesen, sie aber in der Passion nicht bekämpft oder in irgendeiner Form mit seiner Macht konfrontiert, obwohl er es mit einem Blick hätte tun können.

Der sechste Angriff versuchte Zweifel zu wecken, ob er den Hinabstieg in das Reich des Todes unbeschadet durchstehen könne: Weißt Du, was dort geschieht? Es gelingt Dir nicht, dem standzuhalten. Du weißt nicht, ob, wann, wie und in welchem Zustand Du herauskommen wirst.

Du bist der Sohn und nicht der Vater. Der Vater wird nicht eingreifen!

Dieses Hinabsteigen in das Reich des Todes war eine weitere Passion, die er für die gefallenen Engel auf sich nahm. Das Reich des Todes ist der Punkt der größten Dunkelheit und Gottesferne, das Reich der dunklen Hierarchien. Er hatte ihr Elend zu erleben, Spott, Hohn und Schläge zu ertragen.

Die schwerste Aufgabe war nicht vollbracht, als Jesus starb am Kreuz – das war erst der Anfang! –, sondern die schwerste Aufgabe stand ihm noch bevor. In Gethsemane war sich der Herr selbst nicht ganz klar und sicher. Noch war Zeit, dies alles abzuwenden.

Die siebente Versuchung brachte ihm in Erinnerung, wieviel Freude er am Leben, am Lehren und Heilen hatte. Er liebte die Erde, der Abschied war ihm schwer und kostete ihn Überwindung.

Der Herr hat sich in jener Nacht von jedem seiner Jünger und anderen Freunden verabschiedet. Jeden hat er in dessen Innenraum besucht und ihm gesagt: ich werde in dir bleiben. Das hat viele Stunden in Anspruch genommen. Daher ist er auch in euch anwesend – in der Nische hinter dem Altar eurer Inneren Kapelle.

Dann hat es lange Zeit in Anspruch genommen, sich für die einzusetzen, die ihn verraten würden, nicht nur für Judas. Jesus wurde an den verschiedenen Stationen des Weges von vielen verraten – das ergibt eine lange Liste. Das alles hat der Herr nicht ohne Wehmut getan.

Und er hat sich nicht nur von den Menschen verabschiedet, sondern auch von der Natur und aller Kreatur. Er hat ihnen gesagt, daß er im Himmel zu finden sein wird.

Und er hat ein Versprechen in die Natur, in die Erdenaura, in die menschlichen Seelen hineingeschrieben:

»Ich komme wieder!«

Der Herr kehrt wieder, wie er es versprochen hat, um Mut zu machen, Hoffnung zu geben, um der Erde Zärtlichkeit und eine Atempause zu schenken:

»Haltet durch, sorgt euch nicht, verzagt nicht! Es wird alles gut werden.«

Er hat dies den verschiedenen Erdschichten gesagt, der Natur, den Tieren und Pflanzen. In der Akasha-Chronik kann man dies hören, es klingt immer noch seine Stimme: *»Ich komme wieder!«* Dieses Wort hat viele Heilige und Menschen mit ausgeprägtem Wahrnehmungsvermögen in ihrem Leben und Arbeiten gestärkt.

Schaut euch noch einmal die Angriffsebenen der Hierarchien zur Linken an:
1. Die körperlichen Schmerzen,
2. das Durchhaltevermögen,
3. die mitmenschliche Enttäuschung,
4. das Gefühl der Verlassenheit,
5. den Verlust an Würde und Autorität,
6. die Frage, ob es gelingt, das Reich des Todes zu durchschreiten,
7. die Freude am Leben.

Dies alles erleidet er jedes Jahr mit der gleichen Intensität wieder – nicht körperlich, aber auf den anderen Ebenen. Es ist verständlich, warum Jesus so harsch war zu den Jüngern: Könnt ihr nicht mit mir beten, mich beschützen, mich begleiten?

Obwohl der Herr auf der menschlichen Ebene von Ängsten und Zweifeln erfüllt war, hat er der Versuchung, die Passion abzuwenden, auf allen ihren Stufen widerstanden. Das gab ihm die Kraft, die zweimal sieben Stufen des Passionsweges durchzustehen und schließlich das

Reich des Todes zu durchschreiten. Und deshalb ist das Kreuz nicht nur ein Leidenssymbol, sondern ein Siegessymbol.

Er tat das, wie ihr wißt, zur Erlösung der Menschen auf der Erde. Er tat es aber auch, um die Erlösung der ins Dunkel gefallenen Hierarchien grundzulegen und zu ermöglichen, indem er Licht ins Reich des Todes trug (s. Bd. II S. 340). Nun können auch Menschen in seiner Nachfolge Licht ins Dunkel bringen. Denn der Mensch in seiner Freiheit ist sehr mächtig: er kann sogar gefallene Engel zur Heimkehr ins Licht bewegen.

Daß der Herr diesen Passionsweg jährlich wieder geht (wenn auch nicht auf irdisch-körperlicher Ebene), bewirkt, daß das Dunkel immer wieder mit Licht versehen wird. Es ist zwar nicht ausreichend, um den gesamten schattigen Bereich zu durchlichten, aber es reicht aus, daß schönes Licht in diese Dunkelheit kommt. So werden immer wieder viele von diesen Wesen angezogen vom Licht. Die Reihen des Schattens werden nach und nach ausgedünnt. Es ist unmöglich, daß die Schöpfung verloren geht, weil durch das jährliche Passionsgeschehen nach und nach das Dunkel durchlichtet wird und einige dieser Wesen sich mitreißen lassen vom Licht.

Deswegen ist es so angelegt, daß sich dieses Geschehen jährlich wiederholt. Daran ändert sich auch nichts durch das Erscheinen des Herrn in der Erdenaura, sondern es setzt sich fort, so real wie zuvor.

Übung

Ihr wißt um das Geschehen im Garten Gethsemane. Der Herr nahm die Jünger mit und bat sie, zu wachen, aber sie schliefen ein. Es wäre eine schöne Geste – nicht, um es besser zu machen als die Jünger, sondern um jetzt den Jüngern hilfreich zur Seite zu stehen –, wenn man dieses Ölberggeschehen miterleben, also wachen würde. Da der historische Tag der Gründonnerstag ist, macht ihr diese Übung am besten donnerstags (jeder Donnerstag ist möglich), und zwar eine Stunde lang, am Abend zwischen 21.00 und 24.00 Uhr. Begleitet den Herrn und die Jünger wach und im Gebet. Versucht, die Jünger zu unterstützen, indem ihr selber wach bleibt.

Versucht, die Versuchungen des Herrn mitzuerleben, so als würdet ihr Jesus sehen, wie er mit unsichtbaren Wesen spricht. Ihr bekommt es mit durch die Gesten und die Mimik, aber ihr wißt jetzt auch, was gesprochen wird und daß der Herr »nein« sagt.

Wenn ihr in der Gruppe seid, kann einer die erste Versuchung vorlesen, ihr betet und seht, wie Jesus sich aufrichtet, mit sich kämpft und dann schließlich »nein« sagt. Dann liest einer die Zweite Versuchung und so immer fort.

Begleitet ihn auch, wenn er Abschied nimmt.

Wichtig ist, daß ihr am Schluß noch hört, wenn er der Erde, all ihren Wesen, der Erdenhülle verspricht: »Ich werde wiederkommen.« Dann könnt ihr die Übung beenden und schlafen gehen.

Der Versuch zu wachen ist auch eine Erlösungsarbeit! Wachen heißt, Bewußtsein setzen gegen Versuche, unbemerkt bestimmte Bewertungsideen in der Welt festzusetzen.

Die Hierarchien zur Linken versuchten, dem Herrn die Abwendung der Passion schmackhaft zu machen. Der Herr hat widerstanden, er war wach, andere haben geschlafen und haben damit den Hierarchien zur Linken Einflußmöglichkeiten in die Welt gegeben.

Diese Übung zu machen bedeutet: Wachheit, Bewußtsein zu setzen gegen Ideen aus dem Bereich zur Linken.

Ihr braucht nichts anderes tun, als wachsam zu sein. Nicht diskutieren, Reden halten, gar nichts Besonderes tun, nur wach sein, wachsam bleiben – und beten!

Ihr tut das für den Herrn, aber ihr könnt es zugleich auch für Menschen tun, die vor einer schwierigen Situation stehen und Ängste haben (z.B vor einer Operation, dem Sterben eines Nächsten, dem Einzug in den Krieg). Jeder Mensch geht einen Kreuzweg, erlebt in irgendeiner Form eine Passion im Kleinen. Auch für diese Menschen tut es not, daß jemand da ist, der mit dem Herrn wacht.

Ich segne euch im Namen des Herrn.

Freitag, 28. 3. 97 (Karfreitag)

Der Passionsweg als Heilsweg

∞

Inwiefern ist der Passionsweg ein Lichtweg, ein Erlösungsweg, und das Kreuz ein Siegeszeichen?

Der Hohelehrer: Um das verständlich zu machen, gehen wir die Stationen des Kreuzwegs durch und betrachten sie in jeweils 5 Stufen:
1. *Das »Zeichen«:* Laßt den Vorgang vor euren inneren Augen wie einen Film ablaufen und haltet an der bezeichneten Stelle inne.
2. *Die Versuchung* durch die dunklen Hierarchien.
3. *Die meisterliche Reaktion* des Herrn.
4. *Das Schlüsselwort,* das diese Reaktion einprägsam zusammenfaßt.
5. *Einige Erläuterungen,* die die Brücke zu eurer Lebenserfahrung schlagen und euch helfen, Lehren zu ziehen und sie ins praktische Leben umzusetzen.

Der Herr hätte die Macht gehabt, die gesamte Passion von vornherein abzuwenden. In der Gethsemane-Nacht haben die dunklen Hierarchien versucht, ihn dazu zu überreden (s.o. 27.3.1997). Nachdem er beschlossen hatte, von seinen verschiedenen Möglichkeiten keinen Gebrauch zu machen, ging es nun darum, die Passion in ihren einzelnen Stationen durchzustehen, ohne sich von den jeweiligen Versuchungen beeinflussen zu lassen.

1. Station: Jesus wird zum Tode verurteilt.
1. Das Zeichen: Er nimmt einen tiefen Atemzug.
2. Die Versuchung: Sich in ein emotional beladenes, aussichtsloses Argumentieren hineinziehen lassen, Vorwürfe machen.
3. Die meisterliche Reaktion: Er schweigt.
4. Das Schlüsselwort: »ich schweige«.
5. Nur das Schweigen des Gerechten ist licht und wirksam. Wenn er überhaupt antwortet, dann höchstens mit einer Gegenfrage. Wenn einer etwas Unrechtes getan hat und schweigt, um es zu verbergen oder um zu trotzen, wirkt das Schweigen natürlich nicht licht. Vielmehr wäre dann die lichte Reaktion, das Unrecht zu offenbaren und danach zu schweigen.

2. Station: Jesus nimmt das Kreuz auf sich.
1. Das Zeichen: Er hebt die Augen zum Himmel.
2. Die Versuchung: »Das schaffe ich nicht, das ist zu schwer. Da muß einer helfen. Das will ich auch nicht, das habe ich nicht verdient. Und überhaupt: Wie kommt ihr dazu?«
3. Die meisterliche Reaktion: Er trägt die Ungerechtigkeit ohne Murren, er nimmt sie sogar dankbar an.
4. Das Schlüsselwort: »Ich bin bereit«.
5. Etwas derart Schreckliches steht keinem von euch bevor. Die lichten Wesen bürden dir nie eine Last auf, die dich überfordert. Sie wissen, was du schaffen kannst und schaffen wirst und wie sie dich unterstützen werden. – Die dunklen Wesen aber reden dir ein, die Last sei unerträglich, zu hart, zu schwer. Diskutieren und Verhandeln mindern die Bereitschaft. In einer solchen Situation gilt es

aber, Bereitschaft zu zeigen, nicht mehr und nicht weniger, d. h. nicht ausweichen, allerdings auch nicht sich einreden, die Aufgabe wäre leicht zu bewältigen.

3. Station: Jesus fällt, die Erde gibt nach, verweigert sich, kann es nicht fassen.
1. Das Zeichen: Jesus küßt und streichelt die Erde und belehrt sie.
2. Die Versuchung: »Die Erde ist loyal zu mir, sie ist empört, während ich mir alles gefallen lasse. Das bringt mich zur Besinnung, zu einer vernünftigen, würdigen Reaktion. Ich nutze die Gelegenheit, fordere sie z. B. auf zu einem Erdbeben.«
3. Die meisterliche Reaktion: Er beruhigt den empörten Freund, erklärt und bittet, zu verstehen.
4. Das Schlüsselwort: »Ich beruhige mich und dich.«
5. Jeder Leidensweg ist immer auch ein Passionsweg, auch wenn euch so etwas Schreckliches nicht aufgebürdet wird. Es gibt immer Ungerechtigkeiten und in der Regel auch Freunde, die euch in bester Absicht auffordern, den Kampf aufzunehmen, auch wenn ihr damit den dunklen Wesen entgegenkommt. Es gilt dann, die Sinnhaftigkeit des Geschehens zu verstehen und zu erklären und Ruhe zu bewahren, statt sich zu empören.

4. Station: Jesus begegnet seiner Mutter.
1. Das Zeichen: Beide blicken einander in die Augen.
2. Die Versuchung: »Mutter, tue etwas, gehe hin und flehe um Erbarmen« oder: »Wenn ich sehe, wie sie leidet, weil ich leide, mache ich dem Ganzen ein Ende. Ich erkläre z. B.: ich habe mich geirrt und beuge mich, oder ich bitte die Natur um Hilfe.« Die Versuchung der Mutter: »Mache dem ein Ende um meinetwillen.«

3. Die meisterliche Reaktion: Sie sagen nichts als: »Mein Sohn!« und »Meine Mutter!«
4. Das Schlüsselwort: »Ich bleibe mir treu.«
5. Zu den gängigen Methoden der Hierarchien zur Linken gehört der Angriff auf die Menschen, die dir nahestehen und für die du Verantwortung trägst. Angesichts eines solchen indirekten Angriffs Zentriertheit, Souveränität zu bewahren, setzt voraus, den Sinn seines Weges zu kennen und zu verantworten. Das bedeutet erstens, zu wissen: Welchen himmlischen Sinn hat mein Tun? Was hole ich vom Himmel auf die Erde? Was verteidige ich? Was bringe ich zur Kenntnis? Zweitens: Warum also treffe ich diese Entscheidung? Sind meine Motive vollständig rein und licht?

5. Station: Simon von Cyrene hilft Jesus, das Kreuz zu tragen.
1. Das Zeichen: Jesus nimmt den Balken längs auf seine Schulter, faßt nach.
2. Die Versuchung: »Wo bleiben die, die ich gelehrt und denen ich geholfen habe? Wieso muß da einer kommen, den ich nicht kenne, der nicht versteht, um was es geht und der mir nur hilft, weil er dazu gezwungen wird? Das ist enttäuschend und demütigend. Außerdem schaffe ich es allein. Mit dem rede ich gar nicht. Wozu zu allem Überfluß noch dieser erniedrigende Angriff auf meinen Stolz und meine Würde!«
3. Die meisterliche Reaktion: Er nimmt die Hilfe dankbar und tritt mit dem hinter ihm gehenden Simon in ein inneres Gespräch ein.
4. Das Schlüsselwort: »Ich erwarte keine Hilfe, aber ich lasse mir helfen.«
5. Hilfe ist nicht etwas, das du fordern könntest, weil jemand zu ihr verpflichtet wäre und über die Mittel ver-

fügt. Hilfsbereitschaft hängt von einer freien inneren Gewissensentscheidung ab. Aber halte dich offen für Hilfe. Sie wird mit großer Wahrscheinlichkeit kommen – von irgendwoher, von wo du sie gar nicht erwartest. Du darfst sie annehmen, ohne etwas von deiner Würde einzubüßen. Nimm sie an!

6. Station: Veronika reicht Jesus das Schweißtuch.
1. Das Zeichen: Jesus streichelt ihrem Kind über den Kopf.
2. Die Versuchung: »Ich lasse mir helfen, ohne etwas dafür zu geben.«
3. Die meisterliche Reaktion: Der Herr läßt sich helfen und vergißt nicht, Veronika zum Dank ein großes Geschenk zu machen – einen Abdruck seines Gesichts auf dem Schweißtuch.
4. Das Schlüsselwort: »Ich nehme an und gebe.«
5. Du darfst Geschenke gern annehmen, aber vergiß nicht, etwas zurückzugeben. Es braucht nicht ein Gegengeschenk von gleichem materiellem Wert zu sein. Aber gib etwas: gib z. B. ein Wort des Dankes und der Freude, Blick, Händedruck, Umarmung, Nähe, Zeit, Hilfe, ein herzliches Gedenken, ein Stück Beziehung. Fürchte nicht, daß du das erhaltene Geschenk dadurch kommerzialisierst und entwertest! Gib immer mehr, als du bekommen hast. Verströme Dankbarkeit!

7. Station: Jesus fällt zum zweitenmal unter dem Stadttor von Jerusalem.
1. Das Zeichen: Er weint lautlos eine Träne.
2. Die Versuchung: »Ich verliere jetzt auch noch die Geborgenheit der mir lieben, vertrauten, gewohnten Umgebung. Das geht zu weit. Ich bleibe liegen, ich gebe auf.«
3. Die meisterliche Reaktion: Er steht auf und geht in die Ungeborgenheit, hinaus zum Berg Golgatha.

4. Das Schlüsselwort: »Die Fremde schreckt mich nicht, ich halte durch.«
5. Der Herr fällt diesmal nicht, weil die Erde empört ist, sondern weil er wirklich stolpert und nicht mehr die Kraft hat, sich im Gleichgewicht zu halten. Der Fall gibt ihm Gelegenheit, sich liebevoll von der Stadt zu verabschieden, ihren Boden noch einmal zu küssen, bevor er ihren Schutz verliert. – Auch zu eurem Leben gehört immer wieder Wandel, Veränderung, Aufgeben des Gewohnten, Verlust von Schutz und Geborgenheit. Weicht vor dem Neuen nicht zurück, auch wenn es erschreckend ist. Tut es dem Herrn gleich: Verabschiedet euch liebevoll und geht dem Neuen gefaßt entgegen!

8. Station: Jesus tröstet die weinenden Frauen von Jerusalem.
1. Das Zeichen: Er öffnet den Mund, um zu sprechen.
2. Die Versuchung: »Die einen verraten mich, die anderen verleugnen mich, die dritten laufen davon, und die stehen da und heulen bloß. Ich zweifle und verzweifle an mir als Lehrer und Meister. Ich habe nichts erreicht.«
3. Die meisterliche Reaktion: Er unterrichtet die Frauen wie immer, bleibt ruhig bei der Sache, tröstet, beruhigt, erklärt: Klagt nicht über mich, achtet auf euch, geratet nicht außer euch, laßt euch nicht in die schattigen Welten ziehen. Haltet euch an die himmlische Mutter, geht diesen Kreuzweg nach wie Mönche, da könnt ihr mit mir sprechen.
4. Das Schlüsselwort: »Ich bleibe dabei (bei meinem Tun, bei euch, bei mir).«
5. Sicherlich seid auch ihr schon mit einem gewissen Anspruch an etwas herangegangen, und dann war das Ergebnis sehr mager. Dann geratet ihr leicht in Enttäuschung, Resignation, Unmut über die Welt und die anderen oder in Zweifel an euch selbst. Das sollte nicht sein.

Verzagt nicht. Bleibt bei dem, was ihr tut, bleibt bei denen, für die ihr es tut, bleibt bei der inneren Sicherheit, daß ihr es so gut macht, wie ihr vermögt, und daß das gar nicht schlecht ist.

9. Station: Jesus fällt zum drittenmal auf dem Berg Golgatha.
1. Das Zeichen: Ein langes, hörbares Ausatmen.
2. Die Versuchung: »Ich kann es nicht vollenden, ich habe keine Kraft mehr, ich will auch nicht mehr. Ich sterbe jetzt gleich hier. Ich gebe kurz vor dem Ziel auf. Das Ziel ist mir jetzt egal.«
3. Die meisterliche Reaktion: Er sammelt seine Kräfte noch einmal und steht auf. Er betrachtet den Fall als eine vorübergehende Krise, als Schwäche, nicht als endgültiges Scheitern.
4. Das Schlüsselwort: »Ich bleibe geduldig.«
5. Wer ein lichtes Ziel hat und geduldig ist, kann auch Schwächen annehmen, zugeben und durchtragen. Schwächen sind kein Makel, sie gehen vorüber und können überstanden werden. Sie sind kein Grund, ein lichtes Ziel aufzugeben oder für ein geringeres Ersatz-Ziel einzutauschen. Haltet das Ziel fest und habt Geduld mit euch selbst und eurer Schwäche.

10. Station: Jesus wird seiner Kleider beraubt.
1. Das Zeichen: Er blickt zu seinen Füßen.
2. Die Versuchung: »Ich bin meiner Würde, meiner Menschlichkeit, meines Geschütztseins beraubt. Ich stehe nackt da, in peinlicher Weise gedemütigt, in den Staub getreten wie ein Wurm. Nichts erinnert mehr an einen Menschen, schon gar nicht an einen Gottessohn und Fürsten.«
3. Die meisterliche Reaktion: Während er hinabblickt, erinnert er sich an seine Herkunft aus dem Vater, nicht nur in

seiner Göttlichkeit, sondern auch in seiner Menschlichkeit. Er zieht sich in meditativer Konzentration in das zurück, was einen Menschen im Innern ausmacht und was ihm nicht genommen werden kann: seine seelische Struktur, seine Innenräume.
4. Das Schlüsselwort: »Ich erinnere mich.«
5. Auch ihr seid Geschöpfe des Vaters und werdet zu ihm zurückkehren. Was ihr in eurer Innenraumstruktur seid, hängt nicht ab von Kleidung, Name, Position, Besitz, Macht, sozialer Anerkennung. Ihr seid eine Facette der Innenwelt des Vaters. Der Vater hat zu euch ein Wort gesagt, euch einen ewigen Namen gegeben. Dieses Wort bist du! Das ist das Wesentliche, und das ist dir nicht zu nehmen, durch nichts und niemanden. Wenn du in eine scheinbar entwürdigende Situation kommst, erinnere dich, wer du bist.

11. Station: Jesus wird ans Kreuz genagelt.
1. Das Zeichen: Er nimmt Abschied von allen.
2. Die Versuchung: »Angst und Schmerz werden übermächtig und trüben mein Bewußtsein. Ich werde ohnmächtig. Und dann werde ich da hilflos hängen, nichts denken, nichts sagen, nichts tun können. Wozu dann das alles?«
3. Die meisterliche Reaktion: Vor der Wahl zwischen übermächtiger Angst, die das Bewußtsein trübt, und Beibehaltung des Bewußtseins wählt er das Bewußtbleiben. Er läßt die Angst zwar zu, begrenzt sie aber auf ein vernünftiges Maß, d. h., er bleibt selbst in dieser Situation noch souverän und seiner Aufgabe treu.
4. Das Schlüsselwort: »Ich lasse nur das vernünftige Maß an Angst zu.«
5. Die Angst ist zwar nicht gerade bei einer Annagelung, aber in den meisten Situationen, die euch widerfahren können, größer als der reale Schmerz, vor dem man Angst

hat. Angst ist eine Emotion, die sehr hohe Wellen schlägt. Sie ist die ungünstigste innere Befindlichkeit, in der man dem Schmerz entgegensehen und entgegengehen kann. Dem Schmerz begegnet man, so eigenartig das klingt, am besten so emotionslos wie möglich. Bis zu einem gewissen Grad ist Angst natürlich vernünftig und als Warnerin vor Gefahren auch sinnvoll. Eine überdimensionierte Angst aber trübt das Bewußtsein und hindert den angemessenen Umgang mit dem Schmerz. Gegen Narkosen und Schmerzmittel hat der Himmel keine Einwände, auch wenn Jesus sie für sich nicht zuließ, sie können im Gegenteil der Menschenwürde dienen. – Ihr habt bei Angst und Schmerz einen Bruder an eurer Seite, der mit euch geht, an den ihr euch halten könnt und mit dem ihr selbst das Schlimmste schaffen werdet.

12. Station: Jesus stirbt am Kreuz.
1. Das Zeichen: Er spricht »Es ist vollbracht«.
2. Die Versuchung: »Ich bin endgültig gescheitert. Meine Widersacher haben die Menschen realistischer eingeschätzt als ich. Die mich gehört haben, haben mich nicht verstanden oder das Verstandene nicht konsequent gelebt, nicht einmal die Jünger sind da. Die Menschen werden auch künftig nicht auf meine Worte hören oder sie nicht verstehen. Sie sind anders, als ich hoffte, es hat keinen Zweck mit ihnen, ich lasse sie fallen.«
3. Die meisterliche Reaktion: Der Herr hat, während er am Kreuz hing, einige Dinge noch geregelt, einigen Menschen einiges gesagt, ihnen ein Vermächtnis gegeben. Und er hat den Hierarchien zur Linken eine Predigt gehalten und ihnen erklärt. »Ich werde nie aufgeben! Glaubt nur nicht, daß ihr mich dazu bringen könnt, den Mut zu verlieren! Ich werde den Menschen nie fallen lassen. Es ist nie zu spät.«

4. Das Schlüsselwort: »Es ist nie zu spät.«
5. Hier darf das Wort »nie« ausnahmsweise einmal gebraucht werden: Der Herr gibt nie auf, er läßt euch niemals fallen, was immer ihr tut oder unterlaßt, und das gilt bis ans Ende der Zeit. – Laßt auch ihr keinen Menschen fallen, auch wenn ihr in der äußeren Welt eine Beziehung »auf Eis legen« müßt, sei es auch für den ganzen Rest dieses Lebens. Laßt sie schlummern, wartet ab. Und gebt auch eine gute Sache, für die ihr eintretet, nicht auf, auch wenn ihr in diesem Leben nichts mehr erreichen könnt. Es ist nie zu spät, es erneut zu versuchen.

13. Station: Jesu Leichnam wird der Mutter in den Schoß gelegt.
In den letzten beiden Stationen geht es um die Versuchung der Mutter.
1. Das Zeichen: Sie hält ihn in den Armen wie einst das Kind.
2. Die Versuchung: Der Schmerz drängt zu Wut und Aggression, zu Vorwürfen, bitteren Anschuldigungen. Das Unrecht schreit nach Vergeltung.
3. Die meisterliche Reaktion: Die Mutter wird von Emotionen solcher Art nicht einmal einen Augenblick lang gestreift. Sie hat sich in den Zustand der Vergebung begeben. Sie weiß: die Täter wußten nicht, was sie taten.
4. Das Schlüsselwort: »Ich vergebe.«
5. Es ist menschlich und »normal«, in solchen Situationen Wut zu empfinden. Manche halten Wut sogar für einen notwendigen Prozeß in der Trauerarbeit. Ihr solltet euch aber bemühen, die Wut soweit wie möglich in Grenzen zu halten und sie nur als einen vorübergehenden Zustand zu erleben. Der Endzustand sollte Vergebung sein. So wie man z. B. das Boxen trainiert, so kann man auch das Vergeben systematisch üben.

14. Station: Der Leichnam wird ins Grab gelegt.
1. Das Zeichen: Sie verläßt die Grabkammer.
2. Die Versuchung: »Das Leben hat keinen Sinn und Wert mehr. Ich sterbe vor Gram, ich bleibe hier sitzen oder gehe nur weg, um den Tod herbeizusehnen.«
3. Die meisterliche Reaktion: Sie verläßt die Grabkammer, um das normale Alltagsleben weiterzuführen: Haushalt führen, andere trösten und informieren, von Jesus erzählen.
4. Das Schlüsselwort: »Das Leben geht weiter.«
5. Ihr dürft über einen Verlust trauern und weinen. Aber wendet euch nicht vom Leben ab, resigniert nicht, zieht euch nicht vor der Welt zurück. Solange euch der Vater noch Leben schenkt, hat dieses Leben seinen Sinn, habt ihr noch Aufgaben. Vergeßt das Vergangene nicht, aber richtet euren Blick in die Zukunft. Richtet ihn ebenso zur Erde wie zum Himmel: Ich und das Leben – wir gehen weiter.

Die gemeinsame Lehre aller Stationen ist: Wenn man von den Wesen des Dunkels angegriffen wird: licht bleiben und nicht mit ihren Mitteln reagieren. Das verblüfft und überzeugt sie schließlich. Selbst das, was äußerlich als Niederlage erscheint, wird zum Sieg.

Sonntag, 7. 4. 97

Gewalt in der Bibel

∞

Der Hohelehrer: Du hattest eine Frage?

Ja. In der Bibel gibt es zahlreiche Stellen, die davon berichten, daß Gewalt nicht nur erlitten, sondern auch geübt wird, vor allem im Alten Testament. Das geht bis zum Völkermord. Es heißt häufig, daß Jahwe angeordnet habe, die Feinde Israels samt Frauen und Kindern umzubringen. Und es gibt in den Fluchpsalmen die Anrufung Jahwes mit der Bitte, solches zu tun. Vielen Menschen drängt sich die Schlußfolgerung auf, die Bibel könne nicht Gottes Wort sein. Was ist dazu zu sagen?

Was würdest du denn sagen?

Auch für mich sind diese Bibelstellen unfaßlich und anstößig. Ich denke, die Bibel ist zwar im Ganzen inspiriert, aber doch von Menschen geschrieben, und da hat sich manches Menschliche dazwischengeschoben. Was ist Gottes Wort, was Verzerrung des Göttlichen Wortes?

Gewiß, ihr wißt durch Jesus Christus, durch seine Lehre und durch seine Passion, daß es nicht im Sinn des Himmels ist, Gewalt zu üben, zu morden, gar unschuldige Frauen und Kinder umzubringen. Wenn dies gleichwohl in der Bibel gepriesen und als Forderung Jahwes ausgegeben wird, so ist die Frage: warum hat der Himmel gestattet, dies in die Heilige Schrift aufzunehmen? Warum war er nicht bemüht, die Heilige Schrift zu reinigen? Hätte er das gewollt, so hätte er leicht Wege gefunden, diese Stellen zu löschen. Warum hat er das nicht getan, warum hat er sie zugelassen?

Zunächst ist wichtig, davon auszugehen, daß die Heilige Schrift in allen ihren Teilen und ohne Ausnahme die Heilige Schrift ist. Man geht also richtigerweise an die Bibel nicht mit der Frage heran: Ist sie die Heilige Schrift oder nicht?, sondern mit der Frage: Da sie die Heilige Schrift ist, was mag der Grund dafür sein, daß der Himmel die Aufnahme dieser Grausamkeiten und Brutalitäten gestattet?

Ihr solltet also nicht als erstes fragen:

Was ist menschliche Beimischung? Welche Bibelstellen sind inspiriert? Welche sind psychologisch zu erklären? Was nehmen wir ernst, was lassen wir stehen, was lassen wir hinausfallen?

Zum Verständnis der Heiligen Schrift ist zunächst wichtig zu wissen: sie ist so, wie sie ist, nach dem Willen des Vaters, also nicht nach dem Willen von Propheten, Meistern, Eingeweihten, Aposteln, auch nicht nach dem Willen inspirierender Engel, auch nicht nach dem Willen des Sohnes oder der Mutter oder des Heiligen Geistes, sondern nach dem Willen des Vaters selbst.

Das bedeutet zunächst, daß sie niemandem jemals ganz verständlich sein wird. Es geht aber in erster Linie nicht darum, die Bibel zu verstehen, sondern sie nachzuempfinden und nachzuerleben.

Die Heilige Schrift spiegelt die Gesamtheit der Schöpfung wider, und zwar mit all dem, was sich in der Schöpfung befindet, auf Erden und im Himmel. Das bedeutet: auch die linken Hierarchien finden ihre Existenzberechtigung in der Bibel. Die Heilige Schrift berichtet nicht nur über die lichten Hierarchien, sondern sie integriert alles, und die Hierarchien zur Linken gehören dazu (s. Band III S. 232f.).

Denn das Gefallene ist nicht aus der Schöpfung gefallen. Auch für die Gefallenen ist der Vater da. Mit ihren Empfindungen, Absichten, Bewegungen stehen auch sie, wie alles, unter der Obhut eines geduldigen, unendlich großen Vaters. Der Vater ist für den Menschen nicht zu begreifen. Eure Frage entsteht daraus, daß man sich den Vater menschlich zurechtgedacht hat: der Mensch schafft ihn sich nach seinem Ebenbilde. Er meint, der Vater liebt nur die Guten: aber er ist größer. Er liebt und schützt auch die gefallenen Hierarchien, auch wenn es für den Menschen nicht leicht begreifbar ist. Es gilt zu begreifen, daß der Vater der Vater der Schöpfung in allen ihren Facetten ist. Auch der Sündenfall gehört in die Schöpfung des Vaters. Er wird im Ersten Buch der Heiligen Schrift geschildert. Aus ihm ist dann alles Übrige der Heiligen Schrift entstanden.

Also auch die Hierarchien zur Linken gehören in die Heilige Schrift. Ihr habt ja gelernt, auch eurem Doppelgänger den Respekt entgegenzubringen, den er euch abverlangt. Ohne ihn und ohne die ständige Auseinandersetzung mit ihm wärt ihr nicht lebensfähig, würdet ihr sofort sterben. Auch die Hierarchien zur Linken oberhalb des Doppelgängers haben Anspruch auf Respekt. Es gibt Anteile in der Heiligen Schrift, die für sie geschrieben wurden, übrigens in beiden Testamenten.

Die Heilige Schrift schildert das Wirken der linken Hierarchien, aber nicht als das Wirken der linken Hierarchien, sie gibt es vielmehr als göttliches Wirken aus: Jahwe befiehlt z. B. den Völkermord. Wie ist das zu verstehen?

Das ist die Diktion der Hierarchien zur Linken: so sieht es aus, wenn Hierarchien zur Linken agieren. Sie berufen sich gerne auf den Willen des Vaters, auf die Wahrheit, auf die Tradition. Die Bibel ist wie ein Bau, in dem Licht und Schatten spielen. Die schattigen Wesen berufen sich auf den Vater. Es gehört zu ihren beliebten Täuschungsmanövern, vorzuspiegeln, daß sie nur den Willen des Vaters vollziehen, unmittelbar in Seinem Namen und Auftrag handeln.

Wir haben schon miteinander darüber gesprochen, daß der Vater ihr Wirken zuläßt und warum er das tut (Bd. III, S. 277 ff.). Diese Tatsache nutzen sie und mißbrauchen sie zur Täuschung. Das geschieht auch in der Bibel. Es gibt also in der Tat Stellen, die von den Hierarchien zur Linken inspiriert oder beeinflußt sind. Der Vater hat das zugelassen. Die Bibel hört deshalb nicht auf, die Heilige Schrift zu sein.

Die Hierarchien zur Linken haben in der Heiligen Schrift ihren Ort aus mehreren Gründen: einmal aus Gründen der Wahrheit: die Heilige Schrift spiegelt die Schöpfung in allen ihren Facetten.

Zum anderen war die Integration der Hierarchien zur Linken auch notwendig, um die Existenz der Heiligen Schrift zu sichern. Dadurch, daß diese Hierarchien in die Bibel integriert sind, ist die Gewähr geboten, daß sie sich gebunden und verpflichtet fühlen. Sie brauchen diese Integration, damit sie gebändigt werden können. Das ist unangenehm, es ist auch gefährlich. Aber sonst würden sie die Heilige Schrift nicht anerkennen. Sie anerkennen sie aber. Ohne diese Anerkennung gäbe es die Heilige Schrift nicht mehr. Die Hierarchien zur Linken hätten sie vernichtet und jede Erinnerung an sie ausgelöscht.

Schließlich ist diese Integration auch aus pädagogischen Gründen nötig: indem die Menschen vom Alten zum Neuen Testament schreiten, lernen sie, warum Christus auf Gegenwehr, auf jegliche Gewalt verzichtet, obwohl die

Menschen unter dem Einfluß der linken Hierarchien gegen ihn agierten. Die Geschichte seiner Passion hat ja eine Rückwirkung auf das Alte Testament und überwindet damit die Einflüsse der Hierarchien zur Linken, die sich dort finden, insbesondere das grausame Geschehen, das das Alte Testament schildert und bejaht.

Die Heilige Schrift ist eine Einheit. Das Alte und das Neue Testament gehören zusammen. Vom Neuen Testament fällt Licht auf das Alte Testament, und das Alte berichtet die Vorgeschichte der Erlösung, ohne die diese den Menschen nicht verständlich wäre. Die inneren Widersprüche, die man in der Bibel findet, sind eine Aufforderung, sich in Selbstverantwortung und Freiheit zu entscheiden. Ihr hättet ja eure Frage nicht gestellt, wenn ihr nicht aus dem Verhalten Jesu wüßtet, daß Teile des Alten Testaments von den dunklen Hierarchien beeinflußt sind. Die Bibel fordert ihre Lektüre aus der Freiheit heraus.

In der Geschichte von Abraham und Isaak wird Abraham gerade dafür gerühmt, daß er in unbedingtem Gehorsam bereit war, selbst seinen eigenen Sohn zu opfern. Wie ist diese Gehorsamsforderung mit dem Gedanken der Freiheit vereinbar? Stammt sie auch aus den dunklen Hierarchien?

Bei Abraham ging es um die besondere Frage, ob er geeignet ist, der Stammvater, der Urfürst, gewissermaßen der König zu werden. Für den König des israelischen Volkes war in der Tat unbedingter Gehorsam gefordert. In der Geschichte mit dem Sohnesopfer geht es um die bildliche Darstellung dessen, was den König ausmacht, welche Eigenschaft er vor allem braucht, nicht um eine allgemein menschliche oder persönliche moralische Konfliktsituation. Angenommen, Abraham hätte sich geweigert, seinen Sohn zu opfern, so wäre er in der Heiligen Schrift ebenfalls gerühmt worden. Er hätte Mut, Stolz und Verantwortlichkeit gezeigt. Er hätte die Liebe zu seinem Sohn so hoch gestellt, daß er um ihretwillen den Auftrag zurückgewiesen hätte.

Aber er wäre dann nicht der Stammvater geworden. Wer König sein will, verpflichtet sich, zu dienen, und zwar um jeden Preis, unter Überwindung alles persönlich Wertvollen. Er geht so weit, daß er selbst das Liebste auf der Welt losläßt, daß er jedes Opfer bringt, um sich in den Dienst des Himmels nehmen zu lassen.

Es ist ja auffallend, daß in dieser Geschichte alles Persönliche ausgelassen ist. Es wird nichts berichtet von der Vater-Sohn-Beziehung, nichts vom Familienleben, nichts vom Heranwachsen des Jünglings. Auch die Mutter Isaaks wird in diesem Zusammenhang mit keinem Wort erwähnt. Es geht nicht um eine Vater-Sohn-Beziehung, eine solche wird nicht dargestellt. Es geht auch nicht um Menschenrechte oder um Emanzipation. Es geht nur um die eine Frage: ist Abraham gehorsam oder nicht, und zwar unter allen Bedingungen? Ist er gehorsam, so wird er berufen zum Stammvater und zum Urfürsten.

Deshalb war es auch nicht nötig, daß Isaak wirklich geopfert wurde. Aus menschlicher Sicht war das Opfer ja absurd. Es ging nur darum, Abraham zu prüfen, ob er die Bereitschaft hatte, das Opfer wirklich zu vollziehen, ob sein Vertrauen und seine Hingegebenheit an den himmlischen Vater unbedingt und grenzenlos waren. Darum ging es aber nur im Hinblick auf die Frage, ob er der Stammvater und König zu werden fähig war, der die Heilsgeschichte Gottes anzuführen hatte.

Daraus folgt aber nicht, daß Menschen gegenüber Menschen unbedingten Gehorsam leisten sollten, schon gar nicht, wenn die Menschen, die befehlen, ihrerseits nicht im Dienste Gottes, sondern im Dienste der Hierarchien zur Linken agieren. Im Gegenteil, die Menschen sollen erkennen lernen, ob die Anordnungen ihrer Obrigkeit von den Hierarchien zur Linken beeinflußt sind. Sie haben durch Christi Passion die Maßstäbe dafür gewonnen, unterscheiden und urteilen zu können.

Abrahams Prüfung war ein Sonderfall. Und ich betone noch einmal: Hätte er das Opfer seines Sohnes verweigert, so hätte auch das die volle Anerkennung des Himmels gefunden. Seine Entscheidung wäre nicht nur verstanden, sondern auch gebilligt worden, und man hätte ihn ebenfalls gerühmt. Nur wäre er dann nicht der König geworden. Er wurde der König, weil er in seinem Urteil richtig erkannte, daß dies nicht eine Aufforderung der Hierarchien zur Linken war, sondern eine Prüfung seiner Fähigkeit, Gott zu erkennen und sich ganz in seinen Dienst zu stellen.

Nach den Erfahrungen des nationalsozialistischen Völkermords an den Juden haben manche Autoren die biblische Passionsgeschichte unter dem Gesichtspunkt der political correctness umgeschrieben: die Juden seien völlig unschuldig an der Hinrichtung Jesu gewesen, die Verantwortung dafür trügen ausschließlich Pilatus und die Römer. Die Bibel habe die Geschichte verfälscht, damit den Antisemitismus begründet und durch die Jahrhunderte hindurch genährt, und die biblische Geschichtsfälschung sei schließlich verantwortlich für Auschwitz. Was ist dazu zu sagen?

Sowohl die damaligen Juden als auch die Römer trugen Verantwortung für den Justizmord an Jesus. Was zunächst die jüdische Verantwortung betrifft: Diejenigen, die verantwortlich waren, hatten beobachtet, wie viele Juden von Jesus tief beeindruckt waren und sich ihm zuwandten. Das erfüllte sie mit Eifersucht und Angst. Die Verantwortlichen hatten selbst ein gewisses Verständnis dafür, ja einige waren erschüttert. Aber sie sagten sich: wenn das so ist, wenn Jesus der Christus ist, dann habe ich bisher falsch gedacht. Sie glaubten, ihre eigene Biographie retten zu sollen, indem sie die Anerkennung Jesu verweigerten und auf seine Hinrichtung drängten.

Aber auch die Römer, insbesondere Pilatus, hatten ein gewisses Eigeninteresse an der Ausschaltung Jesu. Pilatus glaubte keineswegs, Jesus sei der Anführer eines Aufstands gegen die römische Herrschaft, er sei ein Terrorist oder Extremist. Das ist eine sehr moderne Vorstellung. Für dahingehende Befürchtungen gab es aber gar keinen Anlaß. Pilatus erkannte wohl, daß es sich um einen religiösen Konflikt innerhalb des jüdischen Volkes handelte.

Aus einem solchen Konflikt hielt er sich heraus: Eine Einmischung gehörte auch nicht zu seinem Amt. Er hatte lediglich für Ruhe und Ordnung und pünktliche Steuerzahlung zu sorgen. Auch war die Gruppe der entschiedenen Anhänger Jesu viel zu klein, um einen Bürgerkrieg führen zu können, und er hatte keinen Zweifel, daß daran auch gar nicht gedacht war.

Aber die Römer fühlten sich von Jesus unangenehm und peinlich berührt. Es gab nämlich unter den römischen Soldaten mehrere, die sich ebenfalls Jesus zuwandten. Sie haben z. B. seine heilenden Wirkungen beobachtet und ernst genommen. Es gab auch römische Soldaten, die Liebschaften mit jüdischen Frauen unterhielten, die ihrerseits an Jesus glaubten, und sie waren von diesen Frauen beeinflußt. Und es gab solche, die sich unter dem Einfluß Jesu der Ehrfurcht gegenüber dem Himmel, ja der Anbetung zuwandten. Das entsprach nicht den religiösen Vorstellungen der Römer, die mit den Göttern gewissermaßen auf gleicher Stufe Handel trieben: wir bringen euch Opfer, ihr seid aber dann auch verpflichtet, uns zum Erfolg zu verhelfen.

Z. B. hatten sich Kompanie-Chefs bei Pilatus beschwert, von Jesus Christus beeinflußte Soldaten hätten geweint und gebetet. Darin erblickte Pilatus eine Schande. Er sah darin die Gefahr der Verweichlichung. Pilatus fürchtete weitere

Bekehrungen. Er hatte ja nicht unrecht: selbst der Hauptmann, der die Kreuzigung kommandiert hat, bekehrte sich später zu ihm. Doch schon vor der Kreuzigung hatten das mehrere Römer getan. So war es Pilatus nicht ganz unlieb, einen Vorwand zu finden, um Jesus auszuschalten. Deshalb hat er den jüdischen Forderungen nachgegeben.

Aus dieser Mitschuld und diesem Eigeninteresse folgt aber nicht, daß die Heilige Schrift die Passionsgeschichte falsch erzählt hätte, man habe die Hinrichtung ausschließlich den Römern anzulasten und die Juden völlig zu entlasten. Und aus der jüdischen Mitschuld folgt nicht im mindesten, daß auch nur ein einziger Schritt der Judendiskriminierung und Judenverfolgung zu rechtfertigen wäre. Im Gegenteil schuldet ihr dem jüdischen Volk Ehrerbietung und Dankbarkeit, und zwar in ganz besonderem Maße. Es ist ja nicht zufällig, daß Jesus und die ersten Jünger und Apostel Juden gewesen sind. Nur aus dem Zusammenhang der Geschichte des jüdischen Volkes, wie sie das Alte Testament berichtet, ist die Erlösungstat Jesu Christi zu verstehen. —

Die Heilige Schrift ist nicht irgendein Buch und so zu behandeln wie andere Bücher. Wer das meint, nimmt den Himmel nicht ernst, insbesondere nicht den Vater. Wer Theologie betreiben will, sollte damit beginnen, der Heiligen Schrift mit Ehrfurcht und dem Vater mit Anbetung gegenüberzutreten.

Montag, 28. 4. 97

Christus in uns

∞

Ein Engel des Herrn (in einem schlichten weißen Gewand mit einem roten, zum Knoten gebundenen Gürtel. Er trägt die Wundmale des Herrn): Ihr hattet eine Frage zum Christusgebet. Sprecht es zunächst noch einmal im Zusammenhang (Bd. II S. 141).

Wie lautet eure Frage?

Wir bitten um eine Erklärung der folgenden Sätze:
»... der Du in uns wohnst und durch uns wirkst,
der Du in uns lebst und durch uns lebendig wirst,
der Du in uns heiligst und durch uns Heilung bringst.«

I.
Ihr wißt, daß der Sohn drei Aspekte hat, in denen sich die Trinität wiederholt:

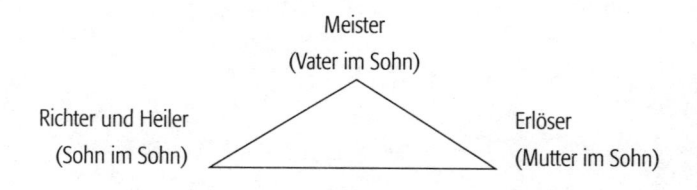

```
                    Meister
                (Vater im Sohn)
                       /\
                      /  \
                     /    \
  Richter und Heiler         Erlöser
    (Sohn im Sohn)        (Mutter im Sohn)
```

So wie die Trinität eine Dreifaltigkeit und dennoch eine Dreieinigkeit ist, so sind auch die drei Aspekte nicht voneinander zu trennen. Er ist demnach immer alles gleichzeitig.

Ihr wißt: Der Christus wohnt in der Nische eurer Inneren Kirche. Ihr nehmt ihn zwar nur in einer bestimmten Szene seines Lebens wahr (Bd. II S. 136–141). Er lebt aber in jedem Menschen in seiner Ganzheit, ganz und gar, als Meister, als Richter und Heiler und als Erlöser. Aber die drei Sätze betonen je einen Aspekt.

1. Der Satz »*... der Du in uns wohnst und durch uns wirkst*«, spricht den Herrn in seinem Aspekt als *Meister* an.

Zunächst: Er wohnt in euch, ob ihr es wollt oder nicht, ob ihr euch als Christ anseht oder nicht. Es gibt keinen Menschen, in dem nicht der Christus wohnt.

Er wirkt schon durch seine bloße Anwesenheit. Das bedeutet, daß es keinen Menschen gibt, der nicht auf dem Weg wäre, zum Vater zurückzukehren, wie fern er auch von ihm sein mag. Ihr habt nicht darüber zu befinden und könnt das auch gar nicht. Das Allererste in diesem Gebet ist, zu respektieren: In dem anderen wohnt der Herr und wirkt dort.

Auch wenn sich der andere für den dunklen Weg entschieden hat, bleibt Christus weiterhin anwesend. Er lebt dann dort als ein sehr leidender, gegeißelter, gekreuzigter Christus, aber er bleibt da.

Deshalb habt ihr den anderen, auch wenn ihr seinen Weg nicht gutheißen könnt, zu respektieren. Ihr dürft seine Meinungen kritisieren, seine Absichten mißbilligen, seinem Tun entgegentreten, zumal wenn dies erforderlich ist, um andere Menschen zu schützen. Aber bleibt euch bewußt, daß Christus in ihm wie in jedem Menschen wohnt und wirkt. Das macht seine Menschenwürde aus, die er nicht verliert, wie immer er sich vergeht. Anders ist der Gedanke der Menschenwürde nicht stichhaltig zu begründen. Christus wohnt und wirkt auch in Menschen, die ihrerseits die Menschenwürde anderer Menschen verletzen.

Natürlich wirkt Christus nicht in dem Sinne durch ihn, daß er seine dunkle Handlungsweise mit bewirkt. Aber er wird auch diesen Menschen nicht verlassen, sondern immer versuchen, ihn hin zur Bewußtwerdung, zum Zweifel an seinem Handeln zu führen, etwas zu bewirken, was diesen Menschen weiterbringt.

Es geht also keine Seele verloren, ganz gleich für welchen Weg der Mensch sich entscheidet, auch nicht der Kriminelle oder der zynische Machthaber, der Unrecht tut. Der Täter ist insofern auch Opfer, als er einen sich opfernden Christus in sich trägt. Ihr habt nicht das Recht, ihm Unrecht zuzufügen, und solltet eure irdische Rechtsprechung daran ausrichten. Z. B. steht es Menschen nicht zu, die Todesstrafe zu verhängen.

Er ist auch insofern Opfer, als auch er wird sterben und sich erklären müssen. Spätestens nach seinem Sterben erwacht sein *Gewissen*, und zwar noch viel feiner, als ihr euch das vorstellen mögt. Er wird dann z. B. nicht unterscheiden zwischen wesentlichen und unwesentlichen Taten, zwischen Lügen und Notlügen, Taten und Gedanken, vor anderen und nur für sich allein ausgesprochenen Worten, wohl überlegten und spontan getroffenen Entscheidungen usw. und die letzteren als unerheblich ansehen. Vielmehr ist dann das moralische Empfinden ganz und gar ungetrübt. Es gibt keine Zeitnot, alles wird in aller Ruhe bis ins kleinste Detail betrachtet. Das Bild eures Lebens wird sozusagen auf das Lebenstableau des Herrn gelegt und mit ihm verglichen. Jedes Menschenleben wird sich am Leben des Herrn messen, z. B.: dann und da hast du ihn mitgekreuzigt, ihm die Dornenkrone aufgesetzt, ihn gegeißelt, ihn verspottet.

Der Vergleich zwischen dem Lebenstableau der Seele und dem des Herrn ist das, was man unter dem *Gericht* versteht. Es gibt aber nicht eine Gerichtssituation, in der ein Richter das Urteil über den Delinquenten spricht. Es ist ein freiwilliges Betrachten, das zur Beschämung führt. Es gibt eine freundliche Besprechung zwischen dem Meister und dir. Er wird dir Möglichkeiten zeigen, was du anders machen könntest. Du kannst eine der Möglichkeiten wählen oder selber etwas vorschlagen.

Der Christus, der in euch wohnt und wirkt, wird euch nicht alleine lassen. Er wird euch hinweisen auf Entsprechungen zwischen seinem Leben und eurem Leben. Er kennt euch von Grund auf: jedes Gefühl, jede Not, jeden Wunsch, jedes Bedürfnis, jede Sorge, jeden Entschluß. Er wohnt und wirkt ja immer in euch. Er verläßt die Seele nicht. Es gibt keine verlassenen Seelen im Himmel!

Macht es einen Unterschied, ob wir etwas gebeichtet und die Absolution empfangen haben?

Es kommt darauf an, wie ernst du die Beichte genommen hast. Hast du dich innerlich nicht gekümmert, dich nicht veranlaßt gefühlt, dich zu ändern, dann wird das Bild zwar oberflächlich korrigiert sein, aber so, daß jeder sieht: hier wurde geflickt. Das darunter Liegende ist noch zu sehen. Geht es um eine Beichte, die dir am Herzen lag, die von Reue, Zerknirschung, Bußbereitschaft und dem aufrichtigen Entschluß zur Erneuerung bestimmt war, dann wird das Bild korrigiert sein.

Wie ist das bei Menschen, die die Absolution – etwa aus konfessionellen Gründen – ablehnen?

Da gilt dasselbe. Es gibt immer himmlische Instanzen, die dir die Absolution erteilen. Reue wird niemals übersehen. Dafür ist vor allem Bruder Tullian zuständig.

Erwacht das Gewissen wirklich bei jedem?

Mindestens so, daß die Seele erkennt, wo die Unstimmigkeiten sind und Auswege sucht. Es kann etwas mühsam sein. Jedenfalls erlebt sie ein gesteigertes moralisches Empfinden, das sie erschrecken, manchmal erschüttern wird. Daß der Herr dich anblickt und dir keinen Vorwurf macht, gerade das erfüllt die Seele mit großer Trauer. Ein vorwurfsvoller Blick wäre leichter zu ertragen. Mitunter flieht die Seele vor dem Blick des Herrn, schlägt die Augen nieder, um dem unerträglichen Licht nicht ausgesetzt zu sein. Das ist, was man die »Hölle« nennt. Diese ist also nicht ein Ort außerhalb des Himmels, etwa das Reich des Dunkels, in das die Seele verbannt würde. Vielmehr besteht die Erfahrung der Hölle im Schließen der Augen. Denn für die Seele ist das Schwierigste, das Licht des Himmels, den Blick der Liebe auszuhalten. Die einzige Rettung, die einzige adäquate Haltung, die einzige Möglichkeit, diesen Blick zu ertragen, in der ihr euch wohl fühlen könnt, ist die Reue.

Führt ein Nicht-Christ auch dieses Gespräch mit Christus?

Ja, aber ohne sich bewußt zu sein, daß es Christus ist. Christus wird sich für ihn in ein anderes »Gewand« kleiden. Der Vorgang bleibt derselbe. Alle Beurteilungsmaßstäbe sind dieselben für alle. Der Sohn, der da mit euch spricht, ist der Meister, also der »Vater im Sohn«, und diejenigen Seelen, die vom Sohn nichts wissen oder ihn nicht anschauen, erleben ihn als den Vater. Ihr seht also: es ist nicht der Sohn unter dem Aspekt des Richters, sondern des Meisters und Lehrers. Er richtet nicht über euch, er belehrt euch, klärt euch auf, läßt euch zu eigener Einsicht, zu Scham und Reue kommen.

2. Der Sohn unter dem Aspekt des *Richters und Heilers* wird im folgenden Satz angesprochen: »... der Du in uns lebst und durch uns lebendig wirst.«

Zu der Aussage: »Christus wohnt in euch« tritt also hinzu: »Er lebt in euch.«

Er ist nicht nur einfach anwesend, er lebt ein Leben in euch, er hat eine bestimmte Art und Weise des Lebens in euch, in jedem anders. Ihr könnt sie erkennen, indem ihr die Szene betrachtet, in der er in der Nische hinter dem Altar Eurer Inneren Kirche gerade handelt. An ihr begreift ihr, in welcher Art und Weise er euer Leben durchpulst.

Christus lebt in euch, aber er braucht euch, um durch euch für die Außenwelt lebendig zu werden. Er braucht z. B. eure Hände und Füße, um durch euch Brote und Fische zu verteilen, eure Hände, um zu segnen und zu heilen, euren Mund, um zu lehren. *Ihr* müßt das alles machen.

Der Aufruf an dieser Stelle des Gebets ist: Ich möchte lebendig werden lassen, was in ihm lebt. Bei der Betrachtung anderer ist der Aufruf: Was mag wohl in dem anderen Menschen für ein Christus leben? Was tut ein Mensch, um das in die Außenwelt umzusetzen?

Ihr könnt im Anschauen des Christus in euch eure

gegenwärtige Lebensaufgabe erfahren: Was tut er? Was macht er gerade? Was fühlt er? Was ist kurz zuvor geschehen? Wurde eine Frage gestellt? Was ist um ihn herum? Schau hin! Was will er? Wie will er gelebt und von euch nach außen getragen werden?

Dann versucht, zu erspüren: Was hat er vor? Wovon träumt er? Was ist sein Wunsch? Fühlt er sich geliebt oder verlassen? Damit gewinnt ihr ein umfassendes Bild dessen, womit ihr ihn in der Außenwelt lebendig machen könnt – durch euer Tun.

Seht sein Bild in der Nische wie einen angehaltenen Film. Gesetzt den Fall, er sitzt dort auf einem Fels, sagt etwas, dann kann es sein, daß du empfindest, was in seinem Kopf vorgeht, z. B.: er möchte aufstehen, Wasser holen aus dem Fluß. Die nächste Szene siehst du nicht mehr in der Nische, aber wenn es ein Film wäre, würdest du ihn am Fluß sehen. Mit der Zeit merkst du, was in seinem Herzen vorgeht. Ist er beunruhigt, bange? Welche Gedanken hat er? Dann hast du ein ziemlich umfassendes Bild von dem, was du selber nach außen leben kannst.

»Der Du durch uns lebendig wirst« heißt also: er wird durch euch nach außen wirksam. Doch es heißt noch mehr: Indem ihr ihn durch euch lebendig werden laßt, richtet ihr euch auf die Trinität aus, schließt euch an den Himmel an, werft einen Anker hinauf. Das führt dann dazu, daß ihr selbst lebendiger werdet. Ihr habt eine stärkere Ausstrahlung, eure Wirkung wird lebendiger. Je besser ihr seinen Spuren nachfolgt, desto mehr geht er in euer Leben über. Euer Leben ist dann nicht mehr von Zwängen und Gewohnheiten geprägt, es wird ein lebendigeres Leben.

3. »... der Du in uns heiligst und durch uns Heilung bringst« – dieser Satz ist im Zusammenhang mit Christus

als *Erlöser* zu sehen. Er wohnt und lebt in euch, um alles in euch ständig aufs Neue zu heiligen. Seine Präsenz alleine schon heiligt einen Raum, und ihr seid ja eine Gegebenheit in Raum und Zeit.

Er wandert durch eure Innenräume, ob ihr es bemerkt oder nicht, trägt Licht und Segen dorthin, durchlichtet euch beständig. Jeder Mensch ist ein heiliges Gefäß, ein Tabernakel. Und wie er eure Räume heiligt, so auch eure Zeit, d. h. euer Tun, eure Gedanken, Worte, Gefühle, kurz eure »heiligbaren Handlungen« – so gut es eben geht. Er wandert durch euer Leben von Zeiteinheit zu Zeiteinheit, um zu segnen, zu heiligen, zu durchlichten, vom Dunklen zu erlösen. Er tut das in euch wie in jedem anderen Menschen. So also solltet ihr euch und den anderen empfinden. Euer Körper ist ein heiliges Gefäß, euer Leben ein heiliges Geschehen.

Wie weit diese Heiligung in die Außenwelt hinein wirksam werden kann, hängt von der freien Entscheidung jedes Menschen und damit von seiner Bewußtheit ab. Nun kann es sein, daß ein Mensch in sich erfährt: Ich bin ein Vermittler, ein Träger des Herrn. Deshalb behandle ich mich selber so, wie es sich gehört, und ich setze mich ein für andere. Ich weiß, daß jeder Schritt, den ich tue, heiligen, jede Handreichung heilend wirken kann.

Wer das begriffen hat, kann, wenn er will, ein Heilsbringer werden, von Mangel, Kummer, Dunkel erlösen und zum Licht führen. Er kann schon durch seine bloße Anwesenheit, seinen Blick, den Klang seiner Stimme heilend wirken. Ein solcher Mensch schreitet in der Nachfolge des Herrn durch die Welt, friedlich, liebevoll lächelnd, guter Stimmung. Er ruft zu Hoffnung und Sinn auf, verbreitet Zuversicht, versucht wahrhaftig zu sein. Auch ernste Worte können zur Wahrhaftigkeit gehören. Wichtig sind auch die kleinen Dinge.

Es geht darum, daß ihr die heiligende und heilende Wirkung des Herrn in den Alltag bringt. Er bedarf der menschlichen Vermittlung, eurer Offenheit, eurer Handlung.

Im begrenzten Umfang kann der Mensch sogar am Erlösungswerk des Herrn mitarbeiten, z. B. bei verlorenen Seelen und einzelnen unglücklichen gefallenen Engeln. Allerdings bedarf das der Ausbildung und eines besonderen Schutzes (s. Bd. II S. 332 ff.). Der Himmel braucht die Menschen, die sich dieser Arbeit annehmen: Durch sie kann er wirksam werden. Der Mensch kann ein hilfreicher Vermittler sein. Ohne ihn gäbe es gewisse Teile der Erlösung nicht. Die großen Fürsten der Finsternis vermag der Mensch allerdings nicht zu überzeugen. Um sie zu erlösen, ist der Herr ins Reich des Todes hinabgestiegen (Bd. II S. 337 ff., Bd. III S. 97 ff.).

II.
Um zu entscheiden, was ihr tun könnt und dürft, bedarf es des Fingerspitzengefühls. Dafür einige Anhaltspunkte:

a) Vertraue auf deine Intuition. Wenn sich das Gefühl »lieber nicht« einstellt, halte dich zurück.
b) Warte immer ab, ob ein anderer dich um Hilfe bittet, ob er auf dich zukommt, dich in ein Gespräch ganz persönlicher Art zieht, etwas auf dem Herzen hat und dich fragt: »Kannst du mir raten?«. Dann hast du die Möglichkeit, zu agieren. Wenn du nicht ganz sicher bist, so frage z. B.: »Möchtest du wissen, wo ich mich hinwende?«. Sprich mit Vorsicht, warte immer ein bißchen ab, ob er mehr wissen möchte. Dränge ihm nichts auf, warte seine freie Entscheidung ab. Und sprich nur von dem, was du

selber für dich erlebt hast und was du persönlich vertreten kannst!

c) Die drei Sätze des Gebets sind ein Schlüssel, um lieben zu lernen. Du kannst lieben, weil du geliebt wirst! Das erste ist, zu entdecken, wie du geliebt wirst.

Die Trinität liebt dich: der Vater, der Sohn und die Mutter. Du wirst geliebt, gleich wie die irdische Situation sein mag: In dir ist ein Übermaß der trinitarischen Liebe durch die Anwesenheit des Herrn.

Der Herr wohnt in dir, was immer du tust. Er ist in jedem Falle immer da. Er hat immer Zeit für dich. Er ist der Lehrer, er ist ständig zu sprechen, er hat immer ein offenes Ohr. Er lebt sein Leben in dir. Er atmet, denkt, fühlt, spricht, handelt, schaut zu, fragt. Er heilt und heiligt dich, durchlichtet dich, macht dein Leben heil. Er kann, wenn du willst, jeden Schritt zu einem heiligen Schritt, jede Handlung zu einer heiligen Handlung machen.

Jeder Mensch wird so geliebt. Bedenkst du das, so kannst du Liebe aus der Fülle der Liebe weitergeben. Du kannst sowohl den Christus in dir besser erfahren als auch den Christus im anderen. Du kannst dem anderen nicht nur ins Gesicht, sondern auch ins Herz schauen und erfahren, in welcher Situation er in ihm wohnt. Du kannst deinen Christus bitten, dem seinen »Grüß Gott« zu sagen. Beide umarmen sich dann. Dann ist ein böses Wort nicht mehr möglich. Wieviel leichter wird es dann, den anderen Menschen mit Freude und Liebe zu beschenken, auch wenn man vieles an ihm nicht verstehen und akzeptieren kann. Das kann man dann einfach zur Seite schieben. Und du weißt zugleich: Letztendlich kann dir nichts passieren, was immer geschieht. –

Ihr habt gesehen: ich bin ein Engel, der die *Wundmale* Christi trägt. Die drei Sätze des Gebets, über das wir gesprochen haben, haben einen besonderen Bezug zu den Wundmalen, und zwar:

»Der Du in uns wohnst und durch uns wirkst« hat einen Bezug zu den Wundmalen an den Füßen.

»Der Du in uns lebst und durch uns lebendig wirst« hat einen Bezug zu den Wundmalen an den Händen.

»Der Du in uns heiligst und durch uns Heilung bringst« hat einen Bezug zu den Wundmalen am Leib und Haupt.

Wenn ihr den Bezug zu den einzelnen Wundmalen bedenkt, dann geht ihr innerlich dem Erlöser nach, dem Auferstandenen mit den Wundmalen.

Ihr könnt nicht immer daran denken, das wäre zu viel verlangt und ist auch nicht notwendig. Wenn ihr aber daran denkt, macht ihr damit diese drei Zeilen für euch wirksam. Ihr sprecht dann zugleich das »*Gebet hinter dem Gebet*«. Dann ist seine Wirksamkeit um ein Vielfaches potenziert, dann schließt ihr euch an den Strom derer an, die dieses Gebet jemals schon gesprochen haben. Das läßt sehr viele Engel aufmerksam werden.

Wenn du das Gebet in deinen Innenräumen sprichst, durchlichtest du sie, bist direkt in einer anderen Hierarchie, in diesem Falle in der Höhe, wo sich der Jüngerkreis befindet (Ebene der Kyriotetes). Das bedeutet eine ganz andere Intensität. Das löst im Himmel große Freude und Dankbarkeit aus.

Ich danke euch, daß ich euch dies alles erklären durfte. Ich segne euch im Namen des Herrn, der in euch wohnt und durch euch wirkt (der Engel zieht eine Vertikale vom Kopf bis zu den Füßen), der in euch lebt und durch euch lebendig wird (er zieht eine Horizontale), der in euch heiligt und durch euch Heilung bringt (er legt uns die Hände auf Haupt und Herz).

Immer, wenn ihr dieses Gebet sprecht, könnt ihr um diesen dreifachen Segen bitten.

Dienstag, 29. 4. 97

Lobpreis der Elohim

∞

Bruder Tullian: Ihr habt schon einmal an der Anbetung Gottes durch die Elohim teilnehmen dürfen (Bd. I S. 79 f.). Die Elohim befanden sich auf der Ebene der Exusiai. Es gibt auch Elohim auf der Ebene zwischen Kyriotetes und Thronen, dort wo sich auch der Jüngerkreis und der Hohe Rat befinden. Der Begriff Elohim bezeichnet also keine hierarchische Stufe. Auch diese Elohim sind in Lobpreis und Anbetung begriffen. Hier gesellen sich öfters auch die Jünger hinzu und nehmen teil. – Wenn ihr später zu den Cherubim aufsteigen wollt, gehört zur Vorbereitung, daß auch ihr einmal daran teilnehmt. Wollt ihr?

Ja.

Dann steigt zunächst wieder die Dankesleiter empor, wie ihr es gelernt habt (Bd. II S. 362 f.) Zwei »Eskortenengel« werden euch begleiten. Sie sprechen für euch den Dank und ergreifen das Wort für euch.
(Es geschieht so. Die Engel führen uns wiederum auf eine Hochebene. Alles wirkt hier durchsichtig und schimmert sanft in verschiedenen Farben, der Himmel perlmuttfarben. Wir erblicken aus einigem Abstand die betenden Elohim vom Rücken her: hell, schlicht weiß und strahlend.)

Die Engel: Die Elohim sind hier nicht anzusprechen, es sind ihnen keine Fragen zu stellen. Stellt euch hinter ihnen auf. Der Hohelehrer wird euch ein wenig einweisen. Sein Name dort ist »Maamsith«. Das bedeutet: Ma: Mutter, am: ich bin (wie bei »I am«), sith: Diener, also: »Mutter, ich bin Dein Diener.«

Der Hohelehrer: Ich begrüße euch und freue mich herzlich, daß ihr hier seid.
(Er trägt jetzt einen Überwurf mit vielen Falten in warmem Goldorange, als hätte er Sonnenlicht umgelegt. Der Kopf ist ohne Haare, er trägt keine Schuhe. Sein Gesicht zeigt den Ausdruck wie in seiner letzten irdischen Inkorporation, zwar ohne die Alterserscheinungen und Fältchen, aber mit demselben Lächeln und Augenausdruck.)
Ich führe euch zunächst ein wenig herum. Ihr seht: Am Horizont erscheint ein Bild der Heiligen Trinität: Schräg vor und über euch – weit entfernt – die Spitze des »Dreiecks«, ein Bild des Vaters, allerdings nicht so, daß sein Antlitz erkennbar wäre. Es leuchtet und blitzt wie ein fernes Wetterleuchten hinter den Himmeln. Rechts von ihm (von euch aus gesehen links) ein Bild des Sohnes, links eines der Mutter.

Nun macht bitte folgendes:

1. Schaut nach rechts auf die Seite der Mutter. Ihr seht eine Felswand, einen großen Stein und eine *Quelle*, die aus dem Stein heraussprudelt und plätschert. Haltet die Hände in das Wasser rechts von euch.
Ihr seht: Alles ist aber viel feiner als in der Erdenrealität. Das Wasser tut Dinge, die auf Erden nicht möglich sind: Es bildet hübsche Fontänen, die drehende, tanzende Bewegungen vollziehen. Einzelne Wassertropfen sind sichtbar. Sie bil-

den Formationen, die in vielen Farben des Regenbogens schimmern. Ihr bekommt keine nassen Hände. Ihr spürt das Wesen des Wassers. Das Wasser flieht nicht über eure Hände, sondern durch euch hindurch und in euch hinein, dringt in euch ein. Es unterliegt nicht der Schwerkraft, sondern es sprudelt und prickelt in euch, es steigt auf und verbreitet sein Wesen, nämlich *Lebendigkeit und Freude*, in allen Nuancen spielend.

Kniet neben der Quelle nieder und richtet euch auf die Mutter aus. Blickt nach oben in Richtung Mutter und versucht, sie zu erschauen. Sie erscheint wie in einer Wolke. Sie ist umgeben von den drei Aspekten, Sophia, Maria und Muhme. Die Mutter sitzt wie eine Königin, die drei Aspekte stehen drum herum. Wartet auf dieses Bild. Dann sprecht mit den Elohim:

»Heilige himmlische MUTTER
Dir lebe ich,
Dir sterbe ich,
aus Dir bin ich,
zu Dir kehre ich zurück.
Dein bin ich,
jetzt und in Ewigkeit.«

Den letzten Satz sprecht nur, wenn ihr ihn wirklich meint. Nun könnt ihr noch etwas anschließen, was euch als Marien-, Sophien- oder Muhmengruß besonders lieb ist.

2. Nun kommt mit mir zum Ausgangspunkt zurück und wendet euch nach links zum Bereich des Sohnes. Ihr seht einen Felsen mit einem Vorsprung. Ein Feuer brennt wie ein ewiges Licht in einer Schale, ähnlich wie ihr das vom olympischen Feuer kennt. Ihr seht eine größere, gezügelte

Flamme, eine schöne, ewige, heilige Flamme. In der Mitte ist sie glühend weiß, nach außen zu wird sie rot, changierend in allen Farben des Regenbogens. Sie bewegt sich, sie tanzt. Diese Flamme ist das Wesen der Flamme, sie verbrennt keine Materie, sie rußt nicht.

Haltet die Hände an die Flamme links von euch, als ob ihr euch wärmen wolltet, oder auch in die Flamme. Genießt die Wärme. Die Hände verbrennen nicht. Kleine Flämmchen gehen durch euch hindurch, sie durchzüngeln euch. Wie durch das Wasser lebendige Freude in euch aufsteigt, so durch die Flamme innere *Begeisterung und Hingabe*.

Nun kniet nieder, richtet den Blick nach oben. Das Bild des Sohnes erscheint. Es wird deutlicher und klarer. Er sitzt in königlicher Haltung, seine drei Aspekte stehen um ihn herum: Lehrer und Meister, Richter und Heiler, Erlöser.

Wenn ihr diesen Anblick malen wolltet, dann müßtet ihr das Eine und die drei malen, nicht einfach nur die drei Aspekte, ebenso wie bei der Mutter. Auch die Gesamtheit der Trinität ist ja Vier: Vater, Sohn, Mutter, Heiliger Geist. Das ist das Geheimnis der Schöpfung: Wenn die Drei nicht die Vier wäre, gäbe es keine Schöpfung. Nein, bitte stellt jetzt keine Fragen, wie der Zusammenhang von Drei und Vier zu verstehen ist. Dies ist nicht der Ort, Fragen zu stellen, sondern zu schauen und zu sehen.

Ihr seht den Sohn und die Mutter sitzend als König und Königin. Alles erscheint sehr schlicht, aber in einem klaren Bild ihrer wirklichen Stellung. Denn die Trinität ist die königliche Dreifaltigkeit. Euer Blick ruht auf dem heiligen König wie zuvor auf der heiligen Königin – mit den je drei Aspekten drum herum.

Nun sprecht mit den Elohin:
>>Heiliger, himmlischer SOHN,
Dir lebe ich,
Dir sterbe ich,
aus Dir bin ich,
zu Dir kehre ich zurück.
Dein bin ich,
jetzt und in Ewigkeit.<<

Den letzten Satz sprecht natürlich auch hier nur, wenn er aus ehrlichem Herzen kommt, wie bei der Mutter. Dann richtet ein Gebet an den Sohn, z. B. »Gelobt seist Du, Christus«, oder ein ganz persönliches Gebet. Dem Himmel ist bewußt, daß ihr Menschen seid. Ihr braucht eure persönliche Art nicht abzulegen, sondern dürft ein persönliches Wort anfügen. Wenn ihr die Übung wiederholt, könnt ihr das persönliche Wort variieren.

3. Kehrt zum Ausgangspunkt zurück und begrüßt den Vater. Der Vater ist zu weit entfernt, als daß ihr das himmlische Bild sehen könntet. Nun sprecht:

»Wir grüßen den VATER,
den Heiligen, Allmächtigen,
den Unerklärlichen,
Ewigen,
immer Nahen
und über allem Lebenden,
den Vater des Himmels und der Erde,
den Vater aller und jedes einzelnen.
(Kniet nieder:) *Mein Vater.*«

4. Dann reiht euch ein in den Lobpreis der Elohim. Das erfordert viel Kontemplationskraft und Konzentrationsfähigkeit.

Kniet euch nieder, kreuzt die Arme vor der Brust, die Hände auf den Schultern. Von rechts erscheint ein Bild der Mutter in einem ihrer Aspekte und zieht über euch hinweg, aber nicht ein Bild, wie ihr es aus den irdischen Darstellungen kennt, sondern so, wie ihr es vorhin gesehen habt. Das Bild ist begleitet von den Heiligen, Meistern, Eingeweihten, Märtyrern, die zu dem jeweiligen Aspekt gehören.

Es kann auch das Gesamtbild der Mutter – die eine und die drei – erscheinen.

Dann kommen von links die Bilder des Sohnes in einem seiner Aspekte und ziehen über euch hinweg, auch wiederum begleitet von den Heiligen, Meistern, Eingeweihten, Märtyrern, die zu ihm gehören und die ihm huldigen, oder das Gesamtbild des Sohnes.

Die Bilder wiederholen sich mehrmals. Die der Mutter und die des Sohnes wechseln einander ab. Schaut sie euch an und dankt der Mutter, dem Sohn und den Heiligen für ihr Sein, ihre Arbeit, ihr Wirken, ihre Hilfe, ihre Hingabe.

Versucht dies, solange ihr es durchhaltet. Wenn eure Konzentration nachläßt, hört auf. Denn hierbei ist eine wahrhaftige, vollkommene Hingabe wichtig.

Das Einüben dieses Lobpreises ist nötig für euer Fortschreiten zu den Cherubim. Doch so etwas übt man lebenslang, nicht nur wenige Wochen. Ja man macht diese Übung so lange, bis die Knie im Felsen einen Abdruck hinterlassen, und das dauert viele Leben hindurch.

Wenn ihr ermüdet, verneigt euch, tretet zurück und steigt wieder ab, wie ihr es gelernt habt (Bd. II, S. 364). Die beiden »Eskortenengel« werden euch begleiten.

Nun geht in Frieden.

Mittwoch, 30. 4. 97

Individualität in der All-Einheit

∞

I.

Der Hohelehrer: Habt ihr zu den Gebeten, die ihr gestern bei den Elohim gesprochen habt, noch Fragen? Habt ihr irgendeine Zeile mit Zögern gesprochen oder ein ungutes Gefühl gehabt?

Man sagt: »Heilige, himmlische Mutter oder heiliger himmlischer Sohn, dir lebe ich, dir sterbe ich.« Bedeutet das: Dir lebe ich auf der Erde und dir sterbe ich auf der Erde?

Das ist nicht gemeint »Dir lebe ich« bezieht sich auch auf das nicht-irdische Leben, auf das Jenseits. Daß man für die Mutter und den Sohn lebt, heißt sowohl im irdischen Dasein als auch in den nicht-irdischen Phasen: für Dich schlüpfe ich in ein Gewand, für Dich bin ich in einer bestimmten Identität greifbar, für Dich löse ich verschiedene Aufgaben, gehe verschiedene Wege, bewirke mit himmlischer Hilfe das eine oder andere.

Mit »Dir sterbe ich« ist gemeint: für Dich entkleide ich mich meiner Individualität, werde durch viele Gestalten, durch viele Erfahrungen gehen. Ich werde meine Individualität, mein Getrenntsein von den anderen mehr und mehr ablegen und werde mehr und mehr verschmelzen mit den anderen, bis ich eines Tages nicht nur mit meiner Zwölfheit eine große Einheit bin, sondern insgesamt mit allem, was ist. »Dir lebe ich« bedeutet m.a.W. den Gang in die Individualisierung und Differenzierung hinein. »Dir sterbe ich« bedeutet das Heimkehren zur All-Einheit.

»Aus Dir bin ich, zu Dir kehre ich zurück« bedeutet Anfang und Ende. »Aus Dir bin ich« ist ganz real zu verstehen. Es ist nicht nur ein Bild i.S.v.: wir sind von Mutter und Sohn begleitet, sondern unsere Ursubstanz ist mütterlicher Stoff, söhnlicher Stoff und väterlicher Schöpfungsakt.

»Zu Dir kehre ich zurück« heißt: Ich werde heimkehren zu Mutter und Sohn und mit ihnen zum Vater. Stellt euch vor, es gab einen wunderbaren, schönen, unendlich großen Lichtleib, der die Mutter ist und einen ebensolchen, der der Sohn ist. Stellt euch vor, von dort seid ihr wirklich einst gekommen, und dorthin werdet ihr zurückkehren. Das ist ein Bild, aber es ist sehr hilfreich. Ihr wart zu Hause tatsächlich ein Teil der Mutter und des Sohnes, und ihr werdet es wieder sein.

»Dein bin ich, jetzt und in Ewigkeit«. Indem ihr das sagt, versichert ihr euch, daß diese Zugehörigkeit nicht abreißt. Ihr seid zwar im Moment nicht in der Mutter oder im Sohn in diesem ausdrücklichen Sinne, und dennoch haben die Mutter und der Sohn die Verbindung zu euch nicht verloren. Das bleibt so, was immer ihr tut, welchen Weg auch immer ihr beschließt, zu gehen, was immer geschehen mag. Das gilt für alle Menschen.

Mit dem Vater-Gruß bringt ihr zum Ausdruck, daß der Ursprung von allem und auch von euch im Vater liegt. Zu ihm werdet ihr letztlich heimkehren – in der All-Einheit mit Mutter und Sohn und mit der gesamten Schöpfung.

II.

Bedeutet das, daß wir dann unsere Individualität verlieren? Was bleibt in der All-Einheit von uns? Sind wir dann wie ein Tropfen im Meer?

Beunruhigt dich diese Frage?

Ja, denn das wäre nicht das, wonach wir Heimweh haben. Unsere Hoffnung richtet sich darauf, daß wir eine ewige Existenz haben, daß wir uns erinnern, daß wir mit unseren Lieben zusammen sind, daß wir in unendlicher Freude leben.

Ihr verliert nichts, ihr gewinnt unendlich viel hinzu.
 Zu eurem Begriff der Existenz gehört einerseits die Abgrenzung: »Ich bin ich mit meiner Identität, du bist du mit der deinen«, andererseits die Einfügung in Gemeinschaften. Ihr wißt, daß das eine ohne das andere nicht glücklich macht und dem Menschen nicht entspricht. Der Mensch ist ganz und gar Individuum und ganz und gar Bruder unter Brüdern, einer von Milliarden auf einem von Millionen Erdenplaneten. Euch beunruhigt die Frage: Wie groß oder wie klein bin ich, wie einzigartig oder ersetzbar, wie ganz und gar ich oder das Resultat von vielen Faktoren? Eine stimmige Antwort ergibt sich nur bei einer gesunden Mischung aus den Bewegungen hin zum Ich und hin zum Ganzen. Nach der Heimkehr zum Vater werdet ihr beides zugleich sein: unendlich einzigartig, und doch aufgegangen in der Summe der Gesamterfahrung.
 Ihr erlebt euch dann als ein Teil des Ganzen. Stellt euch vor, eure Zellen und Zellverbände würden zusammenschmelzen zu einer riesengroßen Gesamtzelle. Dann wüßte jedes Teilchen schon noch, daß es ein Teilchen ist, aber es würde sich nicht abgegrenzt erleben, sondern eben als Teil.

Verstehe ich das richtig: Ich erlebe mich dann als Teil der heimgekehrten Gesamtschöpfung – aber immerhin: ich erlebe mich so, habe also Leben und Bewußtsein?

Das ist für euch jetzt eine schwierige Vorstellung. Um euch ihr ein wenig anzunähern, um wenigstens ein Gefühl dafür zu bekommen, vergegenwärtigt euch das Zusammenwirken der himmlischen Hierarchien. Jeder Engel erhält von jedem anderen jede Information, die er wünscht, jeden Zugang zu jeder Quelle auf jeder Stufe der Hierarchie. Kümmert er sich um einen Menschen, so sagt keiner: Halt dich da raus, das ist mein Mensch, mein Problem, mein Zuständigkeitsbereich. Es gibt keine gegenläufigen Absichten, Meinungen, Tendenzen, alle sind Boten derselben Trinität, wirken problemlos zusammen. Es gibt kein Urheberrecht, nicht die Ambition: das habe ich gesagt, oder ich als erster. Wenn ihr z. B. bei der Niederschrift dieses Buches mal die Namen derer verwechselt, die mit euch gesprochen haben, so ist das völlig gleichgültig, wenn der Inhalt stimmt. Niemand ist stolz auf die eigene Leistung, den eigenen Auftrag, jeder freut sich nur am Gelingen des Gesamtwerkes.

Oder in einem anderen Bild: ihr seid Sänger in einem Chor oder Mitwirkender in einem Orchester oder Mitglied einer Tanzgruppe, wo es keine Solisten und keine Primaballerina gibt: jeder trägt an seinem Platz zum Gelingen des Ganzen bei, keiner fällt auf, ragt heraus, grenzt sich ab, will gesondert wahrgenommen werden. Für Menschen hat der Gedanke, die Kontur zu verlieren, etwas Beängstigendes: wo höre ich auf, wo fängt der andere an? Es ist, als verlöre man seine Haut.

Ihr kennt ein Geschehen, das dem ähnelt, was ihr bei der Heimkehr erlebt: nämlich die Verschmelzung von Ei und Samenzelle. Beide Zellen gehen in einer Gesamtzelle auf, so daß ein neues Gesamtkunstwerk, ein neuer Mensch entsteht.

Selbst da suchen Menschen immer nach den alten Konturen: die Nase hat er vom Vater, die Augen von der Großmutter, das Lächeln von dem und dem Urgroßvater. – Die Angst vor dem Konturenverlust ist auch verständlich, weil Menschsein eben an Konturen, an Individualität gebunden ist; Charakter ist eine Frage der Konturierung. Nach der Heimkehr zum Vater aber seid ihr grenzenlos – ein Teil des Ganzen.

Behalten wir dann die Erinnerung an unsere Erdenleben?

Ja, aber diese empfindet ihr nur als Teil der Gesamterinnerung der Gesamtschöpfung, die euch ganz zur Verfügung stehen wird. Ihr bleibt, was ihr durch viele Inkarnationen geworden seid. Ihr erinnert euch an sie alle, aber nicht mehr mit dem Gefühl des persönlichen Stolzes: das alles habe ich erlebt, erfahren, erreicht, sondern mit dem Gefühl: das war mein Anteil an der Gesamtentwicklung. Er ist wichtig, aber insofern unwichtig, als er nur einer von Milliarden Anteilen ist.

Dieses Doppelgefühl wird für euch erlebbar, weil ihr Kenntnis von allen Erinnerungen aller anderen Teile der Schöpfung habt. Es gibt dann nicht mehr die Grenzen der Erinnerung. Ihr wißt um alles von allen, insofern seid ihr alles in allem, und die anderen sind es auch. Euer Bewußtsein und euer Stolz beschränkt sich nicht auf das, was ihr erreicht habt, sondern erstreckt sich auf die Gesamterfahrung: dies alles haben wir vollbracht, alle sind heimgekehrt, alle sind wir wieder im Vater.

Das erlebt ihr viel deutlicher als euren Anteil. Dieser wird so unwichtig wie irgendein Detail aus eurer Kindheit: da kam noch die Tante Erna zu meiner Geburtstagsfeier und brachte ein Paar Kniestrümpfe, die mir gar nicht gefallen haben. Das ist zwar Teil eurer Erinnerung, aber nichts, was in besonderer Weise Anlaß zu Stolz oder Freude gäbe.

Also die Erinnerungen an eure Erdenleben sind euch nicht verschlossen, nur werden sie euch winzig und unwichtig erscheinen, weil sie nur ein Teilchen in der milliardenhaften Fülle der Erinnerungen sind. Daß ihr ein Lichttropfen seid im großen Licht, heißt nicht, daß ihr eure Identität verliert, sondern nur, daß das, was eure Identität ausmacht, sehr wenig bedeutet im Verhältnis zu dem an Identität, über die ihr dann verfügt. Ihr seid nicht nichts, sondern ihr seid dann alles. Ihr hört nicht auf zu sein, sondern ihr habt Anteil an allem.

Haben wir denn dann unsere Lieben wieder um uns, unsere Freunde und Angehörigen?

Ja, aber ihr müßt zweierlei verstehen: Zum einen wird der Kreis derer, die zu euch gehören, mit jeder Inkarnation weiter und weiter, zum anderen wird die Kraft eurer Liebe größer und größer. Schaut euch z. B. einmal an, wie viele Menschen euch allein in den letzten Jahren ans Herz gewachsen sind, zu denen ihr vorher noch keine Beziehung hattet, auch nicht aus früheren Inkarnationen. Die verständnisvollen Leser dieser Bücher sind euch zu Freunden geworden, auch wenn ihr ihnen nicht persönlich begegnet und ihr ihre Namen nicht einmal kennt.

Schaut euch an, wie ihr die Menschen um den historischen Jesus herum lieben gelernt habt – mit einer Lebendigkeit, die ihr euch vor wenigen Jahren gar nicht zugetraut hättet. Ihr lernt sogar, Jesu Verräter, Ankläger, Spötter, Schergen einzubeziehen und sie gut zu lieben. Ihr lernt ja nach und nach auch, für Menschen, die euch übel wollen, zu beten und den lichten Kern in ihnen wahrzunehmen und mitzulieben. Eines Tages werdet ihr die gesamte Schöpfung lieben können.

Was glaubt ihr, wie schön es sein wird, euren Doppelgänger in die Arme zu schließen, der dann ja auch heimgekehrt sein wird, oder ein dann durchlichtetes Wesen aus den Hierarchien zur Linken, das ihr früher nie gesehen habt, dem ihr sagen könnt: »ich liebe dich aus ganzem Herzen«. Ihr könnt euch jetzt vielleicht nicht vorstellen, daß ihr das könnt, aber ihr werdet es erleben.

Heißt das nicht, wir haben dann keine Freunde, keine Angehörigen mehr?

Natürlich habt ihr Freunde, ihr habt überhaupt nur noch Freunde! Alle gehören zu euch. Die menschlichen Vorstellungen von dem, was Lieben heißt, sind ziemlich begrenzt. Am ehesten begreifen die Mystiker in ihren Erkenntnissen und Erfahrungen etwas von der All-Liebe, die ihr dann erleben werdet. Zwar ist der mystische Zustand der Entgrenzung in menschlichen Worten schwer beschreibbar. Gelingt es euch aber, aus ihren Worten etwas davon in euch anklingen zu lassen und nachzufühlen, dann erfaßt ihr etwas von dem, was ihr nach der Heimkehr zum Vater erleben werdet. Was ihr jetzt »lieben« nennt, ist davon nur ein ganz schwacher Abglanz.

Also sind auch unsere irdischen Erfahrungen der Freude nur ein schwacher Abglanz der Freude, die uns erwartet?

So ist es. Ich möchte euch so gern alle Sorgen und Ängste nehmen. Das Erleben der heimgekehrten Seele ist wesentlich großartiger, schöner und freudvoller, als ihr euch vorzustellen vermögt. Das Erlebnis des Entgrenzt-Seins bedeutet nicht, daß ihr es nicht erleben könntet, weil ihr nicht mehr wäret. Ihr erlebt es ja, also seid ihr da, ihr seid nicht nichts. Was ihr aber erlebt, ist das Ich-Sein in allem.

Eure Erinnerung wird dann qualitativ anders geworden sein. Sie ist freier geworden, weil das Prinzip der Freiheit nicht, wie anfänglich, das reine Prinzip, sondern das bewußt erlebte, erfahrene Prinzip ist. Auch der Vater ist daran um die Erfahrung reicher. Natürlich ist er von Ewigkeit her der Allbewußte, Allwissende – es gibt nichts, was er nicht weiß –, aber es ist doch noch etwas anderes, etwas zu wissen oder etwas erfahren zu haben.

Beim Vater von »Erfahrung« zu sprechen, ist zwar insofern nicht ganz stimmig, als euer Begriff der Erfahrung an die Zeit, an das Altern gekoppelt ist; der Vater befindet sich aber außerhalb der Zeit. Vielleicht kann man es in einem Bild vermitteln: Der Vater, der sich in der Ewigkeit befindet, nimmt bei der Heimkehr der Schöpfung einen großen Schluck Zeit zu sich.

Übt einmal, im Blick auf die Heimkehr innerlich und auch äußerlich alle Gesten zu machen, die damit zu tun haben, weit und groß zu werden. Breitet die Arme weit aus, füllt die Lungen, macht große Sprünge, überblickt die ganze Natur – Erde und Himmel – in dem Gefühl: Das alles hat mit mir zu tun, gehört zu mir und ich zu ihm. Das alles hat teil an mir und ich an ihm. Das alles bin ich.

Donnerstag, 8. 5. 97 (Christi Himmelfahrt)

Die drei Ströme in der christlichen Tradition

∞

Der Hohelehrer: Willkommen am Tag der Himmelfahrt des Herrn! Würde euch interessieren, was damals in den Jüngern vorging und was dieser Tag heute für sie bedeutet?

Ja, sehr.

Dann kommt mit mir! (Wir folgen ihm wie am 26.1.97 den Wiesenweg am Bach entlang mit diesen Schritten, die nicht einsinken, zu den blühenden Bäumen mit dem Jüngerkreis. Der Hohelehrer lädt uns ein, an einem Wiesenhang in der Nähe des Jüngerkreises Platz zu nehmen.)

I.
Ihr seht, die Jünger wirken ausgesprochen heiter, fast ausgelassen, zwar feierlich, aber fröhlich wie bei einem Frühlingsfest. Heute sprechen sie miteinander, lachen, erzählen, was für komische Dinge geschehen sind oder was ihnen oder den Engeln, die mit ihnen zusammenarbeiten, gelungen ist und Vergnügen bereitet hat. Es wird über alles gesprochen, was heiter, schön, erfolgreich, angenehm ist.

Dann aber wiederholt sich, was sich damals auf der irdischen Ebene ereignet hat. Jedes Jahr wieder tritt der

Herr in die Mitte des Kreises der Jünger, spricht ein paar Worte, alles ist sehr heiter und fröhlich. Dann wird er den Blicken der Jünger enthoben. Und immer von neuem wird damit ein Impuls an alle drei Ströme in der christlichen Tradition gegeben. Wer sich in der Nachfolge des Herrn sieht, der sollte sich mit diesen drei Strömen vertraut machen.

Das Erlebnis der Himmelfahrt war damals für die Jünger erschütternd. Der Herr ging weg, wurde für sie unsichtbar, und das schien ihnen endgültig zu sein.

An sein Dasein im Auferstehungsleib hatten sie sich bald gewöhnt, das war nur am Anfang etwas erschreckend. Nach kurzer Zeit erschien es ihnen fast so wie vor der Kreuzigung. Da der Herr wieder da war – mehr oder weniger wie vorher –, hat sich an ihrer Art und Weise zu glauben und zu verstehen nicht viel geändert. Sie hatten ihren Meister und Lehrer weiterhin, sie glaubten, weil sie sahen und hörten wie zuvor.

Dann kam dieser Tag der Himmelfahrt. Jetzt war alles anders. Dieser Tag veränderte die Art und Weise des Glaubens. Sie konnten noch Fragen stellen, aber sie bekamen keine Antworten. Sie konnten in den Himmel schauen, aber nicht auf die Gestalt des Herrn. Sie konnten miteinander sprechen, aber nicht mehr mit ihrem Meister.

Jeder einzelne war nun gehalten, sich zu dieser neuen Situation zu stellen. Was war er nun? Er war nicht mehr der Schüler eines Meisters, denn der Meister war nicht mehr da. Er war aber auch nicht selber Meister, so schnell konnte sich niemand in diese Rolle hineinbegeben. Auch die Gruppe konnte so nicht weiterbestehen, weil die Mitte fehlte, auf die sie ausgerichtet war. Wie sollte es also weitergehen? Woran sich halten? An wen sich wenden? Wen fragen, von wem sich führen lassen?

Es gab verschiedene Gedankengänge: Sollte jeder wieder an seinen alten Platz zurückkehren, wieder die alte Arbeit aufnehmen, sich wieder den alten Freunden zuwenden, die Familien wieder aufsuchen? Oder sollte man die Gruppe zusammenhalten, als sei der Meister da, und eine Art Gedächtniskult pflegen? Sollte man einen zum Stellvertreter des Meisters berufen? Und wenn, wie, wen, für wie lange? Und wie würde das dann aussehen?

Vor allem entstand die Frage, wie man jetzt das Wort des Herrn hörte. Ihr müßt euch vorstellen, daß es ja noch kein geschriebenes Evangelium gab. Es gab nur die Erinnerung und das Bemühen, gut im Gedächtnis zu behalten, was man gehört hatte.

Es gab Auseinandersetzungen darüber, was der Herr wirklich gesagt hatte, wann und warum, wie man sein Wort zu interpretieren und welche Lehren man daraus zu ziehen hatte. Der eine sagte: das hat er so gesagt, der andere: nein so, der dritte: nein, das stand in einem ganz anderen Zusammenhang. Es entstand sogar die grundsätzliche Frage: Kann man weiter glauben an jemanden, der gar nicht mehr da ist? Und wenn ja, wie sieht diese Art Glaube aus? Und wie praktiziert man ihn? Das war ziemlich mühselig. Und schon damals gab es verschiedene Richtungen.

1. Die einen sagten: Wir setzen uns zusammen und schreiben die wesentlichen Worte auf, an die sich alle erinnern oder mindestens die Mehrheit des engsten Kreises, an die Lehrstunden, aber auch an die Nebenbemerkungen, die er machte, während er jemand heilte oder während er wanderte. Wir versuchen auch alles, was wir sonst mit dem Herrn erlebt haben, zu rekonstruieren. Dann halten wir uns an die Rekonstruktion des Geschehens und an ein Bündel von Lehren, die er gegeben hat.

2. Eine zweite Gruppe sagte: Das Wichtigste ist, das Gedächtnis zu pflegen und Handlungen zum Gedächtnis auszuführen. Wichtiger als die Menschen zu unterrichten, ist, daß wir all das, was geschehen ist, verehren und durch unser ständiges Anbeten gegenwärtig halten. Es geht nicht so sehr um das, was er gesagt hat, als um das, was geschehen ist – von der Geburt des Herrn bis hin zu Abendmahl, Passion und Auferstehung. Das verehren wir im Gebet, in ständiger Erinnerung, im ständigen Wiederholen, im rituellen Ausführen. Wir halten das Feuer am Brennen, wir gehen seinen Weg nach, wir beten die Stationen nach. So halten wir sie lebendig.
3. Eine dritte Gruppe meinte: Es sollte möglich sein, weiterhin Kontakt zu pflegen. Wir können nicht nur aus der Vergangenheit, nicht nur von seinen einstigen Worten und Taten leben. Es genügt auch nicht, die Vergangenheit durch Handlungen und Anbetung gegenwärtig zu halten. Vielmehr brauchen wir das lebendige Gespräch. Wer schafft es und wie, in irgendeiner Weise zum Herrn im Himmel Kontakt aufzunehmen, oder wenigstens zu Abgesandten des Herrn? Wer kann Fragen stellen und Antworten bekommen? Gibt es einen weiteren Zugang? Wenn ja, welche Möglichkeiten haben wir? Woher weiß man dann und wer verbürgt sich dafür, daß er stimmt?

Dies waren die drei wesentlichen Richtungen. Es gab noch weitere. Im größeren Kreis – nicht im engeren Jüngerkreis – gab es z. B. Menschen, die sich infolge der Himmelfahrt überhaupt abwandten, nicht, weil sie gegen Jesus waren, sondern weil sie das Ganze für eine temporäre Geschichte hielten, die nun durch die Himmelfahrt beendet sei. Sie suchten einen neuen Meister, einen neuen Führer oder neue Lehren, die genauso interessant zu sein versprachen, und wandten sich denen zu.

Dann gab es eine Gruppe, die sich mit nichts anderem beschäftigte als mit der Trauer. Sie pflegte die Trauer um den Verlust, die Trauer um die Ungerechtigkeit, die Trauer um Mißhandlung und Leid. Auch das war kein sehr fruchtbarer Ansatz, er hat nichts Neues hervorgebracht. Mit den Trauernden starb nach und nach diese Haltung aus.

II.
Die drei Ansätze der Jünger sind die, die bis heute in der katholischen Kirche lebendig sind. Alle drei haben ihre Berechtigung,
1. der Ansatz: wir halten uns an die Schrift, an das Wort, an die Lehren, die gegeben wurden und an eine Rekonstruktion seines Lebens und Wirkens,
2. der Ansatz: wir halten das Leben des Herrn im Gedächtnis lebendig, in der rituellen Feier, in der Anbetung, und auch
3. der Ansatz: wir versuchen den lebendigen, mehr oder weniger direkten Kontakt aufrechtzuerhalten.

Den ersten Ansatz: wir halten uns an seine Worte und an das, was wir als Tatsachen festhalten können, vertrat vor allem eine Gruppe um Petrus. Den zweiten Ansatz: wir sollten Rituale und Anbetung pflegen, vertraten vor allem Maria Magdalena und überhaupt die Frauen aus dem größeren Kreis. Die Haltung in der Gruppe um Johannes war vor allem die der direkten Rücksprache mit dem Himmel. –

Die drei Haltungen kann man den drei Personen der Trinität zuordnen. Das Aufschreiben ist sozusagen die Sohnessache: das hat er gesagt, das hat er getan. Das führte dazu, daß es die Heilige Schrift gibt. Der Mutter zugeordnet ist die Haltung, den Sohn im Herzen, in der Anbetung lebendig zu halten.

Dem Vateraspekt entspricht der Versuch, weiterhin mit

dem Himmel zu sprechen. Man argumentierte: das Vaterunser ernst zu nehmen, hat eigentlich die Konsequenz, daß auch ich ein Sohn oder eine Tochter des Vaters bin und daß ich versuche, mit dem Himmel zu sprechen, ihm Fragen zu stellen und ihn um Antworten zu bitten. –

Wichtig ist nun: Der Zwölferkreis der Jünger ist ein Zwölferkreis geblieben, er ist nicht auseinandergefallen.

Die Vertreter der drei Haltungen haben nicht versucht, die ihre auf Kosten der anderen durchzusetzen, sondern sie haben die Berechtigung auch der anderen anerkannt, haben sich alle drei wie zu einer Kordel verflochten und beschlossen, zusammenzuhalten und zusammen zu wirken.

In der Kirche gibt es von allem Anfang an drei Traditionsströme, die die eine oder andere dieser Haltungen akzentuieren, sagen wir vereinfacht: einen theologischen, einen liturgischen und einen mystischen. Manchmal geraten sie in Reibungen. Aber es ist im Sinn des Himmels, daß sie nicht auseinanderdriften, sondern zusammen bleiben. Seit dem Moment der Himmelfahrt waren diese drei Ströme als Reaktion auf die Himmelfahrt normal. Das war so und das soll und wird so bleiben.

III.

Wer als Priester oder in sonstiger Weise in oder mit der Kirche wirken will, sollte sich mit allen drei Strömen beschäftigen. Er wird folgenden Weg gehen, wenn er es wirklich richtig machen möchte:

1. Er beginnt beim Strom der Maria Magdalena, er beginnt also mit der Anbetung. Er betrachtet also das Geschehene nicht nur als ein historisches, sondern als ein heute lebendiges Geschehen. Er empfindet den historischen Jesus als den lebendigen Christus, der jedes Jahr am 24. Dezember geboren wird, der jedes Jahr die Passion erleidet und aufersteht, der heute zum Himmel fährt. Er weiß um die sich

stets wiederholende Gegenwärtigkeit des Geschehens und tut alle Schritte der Kontemplation und der Anbetung, um dieses Lebendigwerden mitzuvollziehen.
2. Wenn das geschehen ist, und erst wenn das geschehen ist, sollte er sich mit dem »theologischen« Strom beschäftigen: Was steht geschrieben? Was befand man als wesentlich, aufzuschreiben? Was ist überliefert? Welche Aussagen, welche Lehrsätze stehen als Faktum da? Wie sind sie zu verstehen? – usw.

Das bedeutet praktisch: Die Theologen sollten mit der Anbetung beginnen. Die Ausbildung ist so, wie sie ist, verkehrt herum. Man wird nicht erst Theologe und dann Priester, sondern man ist Priester aus Berufung, aus innerer Überzeugung, aus dieser Lebendigkeit des Christus im Herzen heraus. Dann mag es sinnvoll sein, sich gewissen theologischen Studien zuzuwenden, um gewisse Bedürfnisse des Verstandes zu befriedigen, um vielleicht einen größeren Überblick zu erhalten und Zusammenhänge noch besser und klarer zu sehen. Wenn ein Theologe nicht zuerst Priester ist, dann ist die Gefahr groß, daß er ein Theologe bleibt, auch wenn er sich später Priester nennt. Das sind eben zwei Dinge. Werden Messen von »bloßen« Theologen gehalten, berührt das die Ebene des Herzens nicht und wirkt auf die Menschen unstimmig, leblos, kalt, unhimmlisch oder unmenschlich.

Heißt das, man sollte als junger Mensch zum Priester geweiht werden und dann erst das Studium aufnehmen? ist das Studium der Theologie evtl. ganz verzichtbar?

Der Entschluß, Priester werden zu wollen, entstammt jedenfalls nicht dem Theologiestudium, sondern einer Herzensregung. Diese kann motivieren zum Theologiestudium. Zuerst aber sollte der junge Mensch vom Herzen her berufen und vom Herzen her Priester sein wollen. Er sollte in einer ganz lebendigen Gegenwart des Geschehens stehen, er sollte sich empfinden wie ein Jünger des Herrn zu den Zeiten, da der Herr auf Erden lebte. Es sollte für ihn so sein, als wäre der Herr so lebendig wie damals, als wäre das lebendige Gegenwart. Um ein guter Priester zu sein, braucht es nicht viel mehr als diese innere Lebendigkeit, dieses Leben in der Gegenwart des Herrn. Allerdings gehört normalerweise, um sich zu vervollständigen, dann – aber eben erst dann – dazu, sich genauer auszukennen mit dem theologischen Bemühen und Studieren.

3. Wenn die beiden Schritte getan sind – die Vergegenwärtigung in der Anbetung und eine gute Abdeckung der Verstandesebene –, erst dann und nur dann sollte man den Versuch wagen, eine innere Entwicklung in Gang zu setzen, um mit den Wesen des Himmels in einen direkten und lebendigen Kontakt, in ein echtes Gespräch zu kommen. Dann kann man z. B. in der – in die Erdenaura eingeschriebenen – Geschichte des Lebens Jesu jene Stellen aufsuchen, die in der Heiligen Schrift keine Erwähnung fanden, weil die Heilige Schrift sonst um ein Vielfaches umfänglicher geworden wäre. Man hat nicht alle Einzelheiten aufgeschrieben, in der Erdenhülle ist aber natürlich das gesamte Leben aufgeschrieben, und man könnte es erreichen, wenn man wollte. Man könnte dann auch die Wesen des Himmels fragen und Antworten bekommen.

IV.
Hast du dazu noch Fragen?

Ja, es würde mich interessieren: wer ist wer? Welcher Jünger gehörte zu welcher Gruppe? Oder gehörten einzelne Jünger zwei oder drei Gruppen gleichzeitig an?

Historisch gesehen hat es zunächst diese Aufteilung gegeben, bald aber nicht mehr, weil inzwischen alle Jünger alle drei Wege gegangen sind. Anfangs war die Aufteilung ganz ungleichmäßig, z. B. standen Maria Magdalena und die anderen Frauen fast alleine da. Und sie gehörte damals auf der irdischen Ebene nicht zum Jüngerkreis. In diesem war die Gruppe um Petrus etwas größer als die um Johannes. In die Gruppe um Johannes gehörte eigenartigerweise ausgerechnet Thomas, ferner Jacobus der Ältere, Simon Kananäus und Thaddäus. Die anderen waren eher zweifelnd dem gegenüber und wollten sich lieber an das genaue Aufschreiben halten. Bartholomäus gehörte sowohl zur einen als auch zur anderen Gruppe. Er wollte vermitteln: ihr habt beide recht, wir können das eine wie das andere tun.

Es gab ziemlich heftige Diskussionen zwischen den Gruppen. Es gab auch innerhalb der Gruppe um Petrus Diskussionen, wer was wann wirklich gehört hat. Da wurden dann auch die anderen Jünger und auch Menschen aus dem größeren Kreis hinzu gerufen. Es gab Sitzungen in großen Kreisen, wo noch einmal genau überlegt wurde: Wer war Zeuge, wer hat was gehört, wer kann sich erinnern: hat er das so oder so gesagt, hat er das in dem Zusammenhang gemeint oder in jenem, hat er das zu dem oder jenem gesagt? Die Gruppe um Johannes unterhielt sich vor allem über Fragen wie: welche Schulung braucht man, um in direkten Kontakt zum Himmel zu kommen? Welcher Weg ist der geeignetste, der sicherste? Was »garantiert«, daß man zu den richtigen Wesen in der richtigen Art und Weise Kontakt aufnimmt? Diese Gruppe setzte sich auch sehr viel mehr mit den Hierarchien zur Linken auseinander als die des Petrus. –

Also es gab drei verschiedene Arten, mit der Himmelfahrt Christi umzugehen, und sie gehören zusammen. Die erste Art und Weise, nämlich die der Frauen, die der Anbetung, pflügt den Boden, so daß überhaupt etwas gedeihen kann. Sie schafft die Voraussetzung für den »petrinischen« Umgang mit der Heiligen Schrift und der Überlieferung. Wenn man diese beiden Wege gegangen ist, dann mag die »johanneische« Art sinnvoll werden, die des unmittelbaren Gesprächs mit himmlischen Wesen.

Es geht heute darum, manchen Menschen den ersten Schritt zu erleichtern, die etwas hilflos vor dem Gesamtgebilde Kirche stehen und ebenso vor den Geschehnissen mit diesem Menschensohn/Gottessohn Jesus von Nazareth. Nähert ihr euch kritisch, könnt ihr's eigentlich nur ablehnen. Nähert ihr euch rein historisch, dann hat es keine Wirkung mehr für euch heute, dann ist es nichts anderes als überkommenes Ritual und Dogma. Nähert ihr euch in der johanneischen Absicht ohne die anderen Vorbereitungen, dann wird es sehr, sehr schwierig und gefährlich, weil man dann alle möglichen Höhenwege erklimmt, und die können auch ganz woanders oder nirgendwo oder in einen Absturz hineinführen. Die Kirche ist esoterisch und exoterisch zugleich. Keiner der drei Ströme ist entbehrlich, alle drei bilden das Ganze.

Es geht also darum, das Christsein überhaupt verständlich zu machen: Wie könnt ihr euch dem nähern, was wollt ihr damit tun?

Sonntag, 11. 5. 97

Vorbereitung auf Pfingsten

∞

Bruder Tullian (zornig): Der Himmel ist bestürzt und ungehalten darüber, daß die Menschen sich nicht auf das Pfingstfest vorbereiten. Die Ausgießung des Heiligen Geistes geschieht nicht von allein, als eine logische Folge der vorangegangenen Himmelfahrt. Sie ist ein Geschenk der Trinität, eine besondere Gnade, die aber nicht »einfach so« gewährt wird, sondern erbeten, erfleht, errungen sein will.

Die Zeit nach Himmelfahrt ähnelt den Tagen nach Karfreitag: wiederum ist der Herr den Menschen abhanden gekommen, nun auch im Auferstehungsleib. Die Jünger wußten nicht, daß Pfingsten kommen würde. Der Herr habe ihnen zwar angekündigt, daß der Heilige Geist auf sie kommen werde (Apg. 1,8; Joh. 14, 16 f.), aber sie wußten nicht recht, was das bedeutet und wie sie sich das vorstellen sollten. Sie hatten das Erlebnis der Verlassenheit, sie waren erschüttert, verzweifelt. Die Himmelfahrt hatte ein großes Loch gerissen.

Sie fragten sich: Wie geht es weiter? Wohin sich wenden? Wie noch glauben? Was glauben? Wie lebendig kann der Glaube sein? Sind wir bereit, uns ohne sichtbares Zeichen auf den Himmel zu verlassen, für ihn »durchs Feuer zu gehen«?

Und nun ihr! Niemand ist wegen der Himmelfahrt erschüttert, das ist erschütternd. Hadert ihr nicht? Erlebt ihr keine Zeit der Schwierigkeiten? Dann beraubt ihr Pfingsten seines Wertes, seiner Grundlage. Denn Pfingsten ist nur aus dieser Erschütterung heraus nachzuempfinden.

Es bedarf des Bittens um Hilfe, um Zeichen, um Führung – und nicht nur des Bittens, sondern des Forderns. Damit rührt man die Trinität. Pfingsten ist ein Geschenk der gerührten Trinität.

Die logische Folge der Schöpfungsgeschichte und des Alten Testamentes war: der Sohn wird kommen. Die logische Folge von Christi Tod am Kreuz war die Auferstehung. Himmelfahrt hat nicht etwa Pfingsten zur »logischen Folge«. Vielmehr haben die Klagen, die Hilflosigkeit, das Bitten, Flehen und Fordern Mutter, Sohn und Vater so sehr gerührt, daß sie den gemeinsamen Beschluß faßten, den Menschen ein Geschenk zu machen.

Ihr verdankt also Pfingsten auch den Jüngern, den Frauen um die Mutter Jesu herum, dem größeren Kreis derer, die Christus erkannt hatten, die z.B. von ihm geheilt worden waren und die nun enttäuscht waren. Sie waren traurig und hilflos, haben gebetet, geweint, gefleht, gehadert, gefordert – den Himmel herausgefordert und so im Himmel den Beschluß erreicht: »Wir können sie so nicht lassen, wir werden ihnen etwas geben, das ihnen weiterhilft.« Pfingsten ist also die Antwort auf die Forderung: jemand von der Trinität möge bei uns bleiben, und zwar nicht nur in uns und über uns – das geschieht sowieso – sondern bei uns.

Der Heilige Geist gehört zur Trinität, er repräsentiert die Ganzheit der Trinität und vermittelt sie zu Engeln und Menschen. Wendet ihr euch im Gebet an Vater, Mutter oder Sohn, so vermittelt euch der Heilige Geist die Antwort auf eure Bitten oder Fragen, d. h., er macht die Antworten der Trinität für Menschen faßbar. Ohne ihn ist keine Kommunikation mit dem Himmel möglich, weder mit der Trinität noch mit ihren Boten aus den Hierarchien.

Ihr kennt die Fürbitten mit der goldenen Schale (o.30.1.97). Stellt euch vor, daß der Heilige Geist eine solche Schale trägt – aber groß wie der Kosmos. Der Heilige Geist ist zwar kein Engel, er gehört zur Trinität. Die Menschen versuchen ihn in verschiedenen Bildern, z. B. als Taube, zu erfassen. Ihr könnt ihn euch aber auch vorstellen wie einen Engel, so groß, mächtig, unfaßbar, daß er die ganze Schöpfung mit seinen Händen umfaßt. Man nennt ihn deshalb auch den »Engel-Engel«. Seine Flügel und seine Hände bilden die goldene Schale.

Er legt in die Schale hinein: eine Prise Verständnis für die Trinität, eine Prise Nachfolgevermögen, eine Prise Vermittlungsvermögen. Dann verneigt er sich vor Vater, Sohn und Mutter, d. h., er macht eine leichte Bewegung nach vorn, so daß die Schale überfließt – durch alle Hierarchien hindurch. Dort entsteht ein Sog, der bewirkt, daß die Engel und die Heiligen noch etwas hinzufügen – bis das Licht des Heiligen Geistes bei jedem Menschen als kleines Flämmchen ankommt. Das ist die »Ausgießung« des Heiligen Geistes.

Es war nicht bloß ein historisches, sondern ist ein immer wiederkehrendes Geschehen, das aber der Pflege durch die Menschen bedarf. Wenn sie es nicht pflegen, wird Pfingsten verschwinden.

Es macht die Kommunikation denjenigen Menschen möglich, die sie wirklich wünschen, die, wenn sie fehlt, betroffen sind und trauern. Es ist eine Gnade, die man erwirkt, sie wird dem Himmel gespendet, aber der Himmel will gebeten sein.

Wie es bei Paul Gerhardt heißt: »Mit Sorgen und mit Grämen und mit selbsteigner Pein läßt Gott sich gar nichts nehmen, es muß erbeten sein.« [1]

Ja, »selbsteigene Pein« heißt: du lehnst es ab, deinen Kummer dem Himmel vorzulegen und willst trotzdem seine Hilfe erzwingen. Das geht nicht so. Die Menschen klagen die Welt an, die Verhältnisse, die politischen und sozialen Systeme. Aber sie sollten den Himmel anklagen und Hilfe von ihm erbitten, ja fordern: das rührt ihn. Sie sollten sich nicht in Leid verlieren! Macht euch die Maxime zu eigen:

»Rührt den Himmel,
auf daß ihr vom Himmel berührt
werdet.«

So tut auch nach Himmelfahrt etwas, macht den Himmel aufmerksam, erbittet die Gaben des Heiligen Geistes.

Diese Gaben richten sich auf dreierlei:
1. Verständnis, d. h. Wissen und Licht, Empfinden für die Trinität, Erkenntnis, Erleuchtung, Weiterung des Horizontes, Feinheit des Wahrnehmens.
2. Nachfolgevermögen, dazu gehören die sieben Gaben des Heiligen Geistes, aber auch Tugenden und Stärken wie z. B. Mut, Durchhaltevermögen Heilkraft, auch körperliche Fähigkeit und die Fähigkeiten, Leid zu ertragen, zu verzichten, Gehorsam zu üben. So könnt ihr den Weg des Herrn nachgehen.

---

[1] In dem Lied: Befiehl du deine Wege.

3. Vermittlungsvermögen, um das Wichtige und Notwendige anderen Menschen weitergeben zu können.

Diese drei Hauptbitten sind schwerpunktmäßig – nicht ausschließlich – zugeordnet:

1. dem Vater,
2. dem Sohn,
3. der Mutter – auch der Mutter Kirche.

Wendet euch an alle drei, bittet sie, in die Schale zu tun, was ihr braucht oder was andere brauchen.

1. Beginnt mit der *Mutter*, bittet sie, alles zu geben, was nötig und sinnvoll ist, um die *Vermittlungsfähigkeit* zu stärken:
   Himmlische Mutter, wir bitten Dich, gib uns (z. B.) das rechte Wort zur rechten Zeit oder: Gelassenheit, Schweigenkönnen, Erkennen, was wir und andere brauchen und dgl.

2. Dann wendet euch an den *Sohn*:
   Himmlischer Sohn, wir bitten Dich (z. B.) um Mut zur *Nachfolge*.

3. An den *Vater*:
   Himmlischer Vater, wir bitten Dich (z. B.) um das *Verstehen* der großen Wahrheiten, die Du gegeben hast.

4. Schließlich an den *Heiligen Geist*:
   Heiliger Geist, wir bitten Dich, daß die Schale sich füllt und daß Du sie zum rechten Zeitpunkt *ausgießt* – für alle Menschen zum Pfingstfest, für jeden einzelnen Menschen zu jedem denkbaren Zeitpunkt.

Zwischen Himmelfahrt und Pfingsten bittet, daß Pfingsten geschehen möge und daß es immer wieder geschehe, das ganze Jahr über. Tut diese Bittarbeit regelmäßig, damit Pfingsten nicht verloren geht.

Zwischen Himmelfahrt und Pfingsten – also vom Freitag nach Christi Himmelfahrt bis einschließlich Pfingstsamstag – solltet ihr jeden Abend diese Bittgebete sprechen. Ihr könnt darin einfügen, was euch persönlich besonders am Herzen liegt, z. B. Gaben, Stärken, Hilfe, Schutz für euch oder andere oder auch für ein ganzes Volk.

Damit bereitet ihr das Pfingstfest vor, d. h. die Ausgießung des Heiligen Geistes. Der Heilige Geist wird die Schale neigen, wird sie ausgießen über die ganze Schöpfung. Das wird jeden in dem ihm verträglichen Maße erreichen. Dazu gehört aber auch, daß der Mensch sich wie ein Gefäß bereit hält, um einen Tropfen aufnehmen zu können.

Schließt die Augen und stellt euch vor, ihr wäret ein Gefäß. Schaut euch dieses Gefäß, das ihr seid, vor dem inneren Auge an: ist es sauber, mit Hingabe gepflegt, in Ehren gehalten? Seid das Gefäß, so schön, so gut, so heil ihr könnt! Achtet darauf, euch ganz besonders hingebungsvoll zu pflegen, auch auf der körperlichen Ebene. Für alle, die ihre Innenräume kennen: Pflegt die Innenräume, richtet sie her, schmückt sie aus, bringt sie auf Hochglanz! Laßt überall in jedem Innenraum ein Gefäß aufstellen, auch auf der Insel bei den Tieren.

Wenn es dann Sonntagmorgen wird, macht euch leer von dem, was ihr als eure Mängel, Schwächen, kleinen oder großen Fehler kennt: z. B. Ungeduld, zu leicht in Emotion geraten, vorschnell sein, häufig kritischer sein, als man sein sollte usw. Tut das wirklich ganz bewußt, besonders, wenn ihr das Gefühl habt, es hängt in euren Gedanken, euren Herzen fest: Nehmt das alles und setzt es weg. Macht euch auch frei von allen Verletzungen, die euch mit der Vergangenheit verbinden, auch von allem Hader und allen Vorwürfen der Gegenwart. Macht euch frei von nicht ganz positiven Vorstellungen über die Welt, über andere Menschen, über die Zukunft. Löst euch von Vorstellungen darüber, was euch zusteht, was euch angemessen wäre.

Versucht den Stand eines Kindes zu erlangen: seht die Welt voll großer Abenteuer, das Leben wie ein Wunder, wie eine große Frage und Freude: Was immer mir geschieht, es wird gut. Ich lache und lächle dem Leben und dem Schicksal entgegen. So macht ihr euch offen für den Tropfen des Heiligen Geistes.

Also ihr bittet, ja ihr fordert, ihr fleht, ihr setzt euch ein für euch oder für andere, ihr hadert mit dem Himmel – und über Nacht zum Pfingstsonntag-Morgen laßt ihr los. Ihr habt getan, was ihr konntet, jetzt geht frei und leer in die Heilige Messe. Der Wille des Himmels geschehe, der Heilige Geist wird dort hinkommen, wo er soll. »Ich übergebe alles weitere dem Himmel« – das ist die notwendige Haltung am Pfingstsonntag-Morgen.

Die historische Begebenheit nach der Himmelfahrt war so: Die Menschen hofften, es werde ein Zeichen des Himmels kommen. Sie waren innerlich sehr mitgenommen, haben geweint, getrauert, nächtelang gebetet, gestritten, wieder zusammengefunden, wenig gegessen. Sie waren erschöpft und müde von der harten Arbeit nach Christi Himmelfahrt.

Diese Erschöpfung war gut, um loszulassen. Wenn ein Mensch sehr traurig, innerlich sehr aufgewühlt ist, dann kommt der Moment, wo er beim Beten vor lauter Erschöpfung einschlafen möchte. Diese Tage sind eine Zeit der äußersten Anspannung, Erschütterung, Anstrengung, einer gewissen Grenzerfahrung. Dann kann Pfingsten kommen!

Sonntag, 18. 5. 97 (Pfingstsonntag)

Über den Heiligen Geist

∞

Ein Engel des Heiligen Geistes: Ihr hattet Fragen, sprecht, ich werde antworten.

Im Pfingstbericht heißt es: Die versammelten Menschen verstanden alle einander, so als spräche jeder in der Sprache jedes anderen (Apg. 2, 1–13). Wie ist das vorstellbar?

Niemand sprach in einer ihm fremden Sprache und schon gar nicht in mehreren Sprachen gleichzeitig. Die Frage ist also: Warum wurde ein jeder von jedem anderen verstanden?

Er war vom Heiligen Geist erfüllt und sprach aus, wozu dieser ihn inspirierte. Ihr wißt ja, daß Engel in Schwingungen sprechen und daß ihre Aussagen in jede beliebige Sprache umsetzbar sind. Indem nun ein jeder in seiner Sprache ausdrückte, was ihm der Heilige Geist eingab, drückte er es zugleich in diesen Schwingungen aus, die der Hörende in seine eigene Sprache umsetzte, so daß es ihm erschien, als hätte er es in seiner Sprache vernommen. Deshalb haben sogar Gehörlose ihn verstehen können.

Der Heilige Geist sagt immer nur Wesentliches, und das wird immer verstanden, ganz gleich in welcher Sprache es ausgedrückt und aufgenommen wird. Der Heilige Geist kann tatsächlich bewirken, daß das Wesentliche, wenn es in der richtigen Art und Weise gesagt wird, verständlich ist, allen Menschen, aber auch den Tieren, wie ihr von vielen Heiligen wißt, und selbst den Pflanzen und Steinen.

Diese Geschichte enthält zugleich einen Hinweis darauf, daß jeder Mensch seine eigene Sprache hat. Er hat eine ganz eigene innere Struktur, er ist einzigartig und so auch seine Sprache. Auch wo alle deutsch sprechen, spricht jeder seine Sprache, versteht auf seine ganz eigene Weise, hört mit seinen eigenen Ohren, fügt alles in seine eigene Struktur ein und will in der ihm gemäßen Weise angesprochen sein. Wenn ein Mensch Wesentliches sagt, wird jeder Anwesende es auf die ihm gemäße und verständliche Art und Weise aufnehmen.

Wenn ihr z. B. einen Vortrag haltet oder einen Abend gestaltet, ist die Kunst also, so zu sprechen, daß jeder das ihm Gemäße auf seine Art und Weise verstehen kann und das Gefühl hat, er hat für sich, ihm gemäß verstanden, wesentliche Zugänge und Erkenntnisse gefunden. Das gehört zu den Lehren dieser Pfingstgeschichte.

Was bringen die Feuerzungen über den Häuptern zum Ausdruck?

Was es mit dem Ausgießen des Heiligen Geistes auf sich hat, habt ihr ja schon gehört (o.11.5.97). Diese Feuerzunge ist eine Mischung aus Flamme und Tropfen – weder eine Feuerflamme noch ein Wassertropfen, sondern sozusagen ein Feuertropfen. Dieses Bild zeigt zwei Bewegungen, die beide gleich wichtig sind: Die Ausgießung des Heiligen Geistes erfolgt von oben nach unten, von der Trinität durch alle Hierarchien bis zum Menschen hin. Die Flamme zeigt ein Wieder-aufwärts-Streben.

Das zu wissen heißt, das Geheimnis zu kennen, wie man mit der Gabe des Heiligen Geistes umgeht. Man richtet sich nach oben, erbittet, erfleht, fordert sie. Dann wird der Heilige Geist ausgeschüttet: die Bewegung von oben nach unten. Der Licht- und Feuertropfen durchdringt eure Innenwelt, so wie der Sauerstoff, den ihr einatmet, den ganzen Organismus durchdringt.

Dann allerdings fängt man etwas mit ihm an. Man beherbergt diesen Tropfen nicht nur, sondern man verwendet ihn, indem man ihn umsetzt, in das eigene Leben integriert. Dieser Geisttropfen, den ihr empfangen habt, sollte mit all den Gaben, mit denen er angefüllt ist, all euer Handeln, Fühlen, Wollen, Denken durchdringen. Der Tropfen, der in euch fiel, wird damit zu dieser Flamme, die sich wieder nach oben ausrichtet.

Ein Mensch, der das erfahren hat, der dementsprechend vertraut, hofft, glaubt und lebt, wird den Himmel weiterfordern, weiterbitten und vielleicht wieder hadern. Er wird die Trinität wieder rühren, und der Heilige Geist wird wieder ausgeschüttet werden und Gaben überbringen. So besteht ein ständiges Ein- und Ausatmen, eine ständige Kommunikation.

Johannes der Täufer sah »den Geist herabsteigen wie eine Taube vom Himmel« (Joh. 1,32). Was bedeutet das Bild der Taube?

Die Taube zeigt das Tröpfchen, das zum Flämmchen wird. Es ist ein Bild. Dem Heiligen Geist ist eine sehr, sehr große Schar von Engeln zugeordnet. Jeder dieser Engel trägt eine Taube auf dem Arm sitzend und kann sie fliegen lassen. So zeigt das Bild ein bißchen stimmiger das Verhältnis der Taube zum Heiligen Geist.

Vater, Sohn und Mutter nähern sich euch durch die Vermittlung des Heiligen Geistes, der durch die Taube symbolisiert wird. Der Kopf stellt den Vater dar, die beiden Flügel Sohn und Mutter. Der Schwanz ist so aufgefächert, daß der Mensch mit seinem Doppelgänger diese Vermittlung aushält.

Die Taube symbolisiert darüber hinaus die Einheit aus Heiligem Geist und Heiliger Seele, die sich zueinander verhalten wie männlich – weiblich: der Zeugende und die Empfangende. Die Heilige Seele verbirgt sich hinter dem Heiligen Geist: er ist vorn, sie dahinter, so daß sie nicht unmittelbar wahrnehmbar ist. Daß sie aber dazugehört, war den Wissenden früher ganz selbstverständlich. Diese Selbstverständlichkeit ist auch der Grund, weshalb die Bibel die Heilige Seele nicht erwähnt.[1] Die Tochter ist ein Aspekt der Mutter, genauer: ein Aspekt der Sophia, die ein Aspekt der Mutter ist. In der inneren Schau wird euch das alles klarer werden als durch Worte.

Ist es sinnvoll, den Heiligen Geist selbst bildhaft zu denken?

Ja, Bilder dienen dazu, eine Vorstellung zu vermitteln, die das Heilige aus dem Bereich des Abstrakten herausnimmt. Z. B. ist den Menschen sehr viel leichter möglich, sich an den himmlischen »Vater« zu wenden als an einen unvorstellbaren Schöpfergott. Ebenso erleichtert ihr euch den Zugang zum Heiligen Geist, wenn ihr in ihm nicht eine abstrakte Größe seht, sondern euch eine menschengemäße Vorstellung gestattet, wie es die christliche Tradition und Kunst immer getan hat. Die Taube ist ein solches Bild. Es meint ja nicht, der Heilige Geist sei ein Tier, sondern er erscheine so wie eine Taube. Andere Bilder sind: Der Heilige Geist ist ein

---

1) Näheres zu Mutter, Tochter und Heiliger Seele bei Anonymus d'Outre Tombe (Valentin Tomberg), Die Großen Arcana des Tarot, S. 599 ff.

Windhauch, ein Sonnenstrahl, die goldglänzende Aureole der Heiligen, der Odem des Lebens, der heilig und lebendig machende Atem des Vaters.

Diese Bilder wollen deutlich machen, daß nichts ist ohne den Heiligen Geist – kein Tier, keine Pflanze, kein Stein. Er durchweht die ganze Schöpfung. Er ist präsent wie die Luft, er umgibt alles, erfüllt alles, ja er ist in allem und zwischen allem – auch z. B. zwischen den Teilen eines Moleküls.

Im Anfang war nicht die Materie, die dann irgendwie Geist hervorgebracht hat, nicht ein Urknall im Sinne explodierender und sich dann ausdehnender Materie, sondern am Anfang war Geist, und die Materieteilchen sind geronnener Geist. Alle Materie ist eingebettet in Geist, bewegt sich im Geist. Das primär Sichtbare ist nur das Vordergründige. Sich ernsthaft mit der Materie beschäftigen führt letztlich zum Geist, der das Ganze ausmacht.

Es gibt auch noch eine andere Möglichkeit, sich eine bildhafte Vorstellung von ihm zu machen. Stellt ihn euch vor wie einen sehr intensiven und sehr weit gespannten Engel mit goldenen Flügeln wie riesige Vogelschwingen, die den ganzen Himmel überspannen, über alle Maßen prächtig und strahlend, das Gold in den Schattierungen silbergold, weißgold und rotgold. Man kann ihn in seiner Erscheinung nur von sehr weit weg, nur aus großer Distanz wahrnehmen, damit es erträglich wird. Wollte ein großer inspirierter Künstler ihn darstellen, so mag er sich vorstellen: ein lichtes Engelwesen, das auf seinem Leib drei Gesichter trägt, etwa so, als trüge er auch auf jeder Schulter ein Gesicht. Stellt ihn euch vor als den Engel aller Engel, den »Engel-Engel«.

Der Heilige Geist ist aber kein viertes Wesen innerhalb der Trinität, sondern er ist die Gestalt gewordene Einheit der Trinität, ihr Träger und ihr Vermittler. Er ist das Abbild der Trinität in ihrer Vielfalt und Einheit. Er gehört zur Trinität hinzu. Insofern wäre es in der Tat mißverständlich, ihn als »Engel« zu bezeichnen. Die Engel gehören nicht zur Trinität, sondern sind herausgesetzte Geschöpfe mit eigener Individualität. Der Heilige Geist aber steht oberhalb der höchsten Engel, der Seraphim, und ist Teil der Trinität, doch nicht so, daß diese dadurch zur »Quaternität« würde. Er begründet nicht die Einheit der Trinität, aber er gibt ihr Gestalt, er ist ihre Gestalt gewordene Einheit. Ihre Einheit ist schon vorher da, er faßt den Glanz der Trinität in sich zusammen. Er ist innerhalb der Trinität die Einheit in der Vielfalt und zugleich die Differenzierung in der Einheit.

Der Heilige Geist wird durch diese Darstellung nicht etwa herabgestuft, so als gehöre er etwa nicht zur Trinität. Er ist vielmehr noch viel größer, als man bisher annahm. Er ist Darstellung der Gesamttrinität, der Schlüssel zu ihrer Trias. Ohne ihn gäbe es keinen Zugang zur Trinität und zum Verständnis der Trinität.

Es geht in der heutigen Zeit darum, daß die Trinität, ihre Trias und der Heilige Geist eine etwas faßbarere Gestalt bekommen. Dadurch wird ein viel persönlicheres Verhältnis auch zum Heiligen Geist möglich. Er wünscht das so. Der Heilige Geist weht, wo er will.

Ein persönlicheres Verhältnis zum Heiligen Geist bedeutet aber nicht, sich eine plumpe Annäherung zu gestatten. Der Heilige Geist als die Gesamtheit der Trinität und der Zugang zu ihr ist und bleibt ein Mysterium; auch wenn diese Klärungen ihn aus der Sphäre des Abstrakt-Funktionalen herausführen und ein persönlicheres Verhältnis möglich machen.

Der Heilige Geist ist der Schlüssel zu allen Mysterien, doch er selbst ist das größte Mysterium, ein für den Menschen schwer zu begreifendes Paradoxon. Der Heilige Geist geht aus Vater, Sohn und Mutter hervor. In ihm zeigt sich das Prinzip der Einheit in der Vielfalt und das Prinzip der Vielfalt in der Einheit. Durch ihn kann man die Liebe ins Werk setzen.

Er weht wie ein Hauch. Aber er ist sehr mächtig und sehr stabil, und die Engel seiner Heerschar sind das auch. Nur das gibt ihnen die Möglichkeit, daß sie wehen, wo sie wollen. Und sie wollen, wo Gottes Wille es will.

Der Heilige Geist macht die Berührung des Menschen durch die Trinität erträglich. Der Vater berührt den Menschen nicht direkt, sondern durch den Heiligen Geist. Der Mensch würde die Berührung durch den Vater vielleicht sogar aushalten, aber der Doppelgänger ginge zugrunde und dadurch dann auch der Mensch.

Man wendet sich mit seinen Bitten an die Trinität. Er ist derjenige, der dann ihre Reaktion vermittelt, und man bittet ihn um die Vermittlung. Man bittet ihn nicht, selber eine Not zu wenden oder jemand zu schützen, sondern man betet zu Vater, Sohn oder Mutter. Den Heiligen Geist könnt ihr bitten, euch zu berühren, euch wie eine Kerze zu entflammen, euch mit seinen Gaben zu erfüllen, als wäret ihr ein Gefäß, in das er sich hineingießt, überfließend über den Rand.

*

Wenn ihr den Heiligen Geist anrufen wollt, tut es auf folgende Weise:

(Arme vor der Brust kreuzen:)

Heiliger Geist,
  Geist allen Geistes,
  Licht allen Lichtes,
  Leben allen Lebens,
  berühre mich.

(Hände in Bethaltung vor der Brust zusammenlegen:)

Heiliger Geist,
 Geist allen Geistes,
 Licht allen Lichtes,
 Leben allen Lebens,
 entflamme mich.

(Arme weit nach oben öffnen:)

Heiliger Geist,
 Geist allen Geistes,
 Licht allen Lichtes,
 Leben allen Lebens,
 erfülle mich.

Dienstag, 20. 5. 97

Aus dem Alltagsleben der Naturgeister

∞

Agar (der Lehrer der Naturgeister, s. Bd. I S. 116 – mit galanter Verneigung, das Barett in der Hand): Einen wunderschönen Abend, verehrte Freunde. Ihr habt mich gebeten, was kann ich für euch tun?

Unsere Gäste wüßten gern Näheres über das Alltagsleben der Naturgeister, z. B. gibt es Behausungen?

Ihr kennt vielleicht aus Kinderbüchern Darstellungen von Wurzelmännchen, die sich zwischen Wurzeln, in Steinnischen, Kuhlen, Nestchen, für Tiere nicht mehr benutzbaren Höhlen häuslich einrichten. Das haben die Maler und Erzähler nicht frei erfunden, sondern dem nachempfunden, was wirklich existiert.

Was sind die Hauptaufgaben der Naturgeister?

Alle Teile der Natur, alle Tiere und Pflanzen werden von Naturgeistern behütet. Das ist ein Großteil der Aufgaben. Andere tragen Sorge für menschliche Wohnungen und Apparate. Andere machen praktische Sachen, alles Handwerk, was ihr euch vorstellen könnt, aber nicht im Sinne von Geschäft. Meist wird ein Schüler Nachfolger des Meisters.

Daß man etwas kauft, das gibt es nicht. Das ist nicht möglich, man macht sich die Sachen selbst. Alles ist sehr hübsch und farbenfroh, man legt Wert darauf, daß es gefällt. Auch die jungen Naturgeist-Mädchen wollen gefallen; sie sind ausgesprochen eitel und kokett.

Gibt es eine Berufswahl, eine Bestimmung?

Man macht, was man will und kann und was gebraucht wird. Jeder Naturgeist will etwas machen. Wer noch nicht weiß, was er werden will, wandert erst einmal so lange, bis er etwas entdeckt hat. Die meisten kehren in ihre Sippen zurück, werden, was sie werden wollten, werden damit auch gebraucht. Das ist nicht so problematisch wie bei euch, es ist eigentlich ganz natürlich.

Die ersten 40 Jahre des Lebens ist man blutjung, mit 50 ist man so in den mittleren Jahren, aber es kann auch viel länger dauern, es sei denn, es handelt sich um Luftgeister. Man gründet keine Familie, bevor man nicht 40–60 Jahre ist. Zeit ist anders zu verstehen als beim Menschen. Es geht gemächlicher zu, auch wenn wir flink und behende sind. Viele Tage werden einfach verdöst. Das ist anders bei den Naturgeistern, die sich an Menschen gewöhnen und den Tagesrhythmus des Menschen mitleben. Deren Leben ist anstrengender, sie kommen weniger zur Ruhe.

Wie entstehen die Familien?
Im Maientanz unter der großen Linde?

Man guckt sich an, gefällt sich. »Ich und du?« sagt er, und sie: »Du und ich?« Man nickt, dann ist das besiegelt. Man nimmt sich in die Arme und reibt die Nasen aneinander. Es hat nicht diese fast verzweifelte Sinnlichkeit, es ist nicht dieser bittersüße Geschmack dabei – es ist viel harmonischer. Es gibt nicht die tragische Komponente, die Leidenschaftlichkeit bis zum Zerstörerischen, diese romantische Passion. Man sieht einfach eine, die gefällt, sie findet ihn hübsch, man beobachtet einander eine Zeitlang: was kann die, der? Männer sollen stattlich sein, Frauen patent.

Schreiben Naturgeister Liebesbriefe?

Ja, und zwar entzückende. Nicht so mit Kummer und Schmerz, das gibt es ja nicht, aber es sind sehr einfallsreiche Werbebriefe. Sie werden z. B. auf ein Rosenblatt geschrieben und einem Vogel mitgegeben, daß er ihn überbringt, oder sie werden einem Schmetterling auf den Rücken gemalt: wenn er sich aufklappt, sieht man das Geschriebene. Naturgeister sind große Künstler in Liebesbriefen. Oder sie singen von Liebe, das macht ihnen großen Spaß.

Eine Trauung, bis daß der Tod euch scheidet, gibt es nicht, das kennt man nicht. Treue ist einfach da. Fremdgehen, auseinandergehen, so etwas fällt einem Naturgeist nicht ein.

Wie kommen die Paare zu Kindern?

Wenn man sich ein Kind wünscht, dann geht man zum König und sagt: Sie und ich, wir wünschen uns ein Kind. Was ihr den körperlichen Akt nennt, so funktioniert das nicht bei den Naturgeistern. Dann sagt der König im allgemeinen: Gut. Er hat den Zutritt zur Quelle und überreicht den Eltern ein Baby, ein kleines gewickeltes Bündel. Es gibt nicht schwangere Naturgeister, das Kind ist ein Geschenk im wahrsten Sinne des Wortes. Das Paar zieht dann fröhlich von dannen. Es kommt wahrscheinlich bald wieder, 10, 12 Kinder sind normal.

Es gibt keine Blutsverwandtschaft. Das Kind liebt die Eltern, die es erziehen, die Eltern lieben das Kind, das ihnen geschenkt wird. Eine andere Art von Bindung gibt es nicht, außer Liebe, Fürsorge, Dankbarkeit.

Man hat normalerweise viele Kinder, weil sich Naturgeister in großen Gruppen am wohlsten fühlen. Es geht von 6–7 Kindern an aufwärts. Aus den beiden Familien wird eine Großfamilie. Wohnen sie weiter auseinander, finden häufige Besuche statt, irgend etwas wird gefeiert, man ist sehr gastfreundlich. Jede der beiden Familien ist bei der anderen vollkommen zu Hause, das ist keine Schwierigkeit.

Womit ernährt man das Kind? Mit Ziegenmilch?

Kein Naturgeist trinkt Ziegenmilch! Nein, ein Kind braucht ja nicht die materiellen Aspekte der Nahrung. Es wächst sowieso, weil es ein Naturgeist ist, es kann nicht anders als wachsen. Es braucht anderes, z. B. die Nähe zur Mutter. Es will sehr viel gewiegt, bei ihr getragen, nicht weggelegt werden. Es wird ihm viel gesungen, es hat an allem teil, wird überall herumgereicht: Wer immer an Familienangehörigen da ist, beteiligt sich. Es wird viel angelacht, viel Spaß mit ihm getrieben, es wird mit ihm gespielt. Es wird mitgenommen in die Natur hinein, wenn die Vögel singen und die Blüten duften. Das ist wesentlich, damit es gesund heranwächst.

Du bist ja Lehrer. Habt ihr Schulen?

Das Kind lernt von klein auf, indem die Mutter etwas erklärt.
Wenn sie arbeitet, singt sie dabei: paß auf, mein Kind, jetzt tue ich dies, jetzt tue ich das.

Wenn das Kind alt genug ist, läuft es selbständig fort, bei euch mit 4, 5 Jahren, bei uns ungefähr mit 10–20 Jahren. Das Kind ist von klein auf an große Familienkreise gewöhnt, es hat sehr innige Beziehung zu allen Familienmitgliedern und besucht sie. Jetzt fängt es an, alle Familienmitglieder zu nerven, es fragt und fragt. Wer immer da ist, muß antworten. Das geht, bis es alles weiß, was die Familie beantworten kann.

Dann kommt das Kind ganz allein zum Unterricht. Es gibt in der Welt der Naturgeister keinen Schulzwang. Das Kind geht dahin, wo es mehr erfahren kann, sucht also den Weg zur Schule selbst.

Wie gestaltet ihr den Unterricht?

In der Schule geht es so zu: Die Kinder haben irgendwelche Fragen, die werden beantwortet – das geht ganz zwanglos. Kinder warten, bis sie drankommen. Wird derweil etwas erklärt, was sie schon wissen, legen sie den Kopf auf die Bank und überschlafen diese Lektion.

Die Frage wird zum Thema gemacht, alles, was dazu zu sagen ist, wird abgehandelt, dann kommt die nächste Frage. Das mag euch etwas sprunghaft erscheinen. Es gibt keinen Lehrplan, aber das macht nichts. Der Lehrer macht einen sehr erfolgreichen Unterricht, weil er nicht Stoff aufzwingt, der noch nicht als Frage gereift ist in diesen Kindern. Er geht auf die Schüler ein. Das verlangt von den Lehrern eine große Bandbreite an Wissen.

Aber auch hier gibt es keine Schwierigkeiten. Wenn ein Lehrer nicht antworten kann, fragt er einen anderen Lehrer. Der Schüler wird gebeten, zu warten, bis man einen gefunden hat, der diese Frage beantworten kann. Der Lehrer ist Vermittler des Wissens und des Wissenden. Spürt ein Lehrer eine spezielle Begabung, einen großen

Wissensdurst bei einem Kind, ist er gefordert, ein solches Kind weiterzuvermitteln: dir kann ich hier nichts mehr beibringen.

*Woher hat der Lehrer selbst das Wissen,
gibt es da ein Studium?*

Ein Lehrer ist enorm neugierig, hat in seiner Jugend ganze Dörfer »genervt«, weil er alles gefragt hat, was es gibt. So etwas wie Akademien für Lehrer gibt es nicht, es gibt verstreut über die Lande Wissende. Wer Lehrer wird, muß viel wandern von Wissendem zu Wissendem, durch mehrere Königreiche. Manche Lehrer sind lange, lange Jahre auf Wanderschaft, was zur Folge hat, daß die meisten Lehrer fortgeschrittenen Alters sind. Außerdem sind sie sehr lebenserfahren. Allerdings sind sie meistens unverheiratet.

*Magst du uns sagen, Agar, wie lange du auf
Wanderschaft warst?*

50, 60 Jahre werden es wohl gewesen sein. In Köln war ich auch. Ich war sogar auf der Spitze des Doms. Es gibt bestimmte architektonische Rätsel in diesem Kölner Dom, die nur die Naturgeister kennen, die dort sind.

*Was sind das für Fragen, die die Naturgeist-Kinder
den Lehrern stellen?*

Es gibt z. B. Fragen über entferntere Gegenden. Manche Kinder wollen wissen, wie es auf der Erde genau gegenüber aussieht, wie gelebt wird, wie die Natur ist. Sie wollen wissen, wie es vor 1000, vor 5000, 10.000 Jahren war. Dann wollen sie gewisse Probleme erörtern, z. B. warum nichts in der Natur mathematisch stimmt und es trotzdem hält und funktioniert. Das verstehen viele nicht, das braucht lange, bis man ihnen das erklärt hat.

Lernen Naturgeister auch ihre eigenen Hierarchien kennen?

Ja, bis zum Königspaar von Raum und Zeit. Wie das mit dem König ist, braucht man in der Schule meist nicht zu erklären, das ist Familienwissen.

Und die himmlischen Hierarchien?

Danach fragen nur diejenigen, die über den Menschen hinausfragen. Dann fragen sie, wie der Himmel beschaffen ist. Die meisten bleiben beim Menschen.
Was interessiert sie an den Menschen?

Vor allem interessiert sie, was mit dem Menschengeschlecht wohl passiert ist, was von ihm zu halten ist, welche Werte wichtig sind, wie es zu den unerwünschten Naturgeistern kommt. Sie betrachten den Menschen als verehrungswürdig, als Vorbild. Sie wollen alles über den Menschen wissen, über seine Geschichte, seine geographische Verbreitung, seine Gewohnheiten, über Physiognomie und die Gefühlswelt vom Menschen: die ist ihnen interessant, weil sie das bei sich nicht so kennen.

Was besonders interessiert, ist die Kompliziertheit der Menschen, die sie erstaunt. Z. B. erleben sie beim Menschen, daß seine Physiognomie Angst, Abwehr, Mißbilligung ausdrückt, aber der Mensch verhält sich dann nicht so, sondern ist höflich, geht auf einen anderen zu, tut Dinge, die sie gar nicht sehen im Gesicht. Was stimmt nicht? Stimmt das Gesicht nicht oder was er tut? Sie halten das für ausgesprochen kompliziert und nicht sehr patent.

Sie versuchen das nachzumachen, das mißlingt ihnen, das ist sehr komisch.

Dann haben sie unendlich viele Fragen zur *Technik*. Alles, was die Menschen entwerfen und entwickeln, wird von ihnen betrachtet und hinterfragt: warum ist das so und nicht anders? Warum funktioniert es nicht? Was kann man tun, daß es funktioniert?

Dann sind sie erstaunt über die *Krankheiten* der Menschen; so etwas gibt es bei uns nicht, es gibt nur den schlechten Allgemeinzustand eines Naturgeistes. Z. B. ein Naturgeist gehört zu einem Baum, der ist gefällt worden. Eine Straße wurde gebaut, Häuser wurden plattgewalzt, Marktplätze gibt es nicht mehr, die Naturgeister sind heimatlos geworden: dann sind sie krank, d. h., sie werden müde, unlustig, schwerfällig in der Bewegung, einfach trist. Ihr kennt das auch bei Tieren: Ihr Herrchen ist beispielsweise gestorben, sie sind matt und traurig, das Fell wird glanzlos, die Augen werden trübe. So ist das mit den Naturgeistern auch.

Gibt es Ärzte, wenigstens Psychotherapeuten?

Dann brauchen sie zwar Hilfe, aber nicht einen Arzt in eurem Sinne, der ihnen Medikamente gibt, sie brauchen bestimmte Lichtkräfte, Sonnenstrahlen. Ein fürsorglicher König sagt ihnen: kommt hierher, siedelt euch neu an, dir gebe ich einen neuen Baum.

Es gibt Menschen, die sagen: »Wir sind Anlaufstelle für heimatlose, vertriebene Naturgeister, um ihnen Erholung zu ermöglichen: kommt erst einmal hierher, ruht euch aus, nehmt die Farbe, die ihr braucht, kommt wieder zu euch, geht dann zu eurem König und fragt, wo ihr euch aussiedeln könnt.«

Es ist ja überhaupt nichts anderes auf der Welt zu tun, als irgend jemand irgendwo zu behausen. Ihr kennt die Geschichte, wo die drei Engel Abraham besuchen. Das wiederholt sich, indem der Herr an seinen Tisch lädt, euch Herberge gibt. Das kann man auch für kranke Naturgeister tun. Alles das, was ihr als Religion lebt, was den Himmel ausmacht, läßt sich in dem Begriff »Behausung geben« zusammenfassen. Das ist das Hauptthema der Religion überhaupt, wenn ich das mal so aus meiner Sicht sagen darf.

Übrigens gibt es auch *Gebete*, die wir Naturgeister sprechen, da geht es immer um dieses Thema der Unbehaustheit und der Behausung. Wir wissen über die Trinität Bescheid, sagen auch Vater zum Vater. Unsere Vorstellung ist: der Vater wohnt in seinem Haus. In seinem Himmel ist ein Raum, wo er wohnt, einer, wo die Mutter wohnt, einer, wo der Sohn wohnt – alle unter einem großen Dach. Sagen wir: »unser Haus«, dann meinen wir die Natur.

Wir beten z. B. so:

»*Vater, der Du bist in Deinem Haus,*
schau auf uns in unseren Hütten.
Gib, daß wir unser Haus gut bestellen.
Gib, daß wir es pflegen und erhalten können
für alle, die nach uns kommen.
Gib uns Deinen Schutz und Segen.
Amen.«

»*Mutter, Dein Haus ist unser Haus.*
Laß uns in Dir wohnen.
Laß uns zu Dir beten.
Gib uns Deinen Schutz und Segen.
Amen.«

»*Herr, Du wanderst.*
Herr, wir wandern auch
über Zeit und über Raum,

zwischen Himmel und Erde.
Sei uns gnädig.

Herr, Du leidest,
Herr, wir leiden auch
immer wieder in der Zeit,
überall im Raum.
Sei uns gnädig.

Herr, Du hoffst,
Herr, wir hoffen auch.
Über Zeit und über Raum
wollen wir auf Dich vertrauen.
Sei uns gnädig.
Amen.«

»Amen«, das kennen wir auch, das ist eine häufige Schlußformel. Es gibt viele Gebete.

Habt ihr eine bestimmte Gebetshaltung dabei, faltet ihr die Hände, kniet ihr nieder?

Normalerweise steht man, schaut zum Himmel. Man betet am liebsten nachts, wenn Stille eingekehrt ist. Dann steht ein ganzes Volk, guckt so in den Himmel hinauf.
　Lustigerweise, das ist etwas Eigenartiges: Wir schauen nicht ganz gerade, so ein bißchen schief halten wir den Kopf, so daß ein Auge immer in den Himmel guckt und eins doch noch auf die Erde.

Gibt es auch Altäre, Kirchen, Priester?

Das ist eine menschliche Angelegenheit. Es gibt den König. Wenn er es wünscht, kann er gewisse Dinge veranlassen: das

Volk aufrufen zum Gebet, bestimmte Zeiten anordnen und dergleichen.

Feiern die Naturgeister auch Feste im Jahreslauf?

Das hängt vom König ab. Weihnachten, Ostern, Himmelfahrt, Fronleichnam sind berühmte Festtage, die die meisten Könige mitmachen. Der König sagt: das ist ein Festtag bei uns. Er kann auch sagen: nein – dann ist es keiner. Es ist aber üblich, daß diese Tage, vor allem die Weihnachtsnacht und der Tag danach, für alle ein Festtag ist.[1] Wir feiern auch gern schöne Sommernachtsfeste, die sind nicht an bestimmte Daten gebunden, sondern an bestimmte Gegebenheiten, z. B. eine warme Vollmondnacht. Das wird immer kurzfristig ausgerufen vom König.

Uns wurden einige Gebete der Naturgeister anvertraut, was heißt das für die Menschen?

Daß die Naturgeister euch mehr ans Herz wachsen. Wenn ihr wißt, daß wir beten und wie, dann könnt ihr vielleicht besser mit uns empfinden, das ist meine Hoffnung. Wenn ihr nachts in einer Sommernacht auf einer Wiese sitzt, lernt zu sehen, wie ein Volk dasteht und betet, weil so ein schöner Sternenhimmel ist und so eine klare, laue Nacht.

Hat Shakespeare im Sommernachtstraum etwas davon erfaßt?

---

1 Siehe: Wie die Naturgeister Weihnachten feiern in: Alexa Kriele, Naturgeister erzählen, Ch. Falk-Verlag 1999, S. 37–48.

Ja, den lieben wir sehr, er hat die Könige der Naturgeister ausgesprochen gut erfaßt. Das ist gut nachempfunden.

Bei Ibsen kommt die trollhafte Seite heraus. Ist das eine bestimmte Art von Naturgeistern, die er da tanzen läßt?

Ja, allerdings. Aber hier gibt es solche nicht, das sind andere Kreise.

Woher wußte das Shakespeare?

Er wird sich hingesetzt und zugehört haben. Das ist ganz einfach. Was noch viel wichtiger ist, er wird wohl gefragt haben! Es gibt eine bestimmte Art von Humor, die ihr kennt als Engelshumor. Es gibt auch eine bestimmte Art von Komik und Humor, die zu den Naturgeistern zählt, ein bestimmtes Kichern, Lachen, das ausgelöst wird durch naturgeisterhaften Schalk. Der Mann hatte eine Ader für diese Art von Komik, er hatte diesen Schalk. Manche Menschen haben die Tore weit geöffnet zu den Naturgeistern.

Gilt das auch für Goethe?

Ja, allerdings hat das bei Goethe viel mehr System. Er hat nicht nur die Naturgeister gekannt und nachempfunden, er hat sie regelrecht erforscht, er hat sich wirklich darum bemüht zu wissen, wie man mit ihnen lebt und arbeitet und was sie bekümmert.

Sterben Naturgeister?

Erst einmal wird viele, viele Jahre gelebt. Und dann merkt

ein Naturgeist im allgemeinen, wenn seine Stunde schlägt. Er wird müde werden, einfach so dahinschwinden. Er wird nicht krank, er hat nicht Schmerzen, sondern er mag einfach nicht mehr, wird des Lebens satt, hat alles gemacht, was ihm Spaß gemacht hat, hat viele Kinder großgezogen, mit Freude gesehen, wie sie heranwachsen. Er mag nicht mehr, das ist der einzige Grund zu gehen. Normalerweise geht er zum König und sagt zu ihm: Majestät, es ist Zeit. Dann sagt der König normalerweise: »Es ist gut«, es sei denn, jemand kommt zu früh, sozusagen aus einer Laune heraus. Das wird nicht akzeptiert, der König wird sagen: »Geh zurück!«

Es kommt darauf an, wie weise und klarsichtig ein König ist. Im allgemeinen wird er sehen: es ist gut. Er wird lächeln, nicken, dann wird er diesen lebenssatten Naturgeist zu sich nehmen.

In welchem Alter stirbt man?

Das ist unterschiedlich, es können mehrere 100 Jahre sein. Könige werden noch älter, Lehrer im allgemeinen auch. Wenn ein Naturgeist stirbt, singen die anderen etwas Schönes zum Abschied. Solche Liedchen werden in Halbtönen gesungen, die ein bißchen rauf und runter gehen, sie umspielen einen Ton.

Man singt aber nicht nur zum Abschied. Man singt auch sonst viel, z. B. von Liebe.

Dürfen wir mal so ein Lied hören?

Die Texte sind meist ziemlich einfach. Ein Naturgeist-Mädchen sitzt mit den Füßen an einer Pfütze, guckt auf dieses Wasser und singt:
»Ich sitze hier und denke für mich:
was werde ich tun ohne dich?

Was wanderst du?
Bleib lieber hier und gib doch Ruh!
Ich bin genauso wie du,
finde nicht zu dir –
du nicht zu mir.«

Oder sie besingt die Schönheit eines Naturgeistes, die Schönheit der Natur, irgendwelche interessanten Ereignisse. In den meisten Fällen haben sie so einen komischen Schlenker drin. Der Witz, ein kleiner humorvoller Kick in einem Lied – das ist typisch für Naturgeister: eine Elegie mit komischem Schluß, wo man schmunzelt. Es gleitet nie ab in Tragik, es bleibt immer noch im Rahmen dessen, was man mit Humor und Komik verbinden kann.

Die Trauer bei diesem Naturgeist-Mädchen kannst du dir so vorstellen: sie sitzt da, weint, ist traurig und fragt ständig nach ihm, dann springt sie auf, lacht, hopst und findet einen anderen.

So. Es war recht nett, und es wird ja auch mal wieder interessantere Stunden geben.

Anm.: Näheres zu den Naturgeistern: Alexa Kriele, Naturgeister erzählen, 1999, und: Von Naturgeistern lernen. Die Botschaften von Elfen, Feen und anderen guten Geistern, 2005.

Donnerstag, 29. 5. 97 (Fronleichnam)

Dom der Enthaltsamkeit

∞

(Ein uns noch unbekannter, sehr zart wirkender Engel, blau gewandet mit einem breiten Gürtel in leuchtendem Gold:) Kommt mit mir in den Dom der Enthaltsamkeit, der dem Dom des Friedens gegenüberliegt. Ihr solltet keinen Schreck kriegen bei dem Wort »Enthaltsamkeit«. Ich möchte zunächst von euch hören, was ihr euch unter Enthaltsamkeit vorstellt, welche Ängste und Vorurteile ihr habt.

Alles, was lustvoll ist, was Spaß macht, was Genuß bereitet, ist ungesund, unmoralisch, illegal, Sünde oder macht dick.

Also, das ist das Gegenbild von dem, was wir unter Enthaltsamkeit verstehen. Was du da sagst, bedeutet, daß der Enthaltsame zu einem Opfer wird, seine Freiheit, Eigenständigkeit, Eigenwilligkeit verliert, daß ihm befohlen, daß er eingeengt wird, daß er sich vorkommt wie ein Gefangener. Die Technik, die dazu gehört, ist die Vermeidung: etwas nicht in die Nähe lassen. Man vermeidet mit dem anderen Geschlecht in nähere Berührung zu kommen, Literatur zu lesen, Bilder anzuschauen, die damit zu tun haben, Gedanken zu denken, Gefühle aufkommen zu lassen. Ähnliches gilt dann auch für Nahrungsmittel, Genußmittel usw.

Enthaltsamkeit üben heißt für uns: die schönen und angenehmen Dinge zwar zu kennen und zu genießen, wenn es angebracht ist und im Rahmen dessen, was verträglich ist, aber souverän zu bleiben, d. h., nicht abhängig zu werden. Enthaltsamkeit ist kein Zwang, sondern die Lösung vom Zwang. Das bedeutet, daß ein gewisser Entwicklungsschritt darin liegt, alles genießen, aber auch alles entbehren zu können, ohne sich in seiner Freiheit verletzt zu fühlen. Man gewinnt Freiheit, Unabhängigkeit, Souveränität, indem man durch nichts aus der Zentrierung zu bringen ist. Es könnte dir einer androhen, dir all das zu nehmen, und es würde dich nicht traurig, unfrei und unglücklich machen.

Das bedeutet, das menschliche Sein auf das Wesentliche reduzieren zu können. Das Wesentliche ist die Existenz der inneren Räume und die Ausrichtung des Menschen in die Vertikale, d. h. auf den Himmel. Innenräume und Himmel sind jenseits des menschlichen Zugriffs und können dir selbst durch den Tod nicht genommen werden. Sie sind dir immer zu eigen, sind immer dein.

Alles andere ist wunderbar, aber notfalls entbehrlich. Du kannst dich dessen enthalten, ohne dich zu verlieren, und gewinnst darin Freiheit, wie sie der Himmel meint. Also was wir Enthaltsamkeit nennen, ist nicht mit Zwang verbunden.

Es ist am besten, erst einmal einen Eindruck zu gewinnen von dem, was dieser Dom vermittelt. Wollt ihr mit mir kommen?

Ja.

I.

... Ihr seht, wenn man hereintritt, wirkt alles wie ein Hauch. Ihr seht die verschiedensten Licht- und Farbspiele von bunten Fenstern her. Dieses Licht pulsiert, dadurch wirkt der Raum lebendig, ständig durchflutet von wechselnden Farben. Auch dieser Dom ist voll von Engelscharen. Die sind weiß und nehmen immer die Farbe der Lichtspiele an, in denen sie sich gerade befinden.

Wenn man durch den Mittelgang nach vorne zum Altar schreitet, geht es nicht so wie in den anderen Domen. Man geht nach vorn, indem man Enthaltsamkeit übt. Und das will gelernt sein. Rechts und links stehen Engel wie Säulen in verschiedenen Farben. Die gegenüberstehenden tragen jeweils dieselbe Farbe. Man schreitet von Engelpaar zu Engelpaar.

Ihr tretet zuerst zwischen ein grünes Engelpaar. Die Engel flüstern euch die Aufforderung zu:

»Laßt los, was ihr im Herzen tragt.«

Das bedeutet: Laßt los, was ihr liebt, so wie man beispielsweise seine elterliche Familie oder seinen Partner für ein Leben im Kloster oder in der Einsamkeit oder in der Fremde zurückläßt. Für euch heißt das jetzt in einer inneren Übung: nehmt eure Innere Kirche und laßt sie an diesen Engelsfüßen zurück. Das klingt eigenartig, so, als würde man euch abverlangen, das Herz herauszunehmen. So ist das nicht, ihr überlebt das unbeschadet und werdet die Innere Kirche zurückbekommen. Es wird euch nichts geschehen, und den Innenräumen auch nicht.

Jetzt kommt ihr zu zwei roten Engeln. Dort laßt ihr einen Teil des untersten Innenraumes, zwar nicht den Engel am Brunnen, nicht das ganze Meer, aber die Insel mit dem Vulkan. Ihr nehmt sie wie ein Miniaturmodell auf eure Hand. Die Engel bitten euch dazu:

»Laßt los, laßt ab von dem, was euch lebt.«

In der Außenwelt bedeutet das, daß man sich von irdischem Treiben weitgehend zurückzieht. Es gibt klosterähnliche Gemeinschaften, es gibt ganze Kulturen mit einem sehr weltabgewandten Mönchtum, die alles irdische Tun und Treiben auf ein Minimum beschränken. Die Menschen essen und schlafen sehr wenig, haben keinerlei Luxus, keine Heizung, keine weichen Betten, nur das Notwendigste, um die Vitalfunktionen zu erhalten, ohne jedes Plus an Verhaftung an die Erde.

Dann geht weiter zu den lilablauen Engeln, die euch sagen:

»Laßt los, was ihr wißt.«

Dort ist man gehalten, den Inneren Weisen und sein Räumchen in einer schönen, großen Perle aus sich herauszusetzen. Man verzichtet darauf, zu wissen, sich Wissen anzueignen, zu forschen. Man bescheidet sich bei Nachfolge, Gehorsam, Glauben und gibt das Verlangen nach intellektueller Betätigung auf.

Dann kommt zum orangenen Paar. Da laßt ihr den Engel aus der Inneren Krypta mit dem Kinde auf dem Arm. Denn ihr bekommt zugeflüstert:

»Laßt los, was euch erfreut und erneuert.«

Alles, was Zerstreuung, Erleichterung, Ablenkung, auch Verjüngung bringen, was euch aus der Ernsthaftigkeit herausnehmen, in das leichte Sein führen könnte, das gebt ab, nicht die himmlische Freude des Lobpreises, sondern die Ablenkungen davon: z. B. schöne Frauen bzw. Männer oder Kunstwerke, die nicht der Anbetung oder Vertiefung dienen.

Das alles ist nicht schlecht an sich, aber man vertändelt sein Leben mit Schönheit und Muße, mit Genuß und Angenehmem, mit Lachen und Witz. Sich zurückzunehmen heißt nicht, daß man nicht Freude empfindet, sondern daß man Freude am Wesentlichen empfindet, z. B. am Lobpreis oder an Kontakten mit Wesen des Himmels. Himmelsfreude bewirkt zwar indirekt wieder Dankbarkeit und Freude am Leben. Aber man sucht die Freuden des Lebens nicht direkt.

Dann kommen hellblau-aquamarinfarbene Engel. Den Marienengel mit seinen Räumlein gebt her, den Sophienengel behaltet (oder umgekehrt, wie ihr möchtet). Die Engel bitten euch:

»Laßt los, was euch schützt.«

Das ist kein Aufruf, sich den Hierarchien zur Linken auszuliefern, sondern das loszulassen, wovon ihr meint, daß es euch Schutz bietet: das Zuhause, die gewohnte Sprache, Kleidung oder Tätigkeit, die Nächsten, die Freunde, die Nachbarn, das eigene Land, die eigene Kultur. Das bedeutet, daß man bereit ist, sich einzig und allein unter den Schutz des Himmels zu stellen und davon auszugehen, daß der Himmel einen schon schützen wird, wenn es darauf ankommt.

Ihr kennt das ja aus den Worten des Herrn: Laß alles stehen und folge mir nach, d. h. verlaß alles, was dir bisher Schutz geboten hat und was dir Heimat war, sei bereit, wegzugehen ins Ungewisse. – Wenn ihr ein übriges tun wollt, dann stellt euch mal die Frage: Wäre ich bereit dazu, wenn ein Engel oder ein Heiliger käme? Wichtig ist nicht, daß ihr ja sagt, sondern daß ihr die Wahrheit sagt. Sagt ihr ganz wahrhaftig nein, dann ist das in Ordnung.

Dann kommt das Paar der gelben Engel. Da laßt ihr die Innere Quelle zu Füßen dieser Engel, die euch zuflüstern:

»Laß los, was du bist.«

Das bedeutet, daß man seine Identität losläßt, beispielsweise seinen weltlichen Namen – in vielen Gemeinschaften wird ja darauf Wert gelegt, daß man seinen Namen hinter sich läßt –, aber auch: die Ausbildung, die Verdienste, die Errungenschaften, die Erfolge, die Position, das Ansehen, die Anerkennung.

Ihr kommt jetzt zu einem zweiten Paar grüner Engel, die euch bitten:

»Laß los, was du jetzt noch hast.«

Gemeint ist jetzt kein Innenraum, es geht um Erfahrungen der Nacht: ein Mensch hört nicht mehr, sieht nicht mehr, weiß nicht mehr – wie es die Jünger erlebten nach der Himmelfahrt: das große Loch, das große Bangen: habe ich jetzt den Himmel verloren? Ich sehe und höre ihn nicht mehr, er ist nicht mehr fühlbar. Wärest du bereit, auch das loszulassen, was du jetzt noch hattest: die Vertikale, und trotzdem nicht zu verzweifeln, sondern weiterzuschreiten, ohne die Ruhe, die Zentrierung zu verlieren, nicht aus der Hoffnung zu fallen, nicht vom Weg abzukommen? Fragt euch einmal: wäre ich bereit, das zu tun?

Dann bleibt euch nur die Goldene Schnur zum Sonnenengel, das Wissen um diese Verbindung und der feste Wille, sie nicht abreißen zu lassen. Man kann das nur wollen, wenn man von einer bestimmten Gewißheit erfüllt ist. Es kann sein, daß auch die Bewußtheit dieser Verbindung mit dem Himmel einmal abreißt, selbst wenn sie noch so erprobt und geübt und gesichert war. Was bleibt dir dann? Dann bleibt dir nur zweierlei: die Gewißheit, da war der Himmel, und da der Himmel nicht einfach verschwindet, ist er auch jetzt noch da, und der Wille, mit ihm wieder bewußt in Kontakt zu treten. Die Zentrierung liegt also in diesen beiden Gegebenheiten.

II.

Dann seid ihr durch diesen Säulengang hindurchgeschritten. Es ist etwas Eigenartiges, einen Blick in den Altarraum zu werfen. Obwohl der ja ganz in der Nähe ist, konnte man ihn vorher nicht sehen. Er ist ausgesprochen schlicht, ja fast ein bißchen karg, aber nicht kühl. Er wirkt wie eine Lichtquelle. Ihr habt hier einen Vorsitzenden wie in jedem Dom. Seine Hauptaufgabe besteht darin, ständig die Eucharistie zu feiern. Jetzt seht ihr auch die Verbindung zu Fronleichnam.

Der Engel ist sehr groß und eindrucksvoll. Über das Gewand, die ganze Länge hinunter ist ein Kreuz gestickt, weiß auf weiß, man sieht es nur an der Struktur. Der horizontale Streifen ist ziemlich weit oben auf der Höhe der Arme.

Der Engel feiert eine ganz eigene Art von Messe: Er trägt die Hauptstationen des Lebens Jesu Christi vor, von der Weihnachtsgeschichte an. Zwischen den Stationen betet er, und die Engel beten mit. Dann vollzieht er die Wandlung und hält Kelch und Brot bereit. Aber es gibt da nicht Engel, die die Kommunion empfangen, sondern es wird immer wieder diese Feier gehalten, so geht das die ganze Zeit. Manchmal gibt es das Ganze in gesungener Form: der Ursprung des Oratoriums.

Man geht dort nicht hin, um Fragen zu stellen wie z. B. im Friedensdom, sondern einzig und allein, um an dieser Messe teilzunehmen. Eine schöne Klausurübung wäre mal, diese Messe mitzufeiern von Sonnenaufgang bis zu Sonnenuntergang oder von Sonnenuntergang bis zu Sonnenaufgang. Ihr empfangt dort die Kommunion. Der Engel wird euch zulächeln, wenn es an der Zeit ist. Dann könnt ihr vortreten an die Altarstufen und niederknien. Mit der Kommunion werden euch eure Innenräume wieder eingesetzt, nun aufgefrischt, ausgebessert, neu lebendig gemacht, zum Glänzen gebracht. Dann geht man sehr beschwingt und sehr glücklich aus einem solchen Geschehen wieder heraus. Man sollte das immer mal wieder üben, wenn man etwas Gutes für sich tun möchte.

Macht euch klar, daß es möglicherweise in einem Schicksal liegen könnte, die eine oder andere Enthaltsamkeit geradezu aufgezwungen zu bekommen, weil man das braucht. Es kann sein, daß jemand bewegungsunfähig wird, daß seine Vitalkräfte auf ein Minimum eingeschränkt werden, daß er alle, die er liebt, verlassen muß, daß er sein Gedächtnis, seine Denkfähigkeit einbüßt, daß er das, was ihn schützte, hinter sich lassen muß. Hat man das geübt in dieser Art und Weise, so wird man's leichter haben.

Enthaltsamkeit zu üben ist aber auch eine gute Möglichkeit, dem sogenannten Schicksalsschlag zuvorzukommen, ihn vielleicht unnötig zu machen. Das ist ja der Grund, weshalb man die Menschen immer wieder aufmuntert, Enthaltsamkeit zu üben. Wer sie freiwillig übt, der muß sie nicht erzwungenermaßen erfahren. –

III.

Noch etwas. In der Messe sprechen die Menschen: »Herr, ich bin nicht würdig, daß du eingehst unter mein Dach, aber sprich nur ein Wort, so wird meine Seele gesund.« Dies spricht hier der Engelchor, obwohl es ja für ihn nicht stimmig ist. Warum? Weil an diesem Ort Evangelium und Kommuniongeschehen ständig lebendig gehalten werden für die Erde. Sie würden selbst dann nicht verlorengehen, wenn es keine Kirche mehr gäbe auf der Welt, sie würden im Dom der Enthaltsamkeit erhalten. Und dann würde bei der nächsten Gelegenheit ein Mensch, der zu hören vermag, das alles wieder auf die Erde bringen. Das heißt, die Tradition könnte selbst dann nicht verlorengehen, wenn sie auf der Erde total abbräche, was allerdings nicht zu befürchten ist.

Es gibt einen Zusammenhang zwischen Enthaltsamkeit und Eucharistiefeier. Was geschieht im Moment der Kommunion? Es gibt einen historischen Aspekt: ihr wiederholt, was historisch einmal geschehen ist, und was dadurch, daß ihr es wiederholt, lebendig gehalten wird. Aber ihr habt auch Anteil am Herrn. Legt ihr eure Innenräume ab, so mögt ihr das zuerst als einen schmerzlichen Verlust empfinden. In der Kommunion aber habt ihr Anteil am Herrn, nicht nur an seinem Leib und Blut, sondern an seinem Sein und Wesen, an allem, was ihn ausmachte, auch an allen seinen Innenräumen. Ihr seid kurzfristig eingehüllt von den Innenräumen des Herrn. Wenn man voll bewußt die Kommunion zu sich nähme, würde man sich in dem einen oder anderen Innenraum des Herrn wiederfinden.

Das geschieht auch auf Erden, wenn man zur Kommunion geht. Innere Räume einmal loszulassen, macht auch dort bereit, sich bewußt in die Innenräume des Herrn begeben zu können. Ohne diese Vorbereitung kann man es nicht so bewußt erleben. Wenn du frei bist von den eigenen Innenräumen, dann tust du dich leichter im bewußten Erkennen der Innenräume des Herrn, du siehst sie klarer, die Bilder stören sich nicht.

Es gibt eine schöne Übung: ihr geht sieben Tage täglich zur Kommunion und stellt euch innerlich darauf ein, jeweils einen anderen Innenraum des Herrn kurzfristig erleben zu dürfen. Ihr nehmt den Herrn in euch auf, das ist der außenweltliche Vorgang. Doch der Herr nimmt auch euch in sich auf. Die Kommunion ist die intimste Darstellung dessen, was man eine Beziehung nennt: jeweils der eine nimmt den anderen in sich auf. Beides ist erlebbar, wenn man entsprechend vorbereitet ist und das zu erleben geübt hat.

Im Moment der Kommunion habt ihr außerdem teil an der Enthaltsamkeit des Herrn. Er hat euch alles das vorgelebt, was man Schritt für Schritt von euch gefordert oder euch anempfohlen hat. Der Herr hat natürlich nicht die Innenräume weggesetzt. Das macht auch ihr nur in dieser Übung in diesem Dom und nur dort, nirgendwo sonst. Ihr werdet aber alles, was zu den verschiedenen Säulen gesagt wurde, im Leben des Herrn wiederfinden. Er hat Enthaltsamkeit gelebt auf allen Stufen. Indem ihr Anteil habt an der Enthaltsamkeit des Herrn, die euch Vorbild für die eigene Enthaltsamkeit ist, habt ihr auch Anteil an der Zentrierung des Herrn. Das ist das, worauf es ankommt.

Es gehört eigentlich zum Urwissen des Christentums, nur ist das Verständnis für die Kommunion vielerorts abhanden gekommen, die das Intimste ist, was es überhaupt geben kann, intimer noch als das Zusammensein zwischen zwei Menschen: ohne Vorbehalt, ohne Wenn und Aber, ganz und gar, ohne daß eine Ebene ausgelassen wäre.

Kommunion in einer himmlischen Art und Weise ist die vollständige Vereinigung von Himmel und Erde. Sie ist eine Hochzeit im vollen Sinne des Wortes – ein höchst sinnliches Geschehen, wenn sie durch Enthaltsamkeit vorbereitet ist. In der Welt der Engel gilt es nicht als Unschicklichkeit, da einen Vergleich zu ziehen.

In Wirklichkeit ist eine solche Annäherung an die Leiblichkeit allerdings relativ schwierig, sie setzt eine hochgradige Verehrung des Körpers als heiliges Gefäß voraus. Das ist eine sehr, sehr hohe Kunst und wird nur sehr selten erreicht. Was heute so gemacht wird, z. B. im Tantra Yoga, hat damit nichts zu tun. Es geht um die Heiligung des Körpers als ein Gefäß des Inneren Christus.

Wer möchte, darf jetzt zur Kommunion gehen. Doch auch die anderen erhalten ihre Innenräume wieder.

Dann geht wieder zurück. Ihr verlaßt den sinnlichsten aller Dome, den Dom der Enthaltsamkeit.

Anmerkung: Wir haben nachträglich gefragt: Wie können wir unsere Innenräume »abgeben«, da wir sie doch *sind*, sie machen ja unsere Seele aus? Dazu erläuterte Elion: Was wir ›abgeben‹, sind natürlich nur die Vorstellungen, die wir uns von unseren Innenräumen gemacht haben, also subjektiv verzerrte und unvollständige Bilder von ihnen.

Sonntag, 8. 6. 97

Blick, Wort und Hand

∞

Wir haben am 26.3.1997 gehört, wie der Herr Kranke heilte: mit Blick, Wort und Hand (s. o. S. 94 ff.). Du hast in Aussicht gestellt, das noch ein wenig zu beleuchten.

Beraja-Malach (s.o. S. 90): Ihr seid gewohnt, äußeren Handlungen Realität und Wirkung zuzuschreiben, Blick und Wort aber nicht oder nur wenig. In Wirklichkeit haben ein Blick oder ein Wort dieselbe Realität wie eine Handlung.

Wenn ihr z. B. ein verletzendes Wort sprecht oder einen Menschen abschätzig, kalt, bemessend, schneidend anblickt, dann wirkt das wie Feuerlegen: es fängt an zu brennen, wird vielleicht ein verheerendes Feuer. Nehmt es zurück! Ich bitte herzlich darum, Handlung, Wort und Blick gleich zu bewerten: sie sind gleich wirksam, wenn man nichts tut. So tun, als ob nichts geschehen sei, hilft nicht. Werde dir bewußt, was du getan hast, nimm es zurück und bitte den Himmel, er möge dir helfen.

Er wird das tun, wenn du bereust: Es tut mir leid, das hätte ich wirklich so nicht denken sollen, ich möchte darum bitten, daß es unschädlich gemacht wird. Dann denke an den Adressaten deines Blicks oder Worts so gut, so licht, so freundlich es geht, wünsche ihm das Beste, Segen für die

Zukunft. Ihr werdet sehen, daß ihr durch diese Art, an euch zu arbeiten, sehr bald in eine andere Art und Weise des Denkens hineinkommt.

I.

Wenn wir Engel von *Blick* sprechen, meinen wir nicht nur die Augen, sondern das ganze Gesicht mit Mund, Kinn-Kieferpartie, Augenbrauen, Stirn. Wenn ihr euch bei einem bösen Blick ertappt, geht rasch in eine Ecke, schaut zum Fenster hinaus. Um einen lächelnden Blick wieder zu erzeugen, fahrt mit den Mittelfingern über die Stirn nach außen bis zu den Schläfen, dann unter den Augen über die Wangen nach oben zu den Schläfen, dann mit den Handaußenflächen vom Kinn zu den Ohren, dann streicht über die Oberlippe nach außen bis zu den Ohren, dann atmet einmal tief durch, stützt kurz den Kopf in die Hände. Dann öffnet die Augen wieder: ihr lächelt, das werdet ihr merken.

Eine zweite Übung: hat jeder von euch etwas, was er von ganzem Herzen und mit großer Zärtlichkeit liebt? Stellt es euch vor wie das innere Auge. An dieses Bild denkt mehrmals am Tag, vielleicht jede Stunde einmal. Schließt kurz die Augen, merkt, wie euer Gesicht weich wird, öffnet die Augen wieder, dann träumt noch ein wenig, so wie ihr das kennt aus Zeiten der ersten Verliebtheit. Der Blick wird sanft, sobald das Gesicht weich wird. Ist das Gesicht hart, wird der Blick hart. Ihr könnt den Blick sehr viel schwerer in weiche Konditionen bringen als das Gesicht, also beginnt im Gesicht. Ihr werdet spüren, wie euer Gesicht sich entspannt, weich wird und lächelt, und damit bekommt ihr einen sanfteren Ausdruck in die Augen. – Wenn euch ein schönes Bild fehlt, das euren Blick milde macht, stellt euch vor Augen, wie der Herr frühmorgens und abends vor das Haus trat und das Kreuz machte (o. S. 90 ff.).

Und einen dritten Rat: Wenn ihr anderen Menschen begegnet, denkt daran, was alles in ihnen lebt: ein ganzes kleines Universum. Betrachtet jeden, der jünger ist als ihr, wie euer Kind, jeden, der gleich alt ist wie ihr, wie euren Partner, jeden, der älter ist als ihr, wie eure Eltern. Übt, die Zärtlichkeit, die ihr in der Familie gelernt habt – jedenfalls im Idealfall – zu übertragen auf jeden, den ihr anblickt. Wenn ihr helfen und heilen wollt, ist ein gütiger, freundlicher Blick zuerst einmal das Wichtigste. Alle weiteren Energien, die man über den Blick vermitteln kann, setzen voraus, daß man diesen Grundblick wirklich kann. –

Der Blick ist die Übermittlung einer Frage. Das mag verwunderlich klingen, aber ihr solltet euch klarmachen, daß das Auge das Instrument des Fragens schlechthin ist, und zwar das äußere wie das innere Auge. Das Auge ist euch sozusagen einen Schritt voraus. Durch die Fähigkeit zu sehen, entsteht überhaupt jede Frage. Ihr seht etwas, seht es aber nicht ein. Ihr seht etwas, was ihr nicht versteht. Ihr seht etwas und wundert euch, staunt, seid vielleicht auch ergriffen, entzückt oder fasziniert, und daraus entsteht die Frage.

Der Blick des Herrn fragt euch immer. Wie und wann immer ihr ihn anschaut, er wird euch anschauen und euch gleichzeitig fragen. Er kann fragen: geht es dir gut? Er kann aber auch fragen: was möchtest du, soll ich dir helfen? Immer aber fragt der Blick. Und die Frage setzt in euch wieder Fragen frei.

Die beste Möglichkeit, einen Menschen dazu zu bringen, daß er Fragen stellt, ist, ihn so anzublicken, daß er zurückblickt und gar nicht mehr anders kann als zu fragen. Ein Meister dieser Kunst ist der Herr. Ihr könnt dem Blick des Herrn kaum ausweichen, ihr fühlt euch irgendwann in die

Frage genommen, ihr könnt nicht mehr anders. Ihr dürft von euch aber nicht erwarten, es so zu können. Richtig zu blicken, den anderen Menschen in diese große Geborgenheit des Fragens aufzunehmen, ist eine hohe Kunst, die der Übung bedarf.

1. In einen solchen Blick gehört immer die *Liebe*. Liebt einen Menschen, wie immer er ist, und zwar nicht von oben herab, sondern liebt ihn einfach von ganzem Herzen, als wäre er euer Sohn oder Bruder oder Vater. Das sollte die Grundlage des Blickes sein.
2. Dann könnt ihr eurem Blick vielleicht einen Hauch von *Wehmut* beimischen. Das ist wichtig, denn Wehmut nimmt immer in eine gewisse Geborgenheit auf.
3. Dann könnt ihr *Ruhe* in diesen Blick legen, die dem anderen sagt: du hast keine Eile, wenn du heute fragst, ist es gut, wenn du morgen fragst, ist es gut, und wenn du in zehn Jahren kommst und fragst, so ist es auch gut.
4. Dann sollte eine gute Portion *Gewißheit* in diesem Blick sein: auch du wirst eines Tages fragen, auch du wirst eines Tages deinen Weg finden, es wird alles zur rechten Zeit geschehen.
5. Eine gute Portion von *Demut* sollte in diesem Blick sein, der sagt: auch ich habe viele Fragen ohne Antworten, nicht weniger als du.
6. Der oberste Ton im Blick sollte die *Hoffnung* sein: es wird immer eine Antwort geben. Jede Antwort wird zwar neue Fragen wachrufen. Doch auch auf diese wird es Antworten geben, und so immer fort. So wird es geschehen, bis ihr zum Vater heimkehrt. So seid ihr gehalten und geborgen im Wechselspiel von Frage und Antwort, aus der die nächste Frage hervorgeht.

Wenn ihr es schafft, den Blick so zu facettieren wie ein vielfach gestimmtes Instrument, dann kann euer Blick im anderen Öffnungen auslösen, Blockaden sprengen, Fragen wecken.

Ihr könnt auch lernen, im Blick des anderen zu lesen. Wem man in die Augen schaut, dem schaut man immer ein wenig in die Seele. Es bleibt meist etwas unklar und auch unbewußt, man fächert in der Regel nicht so auf, was einen da angeschaut hat. Man kann üben, einen Blick zu entschlüsseln.

Du siehst z. B. jemanden, der einen Baum betrachtet. Wie guckt er den Baum an? Versuche, dir diesen Blick zu merken, schließe die Augen, begib dich an deine Innere Quelle. Jetzt versuche, dich genau zu erinnern: was lag in diesem Blick? Gibt es etwas, was ihn trübte – z. B. Sorge, Kummer, Angst, Not, Lieblosigkeit, Härte, Vorwurf, gibt es etwas Stechendes, etwas, was das Objekt aus dem Weg räumen möchte oder was bedeutsam scheinen soll?

Besprich das mit deinen Engeln und laß dich korrigieren. Dann blicke den anderen an – mit Liebe, Wehmut, Ruhe, Gewißheit, Demut und Hoffnung. Wenn sich eure Blicke dann bewußt begegnen, kann das ein Wunder wirken.

II.

Was unterscheidet eine Übertragung himmlischer Kräfte
über Mund und Hand von der über die Augen?

Zunächst: Durch den *Hauch des Atems* kann man die Lebendigkeit im anderen anregen, verschiedene heilende, harmonisierende oder vitalisierende Wirkungen auslösen. Wie weit so etwas möglich ist – prinzipiell, natürlich nicht für euch –, wißt ihr aus der frühen Jugend des Herrn: Er hat mit den Händen Figürchen aus Ton geformt, aber das ganz Wesentliche, nämlich das Leben, hat er über den Atem eingehaucht.

Er tat, was Gott dem zweiten Schöpfungsbericht zufolge tat: Gott formte den Menschen aus Erdenstaub und blies ihm den Lebenshauch ein (Gen. 2,7): Leben ist Atem. Man spricht vom »Odem des Lebens«.[1])

Es gibt zweierlei Atem: den Atem der Lunge und den innerlichen Atem der Seele. Die Seele atmet z. B. in Gebet und Meditation. Beide Arten des Atems miteinander zu verbinden, kann machtvolle Wirkungen haben. Ihr wißt das aus dem Bericht vom Auferstandenen, der seine Jünger anhauchte und so mit dem Heiligen Geist begabte (Joh. 20,22). So wird es euch nicht wundern, daß sein Hauch auch in der Krankenheilung wirksam war.

Die Macht des Hauches ist noch potenziert, wenn sie mit dem Heiligen *Wort* verknüpft ist. Das Wort ist der in Lauten gestaltete Atem. »Im Ursprung war das Wort« (Joh. 1,1). Dem ersten Schöpfungsbericht zufolge schuf der Vater die Schöpfung durch das Wort: »Gott sprach, es werde ... und es ward« (Gen. 1,3 ff.). Der Herr wandelte Brot und Wein durch das Wort in seinen Leib und sein Blut. Der Priester vermag das nachzuvollziehen. Auch die Macht des Wortes setzte der Herr in der Krankenheilung ein.

Denn er sah in der Chronik das gesamte Leben mit seinen Belastungen, sah, was die Seele vorhatte. Er kannte alle Daten, die zur Krankheit geführt hatten. Die nahm er auf sich. Er hat nicht den Körper energetisch ausgeglichen, sondern die Ursache für das Erkranken beseitigt. Er befreite von Unausgewogenheiten, Vergehen, Schwächen, die dem Doppelgänger Eingriffe ermöglichten. Das hat er aus dem

---

1) S. Valentin Tomberg, Der Odem des Lebens in: Lazarus, komm heraus, 1985, S. 223 ff. ISBN 3 906-37108-5

Lebensgeschehen genommen, hat es an sich genommen. So war es nicht mehr da für diese Menschen, konnte sie nicht mehr belasten. Deswegen reagierte das Energiefeld in ganz rascher Konsequenz und stellte den gesunden Zustand wieder her.

Deshalb bittet ihr ihn in der heiligen Messe: »Sprich nur ein Wort, so wird meine Seele gesund«. Das heißt, ihr sprecht mit etwas gesenktem Haupt: ich bin nicht würdig, daß du bei mir verweilst, zu mir kommst, dich um mich kümmerst. Aber sprich nur ein Wort, schau mich einmal an, mein Leben, meine Seelenstruktur, meine Innenräume, meine Fehler, schau das alles an und nimm weg, was krank macht, dann wird alles gesund. So ist das damals bei vielen Menschen geschehen.[2])

So wird in der katholischen Kirche immer gebetet, und doch sind die Menschen krank. Wie kommt das? Ist der Herr in der Kommunion nicht anwesend?

Doch, er ist vollkommen anwesend. Aber die Menschen sprechen das Gebet zu förmlich und empfangen die Kommunion in einem gewissen Schlummer ihrer seelisch-geistigen Kräfte. Das genügt nicht. Es gehört der vollkommen wache Glaube dazu. Für die Kranken, die der Herr damals heilte, war dieser Glaube kein Problem. Es war eben etwas anderes, ihm zu seinen irdischen Lebzeiten zu begegnen. Er konnte ihnen sagen: »Dir geschehe nach deinem Glauben« – und danach: »dein Glaube hat dir geholfen«.

---

[2]) S. hierzu auch 3.4.1998 S. 327 ff.

III.

Wenn er segnete, verknüpfte er die Macht des Wortes noch mit der Macht der Gesten der *Hand*. Und auch ihr könnt das tun. Unterschätzt nicht die Macht des Segnens! Es kann Wunder wirken.

Ihr könnt die Macht der Hand und die Macht des Wortes auch auf andere Weise miteinander kombinieren. Mit der Hand könnt ihr ein Brot backen und den anderen reichen. Über das Wort könnt ihr dem Brot Wesentliches beigeben. Ihr könnt es mit Gebeten und Segnungen anreichern; es kann ein Brot des Lebens werden, sozusagen das Brot im substantiellen Sinne.

Durch Handauflegen hat der Herr die Lichtkraft der verschiedenen Farben in verschiedenen Intensitäten übermittelt und dadurch Heilung, Beruhigung oder Befreiung bewirkt. Ihr könnt versuchen, es ihm nachzutun, es läßt sich in einem gewissen Umfang lernen und üben.

Handauflegen heißt nicht unbedingt, den anderen Menschen körperlich zu berühren. Wenn aber, dann geschieht eine solche Berührung ausgesprochen sanft, anders als Massieren. Beim Herrn sah das Handauflegen fast beiläufig aus. Er strich kurz über Kopf, Schulter, Hand, den Rücken.

Eine seiner liebsten Handlungen war, Blick, Wort und Hand miteinander zu kombinieren. Er nahm mit zwei Fingern der linken Hand das Kinn eines vor ihm Sitzenden, blickte ihm liebevoll ins Gesicht, sagte vielleicht ein Wort: Hab keine Angst, laß nur, es wird gut. Mit der rechten Hand streichelte er über den Kopf. Das war's. Der Kranke wurde gesund.

Mittwoch, 11. 6. 97

Zum Erscheinen Christi in der Erden-Aura

∞

Wie steht es um die Wiederkunft Christi im Ätherischen?[1]

I.

Felix, ein Engel des Herrn: Zunächst ist es ratsam, vom »Erscheinen Christi in der Erden-Aura« zu sprechen und den Ausdruck »Wiederkunft im Ätherischen« zu ersetzen, da er euren Lesern schwer begreiflich ist und leicht Mißverständnisse hervorruft, und zwar in dreierlei Hinsicht:

Erstens ist der Begriff »Wiederkunft« in der christlichen Tradition dem Erscheinen Christi am Jüngsten Tag zugeordnet und sollte ihm auch vorbehalten bleiben, um eine Verwechslung zu vermeiden.

Zweitens ist der Begriff des »Ätherischen« vielen Menschen fremd und löst Mißverständnisse aus. Der Begriff hat zwar eine ehrwürdige Tradition von der griechischen Philosophie bis zur Physik der Neuzeit,[2] wird von euch jedoch in der spezifischen Bedeutung gebraucht, die durch Rudolf Steiners Anthroposophie geprägt ist und die auch Valentin Tombergs grundlegende Schrift zu diesem Thema, die aus

---

1) s. hierzu Bd. 1 S. 69, 164 f.; Bd. II S. 147 ff.
2) E.T. Whitaker, A history of the theories of aether and electricity, Neuaufl. New York 1973.

seiner früheren anthroposophischen Lebensphase stammt, verwendet.[3] Etwas gebräuchlicher und weniger mißverständlich wäre der Begriff »Aura«.

Drittens sollte nicht der Eindruck entstehen, Christus besuche von Zeit zu Zeit und auch jetzt wieder die Erde. Er ist immer da, er wohnt in jedem Menschen. Er gehört zur göttlichen Trinität, er hat teil an ihrer Ewigkeit. Ewigkeit ist die Präsenz des Göttlichen in Raum und Zeit – als Prinzip des Lebens, als Odem des Lebens.

Christi Erscheinen in der Erden-Aura ist eine über diese Präsenz hinausgehende Annäherung an die Erde, eine besondere Intensität seiner Gegenwart. Es ist in erster Linie ein Geschenk für die Natur, ähnlich wie seine Menschwerdung vor 2000 Jahren ein Geschenk für die Menschen war. Es bietet aber auch diesmal den Menschen eine erhöhte Chance, sich der Präsenz Christi bewußt zu werden, sie deutlicher wahrzunehmen, sich ihr zu öffnen, von ihr erleuchten zu lassen, zu Wahrhaftigkeit und Frieden zu finden.

Wie dürfen wir uns den zeitlichen Rahmen vorstellen?

Ihr wißt, dieses Erscheinen begann Ende September 1996. Ihr habt es erlebt und gefeiert. Es umspielt die Jahrtausendwende. Die Phase der »Annäherung« dauert bis etwa 2000, der Höhepunkt bis etwa 2004, die Zeit der allmählichen »Entfernung« bis etwa 2008. Es hat seinen Sinn, daß das gerade jetzt stattfindet, weil der Herr sozusagen das alte Jahrtausend in den Arm nehmen und das neue wie eine Neugeburt im Arm tragen kann. Was hineingesät wird in

---

[3] Valentin Tomberg, Die vier Christusopfer und das Wiedererscheinen Christi im Ätherischen, 1939, Neuausgabe 3. Aufl. 1994 ISBN 3-9233 02-07-X.

dieses neue Jahrtausend, das soll am Anfang besonders behütet sein.

Der Herr umwandert die Erde von West nach Ost, der Sonne entgegen, erst im Norden, dann im Süden, dann in der Äquatorialzone. Er tut das mehrmals; eine Umrundung beansprucht etwas mehr als ein Jahr.

Vor allem wendet er sich diesmal der Natur zu, gibt ihr Trost und Zuversicht. Der Herr erscheint, wie er es versprochen hat, um der Erde, der Natur Mut zu machen, Hoffnung zu geben, Zärtlichkeit und eine Atempause zu schenken: Haltet durch, sorgt euch nicht, verzagt nicht! Es wird alles gut werden.

II.

Sein Erscheinen in der Erden-Aura gilt in erster Linie der Natur, aber nicht nur ihr allein.

1. Der Herr besucht auch alle heiligen Plätze und Orte, gleich aus welcher Zeit und welcher Kultur, und erneuert sie in ihrer Kraft. Er bestätigt alle Kirchen, Hauskapellen und anderen heiligen Orte, wo ihr mit Heiligen Schriften arbeitet.
2. Er befreit alte energetische Bahnen zwischen diesen Kraftorten, die ein Netzwerk bilden, von Blockaden.
3. Er besucht alle Wesen der Hierarchien zur Linken, alle Doppelgänger. Das wird bei ihnen Kopfschütteln, Wut, teilweise aber auch Nachdenklichkeit auslösen.
4. Er öffnet Kommunikationswege von Mensch zu Mensch, vom Menschen zum Himmel, vom Menschen zur Natur mit ihren Wesen.
5. Er besucht und segnet alle Innenräume der Menschen und alle Innenraumbewohner.

Wohl dem, der das weiß, der darauf vorbereitet ist und es bewußt erleben wird! Euch stehen schöne Zeiten bevor. Das Erscheinen Christi ist eingeläutet; es ist durch nichts zu verhindern. Ihr werdet es stärker mitbekommen ab dem Jahr 2000.

Jetzt ist es nur ein Hauch. Jetzt merkt ihr etwas und denkt noch, war das eine Illusion, ein Irrtum? Im Jahre 2002 wird es deutlicher spürbar sein. Mit jedem Schritt, den der Herr tut, verstärkt sich die Schwingung. Er tut nicht nur einen Schritt und ist dann weg wie Töne, die verklingen. Es ist, als ob ein Orchester eine Sinfonie spielt. Im Zuhörer sammeln sich die Töne, und wenn das ganze Werk in euch nachklingt, ist es am schönsten.

So ist es, wenn der Herr um die Erde schreitet: Der Höhepunkt ist erreicht, wenn er um die Erde geschritten ist und sich wieder entfernt. Je länger der Herr in der Nähe ist, desto spürbarer wird es. Für viele Menschen wird es so sein, daß es vorbei ist, wenn sie es merken.

Dieses Bild einer Sinfonie könnt ihr auf euer Leben übertragen. In der Kindheit stimmen die Geigen sich ein, eine Melodie fängt zaghaft an zu spielen, oder es beginnt mit einem Paukenschlag oder mit Kaskaden. Betrachtet ihr euer Leben im Rückblick, fragt euch, welches Musikstück entstanden ist und was ihr ihm noch hinzufügt. Wenn ihr geht, bleibt der Klang eurer Sinfonie zurück – für euch und auch für die Menschen, die euch kannten.

III.

Ihr bemerkt, daß das spirituelle Arbeiten in diesen Jahren sehr viel leichter fällt als bisher. Man braucht zwar auch jetzt Übung, Disziplin, Zeit, aber weniger eigenen Aufwand, um zügig sehr viel Hilfe, Antwort und Förderung zu empfangen.

Die Zeiten sind günstig für spirituelle Fortschritte. Das Gewebe ist feiner. Früher war es viel schwerer, dem Himmel so nahe zu kommen, es bedurfte jahrelanger, ja lebenslanger Askese, um nur einige Schritte zu tun.

Die Feinheit der Aura-Strukturen wird später ein bißchen nachlassen, aber sie werden nicht mehr so dicht werden wie in früheren Jahrhunderten. Ihr solltet euch klar werden, in welcher wunderbaren, privilegierten Zeit ihr lebt! Der Himmel ist zu sprechen wie selten. Ihr solltet euch jeden Tag freuen, gerade jetzt zu leben!

IV.

In der Apostelgeschichte heißt es, der Herr werde wiederkommen, so wie er die Erde verlassen hat: auf einer Wolke (Apg. 1, 9–11). Gilt das auch für sein Erscheinen in der Erden-Aura? Kann man sich das so bildlich vorstellen?

Es sieht aus wie eine Wolke, aber es sind Engel, und zwar diejenigen, die den Herrn immer umgeben.

Wird das Erscheinen des Herrn für das physische Auge des Menschen sichtbar sein?

Die physischen Augen werden Wirkungen sehen können, aber nicht den Herrn selbst. Allerdings kannst du mit den inneren Augen den Herrn etwa so wahrnehmen, als wärest du unter Wasser und würdest gegen die Wasseroberfläche schauen und sehen: da oben gibt es Schritte, Fußstapfen sozusagen.

An welchen Wirkungen auf die Natur wird
man die Wiederkunft wahrnehmen können?

An ganz besonders schönen Ereignissen, Wolkenbildern, Sonnenuntergängen, an dem Bedürfnis der Natur, ganz besonders schön zu sein, aber auch an einer heilenden Wirkung auf die Natur. Man kann aber auch der Natur zuhören: Der Wind erzählt es, der Regen erzählt es, die rauschenden Bäume erzählen es, jeder Vogel, der vorbeifliegt, erzählt es euch. Wenn ihr könnt, dann hört ihr's überall, nehmt es in all diesen Sprachen wahr.

V.

Können die Hierarchien zur Linken die Wiederkunft
gefährden?

Nein, verändern können sie die Pläne des Himmels nicht, aber sie versuchen, Verschiebungen zu erreichen. Wenn alles zu turbulent, zu schwankend wird, dann braucht es eine gewisse Zeit, bis sich die Energiefelder wieder beruhigen. Auf einem zu bewegten Meer kann man nicht wandeln. Aber es wird immer schwieriger zu stören, je näher der Herr der Erde kommt. Desto größer allerdings wird ihre Wut. Was sie wirklich wollen, können sie nicht mehr tun, also tun sie irgend etwas aus lauter Wut, Übelwollen, Aggression heraus. Dann schnappen sie sich irgendwelche Situationen und fahren dazwischen, einfach nur so, um sich abzureagieren, um dort wenigstens Unruhe zu stiften.

Können sich die Aktivitäten der linken Hierarchien auch zeigen in Elementarereignissen wie Stürmen, Überschwemmungen, Erdrutschen, Erdbeben?

Ja, auch, und so etwas kann auch von Naturgeistern verwendet werden, die von den Hierarchien zur Linken bzw. den durch sie geschulten Menschen geschult sind. Sie können sehr viel Unheil anrichten. Wer die Zusammenhänge nicht kennt, wird den Eindruck haben, daß die Situation auf der Erde eher schlimmer wird.

Die Umweltprobleme sind aber nicht das Schlimmste. Herausforderungen ähnlicher Art hat es für die Erde immer wieder gegeben. Es kann zwar dahin kommen, daß ganze Landstriche nicht mehr bewohnbar sein werden, aber die Erde wird noch lange sein. Die Seelen werden immer wieder Möglichkeiten haben, zu inkarnieren. Die Sorge für den Planeten Erde ist natürlich angebracht. So wie ihr mit der leiblichen Mutter rücksichtsvoll, liebevoll und voll Achtung umgeht, dankbar für das, was sie euch gab oder gibt, so verhaltet euch auch der Mutter Erde gegenüber. Aber sie wird auch unfürsorgliches Verhalten überleben. Das Wichtigste in der gegenwärtigen Zeit ist, die günstige Stunde zu nutzen und die Hand, die der Himmel euch reicht, zu ergreifen.

Doch haben es auch Trugbilder und Irrlehren leichter, weil auch für sie das Gewebe der Aura sehr fein geworden ist. Auch die Hierarchien zur Linken profitieren davon. Also bleibt euch eurer Verantwortung bewußt: Auch die Hierarchien zur Linken haben leichtes Spiel, weil die Durchlässigkeit größer ist. Der Mensch reagiert auch hier frei. So leicht der Himmel für ihn zu erreichen ist, so leicht sind auch die Wesen aus dem schattigen Bereich zu erreichen. Hilfreiches ist hilfreicher und Gefährliches ist gefährlicher.

VI.

Wie kann der Mensch das Erscheinen Christi bemerken?

Wer darauf eingestellt ist, kann folgendes erfahren:
1. Er wird hellhörig für die Sprache der Natur. Er hört die Vögel, die Blumen, die Wälder, den Regen usw., er hört, was sie ihm sagen, singen, erzählen.
2. Er spürt ein »Lebendiger-werden« aller Wesen in den Innenräumen. Z. B. machen die Eremiten ihre Hütten schön: sie erwarten einen Gast. Die Handwerker werden ganz emsig. Alle Wesen sorgen dafür, daß die Innenräume geputzt sind, alles wird hergerichtet: es kommt hoher Besuch. Der Innere Christus wird noch lebendiger, sichtbarer, spürbarer. Das Innere Kind, der Marienengel, alle sind ein bißchen aufgeregt vor Freude.
3. Der Mensch wird das ganz starke Gefühl haben: Er ist da, er legt einem die Hand auf die Schulter oder er hat irgend etwas berührt. Man betritt z. B. sein Zimmer und weiß ganz genau: er war hier und hat einen Gruß hinterlassen.
4. Wenn man die entsprechende Wahrnehmung hat, merkt man, wie der Herr die Erde langsam umkreist, jedes Land grüßt, die Hand drüberhält oder drüberstreicht, ein liebes Wort sagt.
5. Ihr werdet merken, daß ihr das historische Leben Jesu in noch viel lebendigerer Weise mitvollzieht, als ihr das schon gewohnt wart. Es ist tatsächlich, als wäre das gestern gewesen oder als wäre es heute, als lägen keine 2000 Jahre mehr dazwischen.
6. Je mehr ihr all das erlebt, desto mehr wird euer Gewissen erwachen. Es wird euch mit größerer Deutlichkeit bewußt werden, was in eurem Leben gut und weniger gut gelaufen ist, und das Schlechte wird euch mit Scham erfüllen.

7. Es wird schwieriger werden, das Schlechte vor der Mitwelt verborgen zu halten, es wird zutage treten oder aufgedeckt werden.
8. Bei den Menschen, die einen spirituellen Weg gehen, wird die Bereitschaft zur Wahrhaftigkeit wachsen, und die Möglichkeiten des Erkennens, der Wahrnehmung werden verfeinert werden.
9. Bei Menschen, die keinen spirituellen Weg gehen mögen, kann es geschehen, daß der äußere Lebensdruck zunimmt.
10. Die Beziehungen zwischen spirituell arbeitenden Menschen und anderen werden sich schwieriger gestalten.

VII.

Inwiefern werden sie schwieriger?

Durch spirituelle Arbeit erhöht sich die Schwingungsfrequenz, und die Lichtkraft nimmt zu. Auch die Räume, in denen man arbeitet, werden erfüllt von dieser Schwingung. Das strahlt durch die Wände, Fenster, Türen, durch das Dach überall hinaus, als wäre das Haus ein Lampenschirm. Das alles kann zu Entwicklungen beitragen, die wie Katalysatoren die Dinge zu Wahrhaftigkeit, zu Klärungen führen, an den Tag bringen.

Es kann eine ziemlich erschütternde Wirkung haben, wenn ein spirituell arbeitender Mensch beispielsweise einen Kreis betritt und durch seine Anwesenheit entsteht ein Streit. Es werden verdeckte Meinungen, Argwöhnereien zutage treten, Schwächen, Verletzungen aufgedeckt. Während er eigentlich Frieden und Liebe, Freude und Dankbarkeit bringen wollte, hat er Streit und Auseinandersetzung ausgelöst.

Er kann nichts dafür, und er kann nichts dagegen tun. Wer Licht bringt, beleuchtet die Dinge, so daß sie ans Tageslicht gelangen, daß alles aufgerufen wird zur Wahrhaftigkeit. Er wird zum Stein des Anstoßes werden.

Er löst zum Beispiel in einem Menschen eine tief verschüttete Frage aus: die Frage des Glaubens. Dieser wird aber aggressiv und beleidigend, er schlägt um sich. Ihr meint, ihr seid das Opfer, dabei seid ihr durch eure Ausstrahlung der Anstoß gewesen.

Wem so etwas geschieht, möge eine gewisse Demut walten lassen. Offenlegung der Dinge ist heilsam, sie bedeutet, Wunden zu öffnen, damit sie sauber heilen können. Wer sich diesem Licht, diesen Schwingungen öffnet, der empfindet das als ausgesprochen wohltuend, als angenehm, friedvoll, freudig und ist dankbar. Diejenigen, die aggressiv werden, werden meist auch dankbar werden, aber erst nach einer Weile. Manchmal werdet ihr es in diesem Leben nicht mehr erleben. Aber im Endeffekt ist es für sie ausgesprochen gut und heilsam.

Kann es sein, daß Menschen einem aus dem Weg gehen?

Ja. Aber das solltet ihr verstehen! Es gibt Doppelgänger, die solche Begegnungen ganz und gar nicht mögen. Es gibt auch Menschen, die Sorge haben, was dann aufgedeckt werden könnte, was mit ihnen geschehen könnte, womit sie sich zu konfrontieren hätten, wie sie sich vielleicht zu verändern hätten. Das wollen sie nicht, das fürchten sie. Also sollte man besonders freundlich und geduldig gegenüber denen sein, die auf eine liebevolle Veränderung im energetischen Feld schwierig reagieren.

VIII.

Durch den Herrn erfährt die Natur wieder ihr Urbild im Paradies. Der Herr schaut z. B. einen Baum an und sagt: »Wie schön bist du.« Der Baum reckt sich und sagt: »Ach ja, ich bin schön, der Herr hat es zu mir gesagt.« Sagt auch zueinander: du bist schön, und sprecht zu euch selbst: Wie schön ich doch bin, wie gut alles gefügt ist. Es geht um das »Schönlieben«, darum, den anderen Menschen bedingungslos anzuerkennen, ihm das auch zu sagen und ihn dazu zu bringen, daß er sich selber auch schön findet und sich selbst anerkennt.

Sich lieben lassen – selber lieben – auch sich selber lieben – damit wird sich auch das Verhältnis der Menschen in Gemeinschaften verändern. Die Liebe zur Natur, zum Himmel und zur Gemeinschaft wird das Thema der nächsten 10–75 Jahre sein – so lange wird es dauern, bis diese Gedanken Allgemeingut geworden sind.

Ihr könnt den Herrn auch an bestimmte Orte und zu bestimmten Menschen einladen. Wohin er eingeladen wird, dahin wird er kommen. Ihr könnt ihn auch bitten, den oder den zu segnen. Seid euch bewußt, wie großartig es ist, was ihr jetzt erlebt.

Die nach euch kommen, werden es nur aus eurer Erzählung kennen. Ja, das Licht, die Sonnenuntergänge, die Natur, die Luft waren so und so. Behaltet es im Gedächtnis. Eines Tages werdet ihr anderen Menschen davon erzählen, wie man Märchen erzählt: Es war zu der Zeit des Erscheinens Christi in der Erden-Aura, da habe ich das und das erlebt. Merkt euch, was jetzt passiert und seid bereit, später davon zu berichten.

Damit verabschiede ich mich. Ich kehre zu meinem Herrn zurück, der auch der eure ist.

Donnerstag, 25. 6. 97

Öffnen der Innenräume

∞

Ein Engel des Vaters (er wirkt wie ein Spiel in Regenbogenfarben): Mein Name ist Jill. Es geht heute um Einstimmung auf einen Kontakt mit den Cherubim. Sie erfolgt, indem ihr euren Innenräumen und ihren Bewohnern eine größere Öffnung zu den Lichtquellen dieser Hierarchie ermöglicht. Das bedeutet zugleich eine indirekte Annäherung an den Vater.

Ihr kennt den Auf- und Abstieg durch die Hierarchien (s. Bd. II S. 361 f., 364): Konzentration und Sicheinschwingen durch Dank beim Aufstieg, durch Lobpreis beim Abstieg. So wie ihr das sonst von der Inneren Kirche aus macht und dorthin wieder zurückkehrt, so solltet ihr das jetzt von jedem einzelnen Innenraum aus machen. Bittet wieder Menschen zu den in den Innenräumen lebenden Wesen, sofern sie das möchten, und gebt ihnen nachher weiter, was ihr an Lichtkraft, an Freude, an Strahlkraft mitbringt.

In jedem Innenraum dankt zunächst einigen Menschen. Dann dankt den Engeln, Erzengeln, Archai, das sind vier. – Bei den Elohim auf der Ebene der Exusiai nehmt am Lobpreis teil und dankt ihnen. Dann folgen die übrigen Exusiai, dann die Dynameis und Kyriotetes, das sind wieder vier. – Schließlich kommt ihr bei den

Elohim auf der Ebene der Throne an, ihr seid dort bei neun.

Jede der drei Triaden ist eine Dreiheit, nehmt ihr aber den Menschen, die Elohim auf der Stufe der Exusiai und die Elohim auf der Stufe der Throne hinzu, so sind sie Vierheiten. Darin wiederholt sich das Prinzip der Trinität, die eine Dreiheit ist, aber zusammen mit dem Heiligen Geist eine Vierheit bildet. Ihr wißt, daß auch jeder einzelne Teil der Trinität wieder eine Vierheit ist: die Gestalt selbst und die sie umgebenden drei Aspekte (s.o. 29.4.1997, S. 140 f.).

In der Struktur des Himmels – der Trinität und der Hierarchien – findet ihr überall eine enge Zusammengehörigkeit der Drei mit der Vier. Es geht das eine nicht ohne das andere: Wo die Drei ist, wird die Vier, und wo die Vier ist, beherbergt sie die Drei. Damit werden die Urprinzipien des Werdens, des Schaffens, der Schöpfung ausgedrückt. Die Vier ist die ins Werk gesetzte Schöpfung, m.a.W. die Existenz wird gesichert durch die Vier.

Also zur dritten Triade tritt der Mensch hinzu, zur zweiten und ersten Triade eine anbetende, lobpreisende Ebene der Elohim. Diese sind Exusiai bzw. Throne eigener Art, nämlich Lobpreisengel: sie tun nichts anderes als lobpreisen. Das bedeutet, daß sich der Mensch recht verstehen könnte als die unterste Form der Elohim, d. h., die vornehmste Aufgabe des Menschen ist der Blick zum Himmel, ist der Lobpreis. Die jeweils unterste Ebene jeder Triade, also die vierte Ebene ist die, die durch ihren Lobpreis die anderen drei Ebenen trägt, m.a.W. der Lobpreis von unten stützt die ganze Triade ab. Das zu tun, gehört zum Sinn der irdischen Existenz des Menschen.

Es geht darum, alle Materie, alles schwer Schwingende, langsam Schwingende zurückzuwenden, so daß es der Trinität nicht mehr den Rücken, sondern das Gesicht zuwendet. Das Inkarnieren ist ein Reisen in die Schwingungsebene des Materiellen hinein. Die Aufgabe der Menschen als »Elohim« der dritten Stufe ist, den Blick zu wenden, zurückzukehren, die Reise nach Hause wieder anzutreten und die Natur mitzunehmen.

Was geschähe, wenn es keine Menschen mehr gäbe, die lobpreisen?

Das ist eine spekulative Frage, das wird nicht geschehen. Aber wenn es geschähe, dann würden sich Engel zur Verfügung stellen, die diese Aufgabe übernähmen. –

Jetzt bitte ich euch, eine Kordel in die Hand zu nehmen. Macht neun Knoten hinein, so, daß noch Platz bleibt für drei weitere Knoten, die ihr später hinzufügt für Throne, Cherubim und Seraphim. Jetzt solltet ihr folgende Arbeit tun. Nehmt die Kordel in eine Hand, faßt wie beim Rosenkranz den ersten Knoten und geht in eure Innere Kirche. Ladet Menschen in die Kirche und bittet sie, dort zu warten. Es kann sein, daß euch einmal ein Innenraumbewohner bittet, mitkommen zu dürfen: dann nehmt ihn mit. Dann macht den Aufstieg. Faßt immer Hierarchie für Hierarchie einen Knoten weiter, bis ihr bei neun angekommen seid – bei den oberen Elohim. Grüßt die Throne von ferne und sprecht den Lobpreis der Elohim mit. Dann geht wieder zurück, bis ihr in der Inneren Kirche seid und bringt den Innenraumbewohnern und den wartenden Menschen mit, was euch erfüllt.

Jetzt begebt euch zum Marienengel. Wenn ihr Menschen in seiner kleinen Kapelle plazieren möchtet, tut das. Dann macht wieder den Aufstieg mit Hilfe der Knoten, sprecht den Lobpreis und kehrt zurück zum Marienengel. Bringt ihm und den Menschen, die ihr dort zurückgelassen habt, mit, was ihr aus diesen Ebenen mitzubringen habt. Den Sophienturm könnt ihr abwechseln mit dem Marienturm. Dann geht zum Inneren Weisen und dann in den Inneren Kosmos und tut jeweils das gleiche. Von dort aus geht über die Innere Kirche zur Quelle, zur Krypta und zum Inneren Meer.

Dann geht ihr zu einem der beiden Eremiten, macht den Aufstieg und Abstieg. Dann geht zu dem andern, dann zu den beiden Knieraumbewohnern, also zu euren Handwerkern, jeweils einzeln. Es kann sein, daß sie euch Fragen stellen, wenn ihr zurückkommt. Seid so lieb und beantwortet diese Fragen. Oder es kann sein, daß sie mitkommen wollen, dann nehmt sie mit. Dasselbe gilt dann für die beiden Hände, für die Ellenbogen, die Schultern und die Schulterblätter.

So, das klingt nach Arbeit, aber ihr solltet es versuchen, und es sollte euch mindestens einige Male gelingen. Ihr sollt das, wenn irgend möglich, einmal zusammenhängend machen, mindestens aber die Hauptinnenräume zusammenhängend und die Nebeninnenräume zusammenhängend. Ihr könnt das gerne in Gemeinschaft machen oder zu zweit, d. h., mal leitet der eine den Auf- und Abstieg, mal der andere, so daß ihr es leichter habt, im Rhythmus zu bleiben.

Seid euch darüber im klaren, daß ihr mit dieser Arbeit alle angesprochenen energetischen Punkte intensiviert, vergrößert, ihnen eine Begegnung mit den höheren Hierarchien ermöglicht. Damit verstärkt ihr den Lichteinfall, die Lichtaufnahmekapazität dieser Innenräume. Das ist, als ginge man in einem Haus von Raum zu Raum und ersetzte die Glühbirnen durch stärkere, um insgesamt das Licht brillanter zu machen.

Die Bewohner der Innenräume bekommen eine neue Möglichkeit der Kontaktaufnahme zu diesen Hierarchien.

Sie können bis in diese Höhen hinaufschauen und empfangen Licht aus diesen Ebenen.

Was ihr jetzt braucht, ist Geduld, Ausdauer, Disziplin, Demut und einiges mehr. Sonst kann man diese Arbeit nicht tun. Ich hatte den Auftrag, euch das zu übermitteln – mit einem Segensgruß und Dank dafür, daß ihr tätig werdet.

Dienstag, 14. 10. 97

Bei den Cherubim

∞

(Zwei sehr feierlich wirkende Engel – einer golden, einer silbern gewandet:) Wir kommen, um euch zu begleiten, wenn ihr bereit seid, zu den Cherubim aufzusteigen.

Ja.

I.

Jeder möge seinen Heiligen, Bruder Tullian und Schwester Christella bitten, mitzukommen. Auch Jill wird euch begleiten (o. S. 222). Denn ihr werdet den Cherubim nicht direkt begegnen, sondern indirekt über ihre Vermittlung. Der Besuch kann nur kurz sein.

Bruder Tullian: Ihr seht, mit wieviel Fürsorge, Rücksicht und Respekt vor euren Mängeln, Schwächen und Verletzlichkeiten man euch abschirmt, behütet und umgibt, damit ja nichts passieren kann. Der Besuch ist nicht ganz ungefährlich. Denn das Licht, das die Cherubim ausstrahlen – einfach, weil sie sind, wie sie sind –, hat die Wirkung, auf alle Mängel, Schwächen, Unebenheiten und Unreinheiten wie auf ein Brennglas zu wirken. Wenn es euch direkt träfe, hätte das einen ziemlich stürmischen Effekt. Also, es geht nicht anders, als daß man euch von allen Seiten abschirmt.

Tretet zunächst in die Innere Kapelle und versammelt dort ein paar Menschen, die in Not oder krank sind. Bittet sie, dort zu warten, bis ihr wiederkommt. Nehmt den üblichen Aufstieg, und begebt euch mit uns auf dieses Hochplateau zwischen den beiden Felsen mit dem Wasser und dem Feuer (s. o. 29.4.97, S. 138 ff.). Ihr kennt den Lobpreis, der hier gesungen wird, ihr kennt die Bilder: die Mutter als Königin und die drei Aspekte um sie herum, den Sohn als König und seine drei Aspekte um ihn herum, das Wetterleuchten des Vaters. Ihr habt erlebt, wie dann Bild nach Bild mit den zugehörigen Gruppen und Heiligen sich so wie ein Sonnenaufgang erhebt und über euch hinwegzieht. Ihr habt auch die zugehörigen Gebete kennengelernt. Nun, wir stören diese lobpreisenden Engel nicht, ihr bleibt ja hinter ihnen. Wir gehen ganz still zu einer kleinen Anhöhe. Es ist, als wäre ich ein Bergführer und ihr wäret die Touristen, und ich erkläre euch jetzt, was man sieht.

In der ersten Triade – Seraphim, Cherubim, Throne – lassen sich die drei Ebenen nicht getrennt betrachten, sie fließen ineinander, aber ich versuche, die Ebene der Cherubim für sich zu beschreiben.

Ihr seht eine wie aus Licht nachgeformte wunderschöne Gebirgslandschaft: Bergspitzen aus Licht, durchsichtig wie aus Glas. Sie färben sich rötlich-bläulich, als würde eine untergehende Sonne durch sie hindurch strahlen. Das Licht bricht sich in Farbspielen, bewegt sich. Die Farben sind sehr brillant, nicht wie Farben auf der Welt, sie sind strahlendes Licht. Sie verändern sich, sie leben. Was wie Berge erscheint, sind Hüter, eine untergeordnete Gruppe. Die eigentlichen Cherubim sind hinter ihnen verborgen.

Die Hüter haben sowohl die Aufgabe, die Cherubim zu schützen, als auch alle anderen Wesen vor dem direkten und vielleicht unerwarteten Kontakt mit den Cherubim zu schützen. Ferner haben sie die Aufgabe, zu rufen; die Cherubim selber rufen niemanden. Wenn sie aber jemanden zu sehen oder auf jemand zu wirken wünschen, dann sind es diese Engel, die das ausführen. Sie sind flexibel, sie verändern sich in ihrer Form, ihrer Schwingung, ihrer Farbe, stellen sich auf einen Menschen, eine Gruppe, eine Zeit ein, machen sich sozusagen passend.

Cherubim sind wie große Sonnen, die diese Landschaft bescheinen, sie wirken aber auch wie kristalline, leuchtende, sprühende Berge. Und sie sind die Beweger dieser Landschaft. Durch bestimmte Töne erzeugen sie Schwingungen und durch sie Veränderungen der Gebirgsformen. Damit ändern sich auch die Farbspiele. Also sie sind das alles: die Form, das Licht und die Bewegung von beidem.

Die Töne, die sie singen, sind sehr langgezogen. Stellt euch vor, daß sie tagelang ausatmen und dabei ein Wort singen. Sie lassen heilige Texte, Verse in einer Art Ursprache erklingen, langsam über Jahrhunderte und Jahrtausende hinweg.

Es sind Texte des Lobpreises, aus Formeln zusammengesetzt, in denen jeder Satz, jede Silbe, jeder Buchstabe magische Wirkung haben. Damit bewegen die Cherubim die Schöpfung und übernehmen so eine Art fortgesetzte Schöpfertätigkeit: sie wirken wie ein ausübendes Organ, eine Verlautbarung des Schöpfers. Sie sind die Garanten des Gedankens, daß alles immer weitergeht, sich weiterentwickelt, weitergetragen wird, daß es eine Bewegung gibt in einer bestimmten Richtung, also des Grundgedankens der fortschreitenden Evolution sowohl in kosmischen und biologischen als auch in menschheitsgeschichtlichen Zusammenhängen.

Diese Bewegung ist nicht linear, sondern spiralförmig zu sehen. Noch hat die Spirale die Bewegung von klein zu groß. In vielen, vielen Jahrmillionen wird sie sich von groß zu klein bewegen, damit die Schöpfung zum Vater zurückkehrt. Das heißt nicht, daß etwas räumlich kleiner wird, sondern daß die Dinge lichter und wesentlicher werden, Sohn und Vater ähnlicher werden, d. h. daß sie sich in lichtere und lichtere Zustände begeben. Die Schöpfung dehnt sich weiter aus (sie stürzt nicht zusammen), aber die Dinge bekommen eine andere Art und Weise zu sein, sie werden lichter und lichter und wesentlicher und wesentlicher, bis sie das sind, was ursprünglich mal war, nämlich das reine Licht, die reine Liebe, die Ursubstanz, das Schweigen.

Das geschieht nicht dank irgendeines vorantreibenden Mechanismus, sondern in Freiheit aus Liebe. Tatsächlich liegt dem Gedanken der Schöpfung das große Spiel zugrunde, der große Tanz der Freiheit, und der führt letztlich in Richtung freiwilliger Heimkehr. Darin bestätigt sich der Charakter der Liebe, sie ist dann eine erprobte und erwiesene Liebe.

II.

Es ist euch nicht gestattet, die schützenden »Berge« der Hüter zu durchwandern. Es ist aber möglich, daß sie ein wenig auseinanderrücken. Dafür braucht ihr eure Heiligen. Ohne sie wäre ein solcher Besuch nicht machbar. Die tun etwas, was wirklich rührend ist: Sie werden sich vor euch stellen, also jeder Heilige vor »seinen« Menschen, und sich wie Schutzengel schützend ausbreiten. So kann man euch einen indirekten Blick auf die Cherubim ermöglichen.

Ihr könnt die Cherubim nicht erblicken, ohne daß sie euch erblicken. Ihr Blick wird also den Heiligen treffen. Da der Heilige makellos ist, kann er das aushalten. Ihr seht dann, wie der Blick der Cherubim auf ihn wirkt, was er weiterstrahlt. Dankt eurem Heiligen, daß er das für euch tut. Für ihn ist ein solcher Besuch auch nicht alltäglich. Man macht ihn nur, wenn es einen Grund, einen Auftrag gibt.

Das erste, was man bemerkt, ist ein sehr intensives Licht, wie man es auf der Erde so nicht vorfindet. Es leuchtet, wie wenn alles, was leuchten kann, Sonne und Mond und alle Sterne zusammen strahlten. Ihr kennt eure Heiligen, als hätten sie einen Körper und Gewänder, aber in dem Licht, in dem sie sich da befinden, verwandeln sie sich. Man hat das Gefühl, man schaut nicht mehr ein menschliches, nicht einmal ein engelähnliches Wesen. Die Person schmilzt weg, und was übrigbleibt, ist ein bestimmter Inhalt, an ein Sein hingegeben, dem es geweiht ist. Wer in das Licht der Cherubim tritt, schmilzt zu seinem wesentlichen Inhalt zusammen, wird zu einer inhaltlichen Aussage. In diesem Licht sieht man den Heiligen als das, was er durch sein Leben und Wirken, durch seine Absichten und sein Handeln, auch durch sein Leiden, Wünschen, Fürchten verkörpert.

Das ist wie ein Wort, und zwar ein Versprechen, ein Gelübde mit einem Klang. Es ist, wie wenn sich die Seele in einen Ton verwandelt. Stell dir vor, die Seele wäre ein Vogel, und dieser würde seinen letzten Flug antreten – der Sonne entgegen, in die Sonne hinein –, und er sähe ein letztes Mal sein ganzes Leben, sein ganzes Sehnen zusammengefaßt in ein klingendes Wort mit Ausrufezeichen. Es ist wie ein Ausruf, aber nicht ein klagender, sondern ein begeisterter, entzückter mit einem Gelöbnis-Charakter: »Das bin ich, dafür stehe ich und dafür sterbe ich!« Es ist wohl jetzt die Ebene erreicht, wo man an die Grenze dessen kommt, was man noch erklären kann. Es ist sinnvoller, das zu erleben... Es ist sehr eindrucksvoll, wie sich ein Heiliger, eine machtvoll wirkende Wesenheit, in diesem Licht auflöst: in Hingabe und Anbetung, so daß nichts anderes übrigbleibt als das Wesentlichste seines Wesens.

Nun schließen sich die Berge wieder, es ist wieder etwas weniger hell, die Heiligen nehmen wieder eine für euch erkennbare menschliche Form an.

III.

Die oberste Triade der Engel spiegelt die Göttlichkeit insgesamt wider, während alle anderen Engel eine bestimmte Botschaft, ein Amt, einen Auftrag vertreten. Die Throne spiegeln die Macht, die Kraft, die Stärke, die Handlungsfähigkeit des Vaters wider, die Cherubim die Weisheit, die Seraphim die Liebe. Die Cherubim sind Ebenbilder der Weisheit des Vaters, sie sind sein Licht, das er in ihnen anschaut, weil es ihm Freude macht, sich zu sehen.

In der Weisheit der Cherubim ist alles auf den wesentlichen Inhalt zentriert. Sie beansprucht kaum Raum und Zeit, ist aber von einem Gehalt, daß sozusagen jeder Tropfen genug wäre, um Jahrtausende nicht nur einer Erde, sondern vieler solcher Planeten zu füllen.

Das bedeutet, daß ihr hier an den Scheidepunkt zwischen Zeitlichkeit und Ewigkeit kommt. Die Cherubim sind Geschöpfe des Vaters, d. h., sie unterliegen der Zeitlichkeit, wenn auch in Zeiträumen, die euch enorm erscheinen würden, aber sie sind nicht ewig. Sie sind aber die Widerspiegelung der Weisheit des Vaters, und damit spiegeln sie, ja sind sie etwas Ewiges.

Ihr könnt schon die Zeitlichkeit in großen Räumen nicht erfassen, noch weniger die Ewigkeit. Ihr könnt erst recht nicht erfassen, wie ein Wesen gleichzeitig geschaffen und damit zeitlich und doch von seinem Wesen her eine Ewigkeit sein kann. Aber das ist so. Deswegen ist die Weisheit der Cherubim überräumlich und überzeitlich, wird aber in kleinen Mengen allmählich in Zeit und Raum gebracht. Es braucht sehr viel Zeit und Raum, um sie in ihrer Ganzheit offenbaren zu können.

Ein bißchen davon könnt ihr verstehen, wenn ihr überlegt, daß die Botschaft Jesu nun zweitausend Jahre bei euch ist. Es wird gut noch einmal so lange brauchen, bis diese Botschaft mehr oder weniger verstanden ist und gelebt werden kann. So geht es mit vielen anderen himmlischen Weisheiten: es braucht Jahrtausende, ganze Kulturen, damit eine Idee, ein Gedanke sich auswirken, wirklich erfahren werden kann.

Soll ein Mensch oder eine Gruppe mit einem Gedanken, einer Idee vertraut gemacht werden, eine Mission, eine ganz bestimmte Erleuchtung empfangen, dann öffnen sich diese »Berge« der Hüter und geben eine Gasse frei. Dann kann das Licht der Cherubim ganz gezielt zu den Menschenseelen, aber auch zu Engeln und Engelführern gelangen, die den Menschen das Licht übermitteln. So war z. B. Gabriel von den Cherubim beauftragt, Maria die Botschaft zu überbringen, und die Cherubim sorgten dafür, daß alles so abläuft, wie es abzulaufen hat. Solche Dinge geschehen immer unter Mitwirkung der Cherubim.

Es gibt einige Stellen im Alten und Neuen Testament, wo Menschen eine Erleuchtung hatten, die weit, weit über sie selbst oder ihre Familie hinausging: da standen wirklich die Himmel offen, da war plötzlich ein Ratschluß, eine Weisheit himmlischen Charakters. Ihr kennt das aus den Berichten von großen Bekehrungen und Erleuchtungserlebnissen, z. B. bei den Propheten. Auch in den großen Eingebungen und Visionen bei Heiligen, z. B. Franziskus oder Hildegard wirkte das Licht der Cherubim.

Es wird immer über andere Engel vermittelt, wird immer noch einmal abgefangen, es »stolpert« sozusagen ein bißchen, bis es den Menschen erreicht. Ganz direkt empfangen es im allgemeinen nur die Engel. Es kann trotzdem noch ausgesprochen vehemente Wirkungen beim Menschen auslösen. Im Normalfall ist der Kontakt zwischen Menschen und Cherubim zweifach indirekt, erstens, weil er über diese »Berge« vermittelt wird, zweitens, weil dieses Licht zunächst von Engeln aufgenommen wird, die es auf ein den Menschen verträgliches Maß abmildern und erst dann weiterreichen. Nur bei den Stigmata handelt es sich kurzfristig um direkte Wirkungen dieses Lichts, das die Wundmale einbrennt. Doch wer diese Wundmale empfängt, wird von seinem Schutzengel beschützt und vom Führungsengel gehalten.

Der Himmel geht mit diesem Licht nur sehr sparsam um, sehr vorsichtig und indirekt, und ebenso ist es mit dieser Weisheit an sich. Das gilt auch für die Weisheit, die sich in die Kunst hineinergießt: in die Musik, in die Malerei, in die Baukunst. Sie kann sehr wohl aus der Ebene der Ersten Triade stammen, wird aber immer noch einmal sozusagen »stolpern« über eine andere Hierarchie von Engeln.

IV.

Kannst du uns Beispiele aus der Kunst nennen, die aus der Sphäre der Cherubim stammen?

Es gibt nur wenige Meister, die sehr häufig oder gar durchgängig aus dem Geist der Cherubim arbeiteten. Für Bach trifft das zu, für ihn im allerhöchsten Maße; es gilt für einige gregorianische Gesänge. Andere Musik stammt meist aus anderen Hierarchien. Da gibt es Werke, die wunderschön sind, sehr stimmig, dem Himmel sehr lieb, z. B. die Werke von Mozart und Beethoven, aber nur in einigen ihrer Werke brach der Strahl aus der Ebene der Cherubim durch. Bei vielen Malern gibt es das eine Bild oder vielleicht zwei, die auf der Ebene der Cherubim gedacht worden und ihrer Erleuchtung zu verdanken sind. Das gilt z. B. für Stefan Lochners Maria im Rosenhag oder Raffaels Sixtinische Madonna. – Aber auch in der heiligen Messe findet ihr Momente, die ihren Ursprung cherubimscher Erleuchtung verdanken.

Der Ausnahmecharakter der cherubimschen Inspiration ist das normal Menschliche. Die Durchgängigkeit dieser Inspiration ist nicht Sinn des menschlichen Seins, weil ihr ein Recht habt auf Individualität, Persönlichkeit, eigenen Charakter. Man sollte das auch nicht anstreben, erbittet es lieber nicht. Wenn es geschieht, dann niemals euretwegen, sondern weil mit euch und durch euch für andere etwas bewirkt werden kann. Die Cherubim richten ihren Blick auf die Trinität. Sie wenden ihn der Schöpfung nur insofern zu, als sich in ihr der Vater zeigt und in seiner Weisheit zu preisen ist. Um der Trinität etwas Liebes zu tun und sie zu erfreuen, senden sie Menschen Erleuchtungen zu, genauer: lassen sie zu, daß Engel Licht von ihrem Licht weiterleiten. Sie tun es also nicht um des Menschen, sondern um des Vaters, der Mutter und des Sohnes willen.

Gibt es cherubimsche Weisheit auch in der Philosophie?

Es gibt Weisheit, aber nicht die der Cherubim. Denn diese ist wie alles, was sich in der ersten Triade abspielt, erstens heilig, d. h. immer an die Trinität gebunden, und zweitens immer eine Form von Lobpreis. Wenn sich Philosophien überhaupt mit einem Tropfen cherubimscher Weisheit vollgesogen haben, dann diejenigen, die den Schöpfer ehren, die Schöpfung heilig halten und Dankbarkeit, Anerkennung und Freude über das Gefügtsein der Schöpfung zum Ausdruck bringen.

Die Philosophie ordnet sich sonst eher der Sophia unter als den Cherubim. Die Sophia will ein bestimmtes Vermögen des Menschen bilden, hegen, pflegen, kultivieren, sie möchte bestimmte Wahrnehmungsmöglichkeiten, Erkenntnismöglichkeiten, Denkfähigkeiten, Orientierungsfähigkeiten erreichen. Philosophische Denkgebäude sind zwar auch eine Möglichkeit unter anderen, um schlußendlich zum Lobpreis der Trinität zu gelangen. Aber man braucht nicht Philosoph zu sein oder Philosophie zu studieren, um der Trinität nahezukommen. Die Philosophie an sich ist nicht ein Heiligtum, sondern sie ist ein Weg des menschlichen Bemühens wie andere Wege auch.

V.

Der Strahl der Cherubim, wenn er denn irgendwohin gelenkt wird, wird nicht nach Position oder Profession gelenkt, er kann den Gärtner nebenan treffen, weil das jetzt grade sinnvoll und wichtig erscheint, weil er der richtige Mensch am richtigen Ort zur richtigen Zeit ist. Dieses cherubimsche Licht ist nicht eine Frage des Verdienstes: jetzt habe ich so viel gelebt und gelernt und gearbeitet, und deswegen sollte ich jetzt doch endlich einmal in diesen Genuß kommen – so nicht! Das verdient man nicht, sondern das geschieht dem, der genau an dem Ort das bewirken kann, was jetzt not tut.

Das ist vielleicht eine der Hauptlehren aus dieser Begegnung: Ein ganz wesentliches Kriterium des himmelwärts gewandten Lebens auf der Erde ist, daß man sich *am rechten Ort zur rechten Zeit* zur Verfügung hält. Schreitet also von einer individuellen Lebensauffassung weiter zu einer des Werkzeug-Seins: Ich war dem Meister zur Hand, wie der Meißel, der grad am richtigen Ort lag und den er gerade brauchte. Der Himmel möge es immer so einrichten, daß ich am rechten Ort bin, dann möge er mir zur rechten Zeit das rechte Wort in den Mund legen oder die rechte Fähigkeit geben zu handeln: das ist eine Lebensauffassung, die in diesen Ebenen sehr geschätzt wird.

*Hat auch dieser Besuch hier oben den Sinn,
daß wir am rechten Ort sind?*

Ja, weil sonst alles aus zweiter Hand wäre, selbst aus Engelhand wäre es aus zweiter Hand. Würdet ihr gemütlich in der Inneren Kirche sitzen und man würde euch erzählen, wie es »da oben« zugeht, dann wäre das sehr indirekt. Ihr werdet es ja nun weitergeben, aus dem gesprochenen Wort wird das geschriebene Wort, somit gibt es eine weitere Indirektheit. Dann werden es Menschen lesen, die ganz andere Umfelder, andere Weltbilder, andere Gewohnheiten haben, so daß noch eine weitere Indirektheit entsteht. Unser Standort hier ist ja sowieso schon außerhalb der cherubimschen Zone, ist außerhalb der »Berge«, erst recht außerhalb des Zentrums. Aber ihr könnt sagen: Wir haben das Land von ferne gesehen – und das wenigstens mit den eigenen inneren Augen.

Für den Himmel zeugen kann nur, wer's mit eigenen Augen und Ohren, dem eigenen Wahrnehmen, dem eigenen Herzen erfahren hat. Man kann sich zwar über den Himmel, über die Trinität, über den Sohn berichten lassen, Gedanken machen, allerlei studieren, kommentieren, vielleicht auch lamentieren. Aber überzeugender für andere Menschen ist, wer Augen- und Ohrenzeuge ist.

Ihr habt Bekanntschaft gemacht mit Jill, diesem regenbogenfarbigen Engel des Vaters. Der goldene und der silberne Engel waren notwendig, um euch einzubetten in eine Gesamtheit von Licht, so daß nichts fehlt: das regenbogenfarbige Licht, das goldene Licht des Sohnes, das silberne der Mutter. Und das cherubimsche Licht traf euch wenigstens indirekt von ferne.

Nun richtet noch einen Blick auf diese Bergwelt, und dann steigt hinab zu den Menschen, die in eurer Inneren Kirche warten, und teilt ihnen ein kleines bißchen von dieser Ebene hier oben mit. Ein Bergsteiger, der zurückkehrt ins Tal, bringt an seinem Gesichtsausdruck und der sonnengebräunten Haut ein bißchen von seinen Erlebnissen auf dem Gipfel mit. So seid auch ihr noch von diesem Licht und diesem Klang erfüllt. Ihr könnt den Menschen, die euch erwarten, die Hand reichen und sie anschauen. Ihr werdet ihnen dadurch mehr vom Himmel mitteilen, als Worte es vermögen.

Mittwoch, 15. 10. 97

Evolution und Freiheit

∞

Es hieß gestern, daß die Cherubim die Evolution leiten, andererseits aber auch, die Schöpfung sei das große Spiel der Freiheit. Wie verhalten sich Evolution und Freiheit zueinander?

Der Hohelehrer: Da stellen sich zwei Fragen: Was heißt Freiheit in der biologischen Evolution? Und: Wie weit ist die irdische Geschichte der Menschheit von Freiheit, wie weit von evolutionären Vorgaben bestimmt?

I.

Das Verhältnis des Menschen zu Gott ist nicht das einzig vorstellbare Verhältnis zwischen Gott und Geschöpf. Die Tiere sind nicht als Ebenbild und Gleichnis des Vaters geschaffen, aber auch sie wurden nicht einmal ins Werk gesetzt und dann sich selbst überlassen, so daß ihre Entwicklung Stufe für Stufe von Umständen und Mechanismen erzwungen wäre: von Mutation, Selektion, Vererbung, Anpassung usw.

Von allem, was auf der Erde existiert, gibt es das *Urbild*. Evolution ist nicht einfach nur ein horizontal dahinfließender Strom in Raum und Zeit, sondern zugleich ein Eintauchen der Urbilder in die materielle Körperlichkeit. Das Reh ist nicht nur Reh, weil irgendwelche Kausalfaktoren es aus irgendeinem anderen Tier so haben entstehen lassen, sondern weil es das Urbild des Rehs gibt. Stellt euch das Urbild personal wie ein Wesen vor, das nach unten schaut in Zeit und Raum und darauf wartet, daß die Gegebenheiten stimmen, unter denen es auf der Welt sein kann. Ist die Gelegenheit da, sind die Bedingungen gut, dann entläßt das Urbild seine Vertreter, die Rehe, in die materielle Existenz hinein. Wenn die Bedingungen nicht mehr stimmen, dann verschwindet dieses Tier nicht ins absolute Nichts, sondern es zieht sich aus der materiellen Existenz zurück und bleibt dann »zu Hause« im Urbild.

Es gibt die Hüter der Tierseelen (Bd. II S. 232 ff.). Sie hüten die seelische Ursubstanz der Tiere, auch wenn es die Tiere, die sie hüten, nicht materialisiert auf der Erde gibt: noch nicht, weil die Gelegenheit noch nicht da war, oder nicht mehr, weil die Bedingungen nicht mehr gegeben waren, oder vielleicht nie, weil es nie eine Gelegenheit geben wird. Tiere sind auf der Erde materialisierte, einzelne Wesen, die das Urbild vielfältig widerspiegeln und in der materiellen Existenz in Erscheinung treten lassen.

Aus der Sicht der Abstammungslehre möchte es auf den ersten Blick so scheinen, als sei alle Evolution zwangsläufig: Aus dem einen entwickele sich das andere und aus diesem zwangsläufig das nächste. Doch weder ist es logisch zwingend, daß sich aus der einen Art eine andere entwickelt; es könnte sich auch etwas anderes entwickeln – oder gar nichts. Noch gibt es eine Macht, die eine Weiterentwicklung erzwingt: Weder die ältere Art noch die umgebende Natur verfügen über diese Macht.

Es kommt auch vor, daß Arten aussterben, ohne durch geänderte Umstände gezwungen zu sein, sie ziehen sich einfach zurück: ich mag nicht, ich will nicht mehr. Das Aussterben der Dinosaurier war zwar durch eine Klimakatastrophe bedingt, ausgelöst durch die Kollision der Erde mit einem Himmelskörper. Diese Katastrophe betraf aber auch andere Arten. Die meisten paßten sich an die neuen Verhältnisse an, änderten ihre Körperlichkeit oder ihr Lebensumfeld. Die Dinosaurier wollten in so angenehmen Verhältnissen leben wie bisher – oder gar nicht, sie zogen sich zurück; sie mußten das nicht unbedingt tun, sie taten es freiwillig.

Die Abstammungslehre ist ein in sich schlüssiges Erklärungsmodell, das plausibel macht, wie die Arten auseinander hervorgegangen sein könnten, nämlich durch Vererbung und Veränderung in verschieden starker Gewichtung. Was ihr aber auch sehen solltet, ist, daß alles, was ist, aus dem Urbild freiwillig in die materielle Existenz entlassen wurde und auch nicht sein könnte. Nichts, was ist, ist, weil es sein muß. Es ist, weil es sich freiwillig in die materielle Existenz hinein geboren hat und weil es freiwillig in ihr verbleibt.

Evolution und Freiheit schließen sich also nicht aus, sondern sind zwei Betrachtungsweisen der Schöpfung. Du kannst den horizontalen Weg wählen, nämlich die Abfolge in Raum und Zeit rekonstruieren, mindestens die für euch erkennbare oder die für euch glaubhafteste – mit allen Lücken, die da immer noch sind, und allen ungesicherten Vermutungen.

Und du kannst das Kommen und Gehen der Arten aus der Perspektive der Hüter der Urbilder betrachten: nämlich als das freiwillige Aufgreifen von Gelegenheiten zum Eintauchen in den biologischen Abstammungsstrom und als das freiwillige Sichzurückziehen, wenn die Lebensbedingungen zu freudlos und ermüdend oder die Anpassungsbedingungen zu schwierig sind. Beide Betrachtungsweisen zusammen ergeben erst ein stimmiges Bild.

Die Abstammungslehre gibt nicht eine Beschreibung des wirklichen Geschehens, sondern ist ein Erklärungsmodell, ein gutes und hilfreiches Modell. Aber es bedarf noch vieler Forschungsarbeit, um ihre Dunkelheiten aufzuhellen und ihre Fehler zu entdecken und zu korrigieren.

Welche Dunkelheiten?

Z. B. werden große Entwicklungssprünge erklärt wie kleine Veränderungen. Man hat noch keine Handhabe, um den Unterschied zu erfassen.

Und welche Fehler?

Z. B. sind die zeitlichen Vorstellungen z. T. unkorrekt. Es gab schon viel früher, als ihr meint, sehr komplex strukturierte Tiere, deren Spuren ihr noch nicht gefunden habt.

Auch das Bild eines »Stammbaumes«, wonach alle Tiere aus einem Urtier, einer Urform, einer Urzelle hervorgegangen zu sein scheinen, ist korrekturbedürftig. Richtiger wäre das Bild eines ganzen Waldes von Stammbäumen. Der Aal, der Tiger, der Dinosaurier, der Flußkrebs und der Mensch haben nicht gemeinsame Vorfahren, sondern sind Abzweigungen aus verschiedenen Urstämmen.

Dann sind wir also nicht weit entferne Vettern?
Das ist schade, denn auf dieser Vorstellung beruht
das Ideal der Brüderlichkeit gegenüber aller Kreatur.

Ihr seid Brüder in der Geschöpflichkeit: Ihr habt denselben Vater, dieselbe Mutter. Deshalb sind eure Leiber, wie ihr aus der Genforschung wißt, aus gleichen Bausteinen, nur in verschiedenen Kombinationen zusammengesetzt, und die Unterschiede betragen meist nur wenige Prozent. Insofern ist auch der Regenwurm euer Bruder. Wenn ihr euch dessen bewußt seid, werdet ihr ihn, wenn er sich auf den Straßenasphalt verirrt hat, ins Grüne zurücksetzen.

Hingegen bewirkt die Vorstellung einer »Blutsverwandtschaft« keinen Impuls zur universalen Brüderlichkeit. Sie erzeugt Solidarität allenfalls mit der Sippe, nicht hingegen mit entfernten Verwandten, mit anderen Sippen, Völkern, Hautfarben, nicht mit dem Affen, schon gar nicht mit Regenwurm, Fisch, Pflanze oder Berg. Diesen begegnet ihr mit Respekt, wenn ihr euch vergegenwärtigt, daß auch sie Geschöpfe eures Schöpfers und insofern eure Brüder sind.

Wichtig ist mir jetzt dreierlei:

Erstens: Es gab und gibt viele Arten, die ihr noch gar nicht entdeckt habt, und viele, die noch im urbildlichen Zustand auf eine passende Gelegenheit warten. Die Evolution ist keineswegs abgeschlossen, sondern geht weiter.

Zweitens: Es gibt keinen zwangsläufigen Mechanismus, der die kleinen Veränderungen ausreichend erklärt – schon gar nicht die großen Entwicklungssprünge. Keine Art entsteht ohne den freiwilligen Entschluß auf der Ebene der Urbilder. Und auch dem Rückzug der Arten – dem sog. Aussterben – liegt ein freiwilliger Entschluß zugrunde.

Drittens: Auch der Mensch ist nicht aus einer biologischen Zwangsläufigkeit heraus entstanden, sondern er hat sich inkarniert, sobald die Evolution ihm dazu die Gelegenheit bot. Und sie bot sie nicht zufällig, sondern war darauf angelegt, sie herbeizuführen. Der Mensch hätte sich nicht in ganz andere Gegebenheiten hinein inkarnieren können, auch nicht auf anderen Erden in anderen Sonnensystemen. Hautfarbe, Größe, Länge der Knochen, ihr Verhältnis zur Muskulatur und dergleichen könnten ein wenig anders sein, aber der Mensch könnte nicht z. B. vier Beine oder einen Rüssel oder sechs Augen haben oder dergleichen. Das Grundmodell des Menschen liegt urbildlich fest.

II.

Was nun die *Kulturgeschichte* betrifft: Der Mensch braucht sich nicht im Sinne der Evolutionslehre weiterzuentwickeln. Er bekommt z. B. nicht ein größeres Gehirn; er bringt keinen Übermenschen hervor. Veränderungen im Gesamtbauplan wird es nicht geben. Was sich allerdings entwickeln wird, ist, daß der Mensch lernt, von dem, was er hat, besseren Gebrauch zu machen. Da geht es nicht um die körperlichen, sondern vor allem um die seelischen Möglichkeiten und geistigen Fähigkeiten. Er wird mehr und mehr lernen, was er mit dem Apparat seines Gehirns alles noch tun kann. Das ist auch eine Art von Evolution.

Die verschiedenen großen Kulturen hatten doch sehr verschiedene Gesichter: Die Eigentümlichkeiten, Prägungen, Farben ihrer Geistigkeit waren immer anders. Gab es da nicht neue Elemente der menschlichen Seele, des menschlichen Geistes, die hinzutraten oder dominant wurden?

Die Kulturen waren zwar immer anders, und die jüngeren Kulturen haben von den älteren etwas gelernt und übernommen: ihr z. B. von den Römern, diese von den Griechen, die von den Ägyptern und so immer fort. Aber es handelt sich nicht um einen Stufenbau des Fortschritts, dem eine fortschreitende Höherentwicklung der menschlichen Fähigkeiten zugrunde läge. Die menschlichen Seelen entwickeln sich dadurch, daß sie in verschiedenen Kulturen zu Hause gewesen sind und Erfahrungen gesammelt haben. Es schlummert in ihnen ein reicher Schatz an Erinnerungen, der leise zum Bewußtsein heraufdämmern kann und sich dann in mehr und mehr Weisheit, Verständnis, Rücksicht, Liebe und Religiosität offenbart. Die Seele wird reicher an Welterfahrung, bleibt aber in ihrer Grundstruktur unverändert.

Die christliche Dogmatik aller Konfessionen verschließt sich noch dem Gedanken, daß die menschliche Seele auf eine lange Kette von Vor-Inkarnationen zurückblicken kann.

Ja, das ist schade, denn sie blockiert oder erschwert damit das Heraufdämmern und Bewußtwerden dieses Erfahrungsschatzes. Es erklärt sich daraus, daß Jesus Christus und seine Jünger diesen Gedanken, der ihnen selbstverständlich war, nicht ausdrücklich gelehrt haben. Der Himmel unterstützt aber das menschliche Bemühen um Erkenntnis der Gegebenheiten in der Welt, übrigens in allen Bereichen, auch in denen der naturwissenschaftlichen Forschung und Lehre. Diesem Bemühen Steine in den Weg zu legen, mag gut gemeint sein, war aber nie im Sinne des Himmels. –

Die menschliche Seele gewinnt nicht viel aus dem historischen und archäologischen Studium der alten Kulturen allein, sondern daraus, daß sie innere Verbindungen zur Vergangenheit herstellt: Da klingt etwas an, das erinnert an etwas, ja, so war das, so ist es stimmig, das wurde damals für wichtig gehalten. Es kommt auf die Prozesse der Seele in der Gegenwart an. Sie erst machen es sinnvoll, daß eine alte Sprache gelernt, eine Kultur besucht, Ausgrabungen gemacht, Bücher geschrieben, Kongresse gehalten werden usw.

Ihr bestaunt die Tempelruinen der Griechen. Aber ihre wirkliche Dimension erhalten sie nur, wenn ihr in der Lage seid, das, was dort lebte und gestorben ist, im Innern wieder lebendig werden zu lassen. Hört ihr mit den inneren Ohren, was dort gesungen, gefeiert, gepredigt, verehrt wurde? Erlebt ihr die Idee, die Begeisterung, die Kunst der Planer und Architekten? Erschüttern euch Blut, Schweiß und Tränen der Sklaven, die die Tempel erbauten, ihr Hunger und Durst, die Blasen an den Füßen? Ohne inneres Mitleben seht ihr nur hübsch aufeinander geschichtete Steine, Überreste einer versunkenen Kultur, ihr sammelt totes Wissen. Es kommt auf den Impuls zur Erinnerung, auf Erlebnisfülle an. Die findet nur, wer von einer Inspiration in der Gegenwart beseelt ist, Spuren von ihr in der Vergangenheit entdeckt und dadurch wiederum gegenwärtige Impulse erfährt.

Deuten also die monumentalen Bauten der Vergangenheit, z. B. die Pyramiden, nicht auf ganz andere menschliche Fähigkeiten hin?

Die gesunde Entwicklung der Nutzung menschlicher Gegebenheiten und Fähigkeiten schreitet mehr oder weniger simultan voran. Es gibt immer Auswüchse, die eher ungesund sind. Was du als besonders hervorzuhebende Ausprägung lobst, ist eher ein Zeichen, daß die Kultur aus dem Lot gerät, etwas überzeichnet, nach irgendeiner Seite hin überzieht. Z. B. waren *Pyramiden und Mumien* ein Zeichen von Dekadenz: das Wissen vom Fortleben der Seele nach dem Sterben wurde ins Materielle projiziert, mit materiellen Bedingungen verknüpft. Ihr findet das vielerorts auch in eurem Kulturkreis in Gestalt von monumentalen Grabmälern.

Menschliche Evolution ist ein ständiges Wechselspiel zwischen Außen- und Innenwelt. Je größer der Reichtum der Innenwelt, desto bedeutungsvoller, aussagekräftiger und interessanter wird die Außenwelt. Für einen Menschen mit einem reichen Schatz an Innenwelterfahrung kann ein einziges Blatt eines Erlenbaumes eine Menge Erinnerungen und Erfahrungen der Seele wach rufen, die in anderen Kulturen irgendwas mit Erlenbäumen, auch mit darauf bezogenen Liedern, Gedichten oder Zeichnungen zu tun hatten. Es kommt weniger auf Ansammlung von Wissen über alte Kulturen an sich an, sondern darauf, wieviel Innenwelt dieses Wissen erwachen läßt.

Schon wenig Außenweltbetrachtung kann sehr viel Innenwelterwachen auslösen. Hingegen: in Ferien in kurzer Zeit möglichst viel zu reisen, zu sehen, zu essen, zu erleben, zu hören, »Kicks« zu haben usw. bringt nicht viel: ein paar Fotos vielleicht, aber von der Innenwelt her wenig. Eine einzige Seite Homer brächte euch mehr. Wenn ihr denn reist, setzt euch an einem Ort nieder, wo der und der mal saß und nachdachte, und betrachtet den Sonnenuntergang. Wenn ihr das tut, wieviel Erfahrung aus wieviel Kulturkreisen wird in euch wach werden!

III.

Was bedeutet es dann, daß die Cherubim die Evolution bewegen?

Daß die Cherubim die Evolution bewegen, auch die Evolution der menschlichen Kulturepochen, besagt nicht, daß sie einen Entwicklungsmechanismus in Bewegung setzten, der euch voranschieben würde. Was die Cherubim tun, ist vielmehr, immer neue *Gelegenheiten* bereit zu halten, in denen die Menschenseelen immer neue Erfahrungen sammeln und immer gescheiter werden können. Sie sind dafür verantwortlich, daß nicht aus irgendwelchen Verkettungen von Gegebenheiten und Prozessen heraus die Zahl der Möglichkeiten schrumpft. Sie sorgen dafür, daß die Menge der Möglichkeiten immer groß genug bleibt.

Sie halten die Schöpfung so offen und damit so lebendig wie möglich. Sie beeinträchtigen also eure Freiheit nicht, im Gegenteil: sie schaffen die Räume, in denen eure Freiheit sich entfalten kann.

Die Evolution der Kultur ist ebensowenig ein Mechanismus wie die Evolution der Natur. Der Begriff »Evolution« bietet hier wie dort nur ein Erklärungsmodell. Die Kreatur, die ihr um euch herum seht, ist da, weil sich die Gelegenheit bot. Sie ist freiwillig da und nicht, weil sie da sein muß, sie kann sich auch morgen verabschieden. Das bietet euch auch einen neuen Zugang zur Flora und Fauna. Geht sorgsam mit ihr um, achtet sie für ihr freiwilliges Dasein.

Die menschliche Evolution ist vor allem das Reichwerden der Seele an Erfahrungen und Erleben. Sie ist ein innerer Prozeß, sozusagen der Umkehrungsprozeß der Schöpfung: Der Schöpfer schöpft aus der Innenwelt in die Außenwelt. Das Geschöpf schöpft aus der Außenwelt in die Seele hinein zurück. Mit der Anzahl der Inkarnationen werdet ihr immer reicher. Ihr werdet immer weniger Außenwelt brauchen, um viel Innenwelt in euch zum Klingen zu bringen, wach zu rufen, zu erinnern und damit präsent zu machen.

In dem Maße, in dem die vergangene Erfahrung nicht nur in euch schlummert, sondern präsent ist, lebendig in euch spricht und zum Bewußtsein drängt, erreicht ihr das, was ihr Fortschritt nennt. Dann seid ihr sozusagen weiter, nämlich erstens um die *Erfahrung* reicher und zweitens auch noch *bewußter*. Manche von euch sind sehr erfahrungsreich, nur sie merken es nicht, es schläft in ihnen.

Wenn ihr am Ende die ganze Welt als Innenwelt in euch tragt: alle Kulturen, alle Länder, alle Hautfarben, alle Zeitalter, alle Epochen, alle großen Gegebenheiten, dann seid ihr dem Schöpfer ähnlicher geworden. »Zu seinem Ebenbild und Gleichnis schuf er sie.« Ihr tut, was er auch tat, nur in der umgekehrten Reihenfolge, weil ihr den Weg vorwärts zurück geht. Euer Weg ist der Weg der Heimkehr zum Vater.

IV.

In der gestrigen Begegnung mit den Cherubim wurde uns gesagt: der Schöpfung liege »das große Spiel zugrunde, der große Tanz der Freiheit«. Wie ist das zu verstehen?

Wenn uns zur Veranschaulichung gestattet ist, etwas leger über den Vater zu sprechen, dann könntest du sagen, daß der Vater ein Philosoph, ein Theoretiker mit Freude am Spiel und auch am Risiko ist. Die *Liebe* ist seine Lieblingstheorie: Er ist Liebe, also ist alles, was er schöpft, Liebe, die Ursubstanz von allem ist die Liebe, folglich wird die Liebe am Ende siegen.

Indem er die Schöpfung ins Werk setzte, setzte er die Liebe der praktischen Bewährungsprobe aus: Mal sehen, ob's gelingt oder nicht. Es wird natürlich gelingen. Es ist ein kalkuliertes Risiko, aber trotzdem, eine gewisse Unsicherheit ist dabei. Die Geschichte von Hiob, aber auch die faustische Darstellung des Vaters, der bereit ist, mit Mephisto zu spielen (kriegst du ihn, krieg ich ihn?, mal sehen, wie er sich verhält) klingen etwas respektlos, aber sie sind sehr wahr.

Nicht zu vergessen ist dabei, daß der Schöpfer sich selbst zum Einsatz gab, es geht um ihn selbst. Denn würde die Liebe nicht siegen, würde die Schöpfung vergehen und er mit. D. h., der Schöpfer spielt, wenn du es menschlich sagen würdest, mit größtem Einsatz: er spielt um sich selbst und seine Trinität. Das heißt, die Sache ist todernst und dennoch ein großes Spiel. Denn sein Sein ist vom Dasein nicht zu trennen. Er ist, wer er ist, weil er da ist. Verliert er das Spiel, verliert er nicht nur seine Existenz, sondern sich selbst sozusagen. Wenn ihr euer Leben verliert, bleibt ihr in eurer seelischen Struktur erhalten. Etwas anderes wäre es, ausgelöscht zu sein. Ihr wäret weder da noch nicht da, es gäbe keine Möglichkeit, das Dasein zu rekonstruieren, es gäbe nicht einmal »nichts«, die Negation des Daseins ist begrifflich nicht zu erfassen.

Es ist auch gut, daß die Menschen dafür keinen Begriff haben. Sie haben keine Möglichkeit, das zu denken, weil es diese Alternative eigentlich nicht gibt. Es darf sie auch nicht geben. Wäre sie denkbar, beschreibbar und aussprechbar, wäre sie möglich, und das wäre hochgefährlich. Also, ihr dürft gerne hin- und herspekulieren über Sein und Nichtsein, aber nicht über das Dasein des Vaters und seiner Schöpfung, d. h. nicht darüber, was passieren würde, wenn er das Spiel verlöre. Das könnt ihr auch gar nicht denken.

Hatte der Vater denn einen Herausforderer?

Nein, er spielt einfach mit seiner Lieblingstheorie und wünschte, sie in die Praxis umzusetzen: Mal schauen, ob sie sich bewährt. Es gibt nichts, was den Beweger bewegt hätte, er hat sich selber herausgefordert.

Das ist übrigens ein Urprinzip, das sich auf der Erde widerspiegelt: Einen spirituellen Weg zu gehen, ist im Endeffekt – und darauf kommt es ja an – eine innere Leistung, eine Selbstherausforderung des Menschen. Wird er von außen bestimmt, von einem Herausforderer, von einem Gegenüber, von einer Situation: nun gut, es ist möglich. Das wirkliche Leben beginnt aber mit einer Selbstherausforderung. Dann sind die äußeren Situationen zwar noch Spiegelbild, Anlaß, Lehrsituation, Prüfung. Aber der Mensch ist selbstverantwortlich, einer, der sich seine Aufgaben selber stellt: er spielt sein Spiel, er lebt sein Leben. Er tut das natürlich aufgrund einer Absprache mit seinem Sonnenengel, aber auch diese ist freiwillig erfolgt.

Der Vater hat sich selbst herausgefordert: das ist ein Akt höchster Freiheit. Wenn der Mensch das begreift, begreift er einen Grundzug seines Schöpfers und damit auch einen Grundzug des eigenen Daseins: Es gibt kein Müssen! Ich bin frei, ich habe frei gewählt, ich habe frei entschieden, ich kann mich jederzeit anders entscheiden, wenn ich es wünsche. Alles, was mir begegnet, ist dazu da, daß ich freiheitlich damit umgehe: ich kann es annehmen, ich kann es ablehnen, ich kann Handelnder sein oder mich zum Opfer machen, ich kann zentriert bleiben oder mich aus der Zentrierung bringen lassen: ich kann lernen und verstehen, ich kann aber auch wegschauen, trotzen, bocken.

Hätte der Vater einen Herausforderer gehabt, dann wäre er in einer gewissen Weise gezwungen gewesen, zu reagieren, es wäre nicht ein Akt der Freiheit gewesen. Er hat sich selber herausgefordert, er war frei, das zu tun oder zu lassen. Er hätte auch ein Schöngeist bleiben und seine Geliebte, die Liebe, sozusagen als Theorie vor sich tanzen lassen können. Aber er wollte sie in die Realität bringen, er wollte erfahren, ob sie sich bewährt.

Hat er daran gezweifelt?

Nein, gezweifelt hat er nicht. Gesetzt den Fall, du wärst ein Architekt und entwirfst ein Haus auf dem Papier. Würde es dich nicht reizen, es zu bauen, um zu sehen, wie es aussieht, wenn es gebaut ist? Nicht, weil du daran zweifelst, daß es hält, sondern du möchtest es einfach in der Realität erwiesen sehen. Das Bedürfnis, zu realisieren, kann man dem Menschen nicht abgewöhnen, weil es ein Abbild des Väterlichen ist. Der Mensch will Ideen in die Realität umsetzen: bringe ich sie dazu, sich zu realisieren? Und wenn ich sie realisiert habe, wie erweist es sich dann?

Das ist eines der Grundmotive, die den Menschen bewegen. Sonst würde er immer noch in den Höhlen sitzen und theoretisieren über Maschinen, Räder, Uhren und Kultur. Daß er sie realisiert, ist ein Zeichen für diesen Urakt des Vaters, Träume, Theorien aus Freude am Spiel in die Realität umzusetzen. Dieses Urverhalten des Vaters ist euch eingeschrieben, ihr macht, was der Vater getan hat.

Das Wesentliche an der Hiobs-Geschichte ist nicht nur, wie Menschen geprüft und herausgefordert werden und wie sie dann treu sind. Es geht nicht nur darum zu erkennen: was macht der Mensch?, sondern auch: was macht der Vater? Im Faust ist es dieselbe Geschichte. Die Darstellung dieses unendlich große Lachens und die Freude am großen freudigen Spiel ist eine Facette, die zu betrachten nicht respektlos ist.

Es gehört zum Bild des Vaters hinzu, daß er unendlich humorvoll, unendlich langmütig und unendlich vertrauensvoll ist und riskiert, sich selbst zum Einsatz für das große Spiel zu geben. Der Vater ist unerklärbar und unfaßbar. Sein Spiel ist etwas Hochheiliges.

Auch das menschliche Spielen – mag es inzwischen auch verkommen sein – wurde ursprünglich sehr heilig gehalten; es gab viele heilige Spiele. Auch der Tanz ist ja ein Spiel mit bestimmten Bewegungen, Begegnungen, Rhythmen.

Was das *Spiel* ausmacht oder begleitet ist eine Mischung aus verschiedenen Elementen. Dazu gehören erstens Freude an Schönheit, zweitens Lobpreis – er gehört immer zum Spiel dazu –, also Hinwendung zum Heiligen, drittens Freude an der Geschicklichkeit, viertens die Freude, etwas zu wagen und Risiken einzugehen, fünftens Freiheit, sechstens auch ein gewisser Gehorsam Ordnungen gegenüber.

So ist das für den Vater auch. Auch er war an die in ihm selbst liegenden Ordnungsstrukturen gebunden, z. B. an die Logik und an das Grundprinzip der Freiheit in seiner Schöpfung. Deshalb war er auch dem Fall der Engel in gewisser Weise ausgeliefert, er hatte sich dem Grundprinzip der Freiheit verpflichtet, und deswegen hatte er sich daran zu halten.

Die Schöpfung als ein Spiel mit höchstem Einsatz ist nur eine andere Ausdrucksweise für den Gedanken, daß die *Freiheit* zu den Schöpfungsprinzipien gehört. Der Vater schuf eine Schöpfung der Freiheit nicht im Leichtsinn, sondern in der Gewißheit, daß am Ende die Liebe triumphieren wird, die sein Wesen ausmacht. Die Heimkehr der Schöpfung aus Liebe und in unendlich reich gewordener Liebe setzt ihrerseits die Freiheit voraus.

Deshalb haben auch die Cherubim weder das Recht noch die Möglichkeit noch den Willen, die Evolution in Gesetze zu zwingen, sie zu einem mehr oder weniger mechanischen Ablauf zu verwandeln. Was sie tun ist, den Geschöpfen Gelegenheiten für die Betätigung ihrer Freiheit zu erschließen, Möglichkeiten bereit zu stellen, immer neue Chancen zu eröffnen, immer neue Wege offenzuhalten, damit der Reichtum an lebendiger Erfahrung wächst und wächst, bis die gesamte Schöpfung in freiwilligem Entschluß, nur von der Liebe bewegt, zu ihrem Schöpfer heimkehren wird.

Anmerkung:
Der amerikanische Astrophysiker und Jesuit George V. Coyne, der die astronomische Forschung des Vatikan leitet, plädiert in einem Spiegel-Essay für die Preisgabe der Vorstellung, Gott sei allmächtig und allwissend. Denn das Endergebnis der Weltevolution sei prinzipiell nicht vorhersehbar, sondern werde von nicht determinierten Prozessen bestimmt. Es gebe sehr zahlreiche »Gelegenheiten« für alternative Fortentwicklungen. »Gehen wir davon aus, daß Gott im Besitz der ›Universaltheorie‹ wäre, alle Gesetze der Physik, alle Elementarkräfte kennen würde.« Selbst dann »kann er nicht wissen, was nicht gewußt werden kann«. »Das Universum spielt seit 15 Milliarden Jahren Lotterie« (Der Spiegel Nr. 52 v. 25.12.2000, S. 121 f.)

Wenn das selbst im Blick auf die Evolution der Natur gilt, dann um so mehr im Blick auf die geschichtliche Entwicklung, die der menschlichen Freiheit in die Hand gegeben ist. Das Gottesbild des Buches Hiob kollidiert also zwar mit dem deterministischen Weltbild von Newton und Laplace, nicht aber mit der Wissenschaft der Gegenwart.

Mittwoch, 22. 10. 97

Heiliger Joseph

∞

(Aus Anlaß des Geburtstages eines Freundes namens Josef.)

Hl. Joseph: Seid willkommen! Stellt eure Fragen.

Ich habe begonnen, alles Erreichbare über dein Leben zu erforschen. Am ergiebigsten sind die Angaben bei Anna Katharina Emmerich.[1] Wie zuverlässig sind sie?

Im Großen und Ganzen sind sie stimmig, wenn auch nicht in allen Einzelheiten.

(Josef fragt nach einer Reihe von Details über die Jugend des hl. Joseph, die dieser bestätigt.)

Wir waren keine braven, gehorsamen Kinder, sondern relativ unbändig und sehr temperamentvoll. Man hatte Mühe, uns zu bändigen. Ich tat allerdings lauter Sachen, die man als Junge nicht macht, und was man macht, tat ich nicht: Kräfte messen, sich herausfordern, Abenteuer bestehen. Die

---

1) Anna Katharina Emmerich, 1771–1824, stigmatisierte Nonne in Dülmen, deren Visionen vom Leben Jesu Clemens v. Brentano aufgezeichnet hat. Sie sind in verschiedenen Ausgaben veröffentlicht, u. a. im Pattloch-Verlag. Darin über den hl. Joseph vor allem: Leben der Hl. Jungfrau Maria S. 138 ff., S. 147 ff., S. 347 ff.; Das arme Leben unseres Herrn Jesu Christi S. 9 ff., S. 18 ff., S. 59 ff., S. 72 f.

Erziehung war eher streng und so ausgerichtet, daß man nicht etwa stolz auf die Wohlhabenheit der Familie war. Wir wurden angehalten zu Leistung, zu eher unauffälligem Auftreten, zu Einfachheit, zu Höflichkeit ohne Dünkel.

*Stimmt es, daß Du, hl. Joseph, im jugendlichen Alter
Kontakt hattest zu den Essenern und dort unterrichtet wurdest?*

Nur kurz: Ich habe meine Zeit damit genutzt, von jedem etwas zu lernen, erst recht natürlich von Gruppen, in denen man mit Wissen umging, die lehrten, predigten, weitergaben, erzählten. Darin war ich unersättlich, niemand war vor mir sicher. Das hat viele Menschen Nerven gekostet!
Meine Berufsausbildung machte ich als Zimmermann und war bei verschiedenen Meistern. Das war so üblich damals.

*Hast Du schon in sehr jungen Jahren die Ankunft
des Messias erwartet?*

Es war damals üblich, auf den Messias zu hoffen. Ich hatte Interesse am religiösen Leben. Man hat täglich, sogar stündlich auf diesen Erlöser, den König, den Messias gewartet. Man hat wirklich mit ihm gerechnet: mit einer inneren Erwartung, ja, mit Aufregung und Herzklopfen, die euch nicht leicht vorstellbar sind. Das war ganz normal in den gläubigen Kreisen. Natürlich gab es auch Menschen, die sich keine Gedanken darüber machten.

*Hattest Du immer schon das Gefühl, eine besondere
Aufgabe zu haben oder hat Dich Deine Rolle überrascht?*

Ich war so normal wie jeder andere. Ich hatte meine Interessen, mein Wissen, meine Träume, meinen Glauben und meine Hoffnungen, auch meine Probleme und Mißverständnisse. Man konnte vielleicht an bestimmten Charakterzügen – der Neigung zur Stille, der Neigung zu fragen, zu staunen, sich zu freuen und dankbar zu sein für die Vielfalt dieser Welt – das eine oder andere voraussehen. Aber ich selber habe es erst nach und nach bemerkt.

Erst mit etwa 30 Jahren erwachte ich zu dem Bewußtsein, daß alles gefügt ist, daß alles Sinn macht, daß alles auf ein bestimmtes Ziel hinausläuft. Aber in vollem Umfang klar wurde mir das Großartige, was sich da vorbereitete, erst, als der Engel mir mitteilte, was mit Maria geschehen war und wie ich mich dazu einzustellen hätte. Da fing ich an, zu begreifen. Bis dahin wurde ich schrittweise zu der Erkenntnis geführt: Es spielen sich Dinge ab, die kein Zufall sind. Ich habe mich Schritt für Schritt in diesen Weg hineingefunden und mich einverstanden erklärt.

Das ist vielleicht interessant für euch:
Der Himmel – wie ihr an diesem Lebensbeispiel seht – schätzt eine Entwicklung in vielen kleinen Schritten. Das ist wichtig für alles, was ihr tut und auch für eure Beurteilung der Entwicklung anderer Menschen. Die Entwicklung im guten Sinne geht normalerweise langsam und führt Schritt für Schritt auf ein Ziel zu, nicht in großen Sprüngen von bombastisch anmutender Plötzlichkeit. Der Himmel geht leise vor, wenn es sich irgendwie machen läßt. Erkennen erscheint in der Außenwelt häufig als plötzliches Geschehen. In Wirklichkeit haben sich viele kleine Schritte ereignet, die dieses plötzliche Ereignis erst möglich machten.

Wußte Maria, welches Leben sie zu leben hatte?

Normalerweise geht das so, daß man sich zuerst in die Normalität des Menschseins hineinfindet und erst später zu großer Klarheit kommt. Die heilige Maria war bei der Verkündigung durch den Engel zwar erschüttert, sie hatte diese Verkündigung zu dieser Stunde nicht erwartet, aber auf der anderen Seite war sie auch innerlich darauf vorbereitet, weil sie schon lange spürte, daß irgend etwas in ihrem Leben anders ist. Die Dinge kündigen sich an.

Das gilt übrigens auch für Jesus. Er begann als Säugling genauso hilflos wie jeder andere, mußte gefüttert und gewickelt werden, konnte nicht laufen, nicht in Worten sprechen. Er konnte zwar sehr bald lächeln, vielleicht schneller als andere Säuglinge, und der Blick war ein wenig anders. Alles andere verlief vollkommen »normal«, bis der Junge merkte, was er für Fähigkeiten hatte.

Was hast Du ihm gesagt, als er diese Entdeckung machte?

Ich war immer bestrebt, in Jesus alle Tugenden zu stärken. Ich habe ihm klargemacht, daß diese Fähigkeiten an sich nicht wesentlich sind, daß vielmehr erst die Art und Weise, wie man sie einsetzt, sie zu etwas Besonderem machen kann. Das gilt übrigens für alle Erzieher: Wenn Kinder eine besondere Fähigkeit haben, dann macht nicht den Fehler, die Fähigkeit an sich zu rühmen, sondern geht mit ihr – so außerordentlich sie auch sein mag – ganz normal um und lehrt, sie verantwortlich einzusetzen.

Wie war es, als Du, heiliger Joseph, Maria kennengelernt hast?

Das war ganz profan. Ich kam dorthin, um Schreinerarbeiten zu erledigen, ich hatte einen Auftrag. Ich hab sie gesehen, und zwar an einer Betstätte. Das Ganze hatte relativ wenig Romantik. Ich sah sie und wußte: das ist die Frau, mit der ich mein Leben verbringen möchte, die ich heiraten will. Das war's.

Wie alt war Maria da?

Sie war fast noch ein Kind, ein junges Mädchen – so etwa 13, 14 Jahre alt.

Und wie alt warst Du?

Ein gutes Stück älter, um die dreißig.

War Dir klar, daß diese Jungfrau Deine Frau werden wird?

Ja, es war mir klar – ich wußte nicht, warum. Ich habe dieses Kind gesehen und habe gewußt: Die! Diese Art, den Kopf zu neigen, die Hände zu halten – das Profil, wie sie so dasaß, in einer bestimmten Körperhaltung, das war's, da wußte ich: Die ist es! Du weißt, daß ein solcher Vorgang entweder unstimmig ist oder beidseitig. (s. Bd. I, S 97 f.)

Du mußtest ja Kontakt aufnehmen.
Wie hast Du sie näher kennengelernt?

Daß euch das so interessiert? Ich tat das, was man heute auch tut: Irgendwann paßte ich sie ab, bis sie des Weges kam, und sprach sie an, nicht ganz geschickt, aber so, daß sie mich ansah. In dem Moment war eigentlich alles klar. Es war wieder nicht sehr romantisch, sondern eher sachlich. Sie war verschämt in ihrer Jugend und ungeübt in solcher Art von Begegnung und Gespräch, und ich war auch nicht gerade das, was man einen Charmeur nennt, auch etwas ungeübt.

Das machte aber einen gewissen Charme aus, und darüber mußten wir beide herzlich lachen. Übrigens hatten wir beide viel Freude am Lachen – eine erfrischende Natürlichkeit haben wir uns beide bewahrt. Also es war klar zwischen uns beiden.

Ihr solltet nicht den Willen dieses Kindes unterschätzen und den meinen auch nicht. So still ich war – einen Willen hatte ich schon, und zwar einen sehr starken. Wir waren uns einig. Es war gar nicht möglich, irgend etwas zu tun, was uns getrennt hätte. Selbst eine äußere Trennung hätte uns nicht getrennt.

War die heilige Anna von allem Anfang an einverstanden oder wurde sie langsam gewonnen?

Die heilige Anna war eine weise Frau und sehr eigen, nicht gebunden an Konventionen. Maria brachte mich etwas zögerlich nach Hause zur Mutter Anna. In der Küche begegneten wir uns. Sie sagte gar nichts. Sie schaute mich an, dann ihre Tochter, dann den Blick, den wir – Maria und ich – uns zuwarfen. Dann hatte sie verstanden. Das ging wortlos. Mutter Anna lächelte verhalten, nickte wissend, es war einfach klar ... Das war ganz unromantisch und unspektakulär und gar nicht irgendwie großartig.

Wir wurden so etwas wie eine verschworene Gemeinschaft, waren alle gläubig, wir waren eins. Es hat nie Streit gegeben zwischen der heiligen Anna und mir.

»Im Tempel erblühte ein Zweig.« Was bedeutet das?

Das war die himmlische Bestätigung. Sie wäre nicht notwendig gewesen, aber sie war ein liebevolles Geschenk des Himmels für uns und ein Zeichen für die Welt.

Also ein Grundgesetz des Himmels wurde auch hier eingehalten: Zuerst sind die Menschen in die Entscheidung gestellt. Es geschah nicht das Wunder mit dem blühenden Zweig und dann gehorchten wir, sondern wir hatten alle Entscheidungen getroffen. Dieses Wunder war ein Zeichen des Himmels: Wir haben das zur Kenntnis genommen, wir bestätigen es, damit eure Entscheidung vor aller Welt legitimiert werde, damit man sieht, daß der Himmel zu ihr »ja« sagt, daß sie stimmig ist.

*Als Maria schwanger war vom Heiligen Geist,
da wird in Kunstwerken dargestellt, daß Du
verunsichert und zweifelnd warst.*

Nun, das ist kein rühmliches Blatt in meiner Geschichte. Das Ereignis war verständlicherweise etwas unverständlich, und ich geriet in eine Zeit der Prüfung und der Versuchung. Es war schwierig, nicht einen Zweifel zu hegen, nicht belastet und bedrückt, zornig und betroffen zu sein. Anfangs war ich dem Doppelgänger und seinen Theorien, die er mir auftischte, hilflos ausgeliefert.

Waren es Engel, die Dich belehrt haben? In Rainer Maria Rilkes »Marienleben«, das Paul Hindemith so anrührend vertont hat, heißt es im Lied »Argwohn Josephs«, daß ein Engel Joseph fragt, ob er den zur Rede stellen wolle, der das Holz zum Treiben und zum Knospen bringt.

Ja, das war tatsächlich so, und es war der Anstoß zu einer großen Klarheit. Das nahmen die Engel recht streng. Sie haben mich aufgefordert, mich stimmig zu verhalten und die Zusammenhänge zu erkennen. Dadurch wurde mir sehr vieles klar.

Die ganze Aufgabe?

Ja.

*Hat denn Maria von der Verkündigung berichtet,
oder hast Du es über die Engel erfahren?*

Sie hat es versucht, aber sie hatte nicht viel Erfolg damit. Das ist auch ein unrühmliches Blatt in der Geschichte. Sie hat mir zu verstehen gegeben, was passiert ist, und ich hab das nicht ganz verstanden und auch nicht verstehen wollen. Sie hat sich bemüht, aber es ist nicht ganz gelungen.

*Ich frage nach einem kleinen Detail, nach Ort
und Zeit der Verkündigung.*

Ich war ja nicht dabei, aber sie erzählte es mir. Es fand in den Morgenstunden statt, in der Nähe ihrer Schlafstatt. Es war kein richtiges Schlafzimmer, sondern nur ein abgeteilter Ort, wo sie zu schlafen pflegte. Sie war schon aufgestanden, sie war angekleidet, aber nicht fertig frisiert. Es geschah also in einer sehr ruhigen Stunde.

Wie alt war Maria da?

14, 15 Jahre. Als Jesus, der Herr, dann geboren wurde, war ich 32, 33 Jahre. Als ich zwei bis drei Jahre später mit Maria die Ehe einging, war ich etwa doppelt so alt wie sie, und das wurde als wesentlich zu alt betrachtet.

*Die Herbergssuche muß ja eine gewisse Verzweiflung
in euch beiden ausgelöst haben?*

Also zu dramatisch sollte man das nicht sehen. Es stritten sich zwei Gefühle in uns. Das eine war sehr menschlicher Natur: Wir müssen Vorkehrungen treffen und einen Platz finden. Wer versorgt uns? Woher kommt alles, was wir brauchen? Wo finden wir ein Dach über dem Kopf? Das andere war eine sehr zuversichtliche Gelassenheit in uns beiden: es wird gut. Das wurde beiden in jeder Nacht auch immer wieder in den Träumen beim Aufwachen versichert: »Sorgt euch nicht, es ist alles gerichtet.«

Immer einer von uns hat die zuversichtliche Rolle gespielt und der andere die besorgte. Das wechselte sich hübsch ab, so daß man sich gut aneinander aufrichten konnte. Wenn ich nervös wurde, lächelte sie und sagte: »Laß nur, es wird für alles gesorgt sein.« Wenn Maria dann müde und kraftlos wurde, wenn sie der Rücken schmerzte und sie es überhaupt satt hatte, unterwegs zu sein, dann lächelte ich und tröstete sie: »Du weißt doch, daß alles gut gehen wird.«

Übrigens auch ein Rat an euch: Es gehört zur Disziplin einer guten Partnerschaft, sich nur dann fallen zu lassen, wenn es der andere gerade nicht tut. Dies ist eine der wichtigen goldenen Regeln für das Zusammenleben.

Es hätte nahegelegen, beim Aufbruch in die Fremde Maria in die Obhut der heiligen Anna zu geben.

Das ist richtig. Ursprünglich war es auch so geplant. Ich habe angeboten, diesen Weg alleine zu gehen und so rasch wie möglich zurückzukehren. Aber der Himmel wollte es anders. Ihr solltet euch das so vorstellen, daß wir – Maria, Mutter Anna und auch ich – in einer ständigen Kommunikation mit dem Himmel standen. Es war für uns überhaupt kein Problem, daß Engel uns etwas sagten, daß wir Hinweise bekamen, Aufforderungen, gewisse Dinge zu tun. Nun, hier war die Aufforderung eindeutig: Maria geht mit. Ebenso eindeutig war die Absicherung: es wird uns nichts zustoßen.

Es heißt, Maria hat das Kind ganz alleine zur Welt gebracht, ohne Deinen Beistand.

Damals war es selbstverständlich, daß der Mann bei der Geburt nicht anwesend war. Aber sie war trotzdem nicht allein. Es ziemt sich nicht, weiter darüber zu sprechen. Da bitte ich um Verständnis.

Als sich die Heiligen Drei Könige so arglos von Herodes aushorchen ließen und dieser den Kindermord zu Bethlehem anordnete, ist die Heilige Familie tatsächlich nach Ägypten geflüchtet?

Es ist nicht so wesentlich, aber es ist Realität.

Dann wart ihr 2 Jahre in Ägypten?

Es ist im großen und ganzen nichts Berichtenswertes. Ich habe gearbeitet, habe Geld verdient, bin auch betrogen worden. Es war kein wohlhabendes Leben, aber es hat immer gereicht. Es war unstet – wir waren ständig unterwegs.

Dann seid ihr nach Nazareth zurückgekehrt?
Die Hochzeit war dann dort?

Ja, nach der Rückkehr aus Ägypten hat sie stattgefunden.

Bei Anna Katharina Emmerich steht, daß Jesus später einmal ein Kreuz gezimmert und sich draufgelegt hat.

Das ist richtig. In der Zeit war Jesus selber noch nicht klar, was geschehen würde, aber mir war es klar. Das Erschütternde daran war, daß dieser Junge mit soviel Elan etwas machte, von dem ich genau wußte, was das bedeutet – er, der Herr, aber noch nicht. Wir wußten um seine wirkliche Mission und Großartigkeit.

Es ist sicher nicht einfach gewesen, mit diesem Wissen zu leben und Maria zu begleiten?

Das Hauptproblem war: Wie behalten wir einen möglichst natürlichen Erziehungsstil bei? Wie erziehen wir dieses Kind bestmöglich? Es war also nicht so sehr: wie fühlen wir uns selbst dabei?

Wie waren die häuslichen Verhältnisse? Gab es Dienstboten? Es waren ja 4 oder 5 Kinder zu versorgen. Stand Maria am Herd?

Das Leben war einfach strukturiert. Maria und ich legten keinen Wert auf einen besonders noblen Lebensstil. Dieser war nicht »großbürgerlich« in heutigen Kategorien. Es gab zwar Angestellte in der Werkstatt, und es gab auch Hilfe für Maria. Aber im großen und ganzen versorgte Maria Haus und Familie.

Von diesem Handwerk konnte man den Lebensunterhalt für alle bestreiten?

Ja. Allerdings hat auch die Mutter Anna mit so manchem ausgeholfen. Sie war eine liebenswürdige Großmutter.

Haben die Geschwister auch besondere Fähigkeiten gehabt oder waren sie ganz normale Kinder?

Also, ich lege Wert darauf, daß wir alle ganz normal waren, auch wenn Jesus Fähigkeiten hatte, die über die der anderen Kinder hinausgingen. Es wurde immer darauf geachtet, keine Besonderheiten, keine Exaltiertheiten, keinen Stolz aufkommen zu lassen.

Ist die Familie in den Tempel gegangen, hat sie am religiösen Leben teilgenommen?

Das religiöse Leben verlief im Rahmen dessen, was üblich war – auch da war es nicht besonders. Weder waren wir strenger als andere noch nachlässiger. Man betete vor dem Essen, man hatte bestimmte Rituale zum Wochenende, es gab bestimmte Feiertage, die eingehalten wurden.

Bekam Jesus einen normalen Unterricht?

Ja, aber er hat von allein an den Werkbänken bei mir gelernt, und zwar von Kindheit an. Er schaute zu, stellte Fragen und faßte mit zu.

Hatte Jesus nie den Wunsch geäußert, einen anderen Beruf zu lernen?

Er hatte fast jeden Tag eine andere Berufsvorstellung. Es war sehr schwierig, ihm das auszureden, weil ihm auf Grund seiner Fähigkeiten alle Wege offen standen. Eines Tages kam er von der Schule zu mir und sagte: »Papa, ich werde Wanderer.« Am anderen Tag sagte er: »Ich habe es mir überlegt, ich werde Lehrer«, und dann wieder: »Nein, weißt du, Lehrer ist mir zu langweilig, ich gehe in den Tempel.« Dann wieder kam er und sagte: »Weißt du was, ich werde Baumeister und du bleibst Zimmermann und wir arbeiten zusammen.« Dann wollte er Skulpteur wurden, dann wieder Arzt. So kam er unentwegt mit irgendwelchen Ideen an. Er hätte das alles auch tun können, weil die Fähigkeiten da waren. Nun, meine Strategie war, zu lächeln und zu sagen: »Ja, ist gut, wir werden sehen.« Damit sind wir über die Runden gekommen.

Dann wurde er Zimmermann. Wurde er Meister?

Nein, Meister ist er nie geworden, jedenfalls nicht als Zimmermann, dazu war er zu unstet. Aber er war ein ganz guter Zimmermann.

Hat er dann als Erwachsener auf Kosten seiner Eltern weitergelebt?

Nein, nein, so ist das nicht. Er hat einfach die bestehende Werkstatt von mir übernommen und hat dort öfters mitgearbeitet. Aber er hatte keine Ambitionen, ein berühmter Meister des Zimmermann-Handwerks zu werden.

Bot diese Werkstatt eine ausreichende Ernährungsgrundlage?

Ja, für die ganze Familie und alle Angestellten, und zwar auch, als ich nicht mehr dort war. Ich bin in die Einsamkeit gegangen und habe sein Wirken aus der Ferne vorbereitet.

Da waren noch 4 oder 5 Kinder in der Obhut Mariens.
Sie waren also wirtschaftlich abgesichert?

Ja, natürlich.

Wie alt war Jesus, als Du gegangen bist?

Anfang 20. Ich bin nicht krank geworden und gestorben, wie man das manchmal sieht. Ich bin in ein Eremitendasein gegangen.

Gab es dazu einen bestimmten Anlaß?

Einen bestimmten Anlaß, in der äußeren Welt – nein, das kann man nicht sagen. Einen Anlaß in der inneren Welt: ja, nämlich eine Aufforderung des Himmels.

War Jesus es, der die Familie dann versorgte?

Jesus hat für einen Teil des Unterhalts gesorgt, die Brüder sind nach und nach auch in die Werkstatt eingetreten, und die heilige Anna hat viel beigetragen, alles zu sichern. Es bestand keine Lebensnot; es war dafür gesorgt, daß die Familie zwar nicht im Reichtum, aber gut hat existieren können. Das Haus war da, die Einkünfte waren gesichert, die Mitarbeiter blieben auch.

Hat denn die Familie verstanden,
warum Du dies gemacht hast?

Das Wichtigste war: Maria und die heilige Anna haben es verstanden. Die Kinder haben es hingenommen.

Wie muß man sich zu dieser Zeit ein Eremitenleben vorstellen? Ist da jemand vorbeigekommen und hat etwas zu essen gebracht, oder hast Du von der Natur gelebt?

Beides, man hat von dem gelebt, was die Natur hergab. Man hat Haustiere gehalten, und man hat auch von dem gelebt, was Ratsuchende, Heilung- oder Hilfesuchende, auch Schüler mitbrachten.

Wichtig war, aus der Ferne das weitere Wirken Jesu, von dem mir klar war, was es bedeutet, zu begleiten, zu schützen, zu hüten, ihm zu helfen, sozusagen den Weg zu bereiten, allerdings nicht in einer äußeren Tätigkeit.

Jesus war erzogen, er war ein junger, selbständiger Mann geworden, ich konnte ihm in der äußeren Welt nichts mehr geben. Es ging also darum: In welcher Weise konnte ich ihn jetzt bestmöglich weiter begleiten? Das konnte ich besser aus dem Hintergrund tun, indem ich mit sehr viel Gebet, mit sehr viel Kontemplation und mit sehr viel Hinwendung und Hingabe diesen Weg vor ihm abgeschritten habe. Bildlich gesprochen: Jemand sucht einen Weg durch einen Urwald, aber er braucht ihn nicht als Erster zu gehen, denn es ist jemand da gewesen, der schon bestimmte Wegstellen geebnet hat, ein Treppchen freigeschlagen, etwas aus dem Weg geräumt bat. Das zu tun, aber auf der energetischen Ebene, war die Aufgabe.

Hattest Du gelegentlich noch äußeren Kontakt zur Familie?

Ja, vor allem mit der heiligen Anna. Auch Maria hat mich immer wieder besucht und sich darum gekümmert, daß mir nichts fehlt. Auch Jesus hat sich gekümmert und mich noch einige Male besucht, wurde dann aber angehalten, seinen Weg zu gehen.

Bist Du zeitlebens in der Einsamkeit geblieben?

Ja, ich bin dort nicht mehr weggegangen.

Bei Anna Katharina Emmerich ist zu lesen, daß Du in den Armen und mit dem Beistand der heiligen Maria und Jesu gestorben bist – ist das nicht korrekt?

Das ist ein Bild. Ich bin der Welt gestorben, das ist richtig, und zwar unter Beistand dieser beiden; sie wußten, die anderen Kinder wußten nicht, das war auch nicht so wichtig. Es ging um diesen Sohn. Ich habe Abschied genommen, mich in einen sozusagen hinteren Teil dieser Welt zurückgezogen. Ich hab die Welt also nicht verlassen, sondern ich habe die Welt, in der sich die Dinge ereignen, verlassen. Und insofern stimmt es: Ich bin dieser Familie in ihrem Alltag und in ihrem Lebendigsein, eben ihrer Realität, gestorben.

Bist Du ganz einsam dort gestorben?

Einsam? Ich war nie einsam! Auch nicht allein!

Wie lange hast Du dann noch als Eremit gelebt?

Bis der Herr seinen Weg ging, den ihr aus der Heiligen Schrift kennt und den ich vorbereiten half. Dann war meine Aufgabe erfüllt, mein Dienst getan, sozusagen der zweite Teil der Erziehung. Dann konnte ich nichts mehr für ihn tun, was er mit himmlischer Hilfe nicht selbst hätte tun können.

Ich will das als ganz normal verstanden wissen. Meine Aufgabe war, dem heranwachsenden Herrn alles zu geben, was nur möglich ist für seine Erziehung. So etwas geschieht auf zweierlei Weise. Das eine kann man in der Realität tun, in der Außenwelt, als Vater, der anwesend ist und dem Kind hilfreich zur Seite steht. Ein anderer Teil der Arbeit wird in der Innenwelt getan, ohne eine reale äußere Anwesenheit. Er ist aber genauso wirksam und genauso wichtig.

Das gilt allgemein und galt nicht nur in meiner besonderen Situation. Diese beiden Arten, ein Kind, aber auch eine Idee, ein Vorhaben zu führen oder zu begleiten – in der äußeren und in der inneren Präsenz –, solltet ihr stets anwenden! Beide Arten sind gleichermaßen wichtig, mal mehr die eine, mal mehr die andere.

Jeder von euch kann ein wenig Joseph sein, wenn er das wünscht. Jeder von euch hat irgend etwas, was er großzieht, hegt und pflegt, einen Plan, ein Ziel, eine Idee, ein eigenes kleines Geschöpf. Und für jeden bietet sich dieser zweifache Weg zu begleiten, zu pflegen und zu hegen an – der äußere und der innere Weg.

Kannst Du uns zu diesem inneren Weg noch eine Hilfe geben?

Diese innere Arbeit braucht sehr viel Ruhe. Dazu gehört äußere Ruhe, ein ruhiges Plätzchen ohne Lärm oder hektische Betriebsamkeit um einen herum, und innere Ruhe, d. h. eine friedliche Grundstimmung fernab von Streit, Diskussion, Problemen und Emotionen, die einen umtreiben.

Dann braucht sie eine enge Verbindung zur Natur. Es ist sehr hilfreich, sich in ihren Schoß zu begeben, in ihre Rhythmen einzufinden, die Jahreszeiten ernst zu nehmen, also sich nicht in Räumen aufzuhalten, wo man ganzjährig dasselbe Klima hat, dasselbe anzieht, das gleiche ißt, unter künstlichem Licht immer denselben Lichtpegel hält.

Ferner gehört dazu: eine liebenswürdige Hingabe an die Wesen, die die Natur bevölkern. Man ist sich nicht zu schade, mit Regenwürmern zu sprechen, mit einem Blatt oder einem Grashalm. Man nimmt ein getrocknetes Herbstblatt liebevoll in die Hand und freut sich über die Sonne, die sich in ihm angesammelt hat.

Dann ist für diese innere Hilfestellung und Begleitung eines Unternehmens wichtig eine freudige, aber auch kontinuierliche innere Arbeit: beten, danken, kontemplieren, Zeit für die Hinwendung zum Himmel und zur Natur.

Dazu kommt noch eine gewisse Art der Lebensführung: nicht zuviel und nicht zu wenig, sondern ein verträgliches Maß in allen Dingen einhalten: im Schlafen, im Essen, im Trinken – in allen Bereichen.

Im Arbeiten auch?

Auch, ja!

Für alle Josephs dieser Welt und für alle, die ein bißchen von mir in sich aufnehmen möchten, gilt, daß sie sich als Begleitperson begreifen, also nicht als Hauptperson: Ich bin zwar wichtig, aber ich spiele eine Nebenrolle. Eigentlich geht es um etwas anderes, um etwas, was mich übersteigt, was weiter weben und größer sein wird als ich, und dem ich vielleicht ein bißchen helfen darf. Eigentlich ist jeder Mensch in gewisser Weise ein bißchen Joseph. Es gibt keinen, der nicht sein Kind finden wird, das er begleiten und dem er ein bißchen helfen kann auf die eine oder andere Art.

Was einen Vater ausmacht, ist die weise Führung und Begleitung der ihm anvertrauten Kinder. So hält es der himmlische Vater, und ebenso ein guter irdischer Vater mit seinen Kindern. Und so sollte es jeder Mensch, Mann oder Frau, alt oder jung, mit seinem Leben tun: denn das Leben ist wie ein Kind, das du wiegst und pflegst und begleitest.

Was du aufbaust, was du unterläßt, wovon du dich löst oder wozu du dich hinwendest: das sind deine Kinder. Du bist die Hauptfigur, aber gleichzeitig auch der Begleiter deines Lebens. Du stehst in dir, aber in gewisser Weise auch neben dir, über dir, hinter dir. Du bist du, aber auch zum Sonnenengel gehörig und stehst damit hoch über dir: insofern bist du Begleiter deines eigenen Lebens. Und insofern ist ein jeder, männlich oder weiblich, ein Vater.

Daß man mich zum Patron der Väter erklärt hat, ist ja hübsch, aber ich verstehe das so, daß ich Patron aller bin.

Was bedeutet es, daß Du in besonderer Weise auch der Patron der Zimmerleute bist?

Nun, das Arbeiten mit dem Holz ist das Arbeiten mit dem Baum, und der ist ein Symbol für die Brücke zwischen Himmel und Erde. Es ist nicht zufällig, daß auch in der Heiligen Schrift Bäume – manchmal auch Büsche – eine wichtige Rolle spielen. Indem sie eine Verbindung darstellen zwischen Himmel und Erde, sind sie ein Vorbild für den Menschen: Auch er sollte sicher und fest stehen, verwurzelt in der Erde, und mit seinem Blick – seiner Krone – in den Himmel ragen. Je besser das eine, desto gelungener das andere. Insofern ist der Baum ein Sinnbild des Menschen. Wer am Holze arbeitet, arbeitet in symbolischer Weise am Menschen – an sich selbst oder auch an anderen Menschen. Das steht dahinter.

Ich gebe euch den Segen, so wie man früher jedes Werkstück zu segnen pflegte – kein Werkstück verließ die Werkstatt, ohne daß es gesegnet wurde. Damals hat man die Hände so vor sich genommen und sich verneigt. Das brauchst du nicht zu übernehmen, du kannst, wenn du segnen willst, auch ein Kreuzzeichen machen.

Ich verließ nie eine Runde oder eine Arbeit oder eine Tätigkeit, ohne zu segnen, und ich bitte euch, euch anzugewöhnen, dasselbe zu tun! Man verläßt kein Haus, keinen Platz, keine Arbeit, keinen Gedanken, keine Gesprächsrunde, ohne mindestens in Gedanken ganz still und sachte ein Segenszeichen zu machen. Das gehört einfach zum guten Anstand. Erst dann entfernt man sich.

Anmerkung: Ergänzend hierzu s. 24.12.1995 Bd. II, S. 257 ff. und 19.1.1997 o.S. 15 ff.

Donnerstag, 30. 10. 97

Bittgebete aus den Innenräumen

∞

Ein »Engel der Herbstzeit« (golden, mit ausgebreiteten Armen): Die Vorbereitung auf die Seraphim wird bis Herbst, vielleicht bis Weihnachten nächsten Jahres in Anspruch nehmen. Sie erfordert eine ausführliche Arbeit erstens mit den eigenen Innenräumen und den Wesen in ihnen, zweitens mit den Hierarchien, drittens mit der Trinität.

Es ist notwendig, daß ihr einen speziellen Freund, Führer und Begleiter zur Seite habt, einen Engel, der zu einem der Aspekte des Sohnes oder der Mutter gehört oder dem Heiligen Geist zugeordnet ist. Ihr dürft eine Wahl treffen ...

Dieser euer Begleiter wird euch bis zum Aufstieg so nah sein, wie ihr das vom Schutzengel und vom Führungsengel kennt. Er hat in dieser Zeit keine andere Aufgabe, als euch zu begleiten und euch gegen Angriffe aus den Hierarchien des Dunkels abzuschirmen. Denn daß ihr der Trinität näher kommt denn je, sehen bestimmte Wesen sehr ungern. Also braucht ihr einen besonderen Schutz.

Dieser Engel wird sich links hinter euch aufhalten, also zwischen euch und eurem Doppelgänger, so daß ihr ab jetzt rechts den Schutzengel, links diesen Begleiter und vor euch euren Führungsengel habt. Er kann auch einmal vor euch gehen, aber im Prinzip wird er diesen Ort bevorzugen.

Dadurch ist der Zugriff des Doppelgängers gemildert. Das wird notwendig sein, denn die dunklen Hierarchien werden ihn mit sehr viel Kraft versorgen und alles tun, um diesen Aufstieg zu verhindern. Sie haben bewährte Methoden, z. B. Unsicherheiten des Einzelnen mit sich selbst, Unstimmigkeiten mit anderen Menschen und dem Himmel, ablenken von der wesentlichen Arbeit, Zweifel usw. – das übliche Programm. Das ist der Preis, den ihr zahlt.

Eure erste Aufgabe besteht darin, mit diesem eurem Engel ins Gespräch zu kommen, ihn nach seinem Namen zu fragen. Gewöhnt euch daran, daß dieser Engel so zu euch gehört wie euer Führungsengel und euer Schutzengel.

Das Zweite ist, daß ihr mit eurem nun neu erworbenen Engel bestimmte Arbeiten in den Innenräumen tut. Habt ihr z. B. schon in jedem Innenraum einen Altar? Wo keine sind, werdet ihr mit eurem Engel zusammen einen aufbauen.

Dann tut folgendes: Nehmt eure goldene Kordel mit den neun Knoten zur Hand. Geht durch alle Haupt-Innenräume, dann durch die Neben-Innenräume. Der Engel wird den Gang durch die Innenräume links an eurer Seite mitmachen. Ihr werdet das Gefühl haben, ihr berührt seinen Flügel oder seine Hand. Geht auf den Altar zu. Dann werdet ihr sehen, daß er sich in die Knie begibt, ihr tut dasselbe und betet, wendet euch an eines der Wesen der himmlischen Trinität. Ihr könnt euch an die himmlische Mutter, an den himmlischen Sohn oder an den Vater wenden. Im Prinzip ist von jedem Innenraum aus die gesamte Trinität erreichbar.

Ihr könnt um etwas bitten, z. B. um Stärkung in gewissen Tugenden, um Entschuldigung für etwas, was nicht ganz ideal gelaufen ist, um Kraft oder um Klarheit in irgend etwas. Bedenkt, wo ihr z. B. die Nerven verloren habt oder zu hart oder zu schnell geurteilt habt, etwas nicht gesagt habt, was ihr hättet sagen sollen, oder jemanden verletzt habt. Bittet, daß das vergeben werden möge. Bittet auch für andere, z. B. für Frieden, Gesundheit, Wohlergehen, für die Sterbenden, für die, die zur Welt kommen, für Menschen in Katastrophen- oder Krisengebieten.

Sprecht an jedem Altar neun Bitten aus, zählt sie mit Hilfe eurer Kordel. Dann fügt die Fürbitte hinzu: »Und alles das möge – und jetzt nennt ihr einen Angehörigen, den Nachbarn oder alle Menschen dieser Welt – ebenfalls zugute kommen (oder sie erreichen oder ihnen möglich werden).«

Oder ihr teilt das auf: drei Bitten für diesen, drei für jenen, drei für euch. Oder an einem der Altäre betet ihr nur für andere oder für ganze Menschengruppen, für den ganzen Erdball, für die Natur: was ihr möchtet. Es kann auch sein, daß die Innenraumbewohner euch zu ganz bestimmten Bitten auffordern oder daß euch das Tagesgeschehen zu bestimmten Bitten animiert, oder daß ihr mitbekommen habt, was andere Menschen dringend brauchen – baut das in diese Fürbitten mit ein.

Euer Engelbegleiter wird dieses Bitten und Fürbitten mittragen, d. h., er übernimmt sie und bittet dasselbe. Wenn es euch irgend möglich ist, tut das mindestens einmal wöchentlich, neun Wochen lang. Ihr könnt es auch gemeinsam machen. Dann gehen beide Partner in den entsprechenden Innenraum, jeder spricht seine Bitten laut und dann spricht man gemeinsam: »Wir bitten dich.« So kommt ihr weniger leicht aus dem Rhythmus.

Ihr werdet sehen, daß ihr mit eurem vom Kopf her zurechtgelegten Repertoire an Bitten rasch am Ende seid. Zu bitten kommt einem einfach vor, aber es will gelernt sein. Ihr werdet wahrscheinlich schon nach den ersten drei Innenräumen das Gefühl haben: euer Kopf ist leer, ihr wiederholt euch, habt nichts Neues mehr zu bitten, und es sind immer noch so viele Innenräume übrig. Ihr braucht ja für jeden von ihnen jeweils neun Bitten oder, wenn ihr zu zweit zusammenarbeitet, 18.

Dann werdet ihr euch plötzlich um überraschende Dinge bitten hören. Die Bitten werden beispielsweise Schwächen von euch aufdecken, an die ihr nicht heran wolltet oder an die ihr nicht gedacht habt. Der Engel neben euch übernimmt nämlich sehr sanft die Führung. Dadurch, daß er euch um bestimmte Bitten bittet, sprecht ihr sie aus. Er weist euch z. B. auf eure Schwachstellen hin, bringt die Vergangenheit ins Spiel, so daß ihr um Vergebung oder Heilung bittet. Er nutzt diese Möglichkeit, ihm am Herzen liegende Bitten euch in den Mund zu legen. Ihr werdet lauter erstaunliche Dinge erleben. Die Arbeit ist nicht so simpel, wie sie sich anhört.

Also, macht das Ganze neun Wochen lang, mindestens einmal pro Woche. Das ist die mildere Variante. Die anspruchsvollere Variante wäre, das neun Nächte lang mehr oder weniger durchgehend zu tun, und immer, wenn man mit dem letzten Innenraum fertig ist, mit dem ersten wieder anzufangen. Dann nutzt man den Rest der Nacht, um sich ein bißchen zu erholen, tut am Tag die normalen Dinge, in der nächsten Nacht beginnt man wieder, insgesamt neun Nächte nacheinander. Das wollte ich nur gesagt haben, damit ihr nicht meint, was man euch da vorschlägt, sei harte Arbeit!

Ja, ich freue mich sehr, daß ich euch das mitteilen durfte, denn ich bin ja eigentlich ein Engel dieser Jahreszeit. Aber die Vorbereitung für diesen Aufstieg hat auch mit den

Jahreszeiten zu tun, d. h. auch mit den Engeln der jeweiligen Jahreszeit. Wenn ihr ein Jahr durchgearbeitet habt und wieder die Weihnachtszeit kommt, dann wird euch vielleicht der Aufstieg zu den Seraphim möglich werden. Die Weihnachtszeit ist die am besten geeigneteste Zeit, denn so eigenartig das für euch klingt, sie ist die lichteste Zeit des Jahres.

Dienstag, 10. 11. 97

Heiliger Martin. Namenspatrone

∞

Ein Engel des heiligen Martin (in weißer Mönchskutte mit rotem Gürtel): Ihr wißt, es gibt Engel, die sich den Heiligen zur Verfügung stellen, die ihnen dienen, sie auch mal vertreten. Ich bin ein Engel des heiligen Martin. Da ihr heute, am Vorabend des Martinsfestes, etwas über ihn und allgemein über Namenspatrone hören wolltet, hat er mich zu euch geschickt. Stellt eure Fragen.

I.

Haben alle, die den Namen eines Heiligen tragen, diesen zum »Patron« – und was bedeutet das?

Ihr wißt, daß alle Menschen – ohne Ausnahme – von ihren persönlich zur Verfügung stehenden Engeln begleitet werden, ob sie das wissen oder nicht. Ebenso hat auch jeder Mensch einen Schutzpatron unter den Heiligen des Himmels, ob er den Namen eines Heiligen trägt oder nicht. Trägt er den Namen eines Heiligen, so wird in aller Regel dieser sein Schutzpatron sein. Denn die Namensgebung – mag sie den Eltern auch willkürlich erscheinen – wird vom Himmel aus beeinflußt, so daß sie der Struktur der Seele entspricht (dazu Bd. I S. 43 f.).

Wie ist es bei Menschen, die Heilige nicht kennen oder die Namen tragen, die sich in unserem Kodex der Heiligen nicht wiederfinden lassen?

Dann übernehmen andere Heilige das Patronat. Jeder Name ist unter ein Patronat eingeordnet.

Welche Aufgabe hat ein Schutzpatron?

Heilige waren einst als Menschen inkarniert, haben ein Menschenschicksal erlebt, kennen auch die Anfechtungen eines Menschen: seine Nöte, Verzweiflungen und Dunkelheiten und können sie nachempfinden. Sie kennen den Doppelgänger nicht nur vom Sehen her, sondern sie haben erfahren, wie es ist, sich ständig mit Wesen aus solchen Bereichen auseinandersetzen zu müssen. Sie wissen, welche Problematik es bedeutet, einen Körper zu tragen, Umgang mit Besitz und Materie zu haben, mit Ernährung, Krankheit und Schmerz, mit Zeit und Raum. Das alles kennen die Heiligen besser als die Engel, weil sie damit eigene Erfahrungen gemacht haben. Deswegen ist es von großer Wichtigkeit, einen solchen Schutzpatron zu haben.

Er beschützt seinen Menschen, besonders wenn der in Verzweiflung oder andere Grenzsituationen gerät. Er kann dann über seine ihm zugeordneten Helfer einschreiten und dem Menschen Schutz gegen alle Hierarchien des Dunkels bieten. Weil er selber Mensch war, weiß er, wo sie ansetzen, wie sie einen Menschen z. B. zermürben, unsicher machen, in Aktionismus treiben, ihn seine eigenen Grundsätze verkehren lassen, z. B. Friedensliebe in Kampfeslust, usw. Er kennt das alles, denn er hat es am eigenen Leib erfahren.

Außerdem sind Schutzpatrone die besten Fürbitter, die ihr haben könnt. Sie haben eine große Kraft, für euch Fürbitte zu tun, weil sie menschliche Situationen meistens noch realistischer einschätzen können als Engel.

*Bedarf es einer speziellen Bitte an den Heiligen,
daß er Fürbitte für uns leistet?*

In jedem Leben gibt es die typischen Situationen besonderer Schutzbedürftigkeit, für die der Heilige bzw. seine Helfer bitten. Wenn du allerdings einen bewußten Kontakt zu deinem Namenspatron aufnimmst, kannst du ihn darüber hinaus um Fürbitte bitten: für genau diese Situation, dieses Gespräch, diesen Gedanken, diese Angst, diesen Zustand. Dann kann er sehr viel feiner, differenzierter wirken.

Das ist ein Grundgesetz: Je weniger Bewußtsein oder je weniger bewußter Kontakt, desto allgemeiner wird die Hilfeleistung sein, die der Himmel dir geben kann, je bewußter, desto differenzierter und desto wirksamer. Es ist wie auf Erden: Ein Mensch muß ja essen und trinken, um bei Gesundheit zu bleiben. Nun kann man genauer fragen: Was braucht dieser Mensch vor allem, gerade heute, am besten morgens oder abends? Was braucht er, wenn er genau dieser Streßsituation oder diesem Anspruch ausgesetzt ist oder diese Leistung zu vollbringen hat? Je mehr du dich damit beschäftigst, desto differenzierter kann deine Hilfeleistung werden.

*Kann man den eigenen Schutzpatron auch
um Hilfe für einen anderen Menschen bitten?*

Wenn er dir lieb ist, dann übernimmt das dein Schutzpatron gerne mit. Da gibt es keine Kompetenzschwierigkeiten. Das gibt es nicht im Himmel, daß da einer sagt »Das ist aber mein Mensch! Finger weg, das mache ich!« Du hast beispielsweise eine Freundin und möchtest für sie um Schutz bitten, dann sag das deinem Patron, lege sie in seine Hände oder an sein Herz. Er wird sich mit drum kümmern.

II.

Warum wurde der heilige Martin in eine heidnische Familie geboren?

Seine Mission bestand u. a. darin, den Gedanken der *Menschenwürde* zu verankern. Dazu gehörte, eine Verbindung zwischen Heidentum und Christentum zu schaffen, so daß man von der einen Seite zur anderen gelangen, Gegensätze überbrücken und zusammenkommen kann. Das hat er gewollt und das hat er auch getan.

Es wird berichtet, daß er sich im Jahre 385 mit äußerster Strenge gegen die erste Hinrichtung einiger Ketzer in Trier gewandt hat.

Eben. Ihr seht daran: Die Geschichten, die den heiligen Martin kämpferisch gegen das Heidentum zeigen, sind überzeichnet. Er war zwar sehr dezidiert, sehr klar, er wußte genau, was er wollte, aber er war kein zorniger, kampfeswilliger, aggressiver Mensch.

Er war verschmitzt und humorvoll. Er verblüffte die Leute gerne, er hatte so einen kleinen Schalk, und gerade damit gelang es ihm oft, sie in die christliche Welt hineinzubewegen. Dann war er glücklich. Das war seine liebste Art und Weise zu agieren.

Martins Zeitgenosse Sulpicius Severus berichtet: Der heilige Martin wollte einmal eine den Heiden heilige Fichte fällen lassen. Die Heiden erklärten sich unter der Bedingung einverstanden, daß er den Baum aufhält, wenn er fällt, mit dem Versprechen, daß sie sich dann zum Christentum bekennen würden. Sie fällten ihn selbst, aber so, daß er den heiligen Martin erschlagen würde. Aber der Baum drehte sich im Fallen zur anderen Seite.[1] *Wie kann man sich das erklären?*

Beim Fällen dieses Baumes hat es tatsächlich eine gefährliche Situation gegeben, die sich dann zum Guten gewendet hat, weil sich der Naturgeist des Baumes nicht dazu bewegen ließ, den Baum auf den heiligen Martin fallen zu lassen. Der heilige Martin hatte eine sehr gute Verbindung zu den Naturgeistern, weshalb er auch so ein bißchen ihre schalkige und humorvolle Art hat.

Es wird berichtet, der heilige Martin habe Dinge vorausgesagt, Wunder gewirkt, Tote erweckt, Dämonen vertrieben, Kinder geheilt.

Er hat im Sinne des Himmels gewirkt und auch Dinge getan, die ein Mensch aus menschlicher Kraft alleine nicht bewirken könnte. Du wirst bei den meisten Heiligen finden, daß sie Wunder wirkten in der Nachfolge des Herrn. Sie brachten Heil auch im Sinne von Heilung oder von »Lebendig-machen«. Vertreiben von Dämonen z. B. bedeutet: Zurechtweisen bzw. Zurückdrängen des Doppelgängers in eine menschlich verträgliche, gesunde Distanz. Die Heiligen konnten auch den Naturgeistern befehlen oder Aufträge erteilen. Die Naturgeister arbeiten mit solch einem Menschen gerne zusammen. Das ist das Normale für einen Heiligen, also nichts Außergewöhnliches beim heiligen Martin. Allerdings ist aus medizinischer Sicht nicht jeder auferweckte Tote ein Toter gewesen: er lag im Koma oder in einer

---

1) Sulpicius Severus, Vita Sancti Martini, 13. Kap., deutsch: Martin von Tours, hg. von Joachim Drumm, 2. Aufl. Stuttgart 1997, ISBN 3-79660885X.

tiefen Ohnmacht oder Bewußtlosigkeit. Solche Fälle haben damals anders ausgesehen, als sie heute aussehen würden. Dennoch war es eine wirksame Hilfe, die der heilige Martin dort zuteil werden ließ.

Der heilige Martin war zunächst Soldat und wird als Streiter und Kämpfer verehrt. Andererseits hat den jungen Martin der Gekreuzigte so fasziniert, daß er Christ werden wollte. Wie paßt das zusammen?

Nicht das »Gekreuzigt-sein« hat ihn fasziniert, sondern die Souveränität, die der Herr an den Tag legte. Er hat sich immer wieder gefragt: »Wie ist das möglich? Was für eine Kraft muß ein Mensch haben, um das in dieser Art und Weise durchzustehen? Das ist ungewöhnlich, das muß etwas Besonderes sein.« Dazu kam Empörung gegen die Art und Weise, wie man Jesus behandelt hat.

Die Siegreichen haben ihn so wenig interessiert wie die Fragen: Wie siegt man am besten? Wie feiert man einen Sieger? Wie steht der Siegreiche da? Was ihn beschäftigte, war vielmehr: Wie steht ein Mensch eine erniedrigende, beschämende Niederlage durch, und wie verhalten sich die anderen in einem solchen Moment? Es ging ihm darum, anderen den Angriff, den Vorwurf zu gestatten und die Situation souverän durchzustehen.

In diesem Sinn ist ein Martin von seiner Seelenstruktur her eigentlich immer ein Streiter für die *Menschenwürde*, aber übrigens auch für die *Würde der Natur*.

Das Vorbild des heiligen Martin lehrt: Der Angegriffene sollte sich nicht in einen Kampf hineinziehen lassen, um zu siegen, sondern er sollte verblüffen durch Souveränität. Und wer Zeuge eines Angriffs wird, sollte weder in Schadenfreude noch in Hohn, Spott, Besserwisserei verfallen oder das Opfer auch noch mit Füßen treten – in Gedanken, Worten und Taten –, sondern versuchen, die Würde des Angegriffenen zu unterstützen und zu retten. Seine Art, mit Angriff umzugehen, war nicht die des klassischen Kämpfers, sondern eine Umkehrung oder Weiterentwicklung: Der Kämpfer ist nicht der, der zurückschlägt, sondern der die Situation durch Souveränität beherrscht. Wird ein anderer Opfer eines Angriffs, wird er für dessen Würde einstehen, aber nicht durch Gegenangriff oder Gegenkritik.

Der heilige Martin hat Angriffe so verarbeitet, daß den anderen vor Verblüffung der Mund offen stand. Und damit hat er überzeugt, damit hat er gesiegt.

Für den heiligen Martin war es vollkommen klar und sicher, daß der Himmel für ihn einstehen, ihn nicht im Stich lassen würde – was immer geschehen mag, selbst wenn es sein Leben kostet.

Woher nahm er diese Zuversicht?

Das Vorbild des Gekreuzigten und Auferstandenen erfüllte ihn mit diesem Gottvertrauen. Ihr sollt euch an diesen Gedanken immer wieder ganz bewußt heranwagen und ihn laut aussprechen: »Eines ist gewiß: mich läßt der Himmel nicht im Stich«, um euch daran zu gewöhnen, daß das wirklich so ist.

III.

Als der heilige Martin am Stadttor von Amiens dem Bettler begegnet ist, hat er seinen Mantel geteilt. Was hat dies für ihn bedeutet?

Es gibt einiges an dieser Geschichte, das die gesamte Figur des heiligen Martin aufzeigt und sein Wirken zusammenfaßt.

1. Das Erste ist: ihr wißt, er hat den Mantel durch ein Schwert geteilt. Das Schwert wird hier nicht benutzt, um zu kämpfen. Der Name Martin bedeutet: Sohn des Mars, und Mars war ein römischer Kriegsgott. Der heilige Martin hat das Schwert aber zweckentfremdet, in einer ganz neuen Art und Weise verwendet. Das ist ein Hinweis darauf, daß das, was man als kriegerisch betrachten mag am heiligen Martin, neu zu verstehen ist: Es geht um den Einsatz des Schwertes in friedlicher Absicht.

2. Das Zweite ist, daß ihr fragen könntet: Warum hat der heilige Martin dem Bettler nicht den ganzen Mantel gegeben? Wenn ihr das nicht fragt, dann wird es Zeit, daß ihr es fragt! Warum wird soviel Wert darauf gelegt, daß hier geteilt wird? Nun, »schenken« und »teilen« ist zweierlei.

Schenken ist ein heiliger Akt, das soll nicht verkleinert werden, aber hier wäre es ein Hergeben von etwas gewesen, was er selber nicht unbedingt brauchte. Durch ein solches Geschenk distanziert man sich zugleich vom Beschenkten. Der Beschenkte bleibt zwar mit einem Geschenk, aber auch mit einer gewissen Belastung, einem gewissen Schuldgefühl und vielleicht mit einem Gefühl der Distanz zurück.

Teilen ist etwas anderes! Teilen bedeutet: Ich bleibe mit dem anderen in einer engen Verbindung oder stelle sie überhaupt erst her.

Hätte der heilige Martin seinen Mantel ganz hergegeben, hätte das auf den ersten Blick großzügiger gewirkt, aber in Wirklichkeit wäre es ein Zeichen der Distanzierung gewesen. So aber könnt ihr davon ausgehen, daß später der Bettler mit demselben Mantel durch die Stadt ging wie der heilige Martin. Die beiden trugen Teile desselben Kleidungsstücks und haben sich dadurch als Einheit zu erkennen gegeben. Dieser Bettler war nicht nur ein Beschenkter, sondern der heilige Martin hat sich mit ihm verbunden. So ist das Teilen ein mindestens so heiliger Akt wie das Schenken, ja, wenn man ihn recht versteht, sogar ein noch reicheres Geschenk.

Nicht umsonst heißt es auch, wenn ihr dem anderen etwas sagt, daß ihr euch »mitteilen« wollt, d. h., ihr wollt die Information mit dem anderen teilen. Auch der heilige Martin wollte mitteilen, d. h. im christlichen Sinne tatsächlich Bruder sein. Er folgte damit dem Beispiel des Herrn, der im Abendmahl das Brot teilte und nicht einfach einen Laib Brot bringen ließ, den er den Jüngern schenkte. Er hat das Brot gebrochen und geteilt, von dem er selber aß.

3. Und noch ein dritter Gesichtspunkt. Es handelte sich um einen Bettler. Der Bettler ist im allgemeinen der Arme, der über keine Lebensmittel verfügt, nicht nur im Sinne der Ernährung, sondern allgemein über wenig Mittel zur Lebendigkeit. Sein Leben ist matt, es ist eingeengt in der Bewegung, meistens auch in der geistigen und gefühlsmäßigen Bewegung. Er ist arm an Leben. Und nun begegnet ihm ein Mann auf einem weißen Pferd mit einem roten Mantel.

Das hat seine Bedeutung. Ihr wißt ja: die Kombination von *Rot und Weiß* symbolisiert die Lebendigkeit. Da kommt eine Gestalt als wär's ein Engel der Lebendigkeit zu einem, dem es an Lebendigkeit fehlt. Er gibt von seinem Leben ab – und etwas von seiner eigenen Lebendigkeit mit. Das ist die ins Bild gefaßte Wirkung des Herrn. Der kam, um das unlebendig Gewordene mit neuer und anders orientierter Lebendigkeit zu erfüllen, also um Leben zu bringen. Dies ist zusammengefaßt in dem Bild des weißen Pferdes, des roten Mantels und des Bettlers.

Dieses Bild ist eines der bestgeeignetsten Kontemplationsbilder, um zu begreifen, was Nachfolge Christi bedeutet. Es ist so berühmt geworden, weil die Seelen das spüren. Es ist wichtig, daß dieses Bild ein Menschenwesen schon von Kindheit an begleitet, denn dann lebt es in ihm und gibt eine kleine Sicherheit dafür, daß ein Mensch wenigstens ganz tief im Inneren eine Vorstellung davon hat, wer Christus ist und was es bedeutet, in der Nachfolge Christi zu stehen.

IV.

Warum wird das Fest des heiligen Martin am 11.11. gefeiert? Warum ist es besonders ein Fest für Kinder, die mit den Laternen herumziehen?

Was man da feiert, ist sein Sterbedatum. Der Umzug ist eigentlich der Trauerzug. Doch das Ende seines irdischen Wirkens ist der Beginn seines himmlischen Wirkens, und deswegen ist er heute ein Freudenzug aus lichtem, freudigem Anlaß.

Mit Lichtern durch die hereinbrechende Dunkelheit zu ziehen, ist überdies eine Vorwegnahme des Weihnachtsgeschehens: des Lichts, das in die Dunkelheit kommt, und zwar aus Kinderhand. Die Menschen wissen normalerweise nicht, daß eigentlich schon Adventszeit ist. Das Fest des heiligen Martin, an dem die Kinder mit ihren Laternen durchs Dorf ziehen, ist nicht nur deshalb in den November gelegt, weil der Todestag des heiligen Martin dorthin fällt, sondern auch, weil es wichtig ist, es in der Voradventszeit zu begehen. Für euch ist es Voradventszeit, für uns schon Adventszeit.

Diese rot-weißen Engel der Lebendigkeit gingen dem Weihnachtsgeschehen voraus. Sie gingen der Heiligen Familie immer voraus, wohin sie auch ging, so daß alles, was sie betrat oder aß, vorher berührt worden war von Engeln der

Lebendigkeit. Wie ein Windhauch gingen sie voraus und brachten einen Schub voll Lebendigkeit überall hin. Die Einstimmung auf den Advent beginnt mit den Farben Rot und Weiß, weil das die Farben der Engel der Lebendigkeit, die Farben des Lebens überhaupt sind. Das Weihnachtsgeschehen bedeutet ja: Das Kind kommt in die Welt, damit kommt das Licht ins Dunkel. Das symbolisiert man beim Martinsumzug.

Ihr seht ja, daß sich das Rot und Weiß durch die gesamte Adventszeit bis zur Weihnachtszeit hindurchzieht. Ihr seht es beim heiligen Martin, dann wieder beim heiligen Nikolaus mit roter Mütze und weißem Bart. Zu den roten Kerzen am Adventskranz, den roten Kugeln, Äpfeln oder Kerzen am Baum kommt das Weiß in der Landschaft draußen. So wiederholt sich das Rot-Weiß, so daß es eine sichere Führung gibt zum Weihnachtsgeschehen hin. Ihr findet es wieder in der Krippensituation, in der man das Kind in weißen Windeln, früher mit roten Bändern über die Tücher gewickelt gezeigt hat.

Es wird berichtet, daß dem heiligen Martin Christus mit dem geteilten Mantel erschienen ist. Dürfen wir erfahren, wie das war?

Die Wirkung einer solchen Vision war, wie du dir vorstellen kannst, erschütternd. Das, was er tat, war ihm ja, als er es tat, nicht klar. Er hat einfach getan, was er für richtig hielt. Er war ja nicht so distanziert zu sich selbst, daß er wußte, von welcher Symbolkraft und Wirkkraft dieses Bild ist, das über Jahrhunderte hinweg zum Inbegriff seines Namens werden würde, und welche Bedeutung dem innewohnt. Das wäre auch nicht gut gewesen. Aber etwas davon wurde ihm durch diese Vision klar. Es ist wohl verständlich, daß eine solche Information erschütternd wirkt, ein Leben prägt und ihm Orientierung gibt. Wenn ihr ein solches Erlebnis hättet, dann würdet ihr wahrscheinlich auch in die Knie gehen und euer Leben fortan anders leben.

V.

Dürfen wir wissen, welche Aufgabe der heilige Martin jetzt hat?

Der heilige Martin ist im Moment besonders mit einem Thema beschäftigt: Wo immer in der Welt Ansprüche mit dem Schwert durchgesetzt werden oder man versucht, sich damit durchzusetzen, da ist er im Einsatz. Es geht ihm darum, daß man das Schwert aus einem todbringenden Mittel in ein Mitteilungsinstrument verwandelt: Wir teilen miteinander, wir teilen uns einander mit und gelangen dadurch zu dem, was wir brauchen oder wollen oder erreichen möchten.

Der heilige Martin hat ja immerhin ein Schwert bei sich getragen.

Daß er ein Schwert trug, war notwendig, um zu zeigen, was man mit einem Schwert auch machen kann, sonst wäre das Bild nicht so wirksam. Auch die Jünger hatten Schwerter bei sich, sonst hätte Jesus nicht gesagt: »Stecke dein Schwert in die Scheide«. Aber du siehst, daß der Gebrauch zu kriegerischen Zwecken nicht gestattet wurde.

Doch es wurde auch nicht gestattet, weltfremd zu werden, und das ist ein wichtiger Aufruf: Glaube oder Spiritualität hat nichts mit Weltfremdheit zu tun, sondern im Gegenteil mit einer genauen Kenntnis und einer klaren Wahrnehmung der Realität. Wäre der heilige Martin weltfremd gewesen, hätte er vielleicht eine Blume in der Hand gehabt statt eines Schwertes, und er hätte vielleicht Gedichte zitiert, statt auf die Straße zu gucken, und hätte dann wahrscheinlich den Bettler nicht bemerkt. Man braucht, um ein wirklich stimmiger Martin sein zu können, Realitätsbezug und darf nicht »über den Dingen schweben«.

Deswegen gab man ihm eine Ausgangsposition, die so realistisch und irdisch war, wie sie in der damaligen Zeit nur sein konnte. Der heilige Martin erlebte ein nicht ganz in seinem Sinne denkendes Elternhaus, Generationskonflikte, Konflikte mit der Gesellschaft, mit seinem Arbeitgeber, Zwang zum Umgang mit Mitteln, die er gar nicht schätzte – aber das war nun mal die Realität seiner Welt. – Wenn man es mit Menschen zu tun hat, hat man es mit Wesen zu tun, die von einem Doppelgänger begleitet und immer wieder in die Lust gebracht werden, Kriege zu führen, zu streiten, sich auseinanderzusetzen, um sich zu schlagen. Es wäre weltfremd, davon absehen zu wollen.

Heißt das, daß Abrüstungsbemühungen eine Weltfremdheit sind?

Nein, nein – sie sind das Spiel mit dem Schwert zu einem anderen Verwendungszweck. Man macht aus den Waffen ein Gesprächsthema, ein Mitteilungsthema, ja man teilt die Waffen miteinander, um sie kostengünstig zu vernichten. Das ist sehr amüsant und recht gelungen.

Wenn ich das raten darf: Laßt euch Zeit, über die Abrüstung zu sprechen, dann wieder was zu tun, dann wieder darüber zu sprechen. Jeder führt Waffen, wenn nicht in den Händen, dann im Kopf oder im Herzen. Aber man kann ja darüber reden. Solange man an einem Tisch zusammensitzt, über Abrüstung spricht und Termine vereinbart, solange benützt man die Waffen nicht. Schon deswegen sind Abrüstungsverhandlungen eine gute Möglichkeit, Frieden zu bewahren. Trage ein Schwert, aber du darfst dem anderen kein Ohr abhauen. Es gab keinen Grund, der es rechtfertigte, das Schwert als Schwert zu gebrauchen, nicht einmal, als es darum ging, dem Herrn die Freiheit oder das Leben zu retten.

Deshalb waren auch Kreuzzüge und Ketzerverfolgung kein rühmliches Kapitel für die Kirche und nichts, womit der Himmel einverstanden wäre. Da zeigte sich die dunkle Seite einer Institution, die genauso angreifbar und verführbar ist wie jede andere Einrichtung auch.

Wie ist es in Situationen der Notwehr oder Nothilfe?

Es gibt Situationen, in denen du unschuldig schuldig wirst, wie immer du entscheidest. Du kannst die Hände nicht in Unschuld waschen (s. Bd. II, S. 131 f.). Tust du nichts, gefährdest du Leben, tust du etwas, gefährdest du das Leben der anderen, die auch deine Brüder sind. Aus dieser Verstrickung kommst du nicht heraus. Ihr dürft so reagieren, wie ihr es menschlicherweise könnt und wollt. –

Und nun genießt dieses Bild vom heiligen Martin, der auf dem weißen Pferd mit einem roten Mantel auf den Bettler zureitet und diesen Mantel teilt. Wenn ihr in eine Lebenssituation geratet, in der ihr euch arm an Leben fühlt, arm an Zuversicht, an Freiheit, an Hoffnung, an Gesundheit, arm an dem, was ihr meint, zum Leben zu brauchen, dann stellt euch vor, ihr wäret der Bettler. Laßt das Bild lebendig werden und laßt euch vom heiligen Martin mit einem Teil dieses roten Mantels beschenken.

Und wenn ihr jemand anderem etwas Gutes tun wollt, denkt an das Teilen, werdet sozusagen zu einem heiligen Martin. Geht durchs Leben immer mit offenen Augen: Wo braucht jemand, daß ich etwas mit ihm teile – vielleicht ganz im Stillen? Teilt nicht nur materielle Güter. Denkt auch an die Würde des Menschen und der Natur, die ihr mit ihnen teilt, indem ihr für sie eintretet.

Donnerstag, 19. 2. 98

Zur Sexualmoral der Kirche

∞

Es gab in der Öffentlichkeit wieder heftige Angriffe gegen den Papst wegen der strengen Ablehnung der künstlichen Empfängnisverhütung. Ist daran etwas Berechtigtes?

Der Hohelehrer: Die Kritiker sprechen von einer anderen Ebene des Bewußtseins her. Ihr Ansatz ist nicht einfach dumm oder böse, sondern human und insofern ehrenwert. Aus ihrer Sicht erscheint der Papst realitätsfremd. Er geht ja tatsächlich an der Bewußtseinsrealität der Menschen vorbei, weil er sehr grundsätzliche Gesichtspunkte vertritt. Ihnen erscheint die Empfängnisverhütung als eine Frage der Freiheit in der Sexualität, des Fortschritts, der Würde, der Lebensfreude, der Selbstverantwortung.

Der Papst wendet sich nicht gegen diese Prinzipien, sondern er sieht, daß die größte Freiheit, Würde und Freude in der großen Liebe zwischen Mann und Frau gegeben sind, die mit ihrer Romantik, ihrer lebenslangen personalen Beziehung, in der auf Zeugung ausgerichteten Ehe kulminiert. Damit vertritt er eine Ebene, auf die sich viele Menschen hinentwickeln, die aber ihrem jetzigen Bewußtsein nicht entspricht.

Das Bewußtsein entscheidet über die Haltung. Es hängt ab von Lebenserfahrung und Lebensführung, von Glaube und Herz. Man kann seine Entwicklung nicht von außen beschleunigen. Beide Seiten werden lernen müssen, Verständnis und Respekt zu haben.

Die kirchliche Tradition mißt der Tugend der Keuschheit einen besonders hohen Stellenwert zu und versteht sie als Enthaltung von der Sexualität.

Vorsicht! Die Ehe ist ein Sakrament. Aber in der Tat, es wird vieles mißverstanden. Die Sexualität ist an sich nichts Böses, sondern in ihrer reinen Gestalt von großer Heiligkeit. Ihr wißt, wie wichtig der Himmel und die Seele diesen Innenraum des Wurzelchakras nehmen, welche Bedeutung er hat (s. Bd. II, S. 208 ff.). Gerade weil Körperlichkeit und Sexualität so heilig und damit auch von einer sehr, sehr hohen Lebendigkeit sind, stellen sie dem Menschen ein gewaltiges Potential zur Verfügung. Und genau deswegen lauert jeder Doppelgänger darauf, sich ganz besonders auf diesen Punkt zu stürzen, sich dort einmischen zu können, ganz besonders dort ein Fortschreiten des Menschen zum Licht zu torpedieren. Deswegen sind die Regeln der Kirche in diesem Bereich so strikt.

Er pervertiert beispielsweise alle heiligen Neigungen, die der Einheit zwischen Mann und Frau dienen, die dem Gefühl höchsten Einsseins in der Schöpferkraft entsprechen. Es ist euch doch klar, daß der Akt der Schaffung neuen Lebens dem am ähnlichsten ist, was den Vater ausmacht. In der Vereinigung von Mann und Frau, im sexuellen Akt, im Moment des sexuellen Höhepunkts erlebt ihr eine sogar die körperliche Ebene berührende Ähnlichkeit mit dem Zustand der All-Einheit, des ganz und gar Einsseins; die Trennung zwischen den Körpern, zwischen den Empfindungen, zwischen dem Ich und Du heben sich auf – wie im Vater, bevor er die Schöpfung aus sich heraus setzte. An dem kreativen Aspekt des sexuellen Aktes könnt ihr nachvollziehen, was es heißt, Schöpfer zu sein.

Es ist klar, daß der Doppelgänger versuchen wird, die körperliche Erfahrung von dem Gedanken: »so ist Gott der Vater, jetzt bin ich dem Himmel näher denn je« zu trennen. Er strebt den religiösen, spirituellen Aspekt möglichst weit herauszudrängen und an seine Stelle etwas anderes zu setzen: Entspannung, Lust, Leistung usw. Er setzt gerade deshalb dort an, weil dieses Reservoir an Lebendigkeit so groß ist und die Menschen nicht drum herumkommen.

Die Kirche sollte lächelnd, ruhig, geduldig abwarten. Es fehlt ihr nicht an Sicht der Realität, sondern an Vertrauen in ihre Gläubigen, und deshalb an Geduld und Großmut (in anderen Bereichen manchmal auch an Strenge). Es geht nicht darum, Werte zu relativieren, sondern darum, die Wertigkeiten, die das Bewußtsein der Menschen prägen, zu sehen, zu verstehen, zu würdigen. Der Kirche steht es nicht zu, zu kämpfen, zu zwingen, Druck auszuüben, sondern zu erklären.

Samstag, 28. 2. 98

Jacobus und die Urkirche

∞

(Der Hohelehrer geleitet uns wieder zum Jüngerkreis – s. 26.1.1997 und 8.5.1997 – und läßt sich dann in der Nähe mit uns nieder.) Der Hohelehrer: Der Jünger, dem sich der Herr im Februar besonders zuwendet, ist Jacobus der Jüngere. Er wird auch der »Feierliche« genannt, weil er immer alles so feierlich und gemessen tat, selbst das Satteln der Esel. Er war voller Respekt für den Herrn, dieser aber auch für ihn.

I.

Diese Feierlichkeit ließ ihn wie geschaffen erscheinen für die »Urliturgie« der Urkirche, überhaupt für das Priestertum. In der Jerusalemer Gemeinde galt er als eine maßgebliche Autorität. Es gab damals allerdings noch keine Amts-Autorität, da es ja noch gar keine Organisation oder Institution gab. Man scharte sich um die Jünger: Sie waren die vom Herrn Gewählten; darüber hinaus bedurfte es keiner Wahl oder Ernennung. Man ließ sich von ihnen und anderen Augenzeugen berichten, was der Herr gesagt und getan hat. Man versammelte sich in einem größeren Raum bei diesen oder jenen Gläubigen.

Dann begann man das Abendmahl nachzuvollziehen, wie es der Herr den Jüngern aufgetragen hat. Das geschah zwar in sehr feierlicher Form, aber in ganz bescheidenem Rahmen. Männer und Frauen standen oder saßen auf dem Boden. Es gab keinen Opferstein, ein einfacher Tisch diente als Altar. Man erinnerte sich an das Leben Jesu, bildete eine Gemeinschaft und hatte Teil am Leib und Blut des Herrn. Das geschah alles sehr freudig.

Die Jünger und andere Augenzeugen besaßen die ganz natürliche Autorität, die Wandlung zu vollziehen und die Kommunion auszuteilen. Man sah in ihnen so etwas wie verlängerte Arme des Herrn. Ein bißchen was vom Herrn brachten sie ja mit: Erinnerungen an ihn, Berührtsein durch ihn, gewisse Fähigkeiten übrigens auch, nicht so sehr wie der Herr, aber immerhin: Unter Berufung auf ihn konnten sie gewisse Heilungen und andere Wunder bewirken.

Deswegen war es ganz natürlich, daß diese Jünger auch zu Hilfe gerufen wurden, wo jemand krank war, wo Kinder geboren wurden oder Not litten, wo Menschen starben oder gestorben waren. Man hatte die Hoffnung: wenn sie kommen, ist das fast, wie wenn der Herr käme. Wenn sie die Hand auflegen, dann geschieht vielleicht, was geschah, wenn der Herr die Hand auflegte.

Dieses Rufen der Jünger wurde bei manchen zur Gewohnheit und führte in eine gewisse Lässigkeit: Wir tun sonst nichts, aber wenn es brennt, rufen wir eben einen Jünger, der wird dann schon helfen. – Dem trat Jacobus entgegen. Er wollte, daß sich die Menschen wirklich zum Herrn hinwandten und sich zu ihm bekannten, und zwar ganz und gar und mit allen Konsequenzen. So entstand eine Urform der Seelsorge. Der Priester – der Jünger – blieb nicht in einem heiligen Raum, sondern besuchte die Menschen. Er half, wie er konnte, und sprach mit ihnen. Mit der Zeit schickten immer mehr Familien ihre Kinder zu ihm, damit er ihnen vom Herrn erzählte. So begannen erste Formen von Schule, Krankenpflege, Geburtsbegleitung, Sterbebegleitung usw.

Daraus entstand eine gewisse Gemeinschaft. Vom Jünger wurden auch andere eingesetzt. Er kam z. B. in ein Haus, und es fehlte ihm noch die Zeit, in ein anderes Haus zu gehen. Dann sagte er zu der Frau des Hauses: koche dies und das. Dann segnete er diese Speise und bat: trag es zu dem Kranken dort und dort. So handelte diese Frau im Namen des Jüngers und der wiederum im Namen des Herrn. So entstand eine erste Form der Gemeindehelferin.

Wann wurde die Priesterweihe eingesetzt?

Im Prinzip natürlich vom Herrn, der den Jüngern Vollmacht erteilte, übrigens allen Jüngern, nicht nur Petrus; zwar Petrus in besonderer Weise, insofern beruft sich die Kirche zu Recht auf ihn. Aber alle Jünger hatten Priesterfunktion, und alle hatten die Vollmacht, Nachfolger auszuwählen. Die Nachfolger setzten wiederum Nachfolger ein. Das geschah in einer zunehmend ritualisierten Form.

Gab es Beichte und Sündenvergebung?

Das war in der Urgemeinde noch nicht üblich. Man fühlte sich nicht gefordert, zu einem Jünger zu gehen und zu beichten. Allerdings kannte man die Aufforderung des Herrn: Wenn ihr euch mit mir an einen Tisch setzt, dann sollt ihr reinen Herzens sein. Doch selbst in der Abendmahlsituation saß einer am Tisch, der nicht reinen Herzens war, und wurde nicht des Tisches verwiesen. Deshalb hat man das auch in der Urgemeinde nicht getan. Es wurde dazu aufgefordert, daß man mit sauberer Kleidung, mit reinem Herzen und guten Gedanken an den Tisch des Herrn tritt. Das empfand man als stimmig, das gehörte sich. Die Beichte wurde erst später eingeführt.

Und die Taufe?

Die Taufe gehört von Anfang an dazu, zuerst natürlich die Erwachsenentaufe. Die Getauften lebten noch mit den Augenzeugen. Sie empfanden es als ganz wunderbar, durch die Taufe zu ihrer Gemeinschaft zu gehören. Sie brachten ihre Kinder hin und baten, sie auch schon zu taufen. In diesen Zeiten war es gar nicht sicher, daß Kinder groß werden. Sie wollten, daß sie diesen Segen empfangen, diesen Schutz, diese Möglichkeit, in der Gemeinschaft zu sein. Deshalb gab es schon früh die Kindertaufe.

Übrigens auch schon die *Firmung* mit 13–14 Jahren, also ungefähr dann, wenn der Doppelgänger aktiv wird. Man sagte den Kindern: Lernt, was ihr eigentlich glaubt, und sagt noch einmal ganz bewußt »ja« zu dieser Gemeinde, zu diesem Glauben, zu eurem Getauftsein. Man sah, daß in der Zeit der Pubertät aus dem Kind ein Erwachsener wird, für den eine bewußte Erneuerung des Lebens in der Gemeinschaft der Christen notwendig ist.

Und das Sakrament der Ehe?

Auch die lebenslängliche Ehegemeinschaft war recht früh ein Sakrament. Die Ehe, die ein Leben lang währt, wurde als das Normale angesehen. Der ursprüngliche Grundgedanke war noch nicht himmlischer Natur. Es gibt ja Ehen, die im Himmel geschlossen sind, die sind sowieso nicht auflösbar, selbst wenn man sie scheiden würde. Und es gibt Ehen auf Erden, die nicht im Himmel geschlossen sind. Es gibt auch Lebensgemeinschaften, die einen himmlischen Sinn haben. Der Grundgedanke war vielmehr:

Wir wollen diese Gemeinschaft schützen, damit sie auch in Schwierigkeiten zusammenhält. Der Gedanke war das Hochachten der Gemeinschaft. Daß man daraus das Sakrament der Ehe machte, entsprang zuerst dem freudigen Gedanken des Schutzes. Die Paare, die sich in der Gemeinde trauen ließen, wollten diesen Schutz, diese Führung, diese Heiligung, damit ihre Gemeinschaft heil und ganz bleibt und auch damit alle Beteiligten gesichert bleiben. Es war ein sehr freudiger und schützender Aspekt in diesem Sakrament.

Wann ist das Sterbesakrament entstanden?

Schon in der Zeit der Jünger gab es eine Urform. Die Jünger wurden häufig zu Sterbenden gerufen und von den Sterbenden oder ihren Angehörigen gebeten: Tu etwas, damit dieser sicher in die Nähe des Herrn gelangt, daß er seinen Weg gut und sicher findet, daß seine Seele nicht belastet ist, daß er sich leicht tut auf dieser Reise. Es ging also um Schutz und Erleichterung.

Also kann man sagen: die Sakramente gehen in die Zeit der Jünger zurück?

Die Sakramente in ihrer heutigen Gestalt haben eine lange Geschichte. Aber in ersten Ansätzen waren sie in der Urkirche schon da, sozusagen in Urform. Wichtig ist: alle Sakramente entstanden im Gehorsam dem Herrn gegenüber und aus dem Gedanken des Schutzes heraus. In den Sakramenten war man aufgerufen vom Herrn, und das bedeutete, sich in einem dem Herrn gefälligen und von ihm geschützten Zustand zu befinden. Das war der Grundgedanke, aus dem heraus das Volk die Sakramente annahm und ernst nahm, also nicht als Ordnungsmaßnahmen oder als Einengung und Zwänge. Sakramente sind so etwas wie heilige Hände, die schützen und hüten.

Jacobus der Feierliche wird oft besonders mit der Tugend der Keuschheit in Verbindung gebracht. Was bedeutet das?

Keuschheit ist eine bestimmte Form von Reinheit, und zwar im Gehorsam dem Himmel gegenüber. Vorbild sind Maria und Joseph, die in den heikelsten Situationen gehorsam blieben. Sie zweifelten und verzweifelten nicht, hinterfragten nicht, setzten keine Bedingungen. Zweifel, Ablehnung, Bedingungen sind Formen von Begierden. Rein sein im Sinne von keusch sein heißt, sich vom Doppelgänger nicht zur Abwendung vom Himmel bringen zu lassen. Einer seiner Angriffspunkte – aber nicht der einzige – ist der ganze Komplex der körperlichen Begierden. Nicht daß Körperlichkeit und Sexualität etwas Schlechtes wären, sondern im Gegenteil: weil sie so machtvoll sind, hat der Doppelgänger gute Chancen, einzusteigen.

II.

Was bedeutet es heute, im Sinne des Jacobus wirken zu wollen, in seinem Strahl zu stehen?

Wer in irgendeiner Form Priester ist, sollte sich möglichst an Jacobus orientieren, und zwar in seiner ganzen Lebensführung. Jacobus hatte, selbst wenn er »Hausarbeit« verrichtete, etwas Priesterliches an sich.

Was der Himmel zu korrigieren wünscht, ist, daß der Priester zu einer Mischung aus Alltagsmensch und priesterlichem Menschen wird. Ein sich im Dienst befindender Priester ist Priester rund um die Uhr und jeden Tag des Jahres. Er sollte nicht bloß während der Messe eine gewisse Feierlichkeit an den Tag legen und sich sonst verhalten wie jedermann. Es ist zwar ein netter Gedanke gewesen: Wir sollten den Menschen näherkommen, also bewegen und kleiden wir uns wie sie, sprechen wie sie, denken vielleicht auch noch so wie sie und kommen ihnen damit näher. Diese Art von Näherkommen ist zwar erreichbar, aber wenig sinnvoll. Der Priester ist und bleibt ein feierlicher Mensch, der sich sein Leben lang in einem gewissen rituellen Raum bewegt, auch wenn er einkaufen, spazierengehen oder ein Restaurant besuchen sollte. Er sollte zwar bescheiden auftreten, sich aber trotzdem unübersehbar als Priester kennzeichnen und benehmen.

Auf der anderen Seite heißt das aber auch: eine Messe ist kein Ort, an dem es vor allem auf Prunk, Hochglanz, Ausstattung und überbordende Fülle ankommt, sondern eine Messe ist Alltägliches in den heiligen Raum geholt. Der Priester im Verständnis des Jacobus handelt ganz natürlich und schlicht. Zwar kann er ein schönes Gewand tragen, aus einem goldnen Kelch trinken usw. Es wirkt aber alles so, als wäre er mit diesen Bewegungen geboren – nicht künstlich, aufgesetzt, übertrieben, sondern einfach, fast alltäglich –und trotzdem heilig.

Ist die Feierlichkeit des Hochamts also nicht so erwünscht?

Doch, aber nur, wenn der Priester die Messe so feiert, wie er ist, wenn er harmonisch in seine Messe paßt und sie zu ihm. Jacobus war durchgängig, so wie er war, da hat es keine Brüche gegeben. Er war der geborene Priester in der Messe, aber auch im Alltag. Er war gleichzeitig ganz und gar alltäglich und ganz und gar feierlich. Das war gelungen wie selten.

Der Priester, der sich an Jacobus zu orientieren bereit ist, sollte ferner *biblische Berichte* aus dem Leben Jesu, die er vorliest oder vorträgt, nicht mit historisch-kritischen Erörterungen durchsäuern. Sie sind zu größeren Teilen historisch, als man heute annimmt, aber darauf kommt es im einzelnen nicht an. Wenn der Priester vom Herrn erzählt, dann sollte er davon überzeugt sein, daß der Herr da war, daß er so und so gelebt hat und daß die Berichte stimmig sind. Er sollte fast so sprechen, als wäre er ein Augenzeuge.

Ferner sollte er sich klarmachen, daß die *Predigt* nicht eine wie auch immer geartete Interpretation der Bibelstelle zu sein hat, sondern daß sie aus den Bereichen menschlicher Erfahrungen – eigener wie fremder – berichtet und daran Bitte und Appell anknüpft. Es sollte wieder klar werden, daß eine Predigt relativ wenig mit Theologie zu tun hat. Die Kanzel ist *nicht* der Ort, um theologische Fragen zu erörtern oder die Ergebnisse theologischer Studien zu verkünden. Sie ist auch nicht ein Ort, um Politik zu betreiben.

Sie ist ein Ort, um Zeuge zu sein, und zwar einmal, indem der Priester auf die biblischen Berichte zurückgreift, sodann, indem er durch das eigene Erleben *Zeugnis* ablegt oder an Erfahrungen anderer anknüpft. Dann wirkt die Predigt Gemeinschaft stiftend, dann springt der Funke über, dann kann im Zuhörer der Wunsch erwachen: das möchte ich auch erleben, das werde ich vielleicht eines Tages erleben, ich möchte etwas tun, damit ich das auch erleben darf, oder ich möchte etwas lassen, damit ich das möglichst nicht zu erleben habe, was da erlebt wurde. Ich möchte nacheifern.

Darum geht es. Wenn der Priester begreift, daß das *Priestertum aus dem Jüngerkreis hervorgegangen* ist und daß der Jünger Augenzeuge und Gefolgsmann Christi war, dann ist es ganz einfach, zu verstehen, was er zu tun und zu lassen hat.

Wenn ihr als Nichtpriester an einer Messe teilhabt, solltet ihr ebenfalls wissen, worum es eigentlich geht und solltet versuchen, das in der Meßfeier wiederzufinden. Wenn ihr es nicht wiederfindet, solltet ihr euch vielleicht die Mühe machen, hinterher den Priester aufzufordern, das Richtige zu tun: »Sie haben doch heute das und das erzählt aus dem Leben Jesu. Haben Sie so eine Erfahrung schon gemacht?

Wie haben Sie sich gefühlt, wie haben Sie reagiert? War der nächste Tag anders? Wie leben Sie seither?« usw. Fordert den Priester auf, Zeugnis abzulegen, damit er mit der Zeit tatsächlich anfängt, das zu tun.

Wie ist das Verhältnis zwischen Jacobus und Melchisedek?

Melchisedek schützt und überprüft die Heiligkeit des Priesterstandes (s. Bd. III, S. 192 ff.), während Jacobus das Urchristentümliche im Auge hat und daran anknüpft. Melchisedek schützt z. B. die Priester gegen ihre Doppelgänger, überhaupt gegen die Hierarchien zur Linken. Er schützt aber nicht nur das priesterliche Dasein, sondern damit zugleich die Meßfeier vor dem Eingriff dieser Mächte, also vor unheiligen Handlungen, Ritualen, Worten oder Symbolen. Das ist ein etwas anderer Aspekt. Aber natürlich arbeiten beide zusammen.

Wie wird das weitergehen, denn der Abstand zu dem historischen Ereignis wird ja immer größer?

Es gibt zwei Möglichkeiten: Entweder das Prinzip »Macht« nimmt weiter zu, d. h. der Streit über Fragen wie: wer hat was in der Kirche zu sagen, wer darf was, was ist richtig und falsch? Dieser Weg führt in eine immer starrer werdende Kirche. Oder die *Lebendigkeit* nimmt wieder zu, d. h., die Priester besinnen sich auf das, was sie ursprünglich waren. Sie versuchen, trotz aller theologischen Studien wie *Augenzeugen* zu leben und zu wirken. Sie sind ja indirekte Augenzeugen, die teilhaben an der Geschichte Christi.

Vor allem aber wird die *Kommunion* vom Priester innerlich nachvollzogen! Läuft die Meßfeier nur technisch oder aus Gewohnheit ab, dann wird es mühsam für den Himmel, das zu ertragen. Das gilt aber nicht nur für die Priester, sondern auch für die Gemeinde, die die Kommunion empfängt. Wenn sie dabei an irgend etwas anderes denkt, ist das sehr schmerzlich für den Himmel.

Wenn man etwas tun wollte als Kirchenvolk, gebt nicht Ruhe, sondern fragt die Priester immer wieder: Was empfinden Sie denn bei der Kommunion? Wie wirkt das für Sie, ist das jedesmal dasselbe oder immer wieder anders, welche inneren Rührungen, Empfindungen, Erschütterungen macht das für Sie aus? Das sollte man sie getrost fragen, sich selbst natürlich auch und ebenso die anderen, die an der Kommunion teilnehmen. Auch Kinder oder Jugendliche, die man einführt, sollte man immer wieder fragen: Was bewegt dich dabei, was empfindest du, was siehst du, was bedeutet das für dich? Es kommt darauf an, wieder Lebendigkeit in die Meßfeier hineinzubringen.

Das ist das größte Anliegen des Jacobus. Die Menschen haben sich nicht so weit verändert, daß sie eine neue Meßfeier bräuchten. Sie brauchen nur die neue alte Lebendigkeit. Die *altbekannten Formeln* wirken sehr lebendig und sehr erschütternd und überzeugend. Es kommt nur darauf an, wer sie spricht, aus welcher innerlichen Befindlichkeit heraus, und es kommt auf die innerliche Befindlichkeit dessen an, der sie hört.

Übrigens: Jacobus lächelt uns zu. Er hebt die Hand zum Gruß, sagt: »Ja, ja« und hat einen Gesichtsausdruck, als erinnerte er sich an das Leben mit Jesus, an alles, was er miterlebt hat, auch an die Zeit nach der Auferstehung. Dann sagt er mit einer Bewegung in unseren Kreis hinein: »*So war es damals.*« Jetzt schweigt er, aber man sieht auf seinem lächelnden Gesicht Bilder von vielen, vielen Meßfeiern, die er gehalten hat, in denen gehustet wurde, Menschen rein- und rausgingen, Kinder schrien, Mütter ihnen die Brust gegeben haben, alles mögliche – und wo die, die gestört wurden, trotzdem mitgingen.

Jetzt hebt er noch mal die Hand, zeigt mit einem Finger zu uns her und sagt: »So wird es wieder sein«, womit er sagen möchte: Ihr sollt keine Sorge haben. Die Menschen werden, so ist es jedenfalls vorgesehen, wieder ein lebendiges Verhältnis zum Sohn bekommen. Sie werden wieder begreifen, was da wirklich geschehen ist. Sie werden wieder freudig und lebendig eine Messe feiern. Jacobus hat gar keinen Zweifel daran, er sitzt in aller Ruhe da, läßt die Zeit von damals bis heute an sich vorüberziehen, schaut in die Zeit voraus und sagt: »Es wird wieder so sein.«

Noch ein Hinweis: Wer lebendig Christ ist, dem braucht man nur wenige Worte zu sagen, und in ihm spielt sich ein ganzer Film ab. Man nennt euch eine Bibelstelle, und in euch entsteht ein Bilderreigen, der diese Geschichte begleitet. Oder man sagt: »Weihnachten« oder »Passion«. Vergleicht das mal mit früher, als ihr noch etwas anders orientiert wart. Was habt ihr da empfunden und was heute? Inzwischen werdet ihr eine ganze Geschichte nacherleben, und es bewegt sich sehr sehr viel in euch. So sollte es eigentlich allgemein sein, und Jacobus sagt noch einmal: »So wird es wieder sein.«

Montag, 9. 3. 98

Dom der Keuschheit

∞

(Ein weiß-gelber Engel, mädchenhaft wirkend, sehr zart, fast wie eine Elfe:) Dem Dom der Freude gegenüber liegt der Dom der Keuschheit (s. Bd. III, S. 173). Wenn ihr mögt, könnt ihr ihn heute kennenlernen.

Ja (etwas zögernd).

Es mag euch überraschen: Der Dom der Keuschheit ist der Dom der *irdischen Liebe*, auch gerade der Liebe zwischen Mann und Frau. Dort findet ihr Inspirationen zu allem, was mit dem Gesamtthema Liebe zu tun hat: in seiner fröhlichen oder traurigen, komischen oder dramatischen Art, in Form von Musik oder von Dichtung. (Malerei ist nicht unsere Stärke.)

Worin liegt der Unterschied zum Dom der Liebe?

Im Dom der Liebe geht es um das *göttliche Feuer der Liebe* und seine Ausbreitung in der ganzen Welt. Im Dom der Keuschheit geht es um die *Liebe des menschlichen Herzens*, um die Erfahrung, daß Keuschheit eine innige Herzensform von Liebe ist, die ausgeht von der Liebe zur Trinität (s. Bd. III S. 174 und 181 f.).

Wo diese Liebe brennt, gilt der Satz des heiligen Augustinus: »Ama et fac quod vis« – *liebe und tue, was du willst*, es wird immer gut sein, auch in der Liebe zwischen Mann und Frau. Der keusche Mensch ist der, der, was immer er tut, in dieser Liebe tut. Keuschheit hat nicht viel damit zu tun, sich der Dinge zu enthalten, nichts mit Askese, Entsagung, Bitterkeit, Verzicht, die sich im Gesicht einfurchen. Keuschheit bedeutet, die Liebe zur Trinität über alles zu stellen. Alles andere ist eine logische Konsequenz. Echte Keuschheit ist eine große Freude und macht leicht, vergnügt, tänzerisch, manchmal auch ein bißchen versonnen, ein bißchen verträumt, vielleicht ein bißchen närrisch und vielleicht auch gewissen Instanzen der Welt gegenüber ungehorsam. Wenn es um Keuschheit geht, handelt es sich immer um eine *Liebesgeschichte*, es geht gar nicht anders. Also wollt ihr mit mir kommen?

Ja (jetzt nicht mehr zögernd).

Dann geht in eure Innere Kirche und folgt mir ...

I.

Ihr seht, die vorherrschenden Farben sind gelb mit weiß, aber es gibt auch Blau bis Türkisblau in verschiedenen Schattierungen, die ein Mosaik im Boden bilden: Ausgehend vom Zentrum wechseln wellenartige Strahlen oder strahlenartige Wellen ab, so daß du nicht weißt, läufst du auf Licht oder auf Wasser? Alles atmet und bewegt sich. Das gilt auch für die Säulen, die einen Rundgang bilden. Das Faszinierende daran ist: Wo immer du die Säulen berührst, berührst du Engel. Trotzdem vermittelt der Dom den Eindruck von klassischer Stabilität.

Man kann vom Vorraum zum Mittelpunkt gehen. Aber ich empfehle euch, zunächst einmal den Rundgang abzuschreiten, der um das Zentrum herumführt und der aus einem inneren und einem äußeren Kreis von Engeln gebildet wird.

Jeder dieser Engel hat eine bestimmte *Melodie* oder einen Singsang oder ein leises Flüstern. Wenn man genau hinhört, kann man die Texte hören – fröhliche oder traurige. Es sind – das sollte dich nicht wundern – Liebesgeschichten oder *Liebesgedichte*, die große Liebeslyrik oder Liebespoesie, aber auch Gedanken über die Liebe.

Also ein Schritt trägt dich in eine bestimmte Melodie, der nächste in einen Vielklang, als ob ein Chor oder ein leises Orchester oder eine Gruppe von Flöten oder von Glocken ihn erklingen läßt und so immer fort. Je langsamer du gehst, desto ausführlicher wird dieses Erlebnis. Laß dir Zeit, dich versonnen da hineinzubegeben, dem innerlich nachzuhängen, es klingen zu lassen, auch die Texte, die die Engel rezitieren. In all dem Singen und Sinnen vernehmt ihr die Liebe menschlicher Herzen, und durch sie hindurch die bedingungslose Liebe zur Trinität.

Sie findet ihren Ausdruck im Gehorsam gegenüber der Trinität wie bei Joseph und Maria. Sie waren in ihrer bedingungslosen Liebe zur Trinität gehorsam gegen alle Vernunft und Offensichtlichkeit, gegen alles, was möglich schien, was man ihnen geraten hat, was menschlich gewesen wäre. Ein solcher Gehorsam sieht für die Welt häufig eher nach Narretei aus als nach dem Ernst einer dienenden Haltung.

Keuschheit ist, der *Liebe treu* zu sein, also nicht den Begierden oder dem Ziel der Eroberung von Geschlechtspartnern. Wenn du dem Ideal der Liebe treu bist, stellst du die Liebe zur Liebe und damit natürlich auch zu deinem oder deiner Geliebten über alles. In allen großen Liebesdramen oder Liebestragödien tun die Menschen, was sie tun, aus Liebe, und zwar nur aus Liebe, nichts anderes mischt sich hinein.

Wenn es um Keuschheit geht, geht es um das Prinzip der Liebe, um Treue und Gehorsam der Liebe gegenüber. Auch die Geschichte von *Joseph und Maria* ist eine Liebesgeschichte. Sie setzt sich fort in ihrer Liebe zum Kind mit allen Elementen der Tragik, die entstehen, wenn man das Prinzip der Liebe gleichzeitig auf der irdischen und auf der himmlischen Ebene lebt. Und sie setzt sich fort in der Lebensgeschichte des Herrrn, einer Tragödie der Liebe, die ihre Wurzeln in der bedingungslosen Liebe zum himmlischen Vater und zur himmlischen Mutter hat. Das ganze Evangelium ist eine sehr dramatische Liebesgeschichte.

II.

Wenn ihr jetzt diesen Rundgang abgeschritten habt, wendet euch dem Zentrum zu, einem noch helleren Bereich. Das Zentrum ist nicht frei sichtbar, sondern noch einmal umgeben von Engeln, die sich zusammenstellen zu Bögen. Immer zwei bilden einen Bogen. Die zwei Engel stehen immer so zueinander, daß sie sich zueinander beugen und mit ihren Armen einen *Torbogen* bilden. Sie können die Tore schließen, indem sie einen Arm nach unten nehmen. Auf der irdischen Ebene würde man sagen: das Ganze wirkt wie ein Gitter, das das Heiligste in der Mitte schützt.

Dann wäre die Frage, ob ihr da durchgehen wollt? Das geht nicht einfach so. Wer dort hindurch möchte, hat sich oder dem Himmel einige Fragen zu beantworten. Die Engel stellen die Fragen in sehr sanftem, liebenswürdigem, verständnisvollem Ton, der aber unwiderstehlich eine Antwort fordert. Die Hauptfrage ist: *Liebst du?* Sagst du »ja«, dann wirst du weiter gefragt: Wen? Warum? Wie? Wie sehr?

Die Fragen haben das Ziel, dem, der dort hindurchgeht, klarzumachen, wie groß seine Fähigkeit zu lieben ist, wie wenig ausgeschöpft sein gesamtes Potential zu lieben noch ist, wieviel noch möglich wäre, was Liebe noch alles bedeuten könnte, wohin sich das noch erstrecken könnte, wenn jemand wollte. Wer dann das Innerste betritt, tut es in dem Wissen, ein *großer Liebender* zu sein oder in dem Wunsch, ein großer Liebender zu werden.

Es geht nicht darum, mit erhobenem Zeigefinger Schuldgefühle zu wecken, irgendwelchen moralischen Zwang auszuüben oder das Gefühl des Ungenügens, des Kleinseins, des nicht ausreichend Gehorchens, des nicht genug Liebens zu erzeugen. Das ist nicht Sinn der Sache. Es geht darum, daß du erfüllt wirst von Liebe, und auch darum, daß du dir bewußt wirst, was für ein großer Liebender du bist bzw. im Begriff bist zu werden.

Was du zuvor in dem Rundgang an Melodien und Texten gehört hast, diente dazu, in dir *Erinnerungen* wachzurufen: so etwas hat mich schon berührt, so etwas habe ich schon mal gedacht, gefühlt, geträumt, gewünscht, gehört, vielleicht sogar selber mal geschrieben, so etwas kenne ich, es lebt in mir, und es ist mir nahe. Und wenn du das Zentrum erreicht hast, dann weißt du das nicht mehr nur so vom Gefühl her. Vielmehr ist dir durch die Fragen dieser Engel ganz bewußt geworden, erstens, daß du ein großer Liebender bist, zweitens, welches Prinzip dich mit der Trinität verbindet, nämlich das Prinzip der Liebe. Beides gehört zusammen. Erst wenn ein Mensch sich als *einen Liebenden* erfährt – ob er nun Tiere liebt oder Pflanzen oder Menschen oder »das Schöne« im abstrakten Sinne –, dann kann er beginnen, die *Trinität zu verstehen*. Dann kann er ansatzweise nachfühlen, wie die Mutter ist, was den Sohn bewegt, was den Vater ausmacht. Wollt ihr es also versuchen?

Ja ...

III.

Im Zentrum seht ihr einen großen sitzenden Engel, sehr hell in Weiß und Gelb, der in etwa die Funktion hat wie Nadjamael im Friedensdom, also die eines Vorstehers. Er vermittelt einen liebevollen, freundlichen, lächelnden, aber auch versonnenen Eindruck. Er ist nicht ein Engel, mit dem man Gespräche führt, sondern man betrachtet ihn still und freut sich an ihm. Er geht mit seinen Knien einem Menschen ungefähr bis zur Brust. Er sitzt da mit ein bißchen geöffneten Knien und hat darüber ein fallendes Gewand, in dem Falten entstehen.

Tretet heran in diese hübsche Kuhle zwischen den Füßen. Ihr könnt die Knie berühren, euch mit diesem Gewand umgeben, euch so richtig reinkuscheln in dieses weiß-gelb strahlende, leuchtende, fröhliche, liebevolle Gewand. Damit kann sich jeder selbst eine ganz neue Umgebung schaffen. Wenn man düstere Gedanken hat, traurigen Gefühls ist, sich in einer unangenehmen Situation befindet, weit weg von Fröhlichkeit und Liebe und Licht, dann kann man dort seine äußere Umhüllung leicht und licht machen, sie mit Fröhlichkeit und Liebe erfüllen.

Und noch etwas kann man tun. Ihr seht seine Hände liegen auf den Knien, die Innenflächen nach oben. Wenn ein Mensch ein bißchen die Arme ausstreckt, kann er die Handinnenflächen oder die Finger dieses Engels berühren.

Also, du kuschelst dich zwischen seine Knie und erlebst eine Erleuchtung, eine Erfüllung deines energetischen Umfeldes mit Liebe. Dann wendest du dich seiner linken Hand zu – also dir zur Rechten –, berührst sie und wirst bemerken, daß aus dieser Hand das *Wasser des Lebens* heraustropft, das dich mit dem Empfinden von Liebe stärkt, erfüllt, lebendig macht. Oder du wendest dich nach links, d. h. zur rechten Hand dieses Engels, und berührst sie. Dann wirst du eines Feuers teilhaftig, des *Feuers der Liebe* und der *Erkenntnis* der Liebe. Du erfährst, wohin sich deine Liebe orientieren sollte, wo da ein hilfreicher Schritt läge, was dir verborgen blieb, was du noch nicht gesehen hast, wofür dir die Kraft der Begeisterung fehlte und wofür du dich ganz und gar begeistern lassen möchtest.

Du begegnest in Gestalt dieses übermenschengroßen Engels einem *Repräsentanten der Trinität*. Indem das Gewand dich einhüllt, begegnest du dem Heiligen Geist, in der einen Hand begegnest du der Mutter, in der anderen dem Sohn. Im Gesicht würdest du dem Vater begegnen, aber das wird dem Menschen wohl nicht möglich sein. Das würde dann auch bedeuten, daß dieser Engel sprechen würde. Das wird er aber nicht tun, jedenfalls nicht, wenn Menschen in der Nähe sind, und es ist auch sehr unwahrscheinlich, daß du so hoch gucken kannst. Mit Nadjamael beispielsweise kannst du sprechen, das ist möglich und auch sinnvoll. Aber mit diesem Engel kannst du nicht sprechen, solltest es auch nicht versuchen. Du kannst »nur« zu ihm kommen und das von ihm erhalten, was er zu schenken hat. Nun versucht es einmal ...

IV.

Jetzt laßt uns wieder hinausgehen in den äußeren Rundgang. Da kann man dann noch ein paar Dinge besprechen, die eher praktischer Natur sind.
1. Dieser Dom ist jederzeit von jedermann betretbar, auch allein und aus eigener Initiative.
2. Wer ihn betritt, sollte sich Zeit lassen. Diesen Dom betritt man mit *Muße*. Man lauscht eine Weile den Melodien, den Texten, läßt sich berühren, sinnt ihnen nach. Dann erst tritt man durch die Bögen auf das Zentrum zu. Und

wieder braucht es Zeit für die Fragen. Ihr solltet wissen, daß die Engel nicht eher ruhen werden, als bis sie den Kern des großen Liebenden, der jeden von euch ausmacht, gefunden und für euer Bewußtsein freigelegt haben.

Unter Umständen kann es Tage dauern, bis ihr ins Zentrum vordringt. Das bedeutet, ihr könnt zwischendrin aus dieser inneren Reise in eine äußere Reise übergehen, beispielsweise um ein dort gehörtes Musikstück wiederzufinden, euch zu erinnern: das war doch das und das, das möchte ich jetzt in der Außenwelt hören. Oder da waren fernöstliche Liebesgedichte, und ich werde jetzt in eine Bücherei gehen und mich da hinein vertiefen, sie laut lesen. Oder ich möchte die Fragen, die mir diese Torengel gestellt haben, etwas genauer beantworten, sie aufschreiben, im Tagebuch nachschauen usw. Also ihr braucht mehr Zeit als üblicherweise für einen Dombesuch.

3. Natürlich kann jeder die Begegnung mit diesen Engeln *nur für sich* haben. Jeder kann diese Reise durch verschiedene Empfindungen, durch Erlebnisse der eigenen Vergangenheit, durch verschiedene in Wort und Ton gefaßte Erlebnisse der Menschheit und durch Fragen, die das eigene Bewußtsein ein bißchen zum Leuchten bringen, nur für sich selber machen.

4. Man kann den Dom auch betreten, ohne ins Innere vordringen zu wollen, und sich in den Außenräumen aufhalten. Schon außerhalb des Rundgangs begegnet man wieder diesen Engeln ähnlich wie ich. Wir stehen ständig *zur Verfügung* und können von euch zu jedem Menschen, zu jedem Platz der Welt geschickt werden.

5. Man kann auch in diesen *Säulengang der Inspiration* oder der Erinnerung hineintreten und sich einfach daran freuen, die Einfälle, Melodien, Worte zu hören, kann danach

vielleicht das eine oder andere in eine eigene Version umsetzen und zu Papier bringen. Ist man z. B. traurig, kann man sich dort eine Melodie anhören, und die nimmt man mit in den Tag und singt sie immer wieder. Sie wird einen dann fröhlich stimmen, leichter machen, aufmuntern, auf andere Gedanken bringen, wieder lieben lassen – das Leben, den Tag, die Arbeit, die Situation, in der man sich befindet, den eigenen Körper, der vielleicht krank ist oder schmerzt und der einem gar nicht so liebenswert erschien.

6. Ihr werdet Keuschheit erlangen, indem ihr beginnt zu lieben. Das Leitwort dieses Domes – liebe und tue, was du willst – bedeutet: Liebe, und du wirst dich *von allein* rein und keusch verhalten, nicht nur in der Tat, sondern auch in den Empfindungen und Gedanken. Dazu bedarf es keiner Moralgesetze. Indem du sagst: Liebe und tue, was du willst, unterstreichst du die *Freiheit* des Menschen.

Du kannst dieses Schlüsselwort auch variieren, z. B. so: *Liebe und tue, was du kannst.* Damit unterstreichst du die Macht des Menschen, meistens noch mehr zu können, als er meint. Oder: Liebe und tue, was du sollst: damit unterstreichst du den Gehorsam des Menschen. Du kannst das Wort auch verkürzen: Liebe und tue was, liebe und tue, liebe und ... – dann kannst du alles mögliche anfügen, z. B. lasse los. Du kannst es noch weiter reduzieren: Liebe! Das ist dann die Kernaussage. Wenn das zum Motto deines Lebens wird und sich auf die Trinität bezieht, dann kannst du dich als einen keuschen Menschen verstehen. So einfach ist das.

7. An den äußeren Gang schließen sich noch Nebengebäude an, wie ihr das von den anderen Domen kennt. Es gibt auch hier Heilräume, Werkstätten usw. Die zu betreten, wäre aber erst sinnvoll, wenn ihr euch einmal genauer damit beschäftigen und auch dort arbeiten wollt.

8. Mich könnt ihr immer fragen, wenn es um das Thema Liebe geht, beispielsweise um die Frage: wo steckt in irgendeiner Situation oder Begebenheit oder Tat das, was mit Keuschheit oder Liebe zu tun hat? Ihr habt es z. B. mit einem aggressiven Menschen zu tun und versteht seine Motivation nicht. Dann fragt nach: *was liebt* er letzten Endes? Könnt ihr das nicht ausmachen, dann fragt mich. Ich stehe gerne zur Verfügung, wann immer ihr solche Fragen habt. Praktische Hinweise in Liebeskonflikten sind allerdings nicht mein Bereich.

Wenn ihr mich rufen wollt, mein Name ist: »Lila«. Das hat nichts mit der Farbe zu tun, sondern ist eine Kombination von Buchstaben mit einer bestimmten Schwingung, die zu diesem Dom paßt.

Habt ihr noch Fragen?

Ich hatte dieser Tage eine philosophische Diskussion über den Begriff der Liebe. Da wurde eine aus der phänomenologischen Schule stammende Definition vertreten: »Liebe ist eine Wertantwort« (Dietrich von Hildebrandt). Ich hielt das für unzureichend. Was sagst du dazu?

Liebe ist insofern eine Wertantwort, als die menschliche Liebe zur Trinität die Antwort auf den höchsten Wert ist, den es gibt, nämlich die Trinität und die Schöpfung, deren Grundprinzip die Liebe ist. Alles liebende Sein ist eine in Liebe klingende Antwort auf den Schöpfer und seine Schöpfertat. Aber die Liebe des Vaters oder des Himmels zu seinen Geschöpfen ist keine Wertantwort. Und die Liebe der Menschen untereinander ist es ebensowenig und sollte es auch nicht sein.

Die Antwort auf Werte, die ein Mensch in sich trägt, mag Hochachtung, Bewunderung, vielleicht Begeisterung sein, aber das ist nicht, was ihr Liebe nennen solltet. Denn die »Wertantwort« knüpft immer an Kriterien und Bedingungen an: das eine ist es wert, das andere nicht. Zur Liebe gehört aber gerade die *Bedingungslosigkeit*. Die Liebe antwortet nicht, sie setzt ein Faktum, sie liebt, bevor noch gefragt wird. Sie ist keine Reaktion, sondern eine Aktion, sie knüpft nicht an Bedingungen an, sondern ist bedingungslos wie die Liebe des Himmels. Sie ist allerdings die Antwort des Menschen auf die Liebe des Schöpfers.

Sonntag, 29. 3. 98

Die Jünger

∞

Bruder Tullian:
So wie ihr einige Engeldome besucht habt, aber einen Überblick über alle zwölf bekommen habt (Bd. III S.172 ff.), so solltet ihr die Jünger, denen ihr euch nicht näher zugewandt habt, wenigstens in einem kurzen Überblick kennenlernen.

Betrachtet noch einmal die tabellarische Übersicht (Bd. III S.187). Ihr seht: Die Jünger sind den 12 Monaten insofern zugeordnet, als sich der Herr je einem am letzten Sonntag des Monats besonders zuwendet. Ferner: Für jeden Jünger ist eine Farbe dominant, und er fördert mit den Engeln seines Strahls eine Tugend besonders, wenn es auch keine feste Zuordnung der Jünger zu den Tugenden und den Domen gibt.

Die Jünger hüten und pflegen zwar »ihre« Tugend mit Hilfe einer großen Zahl von ihnen zugeordneten Engeln, die mit ihnen oder in ihrem Auftrag arbeiten und die gewissermaßen ihren »Strahl« bilden. Jeder möchte seinen Strahl besonders wirksam machen, aber es ist wie bei den Ziffern einer Uhr: Alle 12 sind wichtig, aber sinnvoll nur in Gemeinschaft mit den anderen. Für den Menschen wirkt es sich nicht günstig aus, wenn er einzelne Tugenden hoch entwickelt und andere vernachlässigt. Das ergibt nicht nur ein unharmonisches Bild, sondern bringt auch die Gefahr mit sich, daß die isoliert entwickelte Tugend pervertiert.

Tugenden verhalten sich zueinander wie die Organe eures Körpers: Am besten geht es, wenn alle gleichmäßig funktionieren. Tugenden sind in gewisser Weise Organe eurer Seele. Eine kann aber sozusagen als »Schlüsseltugend« dienen, d. h. den Zugang zu anderen Tugenden eröffnen. Sie ermöglicht so, daß sich alle Tugenden gleichmäßig entwickeln können. Es geht darum, die Gemeinschaft der Jünger in der eigenen Person zu kultivieren, auch wenn man sich in dem einen oder anderen Strahl besonders zu Hause weiß.

Weil die Gesamtentwicklung eine gewisse Homogenität verlangt, ist es auch sinnvoll, von allen 12 Jüngern wenigstens eine kleine Vorstellung zu haben. Gehen wir sie also in der Reihenfolge der Monate kurz durch.

Januar: *Judas Thaddäus* der Sehnsüchtige (s. 26.1.97 in diesem Band S 30 f.).

Februar: *Jacobus der Feierliche* (s. 28.2.98 in diesem Band S 296 ff.).

März: *Simon Kananäus,* der Helfer. Der Herr wendet sich heute vor allem ihm zu. Er ist nicht zu verwechseln mit Simon von Cyrene, der dem Herrn das Kreuz tragen half und sich später auch den Jüngern anschloß. Alle Simons sind Helfer. Der Apostel Simon Kananäus hilft spontan, weniger sichtbar, nicht unbedingt als Fachmann für eine bestimmte Sache, nicht z. B. wie ein Arzt seinem Patienten, sondern auf der allgemeinmenschlichen Ebene. Er war ein einfacher schlichter Mensch, aber er hatte das Herz auf dem rechten Fleck, sah immer, wo jemand Hilfe brauchte, half, wo es nötig war, auch ohne gerufen zu sein, und verschwand wieder, ohne Dank oder Lohn zu erwarten. Die Nothelfer unter den Heiligen gesellen sich gern zu den Engeln seines Strahls.

Menschen in seinem Strahl zeichnen sich durch Güte und Hilfsbereitschaft aus. Zweierlei ist charakteristisch:

Erstens gehen sie mit offenen Augen durch die Welt, sehen, wo Hilfe nötig ist und warten nicht darauf, angesprochen zu sein.

Zweitens helfen sie in urspektakulären Fällen, also nicht als der große Held oder der ausgebildete Helfer. Sie helfen der Greisin, die Straße zu überqueren, dem Kind, die Schuhe zu schnüren, sie leihen ihre Hand oder sagen ein liebes Wort, setzen den Regenwurm zurück ins Gras usw.

April: *Matthäus,* der Evangelist, liebte die Tiere und konnte mit ihnen sprechen wie der heilige Franziskus. Besondere Zuneigung hatte er zu Vögeln. Oft trug er sie auf der Hand oder der Schulter, hat mit ihnen gesprochen und gelacht, das wirkte auf andere etwas verschroben. Vor allem liebte er die Taube, die ja, wie ihr wißt, den Heiligen Geist symbolisiert. Er schrieb nieder, was der Heilige Geist ihm sagte. Er hörte auf den Heiligen Geist, und indem er konsequent darauf beharrte, galt er als Narr vor der Welt.

Menschen seines Strahls sind vor allem solche, die sich anderen mit besonderer Freundlichkeit zuwenden, vor allem denen, die sich in der Schöpfung nicht zu Hause, sondern fremd, ausgegliedert, verloren, von Gegnern und Feinden umgeben fühlen. Sie zeigen ihnen ihren Platz in der Familie der Schöpfung, integrieren sie, wirken insofern lehrend und heilend.

Die Menschen seines Strahls erscheinen anderen als Narren: sie schauen gen Himmel, wo andere nichts sehen als

Wolken. Sie folgen inneren Stimmen, lauschen Freunden und Ratgebern, lächeln und nicken, wo andere nichts Verständliches vernehmen. Man sagt von einem solchen Menschen mitunter: »er hat ja einen Vogel«. Aber man geht trotzdem hin, vertraut ihm und macht damit gute Erfahrungen.

Mai: *Thomas,* der »Ungläubige«. Man nennt ihn so, weil er, als man ihm vom Auferstandenen berichtete, sagte: er glaube nur, wenn er die Wundmale des Gekreuzigten sehen und berühren könne (Joh. 20,24–28). Doch an ihm sieht man die gute Seite des Unglaubens oder besser: des zögernden Glaubens, nämlich die Skepsis, die das Forschen motiviert. Sie ist das, was einen Wissenschaftler auszeichnet, der es genau wissen und begreifen will, und der nicht nachläßt, die Dinge geduldig zu untersuchen.

Thomas pflegte das auch früher schon immer zu tun. War z. B. ein Kranker vom Herrn geheilt worden, so begab er sich später wieder zu ihm, ließ sich berichten, wie es ihm weiter ergangen ist, überprüfte, daß er immer noch gehen oder sehen konnte. Er tat das, obwohl er dem Herrn vertraute. Es ging ihm darum, die Realität des Wirkens Jesu zu untermauern und der Meinung entgegentreten zu können, bei der Heilung habe es sich um eine schöne Illusion (heute würdet ihr sagen: um ein Phänomen der Massenhysterie) gehandelt. Wesentlich war die große Freude, die das Suchen und Finden bereitete.

In seinem Strahl arbeiten viele Forscher, Entdecker, Wissenschaftler, die auf konstruktive Weise kritisch sind und denen die Menschheit viel hilfreiches Wissen verdankt. Ein bißchen davon gehört zu jedem Menschen, der etwas genau wissen will und den Dingen auf den Grund geht.

Juni: *Johannes,* der Geliebte und der Liebende (s. Bd. I, S.196 ff.). Er war der Jüngste, Zarteste und Musischste im Jüngerkreis. Er liebte den Herrn in allen seinen Facetten, und er vertraute allem, was der Herr sagte, auch dem, was er nicht verstand. Seine Sache war nicht die kritische Prüfung und verstandesmäßige Durchdringung, sondern die liebende und vertrauende Hingabe aus ganzem Herzen, ohne Wenn und Aber, ohne Bedingung und Vorbehalt. Es war eine Liebe ohne Pathos und Romantik, sie wirkte nicht süßlich, sondern so sachlich wie die Liebe des Vaters zur Schöpfung.

Die Liebe zum Herrn gab ihm Orientierung, machte ihn wahrnehmend und erkennend. Auch seine Liebe zu den Menschen war nicht süßlich, sondern sachlich, friedenstiftend, friedenerhaltend, reinigend. Liebe ist für ihn weder ein Mittel, um etwas Gutes zu bewirken, noch die Antwort auf etwas Gutes. Sie ist ohne Zweck und Absicht, sondern ursprünglich, zwar streng unterscheidend und ggf. distanzierend, aber vorbehaltlos.

Menschen in seinem Strahl sind nicht die überschwenglich, sondern die unverbrüchlich Liebenden. Zu dieser Art von Liebe könnt ihr euch disziplinieren, indem ihr folgende Übung macht: Schaut auf Menschen und Situationen, auf Haus und Kinder, auf Beruf und Arbeit und sprecht bewußt und wiederholt: »Ich liebe ... ohne Wenn und Aber.«

Juli: *Andreas,* der Meisterschüler (s. Bd. II S.11 ff., auch Bd. I S. 38 und S. 78).

August: *Bartholomäus,* der Helle, auch Nathanael genannt. Er ist zuständig für den »Lichtanteil« in jedem Menschen, in jeder Lehre und Theorie. Er ist der Lichtbringer ins Dunkle, vermittelt Impulse, Einfälle, Ideen. Er ist berühmt gewesen für sein Organisationstalent. Er war sehr lebenspraktisch, gab niemals auf, hielt immer Ausschau nach einem Ausweg und fand ihn auch.

Er heißt aus zwei Gründen »der Helle«: Er ist der Lichte, der am Licht orientierte, der sich zum Licht Hinbewegende, und er ist für andere der Erhellende. Wo die Engel seines Strahls hinkommen, wird etwas klar, findet man guten Rat.

Viele Forscher arbeiten in seinem Strahl: Sie forschen bis zur Verzweiflung, aber plötzlich »geht ihnen ein Licht auf«. In seinen Strahl gehören aber nicht nur Forscher, sondern auch andere, die Ideen, Einfälle, Inspirationen haben. Sie lassen die Hoffnung nie fahren, sondern sind von der Sicherheit erfüllt: es gibt immer einen Weg. Ein »heller Kopf« ist einer, der sich leicht inspirieren läßt. (Über die inspirierende Wirkung der Engel seines Strahls s. Bd. II S. 63 ff. und Bd. III S.298 ff.)

September: *Maria Magdalena,* die Heilende (s. Bd. II S. 86 ff.).

Oktober: *Jacobus der Zornige* (der Ältere, s.Bd. II S.161 ff.).

November: *Philippus, der Schöne* (s. Bd. II S. 206 f.).

Dezember: *Petrus,* der Fels. Aufgabe des Petrus ist das Bauen eines stabilen, Sicherheit bietenden Fundaments, die Gewährleistung von Sicherheit und Bestand in der Welt, die Verteidigung gegen Angriffe. Insofern war Jesus nicht selbst der Fels. Petrus schafft das Gebäude, in dem Johannes wohnen, wirken und Schutz finden kann. Petrus hält auch den Schlüssel in der Hand, der den Menschen den Zugang erschließt.

Er ist von der Person her der bekannteste unter den Aposteln. Zahlreiche Berichte belegen, wie tief ergriffen er von der Liebe zum Herrn war, wie ihn seine Begeisterung zum Übereifer verleitete, wie er aber auch Demütigungen erlitt und Schwächen zeigte – eine menschlich sehr anrührende Gestalt.

Er war nicht von vornherein der Fels, sondern er verleugnete den Herrn, er kuschte vor den Juden, er floh aus Rom, er versuchte, sich zu retten. Aber er kehrte um, bereute, schämte sich, weinte über sich. Das war es, was ihn dann fähig machte zum Felsensein: Indem er sich seiner Unverläßlichkeit bewußt wurde, konnte er sich frei zum Felsenhaften entscheiden und es in sich festigen.

Das Erkennen und Eingestehen des Fehlerhaften erleichtert die Kirche durch das Sakrament der Beichte. Diese dient nicht dazu, den Menschen zu erniedrigen und zu zwiebeln, sondern ist Mittel zum Zweck der Selbsterkenntnis: Werde dir deiner Schwächen bewußt wie Petrus, dann kannst du Stärke entwickeln. Der Fels liegt einfach starr in der Gegend, aber der felsenhafte Mensch ist in bewußter, freier Entscheidung verläßlich geworden. Er ist verständnisvoll und nachsichtig gegen andere, aber streng gegen sich.

Wenn Päpste diesem inneren Strahl wirklich entsprechen, ihre Schwächen erkennen, sich selbst disziplinieren und nach außen milde und gütig sind, dann sind sie auch bescheiden. Der äußere Glanz, der mit ihrem Amt verbunden ist, fällt dann gar nicht auf, sondern wird als adäquat empfunden. Ihre Ausstrahlung spiegelt dann ein wenig das innere Strahlen des Jesuskindes, dem andere gern Gold, Weihrauch und Myrrhe darbringen.

Menschen seines Strahls sind Schlüsselfiguren für die Bildung von Gruppen, Familien, Unternehmen. Sie arbeiten in Politik, Wirtschaft, Medizin, Juristerei. Sie wirken also öffentlich, aber bescheiden, d. h. ohne nach Macht und Reichtum zu streben. Sie sorgen meist sehr effektiv für Stabilität, wollen etwas Beständiges errichten, schaffen gute Fundamente. –

Die Jünger sind nicht nur auf ihrem »Wiesenplatz« anzutreffen, sondern auch im Dom der Heiligen. Dort ist es sehr viel leichter, mit ihnen in Kontakt zu kommen, weil sie euch dort wie ein Namenspatron zur Verfügung stehen und Fragen beantworten, auch Fragen in bezug auf euer Leben.

Wer zum Dienst im Strahl eines oder zweier bestimmter Jünger berufen ist, erfährt: wir brauchen dich für die und die Arbeit. Die Jünger beraten: wer paßt am besten zu welchem Jünger? Und sie beschließen untereinander: Ihm ordnen wir dich zu. Jeder sollte sich aber jedem der Jünger verpflichtet fühlen, jedem nacheifern, von jedem lernen.

Welche Probleme sind für die Jünger derzeit vordringlich?

Im Vordergrund steht das Bemühen, die vielen, die erkannt oder unerkannt für das Erscheinen Christi in der Erden-Aura arbeiten, im Stillen, in Gebet und Meditation zu koordinieren.

Wie kann man sie koordinieren?

Ein Faktor ist die katholische Kirche. Sich in ihr zusammenzufinden hat u. a. auch den Sinn, die Einzelbemühungen zusammenzuführen und sinnvoll zu lenken. Außerhalb dieses Daches (z. B. auf dem Esoterik-Markt) gibt es viele kleine Einzelaktionen, die sich verlieren, da sie ganz ungelenkt und ungewichtet sind, ein Durcheinander der Impulse. Das bringt Nebel mit sich, ein Rauschen. Worauf es ankommt, ist die Melodie, der Orchesterklang, die schöne Figur, ein tragfähiges Gebäude.

*Wie koordiniert der Himmel diese Impulse,
wie lenkt er die Energien in die richtige Richtung?*

Auf zweierlei Weise: Er versucht die Türen der Kirche zu öffnen, die Kirche zu »lüften«. Und: er öffnet Gebäudeteile der Kirche, die bisher nicht zugänglich waren: die gibt es auch. Die Kirche hat mehrere Zugänge, es ist nicht unbedingt nötig, sie durchs Hauptportal zu betreten.

Freitag, 3. 4. 98 (Offener Abend)

»Sprich nur ein Wort, so wird meine Seele gesund«

∞

Jerach (s. Bd. III S. 93): Diejenigen, die die Messe besuchen, sprechen vor der Kommunion: »Herr, ich bin nicht würdig, daß Du eingehst unter mein Dach, aber sprich nur ein Wort, so wird meine Seele gesund« (in Anlehnung an Matth. 8,8, Luk. 7,6 f.). Habt ihr euch schon einmal die Frage gestellt, welches Wort das sein mag? Es wird Zeit, das zu fragen und darauf zu antworten, und dazu eignet sich besonders der heutige Tag, das historische Datum der Passion Christi.

Das Wort, das der Herr zu euch sprechen wird, hängt von der Situation ab, in der ihr euch befindet. Es gibt also verschiedene Worte. Ihr bittet, daß der Herr sie sprechen möge, so daß eure Seele gesunden, wieder leichter werden kann, daß sie Sorgen, Kümmernisse, Schmerzen los wird. Die meisten eurer Leiden finden eine Entsprechung im Passionsweg des Herrn.

Anhand dieses Weges will ich euch die Worte sagen, die der Herr spricht, damit eure Seele gesund werden kann. Ich bitte euch herzlich, nach bestem Vermögen die jeweilige Situation vor das »Innere Auge« zu rufen.

1. Denkt zunächst an die Verspottung und die Verurteilung des Herrn. Ihr seht den Herrn hilflos, wehrlos, allein vor

einem Tribunal, allein auch im Angesicht einer großen Menschenmenge. Er soll Rede und Antwort stehen, sich vielleicht verteidigen. Er tut es kaum, sagt sehr wenig, greift nicht an, beschuldigt niemanden, was er sehr wohl tun könnte. Er versucht nicht, eine flammende Rede zu halten, von irgend etwas zu überzeugen. Er steht da, läßt sich anklagen, verurteilen und zusätzlich verspotten.

Jeder von euch kennt eine Situation, in der er in ähnlicher Weise dastand und sich wahrheitsgemäß hätte verteidigen können, aber ihr wußtet, die Wahrheit zählt hier gar nicht. Ihr kennt auch Situationen, in denen ihr euch verspottet fühltet, ausgelacht, übel beleumundet, mit falschen Aussagen konfrontiert. Wenn es euch selber nie so ging, dann kennt ihr sicherlich jemanden, dem das widerfuhr.

Gesetzt den Fall, ihr wäret jetzt in einer solchen Situation, dann bedeutet: »Sprich nur ein Wort« soviel wie: »Herr, ich bitte Dich, sprich ein Wort, damit ich in einer aussichtslosen Situation nicht versuche, mich zu wehren, sondern sie ertrage und nicht daran zerbreche.« Dann wird der Auferstandene hinter euch treten, euch beruhigen und sagen:

»*Sorge dich nicht! Ich bin bei dir! Deine Seele kann gesunden!*«

2. Der Herr nimmt einen ziemlich schweren Balken und trägt ihn.

Wann habt ihr etwas tragen müssen, das euch furchtbar schwer erschien, eine Aufgabe, eine Verantwortung, eine Mühe, einen Anspruch an euch, die so schwer waren, daß ihr sie kaum auf die Schulter legen, euch nur mit Mühe aufrichten und auf den Weg machen konntet?

Wenn ihr einer solchen Situation jemals wieder begegnen solltet in eurem Leben und ihr sagt: »Herr, sprich nur ein Wort, so wird meine Seele gesund«, dann wird der Auferstandene euch leise ins Ohr flüstern: »*Ich bin deine Schulter. Leg also die Last auf mich.*«

3. Als dann der Herr seiner Mutter begegnete, wußten beide, daß sie sich zum letzten Mal wirklich in die Augen schauen, daß das am Kreuz so nicht mehr wird der Fall sein können. Das ist eine ganz besonders berührende Szene.
Vielleicht habt ihr auch schon Abschied genommen und wußtet: Diese Begegnung war die letzte. Ihr habt einen Blick in die Augen des anderen getan im Bewußtsein: Den oder die werde ich nie wiedersehen, jedenfalls nicht hier auf dieser Welt. Oder ihr habt eine Stadt, ein Land, eine Liebe losgelassen und wußtet: Es kehrt nicht mehr zurück, es war das letzte Mal, es ist für immer in diesem Leben der Abschied, es ist vorbei.
Sagt ihr jetzt: »Sprich nur ein Wort«, dann legt euch der Auferstandene die Hand auf die Schulter und sagt ganz leise:
»*Es gibt ein Wiedersehen. Es wird dir wieder eine Liebe begegnen, es wird dir auch diese Seele wieder begegnen, es wird dir eine ähnliche Gegebenheit geschenkt werden. Es ist nicht endgültig, es gibt immer eine neue Chance, eine Wiederkehr.*«
Hört die Stimme des Auferstandenen hinter euch, fühlt euch getröstet und aufgehoben in der Hoffnung und der Gewißheit: Es gibt das Endgültige nicht. Man wird euch neue Möglichkeiten schenken.

4. Simon von Cyrene hilft dem Herrn, das Kreuz zu tragen. Was kann der Herr dem Helfenden bieten? Gar nichts! Er kann sich noch nicht einmal umdrehen, ihn nicht begrüßen, ihm nicht die Hand reichen.

Hat euch schon einmal jemand in einer Not geholfen, und ihr konntet nichts dafür geben oder jedenfalls nichts, was ihr als adäquat empfunden habt? Habt ihr euch geschämt, fast schuldig gefühlt? Es ist manchmal nicht einfach, Hilfe anzunehmen, vor allem dann, wenn man sonst hilflos wäre. Hilfe anzunehmen, wenn man selber mächtig ist, ist viel leichter, als wenn man die Hilfe am nötigsten hat. Schaut euch in eurem Leben um: Gibt es jemanden, dem ihr gerne gedankt hättet, und es kam nicht dazu oder nicht in der richtigen Art und Weise? Schuld dieser Art kann gewaltig drücken.

Ihr könnt euch davon befreien, indem ihr den Herrn bittet, das Wort zu sprechen, das euch gesund macht. Dann wird der Auferstandene euch sagen:

»*Ich danke ihm an deiner Statt.*«

Ihr könnt aufatmen, ihr könnt euch befreit fühlen: der Engel wird den Dank übermitteln.

5. Veronika tritt dem Herrn in den Weg, reicht ihm ihr Schweißtuch, und der Herr nimmt diese Hilfe entgegen: Hier kann er sich bedanken, und er tut es ja auch. Er konnte ein großes Geschenk machen, einen bleibenden Eindruck oder Abdruck hinterlassen.

Vielleicht ist eure Frage in manchen Lebenssituationen: Welchen Abdruck, welchen Eindruck habe ich in einer Seele, in einem Menschen hinterlassen können? Ist von dem, was ich gesagt habe, etwas geblieben? Ist von dem, was ich gegeben habe, etwas von Dauer? Habe ich ein wirklich helfendes oder gutes Wort gesagt? War es der richtige Blick, der richtige Händedruck? Habe ich mich dem, der mir in den Weg trat, wirklich in der richtigen Art und Weise zugewendet? Was hätte ich geben können?

Wenn es wieder geschehen sollte, daß jemand plötzlich in euer Leben tritt, ein Wort sagt, euch ein Buch in die Hand gibt und sagt: »Lies das mal«, und ihr merkt erst nachträglich, wie hilfreich das war – was könnt ihr geben?

Die Stimme des Herrn wird das Wort sprechen, das eure Seele gesund macht, das sie zur Ruhe bringt: »*Ich trage dein Wort, deinen Gedanken, deinen Wunsch in das Herz des anderen, dort mag es bleiben und wachsen und gedeihen.*«
Er wird für einen bleibenden Abdruck sorgen, so daß dein Wort nicht verhallt, deine Geste nicht wirkungslos bleibt. Er wird dafür sorgen, daß ähnlich, wie sich das Gesicht des Herrn abgezeichnet hat auf dem Tuch, sich ein Wort, ein Blick, ein Gedanke von euch abzeichnet im anderen Menschen.
Übrigens seht ihr hier eine Szene, in der ein Kind eine Rolle spielt. Es konnte dem Herrn den Trunk nicht reichen, aber der Herr dankte ihm für die Absicht. Der Engel wird das auch für euch tun. Das ist besonders wirksam bei Kindern. Vielleicht habt ihr Kinder in Notsituationen gesehen, oder habt Kinder loslassen müssen – sie gehen jetzt ihrer Wege. Ihr seid bedrückt, aber der Engel trägt euer Wort in ihr Herz.

6. Ihr kennt ja die drei Stationen, in denen sich der Herr an den Steinen stößt, in denen die Last des Kreuzes zu schwer wird, in denen er fällt.
Auch ihr fallt im Leben immer mal wieder. Ihr habt das Gefühl, dieses Leben könnt ihr nicht mehr leben, diese Aufgabe könnt ihr nicht mehr bewältigen, dieses Leid könnt ihr nicht mehr tragen. Entweder gibt euer Körper auf: er kann nicht mehr, oder die Seele gibt auf: sie verzweifelt, verliert die Hoffnung, sieht keine Zukunft, keine Lösung für ein Problem. Oder ihr zermartert euch den Kopf um Antworten, findet aber keine, bis ihr davon

überzeugt seid, es gebe keine, euer Leben sei sinnlos, es hält euch nichts mehr.

Ihr könnt wieder sagen: »Herr, sprich nur ein Wort, dann wird meine Seele gesund«.

Dann fühlt, wie der Auferstandene euch umfaßt, und hört ihn sagen:

»*Komm, wir stehen auf!*«

Er sagt »wir« und meint damit euch und sich selbst. Für den Herrn war das mindestens so mühsam wie für euch. Aber mit ihm werdet ihr es schaffen. Auch er ist nicht der Unverletzte, der Starke. Er blickt nicht auf euch hinab und sagt: »Na los! Nun steh endlich auf!« Nein, er ist der Geschwächte, der ebenfalls Gestrauchelte, der ebenfalls Gestürzte. Er sagt euch:

»*Komm, wir beide gemeinsam, wir stehen auf!*«

Und gemeinsam werdet ihr es auch schaffen.

7. Eine Szene wie die Kreuzigung wird euch nicht zugemutet, etwas Vergleichbares werdet ihr wahrscheinlich nicht erfahren. Das hat der Herr euch abgenommen.

Gesetzt den Fall aber, es sollte tatsächlich jemand in eine Situation kommen, in der er sich ans Kreuz geschlagen fühlt, d. h., er gerät in eine wirklich ausweglose Situation von äußerster Dramatik auf der körperlichen oder seelischen Ebene. Denkt z. B. an Folter, KZ, Gaskammer, Naturkatastrophen, grauenvolle Kriegssituationen. Welches Wort könnte der Herr dann noch sagen, damit eure Seele gesund werden kann? Dann hättet ihr den Gekreuzigten spürbar hinter euch. Dann würde er euch sagen:

»*Ich bin bei dir, in allem und durch alles bis ans Ende der Zeit!*«

★

Sprecht ihr wieder das Wort – es braucht nicht in der Messe zu sein –

»Herr, ich bin nicht würdig, daß Du eingehst unter mein Dach, aber sprich nur ein Wort, dann wird meine Seele gesund«,
dann achtet auf die Stimme des Auferstandenen hinter euch: welches Wort spricht er, wo faßt er euch an, wo stärkt er euch? Er wird immer das sagen, was euch im Moment not tut. Befindet ihr euch nicht in einer Situation der Not, des Leidens, der Schmerzen, dann wird er euch vielleicht ein anderes Wort sagen, das eurer Situation entspricht, z. B.:
»Geh deinen Weg weiter in Zuversicht« oder *»Ich gehe ihn mit dir«* oder *»Vertrau auf mich«* oder *»Ich liebe dich«.*

Dieser Auferstandene ist euer Bruder. Ihr könnt ihn in der Stunde eures Sterbens oder auch in dem Hinleben auf die Sterbestunde bitten, sich zu denen zu gesellen, die ihr zurückläßt. Er wird die Zurückbleibenden trösten, aufrichten, schützen, ihnen Kraft geben.

Ihr könnt ihn aber schon euer Leben lang bitten, ein Wort in das Herz eines anderen zu tragen, z. B. ein Wort des Trostes wie der Herr den Jungfrauen, von denen er sich verabschiedet hat, denen er letzte Dinge gesagt hat. Er ist in erster Linie für euch da wie der Schutzengel. Auch dieser ist da, um euch zu schützen und zu begleiten. Er kann aber nicht Worte in die Herzen anderer hineintragen oder solche Dinge tun, das geht über seine Macht hinaus.

Nun solltet ihr noch ein letztes Mal für heute abend den Herrn bitten:

»Herr, ich bin nicht würdig, daß Du eingehst unter mein Dach, aber sprich nur ein Wort, dann wird meine Seele gesund.«

Dann hört ihn das Wort sagen, und eure Seele wird gesund werden.

Anmerkung:
Engel geben uns derzeit anhand des Johannes-Evangeliums einen Kursus über lebendiges Christsein. Darin führten sie (am 16.4.2001) u. a. aus: jeder Mensch werde vom Auferstandenen wie von einem Bruder begleitet, mit dem er sprechen kann und der ihm rät und hilft. Dieser Bruder könne allerdings nur wirken, wenn der Mensch es gestattet, indem er die Auferstehung Christi ernst nimmt. Viele gläubige Christen berichten aus Erfahrung, daß sie mit dem auferstandenen Christus wie mit einem Bruder sprechen können – sie haben recht.

Die manchmal gezogene Schlußfolgerung: Gespräche mit unseren Engeln seien deshalb entbehrlich, ist allerdings nicht berechtigt; denn er hat uns die Engel gesandt, die uns schützen, führen und unterrichten, und denen wir Dank und Gehör schulden. Wir haben Christus in uns, in der Nische hinter dem Altar der Inneren Kirche, der bei jedem Menschen in einer anderen Szene aus seinem Erdenleben – je nach seinen Gegebenheiten – lebt und dem der Mensch anbetend begegnet (Bd. II S. 136 ff.). Wir wissen von Christus im Himmel, der nach dem Sterben unser Leben mit uns durchspricht und die Gewissen weckt (Bd. III S. 158 ff.). Der Bruder an unserer Seite, der Auferstandene, ist eine dritte Erscheinungsweise des Christus für den Menschen. Deshalb heißt es im Christusgebet (Bd. II S. 141): »Bleibe bei uns, in uns und über uns.«

Freitag, 28. 12. 98

Aufstieg zu den Seraphim

∞

(Ein Engel des Heiligen Geistes, sehr groß, gold bis altgoldfarben:) Fürchtet euch nicht! Wenn ihr bereit seid, versucht heute, zu den Seraphim aufzusteigen. Begebt euch in eure Innere Kirche und begrüßt Bruder Tullian. Ladet einige Menschen in eure Innere Kirche ein, von denen ihr annehmt, daß sie diesen Aufstieg gerne miterleben würden. Sie kommen zwar nicht mit, aber sie können ihn aus der Inneren Kirche heraus mitverfolgen, so, als würden sie einen Film von jemandem sehen, der einen Berg besteigt.

Vollzieht den Aufstieg, wie ihr es gewohnt seid: Mit Dank an Menschen, Dank an die Engel und so fort auf jeder Stufe der himmlischen Hierarchie. Ich werde euch begleiten. Die heutige Besonderheit ist, daß wir auf jeder Stufe ein wenig verweilen, sie betrachten und uns ihren lobpreisenden Gebeten anschließen.

Die Wesen der höheren Hierarchien direkt anzuschauen, ist nicht möglich, weil die Intensität des Lichts und der Schwingung nicht verträglich wäre. Ihr habt schon auf anderen Ebenen einige Schutzmaßnahmen kennengelernt, die eine indirekte Begegnung ermöglichen, z. B. das gläserne Meer bei den Dynameis, die Berge bei den Kyriotetes usw.

Für die höchste Stufe der Engel-Hierarchie, die Seraphim, wäre ein solcher Schutzwall nicht ausreichend, aber ihr sollt auch nicht auf meine Beschreibung angewiesen bleiben. Man hat eine gute Lösung gefunden und zeigt euch hier oben so etwas wie ein Gemälde, ein Abbild dessen, was man direkt nicht sehen könnte.

Ihr seht: die Seraphim entsprechen in ihrem Aussehen nicht mehr dem, was ihr im allgemeinen unter Engeln versteht. Es sind nicht Wesen mit einem Leib, einem Gesicht und einem Gewand. Sie ähneln eher den euch bekannten Fotos von Galaxien, die wie Spiralen aussehen, wie ein Rad mit gebogenen Speichen.

Das Innerste des Rades kann man selbst in dieser Bildform nicht sichtbar machen. Was ihr aber sehen könnt, sind die aus diesem Zentrum hervorgehenden »Radspeicher« – sehr viele und sehr vielgestaltige Strahlen. Sie sind gebogen wie Regenbogen und tragen auch alle Farben des Regenbogens. Zwischen diesen Farben seht ihr jedesmal Goldlicht, so daß Gold insgesamt überwiegt. In jeden dieser Strahlen seht ihr verschiedene *Symbole* eingeschrieben – eine Schrift, die aus lauter wirkenden Symbolen besteht.

Im Unterschied zu einer Spiralgalaxis ist das alles umgeben von einem »Rad«, einem äußeren Kreis. Dieser Kreis besteht aus lauter Augen (allerdings ohne Wimpern), besser gesagt aus lauter *Blicken*, die da herausschauen und in die man hineinschaut.

Sie schleudern wiederum Strahlen aus sich heraus, etwa vergleichbar den Protuberanzen der Sonne. In ihnen vermischt sich das wirkende Symbol mit dem Blick und wird zu einer Art *Klang*.

Dieses Gesamtbild steht in einer Entsprechung zur Trinität. Das Innerste, für euch nicht darstellbar, entspricht dem *Vater*, dem Schöpfungslicht. Die Strahlen mit den vielen wirkenden Symbolen entsprechen der *Mutter*. Das Schöpfungslicht wirkt in die Schöpfung hinein, gibt ihm eine wirkende Form. Die vielen Augen, die Blicke entsprechen dem *Sohn*. Die nach außen strahlende, klingende Vermischung aus diesen drei Aspekten entspricht dem *Heiligen Geist*. Also die Seraphim sind Wesen, die die Trinität in ihrer Art zu sein widerspiegeln, sie beherbergen. Sie sind nicht die Trinität, aber ihr getreues, zusammengefaßtes Abbild.

Sie sorgen dafür, daß die durch die Heilige Trinität geprägte Ordnung der Schöpfung aufrechterhalten bleibt.

Zu ihren Aufgaben gehört, daß die Heilige Trinität und die durch sie geprägte Ordnung immer im Bewußtsein bleibt oder, wenn nötig, ins Bewußtsein zurückgerufen wird. Sie brauchen dazu nicht viele Worte. Es ist, als streckten sie die Zeigefinger oder eine Flügelspitze ganz vorsichtig aus, um ein *schlummerndes Wissen zu wecken*. Sie tippen es nur ganz zart an: – pling –, so wie man eine Saite auf einem Instrument anklingen läßt. Das genügt, um die Ausbreitung einer großen Welle der Erkenntnis auszulösen. Die diesen Ton vernehmen, merken auf: »Da war doch etwas, das ich vergessen habe, das innere Wissen um den Vater. Ich erinnere mich leise und beginne, den Blick wieder auf den Himmel zu richten.«

Das ist ein wunderschönes Geschehen. Es hat nichts von Gewalt oder Vehemenz an sich, es ist sehr fein – und doch enorm wirksam, weil die Seraphim über so hohe Kraft verfügen. Nicht nur einzelne Menschen, sondern ganze Gemeinschaften, ein Volk, eine Kultur, ein Zeitalter, ja ein Planet, ein Sonnensystem, sogar eine Galaxis kann so von einer *Welle des Aufwachens*, des Wiederbewußtwerdens und

Wiederempfindens erfaßt werden. Das leise Antippen des schlummernden Wissens ist von gewaltiger Macht.

Die Seraphim machen davon nur sparsam Gebrauch. Sie tun es, wenn das Heilige zu sehr in den Hintergrund rückt, zu schwach wahrgenommen wird oder gar ganz in Vergessenheit gerät, wenn m.a.W. die geistige Atmosphäre zu kühl wird und frösteln macht. Es ist wie wenn ein Botschafter eine ganze Versammlung nur mit einer leichten Bewegung der Augenbraue betreten macht, beschämt, erschüttert, zum Nachdenken bringt und dem Schicksal einer ganzen Armee oder der Politik eines Landes eine andere Richtung gibt. Die Botschaft ist der Aufruf: Vergeßt Gott, meinen Herrn nicht, vergeßt nicht die Heilige Trinität.

Eine solche Berührung hat auch jüngst stattgefunden. Die dadurch ausgelöste Welle der Erinnerung hat begonnen, sich langsam auszubreiten und wird durch das ganze *21. Jahrhundert* hindurch mehr und mehr Menschen erfassen. Auch ihr habt sie ja wahrgenommen und euch in ihren Dienst gestellt. Dieses Werk wird von dieser Welle getragen, d. h., es leistet auf seine Weise einen kleinen Beitrag dazu, daß die Heilige Trinität wieder stärker ins Bewußtsein tritt und auch von Menschen, die sie schon vergessen haben, wieder erinnert wird.

Wenn ihr euch den Seraphim nähert, seid ihr zugleich auch in eurer *Inneren Kirche*. Sie ist der Ort, wo der Mensch das Heilige in erster Linie wahrnimmt und erlebt. Sie ist der Ort, wo es mitteilbar ist, wo es verkündet wird, wo ihr daran teilhabt, wo sichergestellt ist, daß es nicht mehr aus eurem Bewußtsein, aus eurem Leben, aus eurem Denken und Handeln verschwindet.

Insofern bedeutet das Ende dieses Aufstiegs das Schließen eines Kreises. Denn die Seraphim, die der Trinität so nahe sind und so unendlich weit von euch entfernt, sind zugleich diejenigen, die *euch am nächsten sind*. Die Trinität zu beherbergen, ihr Abbild zu sein, ist das, was die Schöpfung überhaupt ist. Was die Seraphim in Vollkommenheit darstellen, findet sich in jedem Teil der Schöpfung wieder. Ihr alle seid als Teil der Schöpfung ein getreues Abbild des Lichtes des *Vaters*, der formgebenden, wirkenden Kraft der *Mutter*, des Blickes des *Sohnes* und ihrer verträglich gemachten Zusammenfassung durch den *Heiligen Geist*. Das gilt für jeden Menschen, jung oder alt, erleuchtet oder weniger erleuchtet.

Damit schließt sich auch wieder der Kreis zu den Engeln, weil die Seraphim, die am weitesten weg sind, nicht nur euch, sondern auch den Engeln am nächsten sind.

Wenn ihr also da oben angekommen seid, dann seid ihr da, wo ihr am Anfang wart, nämlich bei den Engeln in eurer Inneren Kirche. Ja, wer ganz nach oben steigt, findet sich unten wieder. Das heißt, das Ende dieser Reise und euer kurzer Blick auf die Seraphim wird zum Anfang einer neuen Reise.

Es wäre sinnvoll, wenn ihr das für die nächsten Stunden und Tage ein wenig in euch nachklingen laßt. Ihr findet euch, so wie Alice im Wunderland, in eurer Inneren Kirche wieder, und zwar mit diesem Erstaunen: Es kann doch nicht wahr sein, jetzt sind wir hier, aber wir waren doch bei den Seraphim? Ja, da wart ihr wohl, aber bei den Seraphim angekommen zu sein, bedeutet, weit weg und gleichzeitig bei euch zu Hause zu sein. Das ist das Erlebnis, das ihr damit verbinden solltet. Ihr seid in eurer Inneren Kirche, als wäre diese Reise nie gewesen, und doch seid ihr völlig anders, denn ihr wart bei den Seraphim.

Dieses erstaunliche, widersprüchlich scheinende Gefühl wird euch sehr vertraut werden: ich war weit weg und doch nirgendwo als immer bei mir; ich war in einer hohen Ebene und doch in der, die mir die vertrauteste ist; ich bin bis zum höchsten Punkt gestiegen, und der höchste Punkt befindet sich genau hier bei mir, auf derselben Ebene wie ich.

Wenn ihr das ein bißchen in euch nachklingen laßt, dann habt ihr den Aufstieg durch die Hierarchien würdig beendet – oder, wenn ihr das wollt, von neuem begonnen.

Donnerstag, 22. 3. 01

Mit dem Himmel sprechen lernen I.

∞

Viele Menschen spüren die Nähe der Engel intuitiv und nehmen ihre Wirkung wahr, möchten aber darüber hinaus ganz konkret und deutlich in Frage und Antwort mit dem Himmel sprechen. Diese vier Bände zeigen, daß das prinzipiell möglich ist. Läßt es sich lernen?

Der Hohelehrer: Ja, und eine Schulung dieser Art würde sogar den idealen Abschluß dieses einführenden Grundkurses bilden. Es gab immer Menschen, die diese Art des Umgangs mit dem Himmel gepflegt haben, und es gibt sie auch heute. Es wäre sehr erwünscht, wenn sich vor allem Priester, Mönche und Nonnen diese Fähigkeit in größerer Zahl wieder zu eigen machten. Sie könnten dann den Rat und Hilfe suchenden Menschen noch besser zur Seite stehen. Und was die Leser dieses Werks betrifft: Ihr habt erlebt, daß der Aufstieg bis zu den Seraphim schließlich in die Innere Kirche zurückführt, und das heißt auch: ihr seid in eurer *Eigenaktivität* gefordert.

Für eine Schulung reicht allerdings eine einzelne Stunde nicht aus. Wir hätten zu sprechen über Motivation, Voraussetzungen, Blockaden, erste Schritte und eine Reihe von Übungen. Den Unterricht übernimmt am besten ein Heiliger, der sich zu seinen irdischen Lebzeiten besonders intensiv und erfolgreich um diese Art des Umgangs mit dem Himmel bemüht hat und menschliche Erfahrungen einbringen kann. Ich denke an den *heiligen Franz von Assisi*, der in seiner Biographie alles das vereint und auch schon gelehrt hat, was ihr braucht und wovon ihr lernen könnt ... Ja, er erklärt sich bereit, und sogar sehr freudig. Er bittet auch Elion um seine Anwesenheit, weil er mit der Menschenwelt und solchen Gesprächen besonders vertraut ist. Und er bittet mich, die Einführung zu übernehmen und darüber zu sprechen, welche Motivation diesem Bestreben idealerweise zugrunde liegen sollte und welche nicht.

I. Motivation

1. Die häufigste, aber am wenigsten ideale Motivation, aus der heraus man sich um ein direktes Gespräch mit dem Himmel bemüht, ist der *Leidensdruck:* Nur der Himmel kann mir in meiner Situation noch helfen, niemand sonst; er ist auch der Ort, wo ich Anklage erheben kann. Es geht dann also in erster Linie um die Frage: Aus welcher Lage will ich heraus?, weniger um die Frage: Wo will ich hin, zu welchen Zielen strebe ich letztlich?
2. Eine weitere häufige Motivation ist der *Überdruß:* Alles Bisherige war ja gut und schön, aber reicht mir nicht. Ich will mehr, will raus aus der Enge. Das war z. B. die anfängliche Motivation des heiligen Franz von Assisi. Aber auch sie ist nicht ideal: Wiederum steht das »Woraus« im Vordergrund und nicht das »Wohin«.
3. Sodann gibt es das *Streben nach Erkenntnis:* ich will zu neuen Ufern, will aber auch Altvertrautes entdecken, neu erfahren, mir bewußt machen. Diese Motivation sollte immer dabei sein. Aber auch sie kann sich in Neugier, im bloßen Wissenwollen erschöpfen.

4. Hinzutreten sollte immer Klarheit in der Frage: *Warum* will ich denn wissen? Was will ich mit dem Wissen anfangen? Der Himmel wird es dir so leicht wie möglich machen, wenn du aufrichtigen Herzens sagen kannst: Ich will etwas Gutes, Heilbringendes bewirken, für mich selbst und für andere. Ich will mit dem Himmel zusammenarbeiten. Ich will mich von seinem Licht erfüllen lassen, um etwas Lichtvolles zu tun.

5. Idealerweise tritt dann auch noch das Fernziel hinzu: Ich will die *Heimkehr zum Vater* vorbereiten, will sie jetzt bewußt antreten. Und zugleich will ich die Schöpfung um mich herum an die Hand nehmen und, soweit das in meinen Möglichkeiten liegt, mitnehmen: meine Mitmenschen, aber auch die Natur und, soweit das machbar sein sollte, sogar einige ins Dunkle gefallene Wesen. Ich will wenigstens einen kleinen Beitrag leisten, um Licht zu bringen oder zum Licht hinzuführen.

Die beiden erstgenannten Motivationen sind nicht verwerflich, aber dein Bemühen wird Kraft und Schwung erst gewinnen, wenn die beiden letztgenannten vorherrschen, wenn du also nicht nur aus einer Situation heraus, sondern auf Ziele hinstrebst, die der Himmel dir vorgibt. Die mittlere Motivation, das Erkennenwollen, kann ein Selbstzweck sein, sie kann aber auch dem »Heraus« oder dem »Wohin« dienen. Sie gehört jedenfalls immer dazu, wenn du den Himmel um Antworten auf deine Frage bitten willst. Wer von den beiden erstgenannten Motivationstypen ausgeht, sollte mindestens zum dritten, idealerweise aber zum vierten und fünften Typus fortschreiten wollen. Jeder, der sich auf den Weg macht, sollte sich über seine Motivationen Klarheit verschaffen und Rechenschaft geben.

Der idealen Motivation wohnen zwei Komponenten inne. Die eine richtet sich auf dein eigenes Vorankommen:

du willst gut und richtig und aufrecht im Leben stehen und dich wohl fühlen. Die andere richtet sich auf die anderen: auf die Menschen, aber auch die Natur, ja die ganze Welt: du willst ihnen etwas Gutes zukommen lassen. Zwischen beiden Komponenten sollte ein wohl ausgewogenes Gleichgewicht bestehen. Wenn jemand nur um seiner selbst willen mit dem Himmel zu sprechen wünscht, dann ist etwas nicht ganz im Gleichgewicht. Will er es nur um der anderen willen, ist auch etwas nicht im Gleichgewicht.

II. Voraussetzungen

Die Voraussetzungen sind in verschiedene Kategorien einzuteilen, nämlich in unbedingt notwendige, weiterhin wünschenswerte und zusätzliche Voraussetzungen, die da sein oder auch fehlen können. Wenn wir von unbedingt notwendigen Voraussetzungen sprechen, meinen wir nicht, daß ein Mensch ohne diese Voraussetzungen nicht auch mit dem Himmel sprechen könnte, aber dann begibt er sich in unsicheres Gelände. Es geht um die Voraussetzungen, die gegeben sein sollten, damit das Gespräch mit dem Himmel *sicher im lichten Bereich* stattfindet und auch weiterhin im gesicherten lichten Bereich bleibt.

1. Die erste ist, daß ein Mensch sein äußeres – berufliches, gesellschaftliches – Leben halbwegs *gemeistert* hat. Moment – das übernimmt der heilige Franziskus.
    Der heilige Franziskus: Bitte nennt mich einfach *Bruder Franziskus*. Ja, die erste Voraussetzung ist, die Erfahrung des Menschseins gemacht zu haben, nämlich die Erfahrung, den eigenen Verstand, die eigene Entscheidungsfähigkeit, die eigene Handlungs- und Verantwortungsfähigkeit nutzen zu können und schon genutzt zu haben.

Bevor du das Gespräch mit dem Himmel suchst, zeige, daß du in der Lage bist, mit dir selbst, deinem Körper, der Welt, den dich umgebenden Menschen, Tieren und Pflanzen zurechtzukommen, und zwar eigenbestimmt im Denken, Entscheiden, Handeln und Verantworten.
Für Kinder ist es zwar eine Leichtigkeit, mit dem Himmel zu sprechen. Aber sie erfüllen noch nicht die Voraussetzungen, um in voll bewußtem Umfange mit dem Himmel zu kommunizieren, sie tun es auf kindliche Art.
Es ist wünschenswert und in Ordnung, wenn sie während der Pubertät den Kontakt mit dem Himmel auf ein Minimum reduzieren, vielleicht sogar zeitweise abbrechen, um sich in der Welt und der Gemeinschaft der Menschen zu positionieren, sich einzufügen oder auch zu distanzieren. Erst wenn ein Mensch das gelernt hat, kann der direkte Kontakt mit dem Himmel wieder sinnvoll aufgenommen werden, also erst etwa Ende zwanzig bis Anfang dreißig.
2. Die zweite unbedingt notwendige Voraussetzung ist, daß du ein klares Bild deiner *Stärken* und deiner *Schwächen* hast. Liste sie auf. Betrachte dich unparteiisch, zwar mit einer Grundtendenz zum Wohlwollen, aber ohne Schönfärberei. Betrachte dich wie einen anderen, wohlmeinend, aber doch mit klarem Blick. Schreibe in eine Liste deine Schwächen, Mängel, Makel, in eine andere deine Stärken, Schönheiten, herausragenden Facetten, nicht damit du dich schlechter oder besser dünkst als die anderen, sondern damit dir klarer wird, wer du bist. Die Betrachtung deiner Schwächen wird dir zeigen, wo die nicht so lichten Seiten eingreifen werden: nämlich an deinen schwachen Punkten.
3. Wo immer du dich im irdischen Alltag befindest, dort *bleibe* in aller Regel. Meine nicht, der Himmel sei woanders näher oder besser zugänglich oder du seist woanders offener für ihn. Der Himmel ist überall und immer

erreichbar. Meine nicht, Ort und Zeit seien verkehrt. Du bist zur rechten Zeit am rechten Ort. Der Himmel befindet sich exakt vor deiner Nasenspitze.

In Ausnahmefällen mag es sein, daß du dich an einem Ort befindest, wo du aus bestimmten Gründen nicht hingehörst. Dann danke der Welt, daß sie dir einen Ort zur Verfügung stellte, an dem du lernen konntest, wo du nicht wirklich zu Hause bist. Nicht die Welt hat etwas verkehrt gemacht, nicht die anderen Menschen sind schuld, es sind nicht die Gegebenheiten, die nicht stimmen, sondern du paßt nicht zu diesen Gegebenheiten, und dadurch daß du dort warst, ist dir das klar geworden. Dann suche dir dein Zuhause, geh an den Ort, an den du möchtest – mit allen Konsequenzen, die das dann hat in der äußeren Welt.

4. Eine weitere unerläßliche Voraussetzung ist ein stimmiges Verhältnis zu *Hierarchie*, Rangordnung, Autorität. Wenn ein Kind den Eltern oder Lehrern, der Erwachsene dem Vorgesetzten oder Meister Folge zu leisten hat, so liegt darin keine Abwertung des Menschen, es hat nichts mit besser und schlechter zu tun, sondern mit dem Ort, an dem man sich befindet. Wer ein gestörtes Verhältnis zu irdischen Autoritäten hat, wird auch ein gestörtes Verhältnis zu himmlischen Hierarchien haben und ist mit solchen Arbeiten immer in Gefahr. Prüfe dich darauf hin. Und ordne dich nicht zu hoch und nicht zu niedrig ein.

Ferner: Dein Streben, Anbeten, Rückbinden richte sich stets und *einzig auf die Trinität,* auf Vater, Sohn und Mutter. Deine Zusammenarbeit erfolgt vielleicht mit Meistern, Heiligen, Engeln und Menschen. Sie mögen notwendige, hilfreiche, gute Vermittler sein, aber eben Vermittler und niemals Ziel der Anbetung, des Lobpreises, der hohen Verehrung. Das wird nur dann klar, wenn ein gesundes Verhältnis zur Hierarchie überhaupt besteht.

5. Eine fünfte Voraussetzung ist die *Verläßlichkeit,* die Fähigkeit, einzustehen sowohl für ein Ja als auch für ein Nein. Auch das solltest du dir anschauen in deiner Biographie. Wie bindungsfähig bist du? Wie vertrauenswürdig und verläßlich ist dein Ja? Wie weit vertraust du dir selber? Wie weit können andere und auch der Himmel auf dich bauen? Wie lange und wie weit hat ein »Ja« getragen, und zwar auch in den kleinen Dingen? Du hast z. B. »ja« gesagt zu einer bestimmten Übung, hast einen Vorsatz gefaßt, der ja auch ein Versprechen ist. Bei wieviel Schwierigkeiten hast du angefangen zu zweifeln, wann hat es gebröckelt, wieviel Druck hat dein Ja ausgehalten?
6. Eine weitere Voraussetzung ist das *Einverständnis* mit Gott und Welt. Macht zwei weitere Listen. Notiert, wovon ihr meint, daß man es *braucht,* um gut und sicher zu leben. In einer zweiten notiert, was euch *fehlt* oder wovon ihr nicht genug habt. Falls ihr hinzufügen wollt, was dem Partner, den Angehörigen, dem Unternehmen, für das ihr zuständig seid, der Gemeinschaft, für die ihr verantwortlich seid, fehlt, dann reduziert es soweit möglich auf das, was wirklich von euch abhängt und euch direkt betrifft. Es können materielle Dinge sein wie Geld, Besitz, Haus; es können auch immaterielle Werte sein: Freundschaften, Beziehungen, Macht, Einfluß, Bewunderung, Geliebtwerden, Geschätztwerden etc. Es kommt darauf an, daß ihr sehr ehrlich notiert, welche Bedürfnisse noch nicht genügend befriedigt sind, und daß ihr das genau im Blick behaltet.

Es wäre ideal, wenn ihr, bevor ihr mit der Schulung beginnt, zu dem Schluß kommen könntet: »Ich habe, genau besehen, von allem so viel, daß es *genug* ist. Mehr brächte nicht unbedingt mehr Nutzen. Es könnte mich vielleicht sogar ablenken, schwächen, binden.« Dann seid ihr auf der sicheren Seite.

Was auf der Bedürfnisliste als noch nicht erfüllt stehen bleibt, macht euch angreifbar. Eine Falle, in die man euch locken könnte, ist, daß sich aus dem Bedürfnis eine Begierde entwickelt und damit eine gefährliche Schwäche.

Doch auch unabhängig davon steht hinter ungestillten Bedürfnissen die Vorstellung, Gott oder die Engel hätten etwas nicht richtig gemacht, ihr lebtet in einem Universum des Mangels, mindestens in eurem Leben herrsche Mangel. Da sei nicht genügend gesorgt, da müßte vieles anders sein, damit es richtig wird.

Wenn ihr bei genauer Betrachtung eurer Umstände zu der Erkenntnis kommen könntet, ihr habt genug, um euch ein Fortschreiten und auch mal ein Ausruhen zu ermöglichen, dann seid ihr mit euren Gegebenheiten einverstanden. Einverstanden sein heißt nicht, nichts mehr verändern wollen. *Einverstanden sein* ist eine Grundhaltung, von der aus man weiterschreitet, aber lächelnd und aus der Stärke heraus.

Wer nicht einverstanden ist, geht aus dem Mißmut, aus der Schwäche heraus weiter, nicht lächelnd, sondern trotzig, mürrisch, ängstlich oder wütend gegen die Welt, die Menschen, den Himmel oder gegen sich selbst. Ihr solltet prüfen, ob ihr euch solche inneren Haltungen vielleicht noch nicht eingestanden habt, sondern sie mit dem Mäntelchen der spirituellen Bemühungen, der esoterischen Moden zu bedecken sucht. Das alles wäre äußerst gefährlich. Um beim Sprechen mit den Engeln gegen Irreführungen abgesichert zu sein, bedarf es auch der Grundhaltung des Einverstandenseins, des emotionslosen Lauschens, der unvoreingenommenen Offenheit, des völlig entspannten Gesichts. –

Also jeder Arbeit mit dem Himmel sollte eine gründliche biographische *Selbstprüfung* vorausgehen: Wie steht es mit der Eigenbestimmung, der Selbsterkenntnis, der Zufriedenheit mit Ort und Zeit, der Anerkennung von Hierarchie und Autorität, der Zuverlässigkeit eines Versprechens, dem

Einverständnis mit Gott und der Welt? Der Sinn dieser Selbstprüfung ist, daß ihr den Weg, den ihr gehen werdet, sicher geht, m.a.W. daß ihr nicht in nicht-lichte Gefilde tretet und von nicht-lichten Wesen nicht gefährdet werdet. Die Ergebnisse eurer Selbstprüfung gehen niemanden etwas an außer euch selbst. Und der Himmel hat keinen Grund, euch daraufhin einzustufen: du bist gut, du bist weniger gut und du bist überhaupt nicht zu gebrauchen. So ist das nicht gemeint. Diese Arbeit hat nicht den Charakter einer Bewertung, sondern einer *Absicherung*. Ihr klärt diese Voraussetzungen entweder, damit ihr sicher seid, oder damit ihr Maßnahmen treffen könnt, um euch nach bestem Vermögen abzusichern.

III. Blockaden

Ihr begegnet natürlich immer wieder Hürden, Blockaden, Hindernissen. Grundsätzlich gilt: eine Blockade hat erstens einen Sinn, hat zweitens aber immer nur für eine bestimmte Zeit einen Sinn.
Der *Sinn* ist, zu fragen: überwindest du die Hürde oder bleibst du stehen oder kehrst du um? Willst du weitermachen oder willst du aufhören? Das fragt ja die Hürde, und das ist das Wichtige und das Gute an ihr.
Dieser Sinn ist erledigt, sozusagen aufgebraucht, wenn ihr diese Frage beantwortet habt. Also beschäftigt euch nicht weiter mit der Blockade an sich, sondern damit, sie entweder zu übersteigen oder sie als eure Grenze zu akzeptieren: diese Hürde ist mir zu hoch, weiter gehe ich im Moment nicht oder überhaupt nicht.
Blockaden können alles mögliche sein: ihr findet euch zu jung oder zu alt, ihr seid eine Frau oder ein Mann, ihr seid nicht gebildet genug oder im Gegenteil viel zu ver-

standesbetont und intellektuell, ihr habt keine Zeit oder ihr habt zwar Zeit, aber dafür nicht genug, ihr werdet immer müde oder immer nervös, ihr habt nicht den richtigen Sessel zu Hause oder nicht das richtige Zimmer, ihr habt nur einmal in der Woche Zeit und das reicht nicht, ihr habt keinen guten Lehrer oder findet überhaupt keinen Lehrer, ihr habt die falsche Konfession oder überhaupt keine Konfession, es muß etwas Materielles herausspringen und der Aufwand lohnt sich nicht, oder ihr glaubt überhaupt an nichts oder seid zu skeptisch, oder ihr glaubt schon genug und braucht es deswegen nicht. Ihr könnt euch Blockaden aussuchen so viele ihr wollt.

Eines aber solltet ihr unterlassen: aus der Blockade ein Thema zu machen. Das ist zwar hübsch, damit kann man einen ganzen Berufszweig füllen. Manche psychologischen Richtungen beschäftigen sich damit, Hürden genau zu untersuchen, z. B. wie alt sie sind, ob sie immer schon da standen, ob sie immer dieselbe Form haben, wie oft sie auftauchen und bei wem, welche Höhe sie normalerweise haben, wer sie überspringen kann und wer gemeinhin nicht, welche Hilfen man anbietet, um sie zu überspringen usw. Das alles sollte euch überhaupt nicht interessieren, sondern nur: was tut ihr im Angesicht der Hürde? Wollt ihr drüber oder nicht?

Wenn ihr beschließt, drüber zu wollen, werft wie jeder gute Reiter euer Herz voraus: *ich will und ich werde.* Also nicht nur: ich will, ich würde ja gerne, sondern ich will und ich werde diese Hürde überspringen, denn mein Herz hat sie schon übersprungen. Diese Hürde macht mir klar: hier könnte ich aufhören, ich hätte einen guten Grund, eine gute Entschuldigung, ein gutes Argument dafür. Ich tue es aber nicht, ich mache weiter.

Oder ihr sagt: das ist für mich der Punkt, an dem ich aufhöre, weiter gehe ich nicht. Auch recht. Aber dann lamentiert nicht: wenn das da nicht wäre, dann würde ich ja, sondern sagt ehrlich: über diese Hürde *will ich nicht*. Damit ist das Thema beendet, und eure Umwelt ist nicht weiter zu beschäftigen mit irgendwelchen Äußerungen über das, was ihr alles tun würdet und wie weit ihr kommen könntet, wenn da nicht diese Hürde wäre. Alle Formulierungen, die mit »ich würde, wenn« beginnen, sind zu unterlassen. Das klingt streng, das ist mir wohl bewußt. Aber ohne diese Strenge geht es nicht, ihr wollt ja Hilfen haben.

Dieser Ansatz macht euch entweder frei, oder er läßt euch in voller Würde und Freiheit eure Grenze erkennen. Wichtig ist, daß jeder irgendwann vor einer Hürde stehen wird, die er aus guten Gründen in diesem Leben oder für dieses Mal nicht überspringen wird. Das ist in Ordnung. Das Überspringen von Hürden ist kein Bewertungskriterium. Niemand im Himmel schaut sich an, wer wie schnell wie viele Hürden nimmt. Wenn ihr das wißt, dann habt ihr vielleicht nicht mehr diesen inneren Druck.

Auch wenn andere an der Hürde halt machen, ist das zu respektieren. Wer es bewertet – du bist wohl noch nicht so weit oder du bist nicht spirituell genug oder eine ziemlich schwache Seele oder dgl. – hat den rechten Weg verlassen. Soviel für heute.

Freitag, 23. 3. 01

Mit dem Himmel sprechen lernen II.

∞

IV. Erste Schritte

Bruder Franziskus: Wir gehen heute weiter zu der Frage: Welche ersten Schritte sollte man tun und welche möglichst nicht?

1. Der erste Schritt wird im Innern getan: der *Entschluß*, das Gespräch mit den Engeln lernen zu wollen. Vielleicht habt ihr schon einmal in diese Richtung geblickt – aus Tradition oder einer Not heraus. Jetzt faßt ihr einen bewußten Entschluß. Dieser innere Entschluß sollte betrachtet werden wie eine Geburt. Beginnt nicht irgendwie, irgendwann, irgendwo, sondern faßt einen Tag ins Auge, an dem ihr diesen Entschluß in einem feierlichen Versprechen bekräftigt. Macht ein Ritual daraus. Tut es an einem bestimmten Ort, mit Freunden zusammen, mit einer Hinwendung zu bestimmten Heiligen, Patronen oder Engeln und mit einem feierlichen Ablauf des Tages. Merkt euch das Datum und begeht diesen Tag jedes Jahr aufs neue wie einen Geburtstag.

Sollte der Moment des Entschlusses schon hinter euch liegen, habt ihr euch schon auf den Weg gemacht, aber noch hin und her probiert, gesucht, getastet, geforscht, es

dann aber auch wieder bleiben lassen, dann war das eine Vorgeschichte wie eine Art Schwangerschaft. Dann setzt trotzdem einen Tag an, an dem ihr den Entschluß feierlich bekräftigt und den ihr künftig als Geburtstag begehen werdet. Von diesem Tag an bekommt euer Suchen seine Richtung, euer Voranschreiten seinen Weg, euer Arbeiten seine Ordnung.
2. Bestimmt aus Anlaß dieses Tages *Ort und Zeit* für eure tägliche Arbeit. Schafft euch eine Ecke im Haus oder einen Platz in der Natur, wo ihr eure Hinwendung zum Himmel pflegen und eure Gespräche führen wollt. Und wählt eine *Stunde,* d. h., gebt eurer Arbeit einen Raum auch im Tagesablauf. Legt einen Zeitraum fest, der für euch täglich machbar ist und der dann so fest eingeplant wird wie waschen, Zähne putzen, essen oder schlafen. Er sollte aber kein Ersatz sein für Essen oder Schlafen, Arbeit oder Entspannung. Das Gespräch mit dem Himmel ist eine eigenständige Größe und nicht ein Ersatz für irgend etwas.
3. Überlegt, wie ihr euch passend *kleidet und pflegt.* Was braucht ihr, was behindert euch? Alles, was zuviel ist, wird euch behindern.

Achtet darauf, daß ihr euch nie zu warm anzieht, natürlich nicht so, daß ihr friert, aber tragt nicht mehr als unbedingt nötig. Achtet auch auf euer Schuhwerk. Höhere Absätze, zu dicke Sohlen, künstliche Materialien sind äußerst ungünstig. Es ist nicht kapriziös, wenn ihr auf natürliche Materialien zurückgreift, weil die am wenigsten stören.

Empfehlenswert ist nach meiner Erfahrung, sich an folgende Grundsätze zu halten:
   a) So viel wie nötig, aber nicht mehr.
   b) So natürlich wie möglich, und zwar besser pflanzlich als tierisch.

c) So schlicht und bescheiden wie nur irgend denkbar. Also keine Kosmetik, kein Putz, kein Schmuck, allenfalls ein Gürtel mit Knoten oder ein Rosenkranz, weil das heilige Hilfsmittel sind, oder ein Ring, der euer Gelöbnis dem Himmel gegenüber versinnbildlicht, sonst höchstens euer Ehering.
d) Meiner Erfahrung nach ziemt es sich, dem Himmel frisch gewaschen und gekämmt gegenüber zu treten, und das gilt auch für den inneren Zustand.
e) Es ist ferner vorteilhaft, vor der Arbeit nicht viel getrunken oder gegessen zu haben, zwar nicht hungrig, aber auch nicht satt zu sein. An Getränken empfiehlt sich klares Wasser. Und schließlich solltet ihr nicht müde oder gar erschöpft sein.

Das alles heißt natürlich nicht, daß der Himmel ohne diese Voraussetzungen nicht zu sprechen wäre, das ist ja wohl selbstverständlich. Aber wenn ihr nach den günstigen Voraussetzungen für diese Arbeit fragt, beachtet diese Dinge.

4. Wappnet euch mit dem gebotenen *Ernst*. Mit dem Himmel könnt ihr nur sprechen, wenn ihr es ernst meint. Das heißt nicht, daß es nicht sehr humorvoll und lustig zugehen kann. Aber es ist eine ernst zu nehmende, eine heilige Arbeit, nicht irgendeine Art von Hobby oder Vergnügen oder ein weiterer Konsumartikel in eurer Welt. Ihr trefft eine Lebensentscheidung für einen heiligen Weg. Dieser sollte euch heilige Freude und heilige Pflicht sein, beides gleichermaßen.

Kleidet euch in folgende Haltungen: erstens *Geduld*, zweitens *Disziplin*, ein verläßliches Ja, drittens *heiligen Ernst*, viertens *heilige Freude*. Es ist vorteilhaft, wenn ihr euch diese Begriffe wirklich wie Kleidungsstücke vorstellt. Gebt diesen Haltungen eine Stofflichkeit, feinstofflich, aber eben stofflich. Macht z. B. aus der Geduld ein

mütterlich-blaues Hemd, aus der Disziplin ein paar gut sitzende Schuhe, aus der heiligen Freude einen Umhang und aus dem heiligen Ernst einen Gürtel. Macht euch zur täglichen Gewohnheit, euch für diese Arbeit speziell zu kleiden, äußerlich und auch innerlich. Übrigens tut es euch gut, euch überhaupt innerlich zu kleiden. Morgens, wenn ihr euch anzieht, bekleidet euch gleichzeitig mit dieser Haltungskleidung und schaut einmal, was dann passiert im Alltag, ob ihr euch dann nicht noch anders umgeben und geschützt, gegürtet und getragen, gewärmt und behütet fühlt.
5. Nehmt euch vor, über eure Arbeit zunächst weitgehend *zu schweigen.* Überlegt euch gut, wem ihr etwas von eurem Tun und Streben erzählt, wenn überhaupt jemandem. Natürlich ist es immer gut, sich in Gemeinschaften gegenseitig zu stützen und zu motivieren. Dennoch ist das motivierendste und schützendste Heim, das ihr euch geben könnt, das Schweigen. Sagt also eher weniger als zuviel. Die größte Kraft wird entwickelt im Schweigen vor der Welt. Das ist nicht Pflicht, aber äußerst empfehlenswert. Ihr könnt euch zur Regel machen, darüber nur zu sprechen, wenn ihr gefragt werdet.

Gefragt werdet ihr, wenn ihr eine Ausstrahlungskraft, eine Präsenz, eine Wirksamkeit erreicht haben werdet, die den anderen Menschen auffällt: Wie kommt es, daß du so fröhlich bist, daß es mir so wohltut, wenn du die Hand auflegst, daß bei dir das und das so anders ist? Dann könnt ihr vielleicht ein bißchen antworten, aber auch immer nur stückchenweise und nur so viel, wie gerade gefragt wurde.
6. Für die Arbeit wählt eine *Haltung,* die euch angenehm ist, ohne daß sie zu bequem wäre. Es eignen sich das Sitzen ohne angelehnt zu sein, oder das Sitzen auf dem Boden, auf einem Bänkchen oder einem Kissen, auch das Knien,

nicht so sehr das Stehen und schon gar nicht das Liegen. Die Haltung, die ihr körperlich einnehmt, hat Auswirkungen auf alles weitere. Aus meiner Erfahrung ist das Sitzen bzw. Knien auf dem Boden die wirkungsvollste Haltung, wenn ihr sie einnehmen könnt, ohne daß ihr euch gestört, angestrengt, verkrampft oder verspannt fühlt. Eure anfängliche Übung besteht in nichts anderem als darin, daß euch nichts, kein Jucken, kein Kratzen, kein Schmerzen, kein Verspannen davon abhält, in aller Ruhe, Gelassenheit, Entspanntheit, in allem Frieden schlicht und einfach zu sitzen oder zu knien. Beginnt mit wenigen Minuten, dann steigert das auf zehn, dann auf fünfzehn Minuten bis zu mindestens dreißig Minuten, ohne daß euch das lästig wird, ohne daß irgend etwas stört, ohne daß ihr dabei ermüdet oder einschlaft oder euch innerlich verkrampft.

7. Ergänzt das stille Sitzen um das sogenannte *stille Gehen*. Egal wie klein euer Raum ist, ihr werdet genug Platz haben, einige Schritte zu tun. Ihr könnt rund gehen oder hin und her oder, wenn es der Raum erlaubt, größere Bahnen ziehen. Geht gleichmäßig vor euch hin, ganz schlicht und einfach. Geht, ohne daß die Schritte hastig oder langsam wären, ohne daß sie stolpern, ohne daß ihr euch dabei verkrampft, ohne daß ihr euch peinlich oder lächerlich fühlt, ohne daß ihr meint, ihr müßtet besonders aufrecht oder besonders locker sein.

Geht so, daß ihr das Gefühl habt, nicht ihr tretet nach Willkür auf die Erde, sondern euer Körper und die Muttererde sind in einem Gespräch. Sie berühren und entfernen sich voneinander in inniger Harmonie. Der Boden freut sich, wenn der Fuß ihn berührt, und der Fuß freut sich, wenn er den Boden berühren darf. Dann lösen sich beide für kurze Zeit voneinander und finden wieder zueinander.

Wenn das Wetter gut ist, tut das in der freien Natur. Geht einfach und achtet dabei auf nichts anderes als auf dieses zärtliche Liebesverhältnis zwischen euren Füßen und dem Boden unter euren Füßen.

8. *Bleibt konzentriert* bei eurer Arbeit. Es ist wichtig, daß ihr diese Zeit nicht »nutzt«. Hadern, gedankliche Gespräche führen, Pläne machen, Sorgen wälzen, Ängste aufkeimen lassen, irgendwelche Art von Ärgernissen hin und her bewegen, Gedächtnisübungen machen und dergleichen werden sich aufdrängen; laßt es nicht zu. Bewegt nichts im Geiste, als was ihr im Moment tut. Ihr seid nicht gestern, nicht morgen, nicht vor einer Minute, nicht in einer halben Stunde, nicht bei den vielen Dingen, die auch noch auf der Welt ablaufen, sondern nur bei dem, was ihr tut. Wenn ihr sitzt, seid ihr nur Sitzende, und wenn ihr geht, seid ihr nur Gehende.

Ihr werdet sehen, daß das sehr schwierig ist und euch anfangs nur für Sekunden oder Minuten gelingen wird, aber das macht nichts. Übt, bis ihr das könnt ohne das Gefühl, das sei zu viel, das überfordere euch, das sei sinnlos oder gar lächerlich. Tut es einfach – und ihr werdet die Wirkungen sehen.

Eine halbe Stunde sitzen und eine halbe Stunde gehen solltet ihr erreichen, wenn es euch ernst ist. Besser ist, wenn ihr jeden Tag fünf Minuten übt, als wenn ihr euch eine halbe Stunde vornehmt, die ihr nicht schafft, und dann vielleicht mal plötzlich fünf Stunden am Stück arbeitet. Das ist wie bei der Gymnastik, die nur sinnvoll ist, wenn sie regelmäßig geübt wird, oder auch wie beim Essen. Ihr könnt nicht fünf Tage fasten und dann plötzlich ein Fünf-Gang-Menü essen.

Diese Arbeit geht nur sicher und Erfolg bringend voran, wenn sie täglich in kleinen Maßen geübt wird. Solltet ihr diese Zeiträume nicht zur Verfügung haben, beschränkt euch auf zehn Minuten morgens und zehn Minuten abends, oder überhaupt nur auf zehn Minuten morgens. Das ist besser als gar nichts.

9. Wenn ihr jetzt das Gespräch mit dem Himmel aufnehmen wollt, beginnt damit, daß ihr ganz bewußt *schweigt*. Nichts ist wichtiger als zu schweigen, bevor man spricht. Um das Schweigen zu üben und zu erleichtern, stellt euch vor, ihr befändet euch in einer Hohlkugel. Von außen prallt alles mögliche wie Regen auf die Kugel: Gedanken, Sorgen, Lärm, Ängste, Vergangenheit, Zukunft, Meldungen von Magen, Herz, Kreislauf, kleinem Zeh. Das alles trifft euch nicht. Ihr sitzt in diesem Raum des Schweigens. Ihr befindet euch in ihm wie ein Embryo in einer Fruchtblase, oder ihr schwebt oder schwimmt in diesem Raum wie in einem großen, ruhigen, schweigenden Meer. Das einzige, was euch begleitet, ist der schweigende Rhythmus des Atems. Auch das wird euch anfangs nur für Sekunden gelingen, später für Minuten, dann für längere Zeit.

Übt das Schweigen auch im *Gehen*, und zwar so, daß ihr das Gefühl habt: Jeder Schritt imprägniert den Boden mit einem wohltuenden, befreienden Schweigen. Wenn ihr in der Natur geht, dann hinterlaßt Fußstapfen eines so tiefen Schweigens, daß es wirklich spürbar ist, als pflanztet ihr mit jedem Schritt ein Schweigen. Wer nach euch diesen Weg geht, wird von einem eigenartig wohltuenden Schweigeduft erfaßt und erfüllt. Und wenn ihr in einem Raum geht, dann erfüllt ihn durch jeden Schritt mehr und mehr mit diesem Duft, dieser Konzentration, dieser greifbaren Anwesenheit des Schweigens.

Übrigens: Wenn ihr *sitzt* – das klingt paradox –, *geht* ihr innerlich, könnt ihr z. B. innerlich wandern, reisen, euch erweitern, sogar fliegen. Wenn ihr *geht, steht* ihr innerlich, ihr konzentriert einen Raum, hinterlaßt etwas, was dort

ist und bleibt. Das bedeutet: Auch wenn ihr *sitzt*, hinterlaßt diese Fußstapfen des Schweigens.
10. Der nächste Schritt ist das Üben des *passiven Sehens*. Da ihr mit dem Himmel in ein Gespräch kommen wollt, wollt ihr sehen, wer dort ist, und ihr wollt ihn hören. Nun habt ihr euch schleichend und unbewußt angewöhnt, aktiv in die Welt zu schauen. Eure Art zu sehen entspricht eurer Art, mit euren Händen umzugehen: ihr nehmt die Welt in Besitz, ihr greift zu, ihr faßt die Dinge an, ihr handhabt sie. Ihr macht sie euch untertan, indem ihr sie auseinandernehmt, zusammensetzt, verarbeitet, formt, verformt und nutzt, wie es euch sinnvoll scheint. Dasselbe tut ihr mit den Augen. Ihr richtet euren Blick auf etwas, konzentriert euch auf das, was ihr sehen wollt, habt bestimmte innere Vorstellungen, Meinungen, Haltungen, Urteile, vielleicht auch Vorurteile, und aufgrund dieser inneren Vorgriffe blickt ihr sozusagen aktiv. Das ist ja auch in Ordnung.

Es ist aber nur eine Art und Weise zu blicken. Ihr solltet eine weitere Art lernen. Auch die wird euch anfangs nur für wenige Sekunden gelingen. Sie ist aber die Voraussetzung dafür, die Wesen des Himmels sehen zu können. Übt sie folgendermaßen:

Schaut nicht wohin, weil ihr etwas sehen wollt, sondern laßt die Augen selber gar nichts tun. Sie sind einfach nur da, damit etwas, was gesehen werden will, in sie hinein fallen kann. Was sich in den Blick drängen möchte, was sozusagen von sich aus aktiv wird, das nehmt passiv auf.

Manche Tiere ernähren sich, indem sie warten, bis etwas Verspeisbares angeflogen kommt, dann machen sie einfach nur den Mund auf und lassen es herein. Auch das Baby wartet, bis das Fläschchen kommt oder die Brust. So könnt ihr es zwar nicht mit einem Knödel machen, aber mit den Dingen, die gesehen werden wollen.

Setzt euch also in Ruhe hin, schließt die Augen, nehmt euch überhaupt nichts vor, wollt mal gar nichts. Dann öffnet die Augen, ohne etwas in den Blick zu nehmen, so als hättet ihr geschlafen und wüßtet noch gar nicht, wo ihr seid und was betrachtenswert sein könnte: ach ja, es ist Tag. Jetzt schaut einmal, was da ist und gesehen werden möchte.

Es wird nur wenige Sekunden funktionieren, und schon werdet ihr wieder aktiv werden und euren Blick konzentrieren: welche Muster sind auf dem Sofa oder welche Figuren auf dem Bild? Ihr solltet es aber immer wieder üben, also die Augen schließen, innerlich loslassen, nichts mehr wollen, sondern einverstanden sein, daß sich zeigt, was sich zeigen möchte, dann die Augen aufmachen und schauen: was ist das erste, was sich da zeigen möchte?

11. Nun übt das *Schließen der inneren Augen*. Macht euch klar: so wie die äußeren Augen Augenlider haben, die ihr schließen könnt, so auch die inneren Augen. Schaut in die Natur, nehmt das Bild auf, daß sich euch bietet. Dann schließt die äußeren Augenlider und habt das Bild nur noch vor den inneren Augen. Nun schließt auch die inneren Augenlider, so daß ihr gar nichts mehr seht, auch das innere Bild nicht mehr, jetzt ist einfach nichts da, es ist schwarz. Gewöhnt euch an die Schwärze und denkt an nichts.

Jetzt macht die inneren Lider wieder auf und schaut mit den inneren Augen: Was aus diesem Bild der Außenwelt, das ihr sozusagen fotografisch in die Innenwelt mitgenommen hattet, möchte sich besonders zeigen? Ihr werdet feststellen, daß diese Gegebenheiten der Natur eine eigene Intention haben. Einige sind zurückhaltend, andere sagen vielleicht: Schau mich an, wie schön oder wie lustig ich bin.

Es kann auch sein, daß ihr Wesenheiten erblickt, die ihr in der Außenwelt überhaupt noch nicht gesehen hattet, weil ihr sie in eurer aktiven Art zu blicken gar nicht zugelassen habt. Ein aktiver Blick ist natürlich ein sehr beschränkender, ausschließender Blick. Durch ihn bekommt ihr manches zu fassen, andererseits tötet er aber quasi auch. Nehmt ihr ihn weg, dann kann es also sein, daß ihr einiges besonders seht, einiges anders, einiges mehr, als ihr in dem äußeren Bild und dann auch in der inneren Ablichtung wahrgenommen hattet.

Übt das zunächst in der Natur. Was euch dort widerfahren wird, ist, daß ihr seht, welchen Geist die Natur hat, welche Naturgeister um die Dinge der Natur sind. Ihr seht also nicht nur den Busch und die Blumen, sondern ihr seht auch, was Busch und Blumen zu sagen haben, wie sie sich befinden, was sie äußern, welcher Charakter sich da zeigt, welche Persönlichkeiten sich offenbaren. So findet ihr Zugang zur Lebendigkeit aller Dinge. Ihr werdet in die Lage versetzt, nicht nur Formen, Farben und Perspektive zu sehen – das könnt ihr ja schon –, sondern das Wesen des Lebendigen, das Leben an sich.

12. Wenn ihr aber den Himmel sehen wollt, dann schaut ihr direkt *ins Herz des Lebens* hinein. Könnt ihr das Wesen des Lebens nicht sehen, dann könnt ihr den Himmel nicht sehen. Engel sind das pure Leben. Sie sind Boten der Heiligen Trinität, also Repräsentanten des Schöpfers und der Lebendigkeit der Schöpfung. Sie blieben euch unsichtbar, nicht weil sie unsichtbar wären, sondern weil ihr noch nicht die richtigen Augen, die richtige Art zu sehen entwickelt hattet.

Sie sind da, sie sind um euch, also könnt ihr sie sehen, zwar nicht mit den äußeren, aber mit den inneren

Augen. Ihr braucht ihnen nur zu gestatten, in euer Blickfeld zu treten. Schließt die äußeren Augenlider, dann schließt auch die inneren, bis sich das Gewohnte nicht mehr vordrängt und eure Aufmerksamkeit nicht mehr in Anspruch nimmt. Das bedarf der geduldigen Übung. Dann öffnet die inneren Augenlider, ohne etwas Bestimmtes zu erwarten. Seht einfach zu, was sich euch zeigen will.

Mittwoch, 28. 3. 01

Mit dem Himmel sprechen lernen III.

∞

V. Übungen

Bruder Franziskus: Es wird euch vielleicht eine gewisse *Strenge* aufgefallen sein. Strenge ist bei dieser Schulung unerläßlich, und zwar Strenge sowohl vom Lehrer den Schülern gegenüber als auch von den Schülern sich selbst gegenüber. Strenge bedeutet: in einer liebevollen Weise klar und konsequent sein. Ohne strenge Anforderungen alles verstehen, alles erlauben verhindert die klare Orientierung und untergräbt zudem Würde und Selbstwert des Schülers. Das ist die Umgangsweise mit schwachen und gebrechlichen Menschen, von denen man meint, daß sie nichts leisten können.

Wer sich aber als Schüler versteht, sollte sich nicht selber in die Rolle eines Menschen begeben, der nicht in der Lage ist, Anforderungen zu genügen, weiter zu schreiten, sich zu formen und zu bilden. Macht euch für den weiteren Weg heilige Freude und heilige Strenge zur Gewohnheit. Seid streng gegen euch, das heißt liebevoll konsequent.

Dann könnt ihr euch erlauben, nachgiebig, verständnisvoll und geduldig gegen die anderen zu sein. Das ist besser als nachsichtig gegen sich selbst und um so strenger gegen die Welt zu sein.

Wenn es euch ernst mit eurer Schulungsarbeit ist, bedarf es einer konsequenten, bewußten Hinwendung zum Lichten. Dazu gehören folgende Schritte.

1. Leitet eure Morgen- und Abendarbeit mit einer Kombination von *Gebeten* ein. Beginnt mit einem oder mehreren Hochgebeten. Hochgebete sind Gebete, die in den Weltreligionen rund um den Globus, rund um die Uhr gesprochen werden, im christlichen Gebrauch z. B. das »Vaterunser«. Es gibt aber auch andere Gebete und Litaneien, die diese Stellung haben.
   Dann laßt ein persönliches Gebet, z. B. eine persönliche Bitte, folgen.
   Dann sprecht das sogenannte Gebet des Tages. Entweder ihr schlagt Psalmen oder Kirchenliedersammlungen oder andere heilige Texte auf und erklärt die Stelle, auf die euer Blick fällt, zum Text des Tages, oder ihr betet nach Vorgabe z. B. des Breviers, des Stundenbuchs den Text des Tages.
2. Darauf folgt die *Schweigeübung*, die ihr inzwischen kennt (o. II. Ziff. 9, S. 358).
3. Dann macht eine *Lichtatmungsübung:* Mit dem Einatmen nehmt ihr von oben, über den Scheitel, farbiges Licht auf. Mit dem Ausatmen laßt ihr es durch den ganzen Körper strömen und gebt es über die Füße – grüßend und segnend – an die Erde ab. Macht das einige Male in aller Ruhe.
4. Dann übt eine gewisse Zeitlang das *aktive Sehen* mit den inneren Augen. Richtet eure Konzentration auf etwas, das ihr absichtlich und bewußt in euren inneren Blick faßt, z. B. auf die Farbe, die ihr eingeatmet habt, auf einen Menschen, eine Stadt, ein Tier, eine Pflanze. Prüft euch: Wie lange seid ihr im Stande, dieses Bild bewußt festzuhalten, ohne daß es blasser wird oder verschwindet, ohne daß andere Gedanken euch ablenken? Ihr solltet in der

Lage sein, euch nach Belieben darauf ausrichten zu können, d. h. selbst zu bestimmen, wann ihr dieses Bild ablegt und ein neues vor das innere Auge stellt. Ihr solltet nicht das Opfer von Konzentrationsmängeln, störenden Gedanken, verblassenden Bildern, sondern frei sein, zu bestimmen, ob ihr ein Bild eine Minute, fünf Minuten, zehn Minuten oder eine Stunde vor euch halten wollt. Es sollte mit der Zeit ohne große Mühe gelingen.

Es wird leichter, wenn ihr euch den Gegenstand der Betrachtung beweglich vorstellt, also nicht wie auf einem Foto, sondern wie in einem Film. Wenn ihr z. B. einen Menschen vor eurem inneren Auge habt, so reagiert er auf das, was ihr tut, er schaut euch an, er bewegt sich, und ihr beobachtet, wie lebendig er ist.

Ihr könnt das auch im Zusammenhang mit der Fürbittarbeit üben (o. 30.1.97, S. 36 f.). Da gibt es zwei Möglichkeiten, beide sollten gleichermaßen trainiert werden. Stellt euch die Person, für die ihr bittet, mal in eurem Raum, mal in ihrem Zuhause vor.

5. Das *passive Sehen* übt zunächst wieder im Zusammenhang mit der Farbatmung. Beim aktiven Sehen gabt ihr die Farbe weiter an eine Person, die ihr euch vorstelltet. Wenn ihr das gut könnt, öffnet jetzt eure inneren Augen vor einem leeren Stuhl mit Worten wie: »Wer es braucht, wer gerne möchte, der möge bitte hier Platz nehmen.« Nun wartet darauf, wer dort erscheint. Es mag jemand sein, an den ihr nicht gedacht habt oder den ihr vielleicht nur flüchtig oder überhaupt nicht kennt.

Das passive Sehen könnt ihr auch im Zusammenhang mit der Fürbittarbeit üben. Leistet Fürbitte für den, der das im Moment besonders braucht, und wartet ab, wer vor euren inneren Augen erscheint.

Das aktive und das passive Sehen könnt ihr auch im Zusammenhang mit der Versendung von guten »Wün-

schen« oder himmlischem Beistand üben. Stellt euch vor, es ist für euch ein Freudentag, und ihr möchtet anderen etwas von der Freude zukommen lassen. Setzt euch hin, schließt die Augen, sprecht die Gebete, macht die Schweigeübung und die Farbatmung. Dann gebt gute Wünsche weiter an Menschen, auf die ihr mit den inneren Augen aktiv blickt oder die ihr besucht, dann an Menschen, die passiv vor euren inneren Augen erscheinen.
6. Der weiteren Flexibilisierung dient es, die himmlische Arbeit auch mitten *im Alltag* zu machen. Zu jedem Zeitpunkt und an jedem Ort der Welt kann sie Raum finden. Übt euch darin, die genannten Schritte – Gebet, Schweigen, Farbatmung, aktives und passives Sehen – in Sekundenschnelle zu vollziehen, in jeder nur denkbaren Alltagssituation. Gewöhnt euch an, freie Minuten dafür zu nutzen. Dann gebt euer inneres Glück oder die guten Wünsche oder das Wort des Tages oder eine schöne Formel den Menschen weiter, die euch gerade in den Blick fallen: im Supermarkt, in der Bahn, auf der Straße usw. Schaut sie kurz an, nehmt euch einen Moment nach innen zurück, denkt die Formel oder was ihr gerne schenken möchtet, und gebt es an diese Menschen weiter.
7. Gewöhnt euch des weiteren an, keine Begegnung und keinen Abschied in eurem Alltag ohne *Segensgruß* zu lassen. Das braucht ihr nicht äußerlich zu tun, es kann innerlich geschehen. Wenn ihr sagt: »Ich grüße dich« oder »Grüß Gott!«, fügt innerlich hinzu: »Der Segen des Himmels sei mit dir« oder »Gott segne dich«, und entsprechend beim Abschied. Das reicht schon, es bedarf keiner pathetischen großen Formeln. Haltet euch aber immer an die Trinität. Sagt z. B.: »Der Segen des Himmels liege auf dir« oder »Gott segne dich« oder »der Herr segne dich«

oder »die himmlische Mutter sei mit dir«, so etwas solltet ihr wählen.

Zunächst tut das bei den offensichtlichen Begegnungen von Mensch zu Mensch, wo ihr euch die Hand gebt, später auch bei den flüchtigen Begegnungen, beim kurzen Grüßen über die Straße, beim Hallo zum Nachbarn hin.

Später könnt ihr Räume einbeziehen. Man begrüßt einen Raum, den man betritt, und läßt Segen zurück, wenn man ihn wieder verläßt.

8. Noch später könnt ihr auch die *Zeit begrüßen* und verabschieden. Man begrüßt eine Stunde und man verabschiedet sie. Dann könnt ihr überhaupt alles, was ihr tut, begrüßen und verabschieden. Ihr lernt damit folgendes:

Erstens, wie viele Möglichkeiten gibt es, das Himmlische in den Alltag hineinzuweben, und wie lebendig ist das Heilige im Alltäglichen!

Zweitens, wieviel Begegnung, aber auch wieviel Abschied liegt in einem einzigen Tag, vielleicht sogar in einer einzigen Stunde!

Damit gewöhnt ihr euch drittens auf sehr subtile, sehr feine Art und Weise eine Haltung an, die ihr dringend braucht: die Offenheit anzunehmen und die Offenheit loszulassen, zu jeder Zeit, an jedem Ort, was immer es sein mag, und zwar in Frieden, in der inneren Haltung des Segnens.

Viertens findet ihr noch zusätzlich ganz nebenbei zu einer Strukturierung eures Alltags. Der Alltag ist dann nicht mehr eine einzige lange Wurst von Streß, Anforderung, Hektik und Arbeit, sondern er teilt sich in kleine bekömmliche Häppchen zwischen Gruß und Abschied. Jedes ist eine Einheit. Danach fängt etwas Neues an mit dem neuen Gruß und dem neuen Abschied. Gewöhnt

euch an, zwischen Abschied und Gruß einmal tief durchzuatmen.
9. Ein weiterer Schritt ist die entschiedene *Ausrichtung auf den Vater*. Gewöhnt euch an, nicht nur einfach das Heilige an sich in den Alltag einfließen zu lassen. Der Vater ist der Höchste der Höchsten, an dem ihr festzumachen habt. Er ist der, von dem alles kommt, der alles hält, der alles bewegt, auf den hin sich alles ausrichtet. Das bedeutet, in den kurzen Zeiträumen zwischen Abschied und neuem Gruß, nach einem tiefen Einatmen beim Ausatmen das »Vaterunser« zu beten, nicht unbedingt das ganze, sondern eine Zeile, die euch gerade einfällt.

Also euer Alltag wird umrahmt von der Arbeit mit dem Himmel – morgens und abends vielleicht zehn Minuten – und ganz und gar durchwoben von einem auf den Vater ausgerichteten heiligen Wirken.
10. Was eure weitere Lebensführung angeht, so werdet ihr merken, daß eine spirituelle Arbeit kaum Fortschritt machen kann, wenn nicht alle Teile des menschlichen Seins mit einbezogen werden. Es ist eine Arbeit, die den Verstand, das Bewußtsein angeht und die das Herz, das Gefühl, die Empfindungslage angeht. Sie hat aber auch Auswirkungen auf den Körper und den Umgang mit der materiellen Welt. Deshalb gehören ja zu den Übungen, mit dem Himmel zu sprechen, die schon genannten Regeln über *Kleidung und Hygiene*. *Es* gehören dazu aber auch noch *Ernährungsregeln*. Ich empfehle folgendes:

Erstens: Höchstens zwölf Stunden am Tag könnt ihr immer wieder mal etwas zu euch nehmen, zwölf Stunden aber tunlichst nichts außer einem Glas Wasser.

Zweitens: Gewöhnt euch an, nur so viel zu essen, daß ihr gerade nicht mehr hungrig seid. Nehmt Abstand davon, euch wirklich satt zu essen.

Drittens: Gewöhnt euch an, euch nur so viel auf den Teller zu nehmen, daß ihr es auch wirklich aufeßt. Laßt euch keinen gefüllten Teller vorsetzen, denn sonst habt ihr nur zwei Chancen: entweder ihr eßt unangemessen viel, oder aber ihr laßt etwas übrig. Tut das nicht. Nehmt lieber zwei-, dreimal kleine Portionen, damit ihr nicht etwas in Besitz genommen habt, das ihr dann nicht nutzt. Etwas in Besitz zu nehmen und dann wegzuwerfen ist eine Art, mit der Materie umzugehen, die sie nicht schätzt. Ihr solltet das verstehen. Nehmt nur in Besitz, was ihr wirklich braucht, womit ihr wirklich etwas anfangt. Solche Dinge mögen euch kleinlich erscheinen. Sie haben aber eine immense Bedeutung und eine hohe Wirkung.

11. Ferner gehört zu den Rahmenbedingungen dieser Arbeit *genügend Bewegung an der frischen Luft*. Sucht euch dafür eine Zeit am Morgen und eine Zeit am Abend, das ist das Minimum. Wenn ihr sagt: das geht nicht bei meiner Arbeitsbeanspruchung, bei meiner Wohnsituation, bei meiner Familiensituation usw., dann ist das die Hürde, an der ihr halt macht. Macht euch aber klar, daß es eure freie Entscheidung ist.

Ihr könnt hier wie an jedem Punkt sagen: so weit gehe ich, aber nicht weiter, jetzt wird es mir zu viel, so ernst habe ich es denn doch nicht gemeint, so viel Einsatz wollte ich nicht bringen. Dann jammert nicht über eure Situation. Entweder gesteht euch in aller Ehrlichkeit ein: hier ist es mit dem Ernst zu Ende, und haltet inne. Oder ihr werdet Mittel und Wege finden, umzusetzen, was euch auf dem Weg weiterbringt.

12. In eure Schweigearbeit des Morgens und des Abends fügt eine weitere spirituelle Gymnastikübung ein: das *Vergrößern* und das *Verkleinern* im Atem. Stellt euch innerlich vor, ihr wachst mit jedem Atemzug, bis ihr so

groß geworden seid, daß ihr vom Keller bis übers Dach hinaus reicht, und dann, daß ihr mit jedem Atemzug wieder kleiner werdet, bis ihr als Zwerg auf einem viel zu großen Stuhl sitzt. Dann begebt euch natürlich wieder in eure Normalgröße.

Damit lernt ihr, euch nicht festzumachen an eurer vermeintlichen Übergröße oder Kleinheit. Denn viele Problematiken bestehen darin, daß ihr euch zu groß oder zu klein wähnt. Es ist sinnvoll, sich elastisch zu machen, damit man in jedem Moment des Lebens die richtige Größe oder die richtige Kleinheit annehmen kann. Ihr seid nämlich nicht groß oder klein, sondern ständig im Wandel. Ihr seid z. B. immer noch das kleine Kind, das ihr einst wart. Ihr seid angesichts eures Chefs ganz klein, aber vielleicht angesichts eures kleinen Kindes ganz groß. Ihr seid in jeder Lebenssituation groß oder klein im raschen Wandel, auf verschiedenen Ebenen sogar groß und klein zugleich, z. B. körperlich groß und stark, aber klein, wenn es um Angst oder Mut geht oder umgekehrt.

13. Jetzt versucht einmal, eure *Innere Kirche sehen* zu lernen. Beginnt damit, daß ihr euch zunächst eine äußere Kirche vor die inneren Augen treten laßt – eine Kirche, die euch besonders lieb ist, mit der ihr z. B. schöne Erinnerungen verbindet oder die euch architektonisch interessant ist.

Dann stellt euch vor: ich gehe dort hinein, ich bin jetzt in ihr. Zu meinen Füßen sehe ich einen richtigen Kirchenfußboden. Es ist günstig, mit den Füßen anzufangen, damit ihr dann wirklich gelandet seid. Reist dorthin so, wie ihr seid: mit Leib und Kopf, Füßen und Händen, ja sogar in der Kleidung, in der ihr euch im Moment in der materiellen Welt befindet.

Um jetzt eure Innere Kirche zu sehen, geht vom aktiven zum passiven Sehen über. Schließt wieder die äußeren und die inneren Augen und gebt an: ich möchte meine Innere Kirche kennenlernen. Wenn ihr die inneren Augen öffnet und zu den Füßen schaut, dann seht ihr einen Kirchenfußboden. Vielleicht ist er einem ähnlich, den ihr kennt, vielleicht sogar ihm gleich, oder er ist ganz anders. Betrachtet ihn, schaut auf, laßt euch überraschen, blickt euch um. Das ist jetzt eine Kirche, die ihr euch nicht aktiv vorgestellt habt, sondern die sich von euch sehen lassen möchte. Später, wenn ihr mit eurer Inneren Kirche vertraut geworden seid, könnt ihr sie euch aktiv vorstellen und jederzeit in sie hineingehen.

14. Jetzt geht es darum, *Engel sehen* zu lernen. Versucht es wiederum erst aktiv, dann passiv. Beginnt mit denn üblichen Ritual – Gebete, Farbarbeit, Schweigen, Augen schließen. Dann bittet eine bestimmte Engelgestalt vor eure inneren Augen, die ihr aus Erzählungen, Beschreibungen, aus Abbildungen kennt, von der ihr genau wißt, daß es sie gibt. Beschränkt euch auf Engel, geht nicht höher: mit Erzengeln solche Übungen zu machen gehört sich nicht. Beginnt am besten mit eurem Schutzengel, von dem ihr wißt, wie er aussieht, nämlich wie ihr mit etwa 20 Jahren, und mit dem ihr auch schon Wahrnehmungsübungen gemacht habt (Bd. I S. 46 ff.).

Schließt auch die inneren Augen und sagt: »Ich bitte meinen Schutzengel, vor meine inneren Augen zu treten.« Dann öffnet die inneren Augen – die äußeren bleiben geschlossen – und schaut euch den Engel an. Sieht er so aus, wie ihr ihn euch vorgestellt habt, oder inwiefern ein wenig anders? Dann könnt ihr ihm Dank oder einen Gruß übermitteln oder eine Bitte aussprechen. – Dann versucht es mit eurem Führungsengel oder Bruder Tullian oder einem blauen Marienengel oder einem, von dem ihr sonst ein wenig wißt.

Dann übt das *passive Sehen*. Schließt die äußeren und die inneren Augen. Dann öffnet die inneren Augen und laßt euch überraschen, was für ein Engel vor euch stehen mag. Schaut zunächst, welche Farbe das Gewand hat – das ist ein wichtiger erster Anhaltspunkt –, dann welche Form es hat: Ist es leicht, weht es im Wind, ist es sehr steif, ist es verziert oder ganz schlicht? Schaut auf Handhaltung oder Armhaltung, dann auf den Gesichtsausdruck, dann auf seine Bewegung. Steht er ganz still, tanzt er, bewegt er den Kopf, macht er eine Geste mit den Händen?

15. Nun ist es sinnvoll, den Kontakt mit dem Engel, den ihr wahrgenommen habt, *regelmäßig* zu pflegen, und zwar in euren Übungszeiten am Morgen und am Abend. Ihr werdet ihn nun an seinem Aussehen wiedererkennen. Fragt ihn: »Wie soll ich dich nennen?«, so, wie ihr ja auch einen Menschen, den ihr kennenlernt, fragt. Er wird euch sagen, wer er ist, so wie jedes lichte Wesen sich identifizieren wird. Ihr könnt ihn auch fragen: Wo kommst du her? In wessen Auftrag bist du da? Hat dich z. B. die Mutter geschickt oder der Herr? In welchem Dom bist du zu Hause, oder aus welcher Gegebenheit des Himmels kommst du? Was möchtest du mir sagen, worauf möchtest du mich hinweisen? oder: Darf ich dich was fragen? Gibst du dann Antworten?

Meint ihr es weiterhin wirklich ernst, dann führt ein *Tagebuch* über eure Gespräche mit den Engeln. Notiert das Datum, und dann: jener Engel ist erschienen, er heißt so und so, sieht so und so aus, das habe ich gefragt, und er hat das und das geantwortet.

16. Wenn sich nach einigen Tagen oder Wochen herausstellen sollte, daß das Geschehen und die Aussage des Engels nicht zusammen stimmen, dann nehmt die Arbeit mit dem Himmel ernst, bittet diesen Engel, er möge erscheinen und die *Diskrepanz aufklären*. Wechselt also

vom passiven in das aktive Sehen. Er hat die Freiheit zu erscheinen oder nicht. Wenn nicht, wird ein anderer Engel da sein, der sagen wird: er ist verhindert und wann ihr ihn bitten könnt. In der Regel wird er da sein. Dann fragt ihn: Zu dem und dem Zeitpunkt hast du auf die und die Frage das und das geantwortet, jetzt ist aber das und das passiert, ich verstehe es nicht. Kannst du mir das erklären? Habe ich dich falsch verstanden? Oder was ist passiert und wie konnte das geschehen? etc.

Laßt also nicht etwas im Raume stehen, was euch nicht erklärlich ist, sondern hakt nach. Nehmt den Himmel wirklich ernst, nehmt ihn beim Wort. Wenn ihr etwas nicht versteht, dann ist das weder etwas Schlimmes für den Himmel noch für euch. Mit ziemlicher Wahrscheinlichkeit liegt ein Mißverständnis vor. Es kann aber auch sein, daß das Wirken menschlicher Freiheit den Dingen eine andere Dynamik verliehen hat.

Zweierlei sollte euch immer klar sein. Zum einen: Kein Engel des Himmels kann euch das Leben abnehmen, keiner wird für euch Entscheidungen treffen, und keiner kann sichere Vorhersagen machen, und zwar immer aus dem gleichen Grund: Sie *respektieren die menschliche Freiheit,* die ein unumstößliches Grundprinzip dieser Schöpfung und damit auch des menschlichen Lebens ist. Sollten die Engel spüren, daß ihr euch abhängig machen wollt, nach dem Motto: ich entscheide nicht, bevor ich die Engel nicht gefragt habe, dann werden sie sehr wortkarg werden, um euch klarzumachen: Vorsicht! Das ist nicht, was gewollt ist.

Zum anderen: Die Engel sind Boten, aber keine Dienstboten, jedenfalls nicht so, daß ihr auf einen Wunschknopf drückt, und die Engel servieren die Erfüllung. So solltet ihr die Zusammenarbeit mit dem Himmel nicht verstehen.

Ihr lebt selbst, ihr verantwortet selbst, *ihr entscheidet selbst,* ihr helft euch selbst, so gut es geht. Das nehmen euch die Engel nicht ab, das können sie nicht, und das dürften sie auch gar nicht. Aber sie helfen, begleiten, behüten euch. Sie können euch raten, indem sie Tendenzen erklären, auf verschiedene Möglichkeiten hinweisen und euch zeigen, welche Entscheidungen welche Konsequenzen haben können. Habt ihr entschieden, fügen sie, daß daraus etwas Gutes wird, oder sie verleihen dem, was keinen Sinn hat, nachträglich Sinn. Sie machen aus dem Schlechten immer wieder das Bestmögliche, geben ihm noch eine gute Wendung.

17. Die Arbeit mit dem Himmel wird euch mehr und mehr dazu führen, *wie Unternehmer zu* denken, die frei entscheiden, die Verantwortung für sich und andere übernehmen und nicht auf Grund fremdbestimmter Vorgaben, Gewohnheiten, Trägheiten und Vorschriften leben. Der Welt gegenüber seid ihr mehr und mehr Unternehmer.

Dem Himmel gegenüber aber versteht euch mehr und mehr wie *Angestellte.* Auch ein in einem Betrieb Angestellter sollte sich eigentlich – in Maßen und Grenzen – wie ein Unternehmer verhalten: für seinen Arbeitsplatz, für sein Unternehmen denken, sich einsetzen nach dem Motto: ich bin hier der Herr dieses Platzes. Es ist vielleicht ein kleiner Platz, aber trotzdem wesentlich und nicht verzichtbar.

Viele Menschen fühlen sich dem Leben, dem Schicksal, den Menschen, den Gegebenheiten, den sogenannten Zwängen der Zeit, des Alltags, der Gesellschaft, der Wirtschaft, der Politik, der Familie, der Beziehung gegenüber wie kleine Angestellte, dem Himmel gegenüber aber in einer Arbeitgeberposition: Sie fordern, wünschen, verfügen, verordnen, wollen Techniken, Tips und Tricks an die Hand bekommen, um mit der Macht des Himmels möglichst schnell irgend etwas bewirken oder erreichen zu können. Sie wollen am liebsten gleich mit Gottvater persönlich sprechen und den ganzen Himmel bestimmen. Umgekehrt wird es richtig. Vor der Welt solltet ihr euch fühlen wie Unternehmer. Dem Himmel gegenüber kommt ihr immer mehr in die Position des *Mitarbeiters:* Da ist der Himmel mit seiner Fülle, und ich bekomme ein bißchen davon. Damit kann ich walten und es weitergeben an die Welt. Da gibt es die helfenden Kräfte im Himmel, und ich darf mit ihnen zusammen das und das tun und bewirken.

Speist euren Willen aus der liebevollen, wachen Hinwendung zum Himmel. Liebt ihn und wollt das Beste für euch und für die Welt, die euch umgibt. Dann seid ihr in der Position eines Unternehmers, der sagen kann: mein Wille geschieht auf der Welt, aber damit geschieht zugleich der Wille des Himmels. Dann gibt es einen lebendigen Atem zwischen der Erde und dem Himmel, der durch euch hindurch strömt. Ihr seid die Brücke zwischen Himmel und Erde.

18. Fortschritt im Arbeiten mit dem Himmel geht nur Hand in Hand mit dem Fortschritt im *Arbeiten mit der Erde.* Seid offen für die Welt, liebt die Erde, entwickelt das Empfinden, daß alles etwas mit euch zu tun hat: ob es dem Nachbarn gut geht, ob die Pflänzchen schön wachsen, ob ein Tier artgerecht gehalten wird, ob ein Kind gut behandelt wird, ob einem Sterbenden zur Seite gestanden wird oder nicht. Manches liegt in eurer Macht, mindestens aber könnt ihr für diese Wesen beten. Ihr könnt nicht überall anwesend sein, nicht alle Menschen persönlich kennen, nicht allen Geld in die Hand drücken, nicht allen mit euren Händen zur Seite stehen. Aber ihr könnt für sie beten, mitdenken, Mitver-

antwortung übernehmen. Ihr seid wirklich einer für alle. Es nützt euch nichts, wenn es euch gut geht und eurem Nachbarn schlecht. Tut alles, damit es euch gut geht, aber auch alles, was in eurer Macht steht, damit es dem Nachbarn gut geht.

19. Häufig erfordert die Situation eine Entscheidung zwischen Ich und Du: im Moment kann ich nur entweder mir oder dem anderen etwas Gutes tun. Dann *entscheidet von Mal zu Mal*. Überlegt jedesmal neu, für wen ihr euch entscheiden sollt. Es ist nicht richtig zu sagen: ich gebe alles den anderen, und an mich selber denke ich nicht. Das funktioniert auch nicht lange. Es ist auch nicht stimmig zu sagen: ich denke immer zuerst an mich, und wenn es mir gut genug geht, dann kommen die anderen dran. Es ist sinnvoller, das in jeder Situation neu zu entscheiden.

    Das macht die Sache etwas schwierig, aber es wird der Freiheit gerecht. Mal könnt ihr sagen: im Moment brauche ich dringend das, was jetzt da ist, für mich, jetzt geht es nicht anders, das bin ich meiner Würde, meinem Körper und meiner Aufgabe schuldig. Und dann wieder könnt ihr sagen: im Moment komme ich nicht an erster Stelle, jetzt kommen die anderen zuerst. Ständig von sich abzusehen, wie man es in sehr strengen Orden praktiziert, ist für euch in eurer Art von Alltagsleben nicht praktikabel. Deswegen solltet ihr diese differenzierte Mischform ins Auge fassen.

20. Über alles, was euch bewegt, solltet ihr nicht nur während eurer Übungsstunden, sondern auch *im Alltag mit den Engeln sprechen*. Mit dem Schutzengel geht es *ganz* einfach, indem ihr von euch selbst nicht »ich« sagt, sondern »wir« (mein Schutzengel und ich). Also: wir gemeinsam fahren jetzt dorthin, wir tun diese Arbeit, wir gehen in diese Prüfung, wir machen jetzt diesen

Einkauf. Dem Führungsengel könnt ihr immer danken, wenn ihr eine fruchtbare Begegnung hattet oder ein wichtiges Buch entdeckt, aber auch, wenn ein Vorhaben nicht klappt, z. B. ein Telefonanschluß nicht erreichbar ist. Fragt ihn, ob das einen guten Grund hat. Gewöhnt euch einen immer vertrauteren Umgang mit euren Engeln an.

21. Dann bedenkt im Alltag immer wieder: auch *die anderen sind von Engeln umgeben*. Habt ihr Probleme mit einem anderen Menschen, könnt ihr das dem Führungsengel des anderen vortragen, statt dem Menschen direkt Vorwürfe zu machen oder ihn indirekt anzugreifen. Sagt z. B. dem Führungsengel des anderen: »Hör mal, wie immer du heißen magst, es macht solche Mühe, wenn dein Schützling immer dies und jenes tut, kannst du nicht ein bißchen mithelfen, daß das anders wird?« Jede Art von Verletztheit, Vorwurf, Aggression macht mit dem Führungsengel des anderen ab. Das heißt, daß ihr das dem anderen gar nicht sagt, es sei denn, ihr wollt ihm unbedingt sagen, wie es euch selber geht. Aber dann sagt es ihm nicht als etwas, was er falsch gemacht hat, sondern was euch selber angeht.

22. Dann behaltet im Alltag immer im Auge, daß *jeder Mensch ein Gefäß der Heiligen Trinität ist*, jeder ohne Ausnahme, auch wenn euch das nicht sofort sichtbar wird. Jeden liebt Gott, und jeder findet früher oder später heim zum Vater und findet Gnade vor seinem Angesicht.

Wenn etwas geschieht, das nicht so sehr licht ist, so bewirken es die dunklen Hierarchien. Macht euch also im Alltag ein differenziertes Vorgehen zur Gewohnheit. Wenn ihr etwas Strenges sagt, sagt es immer, indem ihr *an dem Menschen vorbeischaut* zur linken Seite, innerlich und vielleicht auch äußerlich. Die Standpauke haltet ihr eigentlich dem Doppelgänger.

Gleichzeitig solltet ihr den anderen Menschen in seinem lichten Wesen bestärken, indem ihr euch selber klarmacht: Er ist eigentlich ein lichtes Wesen, in ihm wohnt die Trinität, in ihm gibt es den Inneren Christus, an den wende ich mich, ihn möchte ich begrüßen und entsprechend würdigen.

Berechtigte Kritik könnt ihr aussprechen, aber immer so, daß klar wird: sie richtet sich nur auf das, was gerade getan, gesagt, veranlaßt wurde, nicht auf den Menschen selbst. Ihr wißt ja, daß der andere an sich ein lichtes Wesen ist. Sprecht das ruhig in irgendeiner Form aus. Vor allem bewahrt die Hoffnung, daß das Dunkle vergehen, das Lichte eines Tages doch wieder die Oberhand gewinnen wird. Mahnt euch innerlich zur *Geduld* und diszipliniert euch zur *Hoffnung*.

Hoffnung und Geduld sind so etwas wie die Muskeln der Seele, und Muskeln wollen trainiert sein. Hoffnung und Geduld sind Ergebnisse disziplinierten Seelen- und Verstandestrainings, nicht einfach nur Glaubensgeschenke, die vom Himmel fallen. Was immer euch oder anderen widerfährt, sei es von einer Macht, die ohne Gesicht ist, einer Institution oder gesellschaftlichen Größe, sei es von einem einzelnen Menschen: mit Hilfe der Engel werdet ihr es meistern, sie werden euch begleiten und unter die Arme greifen. Entweder es hat einen Sinn, z. B. es fördert irgendeine Gegebenheit, Fähigkeit, Gabe, oder es bekommt Sinn verliehen.

Diszipliniert euch mit Strenge dazu, die Hoffnung aufrecht zu halten, daß sich der Mensch oder die Gruppe oder diese Macht eines Tages ändern wird, und trainiert den Muskel, der da heißt: Geduld. Das Gespräch mit den Engeln im Alltag wird euch dabei helfen und euch immer wieder zum Bewußtsein bringen, daß jeder Mensch ein Gefäß der Heiligen Trinität ist. Da ihr das wißt, habt ihr, was immer er tut und was immer geschieht, kein Recht, Geduld und Hoffnung aufzugeben, sondern ihr dürft in der Zuversicht leben: Es wird alles gut.

Hinweis

Wer am Fortgang unserer Arbeit interessiert ist, kann den in jedem Frühjahr erscheinenden »Brief an die Freunde« abonnieren. Er enthält Stellungnahmen des Himmels zu aktuellen – zum Beispiel politischen – Ereignissen, erläutert das »Motto des Jahres«, gibt Einblick in Kurse, die erst in späteren Jahren abgeschlossen sein werden, sowie Informationen über unsere neuesten Bücher und über Seminare oder Vorträge, die Alexa an verschiedenen Orten hält. Für € 9,80 zu beziehen bei Steiner-Druck, Grüntenweg 3, 88175 Scheidegg, Fax: 08381-2605, E-Mail: info@steiner-druck.de.

Alexa und Martin Kriele

Gesamtregister

A
Abraham I 329, FN 18, III 194, IV 121-123
Abrüstung IV, 291
Absprache s. Lebensentwurf
Abstammungslehre s. Evolutionslehre
Ackersegnung I 122 f.
Ad-hoc-Klarheit I 97-99
Advent II 102, 221, 225, III 296 f.
Agar I II6, 186, 240, 287, 291, 298 f., 301, II 265, 305, III 192
Aivanhov II 48, 66, III 196
Akasha-Chronik s. Bibliothek
Albertus Magnus II 78, 142
All-Einheit IV 146 ff., 294
Allensbach I 309, 311, 332, FN 44
Altes Testament s. Vater
Allmacht und Güte s. Theodizeeproblem
Alter I 183, II 60, 82, 117-119, 168-175
Alternative Medizin II 87-90
Amael I 29, 30, 161, 165, 166, II 38, 147, III 37, IV 30
Ambrosius, hl. II 142 f.
Amrai II 195
Ananias III 266
Andreas, Andreas-Engel I 38, 58, 293, 300, II 11-16, 59, 102, 200, IV 322

Ängste I 323, II 255, III 167, 274 f.
Anna, hl. II 120, 134 f., 226 f., III 29, 54, 77, 155, IV 260 ff.
Antichrist I 235, II 359
Antonius, hl. I 266 f.
Apokalypse I 172, 180, 205, II 275, III 293
Archai I 37, 63-69, II 349, 362 f.
Archetypen III 127, 232 f.
Arme Seelen s. Verlorene Seelen, Erlösungsarbeit
Arzt II 87-90, 276, III 42
Aschermittwoch III 29
Askese II 162, 212, 216, IV 192 f.
Äther I 243, 253 f., IV 211 f.
Ätherische Wiederkunft I 69, 180, II 97, 140, 147-149, 157, 225, 241 f., 345, III 284, 292 f., 331, IV 211-221
Atomtechnik II 29, 247, 268
Auferstehung III 13, 18 f., 77-79, 89, 90-92, 102-119, IV 155
Auferstehungsleib III 113, 115 f., 245 f., 303, 306, 308
Augenblick s. Blick
Augustinus, hl. I 204, II 78, 90 f., 142
Aura II 33, 41, 122, 292, IV 212
Aurische Sterne II 321-331
Auschwitz s. Theodizeeproblem

Ausgießen des Heiligen Geistes
IV 164, 167
Aussterben II 30, 238, IV 241 f., 244
Ave Maria s. Muttergebete

B
Bach, J.S. I 18, III 252, 299, 301,
    IV 234
Barna-El II 161
Bartholomäus, Bartholomäus-Engel
    II 63-66, 70, III 301, IV 160, 322
Baum II 151-159, 240
Beethoven IV 234
Begabung II 166, III 300
Begeisterung I 244
Behinderte II 60
Beichte II 143, IV 129 f., 298 f., 324
Bekehrung III 266
Benmalach III 263, 305, 317
Beraja-Melach IV 90, 203
Berendt I 337
Berg Igor I II2, II 305-320
Bergpredigt I 27, IV 96
Berührung I 62, 69, 70, 89, 91
Bescheidenheit III 180, 187,
    IV 353 f.
Beschützerengel I 194
Beten I 31-34, 45, 55, II 58, III 46,
    247-249, 268, IV 13 f., 366
Betender Engel I 13, 14, 40, II 140,
    204, 220, III 307, 319
Bewunderung III 320
Bibel s. Heilige Schrift
Bibliothek I 176-181, II 53, 83,
    III 212, IV 15
Blick II 81 f., 103 f., III 216-218,
    IV 203-207
Blockaden IV 350-352, 370 f.
Blumen I 125, II 154-158, 201
Blumenberg I 329, FN 20
Bodhisattva I 338, III 199
Bonaventura I 37, II 142, III 80
Das Böse I 33, 231-239, 269-285,
    288, 292, III 128, 279, 284, s.a.
Hierarchien zur Linken, Theodizeeproblem, Fall der Engel
Braut Christi IV 26
Bruder Tullian, s. Tullian, Bruder
Bücher I 179 f., 284 f., II 158 f.
Buddha I 338

C
Catholon III 225, 238 f., 243 f.
Chakra I 14, II 34, 42 f., 45, 82,
    s. a. Innenräume
Chanelling I 304
Cherubim 137, II 346, IV 40, 224
Choleriker II 162
Christi Verklärung III 245 f.
Christus-Gebet II 141, 365,
    IV 126-137
Christus s. Jesus Christus
Christus im Menschen I 73-76,
    II 136-141, IV 60 f., 126-137, s.a.
    Großer Christus im Menschen
Chronik s. Bibliothek
Chrysostomos II 78, 142
Cornelion II 321
Coyne IV 253
Credo I 17, 31, 316, II 334, 365,
    III 10, 55, 62 f., 74-76

D
Dämon I 235, 276
Daniel III 122
Dankbarkeit I 109, 202, 251, II 58,
    82, III 22, 31, 143 f., 156
Dankesleiter I 63, 70, II 67, 92,
    361-365, III 262, 317, IV 138
Delphin II 51, 271 f.
Demut I 59, II 71, 81 f., 255, 276,
    III 22, 29 f., 35, 151
Depression I 129, 189, 255, 279,
    II 61, 289
Dionysius Areopagita I 37, 338,
    II 130, 142, IV 75-79
Diskothek I 66, 278
Diskussion I 198, III 291 f.

383

Disney I 188 f.
Djann I 207, 229
Dogmen II 255, III 32 f.
Dom der Enthaltsamkeit IV 192-202
Dom der Freude III 250-256, 296 f., 325, IV 40
Dom der Heiligen I 265-268, 274, II 77, 357, III 193, 223, IV 325
Dom der Liebe III 219
Doppelgänger I 61, 72, 148, 236 f., 256, II 200, 203, 208-212, 216, 223, 234, 246-248, 252-256, 274-289, 294 f., 302, 330, 335-337, 339, III 43 f., 121, 123 f., 126-128, 155-157, 189, 200, 240 f., 274, 293
Dornenkrone II 342, III 303
Drache II 273-278, III 293
Dreieinigkeit, Dreifaltigkeit III 62, IV 48-59, s. a. Trinität
Dreiheit IV 53-55, 223
Drittes Auge I 62, 261 f., 269-275, 282
Dualismus III 334 FN 16
Dunkel I 23, 87-89, III 272 f., s.a. Hierarchien zur Linken
Dynameis I 37, II 67, 70, 92-101, 349, 362-364

E
Ebenbild und Gleichnis II 337, 339, III 14, 43, 78, 137, 283, 314
Edelsteine s. Steine
Egregore I 148, 258, 320, III 240 f.
Ehe I 97-109, IV 300 f.
Ehrfurcht I 40, III 320 f.
Einfall s. Inspiration
Einheit IV 47-58
Einhorn II 268-271
Einstein, A. III 204, 210
Einverstandensein II 14, IV 345 ff.
Eiszeit II 349
Elementargeister I 207, 240-254, 289-291, 358

Elemente I 240, II 67-72, IV 40 f.
Elion I 140, 207, 219, II 32, 39, 42, 73 f., 121, 193, 198, 208, 226, 288, 302, 329, 359, III 120, 130 f., 158, 169, 245, 250, 286, 331, IV 80, 342
Elohim I 37, 77 f., 79-81, II 20, 67, 362 f., IV 139-144, 222-223
Emmerich, A.K. II 257, IV 255, 264, 269
Energiegewinnung II 29 f.
Engel am Brunnen II 217, III 314 f.
Engel an der Quelle I, 82 f.
Engel, blauer II 17-19
Engel der Dankbarkeit I 126
Engel der Ehe und Familie I 97
Engel der Freude I 129, III 250-256, 296 f.
Engel der Heiligen IV 279
Engel der Heiligen Nacht II 219, 257
Engel der Heiligen Nächte II 301, 304
Engel der Heiligen Zeit II 229
Engel der Herbstzeit II 102 f., IV 274
Engel der Hoffnung II 17
Engel der Liebe II 57, 281, 285
Engel der Innenräume I 83
Engel der Maria I 147, 159 f., 194, 258, II 59, 204
Engel der Nacht s. Nachtengel
Engel der Stille I 35
Engel der Trauer I 87, IV 80 f.
Engel der Treue II 17
Engel der Trinität III 310, 315, IV 47
Engel der Wehmut I 200-206, 268
Engel des Heiligen Geistes IV 170, 335
Engel des Herrn II 137, IV 59, 86, 91, 127, 212
Engel des Johannes I 205 f.
Engel des Lebens
s. Engel am Brunnen

Engel des Lichts II 202
Engel des Regenbogens II 121-123
Engel des Tages s. Tagesengel
Engel des Weges II 11
Engelerfahrung I 307-309, IV 371 ff.
Engel mit dem Kind I 182
Engel mit der Laute I 35
Engel Unserer Lieben Frau I 258,
  261, 268, II 20-26
Engeldome I 41, III 15, 22, 172-185,
  192 f., 298 f., 310, 325
Engelstunden I 12, 260, III 155
Engelwerk III 275
Enthaltsamkeit III 179, 187, IV 33,
  193-203
Entwicklung I 25, 26, 229 f.,
  III 50 f., 208 f., 283 f., 294 f.,
  IV 239 ff., 257, s. a. Evolution
Erbsünde I 273
Erde s. Planet
Erdgeister I 241-243
Erdinneres I 21-23
Eriugena I 13, 357
Erkenntnis III 320 f.
Erlöser, Erlösung I 233, 236, 296 f.,
  II 246, 337-342, III 39-41, 60 f.,
  63, 69, 97 f., 245 f., 284 f.,
  IV 103
Erlösungsarbeit I 90, 183 f., 234,
  276, 282, II 184 f., 246-251,
  332-342, III 164, 166, 284,
  IV 37, 105
Ermael III 325
Ernährungsregeln IV 368 f.
Erscheinen Christi in der Erden-Aura
  s. Ätherische Wiederkunft
Erschütterung I 268
Erstarrung I 94 f.
Erzengel, Erzengelbote I 37, 58-62,
  238, II 203 f., 362 f.
Erzengel-Segen II 126 f., III 325-327
Esoterik I 310 f., 321, II 88, 145 f.,
  IV 325
Evangelien s. Heilige Schrift

Evangelische Kirche I 17, 18, II 23,
  III 40, 55 f.
Evolutionslehre IV 56, 239-250,
  s. a. Entwicklung
Ewiger Name 140
Ewigkeit I 22, 246, III 209, 217
Exusiai I 19, 37, 70, II 20-31, 349,
  362 f.

F
Fall der Engel I 233, 272 f., II 234 f.,
  III 44, 277-279
Farbstrahlreise I 145 f.
Farbübungen II 32-36, 39-41,
  42-46, 73-76, 122 f., 226-228,
  290, 296 f., 302-304, 329-331
Fasten, Fastenzeit II 143, 162, III 23,
  29-31
Faust I 285, II 16, III 217,
  IV 249-252
Fegefeuer II 176, 183, III 158
Feindbild II 27
Felix IV 211
Feuerbestattung II 187, III 78, 115
Feuergeister I 244 f.
filioque I 340 f.
Fingerübungen II 43-46
Fisch II 271 f.
Fleischverzicht II 143, 242 f., IV 38
Fliegen I 252
Florensky, P.A. III 14
Florian I 194 f.
Flügel I 41, III 306, 308
Fortschritt s. Entwicklung
Franz v. Assisi II 65, 142, 213, 241,
  243, IV 22, 233, 320, 342,
  344-379
Frauenbewegung I 170
Frauenpriesterschaft II 87, 130
Freiheit I 39, 95 f., 109, 216 f., 232,
  272, 278, 292-317, 322, II 40,
  89, 111, 1999, 212, 236, 255,
  281-286, 337, III 11, 22, 32, 41,
  53, 100, 103, 137, 163, 200, 207 f.,

385

211, 246, 278, 281, 289, 293, 306,
IV 48, 239-254, 316, 373, 374 f.,
376, 377
Freude III 176, 187
Freundlichkeit III 184 f., 187
Friede II 89, III 175 f., 187
Friedensdom I 15, 41, 45, 145 f.,
II 39, 57, 102, 357, III 298
Friedensengel I 15, 182, II 20, 39 f.,
57, 200, III 153 f.
Friedensstern III 153 f.
Fügung I 19, 55, 100, 179, 218, 245,
257 f., 268, 269, 283
Führungsengel I 19, 40, 43, 53-57,
83, 95, II 301 f., III 121, 164,
IV 377
Fünf Wunden II 333, 341 f., IV 136,
234
Fundamentalisten I 263, 319, II 212
Fürbittarbeit II 336 f., IV 36 f.,
365 f.
Fürstentümer s. Dynameis

G
Gabriel, Gabrielsengel I 58,
II 124-130, 131 f., 168, 187,
269, 343-352, 362, III 17, 80,
254, IV 233
Gabrielssegen II 125-128, 130, 190,
225, III 325 f.
Galaxie II 347-349, IV 336 f.
Gebet s. Beten, Muttergebet,
Sohnesgebet, Vatergebet, Heiliger
Geist - Anrufung
Gebser II 262
Geburt I 43, 271-273, II 125,
187-192, 221, 257 f., III 158
Geburtstag III 250-256
Gedenktage II 84
Geduld III 183 f., 187, IV 378
Gefallene Engel
s. Hierarchie zur Linken
Geflügeltes Pferd II 271
Gehirn II 252 f., IV 245

Gehorsam III 22 f., 31 f., 136, 148-
150, 266, IV 309 f., s.a. Gelübde
»Geißel Gottes« II 268
Geisterstunde I 223
Geistiges Wandern s. Wandern
Gelassenheit III 283
Gelobt seist Du, Christus
s. Christusgebet
Gelübde (Armut, Keuschheit,
Gehorsam) I 263, II 255, IV 69 f.,
72 f.
Genetik II 28, IV 56
Genien II 64
Georg, hl. II 277
Gerechtigkeit I 27
Gerhardt, P. I 331, IV 165
Gerichtsprozeß II 27
Gesamtseele III 258, 284
Gesang I 40
Geschwindigkeit I 190 f., 248
Gethsemane I 93, II 159, III 18, 263,
266, IV 98-105
Gewalt in der Bibel IV 117 ff.
Gewalten s. Exusiai
Gewissen III 31, 99, 159, 233 f.,
IV 128-130, 218
Glaube, Liebe, Hoffnung III 185, 193
Glaubensbekenntnis s. Credo
Gleichzeitigkeit III 212, 215 f.
Glocke IV 45 f.
Gloria III 252
Gnade I 27, 28, 78 f., III 30, 40-45,
61, 71 f., 167, 198, 233 f., IV 378
Gnom I 250
Goethe I 119, III 13, 217, IV 189
Gormanel III 303
Gott s. Vater bzw. Trinität
Gottebenbildlichkeit s. Ebenbild
Gottesbild III 231 ff., IV 117 ff.
Gottesfurcht III 159
Gottvertrauen III 283-285,
s.a. Theodizeeproblem
Götzen I 263
Grabtuch von Turin III 117-119

Gral III 302 f., 330
Grausamkeit III 128, IV 117 ff.
Großer Christus im Menschen
　IV 60-74
Großstadt I 288 f.
Grotte II 221 f., 257 f., III 80 f.
　s. a. Weihnachten, Krippe
Gründonnerstag Tag vor IV 90 ff.
Grüner Kanal II 152
Grünewald, M. II 89
Gruppe I 58
Guardini, R. I 329, FN 20
Güte III 182 f., 187

H
Haber, H. III 213
Halschakra s. Innenraum mit dem
　Marienengel
Hämatit I 211
Händel, G.F. III 252
Händel, U. II 242
Haniel I 176
Harmonie I 260, 271
Hauch IV 207 f.
Haustier II 240 f., 245
Hawking, S.W. III 204, 207
Heilarbeit I 140-146, 207-215, 260,
　II 32, 46, 87-90, 357, III 219-222
Heilengel I 110, 207, 209, III 221, 329
Heiler s. Richter und Heiler
Heilige I 94, 233, 265-268, 274 f.,
　282 f., II 40, 118, 142-144, 193,
　299 f., III 12, 157, 166
Heilige Nacht s. Weihnachten
Heilige Räume I 154
Heilige Schrift I 285, 309, 317,
　II 103, 190, 283, III 10 f., 18 f.,
　46 f., 62, 103, 122, 159, 237, 304,
　IV 117-125
Heilige Seele II 78, III 263, IV 173
Heilige Tiere II 265-278, 358
Heilige Zeit II 263, 265
Heiliger Geist I 167-175, II 77 f., III
　37, 45 f., 56-58, 139, 173, 263, IV
162-164, 166, 170-177, 320,
　s. a. Pfingsten
Heiliger Geist Anrufung IV 177
Heiligung von Räumen I 154-157
Heilkreis I 143-146, 212, 264
Heimkehr I 177, 179, 204, II 133,
　286, 300, 337, 340, III 13, 39, 79,
　99, 115-117, 204, 208, 211, 213 f.,
　273, 276, 284, 308 f., IV 145-151,
　343
Heine, H. III 13
Hermes Trismegistos IV 25, 76
Hermetik III 18 f., IV 76
»Herr« s. Jesus Christus
Herrschaften s. Kyriotetes
Herz der Schöpfung III 310-316
Herzchakra s. Innere Kirche
Herz-Jesu-Kapelle III 90
Herzschlag des Vaters III 312, 314
Herzschlag II 106-108
Hierarchie der Naturgeister I 111 f.,
　II 150, 232, 265
Hierarchien I 37, II 183, 354, III 21,
　48-53
Hierarchien zur Linken I 231-234,
　255-257, 262, 269-285, II 16, 22,
　26 ff., 60 f., 94 f., 164, 198-200,
　210, 235, 247, 249, 255, 268,
　330, 335, 337, 340, 345, 351,
　359, III 39, 43, 78, 97 f., 126,
　204, 216, 240 f., 246, 270-276,
　278 f., 284 f., 288, 293, 323,
　IV 98-105, 119 f., 213, 216 f.,
　378
Hildebrandt, D.v. IV 316
Hildegard v. Bingen I 37, 339 II 142,
　III 229, IV 233
Himmelfahrt Christi I 161, III 138,
　IV 152-154
Himmelfahrt Mariens I 171 f.
»Hinabgestiegen ins Reich des
　Todes« I 23, 94, II 340, III 97-
　101, 245, 284 f.
Hiob IV 249-252

Hirten von Bethlehem II 220, 223,
 259-261, III 36
Hitler I 74, III 99-101, 196, 281
Hochzeit zu Kana III 138-145
Hoffnung III 185, 193, IV 378 f.
Hohelehrer I 29, 30, 103, 146, 161,
 185, 224, 230, 256 f. 261, 282,
 284, II 2-5, 37, 131, 134, 147, 275,
 282, 293, III 32, 37, 97, 270, 277,
 316, 319, IV 15, 30, 73, 106, 117,
 139, 144, 152, 296, 341, 393
Hohepriester s. Melchisedek
Hoher Rat I 28, 29, 166, 196, 265,
 II 55, 77, 355, III 299
Höheres Ich s. Sonnenengel
Holböck, F. I 329, FN 15, 332, FN 45
Hölle I 22, 23, 88 f., 235, II 176,
 III 39, 98-101, IV 131
Homer IV 248
Hrabanus Maurus I 37
Humor I 53, 261, 275
Hüter der Pflanzen II 150-160, 358
Hüter der Steine I 112, II 305-320
Hüter der Tiere II 232-245, 265-267,
 358, IV 38, 240

I
Ibsen IV 190
»Ich bin« I 71-73, III 61
Idee s. Inspiration
Ideologie I 280, 283
Igor, Igorman s. Berg Igor
Ikarus II 271
Individualität II 163-167, III 78,
 257 f., IV 58 f., 116-151
 s.a. Selbstverwirklichung
»Inflation« (Aufblähung des Selbstbe-
 wußtseins) I 72
Initiation s. Einweihung
Inkarnation III 257
Inkorporation I 171, III 257
Innenraum mit dem Kind I 182-185,
 II 60, 79-85, 204, 215, 363-365,
 III 81, 89, 208, 314

Innenraum mit dem Marienengel
 I 159 f., II 204, 214, 363-365,
 III 34 f., 84 f., 89
Innenraum mit dem Muhmenwesen
 III 27
Innenraum mit dem Sohneswesen
 III 27
Innenraum mit dem Sophienengel
 I 226-230, 363-365, III 34 f.,
 84 f., 89, 189
Innenraum mit dem Weisen I 136,
 218, II 193, 363-365, III 85-87,
 89, III 85-87, 89
Innenraum mit der Quelle s. Innere
 Quelle
Innenraum mit Meer und Insel I
 227, II 52, 208-218, 363-365,
 III 80 f., 89, 312
Innenräume I 14, 45, 279 f., II 59 f.,
 343, 363 f., III 12, 15, 21 f., 125,
 139 f., 169-171, 258, 272, 307,
 IV 214, 219
Innenräume der Schulterblätter
 III 305-309
Innenräume mit den Eltern III 25 f.,
 145
Innenräume mit den Eremiten III 25
Innenräume mit den Handwerkern
 III 26
Innenräume mit den Künstlern
 III 26 f.
Innere Insel
 s. Innenraum mit Meer u. Insel
Innere Kapelle s. Innere Kirche
Innere Kirche I 13, 14, 62, 63, 69,
 82, 97, 283 f., II 59, 136, 204 f.,
 214 f., 220, 248, 342, 360 f.,
 363-365, III 28, 59-63, 82-8 i,
 89, 169 f., 312, IV 60, 370 f.
Innere Krypta s. Innenraum mit dem
 Kind
Innere Quelle I 82, II 145, 202,
 214 f., 342, 363-365, III 81 f., 89,
 131 f.

Innere Tiere II 208-213
Innerer Brunnen II 217 f.
Innerer Christus
s. Christus im Menschen
Innerer Heiliger II 193 f., 343, 352,
361 f., 364, III 305, 307
Innerer Kosmos I 76, II 58, 101, 107,
222, 225, 298, 316, 351, 363-365,
III 87, 89, 314
Innerer Vulkan II 213-217
Inneres Kind
s. Innenraum mit dem Kind
Inneres Meer
s. Innenraum mit Meer u. Insel
Inspiration I 308, 313, II 64 f., 252 f.,
272, 357, III 22, 26, 50, 121, 124,
196, 266, 298-303, IV 323
Instinkt II 257
Intellekt II 291
Irminrad-Irminrod I 255, 260, 269,
277, 281, 283 f., III 157
Isaak I 329, FN 18, IV 121-123
Islam II 24, III 233-235, 241 f.

J
Jahrestag der Kreuzigung I 81
Jahreszeiten II 102, 116 f.
Jakob (AT) III 122
Jacobus der Ältere II 161-167,
IV 323
Jacobus der Feierliche IV 296-306
Jerach III 93, 102, IV 98, 327
Jesus Christus I 31, II 89 f., 98, 102
f., 134 f., 136-141, 147-149, 166,
176, 218, 222, 257-264, 290 f.,
302, 337-342, 345, 351, 356,
III 37-41, 46, 57, 60 f., 63-65,
68-71, 90-93, 102-119, 138-150,
160, 235-237, 284 f., IV 15-29,
258-274
Jill IV 222, 237
Johannes, Engel des Johannes
I 196-199, 205 f., II 87, 145 f.,
IV 156, 160, 321 f.

Johannes der Täufer IV 23, 172
Johannes vom Kreuz II 142
Joseph (AT) III 122
Joseph, hl. II 134 f., 220, 224 f., 230,
258-264, 290, IV 18-20, 255-273
Judas II 86, 90 f., III 39, 82-84
Judas Thaddäus IV 32-35, 160
Jugoslawien II 26
Jünger I 137, 196 f., II 355,
IV 30-35, 318-326
Jungfrau, Heilige I 163, 170, II 264,
III 181 f., s.a. Maria, Mutter
Jüngster Tag III 115 f.
Jüngstes Gericht III 40 f.
Jupiter I 132-136

K
Kaltenbrunner, G.K. I 338, IV 79
Kamaloka s. Fegefeuer
Kana (Hochzeit) III 138 ff.
Kant, I. III 18
Kapernaum II 103
Kardinaltugenden III 185, 193
Karfreitag I 87, III 93-96, IV 80-84,
85-89
Karmische Beziehungen I 62, 76,
II 18, 132 f., 164
Karmische Fragen I 126, 178 f.
Kassian II 162
Katastrophen II 94, 148, 349, III 18
Kernspaltung s. Atomtechnik
Keuschheit III 181 f., 187, IV 294,
301, 307-317
Kinder I 43, 99, 271, 298 f.,
II 110-115, 195 f., III 55,
126-129, 130, 256, 298, IV 91 f.,
258, 272
Kirche I 14, 17, 18, 196, 263,
315-317, II 16, 290, III 10 f., 19,
33, 54-56, 190 f., 274, IV 293-295
296-306, 393-396
Klang I 42, 58, 63, 67, II 188, III 265,
s.a. Sphärenklänge
Kleidung I 39, IV 354 f.

389

Kloster II 143, III 268
Klüncker, W.U. I 337
Kolbe, M. II 65, 207, IV 34
Kommunikationsfähigkeit I 166 f.
Kommunion, Bedingungen der
 I 105-107, Ill 145-147,
 IV 200-202, 209, 304 f
Kommunismus III 196
Kompromiß I 318, II 198-200, III 44
Königspaar von Raum und Zeit
 II 358, Ill 202-218
Kontemplation I 33, 45, II 283,
 III 122
Körpersprache I 61, III 319
Kosmopolitismus I 60 f., III 292
Kräfte s. Archai
Kreis der Religionen III 223 f.
Kreuz, Kreuzweg I 93 II, 246-249,
 286, 338-342, III 93-96,
 IV 80-85, s.a. Passion
Krippe II 220, 223, 257, 259-263,
 III 331, s. a. Weihnachten
Kristall I 208 f., II 314 f.
»Krone der Schöpfung« II 234, 239
Krypta s. Innenraum mit dem Kind
Kulturepoche I 64, II 94
Kundalini II 216
Kunst, Künstler I 24, 25, 42, 64, 67,
 II 166, 211, 357, III 298, 320
Kyriotetes I 37, II 142, 201, 343-352,
 363f.

L
Lachen I 53, II 162
Langmut III 178, 187
Lazarus III 111
Leben nach dem Sterben II 181 f.
Lebensaufgabe, Lebensentwurf I 61,
 177, 274, II 181 f., 289, III 161,
 260, IV 132
Lebenskrisen II 12
Lebensphasen II 105-120
Lebenstableau III 160, 162 f., IV 129
Lebenswasser s. Wasser des Lebens

Leichnam III 77 f., 87, 105, 115
Leid IV 86-90, s.a. Passion,
 Theodizeeproblem, Karfreitag
Lejander III 310
Lemniskate II 232 f., 236, 238, 245,
 265, III 287, 294 f., 316
Licht II 282-286, III 43 f.
Lichtengel s. Bartholomäus-Engel
Lichtwasser s. Wasser des Lebens
Liebe II 282-286, III 174, 187, IV 48
 f., 307-317, 322
Liebe auf den ersten Blick I 97-99
»Liebe und tu, was du willst« IV 308,
 315
Lila IV 316
Links im polit. Sinn I 283
Litanei, klingende IV 40
Lobpreis I 13, 69, 79-81, 92, III 252,
 265, 268 f., 275, 303, 315,
 317-324, IV 138-143, 229
Lochner, Stefan IV 235
logos I 66
Lojudai I 246, IV 41
Luftgeister I 207 f., 250-253
Luminathron II 202 f., 332, III 164,
 IV 36
Luther, Martin 137
Luzifer I 282, III 53, 272

M
Maamsith IV 139
Macht und Ohnmacht - des Vaters
 I 185, 232 f., 235, III 277 ff.
 - der Engel I 216-218, 231-234
»Macht euch die Erde untertan«
 II 234, 239
Mächte s. Dynameis bzw. Exusiai
Magie I 287 f., 292, II 16, 220, 301
Mahlzeiten II 108 f.
Maharishi Mahesch Yogi II 216
Maitreya Buddha I 338
Malachma-Leachim II 252, 279
»make the best of it« I 218
Mandela III 154

Manuel III 190 f.
Märchen I 285, 285, II 112, 118, 159, 276, III 125-129, 215
Maria I 31, 171 f., 341, II 37, 128 f., 139, 220, 224, 226, 230, 258-264, 290 f., 302, III 17, 29, 37, 56, 59 f., 64, 66 f., 80-89, 94, 139-145, 227, 230 f., 331 f., IV 17 f., 22, 235, 257-273, 309 f.
Maria Magdalena II 86-91, 162, IV 25 f., 157, 159, 160, 323
Maria-Sophia s. Sophia
Marienengel s. Engel der Maria
Marquard, O. I 329, FN 20
Martin, hl. I 269, IV 279-292
Marvik I 145, II 47
Maß III 219-222
Materialisieren I 52, II 348, 350, III 108 f., 302
Materialismus III 165, 205
Materie I 162, II 285, III 15, 91, 107, 112-115
Matthäus IV 320 f.
Matthias II 86 f.
Meditation, Meditieren I 33, 76, 338, 1158, 71, 143, 283, III 122
Mehrheitsprinzip I 291
Meister, Meisterschaft I 263 f., 296 f., II 11 f., 47, 55 f., 79, 141, III 302
Meister und Lehrer III 38, 60 f., 63 f., 68 f.
Melchisedek I 29, 338, II 53-55, 298, III 192-201, IV 304
Melville II 272
Mensch im Kosmos I 237-239
Menschenrechte II 98
Menschenwürde I 61, II 98, 200, 255, III 48, s.a. Ebenbild und Gleichnis
Mephistopheles II 16, III 18, IV 250
Mermel III 251
Messe I 14, 18, III 92, IV 296-306
Metalle II 307 f.
Metathron III 23

Meyer, C.F. III 253
Michael I 57, 58, 60, 61, 172, 195, 259, II 275, 353, 362, III 53, 272, 286-295, 326
Michaelsengel I 27, 195, 255, 260, 287, II 137, 168, 252, III 22, 177, 286-295
Michaelskapelle III 132
Mikrokosmos I 280
Mission II 255, 268, 272 f., 277, III 236, 243
Mittelalter III 43
»Moderne Theologie« s. a. Theologie, moderne
Mönch II 143, 163, III 268
Mond II 105, 109, 348 f.
Moralisieren I 126 f., 252 f.
Mozart, W.A. III 252, 301, IV 234
Müdigkeit I 269, II 19
Muhme II 105-120, 269 f., III 29, 37, 56, 59 f., 63 f., 67, 120, 227-229
Mumien IV 246
Munch, E. III 265
Muse II 64
Musik I 40, 53, 67, 124
»Müssen« s. Freiheit
Mutter Erde 174 f., 243, II 75, 120, III 77, 226
»Mutter Kirche« I 17, II 342, III 55, 244
Mutter, himmlische I 31, 163-165, 168-171, 259, 261, II 100, 119, 128, 147, 157, 172, 204, 268-270, 308, 351, 356, III 14, 29, 37 f., 54-58, 59 f., 63-68, 148 f., 226ff.
Muttergebete: Fürbitte I 35, Schutz I 153, Pfingsten I 175, Hüterin II 140, Weihnachtszeit II 264, Passion III 88, Sophien-Rosenkranz III 133, bei Hilflosigkeit III 332, 3 Aspekte IV 66-68, Litanei IV 42
Mutterreligionen III 226-231

Mutter Theresa II 65
Mysterienschulen IV 26 f., 76–79
Mystik I 17, III 12, 18, IV 150, 157

N
Nabelchakra
  s. Innenraum mit dem Kind
Nachfolge II 138, 338, III 104 f.,
  218, 236, 279, IV 90–97,
  164–166
Nachtengel I 219 f.
Nadjamael I 15, 55, 216, II 57, 199,
  202, 357, III 47, 151, 153, 188,
  IV 312 f.
Nahtoderfahrung III 162
Name I 43 f., s. auch Ewiger Name
Nanael IV 60
Nathanael III 90, 172
Nathanael (Jünger) s. Bartholomäus
Naturgeister I 50, 51, 54, 110–115,
  116–125, 186–193, 207, 298,
  II 61, 106, 114, 123, 126 f.,
  150, 156, 160, 228, 232, 246,
  249, 303, 312, 331, 351, 358,
  III 13, 120, 125, IV 178–191,
  361
Naturgeister zur Linken I 190,
  287–292, II 249, III 200
Naturheilmethode II 87–90
Naturwissenschaft I 26, 67–69, 314,
  II 87, III 18, 320; IV 56, 245
Neben-Innenräume II 34 1 f.,
  III 24–28, 305
Nepomuk, hl. I 269
Neujahr II 85
Neuzeit I 67, III 43 f.
Nikodemus II 67, 79
Noelle-Neumann, E. I 332, FN 44
Nonne II 143, 163, III 268
Nothelfer-Engel I 194, 207, II 200,
  III 287

O
Ochs und Esel II 258 f., III 81

Odem des Lebens II 283, III 207 f.,
  294, 312, 314
Offenbarung des Johannes
  s. Apokalypse
Offener Abend II 73, 121, 226, 301
Ökologie s. Umweltschutz
Ölberg s. Gethsemane
Ordnungsengel I 51
Orte, himmlische I 41, 45, III 15,
  s.a. Engeldome
Orthodoxe Kirche I 18, 340 f.
Ostern s. Auferstehung

P
Pan I 223
Papst I 265, 267, II 336, IV 324
Paradies I 28, 214, 279 f., 282, II 30,
  153–155, 241, III 44, IV 60
Partnerschaft ohne Ehe I 99–102
Passion II 202, 272, 286, 338–342,
  III 18 f., 81–88, 93–96, 98,
  103–119, 135 f., 150, 245 f.,
  277, 280, 285, 303, IV 80–84,
  106–116
Passives Sehen IV 359 f.
Pate III 130, s.a. Name
Patron IV 272, 279–281, 325
Paulus II 56, III 114 f., 266 f.
Pegasus II 271
Pergolesi III 80
Persönlichkeit s. Selbstverwirklichung
Petrus II 88, 145 f., 162, IV 157, 161,
  324
Pfingsten I 166–175, III 138–150,
  IV 162–169, 170–177
Pflicht und Freude I 127 f.
Philippus II 206 f., IV 323
Philosophie I 67, III 18 f., IV 235 f.
Pilatus II 132 ff., IV 123–125
Planet II 109, 347–350, III 199 f.,
  213, 280
Platon III 18, IV 25
Poetisches Verhältnis zur Welt II 113,
  148

Prädestination III 241
Predigt IV 303
Priester II 179, III 146 f., 151 f.,
  192-201, IV 157-159, 301-306
Prismen II 288-300, 343 f.
Privatoffenbarungen I 309
Prophezeiung I 176 f., 322, II 18
Protestantismus s. evangl. Kirche
Prüfung II 12, 25 f., 116 f.
Psalm I 285
Pulsschlag II 107
Purgatorium III 158-160
Puritanismus I 119
Putten II 80
Pyramiden IV 246

Q
Quelle in der Inneren Kirche II 71

R
Raffael IV 235
Raphael, Raphaelsengel I 58, 259,
  II 362, III 22, 326, 328-330
Rat der Ehrwürdigen II 77 f.,
  142-144, 355 f.
Rat der Weisen s. Hoher Rat
Raum und Zeit III 202-218
Raumzeit III 204, 208, 216
Recht I 27 f., 60, 126
Rechtfertigungslehre III 40
Regenbogen II 118, 121-123
Regenbogen-Spalier III 248 f.
Reich des Todes I 22, 23
Reinigung I 53 f., 84, 275, III 255,
  296 f., 307
Reinkarnation I 178 f., II 164 f.,
  III 13f., IV 245
Relativitätstheorie III 204, 210 f.,
  215
Religionen III 11, 13, 223-244
Religiöse Erziehung I 298-300
Reliquien II 187
Respekt I 40, III 156
Reue III 158 ff., IV 128-131

Rhythmen II 105-120
Richter und Heiler III 38-42, 60 f.,
  63 f., 69, IV 131 f.
Rimabál I 242, IV 41
Romantik II 148
Rosenengel I 180, II 246
Rosenkranz s. Muttergebete
Rot und Weiß II 46, IV 287 ff.

S
Saint-Exupéry II 214
Sakramente I 316 f., III 18 f.,
  IV 297-301
Salamander I 250
Samarin II 86, 90
Sammlung I 59, IV 355 ff.
Samrael III 250, 296, IV 40
Samuel I 35
Sanctus I 80, II 67, 343
Sanftmut III 178 f.
Sannael III 219
Sartre, J. III 217, FN 8
Saulus s. Paulus
Schatten des Menschen I 47, 270,
  III 43
Schatten-Archai I 279-281
Schattenengel I 275-277
Schatten-Erzengel I 277 f.
Schattenwesen
  s. Hierarchie zur Linken
Scheitelchakra s. Innerer Kosmos
Schicksal I 129-131, 191, II 96, 181,
  275 f., IV 199
Schindler II 207
Schipflinger, Th. III 14
Schipperges, H. I 329, FN 14
Schlaf I 47, 122, 221, III 123 f.
Schlichtheit III 31, IV 353
Schmerzen II 186
Scholl, S. II 207
Schönheit I 260, II 23, III 261, 266
Schöpfer, Schöpfung I 65,
  II 281-286, III 42 f., 61 f., 71-75,
  204-206, 268, 312-316, IV 337 f.

393

Schuld, Schuldbewußtsein I 104,
  126-128, 178, 274, II 13,
  131-133, 217, III 158-160, 167
Schule, Schüler, Schulung I 263 f.,
  293-301, II 11-16, 112-114, III
  208, IV 352-379
Schutzengel I 18, 40, 43, 45-52, 269,
  283, II 195-197, 203, 256, III 121,
  164, IV 377
Schutzhülle I 237 f.
Schutzmantel I 147, 261, 269, II 256
Schutzmaßnahmen I 258-264
Schutzpatron s. Patron
Schwangerschaft I 299, II 125,
  187-191
Schweigen I 226-230, 281, II 117,
  III 30, 35 f., 93, 118, 133-135,
  188 f., 265-267, 313, 316, 317,
  319, 322, IV 60-74, 355 f., 359 f.,
  364
Schweißtuch der Veronika III 117
Schwingung II 119, III 108-112
Segen I 251 f., II 74 f., 107 f., 123,
  125, III 19, 50, 142, 307, 316,
  325 ff., IV 90-97, 136 f., 209, 221,
  273, 366-368
Segnende Schritte I 123, III 199,
  IV 30 f., 356 f.
Sekten II 247, III 275
Selbst s. Sonnenengel
Selbsterkenntnis II 165-167, 203,
  III 219-222, IV 345-349
Selbstmord I 278, II 184 f., III 167
Selbstvergebung I 88-89, 126-128,
  III 323 f.
Selbstverwirklichung II 116,
  164-166, III 49, 51
Selig II 364
Seligpreisung s. Bergpredigt
Seraphim I 37, II 346, III 270-272,
  IV 274, 335-340
Sexualität I 273, II 209, 211, 213,
  215, IV 293-295
Shakespeare III 13, IV 189 f.

Shamballah II 47-56
Shirim I 244, IV 41
Sieben I 236 f., II 109 f., III 88, 139 f.
Sieg I 166-175, II 206 f.
Siegeldreieck I 169, IV 43, 62
Siegfried II 276 f.
Silion III 138
Simeon III 81
Simon Kananäus IV 160, 319 f.
Sinn I 216-218, 255, III 52 f.,
  IV 85-89, 237
Sinnlichkeit II 211, IV 201 f.
Skepsis I 310-312, 315, 320,
  III 13-17
Sohn s. Jesus Christus
  sowie Trinität
Sohnesgebete II 141, III 68-71,
  IV 41 f., 126 ff.
Sohnesreligionen III 235-237
Solarplexus s. Innere Quelle
Solowjew, W. III 14, 33
Sonne II 63-66, 348
Sonnenengel I 18, 19, 20, 40, 43,
  51, 52, 54, 55, 70-78, 100 f.,
  177, 201, 236, 245, 256, II 21 f.,
  25, 42 f., 44, 163, 164, 212, 217,
  228, 246, 262, 337, III 98-100,
  121, 158, 164, 196, 257-261,
  301
Sonnenritter II 137, 140
Sonnensiegel II 298 f.
Sonnensystem II 347-350
Sophia I 29, 163-165, 166-175,
  III 14, 29-38, 56, 59 f., 63 f., 65,
  118, 228-231
Sophienengel I 226-230, III 29-36
Souveränität II 96, 98, 133,
  s. a. Zentriertheit
Spener, P.J. III 170
Sphärenklänge I 19
Spielfilme 1 149 f., 188
Sprache I 60-62, 66, III 319
Stabat mater III 80, 85 ff.
Stall von Bethlehem s. Grotte

Stein I 110-115, 207-215, II 257,
   305-320
Steiner, R. I 235, 328, FN 8, II 90,
   183, 224, 234, 242, 267, III 275,
   FN 333
Steinmeister I 114, 208-215, II 311 ff.
Sterbehilfe II 185 f., IV 37
Sterben I 35, 43, 87, II 60 f., 156 f.,
   173, 175-187, III 77, 85-87,
   97-101, 103, 115, 158-163, 164,
   216, 309
Stirnchakra
   s. Innenraum mit den Weisen
Stigmata II 211, III 266, IV 234
Strafen II 176, 212, 285, III 45,
   127 f., 159-162, 165, 167
Straßenverkehr I 51
Streit III 156 f., 288-292
Strenge 127, 28, III 42-45
Stundenengel I 221-225
Sublimation II 211
Sucht II 177
Sühne I 178
Sünde I 90, III 103 f., 158-160
Sündenfall I 273, II 235,
   s. a. Fall der Engel
Sur-Jadjel III 328
Susanne, hl. I 266
Sylphen I 250
Sylvester II 85

T
Tabor III 245f.
Tagesengel I 219-221, III 255
Tanz I 40, 225, III 228 f., 251, 254,
   297
Taube IV 172 f., 320
Taufe II 192, III 55, 130, IV 299,
   s.a. Name
Tausendjähriges Reich I 180
Technik, technische Fehler I 50
Tedeum I 80, II 67
Terese von Avila I 31-34, 321, II 142,
   III 17

Thaddäus s. Judas Thaddäus
Theodizeeproblem I 231-234,
   II 281-286, 337-342, III 277-285,
   IV 85-89, 98-116, 239-254
Theologie, moderne I 123, 263,
   317-319, III 10 f., 13, 47, 102,
   109, 241, IV 158 f.
Theorien I 280, 282, II 23
Thomas (Jünger) III 112 f., IV 160,
   321
Thomas v. Aquin I 37
Throne I 37, 93, II 346 f.,
   III 262-269, 317-324, IV 40
Tiere II 232-245, 257, IV 38 f.,
   239 f.
Tiere der Inneren Insel
   s. Innere Tiere
Tiphanel III 305
Tod s. Sterben
Todesstrafe II 185, IV 128
Tomberg, Valentin I 17, 33, 37, 72,
   199, 258 f., 45, 55, 148, 173,
   199, 298, 337-342, III 14, 17 f.,
   111, 257, 270, IV 173, 208, 212,
   393-394
Tradition I 19l f., 306 f., 319, III 12,
   18 f., 126, 129
Träne I 87, 94, II 104, III 252
Transzendentale Meditation II 216
Trauer I 87-94, II 178 f., III 132
Traum I 122, 243, III 120-124
Treue II 17 ff., III 177, 187
Triade s. Hierarchien
Trieb, Triebverdrängung II 208-213
Trinitarischer Funken III 321 f.
Trinitarisches Echo IV 52
Trinität I 16, 17, 32, 37, 40, 72, 76,
   167-175, 315 f., 318, 321, II 16,
   23, 98, 100, 109, 118, 134, 137,
   189 f., 198, 206, 218, 267 f., 339,
   351, 354-356, III 37-42, 51 f.,
   55-58, 59-76, 193, 223-244,
   263 f., 318, IV 41-46, 47-58, 135,
   313, 316, 337

395

Trugbilder I 147-152, 320, II 216, 360
Tugenden II 95 f., 115, 171, 189, IV 68-70, 318 f.
Tullian, Bruder I 79, 265 f., II 77 f., 143, 201, 229 f., 248, 343, 361, III 24, 223, 262, 286, 298, 304, 305, 307, 317, IV 60,130, 138, 162, 227, 318, 335

U
Übellaunigkeit II 171 f.
Überdruß III 160-162
Übung I 281 - mit dem Schutzengel I 48, - dem Führungsengel I 56, - den Elohim I 79-81, - zur Karwoche I 83 f., - mit Steinen I 113 f., - mit Naturgeistern I 110 f., 125, - des Schweigens I 227-229, 1V 359 f., - mit den Luftgeistern I 251, 254, - mit den Wassergeistern I 247, - mit dem Froschkönig II 202, - mit der Kerze II 249-251, - mit Verstorbenen II 251, - zur Belebung II 279 f., - mit den Innenräumen III 92, - mit den Regenbogenringen III 131 f., - zur Wahrnehmung der Innenräume III 169-171, - zu Raum und Zeit III 210, - zum rechten Maß III 220-222, - mit dem Regenbogen-Spalier III 248 f., - zum Geburtstag III 255 f., - mit dem trinitarischen Funken III 321 f - mit Einheit und Vielfalt IV 57, - mit dem Großen Christus IV 72 f., - Gethsemane-Übung IV 104, - mit der Kommunion IV 201, - mit dem Blick IV 205, - mit der Kordel IV 224-225, - mit der Liebe IV 322, - mit dem passiven Sehen IV 365 f., - mit dem inneren Blick

IV 360-362, - mit den Engeln IV 363-379, - mit der Lichtatmung I 73 ff., IV 364, - mit dem aktiven Sehen IV 364 f., - mit der Größe IV 370
Unerwünschte
s. Naturgeister zur Linken
Universum III 204-207, 209
Unmittelbar zu Gott III 16, 47-53, 167
Unschuldig schuldig I 104, II 128, 131-133
Unterscheidung der Geister I 319-324, III 17-19, s. a. Trugbilder
Unwürdige
s. Naturgeister zur Linken
Urban, hl. I 269
Urbild I 24-28, 214, 224, 279 f., 282, 337, II 153, 234, 238, III 205, IV 220, 239 f., 243
Uriel, Urielsengel I 58, 168, 175, II 362, III 327
Urielssegen II 179 f.
Urkirche IV 296-306
Urknall II 283, III 204 f.
Urteilskraft I 305, 315, 321, III 17

V
Vater I 31, 33, 168 f., II 24, 273-278, 281-286, 346 f., 351, 356, III 11, 21, 42-45, 47, 49, 54 ff., 61-65, 71-76, 205, 247, 261, 312, 319, IV 37, 42 ff., 47 ff., 117 ff., 144 ff., 296 ff., 368
Vater-Gebete III 71-73, IV 41
Vater-Kind-Beziehung I 299, II 114 f.
Vater-Religionen III 231-235
Vaterunser I 33, 54, II 204 f., 218, 334, 365, III 18, 49 f., 62 f., 71, 234, 247 f., 268 f., IV 13 f., 368
Vegetarisch s. Fleischverzicht

Verdammnis I 22, II 176, III 39 f.
s. a. Vergebung, Gnade, Selbstvergebung
Vergebung I 88 f., 126, 178, III 323
f., s.a. Gnade, Selbstvergebung
Verklärung s. Christi Verklärung
Verlorene Seelen I 320, II 184, 202
f., 247, 332-335, III 164-168
Verlorener Sohn III 41 f., 44 f., 278
Veronika III 117
Verzweiflung s. Theodizeeproblem
Vielfalt IV 47-58
Vierheit IV 223
Vision III 110-114
Vivaldi III 252
Vorhersage s. Prophezeiung
Vorraum des Innenraumes II 250, 343, 361, 363 f.
Vulkan der Inneren Insel
s. Innerer Vulkan
Vulkanesin s. Innerer Vulkan

W
Wahrheit I 68
Wahrnehmen der Innenräume III 169-171, IV 371 f., - der Engel I 39 f., 48 f., IV 363-379
Wal II 271-273
Wandern, geistiges II 198, IV 62-71
Wasser des Lebens II 217, III 310-316
Wassergeister I 245-250
Wehmut I 200-206, III 252
Weihnachten II 85, 103, 113, 126, 219-225, 229-231, 257-264, 287, III 325 ff.

Weinen s. Träne
Weisheit III 12, 29-36, 46, 48, IV 292 ff., s.a. Sophia
Weiße Bruderschaft I 137-139, 197
Weißer Hirsch II 266-268
Weltbild II 293-295
Weltbürgertum s. Kosmopolitismus
Werkstätten III 22, 298-303
Widím I 250, IV 41
Wiederkunft Christi im Ätherischen s. Ätherische Wiederkunft
Wissenschaft s. Naturwissenschaft
Wohnungen s. Orte, himmlische
Wunden s. Fünf Wunden
Wunder I 125, 216, 240 f., III 138-145, 302, 315
Wurzelchakra s. Innenraum mit Meer und Insel

Z
Zehn Gebote I 27, II 96
Zeit I 190 f., 246-249, III 202-218, 261
Zeitreisen III 210 f.
Zentriertheit IV 88 f., 193, 197 f., 251, s. a. Souveränität
Zeugung II 187, 224 f.
Zölibat II 211, III 197
Zorn II 161 f., 176, III 232
Züchtung II 157
Zufall I 19, 54 ff., 67
Zukunft III 212
Zungenreden I 174 f., IV 170 f.
Zusmael I 64, II 362
Zweiheit IV 52 f.
Zwölf II 110-115, 263, III 172-187
Zwölferkreis III 257-261

Weitere Titel aus dem Kailash-Programm

Alexa Kriele
Mit den Engeln das Leben meistern
Wie sie uns durch Krisen helfen

272 Seiten, Gebunden mit Schutzumschlag
ISBN 3-7205-2432-9

Ob Krankheit, Scheidung oder Arbeitslosigkeit –
keinem Menschen bleiben Schicksalsschläge erspart.
Die Engel sehen in der Krise jedoch eine großartige Chance,
sich selbst zu finden und etwas Neues entstehen zu lassen.
Alexa Kriele stellt wunderbare Botschaften der
Engel vor: praktische Hilfestellungen, um
Lebenskrisen erfolgreich zu meistern.

KAILASH

Alexa Kriele
Die Engeln geben Antwort
auf Fragen nach dem Sinn des Lebens

272 Seiten, Gebunden mit Schutzumschlag
ISBN 3-7205-2350-0

Alexa Kriele, die bekannte Engel-Dolmetscherin, deren Tetralogie »Wie im Himmel, so auf Erden« begeisterten Zuspruch findet, stellt in ihrem Buch neue Botschaften der Engel vor. Die himmlischen Helfer geben erhellende und erstaunliche Antworten auf die schwierige Frage nach dem Sinn des Lebens und der Schöpfung.

KAILASH

Alexa Kriele
Mit den Engeln über die Schwelle zum Jenseits
Bernard Jakoby fragt,
die Engel geben Antwort

272 Seiten, Gebunden mit Schutzumschlag
ISBN 3-7205-2541-4

Wir alle werden früher oder später mit dem Thema Sterben konfrontiert. Die Engel vermitteln uns sehr ausführlich und einfühlsam, was passiert, wenn wir sterben, was uns im Jenseits erwartet und wie wir durch Trauer über den Tod uns nahestehender Menschen reifen können. Der bekannte Sterbeforscher Bernard Jakoby stellt den Engeln umfassende Fragen, deren Antworten die Engel-Dolmetscherin Alexa Kriele auf bewährte Weise vorstellt. Die Botschaft der Engel: Sie wollen uns die Angst vor dem Sterben nehmen und zeigen, wie wir unsere Trauer und Ängste in Gottvertrauen und Zuversicht verwandeln können.

KAILASH